biblisch predigen

Horst Hirschler

biblisch predigen

Lutherisches Verlagshaus

CIP-Titelaufnahme der Deutschen Bibliothek

Hirschler, Horst:
biblisch predigen / Horst Hirschler. – 2. Aufl. –
Hannover: Luth. Verl.-Haus, 1988
ISBN 3-7859-0556-4

2. Auflage 1988
© Lutherisches Verlagshaus GmbH, Hannover, 1988
Alle Rechte vorbehalten
Satz, Druck und Bindung: Th. Schäfer Druckerei GmbH, Hannover
ISBN 3-7859-0556-4

Inhalt

Vorwort

Über das Predigen zu schreiben, wenn man selbst fast jeden Sonntag auf die Kanzel muß, ist riskant. Nicht nur mancher der kundigen Hörer, auch der Prediger selbst denkt bei gegebenem Anlaß, weise Sprüche schreiben sich schnell hin, aber es dann Sonntags auch so schön zu vollbringen, wie es gedacht war, das ist noch etwas ganz anderes. Dennoch lohnt es sich, Vorstellungen zu haben, auch wenn die Praxis dahinter zurückbleibt.

Ich halte „biblisch predigen" in unserer Situation heute für dringend notwendig und begründe das im Teil A dieses Buches. Wer predigen will, soll zuerst die im biblischen Text überlieferte Glaubenserfahrung im Kontext seines Lebens als Anrede Gottes zu hören suchen.

Von dieser Erfahrung herkommend soll der Prediger oder die Predigerin der Hörergemeinde den biblischen Text als Hilfe zum gegenwärtigen Leben erschließen. Dabei sollte der Text so etwas wie ein „Umschlagplatz der Erkenntnis" sein.

Eine den biblischen Text in diesem Sinne erschließende Predigt ist konkret und erfahrungsbezogen. Diese alten Texte lassen sich doch nur verstehen, wenn wir sie mit dem erdverbundenen Erfahrungsmaterial unserer alltäglichen Lebenswelt aufsuchen.

Wir tun das freilich im Erwartungshorizont der christlichen Gemeinde, daß uns in den Worten der Bibel Gott selbst in seinem Wort – Jesus Christus – begegnen, uns aufstören und heilen wird.

Die biblische Predigt muß also sowohl im Alltag unseres Lebens, wie auch im Alltag der biblischen Texte, ja sogar im Alltag systematisch-theologischen Nachdenkens zu Hause sein. Das bedeutet, der Erfahrungsbezug biblischer Predigt muß genau bedacht werden im Teil B.

Die Predigt tönt freilich im wahrsten Sinn des Wortes in einen leeren Raum, wenn die Gemeinde ihre Verantwortung für die Predigt nicht mehr sehen kann, weil sie keinen Spaß daran hat. Predigt in einer inhaltlich ausgehöhlten Volkskirche, was ist das? Deshalb ist über den Gemeindebezug biblischer Predigt im Teil C nachzudenken.

Schließlich kann vermutlich die praktische Predigtarbeit etliche Hinweise und Verbesserungen gebrauchen. Es folgt die Gestaltung biblischer Predigt im Teil D.

Allerdings ziehen sich solche praxisbezogenen Gesichtspunkte durch das ganze Buch. Es läßt sich über Exegese, Systematische Theologie, Alltagserfahrung, Gemeindeaufbau, Sprache der Predigt schlecht schreiben, ohne ständig das mühselige Geschäft der Predigtherstellung vor Augen zu haben. Und ich sehe immer die Menschen vor mir, wie sie da sitzen im Gottesdienst und den Prediger ansehen. Immer noch mit Erwartungen, immer noch mitdenkbereit. Da darf ich doch nur Dinge sagen, die für sie wichtig, hilfreich, bewegend oder lustig sind. Die sollen eine Glaubenserfahrung machen aufgrund meiner Predigt. Kann ich das überhaupt zustande bekommen?

Aus solchen allwöchentlichen Fragen und Plagen ist dies Buch entstanden.

Außerdem ist es erwachsen aus den Predigtvor- und -nachgesprächen mit meiner Frau, ohne die das Buch nicht denkbar ist, und den Gesprächen mit unseren vier Jungen.

Natürlich ist vieles entstanden aus den homiletischen Übungen im Predigerseminar des Klosters Loccum (1970–1977) und den homiletischen Seminaren durch den Lehrauftrag hier in Göttingen in den letzten zehn Jahren.

Aber auch das regelmäßige Hören und Durcharbeiten von Visitationspredigten, die Predigtgespräche mit Gemeindegliedern, Pastorinnen und Pastoren sind gute Gelegenheiten, über homiletische Fragen nachzudenken.

Außerdem bieten die Gemeindebesuche und Predigten im Bereich der Landessuperintendentur des Sprengels Göttingen vielfältige Gelegenheit, über Gemeindeaufbau und Predigt zu reflektieren.

Nicht zuletzt bilden Gespräche mit manchem der Göttinger Hochschullehrer – besonders mit Hans Stock – den Hintergrund für viele Überlegungen.

Ich danke dem Kirchensenat der Ev.-luth. Landeskirche Hannovers für die Gewährung eines Studiensemesters in Heidelberg im Sommersemester 1986. Das war höchst genußvoll. Die dortigen Hochschullehrer, die badischen Kontaktpfarrer und manche Studenten habe ich als sehr anregend empfunden.

Meine Hoffnung ist, daß dieses Buch für Prediger und Predigerinnen ein Anstoß wird, entschlossener biblisch zu predigen, und für Gemeindeglieder ein Anreiz, selbstbewußter nach biblischer Predigt zu fragen.

Göttingen, Erntedankfest 1987

Horst Hirschler

A. Die Notwendigkeit biblischer Predigt

I. Was „biblisch predigen" meint

a) Was eine Predigt ist

Wer über die Predigt nachdenken will, geht am vernünftigsten zunächst einmal mit wachen Sinnen in einen Gottesdienst.

An einem Sonntagmorgen im Mai 1986 fahre ich von Heidelberg aus, wo ich ein Studiensemester verbringe, mit dem Fahrrad in eine fünf Kilometer entfernte Gemeinde, in der vertretungsweise Pastor L. predigt, der sich, wie ich hörte, mit Umweltfragen besonders beschäftigt.

Ich fahre durch den kleinen Ort mit seinen Geschäften und Wohnhäusern. Sieben Minuten vor dem Gottesdienstbeginn (9.30 Uhr) bin ich da. Einzelne alte Frauen gehen in die Kirche. Drinnen übt der Organist das Vorspiel für ein neues Lied (Du hast uns, Herr, gerufen). Es ist eine große, wenig wohnliche Hallenkirche mit unbequemen, engstehenden Bänken, hinten eine Empore, vorne ein Kruzifix mit Leuchtstoffröhren dahinter. Die Decke mit Platten behängt, die zum Teil heruntergefallen sind. Etwa 15 ältere Frauen sind schon im Kirchenraum, in kleinen Gruppen laut miteinander redend. Gegen 9.30 Uhr sind sechs jüngere Leute, 25 ältere und zwei mittelalterliche anwesend. Die Glocken fangen an zu läuten. Nun beginnt es, etwas stärker zu strömen. Bald sind etwa 100 Personen anwesend, davon etwa 25 zwischen 18 und etwa 25 Jahren alt. Wahrscheinlich sind die gekommen wegen des Pastors L. und seines Umweltengagements, denke ich. Ich höre aber, wie vor mir eine alte Frau zur anderen sagt: Heute ist Pastor L. da. Offenbar ist er bekannt.

Der Gottesdienst beginnt. Eine Gemeindehelferin wohl, etwa fünfzig Jahre alt, begrüßt die Gemeinde freundlich mit ausführlichen Worten in freier Rede, begrüßt Pastor L., erinnert daran, daß er jahrelang Pastor in der Nachbargemeinde war. Sie verliest die Abkündigungen.

Das erste Lied. Der Organist, offensichtlich befähigt, macht schöne Vorspiele und Begleitungen. Der Pastor begrüßt die Gemeinde als alte Nachbarn mit einem freundlichen Satz. Badische Liturgie. Jeweils ein Vorspruch vor dem Kyrie und dem Gloria. Der Pastor spricht das Kollektengebet, das heißt, er kündigt ein Gebet an; was folgt, ist eine Art Meditation: Herr wenn wir träumen könnten . . . Die Köpfe, die – wie meiner auch – zum Gebet gesenkt waren, heben sich wieder, das ist offenbar nichts zum Beten. Textlesung aus

11

Johannes 17. Ein Ehepaar hat ein Kind mitgebracht, das zwischendurch den Gang entlanggeht und in die Kirchenbänke lugt. Ein Osterlied: Wir wollen alle fröhlich sein. Die Dame neben mir, etwa 65, bemerkt, daß ich kein Gesangbuch aufschlage und hält mir ihres hin. Ich zeige ihr meines, das neben mir auf der Bank liegt. Wir lächeln uns an. Der Pastor erscheint auf der hohen Kanzel. Die Leute vor mir und neben mir senken die Köpfe, vermutlich zu einem Gebet für den Prediger. Der Prediger auf der Kanzel scheint auch zu beten. Auch ich bitte darum, daß mich seine Predigt anspricht.

Pastor L. eröffnet die Predigt mit einer kurzen Erklärung zum Kirchenjahr, weil der Sonntag Exaudi heiße und ebenso wie am vergangenen Sonntag Rogate das Thema Gebet habe, würde er auch an diesem Sonntag über das Gebet sprechen. Dies geschehe besonders, da der nach der Ordnung unserer Kirche vorgesehene Predigttext aus dem Epheser-Brief (3, 14–21) ein eindrucksvolles Gebet sei. Es sei an einer Gelenkstelle im Epheser-Brief eingesetzt. Vorher sage Paulus etwas über die Wirklichkeit Christi für die Gemeinde, und danach kämen die Ermahnungen an die Gemeinde, und dazwischen sei eben dieses Gebet. Er verliest den Text. Dann verweist er auf die Tatsache, daß Paulus offenbar zum Gebet niedergekniet sei, wenn er für andere Menschen gebetet habe. Ich denke zwischendrin, er sagt immer Paulus, der Epheser-Brief ist doch nicht von Paulus. Warum sagt er nicht lieber, der Schreiber des Epheser-Briefes? Der Prediger überlegt inzwischen, wie das mit unserem Gebetsgestus ist. Wir stehen zum Beten auf. Das ist eher eine trotzige Gebärde. Die Christenheit hat von Anfang an, wie wir aus diesem Brief sehen, empfunden, daß das Knien eine angemessene Gebärde sei, wenn wir mit Gott reden. Dies hätten die katholischen Mitchristen besser bewahrt als wir Evangelischen, und wir sollten davon lernen. Er, der Prediger, hätte in Taizé ein Gefühl dafür entwickelt, wie gut das sei, in dieser hingebungsvollen Gebärde, an der der Körper ganzheitlich beteiligt sei, sich ins Gebet zu versenken. Die Gemeinde sollte doch überlegen, ob sie das nicht auch einmal machen wolle. Ich denke: Das hat er sich nicht überlegt. In diesen Bänken hier kann man nicht knien. Der Prediger schränkt dann aber ein, es gehe auch nicht darum, unsere Form abzuwerten, sondern einen anderen Gebetsgestus kennenzulernen und andere zu verstehen. Jeder Gebetsgestus, auch unserer, hätte sicher seinen Sinn. Wichtig sei nun, daß Paulus für andere Menschen bete. Das sei eine entscheidende Aufgabe des Gebets, daß wir dabei an andere Menschen denken. Manchmal genüge es einfach, nur den Namen vor Gott zu bringen. Es wäre auch gut, wenn wir für das Gebet wüßten, an wen wir weltweit denken sollten. So könnten wir an jene Christen in Amerika denken, die sich jetzt aus christlichem Geist gegen die Weltmachtpläne ihres Präsidenten aussprächen, oder an jene, die in den Ländern des Ostens um ihres Glaubens willen im Gefängnis säßen, oder an Menschen in Not in der Dritten Welt. Und das sei das Besondere, das Kreuz Christi umspanne die ganze Welt. Und in diesem Sinne solle man den Satz

(Vers 18), daß man wissen solle, was die Länge und die Breite und die Höhe und die Tiefe sei, verstehen. Man könne dieses begreifen als eine Aussage über das Kreuz Christi. Dies Kreuz eint die Menschen in allen Kontinenten und Bereichen dieser Erde. Dies Kreuz sei aber auch in der Höhe wirksam, reiche gleichsam bis zum Himmel. Es schaffe die Verbindung zu Gott und verbinde uns mit ihm. Das Kreuz sei andererseits das Zeichen, das Christus auch in der Tiefe unseres Lebens bei uns sei. Christus sei hinabgestiegen in das Reich des Todes, und es gäbe keine Tiefe mehr des Leides und der Verzweiflung ohne ihn.

Die Gemeinde hat während der Predigt aufmerksam zugehört. Oben auf der Empore scheint auch ein kleines Kind zu sein, es macht etwas Lärm, aber Prediger und Gemeinde lassen sich nicht beirren. Niemand schaut sich um. Ich merke, daß meine Gedanken während der Predigt immer wieder auf Reisen gehen. Als der Prediger von Taizé redet, bin ich plötzlich in Gedanken in der Kirche in Taizé und sehe die seltsame lichtflackernde Altarregion dort vor mir. Der Prediger holt mich aber immer wieder in seine Predigt zurück.

Nach der Predigt jedoch habe ich das deutliche Empfinden, daß sich der Prediger eindrücklich mit dem Bibeltext beschäftigt und ihn mir nahegebracht hat. Ich hatte z. B. bisher bei dieser seltsamen Rede von der Breite der Länge, der Höhe und Tiefe immer an einen „vier"dimensionalen Kubus oder dergleichen gedacht. Dabei an das Kreuz Christi zu denken, war mir ein neuer Gedanke, mit dem ich etwas anfangen konnte. Irgendwann hatte der Prediger auch sein Spezialgebiet eingebracht. Er hatte davon geredet, daß die Menschen und die Tiere und die Bäume leiden unter dem, was Menschen tun, und daß das abzustellen sei. Das war jedoch sehr verhalten und gehörte auch an die Stelle, empfand ich. Ich war überrascht, daß er sein Steckenpferd nicht ausführlicher geritten hatte. Ich war sehr angesprochen durch die Predigt, geradezu dankbar.

Dann das Lied nach der Predigt, ein Pfingstlied. Das Fürbittengebet mit ruhigen, die Gemeinde abholenden, knappen Sätzen. Ich konnte gut mitbeten, dachte zwischendurch, das mußt du dir besorgen. Jetzt erst kam Tschernobyl vor, das Kernkraftwerk in der Ukraine, das gerade geborsten war. Gebet für die betroffenen Menschen dort, Gebet für die Menschen bei uns, die Angst haben, Gebet für die Verantwortlichen, daß sie die Atomtechnik viel sicherer machen und sie insgesamt überprüfen. In dem Augenblick stieg ich mit den Gedanken einen Augenblick aus und dachte, daß ich wahrscheinlich doch eine Passage in der Predigt über diese atomare Katastrophe gebracht hätte. Dann Aufforderung zum Fürbittengebet in der Stille. Jeder solle die Namen vor Gott bringen, von denen er meint, daß sie es brauchten. Ich fühle mich sehr angesprochen. Vater Unser. Segen. Nach dem Segen singt die Gemeinde stehend: Herr gib uns deinen Frieden, zwei Durchgänge. Am Ausgang verabschiedet der Prediger die Gemeindeglieder mit Handschlag, sagt diesem und jenem ein kurzes Wort. Er kennt offensichtlich eine ganze Reihe der Gemeindeglieder. Ich sage kurz meinen Namen und, daß ich hier im Kontaktstudium bin, und bedanke mich.

Die Gemeinde steht nach dem Gottesdienst in großen Trauben vor der Kirche. Als ich mit dem Rad wegfahre, sind nur einige der Älteren weggegangen. Die evangelische Gemeinde hat etwa 3000 Gemeindeglieder.

Ich fahre nach Heidelberg zurück. Zwischendurch immer wieder von Gedanken an den Gottesdienst bewegt. Im Studienhaus setze ich mich hin und schreibe an einige Leute, die mir während des stillen Gebets eingefallen waren, Briefe. Während ich das jetzt aufschreibe, bin ich noch immer angetan von dem Gottesdienst. Ich bin dorthin gefahren, etwas aus Neugier auf den Prediger und, weil eben Sonntag war. Erst hinterher ist mir eingefallen, ich könnte das aufschreiben.

Was soll solch eine Darstellung?

Jeder könnte so etwas an jedem Sonntag mit den entsprechenden Varianten erleben, der eine trifft mit zweihundert Gemeindegliedern, der andere mit sieben zusammen, der eine ist angetan, der andere nicht.

Mir ist daran wichtig: Wenn von der Predigt geredet wird, muß man als erstes dieses Geschehen in seiner ganzen Komplexität vor Augen haben, wobei ich als Fremder noch relativ wenig gesehen habe. Die Predigt ist ja nur ein Ausschnitt aus solch einem Gesamtgeschehen, das natürlich noch viel umfassender zu beschreiben wäre.

Ich habe nicht beschrieben, wie diese Gemeinde sonst zusammenkommt, das heißt, in welchem Kontext der Gottesdienst steht. Aus den Abkündigungen ging hervor, daß es allerhand Gruppen in der Gemeinde gibt. Auf ein Bibelseminar für Freitag wurde hingewiesen. Das bedeutet, auch so ein Gottesdienst ist nur ein Ausschnitt aus dem gesamten Leben einer Gemeinde.

Weiter, die Predigt steht ja nicht nur im Kontext des Gottesdienstes und des Gemeindelebens, es gehört dazu die allgemeine Situation in dem Ort: die gesellschaftlichen Probleme, das konfessionelle Miteinander, wie der Generationenkonflikt ausgetragen wird, wie man miteinander menschlich umgeht, welche alten Zerwürfnisse in solch einem Ort sind, wie das Vereinsleben ist usw.

Es gehört dazu unsere gesamtgesellschaftliche und weltpolitische Situation. Die Amerikaner haben vor drei Wochen den Bombenangriff auf Libyen geflogen, die Kernkraftwerkskatastrophe in Tschernobyl bewegt die Gemüter seit zehn Tagen. Und es gehören noch viel wesentlicher dazu die hundert Einzelbiographien derer, die dort saßen. Die einzige, die ich davon einigermaßen kenne, ist meine eigene. Aber wie hat jener Mann, der, etwa 45jährig, auch schon etwas früher in der Kirche saß und mir nicht wie ein kirchengewohnter Mann vorkam, die Predigt gehört. Und jene alte Frau, die zu Beginn des Gottesdienstes mit einer anderen endlos redete, offensichtlich selig war, daß sie jemanden hatte, der ihr zuhören mußte? Wie empfanden die jüngeren Leute die Predigt? Wer kennt sich mit diesen vielen verschiedenen Biographien aus. Der Ortspastor? Der Prediger jedenfalls wußte fast nichts davon. Und dazwischen nun die Predigt. Welche Bedeutung hatte sie? Welche Wirkung? Hatte der Prediger die Wirkung, die seine Worte auf mich hatten, intendiert? So sicherlich nicht! Was wollte der Prediger? Was kann ein Prediger sich vornehmen? Was soll und was kann eine Predigt leisten?

Das Erleben solch eines Gottesdienstes zeigt deutlich, welch komplexes Phänomen die Predigt als Bestandteil eines Gemeindegottesdienstes ist und welche Fülle von Aspekten im Zusammenhang mit ihr zu bedenken sind.

Die Versuchung der Homiletik besteht nun darin, dieses vielschichtige Geschehen entschlossen unter einem Oberbegriff zu versammeln und etwa systematisch-theologisch zu sagen: „Die Predigt ist also . . .", oder auch, weil das vielleicht suspekt geworden zu sein scheint, empirisch anzusetzen und mit Hilfe eines soziologischen, psychologischen, kommunikationstheoretischen Modells auf möglichst hoher Abstraktionsstufe zu sagen: „Die Predigt ist also ein Kommunikationsgeschehen", oder so ähnlich.

So wichtig solche Definitionen sein mögen, so sehr sie manchmal sogar erhellend sind, so sehr bedürfen sie immer wieder der Rückführung auf das Erleben, wie ich es exemplarisch oben geschildert habe. Es geht um die elementare und einfache Erfahrung, die ich als Prediger, als Gemeindeglied, als Gast in einem Gottesdienst machen kann. Darum ist es nötig, bei allen grundsätzlichen und theoretischen Überlegungen immer wieder auf diese allsonntägliche Gottesdiensterfahrung zurückzukommen.

b) Was Aufgabe der Predigt ist

Was ist vom Prediger zu erwarten, nachdem er die Kanzel bestiegen hat? Was erwartet die im Gottesdienst versammelte Gemeinde? Was erwartet der Prediger von sich selbst? Was ist die Erwartung der Kirche an ihre Prediger und Predigerinnen?

Nun, sie sollen gute Predigten halten, das heißt, sie sollen Bibeltexte so auslegen, daß man etwas davon hat. Etwas grundsätzlicher gesagt: Die Predigt soll der Hörergemeinde den biblischen Text als Hilfe zum Leben erschließen.

Warum einen biblischen Text?

Zunächst einmal, weil es in den reformatorischen Kirchen üblich ist. Genauer gesagt, weil die Texte der Bibel Glaubenserfahrungen überliefern, also Erfahrungen der Gottesbegegnung, der Forderung und Vergebung Gottes sowie Erfahrungen des gelingenden und scheiternden Lebens des einzelnen und der Gemeinschaft vor Gott.

Noch genauer gesagt, weil die Bibel Alten und Neuen Testaments Christus als letztgültige Offenbarung Gottes und damit als die grundlegende Hilfe zum Leben zeigt.

Warum sage ich nicht einfach: Die Predigt ist Gottes Wort? Weil das – darin ist Ernst Lange[1] rechtzugeben – eine theologische Aussage über die Predigt ist, aber als Beschreibung der Predigtaufgabe, wie sie sich dem Prediger stellt, nicht taugt.

Schon die Aussage, der Prediger habe die Aufgabe, einen biblischen Text so zu erschließen, daß er eine Hilfe für das Leben des Hörers sein könne, muß gegen das Mißverständnis abgesichert werden, als sei solche Hilfe für das Leben durch Rede einfach machbar.

Ob eine Predigt wirklich Hilfe zum Leben bringt, ob nicht u. U. ganz andere Stücke des Gottesdienstes als Hilfe zum Leben wirken, ein Gebet, ein Liedtext, eine Melodie, die Sonne, die durchs Kirchenfenster scheint, die angestoßene Kindheitserinnerung, das produktive Sich-Verhören (!), das alles liegt nicht beim Prediger. Das komplexe Geschehen der Predigtwirkung entzieht sich Gott sei Dank weitgehend der Handhabbarkeit. Zwar lassen sich viele Faktoren der Predigtwirkung erheben, und der Prediger kann und soll sie auch, soweit das möglich ist, bei der Predigtherstellung berücksichtigen. Das Zusammentreffen von Lebensweg des Einzelnen und dieser so hergestellten Predigt zusammen mit all den sonstigen Einflüssen aus dem Ganzen des Gottesdienstes, den menschlichen Beziehungen usw. läßt sich jedoch nicht vorhersehen und in ein sinnvolles Handlungskonzept einbauen.

Diese Komplexität ist natürlich prinzipiell nachträglich auseinanderlegbar. Es ist aber nicht möglich, die Wirkungen des Zusammentreffens von vielfältigen Lebenswegen einzelner und dieser bestimmten Predigt vorherzubestimmen. Was da geschieht, ist weitgehend unvorhersehbar.

Insofern ist für den Prediger die Aufgabe, einen biblischen Text der Gemeinde als Hilfe zum Leben zu erschließen, als allgemeine Zielbestimmung zu begreifen. Ob das dann gelingt, liegt nicht nur beim Prediger.

Dies gilt natürlich ungleich mehr bei der Zielbestimmung: Die Predigt soll Gottes Wort ausrichten. Der Glaube vermag im Zusammentreffen von persönlichem Lebensweg und packender Predigt die Wirkung des Heiligen Geistes zu erkennen (obwohl er sich auch da kräftig irren kann). Vom Heiligen Geist, also vom Handeln Gottes in seinem Wort, ist allerdings an dieser Stelle nicht deshalb zu reden, weil die Wirkung der Predigt praktisch

---

1   Ernst Lange: Zur Theorie und Praxis der Predigtarbeit. In: Ernst Lange: Predigen als Beruf. Stuttgart, 1976, S. 19 ff.

unvorhersehbar ist. Das hieße Gott speziell im Unerklärbaren ansiedeln. Gottes Geist wirkt in, mit und unter empirisch durchaus erhellbaren Phänomenen.

Wenn jedoch vom Heiligen Geist im Zusammenhang mit der Predigt gesprochen wird, wenn Prediger und Gemeinde für das Gelingen der Predigt beten, dann zeigt das, daß es bei der Predigt nicht um ein beliebiges Geschehen, sondern um ein für das Leben fundamentales Geschehen geht, in dem der Glaube Gott erfährt oder vermißt.

Aber gerade dies läßt sich eben durch den Prediger nicht „machen". Der Heilige Geist ist kein Instrument des Predigers, wohl aber kann – wann und wie es Gott gefällt – der Prediger ein Instrument des Heiligen Geistes werden.

Nun empfindet aber der Prediger dennoch die massive Anforderung, dem Ankommen der Predigt als Hilfe zum Leben als nützliches Werkzeug zur Hand zu gehen und dem Ankommen als Wort Gottes zumindest nicht im Wege zu stehen.

Diese Selbstanforderung und Hörererwartung macht ja erst aus der Kanzelrede eine Predigt. Dennoch muß Klarheit darüber bestehen, was herstellbar ist und was nicht. Die Erschließung eines Bibeltextes als mögliche Hilfe zum Leben ist als Forderung an den Prediger nach dem oben Gesagten akzeptabel, auch wenn die Aufgabe schweißtreibend bleibt. Davon wird im weiteren zu reden sein.

c) Was „biblisch predigen" meint

Die Stoßrichtung dieses Buches liegt in dem Titel „biblisch predigen". Ob das sinnvoll ist, muß sich im weiteren Verlauf zeigen. Hier jedoch will ich gleich die Frage aufnehmen, ob es denn immer die Auslegung eines Bibeltextes sein muß. Die Predigt der Kirche war über lange Zeit hinweg keineswegs Auslegung oder Erschließung eines Bibeltextes und ist es heute oftmals auch nicht.[2]

Nun läßt sich ja vielerlei in der Predigt machen. Ich kann durch eine profane Erzählung die Wirklichkeit Gottes dem Hörer vor Augen führen. Ich kann in einer Themapredigt unsere gegenwärtige Wirklichkeit vor Gott verantwortlich durchdenken, eine Bildmeditation halten, Reihenpredigten zum Katechismus oder zum Credo einführen usw. Das ist alles möglich, findet oft erheblichen Zuspruch und ist am gegebenen Ort richtig.

---

2 Vgl. Dietrich Rössler: Grundriß der Praktischen Theologie. Berlin, 1986, S. 308 ff.; Werner Schütz: Geschichte der christlichen Predigt. Berlin, 1972

Aber es ist die Ausnahme, die dadurch, daß sie die Ausnahme ist, die Regel bestätigt. Das Entscheidende an der christlichen Predigt ist zweifellos, daß sie „Christum treibet", das heißt, daß sie auf alle nur mögliche und bei den Menschen ankommende Weise die Christusbotschaft weitersagt. Das kann prinzipiell mit und ohne biblischen Text geschehen.

Dennoch ist die Gewohnheit in der protestantischen Christenheit, einen Bibeltext auszulegen, wegen der unglaublichen Erfahrungsbreite der biblischen Texte eine große Hilfe. Sie bewahrt den Prediger davor, der Monotonie der eigenen Glaubens- und Lebenserfahrung ausgeliefert zu sein. Wenn dann noch, wie ich das bei dem Thema „biblisch predigen" voraussetze, Bibeltext und gegenwärtige Situation in eine Beziehung zueinander gesetzt werden, eröffnet sich ein Feld von Predigtmöglichkeiten, das nicht auszuschöpfen ist in einem Predigerleben.

Darüber hinaus nehmen die thematischen Predigten und Gottesdienste ein gut Teil ihres Reizes aus der Selbstverständlichkeit biblischer Predigt. Sie leben von der bewußten Regelabweichung und werden ohne diese Regel langweilig.

Freilich muß sich erst herausstellen, was denn eigentlich „biblisch predigen" meint. Auch mit dem biblischen Text läßt sich ja vielerlei machen. Ich kann mich durch den Text in meiner Kreativität anregen lassen, ich kann assoziativ mit einzelnen Gedanken des Textes umgehen, ich kann Parallelgeschichten zum biblischen Text erzählen und sie zur Hauptsache der Predigt machen. Ich kann, wenn es nötig ist, eine Predigt gegen den Text halten. Das alles hat seinen Ort und ist, wenn es denn gut gemacht wird, schön und kann hilfreich sein.

Die mit diesem Buch gemeinte Zuspitzung der homiletischen Aufgabe meint jedoch, *daß der biblische Text im Mittelpunkt der Predigt stehen soll.*

Der Prediger soll, soweit ihm das irgend möglich ist, alles dransetzen, daß der Bibeltext in der Predigt zum *Umschlagplatz der Erkenntnis* wird. Was das heißt, wird im weiteren zu erläutern sein.

Natürlich ist der Titel „biblisch predigen" geeignet, mancherlei Verdacht aufkeimen zu lassen. So den, daß es sich um eine Aufnahme der Diskussion über die sogenannte „biblische Theologie" in die Homiletik handele.[3]

Das ist mit diesem Buch nicht beabsichtigt, obwohl mir einige der dort bedachten Fragestellungen besonders in der Art, wie sie Hans Weder[4] aufnimmt, wichtig zu sein scheinen.

---

3 Siehe zur Diskussion: Henning Graf Reventlow: Hauptprobleme der biblischen Theologie im 20. Jahrhundert. Darmstadt, 1983, S. 138 ff.
4 S. u. S. 127–134

Auch könnte die Vermutung auftauchen, es gehe um eine Wiederaufnahme der als vielfach überholt bezeichneten Wort-Gottes-Theologie. Das ist ebenfalls nicht beabsichtigt, obwohl ich viele Predigten aus jener Zeit nach wie vor mit Gewinn lese und denke, nachdem wir die Zeit der Abnabelung von den Vätern und der Suche nach neuen empirischen Ufern nun schon eine Weile durchleben, lohnt es sich wieder, einmal neu hinzuschauen, was da vielleicht doch zu holen ist.[5]

Schließlich ließe sich erwägen, daß in Zeiten, die der Restauration aufgeschlossen erscheinen, die Rückkehr zu den bewährten Quellen der Bibel besonders dem Zeittrend entspräche. Das hieße jedoch die Fremdheit und Sperrigkeit der biblischen Texte gegenüber einer solchen modischen Vereinnahmung unterschätzen. Jedenfalls gilt das, wenn man sie sorgfältig und mit den wissenschaftlich ausgewiesenen Verfahren liest.

Um es noch einmal zu sagen, es geht darum, *den biblischen Text zum Umschlagplatz der Erkenntnis in der Predigt zu machen* und einmal zu sehen, was dabei herauskommt.

---

5 S. u. S. 42 ff.

II. Warum „biblisch predigen" notwendig ist

a) Die Bibel ist weithin unbekannt

Ich habe ein Gespräch mit einem Jugendkreis einer mir fremden Gemeinde. Jungen und Mädchen zwischen 16 und 20 Jahren. Wir sitzen in einem Gemeinderaum. An den Wänden einige aus bunten Papierschnipseln zusammengeklebte Bilder, wahrscheinlich von einer Kindergottesdienstgruppe. Wir reden über die Atomraketen-Stationierung. Es herrscht eine gedrückte Stimmung. Die Jugendlichen haben das Gefühl, die Menschen sind doch nicht zum Umdenken zu bewegen. Im Laufe des Gesprächs zeige ich auf eines der Bilder an der Wand: ein großer Fisch, und in seinem Bauch ein betender Mann. Ich sage, *dem* ist es ja gelungen, die Leute zur Umkehr zu bewegen. Wem? fragen die Jugendlichen. Na, sage ich, ihr kennt doch die Geschichte. Ist das ein Hai? Gelächter. Alles schaut den Fisch an. Aufmerksam geworden, frage ich: Kennt niemand die Geschichte? Die stammt aus der Bibel. Fehlanzeige. Es folgt meine Erzählung vom Propheten Jona und ein recht munteres Gespräch, was an dem Fisch und an der Umkehr der Leute in Ninive unwahrscheinlich ist und was beachtlich. Ich habe nicht herausbekommen, ob Jona jemals im Konfirmandenunterricht, Religionsunterricht oder, falls sie daran teilgenommen haben, im Kindergottesdienst besprochen worden ist. Der Mensch ist ja auch vergeßlich. Aber in dieser Situation war der Prophet Jona offenbar nicht etwas, das zu der Welt der Jugendlichen gehörte.

Nun kann man fragen: Wofür braucht der Mensch den Propheten Jona? Immerhin hatten die jungen Leute ja doch ein gewisses Friedensbewußtsein.

Und natürlich kann man ohne die Kenntnis des Propheten Jona leben. Wie man sieht. Es gab Zeiten, in denen man den Propheten Jona sehr genau kannte, und es hat für die Umkehr der Menschen überhaupt nichts bedeutet.

Andererseits zeigte schon das Gespräch, daß eine die Stimmung völlig verändernde Größe ins Spiel kam, als diese abgelegene Erzählung mit ihrem fremden, spielerisch-sagenhaften und dennoch unglaublich ernsthaften Duktus sich zwischen die offenbar unaufhaltsame Raketenaufstellung schob. Natürlich wurden die Raketen dadurch nicht einen Augenblick gebremst. Das wurden sie aber auch nicht durch ein depressives Gespräch. Die Realität, an der die Gruppe arbeiten konnte, war die eigene Einstellung, die eigenen Kenntnisse und die Überlegungen, was man wohl tun könnte und tun müßte heute. Wie das in solchen Gesprächen oft ist, hatte man sich festgefahren, war erstarrt und dadurch deprimiert geworden. Die Jona-Geschichte brachte durch ihre Andersartigkeit Bewegung, Phantasie und neue Einfälle. Die

Jona-Geschichte paßte und paßte nicht in diese Situation. Das ist ihre Stärke. Sie bietet Glaubenserfahrung einer anderen Welt. Sie tut das, wie wir wissen, in fast schon archetypisch wirksamen Bildern. Dies setzt Einfälle frei, Einsichten, die sich nicht planen lassen. Durch solche Texte kann einer anfänglich auf einen Weg gebracht werden, von dem er später vielleicht sagen kann, zwischen diesen Worten hat Gott mich gepackt. Diese Geschichte hat die Kraft des nichtausgerichteten, des unabsichtlichen Textes. Ein Mädchen sagte: Daß die den Jona da einfach ins Meer geworfen haben, ohne Rettungsboot, als Opfer, und einfach weitergefahren sind, furchtbar. Das ist, als wenn man heute die Arbeitslosen abhängt und einfach weiterfährt. Das sind auch so Opfer. Ihr Vater war schon längere Zeit arbeitslos.

Ist diese Erfahrung, daß die Bibel weithin unbekannt ist und dadurch ihre Kraft nicht entfalten kann, repräsentativ, oder ist dies Beispiel eher zufällig?

Karl-Fritz Daiber stellt in einem Aufsatz[6] aufgrund von Befragungen über die Bibel als Volksbuch fest: Nur 5% der Kirchenmitglieder lesen häufig in der Bibel, 13% lesen sie hin und wieder. Die Gruppe der Bibellesenden ist weitgehend identisch mit der Kerngemeinde. Von den Kerngemeindemitgliedern lesen 37% die Bibel häufig, 40% lesen sie hin und wieder. Dabei ist auffällig, daß gerade jüngere Menschen, auch wenn sie kirchlich aufgeschlossen und zur Kerngemeinde zu rechnen sind, in erstaunlich vielen Fällen mit der Bibel nichts anzufangen wissen. Das gilt gerade für solche Menschen, die für Gegenwartsprobleme und das Engagement der Kirche in diesem Bereich aufgeschlossen sind. Daiber gibt zu bedenken, daß die Forderung eines kirchlich normierten Umgangs mit der Bibel sich auf die Breite der Kirchenmitglieder lähmend auswirken kann. Wenn nämlich die Beschäftigung mit der Bibel erkennbar nur noch eine von der Kerngemeinde erfüllte Forderung ist, muß das für die selbstverständliche kulturelle Akzeptanz der Bibel, daß es zum guten Ton gehört, sich in der Bibel auszukennen, eine abträgliche Wirkung haben.

Die von Daiber genannten Zahlen der Bibellesenden sind nur ein gewisser Anhalt. Dennoch zeigt sich darin, was Pfarrer und Pfarrerin als alltägliche Erfahrung wissen: Die Bibel ist weithin unbekannt.

Die Frage ist nun allerdings, ist es sinnvoll, mit dem Argument der Bibelvergessenheit für eine „biblische Predigt" einzutreten, die den Bibeltext so erschließt, daß er möglichst weitgehend seine eigenständige Kraft entfalten kann? Trifft nicht die Predigt im Gottesdienst gerade auf jene, die doch schon Spezialisten in Sachen Bibel sind, wie die Untersuchung zeigt? Wären

---

6 Karl-Fritz Daiber: Die Bibel – ein Volksbuch? Zur Bibelfrömmigkeit in der Bundesrepublik. LM. Hannover, 1982, S. 439–442

zur Überwindung der Unbekanntheit der Bibel nicht ganz andere Aktionen nötig? Könnte außerdem die Konzentration der Predigt auf den biblischen Text nicht gerade jene gefährlich einengende und die Masse der Kirchenglieder ausgrenzende Wirkung haben, von der Daiber spricht?

Sind wir nicht gerade in einer Situation, in der weltoffener, manchmal vielleicht bibelferner, aber dafür lebensnäher gepredigt wird, und ist das als Möglichkeit, den Menschen die kirchliche Arbeit nahezubringen, nicht wesentlich wirksamer, und könnte sich das langfristig nicht auch wieder auf eine stärkere Bibelakzeptanz auswirken?

Ich halte solche Argumente, so bedenkenswert sie sind, nicht für richtig. Erstens hat sich gezeigt, daß durch die weltoffene, spannende Predigt auch nicht mehr Leute in die Kirche kommen als durch eine bibelnahe, spannende Predigt.[7]

Im übrigen halte ich die Alternative von mehr bibelnaher und mehr lebensnaher Predigt für falsch. Solche unterschiedlichen Predigtgewichtungen lassen sich wahrscheinlich tendenziell in Predigten feststellen. Es ist jedoch nicht ausgemacht, daß eine die biblischen Bilder einprägende Predigt lebensferner ist als eine mit Beispielen aus gegenwärtiger Lebenserfahrung arbeitende Predigt. Im übrigen wird der Prediger meistens versuchen, beides miteinander zu verbinden. Mir geht es um eine biblische Predigt, die sowohl den Text in seiner überlieferten Glaubenserfahrung erschließt wie die gegenwärtige Glaubens- und Lebenserfahrung angemessen zur Sprache bringt. Das bedeutet, es ist nur eine solche biblische Predigt sinnvoll, die auch von den bibelunkundigen Menschen als lebensnah erfahren werden kann.

Ich meine, solch eine biblische Predigt ist angesichts der gegenwärtigen Bibelvergessenheit notwendig mit dem Ziel, dem Hörer den biblischen Text als Hilfe für sein Leben mitzugeben. Die Kerngemeinde, die mit der Bibel vertrauter ist, wird dadurch ein Stück kompetenter gemacht, ihren Alltag im Lichte der Bibel zu bedenken und zu bereden. Das braucht natürlich nicht nur durch die Predigt zu geschehen, das wird im Bibel-Gesprächskreis, im Bibelseminar oder der Bibelstunde, im biblischen Hauskreis u.U. noch besser möglich sein. Dennoch hat die Predigt als potentiell auf Öffentlichkeit ausgerichtete Unternehmung eine besondere Aufgabe, die Kraft der Bibel zu erschließen.

---

7   Man muß in solchen Fällen natürlich die interessante Predigt der einen Art mit der interessanten Predigt der anderen Art vergleichen. Siehe auch die Feststellungen bei Karl-Fritz Daiber/Hans Werner Dannowski u. a.: Predigen und Hören. Bd. 1 und 2. München, 1980 und 1983. Es ist bei den darin herausgearbeiteten zwei Predigttypen, der dogmatisch-bezeugenden Predigt und der dialogisch-persönlichen Predigt, festgestellt worden, daß sie durchaus vergleichbare Akzeptanz gefunden haben.

Zudem muß man sehen, daß die oben genannten Bedenken zwar berechtigt sind für den 2. Sonntag nach Epiphanias, d. h. für den wesentlich von der Kerngemeinde besuchten Gottesdienst.

Zum Kirchenjahr gehört jedoch auch die Predigt am Heiligen Abend, am Erntedankfest, am Volkstrauertag, bei der Konfirmation, für die Kasualgottesdienste. Gerade dabei aber ist es nötig, zu versuchen, durch eine den biblischen Text und mit ihm die gegenwärtige Wirklichkeit erschließende Predigt die Kraft des biblischen Textes weiterzugeben. Ob das dann wirklich gelingt, ist sicherlich noch eine ganz andere Sache. Aber daran kann man arbeiten, und das will ich versuchen.

Hans Werner Dannowski[8] hat nun zur gegenwärtigen Situation der Predigt darauf hingewiesen, daß sie sich durch einen hohen Grad an Vorhersehbarkeit auszeichnet. Er zitiert zustimmend Dieter Bastian: „Man darf doch nicht im Ernst erwarten, daß ein westeuropäischer Predigthörer, der die Möglichkeit hat, über fünfzig mal mit wachem Bewußtsein und im Gottesdienst der Gemeinde Weihnachten zu feiern, hermeneutisch imstande ist, noch irgendeinen einschlägigen Bibeltext als Neuigkeit zu hören." Die Hörer wissen längst, wo „das Eichhörnchen springt", möchte man hinzufügen. Dannowski verweist denn auch im Anschluß an Bastian auf die Technik der Verfremdung, um der altbekannten Botschaft eine neue Aufmerksamkeit zu verschaffen. Die Erwartungen an Predigt und Gottesdienst – zeigen Befragungen – sind gesunken, höhere Erwartungen werden z. B. an die Seelsorge gestellt. Es bleiben allerdings erhebliche Erwartungen dennoch an die Predigt.

Nun denke ich, so sehr das von Bastian genannte Beispiel der Predigt am Heiligabend den Prediger jedes Jahr wieder zu neuen Predigtvorbereitungsqualen veranlaßt – denn tatsächlich ist die Predigt für eine Gemeinde, die nur in dieser Zusammensetzung alle Jahre wieder erscheint, also die Aufgabe des Unterlaufens der Vorhersehbarkeit dessen, was gesagt wird, und damit der Versuch, sie wenigstens diesmal anzusprechen, ein anstrengendes Geschäft –, so scheint mir doch die Situationsbeschreibung, die für das Jahr 1965 vielleicht zutreffend war, heute nicht mehr zu stimmen.

Ich mache ganz andere Erfahrungen. Die Menschen kennen die Bibel nur zu einem geringen Teil wirklich. Sie sind erstaunt und neugierig, wenn sie merken, daß es mit einem biblischen Text etwas zu erleben gibt. Ich habe in den letzten Jahren in verschiedenen Gemeinden meines Sprengels Vorträge über das Thema: „Kann diese alte Bibel spannend sein?" gehalten und habe dabei nichts anderes gemacht, als ein wenig vom Hintergrund der Schöpfungsgeschichten zu erzählen, die David- und Bathseba-Geschichte bis hin zu Nathan zu erzählen und zum Teil vorzulesen, den Eingang des Hiob-Buches

---

8 Hans Werner Dannowski: Kompendium der Predigtlehre. Gütersloh, 1985, S. 16 ff.

zu erzählen und vorzulesen, Stücke aus dem Prediger-Buch zu verlesen, das Gleichnis vom Pharisäer und Zöllner vorzuführen; ich habe gezeigt, was Römer 8,31, der Lehrtext aus den Herrenhuter Losungen am 21. 7. 1944, für Bonhoeffer wohl bedeutet hat, 2. Korinther 11,16 bis 12,10 vorgelesen und erzählt. Versammelt waren bei solchen Vorträgen üblicherweise 80 Prozent Kerngemeinde und 20 Prozent darüber hinaus. Das Ergebnis selbst in diesem Kreise war jedesmal dasselbe fassungslose Staunen, was da alles in der Bibel steht. Es gab große Verwunderung, was es da zum Lachen und Erschrecken gibt. Ich sehe noch eine alte Diakonisse vor mir, die bei den Einzelheiten der Bathseba-Geschichte, die es ja nun zugegebenermaßen auch in sich hat, die Hände zusammenschlug und sagte: Und ich habe den David immer für einen frommen Mann gehalten.

Weiter! Wir machen in diesen Jahren die Erfahrung, daß bei den langfristigen Bibelkursen[9] am stärksten beeindruckt zunächst einmal die Pastoren sind. Sie müssen zwar sehr intensiv für diese Kurse arbeiten. Ich höre aber anschließend: Ich habe das Alte Testament überhaupt nicht richtig gekannt. Ich habe erst jetzt richtig begriffen, was das mit Paulus ist. Der Zwang, biblische Bücher im Zusammenhang zu lesen und darzustellen, ist etwas ganz anderes als eine Perikope für die Predigt zu verwenden. Meine Gemeindeglieder haben mich in schwere Verlegenheit gebracht, höre ich, was machen wir nur mit dem Gottesbild des Alten Testamentes?

Die Teilnehmer an solchen Kursen sind, wie sich zeigt, ganz offensichtlich nicht abzusättigen mit Bibel.[10] Mir scheint, das Gefühl, die Bibel, das kennen wir ja schon alles, ist die Empfindung der Ahnungslosen. Wer an einigen Stellen etwas aus der Bibel begriffen hat, hört ganz neu hin. Diese Erfahrung macht man auch mit Vorbereitungsgruppen für die Predigt. Es gehört gegenüber solchen Gruppen ja geradezu zur Pflicht des Predigers, daß er für sie die Predigt wiedererkennbar gestaltet, das heißt, daß er die Erkenntnisse über den biblischen Text, die in dieser Gruppe erarbeitet worden sind, nun auch noch einmal auf der Kanzel sagt. Die Predigthörer aus dieser Gruppe kennen das also schon, erleben aber gerade deshalb die Predigt als ausgesprochen gewinnbringend.

Natürlich, wenn der Prediger selbst nichts im Text entdecken kann, wie soll er Entdeckerfreude vermitteln. Aber das war schon immer so.

Wie anders die Situation heute ist als in den fünfziger und sechziger Jahren, zeigt sich z. B. auch daran, daß mit der Frage der Entmythologisierung, der Frage des Wunders, niemand hinter dem Ofen hervorzulocken ist. Das wird

---

9 Z. B. der Zürcher Bibelkurs: Theophil Vogt (Hrsg.): Bibelseminar für die Gemeinde in 2 × 15 Lektionen durch die ganze Bibel. Zürich, 1982; oder der Bethel-Bibel-Studienkurs, der in zwei Jahren die Bibel durchackert. Information bei den Missionarischen Diensten in der EKD, Staffelnbergstr. 76, 7000 Stuttgart 1

10 Auch H. W. Dannowski, a. a. O., S. 17, deutet das an: „Sie kultivieren die Täuschung."

verschiedene Gründe haben. Aber in einer Zeit, in der die Bibel noch stärker bekannt und ihre Autorität noch als stärker feststehend empfunden wurde, war die Frage nach der Bedeutung und Geltung des Wunders, der Himmelfahrt, der Jungfrauengeburt, wesentlich brisanter als heute, wo die Bibel diese Autorität nicht mehr hat und wenig bekannt ist.

Solche Fragen werden erfahrungsgemäß bei stärkerer Bibelkenntnis wieder neu auftauchen, aber die Situation ist, abgesehen von stärker evangelikal geprägten Gemeinden, heute anders.

Im übrigen ist die Erschließung der Bibel eine unendliche Aufgabe und für jede Generation neu zu leisten. Es gibt keine 2000 Jahre alte Kenntnis der Bibel. Jeder Mensch hat nur die Kenntnis seines Lebens. Außerdem ist er vergeßlich. Und schließlich ist das Wesentliche bei der Erschließung der Bibel nicht die Speichertätigkeit des Aufbewahrens. Es geht nicht darum, einfach biblische Texte im Kopf zu haben. Erschließung eines Textes heißt ja, daß ein Wort mich in meiner jeweiligen Situation betrifft, es heißt, daß biblische Bilder sich als in einer Situation helfende Bilder einprägen. Wie die Situationen in meinem Leben wechseln, so wechselt damit auch die Bedeutung, die biblische Texte für mich haben.

Gegen die Bibelvergessenheit anzupredigen, heißt deshalb nicht, in einengender Weise „zurück zur Bibel", allenfalls könnte es heißen: „Voran zur Bibel". „Biblisch predigen" wäre falsch verstanden, wenn es als einengende Parole aufgefaßt würde. Es geht vielmehr darum, immer wieder neu die relevante Bibel für unsere Zeit zu entdecken. Ich halte das allerdings heute für nötiger als je.

Die Bibel hat heute keine selbstverständlich anerkannte Autorität mehr. Ausnahmen bestätigen die Regel. Ich halte das für eher positiv. Vorausgesetzte Autorität lähmt das Denken. Man steht nur noch stramm und hat nicht den Mut zum eigenen Denken. Oder man ärgert sich so darüber, daß man strammstehen soll, daß die Bibel in die falsche Schublade gerät. Die Forderung, die Bibel als Autorität wieder anzuerkennen, hilft nicht. Wichtig hingegen sind *Erwartungen an die Bibel*. Darauf kommt es an. Prediger und Gemeinde, Nahe und Ferne sollen angestoßen werden, von den Texten der Bibel begründet etwas zu erwarten. Erwarten kann man nur etwas, wenn man erste Erfahrungen gemacht hat, daß solche Erwartung erfüllt wird. Solche Erfahrungen kann die Predigt ermöglichen. Sie kann eine begründete Erwartungshaltung wecken. Daß einer begreift: In diesem Buch wird auf eine verschlüsselte Weise meine Sache verhandelt. Mal sehen, ob da was für mich zu holen ist.

Die Bibel gewinnt immer nur nachträglich Autorität. Sie zeigt sich als kompetent im Vollzug. Anders geht das heute nicht. So war es übrigens immer. Autorität ist immer, wenn es vernünftig läuft, eine sich in der Erfahrung zeigende Autorität. Wenn sie vorausgesetzt, gefordert wird, ist sie schon erstarrt und wird nur mit Mühe festgehalten.

Ich möchte unsere Predigtaufgabe angesichts der heutigen Bibelvergessenheit noch auf eine andere Weise angehen. Jeder Prediger weiß, daß er seine Gemeinde mit den verschiedensten Inhalten fesseln kann. Ich brauche nur einen spannenden Handlungsablauf zu erzählen, einen fesselnden Gedankengang hörergerecht vorzuführen, und die Gemeinde hört gespannt zu. Welche Passagen meiner Predigt sollen den Hörer fesseln? Dazu ein Beispiel.

Ich denke an eine Predigt über Lukas 7, 11–16: Der Jüngling zu Nain. „Das Mädchen in meiner früheren Gemeinde war 15 Jahre alt. Die Konfirmation war ein Jahr vorher gewesen. Wie jeden Morgen hatte sie sich auf dem Fahrrad noch einmal umgewandt und der Mutter fröhlich zugewinkt. Unterwegs den Bekannten einen vergnügten guten Morgen gewünscht. Kurz vor der Schule mußte sie über die Straße. Der Bordstein unglücklich hoch, die Pedale muß sich verhakt haben. Ein schrecklicher Sturz, der das Genick brach. Alle Versuche – der Arzt wohnte direkt nebenan – noch etwas zu retten, kamen zu spät.

Es war ein freundlicher Morgen mit einer strahlenden Sonne. Doch plötzlich war alles verdüstert. Die Menschen standen in Gruppen auf den Straßen des kleinen Ortes. Manche, die lange nicht mehr miteinander geredet hatten.

Die Eltern wie versteinert, stumm, ohne Tränen. Nun hatten wir sie schon bis zur Konfirmation, die ganzen Jahre hindurch, wofür das alles? Das Mädchen, aufgebahrt im offenen Sarg, als wenn sie schliefe. Die Mutter, die sich davon nicht losreißen kann. Aber es ist kein Schlaf. Es ist endgültig.

Und es begab sich, daß Jesus in eine Stadt ging mit Namen Nain. Seine Jünger gingen mit ihm und viel Volks. Als sie aber nahe an das Stadttor kamen, siehe, da trug man einen Toten, der einzige Sohn seiner Mutter, und sie war eine Witwe. Und viel Volks aus der Stadt ging mit ihr.

Man muß genau in die Geschichte horchen, liebe Gemeinde. Eine Witwe in dieser Umwelt, nichts darstellend, ohne männlichen Schutz, auf Almosen angewiesen. Der Jüngling, der einzige Sohn seiner Mutter, der sie, herangewachsen, versorgen soll, ihr Leben wieder ins Lot bringen wird, der selbst angesehen und wohlhabend, eines Tages seiner Mutter, die ihn in Hungerjahren aufgezogen hat, nun die Ehre wiedergibt und einen Glanz auf ihre alten Tage legen wird. Der ist tot. Unwiederbringlich. Hier wird eine Hoffnung zu Grabe getragen.

Nach dem langen Trauerbesuch bei den Eltern des Mädchens war ich am nächsten Tag nicht wenig überrascht, als in der Zeitung die Anzeige mit der Überschrift erschien: Schicksal, warum bist du so grausam. Was hieß hier Schicksal? Wir hatten doch von *Gottes* Unbegreiflichkeit gesprochen, der uns dennoch hält. Wieso Schicksal? Ich habe erst langsam begriffen, das konnte nicht der Gott sein, den sie kennengelernt hatten in manchen Predigten, der Gott der Liebe. Da redeten sie lieber vom Schicksal, obwohl es doch eigentlich nicht richtig war. Aber vielleicht ist es manchmal für Gott besser, wenn er Schickal genannt wird.

Liebe Gemeinde, wenn ich damals einen Predigttext nicht genommen hätte, dann wäre es dieser Predigttext gewesen. Nein, den hätte ich da nicht vorlesen dürfen. Der hätte doch genau den Phantasien der Mutter entsprochen am offenen Sarg des Kindes, daß einer käme und sagte: Mädchen, ich sage dir, stehe auf. Man merkt plötzlich die Grenzen dieser Geschichte vom Jüngling von Nain. Was hilft es, wenn da einer vor bald 2000 Jahren wieder lebendig geworden sein soll. Nein, es hilft nicht, wir müssen uns mit so manchem unzeitigen Tod abfinden, können nur erstarren und verstummen und uns damit trösten, was kein Trost ist, aber eine Erfahrung, daß das Leben weitergeht, daß die Zeit manche Wunden vernarben läßt, so daß sie nur bei bestimmtem Wetter schmerzen.

Was da aus dem Stadttor von Nain herauskommt, das ist der Zug des Todes, der Trauer, der Klage oder des Verstummens.

Und dagegen steht nun – Luther hat schon auf diese beiden gegenläufigen Prozessionen hingewiesen –, dagegen steht nun der Zug des Lebens, des Lebens mit Jesus Christus.

Auch hier muß man genauer hinschauen:

Als der Kyrios, der Herr, diese weinende Witwe sah, jammerte ihn derselben (wörtlich übersetzt: Ergriff's ihn in der Magengegend). Und er sagte zu ihr: Weine nicht, und trat hinzu und griff an den Sarg. Und die Sargträger standen (seltsam, diese bis ins einzelnde gehende Beschreibung. Der Zug des Todes steht.) Jesus hat die Hand an den Tod gelegt. Und er sagt: Jüngling, ich sage dir, stehe auf. Und der Tote richtete sich auf und fing an zu reden. Jesus gab ihn seiner Mutter zurück.

Das ist im Grunde eine Traumgeschichte. Wie oft habe ich mir gewünscht, ich oder ein anderer könnte das wirklich tun. Der Zug des Lebens stoppt den Zug des Todes. Muß man jetzt nicht die ganze Sache einfach in dem Sinn aufnehmen, daß man sagt, dies ist eine sinnbildliche Geschichte, die zeigt, daß Jesus gegen den Tod angeht, und die sagen soll, daß die, die ihm nachfolgen, auch gegen den Tod angehen sollen. Wer Jesus ernst nimmt, der muß auf den Zug des Lebens aufspringen und dafür sorgen, daß es ein Leben *vor dem Tode* gibt. Und da gibt es ja auch vieles und Wichtiges zu tun. Aber, wenn unser Denken nur um die notwendige Zurückdrängung des Todes kreist und den Tod selber ausklammert, bekommt er nicht dadurch eine unwahrscheinlich lebensbestimmende Macht?

Diese Geschichte vom Jüngling zu Nain hat eine Vorlage, die hindurchschimmert, 1. Könige 17. Diese Geschichte kennen die Leser des Lukasevangeliums natürlich. Es wird von Elia erzählt, wie er bei der Witwe von

Zarpat ist, deren Sohn stirbt, und wie er Gott anruft und bittet: Herr, mein Gott, laß sein Leben in dies Kind zurückkehren. Und wie dies Kind wieder lebendig wird. Elia bittet Gott, und Gott handelt. Hier aber wird erzählt, Jesus handelt selbst, er der Kyrios gebietet der Macht des Todes. So haben wir es auch in unserer Epistel heute gehört. Christus hat dem Tode die Macht genommen. Jesus handelt an Gottes Stelle.

Der Text geht weiter: Und die Menschen kam alle eine große Furcht an. Sie priesen Gott. Die einen denken offenbar an die Elia-Geschichte: Es ist ein großer Prophet unter uns aufgestanden. Die anderen aber begreifen, was wirklich geschehen ist: Gott hat sein Volk aufgesucht in diesem Jesus. So wie Jesus ist, so ist Gott wirklich. Er ist kein dumpfes Schicksal. Gott empfindet Erbarmen mit den Leidenden. Jesus Christus hat dem Tode die Macht genommen. Dahinter steht natürlich die Auferstehungserfahrung der christlichen Gemeinde.

Aber habe ich nun das Problem nicht überspielt? Wer gestorben ist, wird doch nicht mehr lebendig. Und wenn, dann müßte er doch noch einmal sterben? Ich glaube, es ist wichtig, daß wir uns klarmachen: Diese Geschichte verweist uns nicht auf die Technik von Wiederbelebungsversuchen, so hilfreich die sein können. Jesus hat in Nain keine Rückholstation für Gestorbene gegründet. Diese Geschichte zielt in ihrem letzten Satz auf das, worauf es ankommt: Gott hat sein Volk in diesem Jesus aufgesucht, die Geschichte zielt auf den, mit dem ein Leben erschienen ist, das auch der Tod nicht letztlich zerstören kann. Und ich glaube, und sage das sehr vorsichtig, daß wir unser Leben ohne eine letzte Angst, die wir ständig verdrängen müssen, nur leben können, wenn wir etwas von dem ewigen Leben, das in Jesus Christus erschienen ist, wissen. Und ich denke, daß wir in diesem Leben nur wirksam etwas gegen die Mächte des Todes tun können, wenn wir um unser eigenes Leben keine letzte Angst zu haben brauchen und uns im Leben und Sterben vom Erbarmen Gottes umgeben wissen. Das bedeutet, es gibt kein Leben ohne die Wirklichkeit unseres Sterbens und des Sterbens unseres Nächsten. Und es gibt keine Verheißung, daß uns nicht tiefes Leid zugefügt wird. Aber in dem allen gibt es eine bleibende Verbindung mit Christus, der Herr ist über die Macht des Todes.

Noch einmal zurück zu der schrecklichen Geschichte mit dem 15jährigen Mädchen: Seltsamerweise war es für uns alle ein Trost, daß es für dies Mädchen und die Eltern eine Christusbeziehung gab. Es war in der Gemeinde üblich, daß die Konfirmanden und ihre Eltern am Abend der Konfirmation, wenn sie wollten, an einer Abendandacht in der Kirche teilnehmen konnten. Davon sprachen die Eltern und besonders von dem Gebet, das dort gesprochen wurde: Herr bleibe bei uns, denn es will Abend werden, und der Tag hat sich geneigt, bleibe bei uns am Abend des Tages, am Abend des Lebens, am Abend der Welt, bleibe bei uns und bei allen deinen Gläubigen in Zeit und Ewigkeit. Mehrmals sprachen die Eltern seltsamerweise von diesem Gebet.

Wer davon etwas weiß, der hat trotz allem, was uns erschreckt, etwas von dieser Wirklichkeit erfahren. Jesus Christus hat dem Tode die Macht genommen. Amen."[11]

Man mag mancherlei an dieser Predigt aussetzen. Insgesamt ist sie so, wie ich mir eine ordentliche Predigt vorstelle. Es ist eine dem Text gemäße Situation aufgenommen. Der Text wird ausgelegt. Text und Situation sind miteinander verbunden.

Als ich nach dem Gottesdienst mit meiner Frau über die Predigt sprach, sagte sie: Als du die Geschichte von Christine H. erzählt hast, war es totenstill in der Kirche. Die Leute saßen wie gebannt. Es war ja auch furchtbar. Das haben die Leute verstanden. Als du dann über den Jüngling zu Nain sprachst und von der Hoffnung, war es nicht mehr so ruhig. Ich fragte: Was werden die Leute mitgenommen haben? Den Jüngling zu Nain oder das 15jährige Mädchen, oder beides? Meine Frau sagte zögernd: Ich denke, Christine H. und vielleicht das mit dem Gebet am Schluß auch.

Nun müßte man das im einzelnen überprüfen und überlegen, ob diese Einschätzung des Hörempfindens richtig ist. Aber ich denke, es stimmt. Und da liegt für mich das Problem. Es geht nicht einfach um gute oder schlechte Predigt, um eine völlig am Text vorbeiredende Predigt oder eine Predigt, die sich mit der Sprache Kanaans in den Gefilden von Nain herumtreibt. Es geht mir um die ordentlich gemachte, den Hörer mit der vergangenen Glaubenserfahrung in seiner gegenwärtigen Lebens- und Glaubenserfahrung ansprechende Predigt. Bei solch einer Predigt ergibt sich für mich die Frage: Nehmen wir einmal an, es stimmt, daß das Eindrücklichere der Tod dieses Mädchens war, hatten dafür die Glocken geläutet? War es sinnvoll, daß dafür die Menschen zusammenkamen? Wenn das Gebet am Schluß wirklich mit zu dem Erinnerbaren gehört, das wäre schon etwas, das „Christum treibet". Das wäre etwas von der Sache dieser Nain-Geschichte. Aber die Frage ist, hätte ich die Geschichte vom Jüngling zu Nain als das, was mitzunehmen war, anders in den Mittelpunkt stellen, anders erschließen sollen? Ist Nain zu sehr in den historischen Abstand gerückt worden? Bin ich nicht – verständlicherweise – mehr in die selbst erlebte Geschichte eingestiegen? Habe ich den Jüngling von Nain mit der Erfahrung dieses Todes wirklich erschlossen oder nur danebengestellt und Verbindungslinien hin- und hergezogen? Haben die Hörer in ihrer, wie ich meine, immer sehr ernst zu nehmenden Körperspra-

---

11   Horst Hirschler: Predigt in St. Jacobi, Göttingen, 16. n. Trin., 1985

che der Stuhlknarr- und Hustenreaktion vielleicht doch deutlich gezeigt, wo der Prediger zuhause war und wo nicht? Ich will das nicht überziehen. Wir sind ja als Prediger schon froh, wenn uns solche Einfälle beim Jüngling zu Nain kommen wie in dieser Predigt, und alle kochen wir nur mit Wasser. Aber die Zielrichtung der These „biblisch predigen" ist vielleicht deutlicher geworden. In einer bibelvergessenen Zeit ist es nötig, alle Anstrengung darauf zu richten, daß die Hörer mit dem Bibeltext etwas erleben, daß er als Umschlagplatz der Erkenntnis erlebbar wird. Und alles, was wir an „konkret predigen" und „persönlich predigen" und „rhetorisch predigen" und „seelsorglich predigen" usw. überlegen, müßte m. E. diesem Ziel dienen. Um es noch einmal zu sagen, warum: weil die Texte ihre eigenständige Kraft entfalten sollen.

Wir werden im weiteren sehen, daß es durchaus auch sinnvoll sein kann, bestimmte außerbiblische Erfahrungsberichte der Christenheit als Erschließungsgeschichten des Glaubens weiterzusagen. Auch Erfahrungen der gegenwärtigen Christenheit. Aber das zunächst uns Aufgegebene sind die biblischen Texte, die im Erleben der Hörer zu verankern sind, weil und sofern sie (nicht jeder biblische Text ist dazu geeignet) Christuserfahrung, Gotteserfahrung, Glaubenserfahrung gespeichert haben und heute freisetzen können.

Dabei ist ihre Schwierigkeit zugleich ihre Chance. Sie sind als ferne Texte für unsere Situation absichtslos, sie meinen uns nicht, wir sind nicht die Adressaten der Verfasser dieser Texte. Sie sind uns aus viel Gründen nur zu einem Teil direkt zugänglich. Um sie zu erschließen, muß vielerlei in Gang gesetzt werden, Gelehrsamkeit und Geschicklichkeit. Mancher Text, der uns als Theologen große Schwierigkeiten macht, weil wir zuviel über ihn wissen, wird von jemandem, der das liest, wie es da steht, allerdings sehr viel schlichter aufgenommen. Und manchmal ist das nicht einmal schlecht. Der biblische Text wird freilich dauerhaft nur für den, der sich intensiv mit ihm beschäftigt und sich um die Kenntnis der ganzen Bibel und ihrer Welt bemüht, seine wirkliche Kraft entfalten können. Darin liegt die Schwierigkeit für uns als Prediger, für die Gemeindeglieder oder die Hörer außerhalb der Gemeinde. Diese Schwierigkeit ist vielfach ein Hemmnis und geeignet, die Situation der Bibelvergessenheit zu fördern.

Dabei ist die Fremdheit der biblischen Texte auch eine Chance. In einer Zeit, in der fast alles zweckrational begründet und begriffen werden muß, in der das Tun und Reden auf Brauchbarkeit und Machbarkeit hin betrachtet wird, ist der biblische Text ein seltsamer Fremdkörper. Aber als ein die Gedanken des Reiches Gottes vorwegdenkender Text, als ein nicht angepaßter Text ist er das einzige, was wir als Christen heute der modernen Welt über das hinaus, was sie sich längst und ausführlich selbst zu sagen hat, ernsthaft bieten können. Da diese Texte gleichzeitig diese moderne Welt entscheidend mitgeprägt haben, ist die biblische Predigt notwendig.

b) Die Bibel macht die Gemeinde selbständig

Aus einer niedersächsischen Gemeinde hörte ich, daß sie in den fünfziger Jahren einen jungen Pastor bekam, der die Heilige Schrift etwas eigenwillig auslegte. Die Gemeinde hörte sich das einige Male an. Die Gemeindeglieder schauten in ihre Bibeln. Das war nicht das, was sie darin lasen. Der Kirchenvorstand vermahnte den Pastor. Er solle sich in seiner Predigt an das Wort Gottes halten, das er vorläse. Als es das nächste und übernächste Mal nicht besser wurde und die Gemeinde beim besten Willen in der Predigt keine Auslegung der Schrift erkennen konnte, wurde der Pastor per Kirchenvorstandsbeschluß verdonnert, einem alten Kirchenvorsteher, der des Wortes Gottes kundig war, in jeder Woche Freitagabend seine Predigt vorzulesen. Der ging sie dann sorgfältig und bedächtig mit ihm durch, verfügte die entsprechenden Änderungen, und wie ich hörte, soll der Pastor mit der Zeit gelernt haben, die Heilige Schrift auszulegen.

Ob dies eine Hoffnungsvision oder ein Alptraum ist, hängt vermutlich von den inhaltlichen Fragen ab, die da verhandelt werden. Die mündige Gemeinde kann für manche Prediger auch ein Schreckgespenst sein. Dennoch können wir nicht darauf verzichten. Und manchmal geschieht der Erziehungsvorgang, mit dem eine Gemeinde ihren Pastor oder ihre Pastorin erzieht, etwas dialogischer als in diesem Falle. Dennoch finde ich das Beispiel schon eindrucksvoll.

Martin Luther hat im Jahre 1523 für die kleine sächsische Gemeinde Leisnig seine bekannte Schrift verfaßt: „Dass eine christliche Versammlung oder Gemeine Recht oder Macht habe, alle Lehre zu urteilen und Lehrer zu berufen, ein- und abzusetzen, Grund und Ursach aus der Schrift. 1523.“[12]

In dieser Schrift ist zunächst interessant, welche Rolle wie auch in Luthers anderen Schriften die Texte der Bibel spielen. Schon aus der Überschrift wird das deutlich. Das, was Luther behauptet, soll nicht auf seinem Namen oder seiner Meinung stehen, sondern es geht darum, daß man gemäß der Schrift und dem Worte Gottes handelt, damit die Sache aus der Schrift richtig befestigt ist und steht, wie Luther sagt.

Das bedeutet, der Leser soll durch den biblischen Text zum selbständigen Urteil geführt werden.

---

12   Martin Luther: Dass eine christliche Versammlung Recht habe... (1523) WA 11, 408 ff. (Die Lutherzitate sind aus der Weimarer Ausgabe bei möglichst genauer Übernahme des ursprünglichen Wortlauts um der leichteren Lesbarkeit willen in die heute übliche Schreibweise von mir übertragen worden)

Luthers Thesen zur Bedeutung der Gemeinde in dieser Zeit sind bekannt: „Aufs erste ist vonnöten, daß man wisse, wo und wer die christliche Gemeine sei, auf daß nicht ... unter christlicher Gemeine Namen Menschen menschlichen Handel vornehmen ... Dabei aber soll man die christliche Gemeine gewißlich erkennen, wo das lautere Evangelium gepredigt wird. Denn gleich wie man an dem Heerpanier erkennt als bei einem gewissen Zeichen, was für ein Herr und Heer zu Felde liegt, also erkennt man auch gewiß an dem Evangelium, wo Christus und sein Heer liegt ... Weil aber christliche Gemeine ohne Gottes Wort nicht sein soll noch kann, folgt aus vorigem stark genug, daß sie dennoch ja Lehrer und Prediger haben müssen, die das Wort treiben. Und weil in dieser verdammten letzten Zeit Bischöfe und das falsche geistliche Regiment solche Lehrer nicht sind noch sein wollen ... Und Gott nicht zu versuchen ist, daß er vom Himmel neue Prediger sende, müssen wir uns nach der Schrift halten und unter uns selbst berufen und setzen diejenigen, so man geschickt dazu findet, und die Gott mit Verstand erleuchtet und mit Gaben dazu gezieret hat. Denn das kann niemand leugnen, daß ein jeglicher Christ Gottes Wort hat und von Gott gelehrt und gesalbt ist zum Priester."

Luther hat diese Verantwortung der Gemeinde für das Wort Gottes festgehalten unbeschadet der Aufgabe, die der Prediger, obwohl von der Gemeinde berufen, als darin von Gott berufenes Gegenüber der Gemeinde hat. In seiner berühmten Predigt zur Einweihung der Torgauer Schloßkirche, dem ersten protestantischen Kirchenbau, im Jahre 1542 sagt er: „Ja, dies Predigtamt ist der Sprengel (Weihwasserwedel H. H.), daran wir alle zugleich sollen greifen, uns und andere damit zu segnen und zu heiligen ... Denn daß ich, so wir in der Gemeine zusammenkommen, predige, das ist nicht mein Wort noch Tun, sondern geschieht um euer aller willen und wegen der ganzen Kirche, ohne daß (weil) einer muß sein, der da redet und das Wort führt aus Befehl und Verwilligung der anderen, welche sich doch damit, daß sie die Predigt hören, alle zu dem Wort bekennen und also andere auch lehren. Also daß ein Kindlein getauft wird, das tut nicht allein der Pfarrherr, sondern auch die Paten als Zeugen, ja die ganze Kirche."[13]

Die Gemeinde hat also das Wort Gottes, und die Gemeinde ist für die Predigt des Wortes Gottes verantwortlich.

Die Notwendigkeit biblischer Predigt ergibt sich nun aus dieser Verantwortung der Gemeinde. Der einzelne Christ kann gegenüber dem Prediger nur dann ein gleichberechtigter Gesprächspartner sein, wenn es eine gemeinsame Argumentationsgrundlage gibt, auf die sich Prediger und Hörer bezie-

---

13 Martin Luther: Predigt zur Einweihung der Torgauer Schloßkirche. (1542) WA 49, 599 f.

hen können. Das ist die Bibel, sofern sie das Wort Gottes bezeugt, und es ist Jesus Christus als Mitte der Schrift. Daran jeweils zu überprüfen sind die Bekenntnisse, auf die sich eine Kirche geeinigt hat als Hilfen für solche Gespräche.

Nun kann man freilich mit einigem Recht sagen: Grau ist alle Theorie. Wie soll denn ein normales Gemeindeglied des Pfarrers und der Pfarrerin Lehre beurteilen? Die reden doch die Laien spielend an die Wand. Und wer ein wenig Erfahrung mit sich selber hat und damit, wie Pastorinnen und Pastoren ihr Expertenwissen im Streitfall auch als Herrschaftswissen einzusetzen vermögen, der kann solchen Einsprüchen nur zustimmen. Es gibt in der Tat vielfach das berechtigte tiefe Empfinden der Gemeinde, ich bin dem Pastor und der Pastorin in solchen Fragestellungen doch nicht gewachsen. Da der Pfarrer aufgrund seiner theologischen Bildung und der Notwendigkeit, regelmäßig zu predigen, selbst wenn man die Gemeindeglieder als Experten für Lebensfragen ansehen möchte, sowohl im Bereich der Bibel wie im Bereich der Lebensfragen über mehr argumentative Routine und Beredsamkeit verfügt, ist das Gefühl vieler Gemeindeglieder an diesem Punkte, dem Amtsträger nicht gewachsen zu sein, sicher realistisch.

Im übrigen, wer mag mit dem Pastor um dessen Bibelauslegung streiten. Wenn es sich nicht um ganz bestimmte Gruppen mit einer andersartigen Bibelauffassung handelt, kommt das nur selten vor.

Brisanter schon sind die Lebensfragen, die er anspricht, besonders wenn politische Einstellungen in seiner Predigt durchkommen, die viele Gemeindeglieder nicht teilen. Aber schon in diesem Bereich, wo doch viele aus der Gemeinde mühelos Gesprächspartner sein könnten, findet eher eine Abstimmung mit den Füßen statt, das heißt, wenn's einem nicht paßt, bleibt er zuhause oder geht zum andersdenkenden Pastorenkollegen.

Darüber hinaus paßt dies Denken vom Priestertum aller Gläubigen mit Kompetenz in biblischen Fragen nicht in unsere gegenwärtige gesellschaftliche Situation, in der alles auf das Spezialistentum zuläuft und eben der Pastor auch als Spezialist in religiösen Fragen angesehen wird. Ihm ist die religiöse Erziehung der Kinder längst zugeschoben. Was die Familien nicht mehr schaffen, soll er während der kurzen Zeit und unter den ungünstigen Umständen des Konfirmandenunterrichtes leisten. Er ist eben der Experte. Frag' man den Pastor, sagt die Mutter auf die religiöse Frage des Kindes.

Muß also der Gedanke, die biblische Predigt sei notwendig, um die Gemeinde, die einzelnen Gemeindeglieder in Sachen Glauben kompetent zu machen, aufgegeben werden?

Ich möchte diese Schlußfolgerung auf keinen Fall ziehen. Allerdings wird die Frage, ob biblische Predigt die Gemeinde selbständiger machen kann, nicht mit einem Schreibtischkonzept einer idealen mündigen Gemeinde erklärt werden können. Dazu sind viele praktische Schritte in der Gemeindearbeit nötig. Diejenigen, die an dieser Erwartung an den Pastor als

Experten etwas ändern können, sind der Pastor oder die Pastorin selbst. Sie brauchen sicherlich Unterstützung, Anstoß, Durchhaltekraft durch andere Mitarbeiter und engagierte Gemeindeglieder. Aber es ist u. a. auch eine Frage, wie sie predigen. Der Prediger, der mit seiner Gemeinde auch durch die Predigt in einen Dialog über den biblischen Text tritt, der bewußt versucht, die Gemeinde auch in Sachen Bibel kompetenter zu machen, schafft sich auf diese Weise in der Gemeinde ernsthafte Gesprächspartner.

Dabei muß man wohl unterscheiden zwischen den Erwartungen und Möglichkeiten der sich engagierenden Glieder der Kerngemeinde und den Erwartungen und Möglichkeiten der gelegentlich zusammenströmenden volkskirchlichen Gemeinde.

Diese beiden Gruppen in der Gemeinde sind nicht präzise zu trennen, sie überschneiden sich vielfältig. Eine Ausweitung der Zahl der Gemeindeglieder, die sich als selbständig verantwortliche Christen in ihrer Kirche fühlen, wird immer eine Aufgabe der gemeindlichen Arbeit sein. In der Kerngemeinde werden der Pastor und die Pastorin leichter als solche akzeptiert, mit denen man über das Verständnis des Glaubens reden und streiten kann; in der etwas abständigeren Volkskirche werden sie ganz selbstverständlich als die angesehen, die die Kirche repräsentieren und religiöse Spezialisten sind. Sie müssen dies akzeptieren und nicht akzeptieren. Man muß es auf der einen Seite als Gegebenheit annehmen und dennoch auf der anderen Seite immer darauf sinnen, wie es zu verändern ist.

Die biblische Predigt, die ihren Schwerpunkt ganz bewußt auf das Weitergeben und Erschließen des biblischen Textes legt und sich bemüht, dies im Sinne eines dialogischen Vorgangs und einer gemeinsamen Suchbewegung zu tun, hilft der Gemeinde zur notwendigen Selbständigkeit.

Hinzuweisen ist schon jetzt auf die Erfahrungen mit Predigtvorbereitungs- und -nachbesprechungsgruppen. Hinzuweisen ist auf die genannten Bibelseminare und ähnliche Veranstaltungen, die zwar meist kleine Gruppen, aber dennoch Gemeindeglieder, zu wichtigen Gesprächspartnern des Pastors und der Pastorin machen. Pastoren, die so arbeiten, merken, daß sie plötzlich auf die Auslegung des Textes angesprochen werden.

Luther schreibt am Ende seiner Kirchenpostille von 1522: „O daß Gott wollt, mein und aller Lehrer Auslegung untergingen, und ein jeglicher Christ selbst die bloße Schrift und lauter Gotteswort für sich nehme! Du siehst je aus diesem meinem Geschwätz, wie unmeßlich ungleich Gottes Worte sind gegen aller Menschen Worte, wie gar kein Mensch mag ein einziges Gotteswort genugsam erreichen und erklären mit allen seinen Worten. Es ist ein unendlich Wort und will mit stillem Geist gefasset und betrachtet sein, wie der 83. Psalm (Psalm 85,9) sagt: Ich will hören, was Gott selbst in mir redet. Es begreift auch sonst niemand, denn ein solcher stiller betrachtender Geist. Wer dahin könnte ohne glossieren und auslegen kommen, dem wären mein und aller Menschen Glossieren gar nicht nötig, ja, nur hinderlich. Darum hinein, hinein, lieben Christen, und laßt mein und aller Lehrer Auslegen nur ein Gerüst sein zum rechten Bau, daß wir das bloße lautere Gotteswort selbst fassen, schmecken und da bleiben; denn da wohnet Gott allein in Zion. Amen."[14]

c) Die Bibel braucht die Predigt

Die Bibel bezeugt Jesus Christus als das ein für allemal menschgewordene Wort Gottes. Der Kanon der Schriften des Alten und des Neuen Testaments ist als Urkunde dieses Glaubens für den Prediger unverzichtbar. Es muß aber doch noch genauer gesagt werden, wieso *biblische Predigt* notwendig ist. Dazu kann man zunächst nur darauf hinweisen, daß die Verkündigung der Nachricht von Jesus Christus selbst ein entscheidender Teil des Heilsgeschehens ist.

Paulus formuliert 2. Korinther 15,19: „Denn Gott versöhnte in Christus die Welt mit sich selber und rechnete ihnen ihre Sünden nicht zu und hat unter uns aufgerichtet das Wort von der Versöhnung. So sind wir nun Botschafter an Christi Statt, denn Gott ermahnt durch uns; so bitten wir nun an Christi Statt: Laßt euch versöhnen mit Gott! Denn er hat den, der von keiner Sünde wußte, für uns zur Sünde gemacht, damit wir in ihm die Gerechtigkeit würden, die vor Gott gilt."[15]

Das Wort von der Versöhnung ist unter uns aufgerichtet und braucht jeweils aktuelle Botschafter.

Martin Luther hat hierbei die Mündlichkeit der christlichen Verkündigung immer wieder hervorgehoben.

„Also sehen wir auch, daß aller Apostel und Evangelisten im ganzen Neuen Testament Meinung ist, daß sie uns jagen und treiben in das Alte Testament, welches sie auch alleine nennen die Heilige Schrift; und das Neue Testament sollte eigentlich nur leiblich lebendiges Wort sein und nicht Schrift; derhalben auch Christus nichts geschrieben hat . . ."[16]

„Denn im Neuen Testament soll die Predigt mündlich mit lebendiger Stimme öffentlich geschehen, und das Hervorbringen in die Sprache und Gehöre, das zuvor in den Buchstaben und heimlichen Gesichtern verborgen

---

14 Martin Luther: Kirchenpostille. (1522) WA 10, I, 1; 728
15 Wohl nicht: „Gott war in Christus", wie man auch übersetzen könnte. Vgl. Rudolf Bultmann: Der 2. Brief an die Korinther. Göttingen, 1976, S. 162
16 Martin Luther: Adventspostille. (1522) WA 10, I, 2; 34 f.

ist. Sintemalen das Neue Testament nichts anderes ist, denn ein Auftun und Offenbarung des Alten Testaments . . . Darum hat auch Christus selbst seine Lehre nicht geschrieben wie Mose die seine, sondern hat sie mündlich getan, auch mündlich befohlen zu tun, und keinen Befehl gegeben, sie zu schreiben . . . darum ists gar nicht neutestamentisch, Bücher schreiben von christlicher Lehre, sondern es sollten ohne Bücher an allen Orten sein gute, gelehrte, geistliche, fleißige Prediger, die das lebendige Wort aus der alten Schrift zogen und ohne Unterlaß dem Volk einschärften, wie die Apostel getan haben. Denn ehe sie schrieben, hatten sie zuvor die Leute mit leiblicher Stimme bepredigt und bekehrt, welches auch war ihr eigentlich apostolisch und neutestamentisch Werk . . . Daß man aber hat müssen Bücher schreiben, ist schon ein großer Abbruch und ein Gebrechen des Geistes, daß es die Not erzwungen hat und nicht die Art des Neuen Testaments; denn da anstatt der frommen Prediger aufstanden Ketzer und falsche Lehrer und mancherlei Irrtum, die den Schafen Christi Gift für Weide gaben, da mußt man das Letzte versuchen, das zu tun und not war, auf daß doch etliche Schafe vor den Wölfen errettet würden: Da fing man an zu schreiben, und doch durch die Schrift, soviel es möglich war, die Schäfle Christi in die Schrift zu führen und damit verschaffen, daß doch die Schafe sich selber weiden möchten und vor den Wölfen bewahren, wo ihr Hirten nicht weiden oder zu Wölfen werden wollten."[17]

Luther legt also größten Wert darauf, daß das Wort der Christusverkündigung als ursprünglich mündliches Wort begriffen wird, das durch die gegenwärtige Predigt aus seiner Schriftlichkeit, die ein notwendiges Vehikel war, wieder befreit wird und den Menschen neu in seiner jeweiligen Situation anspricht. Biblische Predigt ist also notwendig, damit das schriftliche Wort zum anredenden Wort Gottes wird.

In welchem Sinne ist aber für die biblische Predigt vom Text der Bibel als Gottes Wort zu reden. Handelt es sich da nicht einfach um die Mitteilung vergangener Glaubenserfahrung, oder die durch die schriftliche Gestalt gegebene Mitteilungmöglichkeit von Texten, die für die Römer oder die Galater Wort Gottes sein sollten. Wir sind ja vom Verfasser der Texte nicht gemeint. Hätten sie gewußt, daß wir nach so vielen Jahren immer noch ihre Schriften lesen, wäre das für ihre eschatologisch bestimmte Weltsicht eine tiefe Anfechtung gewesen.

Wie wird der biblische Text für uns Wort Gottes? Das wird im einzelnen noch auszuführen sein. Zunächst nur so viel: Wort Gottes meint immer das mich ansprechende, mich treffende, meine Existenz bestimmende Wort

---

17   Martin Luther: Kirchenpostille. (1522) WA 10, I, 1; 626 f.

Gottes. Die schriftlich vorliegenden Texte, die ich mit verobjektivierenden wissenschaftlichen Mitteln analysieren kann, sind nicht Wort Gottes. Ich werde sie allerdings nur so weit verstehen können, wie die wissenschaftliche Fragestellung es mir erlaubt. Will ich die Texte in ihrer ursprünglichen Intention verstehen, die unterschiedlich zu bestimmen ist, aber im wesentlichen auf ein bestimmtes Verstehen vor Gott, vor den Menschen und vor der Welt hinausläuft, komme ich schwerlich darum herum, mich mit meiner ganzen gegenwärtigen Existenz auf sie einzulassen. Dadurch entspringt aus ihnen ganz selbstverständlich die Anfrage an mich, wie ich mich verstehen will. Damit sind sie noch nicht Wort Gottes, sie enthalten aber eine mich betreffende Frage.

Wie wird so ein Text Wort Gottes? Er wird es nur im Kontext gegenwärtiger Gotteserfahrung. Solche ist immer kulturell-religiös vermittelt. Ich beginne also nie bei einem Nullpunkt, sondern befinde mich immer schon in einem sprachlichen, erfahrungsmäßig vermittelten Kontext. Jeder Mensch erfährt in dem, was ihm als Schicksal zustößt (seine Geburt, seine Eltern, sein Land, seine Zeit, seine Mitmenschen, er selbst mit den Folgen seines Handelns) nach christlichem Verständnis Gott. Jedes dieser Ereignisse fordert ihn zur Frage heraus, was soll das? Und er antwortet darauf. Wenn mich eine Krankheit trifft, frage ich, warum muß mich das treffen? Warum mich und den anderen nicht? In, mit und unter solcher Krankheit erfahre ich eine mich betreffende Nachricht. Im Falle einer Krankheit heißt sie vielleicht: Nein! zu meinen Plänen, zu meiner Lebensweise, vielleicht sogar zu meinem Lebensrecht. Oder die mir begegnende Wirklichkeit scheint mir durch den Verlauf einer Krankheit ein „Ja" zuzusagen: Ich bin ein Glückskind, so lange es währt. Als solche, die in der jüdisch-christlichen Sprachüberlieferung stehen, sprechen wir, um dem mich als Person betreffenden Widerfahrnischarakter der Wirklichkeit halbwegs gerecht zu werden, von Gott, der uns in den alltäglichen Ereignissen als mich persönlich ansprechende Wirklichkeit begegnet. Das Alte Testament ist voll von Glaubenserfahrungen, die aus den Widerfahrnissen des Volkes oder des Einzelnen das damit gesprochene Wort Gottes, das begrenzt, befreit und trägt, zu fassen suchten. Die Texte der Urgeschichte, der Geschichtsüberlieferung, der Propheten, der Psalmen, der Weisheit sind voll von einer komplexen Verarbeitung dieser Fragestellung.

Nun kann es geschehen, daß jemand im Lesen oder Hören solcher biblischen Texte plötzlich zu verstehen meint, was Gott sagt. Das heißt, daß er zu wissen meint, was die Nachricht, die ihm in einem bestimmten Widerfahrnis begegnet, besagt. In dem Augenblick wird ein Wort der Bibel zum Wort Gottes für ihn. Das Wort der Bibel erschließt mir die Sprache meines Geschicks. Freilich kommt es sofort zum Widerstreit mit anderen Worten. Es kommt sofort, wie wir es aus dem Problem der wahren und der falschen Propheten kennen, zu der Frage: Welches ist denn das wahre Wort Gottes?

Zu solchen uns treffenden Worten der Bibel gehören entsprechend auch die Worte Jesu, z. B. der Bergpredigt, aber auch die paränetischen Passagen des Neuen Testamentes. Allerdings werden nun diese mich treffenden Worte in seltsamer Weise noch einmal relativiert, indem Jesus Christus selbst als das letztgültige Wort Gottes verstanden wird. Wenn die Bibel in diesem Sinne von Jesus Christus spricht, spricht sie damit von ihm als dem gekommenen, dem gekreuzigten, auferstandenen und wiederkommenden Christus.

Luther hat das von Ostern her begriffene Kreuz geradezu als das paradoxe Erkenntnismuster für die Wirklichkeit Gottes aufgezeigt. Im Kreuz zeigt sich, wie Gott handelt und wie er zu verstehen ist. Das Kreuz zeigt, daß Gott in den Ereignissen unseres Lebens unter dem „Widerspiel" handelt, daß er unter dem Gegenteil verborgen ist in seinem Tun. Daß er tröstet, indem er schlägt, daß er lebendig macht, indem er tötet usw. Das bedeutet, Gott entzieht sich der schlichten Erklärbarkeit aus den Ereignissen. Dies ist schon im Alten Testament, besonders in Texten wie Jesaja 53, angedeutet, und diese Texte sind nicht umsonst so folgenreich für das Verständnis des Kreuzes gewesen.

Wie werden, das war meine einleitende Frage, also die Texte der Bibel zum Gotteswort in meiner gegenwärtigen Situation? Das geschieht so, daß mir die aus ihnen sprechende Glaubenserfahrung durch das eigene Lesen, durch das Hören, durch eine Predigt zwischen meine eigene, vielleicht verworrene, möglicherweise unchristliche Glaubenserfahrung gerät, mit der ich die Widerfahrnisse des Alltags auf den Fingerzeig des Schicksals, das Wort Gottes, das in ihnen enthalten ist, abhöre. Gegen diese meine verworrene Glaubenserfahrung setzen sich die Texte der Bibel durch und sagen vielleicht, so ist es, so sagt dir Gott etwas, so sollst du es verstehen, oder auch, das ist nicht zu verstehen. Im Durchsetzen dieser biblischen Glaubenserfahrung gegen meine alltägliche Glaubenserfahrung, die aus vielerlei Quellen gespeist ist, erweist sich solch ein Wort als Wort Gottes. Natürlich kann sich auch ein falsches Wort als vermeintliches Wort Gottes durchsetzen. Ich halte etwas für Gottes Wort, was das Wort des Widersachers ist, wie ich später merke. Es lohnt sich, dazu den sehr eindrücklichen Brief Martin Luthers an seinen Vater Johannes Luther zu lesen, den er als Vorrede zu seiner Wartburger Schrift von den Mönchsgelübden (De votis monasticis judicium 1521) abgedruckt hat. Dieser Brief zeigt, wie Gott unter den menschlichen Verwirrtheiten, was denn wohl sein Wort sei, dennoch handelt.[18]

Die biblische Predigt, d. h. die Predigt, die einen biblischen Text als Hilfe zum Leben erschließt, versucht also, die in dem biblischen Text erkennbare überlieferte Glaubenserfahrung als Hilfe zur gegenwärtigen Glaubenserfah-

---

18 Martin Luther: Brief an Johannes Luther. (1521) WA 8, 573 ff.

rung wirksam werden zu lassen. Nun enthält die Bibel Alten und Neuen Testamentes eine solche Fülle von verschiedenartigen Texten, die Grundlage der Predigt sein können, daß sie unerschöpflich zu sein scheint und nach den Erfahrungen der Christenheit die Breite des menschlichen Lebens restlos abdeckt. Gerade dies allerdings ist auch immer wieder umstritten.

Unsere moderne Welt schafft ständig so viele neue und fremdartige Situationen und Probleme, daß die Bibel veralten muß. Der ganze Bereich der modernen Nukleartechnik, der medizinischen und biologischen Forschung, die unglaubliche Abhängigkeit unserer Welt von Technik und Wissenschaft, die Probleme der Wirtschaft, der Bevölkerungsexplosion u. a. lassen die Bibel zu einem altertümlich-archaischen Werk werden, das zwar zu Zeiten regressiver Bedürfnisse einige Aufmerksamkeit erweckt und die Menschen, wenn sie das Gefühl haben, sie zerstörten die Schöpfung, vielleicht dazu bringt, nach ihr zu greifen, aber sonst doch unzeitgemäß und veraltet wirkt.

Muß nicht aus diesem Grunde das Motto „biblisch predigen" wenigstens zu „biblisch-zeitgemäß predigen" o. ä. modernisiert werden?

Kann Christus veralten? Als Prediger möchte man vielleicht eilfertig sagen, auf keinen Fall. Man darf sich das aber nicht zu leicht machen und sollte vielleicht an Johannes 14,12 denken: „Christus spricht: wer an mich glaubt, der wird die Werke auch tun, die ich tue und wird größere als diese tun, denn ich gehe zum Vater." Und man wird auf die Rede vom Geist hinweisen müssen, der uns in alle Wahrheit führen wird.

In solchem Zusammenhang kommt immer wieder die Forderung nach der textlosen Predigt, der Themapredigt auf. Gert Hartmann hat schon 1965 neben der textgebundenen auch die textfreie Predigt gefordert, damit sich der Prediger in Ruhe auf ein weltliches und so nicht von der Bibel abgedecktes Thema konzentrieren kann. In ähnlicher Weise haben die „Themenstudien" vier Bände mit Themapredigten vorgelegt. Die „Zeitschrift für Gottesdienst und Predigt" hat regelmäßig eine Spalte „Predigt ohne Bibel".[19] Diese Forderung und Erkenntnis kann zunächst befreiend wirken. Allerdings zeigt sich auch dabei, daß dann keine unbiblischen Predigten gehalten werden. Denn wenn auch solche themenorientierten Predigten sich intensiv mit der gegenwärtigen Wirklichkeit auseinandersetzen, woher sollen sie ihre Maßstäbe nehmen, wenn nicht aus biblischen Texten. Auf diese Weise fließt immer biblische Auslegung mit in solche Predigten hinein.

---

19   Gert Hartmann: Die textfreie Themapredigt: Notwendiges Pendant der Textpredigt. In: Pastoralblätter. 1965, S. 481 f.; Peter Krusche/Dietrich Rössler/Roman Roessler (Hrsg.): Themenstudien. Stuttgart, seit 1977; z. B.: 2 GP 1/86. Gütersloh, 1986, S. 13; 2/86, S. 1

Man wird als Prediger im einzelnen entscheiden müssen, wie weit es nötig ist, in solchen Predigten den biblischen Text ausdrücklich vorzuführen oder nur kurz anzudeuten. Der Hinweis gerade auch bei modernen Fragestellungen auf den biblischen Text kann aber nur eine den Hörer überzeugende Wirkung haben, wenn die biblischen Texte nicht einfach im Sinne einer fraglosen Belegstelle benutzt werden. Es ist gerade bei diesen Themen m. E. nötig, daß der biblische Text sorgfältig dargestellt wird und gezeigt wird, inwiefern er für diese ihm fremde Situation eine wegweisende Funktion haben kann. Wer den biblischen Text nur mit einer kurzen Andeutung einbringt, kann ihn im Grunde auch weglassen und braucht nur noch auf ein allgemeines christliches Bewußtsein zu verweisen. Dies ist meistens problematisch. Ich plädiere also auch hier für eine sorgfältige Auslegung eines oder mehrerer biblischer Texte, damit die Bibel auch in der Themenpredigt ihre Kraft wirklich entfalten kann.

Ein Beispiel, in welcher Weise der biblische Text sonst in der Tat entbehrlich wird, sind in manchen Fällen die Denkschriften der EKD, die ja eine Art ausgeführter Themenpredigten sind und deren gegenwartsrelevante Qualität oftmals hervorragend ist. Wenn man dabei einmal untersucht, welche erkenntnisleitende Funktion die Verwendung des biblischen Textes hatte, kann man sagen, diese bewegt sich in der Nähe von Null. Es hätte auch gereicht zu sagen, wir sind für die Nächstenliebe und meinen, deshalb sollte man folgendes tun. Oftmals wirkt der Hinweis auf Bibelstellen wie ein christliches Feigenblatt.[20] Wir kommen damit schon zur Grundsatzfrage der Begründung ethischer Probleme in der Predigt, die im nächsten Kapitel ausführlicher behandelt werden soll.

Natürlich gibt es neben der biblischen Predigt auch die Credo-Predigt, Katechismus-Predigt, Lied-Predigt. Hier liegt ein Text aus der kirchlichen Tradition zugrunde, der allerdings seine bestimmende Kraft auch nur daraus nehmen kann, daß er eine Zusammenfassung biblischer Wahrheit ist.

Das Reformationsfest oder der 10. Sonntag n. Trinitatis oder andere Sonntage könnten eine Gelegenheit zur evangelischen kirchengeschichtlich bestimmten Predigt sein. Dennoch wird sich auch hier zeigen müssen, inwiefern die Kirchengeschichte Geschichte der sachgemäßen oder unsachgemäßen „Auslegung der Heiligen Schrift"[21] ist.

In allen diesen Predigten wird als wesentliches Element die Auslegung dieses oder jenes biblischen Textes kaum fehlen dürfen.

---

20 S. G. Ebelings Analyse der Friedensdenkschrift der EKD. In: Usus politicus legis – usus politicus evangelii. In: Umgang mit Luther. Tübingen, 1983, S. 146 ff.
21 Gerhard Ebeling: Die Geschichtlichkeit der Kirche und ihrer Verkündigung als theologisches Problem. Tübingen, 1954, S. 81

Das ist von mir eigentlich eher beschreibend gemeint. Wenn jemandem textlose Predigt gelingt, die „Christum treibet", dann ist das ohne Abstriche auch richtig.

Nun muß weiter bedacht werden, daß die Entscheidung der Kirche über die Abgrenzung des Kanons nicht bedeuten kann, daß alle biblischen Texte unterschiedlos als Predigttexte geeignet sind. Schon ein Blick in die Auswahl der Texte in den sechs Predigtreihen zeigt, was offenbar alles für weniger oder nicht gut geeignet gehalten worden ist. Das 3. Buch Mose ist mit einem Text (19, 1–3, 13–18) vertreten. Die Grußadresse des Römerbriefes (Römer 16, 1–16) wird man auch normalerweise nicht für einen geeigneten Predigttext halten.[22] Darüber hinaus gibt es manche Texte der Bibel, gegen die der Prediger von der Mitte der Schrift her predigen müßte. (Psalm 137,6, 2. Könige 2, 23–25). In dem allen zeigt sich, daß Bibel und Predigt zusammengehören.

---

22 Wobei die Erzählpredigt von Dieter Schupp über Röm. 16, 12b „Persis macht sich Gedanken" ein schönes Beispiel ist, was einem Prediger mit Einfallsreichtum dennoch möglich ist. In: Horst Nitschke: Biblische Geschichten weiter erzählt. Gütersloh, 1982, S. 114 ff.

III. Wie „biblisch predigen" in die homiletische Landschaft paßt

a) Predigen unter theologischer Kontrolle

1985 ist in zweiter Auflage die Nachschrift von Karl Barths homiletischem Seminar aus dem Wintersemester 1932/33 und dem Sommersemester 1933 in Bonn erschienen, und man konnte es noch einmal nachlesen:

1. „Die Predigt ist Gottes Wort, gesprochen von ihm selbst unter Inanspruchnahme des Dienstes der in freier Rede stattfindenden, Menschen der Gegenwart angehenden Erklärung eines biblischen Textes durch einen in der ihrem Auftrag gehorsamen Kirche dazu Berufenen."
2. „Die Predigt ist der der Kirche befohlene Versuch, dem Worte Gottes selbst durch einen dazu Berufenen so zu dienen, daß ein biblischer Text Menschen der Gegenwart als gerade sie angehend in freier Rede erklärt wird als Ankündigung dessen, was sie von Gott selbst zu hören haben."[23]

Klare Vorstellungen, wie eine Predigt zu sein hat, schließen sich an. Sie muß u. a. offenbarungsmäßig, kirchlich und bekenntnismäßig sein, natürlich biblisch – „Predigt ist Schriftauslegung" –, und sie muß gemeindemäßig sein, d. h. „der Prediger muß seine Gemeinde liebhaben". Die einzelnen Unterabschnitte sind vollgestopft mit z. T. nicht unbedingt zur Überschrift passenden, aber oftmals recht hilfreichen Anregungen zur Predigt.[24]

Dabei ist die Zielrichtung dieses unter strenger theologischer Kontrolle stehenden Predigtkonzepts immer deutlich. Wenn es um die Frage geht, ob die Predigt einen Skopus haben soll, wird dies verneint. Weil die Predigt die dem Text eigentümliche Textbewegung einfach mitzumachen hat, kann es keinen selbstgesetzten Skopus der Schrift geben. „Die Predigt soll Auslegung der Heiligen Schrift sein. Ich habe nicht *darüber,* sondern *davon* zu sprechen; ich habe nicht etwas zu sagen, sondern etwas nachzusagen. Wenn Gott allein in der Predigt sprechen will, so darf weder Thema noch Skopus dazwischentreten."[25]

Hier wird deutlich, welche problematische Auswirkung es hat, wenn dogmatische Aussagen direkt in praktische Ratschläge umgemünzt werden und die jeweilige „Versuchsanordnung" nicht bedacht wird. So wichtig die Aussage ist, daß Gott in der Predigt zum Hörer sprechen will, so sehr entzieht

---

23 Karl Barth: Homiletik. Zürich, ²1985, S. 30
24 A. a. O., S. 32 ff.
25 A. a. O., S. 34

sich diese Aussage homiletischer Handhabbarkeit. Es ist dies eine Glaubensaussage, ein Wort der Hoffnung, des Gebets, es möge so sein. Der Prediger kann darum vorher und nachher beten, er kann sich bemühen, die Botschaft des Textes zu hören, zu verstehen, dann aber muß er sie nach bestem Willen und Gewissen umgießen in seine Sprach- und Gedankenwelt und die seiner Hörer verwandeln und – mit oder ohne Skopus – sagen, was er begriffen hat. Und wenn Gott Gnade gibt, kommt aus dem Gemisch von Predigerrede, Höreraufnahme, von Reden, Zuhören, nicht-genau-Zuhören und eigenen Gedanken des Hörers dann die Erfahrung „deus dixit" heraus. Manchmal zum Erstaunen des Predigers. Barth hat diese Erfahrung in seiner Dogmatik ebenfalls beschrieben. „Die menschliche Unmöglichkeit der kirchlichen Verkündigung besteht schlicht in der Unmöglichkeit des Versuchs, von Gott zu reden ... Gibt es Verkündigung, gibt es also ein Nicht-Mißlingen jenes Versuchs, dann kann und wird das gerade da, wo es das wirklich gibt, nicht als ein menschliches Gelingen, sondern nur als ein im menschlichen Mißlingen verborgenes, des menschlichen Mißlingens souverän sich bedienendes göttliches Gelingen verstanden werden. Gott macht dann gut, was wir schlecht machen."[26]

Die Konsequenz daraus könnte für den Prediger sein: Arbeiten an der Predigt, als ob alles Beten nichts nützte und beten, als ob alles Arbeiten nichts nützte. Es bedeutet eben, so gut es geht, die biblische Botschaft und die christliche Wahrheit weiterzusagen. Wird aber aus solchen dogmatischen Erkenntnissen direkt eine Handlungsanweisung entwickelt, geht die verantwortliche Freiheit des Predigers verloren.

Bezeichnend und übrigens keineswegs unaktuell sind Barths drei Warnungen an den Prediger:

Er soll nicht mit Zeitungszitaten mehr oder weniger aktuelle Inhalte auffahren oder auch nur mit Stichworten darauf anspielen. „Es ist wohl denkbar, daß ein Prediger, der seine Predigt ganz exakt exegetisch aufgebaut hat und überhaupt keine Anspielung auf die Gegenwart bringt, dessen Herz aber übervoll ist von den tausenderlei Nöten der gegenwärtigen Zeit, die wirkliche Lebensnähe hat."

„Vorsicht gegenüber eigenen Lieblingsgedanken und Bereitschaft zur Brechung durch den Text!"

Es braucht nicht immer das Allerneuste und Sensationellste gebracht zu werden. „Hat sich z. B. in der vergangenen Woche in der Gemeinde ein Brand ereignet, unter dessen schrecklichem Eindruck die Gemeindeglieder zur Stunde noch stehen, dann hüte man sich, mit diesem Thema auch nur anspielungsweise in der Predigt aufzufahren. Das gehört zum Alltag, und jetzt ist es Sonntag ..."

---

26   Karl Barth: Kirchliche Dogmatik. (KD) I, 2. Zürich, [5]1960, S. 838 ff.

Barth berichtet über „das Ungetüm einer ganzen Titanicpredigt", die er beim Untergang der „Titanic" 1912 gehalten habe, und wie er 1914 sich verpflichtet gefühlt habe, „diesen Krieg in allen meinen Predigten wüten zu lassen, bis schließlich eine Frau zu mir kam und mich bat, doch einmal von etwas anderem zu reden als immer von diesem fürchterlichen Krieg. Sie hatte recht. Die Unterordnung unter den Text war hier schmählich vergessen worden. Es darf so weit nicht kommen, daß ein Gemeindeglied den Pfarrer zur Ordnung ruft und zur Besinnung mahnt. Aktualität in allen Ehren, aber der Pfarrer sollte als guter Schütze wie bei der Artillerie hinwegschießen über den Hügel der Aktualität."[27]

Es ist auf der einen Seite deutlich, daß dies überholungsbedürftig war. Andererseits bleibt die Frage der sachgemäßen und unsachgemäßen Aktualisierungen immer im Streit. Man muß freilich auch dazu Barths Wort, dem man eine Nichteinmischung in aktuelle Probleme wohl als Letztem vorwerfen kann, in der ersten Nummer von „Theologische Existenz heute" (1933) bedenken, als er angesichts des Begeisterungssturmes bei der sogenannten Machtergreifung Hitlers schrieb, daß er auf die Frage, ob er zu den aktuellen Sorgen und Problemen nicht auch etwas zu sagen habe, nur bemerken könne, daß es „sehr unaktuell und ungreifbar einfach darin besteht, daß ich mich bemühe, hier in Bonn mit meinen Studenten in Vorlesungen und Übungen nach wie vor und als wäre nichts geschehen – vielleicht in leise erhöhtem Ton, aber ohne direkte Bezugnahmen – Theologie und nur Theologie zu treiben."[28]

Wer das Motto „biblisch predigen" heute für sachgemäß hält, kann jedenfalls bei Barth – jenseits der längst stereotyp gewordenen Verwerfung der Wort-Gottes-Theologie – wichtige Gesichtspunkte für das Predigen entdecken. Allerdings wird der Grundansatz der dogmatischen Überwachung der Predigthandlung abgelehnt werden müssen. Dies bedeutet jedoch keineswegs, daß der Predigtinhalt gerade bei der biblischen Predigt nicht stärkster systematisch-theologischer Reflexion bedürfte.

Folgenreicher für die Prediger ist Rudolf Bultmanns Ansatz geworden. Vieles hört sich ähnlich an wie bei Barth. „Echte christliche Verkündigung ist also eine solche, die Ruf Gottes durch Menschenmund zu sein beansprucht und die als Autorität Glauben fordert . . . Es kommt alles darauf an, daß sich die kirchliche Verkündigung dessen bewußt ist und daß sie als wirkliche Anrede den Hörer in seiner konkreten Situation trifft, so daß er sich gefragt, gefordert, getröstet weiß, daß er nicht ausweichen kann . . . Echte Verkündigung hat also dem Menschen zu zeigen, daß er der Vergebung bedarf, und ihre Paradoxie kommt darin zutage, daß sie als Menschenwort die Verge-

27 K. Barth, Homiletik, a.a.O., S. 98
28 Karl Barth: Theologische Existenz heute! (1933) München, 1984, S. 26

bung Gottes zuspricht ... Echte Verkündigung ist eine solche, die Jesus Christus als Herrn verkündigt, in welchen Worten und Begriffen auch immer. Es kommt darauf an, daß er im verkündigten Wort selbst als der Herr gegenwärtig ist und daß, wo dieses Wort erklingt, das Ende der Welt für den Hörer gegenwärtig wird, indem es diesen vor die Entscheidung stellt, ob er zur alten oder zur neuen Welt gehören will, ob er der Alte bleiben oder ein Neuer werden will."[29]

Bultmann ist jedoch deshalb für den Prediger wichtiger, weil er sich wie kaum einer dem Problem der Hermeneutik gestellt hat. Wie sind die Texte des Neuen Testamentes, geschrieben in einer anderen Zeit, mit anderen Selbstverständlichkeiten des Weltverständnisses, der Rede von Gott, heute sachgemäß weiterzugeben? Die Aufgabe der Predigt ist, heute dasselbe zu sagen wie damals. Das ist aber nur möglich, wenn es heute anders gesagt wird. Durch Bultmanns Insistieren auf der Frage des richtigen Verstehens der biblischen Überlieferung ist der Prediger besonders intensiv an den biblischen Text gewiesen. Das wird im einzelnen weiter unten entfaltet.[30]

Für die Prediger in den fünfziger und im ersten Teil der sechziger Jahre und für die Gemeinde hatte die Predigt in der Art Rudolf Bultmanns ihre Faszination durch die kritische Haltung gegenüber dem Text bei gleichzeitiger Bindung an ihn. Das ist sicher unterschiedlich erlebt worden. Bestimmte, stärker dem Fundamentalismus zuneigende christliche Gruppen konnten nur Anlässe für negative Kritik entdecken. In der Regel war jedoch für die Gemeinde sympathisch aufregend, wie sehr der Prediger die Anfragen des gegenwärtigen Denkens an den Bibeltext ernstnahm, von daher gegenüber der Tradition in einer gewissermaßen frühen antiautoritären Haltung stand, andererseits aber vehement bemüht war, die ursprünglichen Intentionen des Textes zu ihrem Recht kommen zu lassen.

Bultmanns hermeneutische Grundentscheidung einer notwendigen existentialen Interpretation und die damit verbundene Konzentration auf das Existenzverständnis des einzelnen führte, zwar nicht notwendig, aber doch faktisch zu einer Individualisierung der Verkündigung und war damit den seit 1967 auch in der Öffentlichkeit sichtbar werdenden neuen gesellschaftspolitischen Aufbrüchen, aber auch den neu aufkommenden sozial- und humanwissenschaftlichen Fragestellungen nicht mehr gewachsen.

Darüber hinaus muß bedacht werden, daß die um das kritische Verstehen des biblischen Textes bemühte Predigt insgeheim immer von der Geltung und Kenntnis der Bibel in der Gemeinde gelebt hat. Diese Predigt nahm ihre Brisanz aus der noch vorhandenen Autorität der Bibel, an der sorgfältig gerüttelt wurde.

---

29 Rudolf Bultmann: Echte und säkularisierte Verkündigung im 20. Jahrhundert. Glauben und Verstehen. 3. Bd. Tübingen, 1960, S. 122 ff.
30 S. u. S. 108 ff.

Durch die nach 1967 sich langsam verändernden Einstellungen zu vorgegebenen Autoritäten, durch den erst langsam erkennbar werdenden Traditionsabbruch in der Weitergabe biblischer Lehre und durch das Vordringen der problemorientierten Methode in Katechetik und Homiletik nahm die Kenntnis der Bibel und die Bereitschaft, Unkenntnis aufzuholen, nachhaltig ab. Plötzlich waren die Themen der Entmythologisierung, der Frage der Wunder, der Frage des biblischen Weltbildes, aber auch des biblischen Existenzverständnisses nicht mehr aktuell.

Diese Entwicklung wurde von theologischen Lehrern und Predigern vollzogen, die zu einem großen Teil ursprünglich in der Nähe Karl Barths oder Rudolf Bultmanns theologisch angesiedelt waren. Bei solch etwas holzschnittartiger Beschreibung muß freilich bewußt sein, daß es daneben viele höchst eigenständige und andersartig verlaufende theologische und homiletische Entwicklungen gab. Ich verweise nur auf Wolfgang Trillhaas, der in seiner Evangelischen Predigtlehre in sehr nüchterner Weise manche Gesichtspunkte, die jetzt entdeckt werden, vorweggenommen hat. Ebenso wäre das für die Frömmigkeit und Sprachfähigkeit der Prediger in seiner Wirkung kaum zu unterschätzende fragmentarische Werk Dietrich Bonhoeffers, besonders die Forderung, von Gott in der Mitte des Lebens zu reden, aus „Widerstand und Ergebung" zu nennen. Auch Paul Tillichs Einfluß, besonders seine Methode der Korrelation und das, was dadurch den Predigern an gutem Gewissen und Hinweisen für die Beziehungen von biblischer Botschaft und Gegenwartsfragen gegeben wurde, wird nicht gering anzusetzen sein.

Daneben wird meist zu wenig beachtet, was die Informationen aus der Ökumene, besonders von den Weltkonferenzen bedeutet haben. Der Bericht von der Weltkonferenz für Kirche und Gesellschaft „Appell an die Kirchen der Welt"[31] von 1966 mit den Referaten von H. D. Wendland über „Kirche und Revolution" und besonders von Richard Shaull über „Die revolutionäre Herausforderung von Kirche und Theologie" ist von vielen Pfarrern als eine neue Herausforderung empfunden worden.

Wie wichtig das Auftreten Martin Luther Kings und seine Wirkung, besonders nach seiner Ermordung, auf die Prediger war, wird nur schwer aber sicher nicht gering einzuschätzen sein. Der Vietnamkrieg, Ernesto Cardenals Gedichte, D. Sölles Buch „Stellvertretung", die Hinwendung zu sozial- und humanwissenschaftlichen Fragestellungen, um nur einiges zu nennen, sind wirksam geworden.

Ein für die Predigt vieler Pfarrer wichtiges und für die Situation typisches Ereignis jener Jahre war die Gründung der „Predigtstudien" während einer homiletischen Arbeitstagung in Esslingen 1967. Verantwortlich zeichneten

---

31 Hanfried Krüger (Hrsg.): Appell an die Kirchen der Welt. Stuttgart, ²1967

für die Einladung Peter Krusche, Ernst Lange, Dietrich Rössler. Der Einladungsbrief schon setzte die Akzente: „Es ist . . . nicht richtig, daß . . . der gegenwärtige Predigthörer ,im Text steckt' . . . Es ist nicht richtig, daß die Situation, die den Text in seiner in der Bibel vorliegenden Gestalt herausgefordert und geformt hat, mit den Situationen, durch die Kirche sich heute zur Predigt herausgefordert sieht, identisch oder auch nur ohne weiteres vergleichbar wäre.

Es ist folglich nicht richtig, daß saubere Exegese des Bibeltextes gleichsam von selbst zur Predigt hinübertrüge . . .

Die Betonung des Vorrangs der ,Was-Frage' darf daher nicht länger die spezifisch homiletischen Fragen desavouieren: *Wem* ist jetzt und hier zu predigen? Durch welche Situation sieht sich die Kirche jetzt und hier zur Predigt herausgefordert? *Wozu* soll in dieser Situation gepredigt werden? *Wie* kann in dieser Situation diesem besonderen Hörer verständlich gepredigt werden?"[32]

Vorangestellt ist Gerhard Ebelings Äußerung über die gegenwärtige Predigt als „institutionell gesicherte Belanglosigkeit"[33].

Der Bericht über die Tagung ist eingeleitet mit der Übersetzung eines Gedichts von Sidney Carter, die Ernst Lange mit verfaßt hat.

> „Dein frommes Hörensagen
> ist nicht überzeugend:
> Bring' mir die gute Nachricht
> für die Gegenwart!

> Was damals war
> vor neunzehnhundert Jahren –
> vielleicht ist's nicht gewesen:
> wie soll ich's wissen?

> Das wirklich Heutige
> möcht' ich gern spüren.
> Ich kann nicht leben vom:
> Es war einmal.

> So mach' die Bibel zu
> und zeig' mir, wie
> der Christus, den du meinst,
> in diesen Tagen lebt."

---

32 Ernst Lange u. a. (Hrsg.): Zur Theorie und Praxis der Predigtarbeit. Predigtstudien. Beiheft I. Stuttgart, 1968, S. 9 f.
33 Gerhard Ebeling: Das Wesen des christlichen Glaubens. Tübingen, 1959, S. 9

Schaut man allerdings genau hin, so merkt man, die Bibel wird nicht zugeschlagen. Dafür ist Ernst Lange zu sehr engagierter Ausleger der Bibel. Einige Thesen zeigen jedoch deutlich die neue Richtung: Ein neues homiletisches Verfahren „hätte die Predigtaufgabe zu entmythologisieren und zu entdramatisieren. Der Prediger ist nicht verantwortlich dafür, daß Wort Gottes geschieht und daß das Wort Gottes sich Glauben verschafft."[34]

Der Prediger hat diese Verheißung, aber er ist nicht haftbar für deren Erfüllung. Der Prediger hat mehr zu tun, als biblische Texte möglichst wortgetreu in möglichst heutiger Sprache nachzusprechen.

Es ist nicht die Aufgabe der Predigt, die Texte zünftig auszulegen, es ist vielmehr die Aufgabe der Predigt, der Kirche die jeweilige Situation zu klären, dadurch, daß die Relevanz dieser Texte für die Situation deutlich gemacht wird.

Ernst Lange kämpfte gegen eine übersteigerte Erwartung an die Exegese. Der Bibeltext ist zwar für die Überprüfung der Situation wichtig. Er ist als konkrete vergangene Glaubenserfahrung erforderlich. Er ermöglicht der Gemeinde eine kritische Distanz gegenüber dem Prediger.

Aber das darf keine Herrschaft des Textes und der Exegese über die Predigt bedeuten.

Der Prediger bleibt Anwalt des Textes, aber er muß in neuer Weise Anwalt der Hörer und ihrer Situation werden.

Das Predigtgeschehen ist in erster Linie eine Verständigungsbemühung, ein Kommunikationsgeschehen. Es kommt alles darauf an, daß das gelingt.

Deshalb muß der Prediger seinen Hörerkreis, seine Hörergemeinde möglichst genau kennen. Er muß das gesellschaftliche Beziehungsfeld, in dem der Hörer steht und das die Kommunikationsbemühung der Predigt auf vielfältige Weise beeinflußt, kennen. Er muß sich über die „homiletische Großwetterlage", die alle Faktoren, die als Zeitgeschick mehr oder weniger hingenommen werden müssen und die das Leben des Hörers dadurch, daß er von ihnen hört oder von ihnen bestimmt wird, beeinflussen, im klaren sein. Der Prediger ist deshalb auf das kontinuierliche Gespräch mit dem Hörer angewiesen.

Wenn man sich die ersten Bände der damals angestoßenen „Predigtstudien" vornimmt, dann ist eindrucksvoll – und das macht sie bis heute wichtig für den Prediger –, wie sorgfältig nach wie vor dem biblischen Text nachgegangen wird. Aber es kommt nun als genau so wesentlich und oft durch den Gegenwartsbezug schwergewichtiger die gegenwärtige Situation in den Blick. Die Arbeit wird jeweils auf zwei Bearbeiter verteilt. Der eine soll mehr

---

34 A. a. O., S. 33 ff.

Anwalt des Textes, der andere mehr Anwalt der Situation oder der Hörer sein. Es ist hier nicht der Ort, eine Analyse der verdienstvollen Arbeit der Predigtstudien zu geben.

Ein kleiner Hinweis nur, der gleichzeitig etwas zur Entwicklung in den letzten zwanzig Jahren sagt. Nachdem in der ersten Sechs-Jahres-Reihe Übersetzung und Urtext in der Regel am Anfang stehen, Beispiele aus der Auslegungsgeschichte und exegetische Erwägungen folgen, werden in den siebziger Jahren die Einfälle zur Predigt an den Anfang genommen. Es folgen dann die Beispiele aus der Predigtgeschichte. Aus den exegetischen Erwägungen sind exegetische Impulse geworden.

Das Urteil des Redaktionsleiters Roman Roessler anläßlich des zehnjährigen Bestehens der Predigtstudien zeigt etwas von dem bis dahin zurückgelegten Weg: „Der Umgang mit biblischen Texten ist vielfältiger und freier geworden; die Eigenaussage des Textes erhält dabei in der letzten Zeit wieder verstärktes Gewicht. – Das Wirken der Sprache als elementares Medium der Predigt ist deutlicher ins Bewußtsein getreten. Dem Abrücken von einer kirchlichen Binnensprache folgt jetzt eine Distanzierung von modischer Sprachkostümierung und psychologischem oder soziologischem Fachjargon. – Die ‚Exegese der Hörer‘ ist zu einer eigenständigen und ernstzunehmenden Aufgabe geworden. Tagesaktualitäten werden dabei immer weniger als zureichende Situationsbeschreibung empfunden. – Der ständige Rückgriff auf die Predigtgeschichte verdeutlicht, wie wechselseitig sich Umwelterfahrung und Predigt bestimmen. – Der Prediger reflektiert unbefangener seine eigene Wahrnehmungsweise. Er übt seine Sehfähigkeit. – Im ganzen gesehen ist deutlicher geworden, daß Predigt ein umfassender Kommunikationsprozeß ist, in welchem der Text und seine Überlieferung, die Kirche und ihre gesellschaftliche Umwelt, Prediger und Hörergemeinde, religiöse Erfahrung und sprachlicher Ausdruck ein vielfältiges und fruchtbares Spannungsfeld bilden."[35]

Interessant ist, daß Roman Roessler sechs Jahre später erneut darauf hinweisen muß, daß wieder größeres Gewicht auf den Text gelegt wird. „Wir meinen aber, daß man die *Eigenaussage des Textes* genauer beachten müßte als es bisweilen geschieht; man muß ihn ‚ausreden‘ lassen."[36]

Die Predigtstudien sind eine Fundgrube der Predigtgeschichte der letzten zwanzig Jahre. Sie beginnen mit einem Protest gegen eine sich verabsolutierende Herrschaft des Textes und der dogmatischen Rede vom Wort Gottes über die Predigt. Sie treten ein für das Recht des Hörers und der Situation.

---

35   Predigtstudien. I/1. 1978/79. Stuttgart, 1978, S. 7 f.
36   Roman Roessler: Zum homiletischen Verfahren der Predigtstudien. Predigtstudien. I/1. 1984/85, a. a. O., S. 9

Sie haben die Bearbeitung des biblischen Textes nie verlassen. Aber zeitweilig, je nach Bearbeiter unterschiedlich, bekamen Assoziationen, Störungen, Einfälle, Paralleltexte sehr starkes Gewicht. Solche Art Hilfen für die Predigt werden voraussichtlich und hoffentlich auch weiterhin nicht unwichtig bleiben. Aber es ist bezeichnend, daß nun stärker wieder die Eigenaussage der Texte angemahnt wird, weil es offenbar dafür eine Notwendigkeit gibt.

Daß in diesen Jahren die Göttinger Predigtmeditationen in einer Art trotziger Gradlinigkeit bei ihrer fast ausschließlich auf den biblischen Text bezogenen Arbeit geblieben sind (auch wenn inzwischen die Situation des Hörers bei den Bearbeitern eine größere Rolle spielt als früher), und daß dies offenbar auch seinen Markt gehabt hat, sei ebenfalls mit angemerkt.

b) Predigt auf dem empirischen Prüfstand

1973 erschien „werkstatt predigt", eine homiletische Korrespondenz, herausgegeben von der Niedersächsischen Studiendirektorenkonferenz. Sieht man sich die 18 Hefte der ersten drei Jahrgänge durch, so erhält man ein eindrückliches Bild der Predigtlehre in den Predigerseminaren jener Jahre. Vieles davon wird repräsentativ sein für die Homiletik in dieser Zeit.

Ganz deutlich ist zu sehen, daß die Humanwissenschaften in der theologischen Ausbildung nach dem Ersten Theologischen Examen eine wesentliche Rolle zu spielen beginnen. Psychologische, sozialwissenschaftliche, pädagogische Gesichtspunkte werden für Predigt und Predigtanalyse wichtig. Die Rhetorik wird wieder neu entdeckt. Das Erzählen wird kanzelfähig. Die empirische Untersuchung der Predigtwirkung beginnt. Die Freude an Experimenten mit der Predigt ist zu spüren.

Zwei wesentliche Arbeitsbereiche lassen sich unterscheiden:
1. Versuche mit der Predigt,
2. Methoden der Predigtanalyse.
Beide Bereiche haben unterschiedlich aufeinander eingewirkt. Sie sind z. T. auch unverbunden nebeneinander hergelaufen.

1. Versuche mit der Predigt

Für die praktische Predigtarbeit am folgenreichsten war die praktische und theoretische Aufwertung des Erzählens für die Predigt. Es bedarf hier an sich keiner umfangreichen Analysen und theoretischer Begründungen, um einzusehen, daß der Predigthörer einer anschaulichen Predigt, einer Predigt mit Erzählstücken, leichter folgen kann als abstrakten Erörterungen. Wer als anfangender Prediger erlebt, wie die Erzählung in der Predigt wirkt, wer dazu erfährt, daß das neuerdings als seriös gilt, probiert das alsbald in der eigenen Predigt aus und macht damit seine Erfahrungen. Ob es dann immer die erforderliche Qualität hat, ist eine ganz andere Frage. Ein wichtiges Ereignis zur theoretischen Untermauerung des Rechts zu erzählen in Theologie und Predigt war die Veröffentlichung zweier Aufsätze von J. B. Metz und H. Weinrich in der katholischen Internationalen Zeitschrift Concilium.[37]

Da „narrativ" sich wissenschaftlicher anhört als „erzählen", welches eher an Dämmerstunde und Dönekens erinnert, fand der Begriff alsbald reißenden Absatz. Wobei diejenigen, die ihn gebrauchten, in der Regel *über* das Erzählen schrieben, jedoch fast nie zeigten, *wie* solches Erzählen denn auszusehen hat. Das ist unten weiter auszuführen.[38]

In „werkstatt predigt" sind solche Erzählversuche und ihre Kommentierung und Beurteilung durch viele Hefte hindurch dokumentiert.[39]

Für die Pfarrerschaft besonders wichtig waren die von Horst Nitschke, Hans Werner Dannowski, Heinz-Dieter Knigge herausgegebenen Sammlungen „Erzählende Predigten I und II" sowie von Horst Nitschke „Biblische Predigten weitererzählt" und entsprechende weitere Veröffentlichungen.[40]

Diese Versuche sind deshalb für das Thema „biblisch predigen" bedeutungsvoll, weil sich hier zeigt, in wie vielfältiger Weise, sicherlich auch mit unterschiedlichem Erfolg, versucht worden ist, den biblischen Text intensiver zu erfahren. Da sich nur erzählen läßt, was ich mir vorstellen kann, bedeutet dies, daß dort versucht worden ist, *die biblischen Texte mit der Lebenserfahrung der Prediger zu erschließen.*

Aber auch, wenn nicht der biblische Text, sondern Lebenserfahrungen gegenwärtiger Menschen und Gruppen erzählt worden sind und in Beziehung zu biblischen Texten gestellt werden, kann dies bedeuten, daß er dadurch sehr konkret in seiner Relevanz erschlossen wird.

Da das Erzählen manchmal zu einer Mode ohne Qualitätsanspruch geworden ist, müssen hier zweifellos immer wieder neu bestimmte Gesichtspunkte eingeschärft werden.[41]

---

37 Johann Baptist Metz: Kleine Apologie des Erzählens. Harald Weinrich: Narrative Theologie. In: Concilium. 9. Jg. 1973, S. 329–341
38 S. u. S. 156 ff.
39 Siehe besonders: wp 15, 1975
40 Horst Nitschke u. a. (Hrsg.): Erzählende Predigten. Gütersloh, 1976; ders.: Erzählende Predigten. Bd. 2. Gütersloh, 1981; ders.: Biblische Geschichten weitererzählt. Gütersloh, 1982; dazu der Literaturbericht von Juerg Kleemann: Theologia Practica. München, 1984, S. 250–259
41 Horst Hirschler: konkret predigen. Gütersloh, ²1980

Die vielen inzwischen erschienenen Arbeiten zum Wesen einer Metapher, zur Gleichniserzählung, zur Struktur des Erzählerischen in der Bibel zeigen, daß dieser Bereich für die praktische Predigtarbeit keineswegs ausgeschöpft ist.[42]

Das Erzählen ist wahrscheinlich die am breitesten aufgenommene Neuerung für die Predigten in den siebziger Jahren gewesen. Dabei fasse ich unter dem Begriff Erzählen alle Formen der Darstellung von Ereignissen und Zuständen, Beschreibungen, kurz jede Sprachform, die dem Hörer Situationen, Ereignisse, Menschen u. ä. vor Augen stellt, zusammen.

Der Hintergrund der Aufnahme dieser Sprachform in die Predigt ist die in jenen Jahren einsetzende Problem- und Fallorientierung in der Praktischen Theologie. Besonders in der Pädagogik kommt der problemorientierte Unterricht auf. Die gesellschaftskritischen Anstöße, die sozialwissenschaftlichen Analysen öffnen ein weites und bis dahin vielfach unentdecktes Feld für Predigtthemen. In „werkstatt predigt" deutet sich das weite Feld der politischen Predigt an. Die Kirchenreformbewegung lenkt den Blick auf verfestigte kirchliche Strukturen. Gottesdienstliche Lockerungsübungen, die sich auch in der Predigt auswirken, werden üblich. Politische Gottesdienste, Familiengottesdienste, Kreativität in Gottesdienst und Predigt werden Teil der gemeindlichen Wirklichkeit.[43]

Außerdem wirkt sich der ganze Bereich der gruppendynamischen und psychologischen Methoden in Seelsorge und kirchlicher Gruppenarbeit auch auf die Predigt aus.

Natürlich wird weiterhin über den biblischen Text gepredigt. Aber durch die Faszination der mit humanwissenschaftlichen und anderen Methoden neu erschlossenen Wirklichkeitsbereiche und durch die Verheißung der Veränderbarkeit der Welt zum Besseren wird der Predigttext in seiner Bedeutung zurückgedrängt. Er wird eher zum Anlaß, bestimmte Themen aufzugreifen. Die Predigtinhalte geraten schnell ins ethische Feld. Das Evangelium wird als Ermutigung zum Handeln gebraucht. Das Eigengewicht des Textes nimmt stark ab. Christus hat den Frieden gebracht, und deshalb müssen wir unserer Welt Frieden bringen. Das Thema der Predigt ist dann, wie der Welt Frieden zu bringen ist. In welchem Sinne denn wohl Christus

---

42   Vgl. u. a. Eberhard Jüngel: Metaphorische Wahrheit. Erwägungen zur theologischen Relevanz der Metapher als Beitrag zur Hermeneutik einer narrativen Theologie. Ev. Th. SH. München, 1974, S. 76 ff.; ders.: Gott als Geheimnis der Welt. Tübingen, ²1977, S. 396 ff.; Hans Weder: Neutestamentliche Hermeneutik. Zürich, 1986, S. 331 ff.; Wolfgang Harnisch: Die Gleichniserzählungen Jesu. UTB 1343. Göttingen, 1985
43   Hilfreich und typisch: Heribert Arens/Franz Richardt/Josef Schulte: Kreativität und Predigtarbeit. Vielseitiger denken, einfallsreicher predigen. München, 1974

Frieden gebracht hat, wie er überhaupt Frieden bringen soll, wo er doch vor bald 2000 Jahren am Kreuz gestorben ist, das gehört bis heute zu den vielfach uninterpretierten Themen.[44]

Damit ist zugegebenermaßen knapp und allgemein ein Defizit angesprochen, das bearbeitet werden muß. Dabei kann es nicht darum gehen, die Lockerungsübungen der Predigt, das Erzählen, die Kreativität, die humanwissenschaftliche Überprüfung der Predigtthemen zurückdrehen zu wollen. Nur der biblische Text muß wieder zu Kräften kommen.

2. Methoden der Predigtanalyse

In den ersten drei Jahrgängen von „werkstatt predigt" ist eine überraschende Vielfalt von Predigtanalysekonzepten zu entdecken.

Auffällig ist zunächst, daß fast immer versucht wird, die Predigt als gesprochene Rede ernstzunehmen. Wie kommt die Predigt beim Hörer an? Kaum eine Predigtbeurteilung ohne Hörerecho. Dies geschieht einmal mit *psychologischen Methoden.*

Die Teilnehmer eines Kurses der Klinischen Seelsorge-Ausbildung, die nach der Methodik von Carl Rogers arbeitet, hören sich eine Predigt vom Tonband an und äußern sich dann zu den Fragen: Welche Botschaft hat mir der Prediger übermittelt? Wie habe ich Predigt und Prediger erlebt, das heißt, welche Gefühle und Empfindungen habe ich während des Zuhörens gehabt? Der Prediger äußert sich entsprechend. Daraus ergibt sich dann ein Gespräch über die Predigt und die Erkenntnis über mancherlei Kommunikationsstörungen und ihre mögliche Beseitigung.[45]

Für Prediger war dies oftmals die erste zwar schweißtreibende, aber erstaunlicherweise äußerst befriedigende Erfahrung dieser Art, bei der sie nach eigenen Aussagen viel gelernt haben.

In vergleichbarer Weise ist das „Göttinger Stufenmodell" für die Predigtanalyse einzusetzen. In diesem stärker tiefenpsychologisch bestimmten Verfahren wird zunächst nach der *Wahrnehmung* der Hörer gefragt, es folgt die Mitteilung der *Gefühle,* der *Empfindungen* bei der Predigt, es werden dann die jeweiligen *Einfälle* und *Assoziationen* der Hörer erfragt, um den individuellen Hörhintergrund und die dadurch hervorgerufenen Verzerrungen von der gehaltenen Predigt unterscheiden zu können, und es kommt schließlich der Versuch der *rationalen Schlußbildung,* ein für Hörer und Prediger hilfreiches Verfahren.

---

44 S. u. S. 183 ff.
45 wp, 1, 1973, S. 15 ff.; Hans-Christoph Piper. Predigtanalysen. Göttingen, 1976

Dazu kommt sehr bald die tiefenpsychologische Analyse der Predigerpersönlichkeit. Axel Denecke nimmt im Anschluß an Reinmar Tschirch und Richard Riess die tiefenpsychologische Studie des Astrologen und Tiefenpsychologen Fritz Riemann über „Grundformen der Angst" auf und bezieht, wie schon Riemann selbst, die Strukturen des schizoiden, depressiven, zwanghaften und hysterischen Menschen auf die Predigerpersönlichkeit und analysiert von daher die Predigten.[46]

Die *rhetorische Analyse* von Predigten nimmt zum einen die alten rhetorischen Genera wieder auf. Sie achtet darüber hinaus auf die Informationslast der Texte. Wie ist die Sprache der Predigt? Was wird dem Hörer an Information in einer bestimmten Zeiteinheit zugemutet (festgestellt an der Zahl der jeweils neuen Wörter)? Wie ist der Aufbau der Predigt, ihr Bauplan? Ist er so, daß der Hörer mitgehen kann. Wie ist das Lernfeldklima? Kann der Hörer mitdenken, wird er zu Lernprozessen herausgefordert? Im Hintergrund steht als ein typischer Predigtaufriß, der in vielen Predigten entdeckt werden kann, aber auch empfohlen wird, ein Schema aus der Lernpsychologie: Motivationsfrage, Themenabgrenzung, trial and error, Lösung und Lösungsverstärkung.

Wie ist die Predigt in die alten genera dicendi einzuordnen? Will die Predigt Einsicht bringen, zur Entscheidung aufrufen, oder will sie Gewißheit vermitteln? Im Hintergrund stehen die antiken Redetypen, die Reden danach unterschieden haben, ob sie an den Verstand, den Willen oder das Gefühl gerichtet sind. Die rhetorische Überprüfung der Predigt ist für den Prediger nach wie vor von außerordentlicher Bedeutung. Manchmal merkt er erst nach solch einer Analyse, was er instinktiv in der Predigt gemacht hat.[47]

Immer wieder wird nach der *Wirkung der Predigt* und ihrer möglichen Erforschung gefragt. In vielen Beiträgen äußert sich besonders Hans Werner Dannowski dazu. Es geht um die Kontentanalyse von Predigten. Dazu wird die Sprechakttheorie als wichtiges und für die Predigtanalyse hilfreiches Instrumentarium aufgenommen und ausgebaut. Daraus ist dann das bisher umfangreichste Projekt zur Erforschung der Wirkung von Predigten im

---

46 Reinmar Tschirch: Tiefenpsychologische Erwägungen zum Charakter christlichen Lebensgefühls und kirchlicher Predigt. WzM. 21. Göttingen, 1969, S. 257–272; Richard Riess: Zur pastoralpsychologischen Problematik des Predigers. In: Dietrich Stollberg (Hrsg.): Praxis Ecclesiae. Festschrift Kurt Frör. 1970, S. 295–321. Jetzt in: Albrecht Beutel u. a. (Hrsg.): Homiletisches Lesebuch. Tübingen, 1986, S. 154–176; Axel Denecke: Persönlich predigen. Gütersloh, 1979
47 Rolf Heue: Rhetorische Analyse der Predigt über Apostelgeschichte 20, 7–12. wp. 13/1975, S. 21–34; Manfred Josuttis: Rhetorik und Theologie in der Predigtarbeit. München, 1985, besonders: Homiletik und Rhetorik, a. a. O., S. 9–28; Rolf Heue/Reinhold Lindner: predigen lernen. Gladbeck, 1975, S. 9–40

Gemeindegottesdienst entwickelt worden. Karl-Fritz Daiber und Hans Werner Dannowski u. a. haben eine groß angelegte sozialwissenschaftliche Untersuchung zur Kommunikation zwischen Predigern und Hörern vorgelegt, deren Erkenntnisse im weiteren bedacht werden müssen.[48]

Schließlich gibt es die Untersuchung *sprachsoziologischer Aspekte* der Predigt. Was für eine Sprache sprechen wir eigentlich? Aus welcher sozialen Schicht kommen die Prediger zumeist, zu welcher fühlen sie sich hingezogen und passen ihr sprachliches Verhalten dementsprechend an? Wie ist die Predigtsprache für die große Mehrheit der Bevölkerung überhaupt verständlich?

Dies Thema wird in der Regel viel zu wenig beachtet. Peter Ohnesorg hat es in „werkstatt predigt" aufgenommen. Horst Albrecht hat über dies Thema in seiner großen Untersuchung „Arbeiter und Symbol" gearbeitet.[49]

Es hat sich gezeigt, daß alle diese hier nur in Auswahl und knapp genannten Predigtanalyseverfahren in ihren Auswirkungen auf Prediger und Predigt sehr hilfreich sein können. Ihre Stärke liegt darin, daß eine geschehene Predigt nachträglich analysiert wird. Wenn dies in menschenfreundlicher Weise zusammen mit dem Prediger geschieht, kann der Lerneffekt groß sein. Der Prediger merkt, daß er an Stellen, an denen er sich sicher wähnte, besser unsicher sein sollte, und an Stellen, an denen er sich zu wenig zutraute, durchaus wirksam ist. Er lernt seine Predigtkompetenz einzuschätzen und wenn möglich zu verbessern.

Diese Verfahren nehmen allerdings ihre Beliebtheit auch von daher, daß sie zunächst im Hinblick auf den Inhalt der Predigt weitgehend neutral sind. Was der Prediger sagen soll, wird nicht vorgeschrieben. Erwartet wird zunächst nur, daß er mit dem, was er sich vorgenommen hat, „ankommt".

Allerdings zeigt ihm die Predigtnachbesprechung, in welch komplexes Beziehungsfeld er sich hineinbegeben hat. Die Zuhörer haben Dinge gehört, die er nicht gesagt hat, und andere nicht gehört, die ihm höchst wichtig waren. Sie haben mit Einstellungen zugehört, die nicht seine Einstellungen sind, und Erwartungen an ihn gerichtet, auf die er nicht eingehen wollte. In ihrer Erinnerung steht etwas ganz groß da, das in seiner Predigt als nebensächlich gedacht war. Er stellt fest, daß das Umfeld der Predigt, der Gottesdienst, der

---

48 Karl-Fritz Daiber/Hans Werner Dannowski/Wolfgang Lukatis/Klaus Meyerbröker/Peter Ohnesorg/Beate Stierle: Predigen und hören. Bd. 1. Analysen. Grundauswertung. München, 1980; Bd. 2. Kommunikation zwischen Predigern und Hörern. München, 1983
49 Peter Ohnesorg: Das Evangelium als Privateigentum. wp 10. 1974, S. 14–39; Horst Albrecht: Arbeiter und Symbol. München, 1982; Horst Hirschler: konkret predigen. Gütersloh, ²1980, S. 17 ff.

gottesdienstliche Raum, die persönliche Befindlichkeit, die homiletische Großwetterlage auf nicht vorhersehbare Weise eingewirkt haben. Karl Wilhelm Dahms Aufsatz „Hören und verstehen. Kommunikationssoziologische Überlegung zur gegenwärtigen Predigtnot"[50] ist ein früher Versuch, die Ergebnisse der Kommunikationswissenschaft für das Predigtgeschehen nutzbar zu machen. Immer wieder wird seither versucht, dieses komplexe Feld neu zu bestimmen. Es geht dabei einmal um die empirisch-funktionale Analyse des Predigtgeschehens mit unterschiedlichen Interessen. Es kann aber auch darum gehen, Regeln für die notwendige Kompetenz des Predigers herauszufinden.[51]

Ich habe viele Jahre in homiletischen Seminaren mit Modellen und Zeichnungen das Kommunikationsfeld „Predigt eines Predigers (mit seinen Prägungen, Einstellungen, Gruppenzugehörigkeiten, Ängsten, Macht- und Ohnmachtempfindungen) für eine Hörergemeinde mit ebensolchen Prägungen im Rahmen eines Gottesdienstes (mit seinem Ritus, seiner Sprache, seiner Räumlichkeit) in dieser Gesellschaft zukünftigen Predigern nahegebracht.

Ich will nicht sagen, daß das unnütz war. Es gab manche nützliche Einsicht. Es blieb jedoch für die Predigt, auch für meine eigene, fast folgenlos. Dies konnte man von der konkreten Predigtanalyse anhand einer gehaltenen Predigt auf keinen Fall sagen.

Hier liegt allerdings auch ein grundlegender Unterschied zwischen der schon gehaltenen Predigt, die geschehen ist, auf die die Hörer reagiert haben, die nun nachträglich überprüf- und analysierbar ist, und der allgemeinen empirischen Feldbeschreibung, bei der alle nur möglichen relevanten Faktoren des Predigtgeschehens nebeneinander aufgelistet werden.

Es zeigt sich auch, das Kommunikationsgeschehen Predigt ist vorlaufend nicht in den Griff zu bekommen. Schon die Herstellung der Predigt ist von einer Fülle zufälliger Faktoren abhängig. Der vorgeschlagene bzw. selbstgewählte Text, die jeweilige Situation zur Zeit der Predigt, die Befindlichkeit des Predigers, seines Umfeldes, die allgemeine Situation. Dann die Unvorhersehbarkeit der Predigthörer, ihre jeweilige besondere Befindlichkeit. Die Unvorhersehbarkeit des Zusammentreffens von Predigt und Situation des Hörers. Das alles macht die Wirkung der Predigt in ganz entscheidenden Bereichen nicht planbar.

---

50 Karl Wilhelm Dahm: Hören und Verstehen. In: Predigtstudien. IV, 2. Stuttgart, 1970, S. 9–20, jetzt in Albrecht Beutel u. a. (Hrsg.): Homiletisches Lesebuch. Tübingen, 1986, S. 242–252

51 Eilert Herms: Was heißt „theologische Kompetenz"? In: WzM. 30. Göttingen, 1978, S. 253–265; jetzt in A. Beutel u. a., Lesebuch, a.a.O., S. 189–202; Manfred Josuttis: Dimensionen homiletischer Kompetenz. In: Ders.: Rhetorik und Theologie in der Predigtarbeit. München, 1985, S. 47–69

Der Prediger kann sich allenfalls durch die Beschreibung des Kommunikationsfeldes Predigt und Hörergemeinde daran erinnern lassen, in welche Unübersichtlichkeit er hineinpredigt. Er weiß, es ist nicht selbstverständlich, daß der Verständigungsprozeß Prediger–Hörer „glückt". Er weiß andererseits, daß jenseits von geglücktem oder nicht geglücktem Verständigungsprozeß seine und der Hörer Hoffnung an die Predigt ist, Gott möge dadurch reden. Der Prediger wird sinnvollerweise darum beten, daß das geschieht. Er wird gleichzeitig das, was vorhersehbar ist, nicht in den Wind schlagen. Er kennt seine Gemeinde in den meisten Fällen recht gut. Er kann sich konservative und progressive, entmutigte und vergnügte Predigthörer mühelos vorstellen und wird dies in seiner Predigt berücksichtigen.

Er wird sich an die neuen und alten Regeln der Rhetorik halten. Er wird sich vielleicht an Predigtanalysen eigener Predigten erinnern und beachten, was ihm dort ins persönliche Stammbuch geschrieben worden ist. Er wird darüber hinaus die Gesichtspunkte bedenken, die ihm aus der Kenntnis der empirischen Untersuchungen zur Kommunikationsstruktur des Predigtgeschehens bekannt sind. Dennoch bleibt die prinzipielle Unübersichtlichkeit. Der Prediger weiß nicht vorher, was er wirklich mit seiner Predigt anrichtet.

Also kann er sich leztlich nur an seinen Auftrag halten. Er soll die im biblischen Text überlieferte Glaubenserfahrung seiner Hörergemeinde so erschließen, daß sie daraus Hilfe für ihre Gegenwart erhält. Noch allgemeiner: Er soll so predigen, daß er Gesetz und Evangelium unterscheidet. Seine Predigt soll „Christum treiben". Dies soll er so tun, daß er selber dahinterstehen kann, daß seine Konfirmanden etwas damit anfangen können und ebenso drei sehr unterschiedliche weitere Gemeindeglieder, mit denen er im Gespräch ist und die er sich vor der Predigt vorsichtshalber vor Augen stellt. Als Zeitgenosse ist er sowohl Anwalt der Hörer wie Anwalt des Textes. Dabei muß die Aufgabe der Predigt, die Möglichkeit einer Gottesbegegnung zu eröffnen oder jedenfalls nicht zu verhindern, deutlich sein.

Solche Überlegung ist wichtig, weil die empirisch-funktionale Predigtanalyse leicht im Deskriptiven bleibt und die inhaltlichen Anforderungen an die Predigt vernachlässigt. Das jedoch wäre falsch. Zur Untersuchung des Predigtgeschehens gehört der vorgegebene Auftrag konstitutiv hinzu.[52]

---

52 Vgl. zum ganzen Kapitel das zur Orientierung sehr hilfreiche Buch von Hans Werner Dannowski: Kompendium der Predigtlehre. Gütersloh, 1986

c) Predigt angesichts neuer Zugänge zur Bibel

Wie oben schon dargestellt, gibt es dadurch, daß viele Gemeindeglieder und der Kirche Entfremdete die Bibel nicht mehr kennen, auch ein neues Interesse an der Bibel.

Beim Umgang mit dem problemorientierten Ansatz im Religions- und Konfirmandenunterricht der siebziger Jahre konnte der Unterrichtende die Erfahrung machen, daß es immer gewisse Schwierigkeiten gab, wenn zunächst ein Problem aus dem Alltagsleben der Schüler oder der Konfirmanden behandelt und anschließend ein Bibeltext nachgeschoben wurde, der die Problemlösung oder die Vertiefung der Thematik bringen sollte. Da wir darin geübt sind, weltliche Probleme so zu bearbeiten „als ob es Gott nicht gäbe", wirkt der biblische Text im Anschluß an das Problem seltsam hergeholt; warum soll man, da das Problem schon zutageliegt und die Lösung auch schon vorstellbar ist, jetzt in einen alten, archaischen Text hineinsteigen? Natürlich merkten dann die Konfirmanden nach etwas mühsamer Anfangsphase, daß da dennoch einiges zu holen war. Trotzdem blieb ein Unbehagen. Wenn ich gegenwärtig mit Unterrichtenden spreche, so stelle ich eine große Selbstverständlichkeit fest, direkt mit dem Bibeltext einzusteigen, um sich zunächst diesem alten Text ganz intensiv zuzuwenden. Er öffnet offenbar von sich aus genügend Perspektiven, die sich dann, wenn es sinnvoll ist, auch auswirken können, wenn Gegenwartsprobleme behandelt werden. Bei den Schülern gibt es eine große Neugier und Offenheit gegenüber biblischen Texten. Natürlich liegt das nicht zuletzt an den Zugängen, die jeweils zu solch einem Text gewählt werden.

Aus dem Bereich der Erwachsenenbildung kommen seit vielen Jahren Erfahrungen mit einem identifikatorischen oder ganzheitlichen Umgang mit der Bibel. Im Hintergrund solcher Überlegungen steht die Erfahrung der Defizite der historisch-kritischen Exegese, wie sie von den Pfarrerinnen und Pfarrern in der wissenschaftlichen Arbeit an der Universität erlebt worden ist.[53]

In seiner 1976 bei uns erschienenen Attacke gegen den Umgang mit der Bibel in der wissenschaftlichen Exegese hat Walter Wink, Professor für Neues Testament in New York[54], sich vehement für einen anderen Umgang mit dem biblischen Text eingesetzt. Wink meint, daß die distanzierte Neutralität, mit der der Wissenschaftler an den biblischen Text herangeht, der Intention dieses Textes keineswegs gerecht wird. Indem sich der Forscher aus

---

53 Vgl. Hermann Barth/Tim Schramm: Selbsterfahrung mit der Bibel. München, 1977

54 Walter Wink: Bibelauslegung als Interaktion. Über die Grenzen historisch-kritischer Methode. Stuttgart, 1976

der persönlichen Konfrontation mit dem Text herausnimmt, habe er sich vom Anliegen der Bibel isoliert. Die historisch-kritische Forschung, die Wink nach wie vor für unverzichtbar hält, habe in solcher Handhabung jedoch die Bibel zum toten Buchstaben gemacht. „Der deskriptive Ansatz wurde zum Zauberschlüssel der akademischen Respektabilität."[55]

Wink weiß, daß Rudolf Bultmann einen anderen Ansatz hatte, aber er hält ihn für faktisch aufgegeben. Er fordert eine Hermeneutik und eine Bibelauslegepraxis, bei der der Text wieder selbst sprechen kann.

Manches, was Walter Wink kritisiert, ist in der Diskussion um die „biblische Theologie" aufgenommen.[56]

Ulrich Luz hat in den Vorüberlegungen zu seinem Matthäus-Kommentar[57] ausführlich auf die Notwendigkeit einer „wirkungsgeschichtlichen Auslegung" hingewiesen.

In einer Thesenreihe erläutert er seine hermeneutischen Überlegungen:
1. Geschichtliche Texte zu verstehen, heißt *nachzuzeichnen, wie Ideen, Erzählungen, Modelle, Hoffnungen in der Geschichte entstanden,* sich in ihr behaupteten und weiter wirkten.
2. Vergangene Texte interpretieren heißt, *nichts Fremdes, sondern ein Stück eigenes Erbe interpretieren,* das uns betrifft, beansprucht, mahnt, befreit.
3. Der Sinn fundamentaler vergangener Texte, wie etwa der biblischen, erschließt sich nur dem, der bereit ist, *die Wahrheitsfrage als Frage auch an sich selbst im Dialog mit ihnen immer wieder neu zu stellen.*

Von da aus bestimmt Luz das historisch-kritische Verstehen eines Textes als „reflektierend nacherzählen, was . . . einen Autor dazu führte, gegenüber seinen Lesern . . . seine Sache in der in seinem Text vorliegenden Gestalt zu formulieren". – „Eigenes Verstehen eines biblischen Textes könte bedeuten: im Gespräch mit dem biblischen Autor in der eigenen Situation und im Einsatz der eigenen Person in *analoger* Weise wie der biblische Autor die ihn bestimmende Sache neu zu sagen." – „In einem Bild: Der Exeget gleicht nicht einem Chemiker, der die Zusammensetzung von Wasser im Labor in einer Probe im Reagenzglas untersucht, sondern er gleicht einem Schiffer, der vom Wasser des Stroms, das er untersuchen muß, selber getragen und getrieben wird und in diesem Strom seinen eigenen Kurs zu suchen hat."

„Die Suche nach der Wahrheit im Gespräch mit biblischen Texten geschieht als ein *offener Dialog,* in dem kein Gesprächspartner den anderen von vornherein dominiert . . . Im offenen Dialog mit biblischen Texten steht

---

55 A. a. O., S. 12
56 Vgl. besonders Stuhlmachers z. T. mit Recht angegriffenen Thesen. Zum Problem Hennig Graf Reventlow, a. a. O., s. o. S. 18
57 Ulrich Luz: Das Evangelium nach Matthäus. Zürich, 1985, S. 6 ff.

immer wieder exemplarisch die Erfahrung, daß die vom Interpreten gestellte Frage nach der Wahrheit der Texte sich in eine von den Texten an den Interpreten gestellte Frage nach der Wahrheit seines Lebens umkehrt. Voraussetzung für solche Erfahrung ist Mut zur Offenheit . . ., Voraussetzung eines offenen Dialogs mit den Texten ist eine empirisch-kritische Analyse der eigenen gegenwärtigen Situation mit ihren sozialen, ökonomischen, geschichtlichen, psychischen etc. Konstituenten, die hilft, eigene Fragen und Interessen zu formulieren, eigene Identität in den Dialog mit den Texten einzubringen und hernach vorwärtsweisende Impulse des Textes wissenschaftlich reflektiert, in die eigene Situation zu übersetzen."[58]

Es ist hier nicht der Ort, diesen Entwurf im einzelnen zu diskutieren, aber es zeigt sich, daß für das Verständnis des biblischen Textes hier neue Entdeckungsmöglichkeiten gegeben sind.

Entsprechendes läßt sich bei den hermeneutischen Überlegungen von Hans Weder entdecken, die er besonders in seiner Untersuchung „Das Kreuz Jesu bei Paulus" sowie in seiner „Neutestamentlichen Hermeneutik" entwikkelt hat und die im folgenden ausführlicher bedacht werden sollen.[59]

Darüber hinaus ist der Umgang mit biblischen Texten so vielfältig geworden, daß der Pastor oder die Pastorin, die unversehens einmal Zeit haben, wieder in den wissenschaftlichen Bibliotheken zu stöbern, Mühe haben nachzukommen.

Es lassen sich etwas pauschal gesagt folgende Versuche unterscheiden, der Bibel näherzukommen:

– Gruppendynamische und tiefenpsychologisch geprägte Methoden, erzählerisches Ausgestalten von Texten und Kreativitätsübungen, Rollenspiel, Bibliodrama (unter Aufnahme von Methoden strukturalistischer Textinterpretation),
– sozialgeschichtliche Fragestellungen,
– materialistische Exegese,
– Entdeckungen der feministischen Theologie und manches andere.

Es zeigt sich, der Umgang mit der Bibel ist vielfältig und kreativ geworden, und es lohnt sich, da sehr genau hinzuschauen.

In diesem breiten Spektrum neuer Aufmerksamkeit für biblische Texte hat sich die Homiletik bisher kaum entschlossen genug ihren Ort gesucht. Die neuen Zugangsweisen zur Bibel tauchen zwar in den Predigthilfen hier und da auf. Aber es bedarf einer Neuaufnahme des alten Themas Text und Predigt. Dies versuche ich mit „biblisch predigen".

---

58 Ulrich Luz: Vom Sinn biblischer Texte (Thesen). In: H. Georg Pöhlmann (Hrsg.): Worin besteht der Sinn des Lebens? Gütersloh, 1985, S. 81 ff.
59 S. u. S. 127

B. Der Erfahrungsbezug biblischer Predigt

I. Eine Predigt Martin Luthers

a) Die Predigt

In der Fastenpostille von 1525 findet sich für den Sonntag Reminiscere eine Predigt zu Matthäus 15, 21–28 (Die kanaanäische Frau).[1]

Es handelt sich um eine Postillenpredigt, von Luther 1525 für die im Spätherbst d. J. erschienene Fastenpostille geschrieben. Sie ist also keine Nachschrift einer von Luther gehaltenen mündlichen Predigt, dafür ist sie aber in dieser Fassung wörtlich von Luther verfaßt. Sie ist durch den Zeitdruck, unter dem die Postille, nachdem ein Teil des Manuskriptes gestohlen und als Raubdruck in Regensburg veröffentlicht worden war, erstellt werden mußte, verhältnismäßig kurz geraten. Das ist für unseren Zweck nützlich. Luther hat diese Predigt ebenso wie die Predigten der Wartburgpostille von 1522, deren Fortsetzung die Fastenpostille ist, als Musterpredigt konzipiert, als Modell und Hilfe zum sachgemäßen Predigen. Auch das ist für unseren Zweck nicht schlecht.[2]

Da es nicht sinnvoll wäre, über Luthers Predigten nachzudenken, ohne daß man eine Lutherpredigt von Anfang bis Ende gelesen hat, folgt nun zunächst Luthers Predigt.

„Auf den anderen Sonntag in den Fasten Evangelium, Matthäus 15. Und Jesus ging von dannen und entwich in die Grenze Thyros und Sidon, und siehe, ein kanaanäisches Weib ging aus derselbigen Grenze und schrie ihm nach und sprach: Ach Herr, du Sohn Davids, erbarme dich mein. Meine Tochter hat einen bösen Teufel. Und er antwortet ihr kein Wort. Da traten zu ihm seine Jünger, baten ihn und sprachen: Laß sie doch von dir, denn sie schreiet uns nach. Er antwortet und sprach: Ich bin nicht gesandt, denn nur zu den verlorenen Schafen von dem Hause Israel. Sie kam aber und fiel vor

---

1 Martin Luther: Fastenpostille. (1525) WA 17,2, S. 200–204
2 Die beste Untersuchung zu den Evangelienpredigten Luthers bietet immer noch Gerhard Ebeling: Evangelische Evangelienauslegung. München, 1942. Eine Fundgrube. Eine umfassende Monographie zu den Predigten Luthers fehlt noch immer. Als kurzer Überblick hilfreich ist Gerhard Winkler: Luther als Seelsorger und Prediger. In: Helmar Junghans (Hrsg.): Leben und Werk Martin Luthers von 1526 bis 1546. Göttingen, 1983, S. 225–239. Dort auch Hinweise auf weitere Literatur.

ihm nieder und sprach: Herr, hilf mir. Aber er antwortet und sprach: Es ist nicht fein, daß man den Kindern ihr Brot nähme und werfe es vor die Hunde. Sie sprach: Ja, Herr, aber doch essen die Hündlein von den Brosämlein, die von ihrer Herren Tisch fallen. Da antwortete Jesus und sprach zu ihr: Oh Weib, dein Glaube ist groß, dir geschehe, wie du willst. Und ihre Tochter ward gesund zu derselbigen Stunde.

Dies Evangelium hält uns vor ein recht Exempel eines beständigen, vollkommenen Glaubens. Denn dies Weib bestehet und überwindet drei große starke Streite und lehret uns fein, was die rechte Art und Tugend sei des Glaubens, nämlich, daß er ist eine herzliche Zuversicht auf die Gnade und Güte Gottes, die durch das Wort erfahren und offenbart wird. Denn S. Markus spricht, sie habe das Gerücht von Jesu gehört. Was für ein Gerücht? Ohn Zweifel ein gut Gerücht und gut Geschrei, daß Christus ein frommer Mann wäre, der jedermann gerne hülfe. Solch Gerücht von Gott ist ein recht Evangelium und Wort der Gnaden. Daraus ist gekommen der Glaube in diesem Weibe. Denn wo sie nicht geglaubt hätte, wäre sie nicht so nachgelaufen etc. Also haben wir oft gehört, wie S. Paulus Römer 10 (17) sagt, daß der Glaube komme durchs Hören und das Wort müsse zuvor gehen und der Anfang sein der Seligkeit.

Wie geht es aber zu, daß dies gut Gerücht von Christo viel mehr gehört haben, die ihm doch nicht nachlaufen, achten auch solch gut Gerücht nichts? Antwort, dem Kranken ist der Arzt nütze und angenehm, die Gesunden achten sein nicht. Aber das Weiblein fühlet seine Not, darum liefs dem süßen Geruch nach, wie Hohes Lied 1 (3) stehet. Also muß auch Mose vorhergehen und die Sünden lernen fühlen, auf daß die Gnade süß werde und angenehm. Drum ists verlorn, wie freundlich und lieblich Christus vorgebildet wird, wo nicht zuvor der Mensch durch seiner selbst Erkenntnis gedemütigt und begierig wird nach Christo, wie das Magnificat sagt: „Er füllt die Hungrigen mit Gutem, aber die Reichen läßt er leer." Das ist alles zu Trost gesagt und geschrieben der elenden, armen, dürftigen, sündigen, verachteten Menschen, daß sie in all ihrer Not wissen, zu wem sie sollen fliehen und Trost und Hülfe suchen.

Aber da siehe, wie Christus den Glauben in den Seinen treibt und jaget, daß er stark und fest werde. Erstlich, daß sie auf solch gut Geschrei ihm nachläuft und schreiet mit gewisser Zuversicht, er werde seinem Gerüchte nach auch gnädiglich mit ihr handeln, stellet sich Christus aller Ding [vollständig] anders, als wollt er ihren Glauben und gute Zuversicht fehlen lassen [enttäuschen] und sein Gerücht falsch machen, daß sie hätte mögen denken: Ist das der gütige, freundliche Mann? Oder sind das die guten Worte, die ich von ihm habe hören sagen, darauf ich mich habe verlassen? Es muß nicht wahr sein. Er ist dein Feind und will dein nicht, er möchte doch ein Wort sagen und zu mir sprechen: Ich will nicht. Nun schweigt er als ein Stock. Siehe, dies ist ein gar harter Puff, wenn sich Gott also ernst und zornig erzeigt und seine Gnade so hoch und tief verbirget, wie die wohl wissen, so es im Herzen fühlen und erfahren, daß sie dünkt, er wolle nicht halten, was er geredet hat, und sein Wort lassen falsch werden, wie den Kindern Israel auch geschah am Roten Meer und sonst viel andern großen Heiligen.

Nun, was tut das Weiblein hierzu? Sie tut solch unfreundlich und hart Gebärde Christi aus den Augen, läßt sich das alles nicht irren, nimmts auch nicht zu Sinn, sondern bleibt stracks und fest in ihrer Zuversicht hangen an dem guten Gerücht, das sie von ihm gehört und gefasset hatte, und läßt nicht ab. Also müssen wir auch tun und lernen, allein am Wort fest hangen, obgleich Gott mit allen Kreaturen sich anders stellet, denn das Wort von ihm saget. Aber, o wie wehe tut das der Natur und Vernunft, daß sie sich soll so nackt ausziehen und lassen alles, was sie fühlet, und alleine am bloßen Wort hangen, da sie auch das Widerspiel [Gegenteil] fühlet. Gott helfe uns in Nöten und Sterben zu solchem Mut und Glauben.

Zum andern, da ihr Geschrei und Glauben nicht hilft, treten herzu die Jünger mit ihrem Glauben und bitten für sie und meinen, sie werden gewißlich erhöret. Aber da sie meinen, er solle weicher werden, wird er nur desto härter und läßt beide, ihren Glauben und Gebet, fehlen, wie sichs anziehet und fühlet. Denn er schweiget hie nicht und läßt sie zweifeln, sondern schlägt ihnen ihr Gebet ab und spricht: „Ich bin nicht gesandt, denn zu den verlornen Schafen des Hauses Israel." Dieser Puff ist noch härter, da nicht allein unsre eigne Person verstoßen, sondern auch der einzige Trost abgeschlagen wird, den wir noch übrig haben, nämlich Trost und Fürbitte frommer und heiliger Leute. Denn das ist unser letzter Behelf, wenn wir fühlen, daß uns Gott ungnädig ist, oder irgendeine Not leiden, daß wir zu frommen, geistlichen Leuten gehen, Rat und Hülfe suchen und sie auch willig sind, wie die Liebe fordert, und wird doch nichts draus, sie werden auch nicht erhört, sondern wird nur ärger mit uns.

Denn hie möchte man Christo aufrucken [vorwerfen] alle die Wort, darin er verheißen hat Erhörung seinen Heiligen, als: wo zween versammelt eins Dings einswerden zu bitten, das soll ihnen geschehen. Item, was ihr bittet, soll euch werden, glaubts nur. Und dergleichen viel mehr. Wo bleiben hie solche Verheißungen? Aber er antwortet bald und spricht: Ja, es ist wahr, ich höre alle Gebete. Ich habe aber solche Verheißung getan alleine dem Hause Israel. Wie dünkt dich? Ist das nicht ein Donnerschlag, der beide, Herz und Glauben, auf tausend Stücke zerschlüge, wenn es fühlet, daß Gottes Wort, darauf es bauet, sei nicht von ihm gesagt, es gehe andere an? Hie müssen alle Heiligen und alle Fürbitte stille stehen. Ja, hie muß das Herz auch das Wort lassen fahren, wo es nach dem Fühlen sich halten wollt. Aber was tut das Weiblein? Es läßt doch nicht ab, hält sich an das Wort, ob es ihm gleich aus dem Herzen will mit Gewalt gerissen werden, kehret sich an solche ernste Antwort nicht, trauet noch fester, seine Güte sei noch darunter verborgen, und will noch nicht urteilen, daß Christus ungnädig sei oder sein möge. Das heißt ja festgehalten.

Zum dritten läuft sie ihm nach ins Haus, wie Markus schreibt, hält an, fällt vor ihm nieder und spricht: „Herr, hilf mir." Da holet sie den letzten Mordschlag, daß er unter ihren Augen sagt, wie die Wort lauten, sie sei ein Hund und nicht wert, daß sie des Brots der Kinder teilhaftig werde. Was will sie hie sagen? Da hält er ihr schlechterdings vor, sie sei der Verdammten und Verlornen eine, die nicht solle mit den Auserwählten gerechnet werden. Das ist eine ewig unwiderrückliche Antwort, da niemand vorüber kann. Dennoch läßt sie nicht ab, sondern willigt auch in sein Urteil und gibts zu, sie sei ein Hund, begehrt auch nicht mehr denn ein Hund, nämlich daß sie die Brosamen, so vom Tisch des Herrn fallen, esse.

Ist das nicht ein Meisterstück?

Sie fängt Christum in seinen eignen Worten. Er vergleicht sie einem Hunde, das gibt sie zu und bittet nicht mehr, denn er wollt sie einen Hund lassen sein, wie er selbst urteilet. Wo wollt er hin? Er war gefangen. Einem Hunde läßt man ja die Brösamlein unter dem Tisch, das ist sein Recht. Darum tut er sich nun gar auf und gibt sich in ihren Willen, daß sie nun nicht Hund, sondern auch ein Kind Israel sei.

Aber das ist uns allen zu Trost und Lehre geschrieben, daß wir wissen sollen, wie tief Gott vor uns seine Gnade verberge und wie wir nicht nach unserem Fühlen und Dünken von ihm halten sollen, sondern stracks nach seinem Worte. Denn hie siehest du, ob sich Christus gleich hart stellet, so gibt er doch kein endlich Urteil, daß er nein sage, sondern alle seine Antworten lauten wohl als Nein, sind aber nicht Nein, sondern Hangen und Schweben. Denn er spricht nicht: Ich will sie nicht hören, sondern schweiget still, sagt weder ja noch nein. Also spricht er auch nicht, sie sei nicht vom Hause Israel, sondern, er sei allein zum Hause Israel gesandt. Läßts also hangen und schweben zwischen nein und ja. Also spricht er nicht: Du bist ein Hund, man soll dir nicht vom Brot der Kinder geben, sondern, es sei nicht fein etc. Läßts abermal hangen, ob sie ein Hund sei oder nicht. Doch lauten alle drei Stück stärker aufs Nein denn aufs Ja, und ist doch mehr Ja drinnen denn Nein. Ja, eitel Ja ist drinnen, aber gar tief und heimlich und scheinet eitel Nein.

Damit ist angezeigt, wie unser Herz stehet in der Anfechtung. Wie sichs fühlet, so stellet sich hie Christus. Es meinet nicht anders, es sei eitel Nein da und ist doch nicht wahr. Drum muß sichs von solchem Fühlen kehren und das tiefe heimliche Ja unter und über dem Nein mit festem Glauben auf Gottes Wort fassen und halten, wie dies Weiblein tut, und Gott recht geben in seinem Urteil über uns, so haben wir gewonnen und fangen ihn in seinen eignen Worten, als wenn wir im Gewissen fühlen, daß uns Gott schilt für einen Sünder und nicht wert des Himmelreichs urteilet; da fühlen wir die Hölle und dünkt uns, wir sind ewiglich verloren. Wer nun hie dieses Weibleins Kunst könnte und Gott in seinem eignen Urteil fangen und sagen: Ja Herr, es ist wahr, ich bin ein Sünder und deiner Gnade nicht wert. Aber doch hast du verheißen Vergebung den Sündern und bist nicht gekommen, die Gerechten zu rufen, sondern, wie auch S. Paulus sagt, die Sünder selig zu machen. Siehe, so müßte sich Gott durch sein eigen Urteil über uns erbarmen.

Also tat der König Manasse in seiner Buß, wie sein Gebet ausweiset, daß er Gott recht gab in seinem Urteil und beschuldigt sich einen großen Sünder und ergreift doch Gott bei der verheißenen Vergebung über die Sünder. Also tut auch David im 51. Psalm (Psalm 51,6) und spricht: „Dir alleine hab ich gesündigt und übel vor dir getan, auf daß du gerecht bleibst in deinen Worten und rein seiest, wenn du gerichtet wirst." Denn das bringt uns alle Ungnade, daß wir Gottes Urteil nicht leiden noch ja dazu sagen könnten, wenn er uns für Sünder hält und urteilt.

Und wenns die Verdammten könnten tun, so wären sie des Augenblicks selig. Wir sagens wohl mit dem Munde, daß wir Sünder sind, aber wenns Gott selbst sagt im Herzen, so gestehen wir nicht und wollten gerne für fromm und als die Frommen gehalten und des Urteils los sein. Aber es muß sein, soll Gott recht sein in seinen Worten, daß du ein Sünder seist, so magst du denn brauchen des Rechts aller Sünder, das ihnen Gott gegeben hat, nämlich Vergebung der Sünde. So issest du denn nicht alleine die Brosämlein unter dem Tisch wie die Hündlein, sondern bist auch Kind und hast Gott zu eigen nach deinem Willen.

Das ist die geistliche Deutung dieses Evangelii samt der schriftlichen Auslegung. Denn wie es diesem Weiblein gehet in der leiblichen Krankheit ihrer Tochter, welche sie durch ihren Glauben wunderlich gesund macht, also geht es auch uns, wenn wir von Sünden und geistlicher Krankheit sollen gesund werden, welche ist ein rechter böser Teufel, da muß sie Hund werden und wir Sünder und Höllenbrände werden, so sind wir schon genesen und selig. Was aber mehr in diesem Evangelium zu sagen ist, als daß durch eins anderen Glauben, ohn eigenen Glauben jemand kann Gnad und Hülfe erlangen, wie hie des Weibleins Tochter geschieht, ist anderswo genugsam gesagt. Wie auch Christus und die Jünger samt dem Weiblein in diesem Evangelium uns das Exempel der Liebe vortragen, daß keins für sich selbst, sondern ein jegliches für den andern tut, bittet und sorget, ist auch klar genug und wohl zu finden."

Wer diese Predigt jetzt nur überflogen hat, wird von dem Folgenden kaum etwas haben. Ich empfehle deshalb im Überfliegungsfalle nochmalige Lektüre. Da ich immer wieder fasziniert von dieser Predigt und Predigtweise bin, hoffe ich, daß sie diese Wirkung auch auf andere haben kann.

b) Die Predigtanalyse

1. Gleichzeitigkeit

An dieser Predigt lassen sich typische Merkmale von Luthers Predigtweise und von seinem Umgang mit dem biblischen Text aufzeigen.

Das ist keine Geschichte aus längst vergessener Zeit. Diese Kanaanäerin könnte im Nachbarort wohnen. Der Prediger redet von ihr fast ausschließlich im Präsens. Luther sucht nicht ein vergangenes Ereignis von vor 1500 Jahren auf, befreit es mühsam vom Staub und bietet es dann der Gemeinde aktualisiert an. Er geht davon aus, daß diese Texte für alle Zeiten gleichzeitige Texte sind. „Das ist uns allen zu Trost und Lehre geschrieben . . . Dies Weib lehrt uns . . . Siehe, wie Christus den Glauben in den seinen treibt und jaget, daß er stark und fest werde.“

In einer Predigt über den zwölfjährigen Jesus denkt Luther darüber nach, welche Anfechtungen und Leiden Maria ausgestanden haben muß, als der Junge plötzlich weg war, und wie sie sich daran schuldig fühlt und des Menschen Herz in solchen Situationen nicht anders „fühlet, denn als habe ihn Gott mit seiner Gnade verlassen und wolle sein nicht mehr“, und fährt dann fort: „Doch wird solch Exempel uns vorgehalten, daß wir daraus lernen, wie wir uns halten und trösten sollen in unsern Anfechtungen . . . Denn es ist nicht um dieser Jungfrauen, der Mutter Christi, sondern um unser willen geschrieben, auf daß wir daran beides, Lehre und Trost, haben mögen.“[3]

Diese Gleichzeitigkeit ist nicht etwas, das Luther als Technik an den Text herantragen will, sondern es ist ihm die einzig sachgemäße Weise, wie man diesen Texten der Bibel, die uns Christus vor Augen stellen wollen, begegnen kann. Die Texte zielen, weil sie von Christus handeln, selbst darauf, daß wir sie als Gabe und Geschenk annehmen. Luther hat das 1519 kurze Zeit sogar „sakramentale“ Auslegung genannt, um zu zeigen, daß durch die Predigt gegenwärtig etwas geschehen soll. Die Möglichkeit dieser Gleichzeitigkeit hängt für Luther daran, daß der im Text handelnde Christus durch Kreuz, Auferstehung und Erhöhung zur Rechten Gottes zu einer uns in dieser Welt überall geistlich gegenwärtigen Wirklichkeit geworden ist. Nur deshalb kann er hier im Wort wie im Sakrament gegenwärtig sein. Deshalb muß in dieser Gleichzeitigkeit von ihm geredet werden, deshalb kann er als gegenwärtiges Ereignis den Menschen zugesprochen werden, und er kann im Ereignis der Predigt wirken.

Deshalb greift auch jede Auslegung zu kurz, die Christus als historisches Ereignis aus sich selber erklären will. Auch wer im Sinne eines einfachen

---

3 Martin Luther: Fastenpostille. (1525) WA 17,II; 20 f.

Exempels sich Christus nutzbar zu machen sucht, verfehlt ihn in seinem eigentlichen Wesen. Diese Texte weisen vielmehr auf ein Geschehen hin, das uns zugut geschehen ist, damit wir gleichsam in diese Texte hineinkriechen können. „Halt dich an diese göttlichen Worte, da kreuch ein und bleib drinnen wie ein Has in seiner Steinritzen."[4]

Das gepredigte Wort der Schrift eignet uns jetzt den gegenwärtigen Christus zu mit alledem, was er für uns getan hat. „Christi einstiges leibliches Kommen geschieht also gegenwärtig durch sein geistliches Kommen im Wort der Predigt."[5]

Wenn man sich das anhand solch einer Predigt Luthers klarmacht, dann ergeben sich eine Reihe von Fragen.

Zunächst kritisch an die eigene Predigtpraxis. Es ist sehr eindrucksvoll, wie Luther diese Gleichzeitigkeit des Textes mit uns praktiziert („uns" ist dabei auch bedenkenswert, es ist ja schon wieder 460 Jahre her, aber Luther meint auch „uns" heute, wenngleich er den Jüngsten Tag wesentlich näher erwartet hat.) Was machen wir eigentlich, wenn wir in der Predigt den biblischen Text als einen vor langer Zeit geschriebenen Text aufzeigen, der nicht für uns gedacht ist, den man erst interpretieren, in die Gegenwart herüberholen muß? Es ist ja unbestreitbar, daß es sich um alte Texte handelt mit einem alten Weltbild, mit anderen Problemen und Verhältnissen. Aber machen wir nicht durch solches Reden die Worte der Bibel erst künstlich zu weit entfernten Texten? Ist das Reden vom „garstigen Graben der Geschichte" eigentlich vernünftig? Was im übrigen fast immer anders, als Lessing es meinte, verstanden wird. Ihm ging es darum, daß zufällige Geschichtswahrheiten der Beweis von notwendigen Vernunftwahrheiten nie werden können. Das ist für ihn „der garstige breite Graben".[6]

Ist der Gegensatz zwischen damals und heute größer als zwischen Menschen aus unterschiedlichen Kulturkreisen heute?

Andererseits ist es nun aber doch auch nötig, solche biblischen Texte um ihrer selbst willen, um den Verfassern gerecht zu werden, erst einmal so sprechen zu lassen, wie sie ursprünglich gemeint waren. Ich muß sie als Texte aus einer anderen Zeit gerade in ihrer Fremdheit wahrnehmen. Ich darf sie nicht einfach unkritisch für mich vereinnahmen. Solche methodische Verfremdung der Texte ist ein notwendiges Mittel, um der Auslegungswillkür zu wehren. Was das wiederum für die Vergegenwärtigung bedeutet, muß bedacht werden.

---

4 M. Luther: Kirchenpostille. (1525) WA 10,I; 193
5 G. Ebeling, a. a. O., S. 449
6 Gotthold Ephraim Lessing: Über den Beweis des Geistes und der Kraft. 1777. In: Lessing. Werke in drei Bänden. 3. Bd. Leipzig, 1962. S. u. S. 131

Weiter darf man bei der vorliegenden Predigt die Frage, warum Jesus der kanaanäischen Frau sagt, er sei nur gesandt zu den verlorenen Schafen des Hauses Israel, so aufnehmen, wie Luther das tut. Er fragt ja nicht, wie dies befremdliche Wort in die sonstige Verkündigung Jesu oder der Urgemeinde einzuordnen ist. Er überträgt das Verhalten Jesu sofort auf seine Erfahrung mit dem oft rätselhaften Verhalten Gottes.

Andererseits, was weiß ich eigentlich, wenn ich ermittelt oder mir zurechtgelegt habe, daß dies Wort Jesu möglicherweise aus einer Phase stammt, in der die Heidenmission in der Urgemeinde umstritten war? Was habe ich damit am Text verstanden? Begreife ich so seine Intention bzw. die Intention des Schreibers? Oder ist der Text in seiner Intention besser verstanden in der Weise, wie Luther es versucht? Meinen die Evangelisten mit dieser Erzählung eine Episode aus dem Leben der Gemeinde oder aus dem Leben Jesu, oder meinen sie eine urbildliche Szene des Glaubens oder beides? Oder ist es möglicherweise gar nicht entscheidend wichtig, was die Intention der Evangelisten oder der verschiedenen Schichten eines Textes ist?

Es muß also das Verhältnis historisch-kritischer Untersuchung zu solcher Gleichzeitigkeit, wie Luther sie vorführt, bedacht werden.

2. Glaubenserfahrung

Luther bringt seine ganze Glaubenserfahrung in diesen Text ein. Dabei muß deutlich sein, daß solche Glaubenserfahrung für ihn die gesamte Welterfahrung einschließt, ja ihren Kern ausmacht. In dieser Frau ist für Luther abgebildet der gegenwärtig glaubende, betende, angefochtene und verzweifelte Mensch vor Gott. Der Prediger denkt sich mit dem Erfahrungsmaterial seines eigenen Lebens in diese Frau hinein. Er schildert das anschaulich, denkt ihre Gedanken, „daß sie hätte mögen denken: Ist das der gütige, freundliche Mann? . . . Es muß nicht wahr sein. Er ist dein Feind . . . Nun schweigt er als ein Stock." Und sofort steht im nächsten Satz die Erfahrung des angefochtenen Glaubens daneben: „Siehe, dies ist ein gar harter Puff, wenn sich Gott (! Christus spielt hier die Rolle des deus absconditus, des verborgenen Gottes) also ernst und zornig erzeigt und seine Gnade so hoch und tief verbirget, wie die wohl wissen, so es im Herzen fühlen und erfahren, daß sie dünkt, er wolle nicht halten, was er geredet hat und sein Wort lassen falsch werden, . . ." Luther nimmt also dieses Gespräch zwischen Jesus und dieser Frau als ein Geschehen vergleichbar seinen Gebeten und Anfechtungen und denen anderer Christen. Anfechtung ist für ihn eine Grunderfahrung des Glaubens, „denn geistliche Erfahrung, Glaubenserfahrung ist die Erfahrung des Widerspruchs zwischen Glaube und Erfahrung und das Festhalten am Glauben in diesem Widerspruch."[7]

„tentatio, die lehret, was Christus ist . . ."[8]

Die Anfechtung besteht in dieser Predigt darin, daß die Gotteserfahrung im Alltag dem, was die Schrift verheißt, zu widersprechen scheint, daß „Gott mit allen Kreaturen sich anders stellet, denn das Wort von ihm saget. Aber o wie wehe tut das der Natur und Vernunft, daß sie sich soll so nackt ausziehen und lassen alles, was sie fühlet, und alleine am bloßen Wort hangen . . ." Ja, Luther entdeckt im Text die von ihm vielfältig beschriebene Anfechtung, daß der Teufel ihm das Wort der Schrift zu entwinden sucht. „Ist das nicht ein Donnerschlag, der beide Herz und Glauben auf tausend Stücke zerschlüge, wenn es fühlet, daß Gottes Wort, darauf es bauet, sei nicht von ihm gesagt, es gehe andere an? . . . Ja, hie muß das Herz auch das Wort lassen fahren, wo es nach dem Fühlen sich halten wollt." Und als die Frau dann nach den Puffen, dem Donnerschlag und dem Mordschlag Christi ihr Meisterstück leistet und Christum in seinen eigenen Worten fängt, da geschieht dies wiederum, indem Luther seine eigenen Erfahrungen voll mit dieser Szene verbindet. Denn so ist es richtig, daß der Sünder im Vertrauen auf das tiefe heimliche Ja Gottes, das verborgen ist unter dem Nein, Gott in seinem eigenen Urteil fängt: „Ja, Herr, es ist wahr, ich bin ein Sünder und deiner Gnade nicht wert; aber doch hast du verheißen Vergebung . . ." Man muß sich fragen, ob es richtig ist, nur zu sagen, daß Luther den Text mit seiner Erfahrung erschließt. Muß man nicht eher sagen, dies ist eine Art Regelkreis: Der Prediger steigt mit seiner anfänglichen Erfahrung in den Text ein. Er lernt dadurch Neues. Mit dieser neuen Einsicht geht er wiederum in den Text hinein und versteht ihn tiefer. „Ich hab mein theologiam nicht auf einmal gelernt, sondern hab immer tiefer und tiefer grübeln müssen, da haben mich meine Anfechtungen (tentationes) hingebracht, weil ohne Erfahrung (sine usu) nichts gelernt werden kann."[9]

Dem Prediger Luther erschließen sich Einzelzüge des Textes in diesem Prozeß des Eindringens und Vertiefens von Erfahrung in eindrucksvoller Weise. Bei dieser Art zu predigen, den Text mit Hilfe der eigenen Erfahrung auszuloten und durch die neu gewonnene Erfahrung immer tiefer in den Text einzudringen, bekommt nun allerdings die Person des Predigers, seine Glaubens- und Anfechtungserfahrung eine Schlüsselstellung für die Auslegung. Er soll jedoch nach Luthers Willen nie mehr sein wollen als ein Werkzeug. Sicher soll er ein Qualitätswerkzeug sein. Aber mehr als auf Christus verweisen, in diesem Sinne Gottes Wort zu sagen, soll er nicht. Zumal, wie unser Text zeigt, der Glaube kein Werk, keine Leistung ist, mit der man vor

---

7 G. Ebeling, a. a. O., S. 401
8 Martin Luther: Tischreden. WATR 1; Nr. 448
9 Martin Luther: Tischreden. WATR 1; Nr. 352

anderen brillieren könnte, sondern das Festhalten des Sünders gegen allen Augenschein am Wort. Das ist auch die Aufgabe des Predigers.

Wiederum auch hier die Frage: Können wir das so nachmachen? Zunächst wird man sagen müssen, daß offenbar für die Erschließung solch eines Textes die Glaubenserfahrung gerade auch als Erfahrung der Anfechtung besonders geeignet ist. Glaube ohne Anfechtung ist kein christlicher Glaube.

Dennoch, wird hier nicht ein Text, der bei sorgfältiger historisch-kritischer Befragung mancherlei formgeschichtliche, überlieferungsgeschichtliche, sozialgeschichtliche Gesichtspunkte zu bedenken gäbe, viel zu einlinig zu einem typischen Beispiel des Menschen in seiner Beziehung zu Gott gemacht und damit spiritualisiert? Aber auch da wird man vorsichtig sein müssen. Da Luther Gotteserfahrung als Mitte-der-Welt-Erfahrung versteht, sind natürlich weltliche Zusammenhänge nicht nur nicht ausgespart, sondern an ihrem entscheidenden Punkt angesprochen. Und auch wenn Luther das, weil er in der Anfechtung und ihrer Überwindung in diesem Text den wesentlichen Schwerpunkt sieht, nicht ausdrücklich ausführt, so ist doch die Situation der Frau mit ihrer Hoffnung für ihr krankes Kind nicht aus dem Spiel und ließe sich in entsprechende Gegenwartsnöte mühelos einzeichnen. Die Frage muß aber dennoch bleiben, ob durch derartiges Durchleben einer solchen Geschichte mit Hilfe der eigenen Glaubens- und darin Welterfahrung nicht doch eine zu starke Reduzierung der Aussagemöglichkeit eines komplexeren Textes stattfindet. Eine weitere Frage ist, wodurch eigentlich solch ein Auslegen des Textes zentriert und begrenzt wird. Oder ist solch ein Text im Sinne eines Steinbruchs oder eines offenen Kunstwerks[10] jedwelcher Interpretation zu öffnen? Was ist sachgemäße Interpretation und was nicht?[11]

Luther zeigt selbst am Ende der Predigt, welche Themen er noch hätte ansprechen können und vielleicht müssen. Nach seinem Predigtverständnis, das er öfter äußert, muß die Predigt bestimmt sein durch die Lehre des Glaubens und die Ermahnung zur Liebe. In dieser Predigt hat er sich fast ausschließlich mit dem Glauben beschäftigt. Die Liebe kann man woanders nachlesen oder kommt an einem anderen Sonntag. Das ist durchaus sachgemäß. Der Prediger muß nicht alles sagen wollen. Es ist auch nicht möglich, weil der Text immer eine Fülle von Auslegungsmöglichkeiten bietet. Aber dadurch wird noch einmal die Frage wichtig: Wodurch wird solches Auslegen und besonders das Einbringen der Erfahrung vor Willkür geschützt? Als

---

10 Gerhard Marcel Martin: Predigt als „offenes Kunstwerk"?; Henning Schröer: Umberto Eco als Predigthelfer? In: Ev. Th. München, 1984, S. 46–63

11 Vgl. auch die eindrückliche Interpretation unseres Textes „Wir haben keinen Stolz, wir haben nur Interessen" bei Dorothee Sölle: Die Wahrheit ist konkret. Freiburg, ³1967, S. 19ff.

formales Prinzip: Hinein mit der eigenen Erfahrung in den Text, ist Luthers Predigt noch zu allgemein beschrieben. Damit könnte man die seltsamsten Inhalte eines Bibeltextes zum Leuchten bringen.

Luther hat sich mit der Frage der Auslegungsschwerpunkte sein Leben lang beschäftigt und nach der richtigen Weise der Auslegung gesucht. Er fand in seiner Zeit die Auslegungstheorie des vierfachen Schriftsinnes vor. Danach sollte man bei einem Bibeltext beachten, was er im *wörtlichen* Sinne sagt, sein *allegorischer* Sinn zeige, was der Text für die Kirche bedeute; der *tropologische* Gesichtspunkt solle den Text auf den einzelnen Menschen beziehen und der *anagogische* Schriftsinn schließlich solle den Text auf das Jüngste Gericht und die Wiederkunft Christi beziehen. Luther ist von der Bindung an dieses hermeneutische Schema im Verlauf seiner reformatorischen Erkenntnis bald und souverän abgegangen. Er hat sich sehr kritisch darüber äußern können. Besonders wandte er sich gegen eine wildwuchernde Allegorese. Seltsamerweise hat ihn das jedoch nicht gehindert, wenn er es für hilfreich hielt, meist allerdings, wenn die Allegorese auf Christus und den Glauben beziehbar war, dennoch allegorische Passagen in seinen Predigten unterzubringen. Das umfänglichste Beispiel findet sich in unserer Fastenpostille von 1525 in seiner Predigt über die Brotspeisung. Die deutet er u. a. folgendermaßen aus: Das Gras auf das jüdische Volk, die fünf Brote auf das äußerliche leibliche Wort, weil wir fünf Sinne haben; diese Brote sind im Korbe, das ist in der Schrift verschlossen; die zwei Fische sind die Exempel und Zeugnis der Erzväter und Propheten. Zwei sind es, weil solche Exempel der Heiligen voller Liebe sind, welche nicht kann alleine sein; gebraten sind sie, denn solche Exempel sind durch viel Leiden und Marter wohl getötet; die zwölf Körbe voll Brocken sind alle Schrift und Bücher, die die Apostel und Evangelisten hinter sich gelassen haben, weil die zwölf sind, usw.[12]

Luther verzichtet, wie Gerhard Ebeling[13] gezeigt hat, zunehmend darauf, solche umfangreichen allegorischen Ausdeutungen vorzunehmen. In der Predigt über denselben Text Johannes 6, 1–15 vier Jahre später verzichtet er völlig auf eine allegorische Auslegung.

In einer anderen Predigt der Fastenpostille über Matthäus 8, 23–27 (Sturmstillung) bringt Luther unter der Überschrift „Die geistliche Bedeutung dieser Geschichte" eine Auslegung der Jünger im sturmgeschüttelten Schiff als Allegorie auf das Predigtamt „daß, wenn die Verfolgung um Gottes willen sich erhebet, wir mögen sagen: Ja, ich dachts wohl, Christus ist im Schiff, darum tobet das Meer und der Wind, und fallen her die Wellen und wollen uns versinken. Aber laß toben, es ist doch beschlossen: Wind und Meer sind ihm gehorsam . . . Daß aber die Leut sich verwundern und preisen

---

12 M. Luther, Fastenpostille, WA 17,II; 225 ff.
13 G. Ebeling, a. a. O., S. 446 ff.

den Herrn, daß ihm Wind und Meer untertan ist, bedeutet, daß durch Verfolgung das Evangelium und Gottes Wort nur weiter kommt, stärker wird und der Glaube zunimmt . . ."[14]

Die vorliegende Predigt über die kanaanäische Frau ist nun dadurch besonders interessant, daß wir dort, wie Ebeling[15] bemerkt, den „außerordentlich wichtigen Fall haben, daß die ‚geistliche Deutung' schon in und mit der ‚schriftlichen Auslegung', d. h. der buchstäblichen, . . . erledigt ist." Zur Terminologie muß man sich klarmachen, daß Luther für „allegorische" Auslegung auch „geistliche" Auslegung sagen kann. In unserem Text verzichtet Luther völlig darauf, wie es in der traditionellen Auslegung vorgeschrieben war, die allegorische Deutung auf die Kirche in den Text einzubringen. Bei der traditionellen Auslegung unseres Textes geschah das in der Weise, daß die Frau auf die Kirche gedeutet wurde, die für die Seelen eintritt. Geistliche Deutung bei Luther heißt in diesem Falle, daß er dem Text seinen Sinn, den er für den gegenwärtigen Glauben und die gegenwärtige Christuserfahrung und Gottesbeziehung haben kann, abgewinnt. Diesen geistlichen Sinn, der eine auf den Glauben und Christus bezogene allegorische Auslegung darstellt, will Luther möglichst genau aus dem wörtlichen Schriftsinn erheben. Für diesen Versuch ist unser Text eines der schönsten Beispiele. Diese Verbindung von wörtlichem und geistlichem Schriftsinn verwendet Luther als allgemeine Richtschnur. Sie ist für ihn keine Fessel. Wenn man seine Predigten liest, kann man immer wieder nur staunen, wie er seine Grundtendenz festhält und mit welcher Freiheit er gleichzeitig in den Predigten damit umgeht. Alles ist jedoch untergeordnet der einen Aufgabe, Christus, den Glauben, das sachgemäße Leben der Christen in der Welt aus dem biblischen Text heraus dem Hörer ins Herz zu bilden.

3. Theologie

Der Prediger Luther ist in der Bibel zuhause. Bei der Auslegung des Einzeltextes ist sowohl das Ganze der Heiligen Schrift als Hintergrundtext präsent wie auch die Mitte der Schrift, Christus. Das bedeutet aber, daß auch die Gesamtheit der biblisch geprägten theologischen Grunderkenntnisse die Predigt bestimmen.

Zunächst der biblische Hintergrund: In unserem Text wird der synoptische Vergleich ganz selbstverständlich zur Erweiterung der Auslegungsmöglich-

---

14 M. Luther, Fastenpostille, WA 17,2, 109
15 G. Ebeling, a.a.O., S. 83

keit herangezogen. Markus 7,25 heißt es, die Frau habe von Jesus gehört. Das ist für Luther der wichtige Ansatzpunkt für das Verstehen dieser Frau. Sie hat gehört „ein gut Gerücht und gut Geschrei, daß Christus ein frommer Mann wäre, der jedermann gern hülfe. Solch Gerücht von Gott ist ein recht Evangelium und Wort der Gnaden. Daraus ist gekommen der Glaube in dem Weibe." Römer 10,17 muß zur Verstärkung des Gedankens dienen, Paulus sagt, „daß der Glaube komme durchs Hören und das Wort müsse zuvor gehen und der Anfang sein der Seligkeit".

Später, als die Frau sich den Mordschlag holt, wird wiederum Markus herangezogen. Sie läuft Jesus nach ins Haus. Durch die synoptische Parallele läßt sich die Szene zusätzlich dramatisieren. Das Hohelied und das Magnificat werden herangezogen. Die aufbegehrende Verzweiflung hält Christus seine eigenen Worte vor (Matthäus 18,20; Markus 11,24). Zum Schluß der König Manasse und der Psalm 51.

Aber in dieser Weise wäre der Gebrauch der Schrift nach dem Prinzip, daß die Schrift sich selbst interpretiert, nur formal beschrieben, wenn man nicht gleichzeitig sieht, daß dies alles von den theologischen Grunderkenntnissen des biblischen Gesamtzeugnisses gesteuert ist. Nicht nur die Verwendung der Bibeltexte, sondern die gesamte Auslegung ist von einer mit der ganzen Existenz erfahrenen, aus der Bibel stammenden und mit ihr im Gespräch befindlichen Theologie geprägt.

Nur einige Hinweise: Natürlich muß die Frau, wenn auch anfänglich, etwas vom Evangelium, d. h. von der guten Nachricht, daß Christus hilft, begriffen haben, warum kann sie sonst so durchhalten. Sie setzt auf das Gerücht und das Geschrei, auf das mündliche Wort, und hält sich daran. Aber warum kommt nur sie, und die anderen kommen nicht. Die Gesunden bedürfen des Arztes nicht: biblische Anspielung. Aber auch, weil die Unterscheidung und Nacheinanderordnung von Gesetz und Evangelium grundlegend für das Verstehen menschlicher Existenz ist. Gesetz und Evangelium ist für Luther die entscheidende Unterscheidungskategorie und Interpretationshilfe, wenn es um das Wort Gottes geht. Wer Gesetz und Evangelium durcheinanderbringt, versteht überhaupt nichts. „Also muß Mose vorhergehen und die Sünden lernen fühlen, auf daß die Gnade süß werde und angenehm."

Denn es ist „verloren wie freundlich und lieblich Christus vorgebildet wird, wo nicht zuvor der Mensch durch seiner selbst Erkenntnis gedemütigt und begierig wird nach Christo . . ." Oder der entscheidende Einfall für die Auslegung dieser Geschichte. Was dieser Frau geschieht, das ist genau dasselbe, was mir in meinen Anfechtungen geschieht. Gott stellt sich stumm. Die Erfahrung des deus absconditus, Gott, der unter dem Gegenteil verborgen ist, er ist hier in Christus abgebildet. Und zu lernen ist hier, wie der deus absconditus zu zwingen ist, daß er sich als deus revelatus, als der in Christus offenbarende, vergebende, liebende, annehmende und helfende Gott zeigt.

Emmanuel Hirsch[16] hat darauf hingewiesen, in welch kunstvollem drei-stufigen Aufbau Luther solche Anfechtung angesichts der Verborgenheit Gottes hier schildert. Zunächst schweigt Gott. Da gilt es von der Frau zu lernen, an dem Wort festzuhangen, obgleich Gott mit allen Kreaturen sich anders stellt. Dann hofft die Frau auf die Gemeinschaft der Glaubenden und ihre Fürbitte, aber sie wird abgewiesen. Schließlich holt sie sich die dritte Abweisung, die auf die Frage der doppelten Prädestination zuläuft, der Vorausbestimmung zur Verdammung, die Luther persönlich schwerste Anfechtungen bereitet hat. „Da hält er ihr schlechterdings vor, sie sei der Verdammten und Verlorenen eine, die nicht solle mit den Auserwählten gerechnet werden. Das ist eine ewig unwiderrückliche Antwort, da niemand vorüberkann." Dennoch tut die Frau das einzige, was hilft. Sie läßt nicht ab von Gott. Sie gibt seinem Urteil recht. Und sie fängt ihn dadurch. Ist das nicht ein Meisterstück?

Die ganze Geschichte wird durch diese theologische Durchdringung ein vor Augen gemaltes erfahrbares Lehrstück der Rechtfertigung. Gezeigt wird der Glaubende, der am Wort der Verheißung festhält durch alle verzweifel-ten Anfechtungen hindurch, der das begreifen kann, wie es ist, „als wenn wir im Gewissen fühlen, daß uns Gott schilt für einen Sünder und nicht wert des Himmelreiches urteilet; da fühlen wir die Hölle und dünkt uns, wir sind ewiglich verloren."

Man muß in diesem Zusammenhang auch jenes kleine Stück beachten, in dem Luther dem Verhalten und den Antworten Christi sorgfältig nachgeht, die ein Nein signalisieren und doch „Hangen und Schweben" sind, das heißt, die ein wenig signalisieren, daß unter dem „Nein" tief das „Ja" verborgen ist.

Und dann die abschließende Lehre: „Wer nun hie dieses Weibleins Kunst könnte und Gott in seinem eigenen Urteil fangen und sagen: Ja, Herr, es ist wahr, ich bin ein Sünder . . . aber doch hast du verheißen . . . so muß sich Gott durch sein eigen Urteil über uns erbarmen."

Nun ist die Geschichte von der kanaanäischen Frau sicher eine besonders geeignete Geschichte, so gepredigt und erzählt zu werden, aber man muß dennoch die hohe Kunst Luthers bewundern, das, was er theologisch begrif-fen und was er persönlich erfahren hat, in dieser Weise als Wahrheit der Geschichte aufleuchten zu lassen und dem Hörer vor Augen zu malen.

Natürlich muß man auch hier Fragen stellen. Luther selbst hat im Laufe seines Lebens mit Ernüchterung lernen müssen, daß die Tiefe der Anfech-tungen und der damit verbundenen Gotteserfahrung nicht einfach zu verall-

---

16 Emmanuel Hirsch: Gesetz und Evangelium in Luthers Predigten. Luther. 25. 1954, S. 58 ff.

gemeinern war. Darf man dann solche existentiell erfahrene Theologie zum Erkenntnisprinzip für Predigttexte machen?

Noch grundsätzlicher gefragt: Solche theologischen Grunderkenntnisse wie Gesetz und Evangelium, deus absconditus und deus revelatus und die Erfahrung der Anfechtung als etwas, das für den Theologen notwendig dazugehört – wirken sie möglicherweise wie ein Raster, das über einen biblischen Text gelegt wird, so daß er nur noch sagen kann, was er sagen darf? Das wird man jeweils überprüfen müssen. Die eigene Glaubenserfahrung muß, wenn sie den Texten nicht Gewalt antun will, im Sinne des Verstehensversuches eingebracht werden und sich im Dialog mit dem Text bewähren. Da Luther seine theologischen Gesichtspunkte jedoch aus dem Begreifen der Bibel und ihrer Mitte in Jesus Christus nimmt, hat er einen hochgradig angemessenen Zugang zu den biblischen Texten, und Kollisionen gibt es höchstens, wenn biblische Texte aus solcher Mitte der Schrift etwas herauszuragen scheinen (vgl. Luthers Kritik am Jakobus-Brief).

4. Predigerauftrag

Der Auftrag des Predigers angesichts des Textes wird von Luther in unserer Predigt indirekt in den ersten Sätzen schon benannt. Der Prediger reicht das Evangelium dar: „Dies Evangelium hält uns vor ein recht Exempel eines beständigen vollkommenen Glaubens. Denn dies Weib . . . lehrt uns . . . was die rechte Art und Tugend sei des Glaubens, nämlich, daß er ist eine herzliche Zuversicht auf die Gnade und Güte Gottes, die durch das Wort erfahren und offenbar wird."[17]

Der Prediger hat den Auftrag, das im biblischen Text (leider, weil es nicht anders ging, schriftlich) überlieferte Evangelium von Jesus Christus als den Hörer treffende Anrede weiterzugeben. „Ein Pfarrherr oder Prediger macht nicht das Evangelium, und durch sein Predigen oder Amt wird sein Wort nicht zum Evangelium. Sonst muß es alles Evangelium sein, was er reden könnte. Sondern er reicht allein und gibt durch sein Predigen das Evangelium. Denn das Evangelium ist zuvor da und muß zuvor da sein, das hat unser Herr Christus gemacht, hergebracht und hinter sich gelassen . . . Also bleibt nichts im Pfarramt oder Predigtamt denn das einzige Werk, nämlich geben oder darreichen das Evangelium, von Christus befohlen zu predigen."[18]

---

17 Zu Luthers Predigtanfängen vgl. Gerhard Ebeling, a. a. O., S. 465 ff. Sie sind zumeist sehr prägnant, enthalten vielfach eine theologische oder hermeneutische oder homiletische Wertung der Perikope in einem Satz.

18 Martin Luther: Von der Winkelmesse und Pfaffenweihe. (1533) WA 38, 239, 2 ff.

Darreichen zeigt etwas vom sakramentalen Charakter des Wortes Gottes. Was es sagt, das geschieht. „Alle Worte, alle Geschichten der Evangelien sind gewisse Sakramente, d. h. heilige Zeichen, durch welche Gott in den Glaubenden wirkt, was immer jene Geschichten meinen", sagt Luther 1519.[19]

Indem der Prediger so das Evangelium als „äußeres Wort" weitergibt, handelt Gott durch den Prediger am Hörer. Nicht automatisch. Gottes Wort wird es erst, wenn und wann Gott sein Werk an dem Hörer durch das Wort des Predigers tun will. Aber Gott hat sich daran gebunden, nichts ohne dies äußere Wort zu tun. Luther hat dies ausführlich in einer anderen Predigt der Fastenpostille ausgeführt „Wir sind Gottes Mithelfer und Mitwirker . . . Das ist: Wir predigen, arbeiten an euch mit dem äußerlichen Wort durch Lehren und Vermahnen." Ulrich Nembach[20] hat herausgearbeitet, daß Luther mit diesen beiden Begriffen immer wieder die Predigtaufgabe beschreibt. Allerdings darf man dabei nicht einfach unser Verständnis von Lehre und Ermahnung zugrundelegen. Man muß von Luthers Predigten her sehen, was er faktisch in seinen Predigten tut, und darauf achten, welche Worte er noch zur Beschreibung der Predigtaufgabe verwendet und jene beiden Begriffe dadurch ausweitet. So kann er immer wieder von der „Reizung" des Hörers sprechen, der seinen Sack öffnen soll, damit er mit dem Herzen hören kann, und, wie auch unsere Predigt zeigt, Lehre ist ihm wesentlich Tröstung der Gewissen.

„Aber Gott gibt inwendig durch den Geist den Segen und Gedeihen, daß unser äußerlich Wort nicht vergeblich arbeite. Darum ist Gott inwendig der rechte Meister, der das beste tut, und wir helfen und dienen ihm dazu auswendig mit dem Predigtamt." Diese Arbeitsteilung darf man aber nun nicht so verstehen, daß das Wort des Predigers nichts wäre.

„Denn obwohl Gott möchte alle Ding inwendig ohne das äußerliche Wort ausrichten, alleine durch seinen Geist, so will ers doch nicht tun, sondern die Prediger zu Mithelfern und Mitarbeitern haben und durch ihr Wort tun, wo und wenn er will." Deshalb soll niemand die Predigt versäumen, weil Gott in ihr handeln kann und will, „sintemal er nicht weiß, welche Zeit das Stündlein kommen werde, darin Gott sein Werk an ihm tu durch die Prediger." Denn es besteht die Gefahr, daß man die Gnade versäumt, weil „die Predigt des Evangeliums nicht eine ewige, während, bleibende Lehre ist, sondern ist wie ein fahrender Platzregen, der dahinläuft, was er trifft, das trifft er, was fehlet, das fehlet. Er kommt aber nicht wieder, . . . Das gibt auch die Erfahrung, daß an keinem Ort der Welt das Evangelium lauter und rein ist blieben über eins Manns Gedenken . . ."[21]

---

19 Martin Luther: Predigt. (1519) WA 91, 440. Zum Ganzen vgl. Christian Möller: Seelsorglich predigen. Göttingen, 1983, S. 23 ff.
20 Ulrich Nembach: Predigt des Evangeliums. Neukirchen-Vluyn, 1972, S. 25 ff.
21 M. Luther, Fastenpostille, WA 17, II; 179

Luther hat diese Bindung des Handelns Gottes an das äußere Wort der Predigt in den Schmalkaldischen Artikeln besonders mit dem Hinweis auf die Enthusiasten festgehalten, die sich rühmten, unabhängig vom Wort der Schrift den Geist zu haben und von daher Schrift und Predigt zu beurteilen.[22]

Der Prediger kann also, sofern er den Text predigt, d. h. das im Text überlieferte Wort Gottes als Gesetz und Evangelium weitergibt, gewiß sein, daß er mit seiner Predigt das äußere Wort Gottes sagt, dem Gott verheißen hat, daß er es, wenn und wann er will, zur Wirkung bringen wird.

In diesem Sinne sind die aufgrund des Zusammenhangs beängstigend steil geratenen Sätze in Luthers Schrift „Wider Hans Worst. 1541" aufzufassen, daß der Prediger keine Vergebung der Sünden brauche, wenn er gepredigt hat, „wo er ein rechter Prediger ist" – also einer, der sich an die Schrift hält. – Er kann dann „trotzlich" sagen, „Haec dixit Dominus. Das hat Gott selbst gesagt ... Denn es ist Gottes und nicht mein Wort, das mir Gott nicht vergeben soll noch kann, sondern bestätigen, loben, krönen und sagen: Du hast recht gelehret, denn ich hab durch dich geredet, und das Wort ist mein. Wer solchs nicht rühmen kann von seiner Predigt, der lasse das Predigen anstehen, denn er leugnet gewißlich und lästert Gott."[23]

Steile Sätze, bei denen es allerdings um die den Prediger gewißmachende Zusage geht, daß Gott sein Wort gebrauchen will.

Die Aufgabe des Predigers ist es also, dem Hörer den Text zu erschließen als Hilfe zum Leben. Luther tut das, indem er in einem ganz umfassenden Sinne und so einfach und elementar, wie es nur geht, zeigt, was der biblische Text uns sagen will. Es ist eine die gesamte Existenz des Predigers und des Hörers betreffende Auslegung des Textes. Es ist mehr als eine einfache Auslegung, es ist die Umsetzung bzw. die „Ausführung" des Textes in die viva vox evangelii, der lebendigen Stimme des Evangeliums.[24]

In seiner Vorrede zur Kirchenpostille 1522 hat Luther sehr eindrücklich gezeigt, welches die einzige Richtschnur für ihn bei der Auslegung biblischer Texte ist. „Denn aufs kürzlichst ist das Evangelium eine Rede von Christo, daß er Gottes Sohn und Mensch sei für uns geworden, gestorben und auferstanden, ein Herr über alle Dinge gesetzt."[25]

---

22 Siehe Hans Philipp Meyer: Luther über das „äußerliche Wort, das die Kirche schafft". In: Horst Hirschler/Günter Linnenbrink (Hrsg.): Die Bibel weckt Gemeinde. Hannover, 1984, S. 86 ff.

23 Martin Luther: Wider Hans Worst (1541). WA 51; 517

24 Zum Begriff Ausführung des Textes, vgl. Gerhard Ebeling: Wort und Glaube. Tübingen, 1960, S. 347. „Die Predigt als Predigt ist nicht Auslegung des Textes als geschehener Verkündigung, sondern ist selbst geschehende Verkündigung, und das heißt nun: *Die Predigt ist Ausführung des Textes.* Sie bringt zur Ausführung, was der Text will. Sie ist Verkündigung dessen, was der Text verkündigt hat."

25 M. Luther, Kirchenpostille, WA 10,I,1; 9

Das findet sich z. B. in den Evangelien, bei Paulus und bei Jesaja 53. Wichtig aber ist, „daß du nicht aus Christo einen Mose machest, als tue er nicht mehr denn Lehre und gebe Exempel wie die anderen Heiligen tun, als sei das Evangelium ein Lehr- oder Gesetzbuch. Darum sollst du Christum, sein Wort, Werk und Leiden zweierlei Weise fassen. Einmal als ein Exempel, dir vorgetragen, dem du folgen sollst und auch also tun . . . Aber das ist das Geringste vom Evangelium, davon es auch noch nicht Evangelium heißen mag, denn damit ist Christus dir nichts mehr nutz denn ein anderer Heiliger. Sein Leben bleibt bei ihm und hilft dir noch nichts . . . Das Hauptstück und Grund des Evangeliums ist, daß du Christum zuvor, ehe du ihn zum Exempel fassest, aufnehmest und erkennest als eine Gabe und Geschenk, das dir von Gott gegeben und dein eigen sei, also daß, wenn du ihm zusiehst oder hörest, daß er etwas tut oder leidet, daß du nicht zweifelst, er selber Christus mit solchem Tun und Leiden sei dein, darauf du dich nicht weniger mögest verlassen, als hättest du es getan, ja als wärest du derselbige Christus. Siehe, das heißt das Evangelium recht erkannt, das ist, die überschwengliche Güte Gottes . . . das ist das große Feuer der Liebe Gottes zu uns, davon wird das Herz und Gewissen froh, sicher und zufrieden, das heißt den christlichen Glauben gepredigt."[26]

In diesem Sinne hat Luther unseren Text Matthäus 15, 21–28 ausgelegt. Das ist seine grundlegende Richtschnur: „Christus als eine Gabe nährt deinen Glauben und macht dich zum Christen. Aber Christus als ein Exempel übt deine Werke. Die machen dich nicht (zum) Christen, sondern sie gehen von dir (als) Christen schon zuvor gemacht (aus)."[27]

Als Prediger bin ich zunächst von Luthers Umgang mit dem Text als gegenwärtiger Vermittlung der Christuswirklichkeit in der Gestalt des äußeren Wortes beeindruckt. Freilich ergeben sich auch sogleich mancherlei Fragen. Sind die Texte der Bibel nur unter dem Gesichtspunkt, daß sie „Christum treiben", zu sehen? Gibt es nicht ein umfassenderes Spektrum an notwendigen Schwerpunktthemen in den biblischen Texten? Man wird da sorgfältig argumentieren müssen. An der Grundtatsache, daß christliche Predigt immer in irgendeiner Weise Christuspredigt ist, kann der evangelische Prediger nicht vorbei. Aber es gibt natürlich unter der Voraussetzung der Richtigkeit dieses Satzes unterschiedliche Schwerpunkte. Wie Luther in großer Predigerfreiheit mit den Texten der Bibel umgehen konnte, zeigen seine Vorstellungen, wie das Alte Testament zu predigen sei.

Luther hat in einer Predigt am 27. August 1525 „Unterrichtung, wie sich die Christen in Mosen sollen schicken" seine Gedanken dazu geäußert. In Abgrenzung zur Müntzerschen Heranziehung des Alten Testamentes macht

---

26 M. Luther, Kirchenpostille, WA 10,I,1; 10–12
27 M. Luther, Kirchenpostille, WA 10,I,1; 12

Luther deutlich, daß das Gesetz Mose die Juden angeht und die Christen somit zunächst nicht bindet. Er wirft den „Rottengeistern" vor, daß sie mit dem Alten Testament völlig falsch umgehen. Sie haben zwar recht, daß es sich um Gottes Wort handelt, aber sie achten nicht darauf, zu wem dies Wort Gottes gesagt wird. Die falschen Propheten haben es dem Volk vorgeplappert: Gott hat sein Volk geheißen, daß sie die Amalekiter totschlagen sollten und andere Sprüche mehr. Daraus sei dann Jammer und Tod gekommen, sind die Bauern aufgestanden und sind in Irrtum geführt worden. Wenn da gelehrte Prediger gewesen wären, die hätten den falschen Propheten entgegentreten und ihnen wehren und sie belehren können: Es ist wahr, Gott hat es Mose geboten und hat zum Volk geredet, aber wir sind nicht das Volk. Er hat Abraham geboten, er solle seinen Sohn erwürgen, aber ich bin nicht Abraham. Er hat mit David geredet. Das ist Gottes Wort, aber es ist zu David geredet. Möchte nun einer sagen: Warum predigst du dann Mose, wenn er uns nichts angeht? Antwortet ihm Luther: Weil ich dreierlei finde, was uns nützlich sein kann: „Also lesen wir Mose darum, nicht daß er uns betreffe, daß wir ihn müssen halten, sondern daß er gleichstimmt mit dem natürlichen Gesetz und ist besser gefaßt denn die Heiden immer mögen tun. Also sind die Zehn Gebote ein Spiegel unseres Lebens, darin wir sehen, woran es uns fehlt . . .

Zum anderen . . . lesen wir Mose um der Verheißungen willen, die von Christo lauten, der nicht allein den Juden, sondern auch den Heiden zugehört. Denn durch ihn sollten alle Heiden den Segen haben, wie Abraham verheißen war.

Zum dritten lesen wir Mose wegen der schönen Exempel des Glaubens, der Liebe und des Kreuzes in den Vettern Adam, Abel, Noah, Abraham, Isaak, Jacob, Mose und also durch und durch, daran wir lernen sollen Gott vertrauen und lieben. Herwiederum auch die Exempel der Gottlosen, wie Gott nicht schenket den Ungläubigen ihren Unglauben. Wie er gestraft hat den Kain, Ismael, Esau, die ganze Welt mit der Sündflut und Sodom und Gomorra usw. Die Exempel sind vonnöten. Denn wiewohl ich nicht Kain bin, doch wenn ich tue wie Kain getan hat, so werde ich die gleiche Strafe mit Kain empfangen. Man findet an keinem anderen Ort so schöne Exempel beide vom Glauben und Unglauben. Darum soll man Mose nicht unter die Bank stecken. Und also wird das Alte Testament recht verstanden . . ."[28]

Luther erläutert ausführlich, wie ausgezeichnet sich aus dem Alten Testament in freier Auswahl Lernwürdiges erheben läßt (die Abgabe des Zehnten anstelle der vielen Steuern, Besteuerung nach dem Ertrag, Grundbesitz darf nur bis zum Halljahr verpfändet werden usw.).

---

28 Martin Luther; Unterrichtung, wie sich die Christen in Moses sollen schicken. Predigt. (1525) WA 16; 390 f.

Luther hat also ganz selbstverständlich die Freiheit, aus den Texten der Bibel Lehrstücke des Glaubens und des Unglaubens zu nehmen. Wenn man sich dann die Durchführung seiner Predigten anschaut, sieht man aber gleichzeitig, wie selbstverständlich er immer wieder nach dem schaut, was Christus beim Hörer im Herzen befestigen kann und wie sorgfältig er Gesetz und Evangelium zu unterscheiden bemüht ist.

Die Predigt von der kanaanäischen Frau kann als Einzelpredigt naturgemäß keinen Eindruck geben, welch vielfältigen Themen Luther sich sonst noch zuwendet. Es könnte auch so aussehen, als solle mit der ausgewählten Predigt einer Predigtweise das Wort geredet werden, die gesellschaftliche und politische Bezüge ausklammert. Dies würde Luthers Predigtweise nicht entsprechen. Zwar sind seine Predigten in der Regel homilieartige Textauslegungspredigten, die ihren Schwerpunkt darin finden, daß der einzelne in seinem Herzen getröstet und bewegt werden soll durch die Predigt des Glaubens und der Liebe. Aber es ist für Luther überhaupt kein Problem, wenn es aktuell nötig ist, einen Exkurs einzuschieben, der nur eine geringe Bindung an den Text aufweist. Seine z. T. recht kräftigen Polemiken gegen die Schwärmer und die Papisten gehören hierher. Aber auch, daß Konzilien irren können, da doch sogar die Mutter Christi die Unwissenheit kennt.[29] Oder er behandelt Fragen wie die, ob und wie man eine Hochzeitsfeier mit welchem Aufwand machen darf[30] (1525!), wie das mit der Kindertaufe ist,[31] was von der Sterndeuterei und der Naturwissenschaft zu halten ist.[32]

Aber es wäre auch an Luthers Predigten und Predigtaufrufe gegen Wucher zu denken und an seine Auseinandersetzung mit sozialen und wirtschaftlichen Fragen[33] sowie anderen Alltagsproblemen seiner Hörer. Daran wird sichtbar, wie sehr für Luther in der Predigt Textauslegung und Lebenswirklichkeit zusammengehören.

5. Gestaltung

Die uns vorliegende Predigt ist eine Schreibtischarbeit, hergestellt für das neue Medium, das durch die Erfindung der Druckerpresse geschaffen worden war und mit dem Luther ausgezeichnet zu arbeiten verstand. Ähnlich wie es dem Prediger heute bei der Herstellung von Predigten für Radio oder

---

29 M. Luther, Fastenpostille, WA 17,2; 28
30 A. a. O., S. 63 f.
31 A. a. O., S. 79–88
32 M. Luther, Kirchenpostille, WA 10,I;1, 562 und 565 ff. Zum Ganzen vgl. Gerhard Ebeling: Evangelische Evangelienauslegung. München, 1942, S. 470 f.
33 Theodor Strohm: Luthers Wirtschafts- und Sozialethik. In: Helmar Junghans: Leben und Werke Martin Luthers von 1526 bis 1546. Göttingen, 1983, S. 205–223

Fernsehen ergehen kann, daß er sich nämlich besondere Mühe bei der Ausarbeitung für solch eine besondere Gelegenheit gibt, scheint es auch bei Luther gewesen zu sein. Obgleich die Predigt unter erheblichem Zeitdruck entstanden ist, ist sie doch, verglichen mit den Predigten, die er sonst zu diesem Text gehalten hat, die am sorgfältigsten gearbeitete. Auch wenn es sich um eine geschriebene Predigt handelt, so steht sie in nichts den uns in den Nachschriften überlieferten gesprochenen Predigten nach, eher ist sie besser. Allerdings wirkt sich Luthers Erfahrung mit dem Text in den vorausgegangenen Predigten deutlich aus. Im übrigen hat Luther die Postillenpredigten auch geschrieben, damit sie im Gottesdienst und im Haus als Predigten vorgelesen werden konnten.[34]

Was an dieser Predigt zunächst auffällt, ist, wie sehr der Inhalt von der *Anschaulichkeit,* der erdverbundenen und eindringlichen Sprache lebt: herzliche Zuversicht, gut Gerücht, gut Geschrei, liefs dem süßen Geruch nach, wie Christus den Glauben in den Seinen treibet und jaget, schweigt er als ein Stock, dies ist ein gar harter Puff, Donnerschlag, Mordschlag (von Christus!), bleibt stracks und fest in ihrer Zuversicht hangen, Gott helfe uns in Nöten und Sterben zu solchem Mut und Glauben, ist das nicht ein Meisterstück, Hangen und Schweben, daß sie nun nicht Hund sei, sondern auch ein Kind Israels, des Weibleins Kunst, Gott in seinem Urteil fangen, usw.

Die Sprache ist anschaulich, elementar, geeignet, den Hörer aufmerksam zu machen und ihm zu signalisieren, hier geht es um für dich sehr wichtige Dinge, nimm dir's zu Herzen. Die Sprache zielt auf ein möglichst umwegloses Treffen des Hörers, sie wird jedoch auf dem rhetorisch wirksamen Umweg eingesetzt, dem Hörer eine Szene in sein Herz „einzubilden". Mit dieser Sprache denkt sich Luther in die Frau hinein. Er senkt sie dem Hörer ins Nachempfinden. Der Hörer wird durch solche Sprache hineingenommen in das Geschehen.

Zur Miterlebbarkeit des Gesagten in dieser Predigt hilft besonders die *dialogische Redeweise.* Luther ist, was bei solch einem geschriebenen Text besonders beeindruckend ist, mit dem Hörer im ständigen Gespräch: Was für ein Gerücht? Wie gehts aber zu (daß die anderen nicht kommen)? Nun, was tut das Weiblein hiezu? Ist das nicht ein Meisterstück?

---

34 Wie über die anderen Texte des Kirchenjahres, so hat Luther auch über Matthäus 15, 21–28 viele Male gepredigt. Überliefert sind uns Predigtnachschriften aus den Jahren 1523, 1524, 1525, 1526, 1528, 1534, 1538. Dazu haben wir, was selten ist, das Predigtkonzept Luthers für den 1. März 1534. In den Predigten von 1523 und 1524 finden sich sehr starke Ähnlichkeiten mit unserer Postillenpredigt. Erstaunlicherweise sind die Entsprechungen zwischen der am 12. März 1525 gehaltenen Predigt Luthers und der Postillenpredigt sehr viel geringer, so daß man überlegen kann, ob unsere Predigt nicht doch schon vorher im wesentlichen fertiggestellt war und lediglich der letzte Abschnitt, der eine gewisse Eile verrät, kurz vor der Drucklegung noch eilig verfaßt worden ist.

Aber das bleibt noch eher äußerlich. Ungleich stärker wird der Hörer hineingenommen dadurch, daß er in die Geschichte dieser Frau verstrickt wird. Zunächst noch: Siehe, wie Christus den Glauben in den Seinen treibt usw. Aber dann nimmt der Hörer an dem inneren Dialog der Frau teil: Daß sie hätte mögen denken: Ist das der gütige freundliche Mann ... Es muß nicht wahr sein ... Er ist dein Feind, usw.

Und wieder wird der Hörer angesprochen: Siehe, das ist ein harter Puff. Er spürt dieses Zurückstoßen geradezu. Oder, beim Mordschlag, der letzten Stufe im kunstvollen dreistufigen[35] Aufbau, heißt es: „Was will sie hie sagen? ... Das ist eine ewig unverrückliche Antwort." Auch die nachdenkliche Passage über „Hangen und Schweben": „Lauten wohl als Nein, sind aber nicht Nein" ... usw. ist ausgesprochen dialogisch. Fast in einer Art trial and error (Versuch und Irrtum) geschrieben. Der Hörer wird in dieses Abwägen mit hineingenommen.

Auffällig ist weiter die Lebendigkeit durch den dramatisierten ständigen *Szenenwechsel*. Da redet der Erzähler: „... daß sie auf solch gut Geschrei ihm nachläuft und schreit mit gewisser Zuversicht, er werde seinem Gerüchte nach auch gnädiglich mit ihr handeln." Das kann man sich vorstellen.

Einen Augenblick später spricht die Frau ihren inneren Dialog: „... er möchte doch ein Wort sagen und zu mir sprechen: Ich will nicht. (Auch diese Erwartung an Jesus in wörtlicher Rede!). Nun schweigt er als ein Stock ..." Dann der Kommentator: „Siehe, dies ist ein gar harter Puff". Der geistliche Kommentar, aber ein großartig solidarischer Kommentar mit dem Hörer: „Wie die wohl wissen, so es im Herzen fühlen und erfahren ..." Dann wieder der Erzähler, kommentierendes Erzählen: „... bleibt stracks und fest in ihrer Zuversicht hangen ..." Dann der Pastor als Lehrer: „Also müssen wir auch tun und lernen, allein am Wort festhangen ..." Und gleich danach der Beobachter des menschlichen Wesens: „Aber o wie wehe tut das der Natur und der Vernunft ..." Dann wieder der Pastor als Seelsorger: „Gott helfe uns in Nöten und Sterben zu solch einem Mut und Glauben." Ein Stück weiter unten, der Prediger als Anwalt der Frau gegenüber Christus: „... hie möchte man Christo aufrucken alle die Wort ..." Und Christus selbst antwortet: „Ja, es ist wahr, ich höre alle Gebete. Ich habe aber solche Verheißung getan allein dem Hause Israel." Wieder Sprecherwechsel, der solidarische Kommentator: „Wie dünkt dich? Ist das nicht ein Donnerschlag?"

Gerade wenn man sich die Predigt Satz für Satz noch einmal durchschaut, merkt man, wie unglaublich lebendig diese Predigtweise ist. Kein unnötiges

---

35 In seinem Predigtkonzept von 1534 entwickelt Luther sogar einen fünfstufigen Aufbau.

Über-die-Dinge-Reden. Jeder Satz so anschaulich wie möglich gefaßt. Möglichst in wörtlicher Rede. Das alles ist für Prediger sehr eindrücklich.

Der *Aufbau* ist einfach und dennoch kunstvoll. Er entspricht dem Ablauf der Erzählung. Luthers Predigten sind meistens homilie-ähnlich. Sie folgen sonst, besonders bei den Epistelpredigten, einfach dem Textverlauf ohne irgendwelche Verknüpfungsversuche der verschiedenen Gedanken. Aber wenn man mitdenkt, merkt man, daß auch in der Abfolge der Gedanken ein Könner am Werk ist.

Hier ist der Aufbau deutlich: Die übliche kurze Einleitung, mit kräftigem Zugriff wird das Thema genannt und abgegrenzt.[36]

Es folgt eine knappe Beschreibung der Situation, sofort theologisch durchdrungen.

Ein vergegenwärtigender Exkurs, warum so wenige auf das gute Gerücht hin kommen. Beantwortung aus der Schrift und der theologischen Erfahrung, „muß Mose vorhergehen", mit einer den Exkurs abschließenden Schlußfolgerung: „Das ist alles zu Trost gesagt . . ."

Dann das Hauptthema, wie Christus den Glauben in den Seinen treibt und jaget.

Dann die Entwicklung der Erzählung in drei Teilen mit parallellaufendem Kommentar und jeweiligem Abschluß eines Teils. Jeder Teil beginnt mit erstlich, zum andern, zum dritten. Jeder Teil wird abgeschlossen: Gott helfe uns, d. h. ja festgehalten, darum tut er sich nun gar auf . . .

Dann die große abschließende Zusammenfassung mit einer den Hörer noch einmal fesselnden interessanten Gedankenführung. „Aber das ist uns allen zu Trost und Lehre geschrieben . . ." Und der triumphierende Schluß: „Siehe, so muß sich Gott durch sein eigen Urteil über uns erbarmen."

Dann eine abschließende Verstärkung aus Zeugnissen der Schrift, der König Manasse und der Psalm 51 und die eigentlich nun nicht mehr nötige Anwendung auf den Hörer. Denn wenn man bei der ganzen Predigt fragt: „Wo ist denn eigentlich der Hörer geblieben", dann kann die Antwort nur lauten: Der war in einer beachtlichen Weise die ganze Zeit mit dabei.

Und dann der letzte Absatz, vielleicht im Herbst 1525 an eine schon fertige Predigt angehängt. Vielleicht um das Gewissen des Auslegers zu befriedigen, damit der Leser weiß, da hat er auch noch dran gedacht. Es müßte noch dies und das kommen, besonders die Exempel der Liebe. Aber das kann man woanders nachlesen. „Ist auch klar genug und wohl zu finden."

---

36 Zum Aufbau von Luthers Predigten. G. Ebeling, a. a. O., S. 465 ff.

Gerade wenn man die Predigt sorgfältig durchgeht, entdeckt man, was in ihr steckt. Ich empfinde sie als ein Erlebnis. Wer nun hie dieses Luthers Kunst könnte . . .[37]

c) Predigtwirkung

Luthers Predigtweise lebt von einem geradezu abenteuerlichen *Vertrauen auf die Kraft des Wortes Gottes.*

Luthers Predigtweise in der vorliegenden Predigt ist geprägt durch zwei Merkmale: Zum einen predigt er, als ob es den Heiligen Geist nicht gäbe. Das bedeutet, er bemüht sich in einer unglaublich intensiven Weise, den Text dem Hörer vor Augen zu stellen, den Text ihm nahezubringen, ihn durch Lehre und Ermahnung, durch verständliche und einfache Spache dazu zu bringen, daß er Christi Werk als Grundkraft seines Lebens wirken läßt. Es ist, wenn man sich diese Predigt anschaut, als ob alles vom Prediger abhinge.

Auf der anderen Seite steht hinter dieser Bemühung Luthers tiefes Vertrauen auf die Wirkkraft des Wortes Gottes, wenn es den Menschen im Herzen ergreift. Diese verwandelnde Kraft des Wortes Gottes ist Luthers persönlichste Erfahrung. Aber man darf sich ihre Wahrheit nicht dadurch verstellen, daß man sie zu einer Spezialerfahrung eben dieser Persönlichkeit Martin Luther macht. Es ist ja die Frage, was denn nun den Menschen wirklich in Freiheit tragen und verwandeln kann, wenn nicht das Wort, das ihn in sein eigentliches Wesen bringt.

---

37 Auf die Beziehungen des Aufbaus dieser Predigt zur Rhetorik der Zeit will ich nicht weiter eingehen. Es ist keine Frage, daß Luther mit der Rhetorik seiner Zeit vertraut ist. Gerhard Ebeling hat an einigen Beispielen gezeigt, wie Luther auch inhaltlich die traditionelle Auslegung benutzt, sie aber dann in seinem Sinne verwandelt. G. Ebeling, a.a.O., S. 475ff. Ulrich Nembach hat für Luthers Predigtweise nachzuweisen versucht, daß er der Volksberatungsrede Quintilians folgt. Ulrich Nembach: Predigt des Evangeliums. Neukirchen-Vluyn, 1972. Das ist von Gerhard Krause: ThLZ. 99 (1974) 271 ff. und Helmar Junghans: LuJ 41 (1974) 149 f. in dem Sinne kritisiert worden, daß man auch Luthers Abhängigkeiten von Cicero, den er sehr schätzte, und Aristoteles, den er nicht so schätzte, mit berücksichtigen müßte. Auch G. Winkler, Luther als Seelsorger und Prediger, a.a.O., S. 236f., und Bernhard Lohse: Martin Luther. Eine Einführung in sein Leben und Werk. München, [2]1982, S. 112 f. vermuten einen breiteren Strom der Beeinflussung Luthers. Sehr interessante Aspekte liefert auch Klaus Dockhorn: Luthers Glaubensbegriff und die Rhetorik. In: Linguistica Biblica. Interdisziplinäre Zeitschrift für Theologie und Linguistik. 21./22. Februar 1973, S. 19–39. Ich brauche auf diese Dinge hier nicht im einzelnen einzugehen, da Luther auch mit der rhetorischen Tradition sehr selbständig und originell umgegangen ist und es mir hier darauf ankam, von Luthers Predigtweise zu lernen.

Luther hat in der zweiten seiner berühmten Invokavit-Predigten jene bekannten Sätze gesagt: „Summa summarum predigen will ichs, sagen will ichs, schreiben will ichs. Aber zwingen, dringen mit der Gewalt will ich niemanden. Denn der Glaube will willig, ungenötigt angezogen werden. Nehmt ein Exempel von mir. Ich bin dem Ablaß und allen Papisten entgegengetreten, aber mit keiner Gewalt, ich hab allein Gottes Wort getrieben, gepredigt und geschrieben, sonst hab ich nichts getan. Das hat, wenn ich geschlafen hab, wenn ich wittenbergisch Bier mit meinem Philipp und Amsdorf getrunken hab, allsoviel getan, daß das Papsttum also schwach geworden ist, daß ihm noch nie kein Fürst noch Kaiser so viel abgebrochen hat. Ich hab nichts getan, das Wort hat es alles gehandelt und ausgerichtet. Wenn ich hätte wollen mit Ungemach fahren, ich wollt Deutschland in ein großes Blutvergießen gebracht haben, ja ich wollt wohl zu Worms ein Spiel angerichtet haben, daß der Kaiser nicht sicher wäre gewesen.

Aber was wäre es, ein Narrenspiel wäre es gewesen. Ich hab nichts gemacht, ich hab das Wort lassen handeln. Was meint ihr wohl, was der Teufel gedenkt, wenn man das Ding will mit Rumor ausrichten? Er sitzt hinter der Hölle und gedenkt: O wie sollen nun die Narren so ein feines Spiel machen. Aber dann so geschieht ihm Leid, wenn wir allein das Wort treiben und das allein wirken lassen. Das ist allmächtig. Das nimmt gefangen die Herzen. Und wenn sie gefangen sind, so muß das Werk hinnach von ihm selbst zerfallen."[38]

Wie wir wissen, ist Luther in diesem Vertrauen auf das Wort der Predigt in jenen Märztagen des Jahres 1522 bestärkt worden. Das Wort, natürlich in seinem Munde und mit seiner Autorität gesagt, schaffte in dem unruhigen Wittenberg jenes Klima, das eine solide Reformation brauchte. Noch 1523 dichtet Martin Luther: „Das Land bringt Frucht und bessert sich, dein Wort ist wohlgeraten." Daß das Wort Gottes dann auch seine Zeit hat, hat Luther schmerzhaft lernen müssen. Seine Rundreise im April 1525 und seine mißlungenen Versuche, durch das Wort der Schrift die aufgeregten Bauern in vernünftige Bahnen zu lenken, haben ihn lebenslang eines besseren (schlechteren) belehrt und ihn vielfach in tiefe Anfechtungen gestürzt. Allerdings ist das Zutrauen zum Worte Gottes, zu seiner Kraft geblieben und die Kehrseite mancher Verzweiflung. Luther ist ja im Frühjahr 1530 aus Zorn über seine Gemeinde tatsächlich in einen Predigtstreik getreten. Am Neujahrstage 1530 sagt er seinen Hörern, wie enttäuscht er über sie sei, daß er mit seiner Predigt noch nicht einmal erreichen könne, daß die Nächstenliebe sich mehre. Sie seien geizig, die bürgerliche Zucht fehle. Lieber wolle er tollen Hunden

---

38 Martin Luther: Invokavitpredigten 2. (1522) WA 10, III; 18 f.

predigen als weiterhin so erfolglos dieser Gemeinde. Und wegen der Undankbarkeit und des Ungehorsams des Volkes stellte er die Predigt ein. Das hat verschiedene Gründe gehabt. Die Stadtväter waren offenbar nicht besonders freundlich ihm gegenüber. Der Kurfürst schrieb am 18. Januar einen Brief, Luther möge doch wenigstens einmal in der Woche wieder predigen. Er predigte dann auch, bis er im Mai zur Coburg zog, noch etwa viermal. Er befand sich im tiefen Zorn gegen seine Gemeinde, die durch das Wort nicht so zu bewegen war, wie er sich das dachte.

Diese Enttäuschung, daß das Wort Gottes offenbar tatsächlich wie ein fahrender Platzregen ist, hat er dann jedoch auch wieder in der für ihn typischen Weise zu bewältigen versucht. In einer Predigt am 3. Advent 1532 über Matthäus 11, 2–10 sagt er: „Das ist's nun, was Christus sagt: ‚Selig ist, der nicht Ärgernis nimmt an mir'. Denn damit weissagt er zugleich, daß die Menschen an dieser Predigt des Evangeliums sich stoßen und sie verachten und verfolgen werden. Solch Ärgernis, Verachtung und Verfolgung muß man leiden. Dann so es dazumal nichts geholfen hat, als der Herr Christus selbst gepredigt und unzählige Wunderzeichen vollbracht hat, daß die Blinden sehend, die Tauben hörend, die Lahmen gerade, die Aussätzigen rein, die Toten lebendig geworden sind, sondern das Wort ist gleichwohl verachtet und er, der liebe Herr Christus, darüber ans Kreuz geschlagen worden . . . Was solls jetzt helfen? Was wollen wir denn sehr darüber klagen? Was kann es verwundern, daß die Welt das heilige Evangelium und rechtschaffene Prediger zu unserer Zeit so verachtet und gewissermaßen mit den Füßen darüber hinwegläuft? . . . Deshalb müssen wir uns daran gewöhnen . . . daß das Evangelium eine Predigt ist, die man so jämmerlich verachtet und daß wir uns nicht daran kehren sollen, daß Bürger und Bauern nach dem Evangelium nicht fragen . . . Darum sprich: Wohlan, lieber Herr Christus, ist dir solches widerfahren . . . so will ich wohl schweigen und nicht klagen . . . wir nehmen diesen König ohne Ärgernis an, halten uns an seinem Wort fest und werden durch ihn selig, wie er sagt: Selig ist, der nicht Ärgernis nimmt an mir. Das verleihe uns unser lieber Herr Jesus Christus. Amen."[39]

Die Wirklichkeitsgemäßheit der Predigten Luthers ist mit Händen zu greifen. Es ist die Lebenswirklichkeit des Hörers in elementarer Weise aufgenommen. Das ist das einzige, was der Prediger des „äußeren Worts" immer wieder neu versuchen kann.

Wenn dieses Wort die Menschen nicht ergreift, so muß er ebenfalls immer neu danach fragen, ob ein wesentlicher Grund darin liegt, daß er dieses Wort falsch sagt, daß er zu ungeschickt ist. Er muß suchen, was zu verbessern ist. Er wird sogar noch weiter gehen müssen und theologisch fragen, ob das, was die

---

39 Martin Luther: Predigt am 3. Advent 1532. WA 36; 383–387

Predigt inhaltlich sagen will, was sie, um es mit Luthers Sätzen zu sagen, vom Glauben und von der Liebe sagt, heute brauchbar ist. Können die Menschen mit diesem Inhalt etwas anfangen? Was kann man machen, daß biblische Texte so erschlossen werden, daß sie wirklich eine Hilfe zum Leben sind? Nachdem der Prediger sich das aber gefragt hat, versucht hat, nach bestem Wissen und Gewissen zu arbeiten, muß er die Sache getrost Gott überlassen. Es ist schließlich sein Geheimnis, wann sein Wort die Menschen packt. Wir können nur versuchen, gute Werkzeuge zu sein.

Dazu gibt es aber allerhand zu bedenken.

II. Unsere Lebenswirklichkeit im biblischen Text

a) Erste Begegnung mit dem Text

1. Beruflicher Zugriff

Einem biblischen Text als Predigttext zu begegnen, heißt, ich begegne ihm zunächst beruflich. Ich muß am Sonntag predigen, welches ist der Text?

Ich kennen einen, der macht es so: Bevor er am Sonntagmittag, nach Gottesdienst, Gemeindeschwatz, Verabschiedung der Kindergottesdiensthelfer, der Kirchenvorsteher und der Küsterin sich seines schwarzen Aufzugs entledigt, Talar, Beffchen, Bibel und Predigtkonzept wegräumt, schaut er kurz ins Perikopenbuch und liest sich sorgfältig den Predigttext für den kommenden Sonntag durch und prägt ihn sich ein. Meist kennt er ihn, hat schon darüber gepredigt oder ihn im Bibelgesprächskreis gehabt. Jedenfalls weiß er nun, worauf er sich einstellen muß. Eine Woche ist Zeit, mit dem Text zunächst anfänglich, dann immer tiefer eindringend zu leben.

Andere machen das anders. Manche schauen erst am Donnerstagabend, kurz bevor sich der Predigtvorbereitungskreis trifft, schnell noch in den Text und in den Kommentar. Andere lassen sich am Samstagnachmittag überraschen, was die Perikopenordnung für sie bereit hält.

Die meisten halten sich an die Perikopenordnung; schon wegen der bereitliegenden Predigthilfen, es sei denn, ein besonderer Anlaß fordere einen besonderen Text oder ein besonderes Thema.

Das *erste* Lesen des Textes bringt sofort mancherlei Gedanken auf den Weg.

Ich denke an einen Text für den 4. Sonntag nach Epiphanias, Reihe 3. Vorgeschlagen ist Matthäus 14, 22–33. Der Seewandel Jesu in der Matthäus-Fassung.

Die Reaktion beim ersten Lesen: Ach du liebe Zeit. Jesus auf dem Wasser. Auch Petrus noch. Eine Wundergeschichte. Während des Studiums hatte ich einen Prediger dazu gehört, der schrie immer: So ein kümmerliches Boot und die haushohen Wellen! Das ist passiert!! Und unser Herr geht auf diesen Wellen! Das ist passiert!! Und Petrus geht auch auf diesen Wellen! Das ist passiert!! – Naja, so muß man's ja nicht machen. War das nicht eine alte Ostergeschichte? Erscheinung auf See? Der alte Rationalist Paulus aus Heidelberg hatte doch überlegt, daß Jesus vielleicht auf einem Baumstamm balanciert ist. Hat er auch sicherlich nicht ausprobiert. Ich werde die Frage des Wunders ansprechen müssen. Bei manchen Leuten hängen noch Bilder, wie Jesus, von einem hellen Schein umgeben, über hohe Wellen den Jüngern zur Hilfe kommt. Vorne sieht man den im Wasser versinkenden Petrus, der die Hände Jesus entgegenreckt. Es wird nicht leicht sein, darüber zu predigen.

Die erste Begegnung des Predigers mit dem Text geschieht unter dem Gesichtspunkt: Wie läßt sich der Text für die Predigt verwerten; was kann ich damit anfangen? Zwar zeigt ein früher Beginn solcher Beschäftigung mit dem Predigttext, was sehr zu empfehlen ist, daß der Prediger weiß und wünscht, mir kann im Verlauf der kommenden Tage mit diesem Text einiges zustoßen. Aber zunächst ist der Zugang zum Text wenig andächtig. Die allwöchentliche Predigtherstellungsarbeit ist eine unter vielen Aufgaben des Pfarrers oder der Pfarrerin und muß irgendwie geschafft werden. Am Sonntag hören um 10.00 Uhr die Glocken auf zu läuten. Dann muß etwas stehen. Predigtherstellung ist Arbeit.

2. Der Text gerät dazwischen

Schon wenn ich den Text zum ersten Mal durchlese, gerät er mir – neben allen Verwertungsgedanken – gleichzeitig zwischen mein alltägliches Leben. Manchmal liegt er mir, und ich freue mich auf die Predigt, manchmal bin ich abständiger. Irgendeine Beziehung bildet sich sofort mit dem Text. Ich weiß, warum die Leute das Bild vom Seewandel im Wohnzimmer hängen haben. Es ist ein Trostbild. Solch ein Text trifft mich als Prediger in irgendeiner meiner vielen Lebenssituationen. Er kann sehr schnell zu mehr als einem Stück Predigtherstellungsmaterial werden. Ich bin vielleicht mutlos oder übermütig, habe Angst vor einem Gespräch oder freue mich auf den Urlaub. Und auf eine unvorhersehbare Weise gerät mir der Predigttext dazwischen. Sagt mir etwas oder auch nichts, tröstet mich oder stößt mich ab.

Nun weiß der Prediger natürlich immer, daß er den Text in der grundsätzlichen Erwartung vornimmt, daß in, mit und unter diesen Worten Gott zu ihm sprechen kann. Er weiß selbstverständlich auch, daß es eine Verabredung mit der Gemeinde gibt, daß er ihr den Text am Sonntag ab 10.25 Uhr so weitersagt, daß den Hörer darin Gottes Wort treffen kann. Der Prediger hat das nicht in der Hand. Aber er will eine möglichst ordentliche Predigt machen. Dafür braucht er Einsichten und Einfälle, und er hofft, daß ihm die im Verlauf der nächsten Tage zwischen Text und Ereignissen kommen werden.

Andererseits kennt der Prediger sich aus. Mancher Text, auf den er sich freute, hat sich beim näheren Hinschauen als ein mühseliger Brocken erwiesen und umgekehrt. Was ein Predigttext sagen kann, zeigt sich selten auf Anhieb. Predigtherstellung erfordert in der Regel ziemlich viel Arbeit.

Dabei ist das Seltsame, daß man vorher gar nicht weiß, ob sich die richtigen und wichtigen Gedanken nicht schon beim ersten Lesen eingestellt haben. Es gibt ja verschiedenartige Zugänge zu den Bibeltexten, und der Prediger muß unbedingt vermeiden, daß er der Gemeinde ständig den Eindruck vermittelt, die Bibel könne man nur begreifen, wenn man wissenschaftlich gebildet ganz tief und mühselig nach der Wahrheit taucht. Der Prediger, der dann wie solch ein Tiefseetaucher tangbehangen und noch atemlos sonntags auf der Kanzel erscheint und erklärt, welch unglaubliche Mühe ihm dieser schwer verständliche Text bereitet habe, ist sicherlich keine besondere Ermutigung für die Gemeinde, selbst die Bibel in die Hand zu nehmen.

Es gibt, wie man sich nicht oft genug klarmachen kann, verschiedenartige Zugänge zur Bibel, und keiner davon hat allein durch die Zugangsart die Garantie, daß er die Wahrheit findet. Der normale Zugang ist immer noch das einfache Lesen und Sich-darüber-Gedanken machen. Oftmals spricht der Text ganz unmittelbar in eine Situation hinein.

Gerhard Ebeling erzählt:[40] „Wir haben es schon oft erlebt, daß ein Bibeltext, in einer bestimmten Situation vernommen, keinerlei Auslegung bedarf. Als ich z. B. gegen Kriegsende beim Militär die Nachricht vom Tode Hitlers vernahm, bat ich die anwesenden ganz unkirchlichen Kameraden, etwas aus der Bibel vorlesen zu dürfen, und wählte dafür Jesaja 14, das Triumphlied über den Sturz des Königs von Babel. Das Schweigen, das der Verlesung folgte, bezeugte eindrücklich, wie sehr es zum Hören gekommen war."

Man muß Jesaja 14 einmal auf diesem Hintergrund lesen. Wobei das Atemberaubende und einen am Gedanken des Fortschritts der Menschheit Zweifelnlassende ist, daß dieser 2500 Jahre alte Text in unserem 20. Jahrhundert treffen konnte.

Aber jeder kennt es auch sonst, wie ihn ein Bibeltext oder eine Losung in einer bestimmten Situation ansprechen und trösten kann.[41]

Die Erfahrung mit Bibelarbeiten in Gemeindegruppen, das gemeinsame Nachdenken im Predigtvorbereitungskreis zeigen ja immer wieder, daß oft gerade in der ersten spontanen Äußerungsrunde sehr wichtige und hilfreiche Einsichten zu einem Bibeltext geäußert werden können.

3. Erste Einfälle

Man kann ganz unterschiedlich an die Predigt herangehen. Als nützlich hat es sich erwiesen, erste Einfälle, die einem nach dem Lesen kommen, gleich zu notieren. Ich denke z. B. daran, daß ich mich manchmal, an einem See stehend, dabei ertappt habe, daß ich dachte, ich möchte wohl auch gern übers Wasser gehen können. Oder, weiter gesponnen, was wohl geschehen würde,

---

40 Gerhard Ebeling: Die Geschichtlichkeit der Kirche und ihrer Verkündigung als theologisches Problem. Tübingen, 1954, S. 11
41 Dietrich Bonhoeffer: Widerstand und Ergebung. München, [6]1955, S. 247

wenn das einer könnte: Über das Wasser gehen – einmal – zweimal – dreimal. Wahrscheinlich würden die Reporter kommen. Das gäbe wahrscheinlich eine Sensation. Ähnlich, als wenn sich einer von den Engeln von der Zinne des Tempels heruntertragen ließe. Irgendwann würden wahrscheinlich die Physiklehrer kommen und Tests machen, Wasserproben und Fußuntersuchungen anstellen. Und wenn sie es nicht herausbekommen würden, wieso einer so über das Wasser gehen kann, würden sie im Physikunterricht lehren: Unter gewissen, noch nicht ganz geklärten Umständen kann man auch auf dem Wasser gehen. Zum Glauben käme dadurch wahrscheinlich niemand. Andererseits, wenn man bis zur Mitte des Sees gegangen wäre und plötzlich würde einen die Gabe des Wasserwandels verlassen, das wäre auch nichts.

Kreativitätsspezialisten empfehlen, man solle als Prediger in dieser Anfangsphase besonders locker und offen sein und sich keine Gedanken und Einfälle verbieten.

Es ist wahrscheinlich richtig, sich auch manche unsinnigen Einfälle zu notieren. Das meiste wird man sowieso nicht gebrauchen können. Aber es könnte schließlich der den Nachtschlaf von Sonnabend auf Sonntag rettende Gedanke dabeisein.

Andererseits darf man sich den Einfällen und ersten Gedanken nicht zu lange hingeben, weil sich mancher Unsinn, den man denkt, sonst zu sehr verfestigt. Was nun folgen muß, ist die solide handwerkliche Arbeit am Text.

4. Beten und arbeiten

Manch einer möchte vielleicht fragen, warum ich nicht längst auf die einzig sachgemäße Zugangsart zum Bibeltext hingewiesen habe, nämlich auf das Gebet des Predigers.

Der erste systematisch arbeitende protestantische Hermeneutiker, Matthias Flacius Illyricus, schreibt 1567: „Anweisungen, wie man die Heilige Schrift lesen soll, die wir nach unserem Urteil gesammelt oder ausgedacht haben."[42]

„1. Bei allem Nachdenken, bei Unternehmungen und Handlungen, zumal schweren, vor allem aber bei heiligen Dingen, ist es sehr nützlich, die göttliche Hilfe zu erflehen, damit diese unser ganzes Unternehmen von vornherein beseele, im Verfolg dabei helfe und schließlich am Ende segne . . .

---

42 Matthias Flacius Illyricus: Über den Erkenntnisgrund der Heiligen Schrift (De Ratione Cognoscendi Sacras Literas), 1567. Zitiert nach Hans-Georg Gadamer/Gottfried Boehm (Hrsg.): Seminar: Philosophische Hermeneutik. Frankfurt, 1979, S. 43 ff.

3. Der fromme Mensch muß in der Tat die Heilige Schrift so verehren und in einer solchen Hingabe kennenlernen, daß er annimmt, er lese sozusagen kein totes Buch, noch dringe er in die Schriften eines noch so heiligen, ehrwürdigen oder weisen Menschen ein, sondern er erforsche die Worte des lebendigen Gottes selbst, der jetzt dort mit ihm handelt . . .

8. Wenn wir auch etwas gegenwärtig nicht ganz einsehen können, so mögen wir nur die Stelle und die Worte derselben dem Gedächtnis einprägen und hoffen und erwarten, daß der Herr sie uns bei einer Gelegenheit gütig eröffnen wird . . ."

Es folgen dann vorzügliche Anleitungen, wie man die Absicht des Textes, seine Argumente, seine Gliederung in eine tabellarische Übersicht bekommt, welche Gattung vorliegt: Erzählung, Lehre, Trostschrift, Schelte u. ä., wie man die logischen Regeln der Grammatik, Rhetorik und der Dialektik anwendet, eine Paraphrase anfertigt usw.

Aber am Anfang steht das Gebet. Nun möchte ich davon nicht im Sinne eines einsetzbaren Arbeitsganges reden. Nicht umsonst heißt es: Beten, als ob alles Arbeiten nichts nützte, und arbeiten, als ob alles Beten nichts nützte. Beten ist kein Arbeitsersatz, auch keine Steigerung der Arbeitsfähigkeit, allerdings ist Arbeit auch kein Gebetsersatz.

Wer allerdings, wenn er sich ans Steuer seines Wagens setzt, zu Beginn der Fahrt darum zu beten pflegt, daß er niemanden mit seinem Fahren ins Unglück stürzen möchte, der sollte das wohl auch bei der Predigtarbeit tun. Und wer das beim Autofahren nicht macht, der sollte sich überlegen, ob es nicht doch ganz vernünftig wäre. Denn es ist ein seltsames Ding um das Geflecht der Ereignisse, in das ich verwickelt werde. Und es ist gut zu wissen, daß ich darin begleitet bin. Dann aber heißt es erst recht, sorgfältig gefahren, denn ich selbst muß es alles tun. Es gibt keine Lücke, die ich aussparen und Gott überlassen könnte.

Luther hat es sehr eindrücklich gesagt: „Was ist aber alle unsere Arbeit auf dem Felde, im Garten, in der Stadt, im Hause, im Streit, im Regieren, anders gegen Gott, denn ein solch Kinderwerk, dadurch Gott seine Gaben zu Felde, zuhause und allenthalben geben will? Es sind unsres Herrn Gotts Larven, darunter will er verborgen sein und alles tun . . . Er könnte wohl Kinder schaffen ohne Mann und Weib. Aber er wills nicht tun, sondern gibt Mann und Weib zusammen, auf das scheine, als tue es Mann und Weib, und er tuts doch unter solcher Larve verborgen. Man spricht: ,Dat deus omne bonum, sed non per cornua taurum', Gott bescheret alles Gut, aber du mußt zugreifen und den Ochsen bei den Hörnern nehmen, das ist, du mußt arbeiten und damit Gott Ursachen und eine Larve geben."[43]

Damit ist zu Gebet und Predigt das Nötige gesagt.

43 Martin Luther: Auslegung von Psalm 147. (1532) WA 31 I; 436

b) Die Fremdheit des Textes anerkennen

1. Neues entdecken

Muß man die Fremdheit eines Textes erst entdecken? Ist es nicht die Aufgabe der Exegese, einen fremden Text vertraut zu machen? So ist das normalerweise. Die Situation für den Prediger jedoch ist komplizierter und für manchen Predigthörer auch. Der Prediger kennt den Text in der Regel. Sollte er ihn noch nicht exegesiert, durchdacht, gepredigt haben, so ist er doch mit dem Beziehungsfeld, in dem er auftaucht, vertraut. Meist aber hat der Prediger schon eine lange Geschichte mit dem Text. Oft hat er bildliche Darstellungen davon im Hinterkopf, aus der Kinderzeit, aus der Kunstgeschichte. Worte haben sich bei ihm festgesetzt und sind bei bestimmten Gelegenheiten vielleicht Mitbestimmungsfaktoren in seinem Leben gewesen. Er steht längst in einer Wirkungsgeschichte des Textes und seines Umfeldes.

Deshalb ist es für den Prediger geradezu lebensnotwendig, daß er Befremdliches im Text entdeckt, Neues sieht, Zusammenhänge neu versteht. Mir macht eine Predigt erst wirklich Freude, wenn ich etwas für mich Neues entdeckt habe und dann weitersagen kann. Manchmal entdecke ich später, daß ich das früher auch schon einmal gewußt habe, na gut, das ist die segensreiche Wirkung der Vergeßlichkeit. Jedenfalls ist es entscheidend, daß der Text mir als das fremde, unvertraute Gebilde, das er von Haus aus ist, wieder erkennbar wird und mich von daher neu fordert und anspricht. Wenn ich in dem Text etwas gewichtiges Neues entdecke, habe ich zumeist gleichzeitig etwas Neues für mich entdeckt.

Wer einmal wieder so eine richtige schulmäßige Exegese machen mußte, kennt das. In den Pfarrkonferenzen, den regelmäßigen Treffen der Pfarrerinnen und Pfarrer, ist es oftmals üblich, daß einer zu Beginn den Predigttext für den nächsten Sonntag auslegt. Da sitzt einem die adamitische Angst nützlich im Nacken. Die Kolleginnen und Kollegen werden dasitzen und all ihre Weisheit beim Gespräch zusammenklauben und mir nachzuweisen versuchen, daß ich dies oder das nicht richtig begriffen habe, was im Text steht. Also setze ich mich intensiver an die Arbeit als sonst, wälze Kommentare, sehe die verschiedenen Predigthilfen durch; da wird vorsichtshalber nochmal in die RGG geschaut, die Theologien der großen Meister nach dem Stellenregister nochmals kurz durchgeblättert usw. Wie gesagt, die Angst ist etwas adamitisch. Andererseits neigen wir von Natur aus zur Faulheit. Da ist der Ehrgeiz, sich nicht zu blamieren, als Stachel des Gesetzes ganz nützlich. Wenn es dann beim Gespräch bei der Konferenz nicht nur nach der Hackordnung, sondern eher kreativ zugeht, ist das auch schön. Für den, der die Arbeit leisten muß, ist solche exegetische, handwerkliche Arbeit meist ein positives Erlebnis.

In der Vorbereitung von Bibelarbeiten für den Kirchentag oder bei Rundfunkandachten habe ich es als faszinierend erlebt, was in längst bekannten Texten, wie dem verlorenen Sohn, dem Propheten Jona, den Josephsgeschichten, dem schwierigen Kapitel Römer 8 neu zu entdecken war.

Sicherlich geschieht das für den Prediger alles zwischendurch. Es muß eingeschoben werden zwischen die vielen anderen Aufgaben. Und es ist oft mühsam. Aber hinterher weiß man, es war gut, wieder einmal zu sitzen und zu sinnen über deiner Wahrheit, Herr, des Morgens zwischen Tag und Traum deine Worte bedenken, die Ereignisse des Tages sehen, mit den Teppichmustern deiner Wahrheit im Kopf; Beziehungen zwischen Text und Leben entdecken, zwischen Christus und uns. Die Schrift begreifen und unser Leben hier. Durchblicke, Entschlüsselungen, neue Erfahrungen.

Deshalb sage ich: Eine der Grundbedingungen der biblischen Predigt ist, daß der Prediger die Fremdheit des Textes ermittelt, damit er Neues am Text für sich und für die Gemeinde entdecken kann. Wenn er alte Hirsche springen läßt, längst ausgeleierte Gedanken über den Kanzelrand schiebt, wen soll's vom Stuhle reißen?

Es ist sicher hochgegriffen, wenn man in diesem Zusammenhang daran denkt, daß die Reformation ihren Ausgang genommen hat in der Entdeckung einer biblischen Grundwahrheit. Das ist in dieser Weise sicher einmalig gewesen. Dennoch, wenn man liest, wie dieses Ereignis noch zwanzig Jahre später in Luther nachbebt, wenn man weiß, wie das sein Leben und das Leben anderer bestimmt hat, dann kann man nur versuchen, etwas davon zu erhaschen: „Ein ganz ungewöhnlich brennendes Verlangen hatte mich gepackt, Paulus im Römerbrief zu verstehen; aber nicht Kaltherzigkeit hatte mir bis dahin im Wege gestanden, sondern ein einziges Wort, das im ersten Kapitel steht: ‚Gottes Gerechtigkeit wird darin offenbart.‘ (Römer 1,17) Denn ich haßte diese Vokabel ‚Gerechtigkeit Gottes‘, die ich durch die übliche Verwendung bei allen Lehrern gelehrt war, philosophisch zu verstehen, von der sogenannten formalen oder aktiven Gerechtigkeit, mittels derer Gott gerecht ist und die Sünder und Ungerechten straft.

Ich aber, der ich, so untadelig ich auch als Mönch lebte, vor Gott mich als Sünder von unruhigstem Gewissen fühlte und mich nicht darauf verlassen konnte, daß ich durch meine Genugtuung versöhnt sei, liebte nicht, nein, haßte den gerechten und die Sünder strafenden Gott . . . So raste ich wilden und wirren Gewissens; dennoch klopfte ich beharrlich an eben dieser Stelle bei Paulus an mit glühend heißem Durst zu erfahren, was St. Paulus wolle.

Bis ich, dank Gottes Erbarmen, unablässig Tag und Nacht darüber nachdenkend, auf den Zusammenhang der Worte aufmerksam wurde, nämlich: ‚Gottes Gerechtigkeit wird darin offenbar, wie geschrieben steht: Der Gerechte lebt aus Glauben.‘ Da begann ich die Gerechtigkeit Gottes zu verstehen als die, durch die als durch Gottes Geschenk der Gerechte lebt, nämlich aus Glauben, und daß dies der Sinn sei: Durch das Evangelium werde Gottes Gerechtigkeit offenbar, nämlich die passive, durch die uns der barmherzige Gott gerecht macht durch den Glauben, wie geschrieben ist: ,Der Gerechte lebt aus Glauben.' Da hatte ich das Empfinden, ich sei geradezu von neuem geboren und durch geöffnete Tore in das Paradies selbst eingetreten. Da zeigte mir sofort die ganze Schrift ein anderes Gesicht . . .“[44]

Wie gesagt, das ist etwas hochgegriffen. Aber es lohnt sich, daran zu erinnern, daß der Ausgang der Reformation eine neue Entdeckung an einem vertrauten Text war.

Nun wird dem Prediger nicht für jede Predigt eine reformatorische Entdeckung zuteil werden. Das würde auch etwas anstrengend werden für die Kirche, da solche Entdeckungen zumeist Folgen haben. Aber die Erfahrung, daß der Bibeltext plötzlich in überraschender Weise zu mir sprechen kann, die kennt jeder Prediger. Und nicht selten sind die Predigtvorbereitungsnächte die kreativen Einfallsschneisen für wichtige neue Gedanken zur Gemeindearbeit. Das Besondere ist nun, daß solche Entdeckungen, Erleuchtungen, Durchblicke eine im Grunde nicht organisierbare Mischung aus Arbeit und Geschenk sind. Zwar soll es den Seinen der Herr auch im Schlafe geben, aber darauf kann man sich nicht verlassen. Andererseits kennt jeder die Schwierigkeit, daß er wie wild um Erkenntnis ringt, und es kommt nichts. Der Kopf ist wie leergeblasen, und alle Kreativitätskopfstände fördern nur fades Zeug zutage.

Für die Entdeckung des Befremdlichen, des Neuen, muß der Prediger ganz praktisch arbeiten und sich gleichzeitig in umsichtiger Weise offen halten für das, was sich nicht machen läßt und doch plötzlich dazwischen als Erkenntnis aufleuchtet.

2. Neue Fragestellungen

Nun läßt sich allerdings Neues auch so entdecken, daß ich einfach mit einer neuen Fragestellung an einen Text herangehe. Auf eine neue Frage gibt der Text in den meisten Fällen eine neue Antwort.

Ich denke an einen der Gottesdienste des Jahres 1986. Der Prediger, bekannt als ein Exeget, der gern mit sozialgeschichtlicher Fragestellung an

---

44 Vorrede zum 1. Band der Wittenberger Ausgabe der lateinischen Schriften Luthers. (1545) WA 54; 179–187, Übersetzung aus dem Lateinischen: Gerhard Ebeling: Martin Luther. Ausgewählte Schriften. 1. Bd. Frankfurt, 1982, S. 22 f.

die biblischen Texte herangeht, legt die uns schon bekannte Geschichte der kanaanäischen Frau (Matthäus 15, 21–28) aus. Des Zuspruchs bedürftig, gleichzeitig neugierig, wie er's machen wird, und Luthers Auslegung (siehe oben) gerade analysiert habend, sitze ich im Kirchenschiff. (Als Prediger empfinde ich solche Zuhörer eher als Alptraum. Gut, daß man meist nicht weiß, was die Zuhörer gerade im Kopf haben.)

Der Prediger sagt, die Syrophoenizierin, so heißt sie bei Markus, ist eine Griechin. Sie gehört zu der dünnen, wohlhabenden hellenistischen Oberschicht, die an der Küstenregion des Mittelmeeres lebt. (Wie Luther, denke ich, wenn er's gebrauchen kann, holt er sich auch den Markus heran.) Ausgerechnet solch eine wohlhabende Frau kommt zu Jesus. Jesus ist aber einer von den einfachen, weniger geachteten Leuten des flachen Landes. Es ist also hier zuerst das Verhältnis von arm und reich zu bedenken. Es sind zu bedenken die Vorurteile, die es zwischen solchen verschiedenen Schichtungen und Gruppen einer Gesellschaft gibt, und daß die Frau diese Vorurteile von sich aus durchbricht. Der Prediger ist offenbar durch Diskussionen mit Feministinnen etwas gebeutelt, die schon nicht mehr zuhören können, nur weil der andere ein Mann ist, und läßt sich darüber aus. Dann sagt er, er wolle einmal versuchen, die Erfahrung der Frau, wie sie zurückgestoßen wird, in unsere Zeit zu verlegen. Er stellt sich vor, da wäre jemand, auf den die drei „Ws" unserer Zeit zutreffen: weiß, westlich und wohlhabend. Dieser Mensch habe eine tiefe Sehnsucht nach einem ursprünglichen Glauben. In seiner Kirche und den Kirchen hier fände er solchen Glauben nicht. Also gehe er in eine der Basisgemeinden, von denen er gehört habe, nach Südamerika. Dort sucht er also solch eine ursprüngliche Frömmigkeit. Aber er muß von den Menschen dort hören: Wir wollen dich nicht. Ihr habt unser Land ausgebeutet, ihr habt unsere Kultur mit eurer Kultur überfremdet und zerstört. Bleib, wo du bist. Er kommt enttäuscht zurück. Danach macht er sich nochmals auf, denn er denkt, es gibt ein Volk, das eigentlich dem, was Jesus gelehrt und gelebt hat, am nächsten war und durch die Jahrhunderte am nächsten geblieben ist: das jüdische Volk. Das war immer ganz unten. Und er geht deshalb nach Palästina, sucht dort einen alten weisen jüdischen Mann auf und sagt ihm: Ich möchte bei euch sein, denn euer Gott ist unser Gott. Ihr seid doch die Mutter, aus der der christliche Glaube stammt. Ich möchte mit euch den Glauben teilen. Aber der alte Mann lehnt ab. Er sagt: Laß mich mit euch in Ruhe. Wir haben mit den Christen so schlimme Erfahrungen gemacht. Was heißt hier Tochter. Wir sind gerade einem Mordversuch entgangen, den die Tochter nicht einmal versucht hat zu verhindern, es geht nicht. Also kommt der Mann tief enttäuscht wieder nach Hause. Vielleicht, sagt der Prediger, hat dieser Mensch eine Frau, und vielleicht hat die noch andere Möglichkeiten aufgrund der Sensibilität, der Unterdrückungserfahrung und der subversiven Zähigkeit, die die Frauen lernen müssen in unserer Welt. (Offenbar, denke ich, versucht der Prediger die Feministinnen, die er anfangs etwas schlecht wegkommen ließ, wieder einzufangen.) Dann aber wendet er sich entschlossen noch einmal dem Text zu, zeigt, welche großartige Zähigkeit diese Frau an den Tag legt. Zwischendrin eine kurze Bemerkung, daß dieser Text eine bestimmte urchristliche Situation widerspiegele, in der man noch nicht auf die Heiden zugehen wollte, und daß die Gemeinde sich nicht gescheut hat, diese ihre eigenen Vorurteile, die sie einmal hatte, auch Jesus in den Mund zu legen oder ihm zuzutrauen. Damit hat die Gemeinde keine Schwierigkeiten gehabt. Denn es handelt sich um schwere Vorurteile. Das Wort von den Hunden, denen man das Brot der Kinder nicht geben könne, sei nun wirklich ein schlimmes Wort. Ein kleiner Seitenhieb gegen Exegeten, die das immer noch verharmlosen. Aber diese Frau gibt nicht auf. Schöne Entdeckung des Predigers, sie habe vielleicht einen gewissen Anhaltspunkt gefunden in dem harten Wort Jesu. Darin sei nämlich ausgedrückt die Liebe zu Kindern. Und trotz der Hundezumutung hält sich die Frau vielleicht an diese gemeinsame Hochschätzung der Kinder, denn auch ihr geht es ja um ihr Kind. Nun, sie stimmt Jesus um. Er kann nur noch ihren Glauben preisen.

Was ist das für ein Jesus, der so danebengreift, der solche Vorurteile hat und sich von einer heidnischen Frau überzeugen lassen muß. Kann solch ein Jesus Vorbild sein? Ja, sagt der Prediger, gerade so einer, der imstande ist, Vorurteile aufzugeben, kann uns ein Vorbild sein.

Dann ein weiterer schöner Einfall. Der Prediger erinnert an Jesu Gleichnis von den beiden ungleichen Söhnen (Matthäus 21, 28–32), in dem der Vater zu dem einen sagt: Geh hin und arbeite heute in meinem Weinberge, und der eine sagte ja und ging nicht hin, der andere sagte nein, danach reute es ihn, und er ging hin. So verhält sich Jesus, wie solch ein Sohn, der erst nein sagt und dann umlernen kann. Von diesem Umgang Jesu mit Vorurteilen können wir lernen.

Ich habe diese Predigt aus der Erinnerung bald danach aufgeschrieben. Sicher ist mir manches dabei entgangen, und ich habe manches durch meinen Filter gehört. Jedoch deutlich ist: Da ist also ein Prediger mit neuen Fragestellungen an den Bibeltext herangegangen. Und er hat aus diesen Fragestellungen, die aus seinen Beschäftigungen mit sozialen Problemen, mit soziologischen und sozialpsychologischen und anderen Fragenkreisen stammen, dem Text neue Seiten abgewonnen. Wer das auch schon erlebt hat, weiß, daß das eine hinreißende Erfahrung sein kann. Auf diese Weise können vertraute, langweilige Texte plötzlich in ein neues Licht geraten. Das ist also positiv zu sehen.

Ich hatte z. B. noch nie bei der Syrophoenizierin an eine wohlhabende, vielleicht gebildete Griechin gedacht. Dadurch wird ihr Weg zu Jesus und ihr Verhalten noch eindrucksvoller. Man muß sich ja auch beim Oberzöllner Zachäus immer klarmachen, daß das ein vermutlich reicher Mann war in einer gesellschaftlich schwierigen Position usw.

Also, neue Sichtweisen zeigen die biblischen Texte in einem neuen, manchmal sehr fremden Licht. Für unseren Prediger war seine besondere Zugangsart eine Gelegenheit, anschaulich über Vorurteile reden zu können.

War das dem Text angemessen? Kann man eigentlich mit jeder neuen Fragestellung an einen Text herangehen? Und was er dann entsprechend meiner Frage antwortet, das wird gepredigt? Hatte ich nicht noch Luthers Auslegung in Erinnerung? Der Prediger war mit seiner Predigt völlig im Bereich seiner Fragestellung „Vorurteile" geblieben. Allerdings hatte er, das war schön, einige wichtige Entdeckungen aus dem biblischen Kontext und dem genauen Lesen und Durchdenken des Textes gebracht (das Gleichnis von den beiden Söhnen, Jesu Verhältnis zu Kindern). Aber den Text selbst hatte er durch seine Sichtweise völlig in die vorösterliche Zeit zurückgedrängt. Dahin gehörte er aber, auch nach Ansicht des Predigers, nicht. Er stammte ja, wie er sagte, offensichtlich aus der Zeit des Übergangs von der Judenmission zur Heidenmission. Für diejenigen, die diese Geschichte von Jesus erzählt haben, ist dieser Jesus also längst der Christus, der zur Rechten Gottes erhöht ist. Eine Frau, die Jesus um etwas bittet, ist darin immer ein typischer Fall für ein Gebet zu dem erhöhten Christus. Der sie abweisende Jesus war niemals nur einer, der sich damals zu seinen irdischen Lebzeiten vielleicht vergaloppiert hätte und dazulernen mußte. Sondern hier „lernt" doch unter dem Modell des Irdischen der erhöhte Herr. Der Hörer lernt, wie Gott lernfähig ist in der Bibel, von dem es doch auch heißt: Da gereute es den Herrn. So ändert auch der Erhöhte seine Meinung, wenn man ihn intensiv bittet. Das hat der Prediger nicht mit im Auge. Deshalb war auch seine Predigt völlig im Bereich des Gesetzes geblieben. Auch seine ermunternden Sätze, daß Jesus in dieser Weise doch ein sympathisches Vorbild sei, blieben völlig im Bereich der Forderung des Gesetzes: Du sollst keine Vorurteile haben, dann bist du auch sympathisch. War das aber die Glaubenserfahrung, die der Text weitergeben wollte? „Christus als ein Exempel übt deine Werke," sagt Luther.[45]

Er hält das nicht für unwichtig. Nur „daß du nicht aus Christus einen Mose machest, als tue er nicht mehr denn Lehre und gebe Exempel . . .". War hier im Text nicht viel mehr Evangelium enthalten? Diese Dimension des Textes hat den Prediger nicht bewegt. Hätte sie ihn nicht bewegen müssen?

Die allgemeine Frage, die aus solch einem Modellfall zu entnehmen ist, lautet: Wenn das Neue, das Fremdartige, was ich an einem Text entdecke, offenbar auch ganz stark davon abhängt, mit welcher Fragestellung ich an den Text herangehe, ist dann alles richtig, was ich an Fragen herantrage? Oder

---

45 S. o. S. 78

gibt es die Unterscheidung zwischen sachgemäßen und unsachgemäßen Fragen? Die sozialgeschichtliche Fragestellung z. B. ist ja mit Sicherheit nicht unsachgemäß. Sie wirft allerdings nur Licht auf einen partiellen Aspekt des Textes. Unter Umständen auf einen Aspekt, der dem Text nicht so wichtig war. Deshalb braucht die Fragestellung nicht falsch zu sein, deshalb kann sie hilfreiche Erkenntnisse vermitteln, wenn ihre Reichweite gesehen wird. Der Prediger muß sich jedoch immer fragen, welches ist eigentlich die grundlegende Intention dieses Textes, welche Erfahrung will dieser Text im Entscheidenden weitergeben. Zu solcher Grundfrage muß er als Ausleger vorstoßen, damit das Neue und das Fremdartige, was er entdeckt, ein Teil seiner wichtigen Aussage ist, zur Eigenständigkeit des Textes gehört und nicht im Wesentlichen auf der Fragestellung des Interpreten beruht.

Anders wird der Text zu einem Steinbruch, aus dem sich jeder mit seinem Werkzeug das heraushaut, was er für sein Gebäude gebrauchen kann. Dabei hat der Steinbrecher aber übersehen, daß es sich gar nicht um einen Steinbruch handelt, sondern um eine alte Kirche, die noch gut zu nutzen wäre. Zumindest der Grundriß und die Bauweise wären beim Bau einer neuen Kirche nützlich zu bedenken. Dies spricht also nicht gegen neue Werkzeuge, auch nicht gegen einen neuen Grundriß und eine neue Bauweise. Aber es spricht für einen kritischen Umgang mit mir selber, wenn es um die Aufschlüsselung eines alten Textes geht.

In dieser Weise sind übrigens alle Methoden, mit denen ich an biblische Texte herangehe, kritisch zu befragen. In diesem Sinne ist auch die historisch-kritische Befragung der Texte aufzufassen. Das kritische Urteil richtet sich nicht nur auf die zu befragenden Texte und ihre Sache, sondern zuerst und genau so immer wieder gegen mich selbst, mit der nicht überholbaren Frage, ob die jeweils verwandte Methode und Fragestellung geeignet ist, das zu erheben, was das Ziel jeder vernünftigen Exegese sein soll, nämlich: „die Sache der Bibel so klar wie nur irgend möglich zum Leuchten kommen zu lassen gegen alles, was außerhalb ihrer, oder auch in ihr auf seiten der Überlieferung oder auf seiten unseres eigenen Wirklichkeitsverständnisses verdunkelnd wirkt und Mißverständnisse erzeugt."[46]

Die Exegese muß mir also helfen:

1. Die Fremdheit des Textes so anzuerkennen, daß er seine eigenständige Kraft mir gegenüber zu entfalten vermag und ich Neues in ihm und gleichzeitig für mich entdecke.
2. Daß ich einen methodisch durchdachten Umgang mit dem Text zustandebekomme, der die Grundlage bietet für verbindliche Gespräche unter

46 Gerhard Ebeling: Dogmatik und Exegese. ZThK 77. Tübingen, 1980, S. 272

Auslegern und unter Predigern, welches denn wohl die sachgemäßen Methoden der Auslegung sind, damit der Text nicht zum Assoziationssteinbruch verkommt.

3. Den biblischen Text so zu erschließen, daß er mich als mein Leben zurechtbringendes Wort Gottes treffen kann und mir nicht nur als Auslegungsmaterial erscheint, an das ich meine Fragestellung herantrage kann, das ich als Ideenbörse für meine Predigt benutze.

3. Die ordentliche Exegese

Trotz der oben beschriebenen gelegentlichen Begeisterungsanfälle muß sich der Prediger für die normale Sonntagspredigt in der Regel einen Ruck geben, damit er sich wirklich an die Exegese setzt. Irgendwie wirkt das wie eine Pflichtübung, die an alte Erfahrungen mit Seminararbeiten erinnert und nicht sonderlich attraktiv ist. Besonders wenn ich schon einige gute Einfälle im Zusammenhang mit dem Text im Kopf und auf dem Papier habe, wende ich mich natürlich lieber der weiteren Einfallssuche zu, als daß ich mich nun mit Formgeschichte, Quellenkritik und Redaktionsgeschichte befasse. Doch solche Un-Tat rächt sich kläglich. Wenn dann nämlich oftmals beim Ideenquetschen gar nichts mehr kommt, setzt man sich doch reumütig nochmals an den Text, durchschnüffelt die Kommentare, fertigt endlich eine Übersetzung des Textes mit eigenen Worten an, versucht eine Paraphrase des Gemeinten aufzuschreiben usw. Dann ist meist schon viel Zeit vergangen, und manchmal graut schon der Morgen, und dem Heiligen Geist graut's auch.

Deshalb ist es besser, gleich in den sauren Apfel zu beißen, Predigtvorbereitung ist Arbeit, und auch hier scheint der Acker manchmal nur Dornen und Disteln zu tragen, und erst hinterher, wenn Gott Gnade gibt, zeigt sich die Ernte als dreißig-, sechzig- und hundertfältig.

Horst Dietrich Preuß hat in seinem jüngst erschienenen Buch „Das Alte Testament in christlicher Predigt"[47] für den Prediger recht einfühlsame Vorschläge für die Exegese gemacht. Er möchte sich mit seinen etwas reduzierten Anforderungen nicht dem Verdacht einer Discount-Exegese aussetzen, wie der Kollege aus der Wissenschaft wittern könnte, aber er hält es nicht zuletzt von seiner eigenen Erfahrung als Gemeindepfarrer her für sinnvoll, einige, wie ich finde, sehr vernünftige Vorschläge zu machen, die entsprechend auch für das Neue Testament gelten können.

---

47 Horst Dietrich Preuß: Das Alte Testament in christlicher Predigt. Stuttgart, 1984, S. 180–183

Zunächst bittet Preuß darum, obwohl das vielfach ungewöhnlich geworden ist, sich auch im Alten Testament mit dem Urtext zu befassen. Er weist dafür besonders auf die bei der Württembergischen Bibelanstalt Stuttgart erschienene zweisprachige Bibelausgabe hin, bei der dem hebräischen Text am jeweiligen Innenrand der Luthertext beigegeben ist. Da kann der Prediger dann zwischen dem Luthertext und dem hebräischen Text vergleichen und manche Hilfe, die das Hebräische bietet, ohne große Mühe aufnehmen.

Preuß schlägt für die Prediger, deren Studium schon längere Zeit zurückliegt, vor, daß sie sich eine neuere Geschichte Israels, eine neuere Einleitung in das Alte Testament, eine Theologie des Alten Testaments beschaffen, falls sie das nicht längst getan haben. Natürlich sind die Predigthilfen das verbreitetste Hilfsinstrument auch im Bereich des Alten Testaments. Dann fragt Preuß weiter, worauf der Prediger bei der Exegese unabhängig von dem, was Kommentar und Predigthilfe bieten, besonders achten solle. Er macht einen Vorschlag für „Grundlinien predigtbezogener Exegese". Er schlägt vor, daß der Pastor nach dem ersten Texteindruck sich vier Hauptfragen zu beantworten versucht als „Grundlinien pastoraler Exegese und Elementarfragen texterschließender Arbeit".

a) Da die Textkritik, so weit sie überhaupt für die Predigt relevant ist (Jesaja 40,6; Römer 5,1), in den Kommentaren abgehandelt ist, sind *Textabgrenzung* und *Kontext* für eine Textanalyse zuerst von Bedeutung. Wie steht es um Textbeginn und Textschluß (Perikopen!)? Ist der Text auf seinen Kontext bezogen oder von ihm geprägt?

b) Die zweite Frage betrifft die Kohärenz des Textes ... d. h. die *Texteinheitlichkeit*. Ist der Text einheitlich, zusammengesetzt, ergänzt? Zeigt er Schichten? Der Text ist ja in seiner Jetztgestalt wie in seiner möglichen Entstehung ernstzunehmen.

Unter a) und b) sind die sog. Literar- und die Redaktionskritik zusammengenommen.

c) Beim dritten Schritt geht es um *Schlüsselwörter,* um *relevanzverdächtige Wörter und Sätze.* THAT und ThWAT werden hier wichtig. Welches sind die sprachlichen Mittel des Textes, und wie setzt er sie ein? Wie kommt hier eine Gotteserfahrung zur Sprache? Wie ist möglicherweise das Verhältnis zu verwendeten und neu interpretierten Traditionen? Liegt Poesie vor oder Prosa? Was ist individuell geprägt?

d) Der vierte und m. E. wichtigste Schritt zeigt zugleich an, daß alle vier oft in einem Miteinander angepackt werden müssen, nicht in einem klar abgrenzenden Nacheinander. Jetzt geht es um die Frage: Was habe ich da eigentlich vor mir? *Die Textsorte, die Form, die Gattung, der Sitz im Leben* sind zu bestimmen. Formaler Aufbau und sprachlicher Inhalt, Form und Absicht (Funktion) hängen ja eng zusammen. Wer wollte mit diesem Text was wo bei wem erreichen? ... So aber kann man nur sinnvoll fragen, wenn in den Texten sich Modelle von Erfahrungen aussprechen, die analog möglich sind . . . Daher ist die Frage nach der Textsorte besonders auch für die Predigt bedeutungsvoll . . . Gerichtswort ist nicht Lehrerzählung, Klage nicht Heilsverheißung und Predigten, die alle Texte nach *einem* Schema verbraten, sind für die Gemeinde langweilig und werden der Vielfalt der Bibel nicht gerecht."[48]

Entsprechendes wäre auch zum Neuen Testament zu sagen. Hier ist der Umgang mit dem griechischen Text weithin selbstverständlich. Ich hielte einen anderen Umgang auch für fahrlässig. Jeder weiß, daß sich Texte ganz anders erschließen, wenn man sie in ihrer Urgestalt vor Augen hat. Und wenn jene Prediger, die nicht griechisch und hebräisch können, sich durch Textvergleich verschiedener Bibelübersetzungen ganz selbstverständlich mühsam ein wenig sicherer im Umgang mit dem Text zu machen versuchen, dann müßte es klar sein, daß für den Theologen der Urtext dazugehört. Dabei ist es „keine Schande, wenn mit Hilfe der deutschen Bibel der Urtext erschlossen wird; kehrt man dann doch auf umgekehrtem Wege zum deutschen Text zurück und entdeckt, wie Luther – oder ein anderer Übersetzer – wiederzugeben suchte, was da einst geschrieben wurde."[49]

Für besonders wichtig halte ich die Lektüre im Umfeld des Bibeltextes. Manchmal, wenn einer der neutestamentlichen Briefe dran ist, lese ich auch den ganzen Brief noch einmal durch. Es kommen einem dabei doch wichtige Erkenntnisse. Unsere Perikopentechnik hat den Nachteil, daß die Bibel in einer Art Salami-Taktik erledigt wird und man leicht das Ganze aus dem Blick verliert. Es lohnt sich, auch die biblischen Paralleltexte und Gegentexte jeweils sorgfältig zu lesen.

4. Der Seewandel des Petrus

In dieser Weise nehme ich mir also den Seewandel Jesu (Matthäus 14, 22–33) vor. Ich stelle fest, Markus (6, 45–52) und Johannes (6, 16–21) haben ihn auch. Ich lese gleich die geheimnisvolle Szene Johannes 21, Erscheinung am See, mit dazu und sehe, da wirft sich der Petrus auch, als er mitbekommt, daß es Jesus ist, entschlossen ins Wasser, mit Obergewand, das er extra dafür anzieht, dem auferstandenen Herrn entgegen, der am Ufer steht.

Da in unserem Text eine Sturmstillung vorkommt, sehe ich mir auch die Sturmstillung Matthäus 8, 23–27, Markus 4, 35–41 und Lukas 8, 22–25 an und sehe dabei, daß Matthäus offenbar das Wort „kleingläubig" besonders

---

48 H. D. Preuß, a. a. O., S. 182
49 Eduard Lohse: Kleine evangelische Pastoralethik. Göttingen, 1985, S. 59

schätzt und daß der Gebetsruf des Petrus „Herr, rette mich" dort im Munde der Jünger auch vorkommt. Da ich weiß, daß das Wasser in der Bibel nicht einfach H_2O ist und die Nacht nicht einfach die Zeit, in der die Sonne nicht mehr scheint, sondern für mehr steht, schaue ich in der Konkordanz die Stellen über das Wasser, das Meer und die Nacht durch. Die Kommentare haben es freilich auch schon gesammelt.[50]

Hiob 9,8; „Gott geht auf den Wogen des Meeres", in der LXX-Fassung gar wie über festes Land. Psalm 18,17; „Er streckte seine Hand aus der Höhe und faßte mich und zog mich aus großen Wassern."

Und, sagen die Kommentare, Hiob 9,11 beachten: „Siehe, er geht an mir vorüber, ohne daß ich's gewahr werde, und wandelt vorbei, ohne daß ich's merke."

Welcher Zusammenhang ist das? Hiobs Rede über die Größe Gottes. Der Vers davor heißt: „Er tut große Dinge, die nicht zu erforschen sind, und Wunder, deren keine Zahl ist." Ob es deshalb bei Markus heißt, daß Jesus „vorübergehen wollte"? Der Kontext ist bei allen drei Fassungen die Brotspeisung.

Dann genußvoll der synoptische Vergleich. Damit man ihn so erlebt, muß man sich zunächst die Markus-Fassung für sich anschauen. Die ist voller Seltsamkeiten und Doppelungen. Jesus nötigt die Jünger, ins Boot zu steigen, er entläßt die Volksmenge. Anschließend erst verabschiedet er sich von den Jüngern, der Plural kann sich nur auf sie beziehen, die Volksmenge steht im Singular. Umständliche Schilderung, Vers 47, das Schiff in der Mitte des Sees, Jesus allein am Land, was man ja längst und genauer – nämlich: Jesus ist auf dem Berg – weiß. Vers 48: Schwierigkeiten beim Rudern, der Gegenwind wird nachgeschoben. Dann 50a, das Auffälligste, daß Jesus, der doch gekommen ist, denen im Boot zu helfen, nun „vorübergehen wollte". Was heißt das? Sah es aus, als wenn er vorübergehen wollte? Aber das steht da nicht. Wollte er sie nur durch seine Erscheinung trösten, daß sie trotz Gegenwind nicht aufgeben? Aber die Wirkung wird ja verfehlt, sie halten ihn für ein Gespenst. Oder ist es tatsächlich der unverarbeitete Restbestand einer alten Ostergeschichte, wie manche meinen? Erscheinung auf See? Nicht ordentlich in die Erzählung eingebaut? Das wäre auch seltsam. Der Vers 50 wirkt wie eine Doppelung. Es ist eine ungewöhnlich bemühte nachträgliche Bestätigung.

---

50   Erich Klostermann: Das Matthäusevangelium. Tübingen, ³1938; Ernst Lohmeier: Das Evangelium des Matthäus. Göttingen, ²1958; Eduard Schweizer: Das Evangelium nach Matthäus. NTD 2. Göttingen, 1973; ders.: Das Evangelium nach Markus. NTD. 1. Göttingen, 1983; Walter Schmithals: Das Evangelium nach Markus. Gütersloh, 1979; Julius Schniewind: Das Evangelium nach Matthäus. Göttingen, 1950; Günther Bornkamm/Gerhard Barth/Heinz J. Held: Überlieferung und Auslegung im Matthäusevangelium. Neukirchen, 1960; Georg Braumann in: ThZ 22. 1966, S. 403 bis 414

Alle haben es wirklich gesehen. Warum muß man das so betonen? Nach der Sturmstillung dann begreifen die Jünger immer noch nichts. Messias-Geheimnis bei Markus. Schließlich, nach Bethsaida wollen sie, in Genesareth kommen sie kommentarlos an.

Markus wird sich ja etwas dabei gedacht haben, wenn er die Geschichte so überliefert, und es gibt Ausleger, die sich an dem allen nicht stören wollen.[51]

Matthäus findet diesen Text nicht ausreichend. Die Seltsamkeiten bei Markus kann vielleicht schon eine aufgeweckte Konfirmandengruppe entdecken. Ihre Fülle jedoch entdeckt man erst, wenn man nachzuvollziehen versucht, was Matthäus warum geändert hat. Im Verlauf dieses synoptischen Vergleichs habe ich eine große Hochachtung vor Matthäus bekommen. Der hat hier ausgezeichnet gearbeitet. Die Markusfassung des Seewandels ist von ihm unter größtmöglicher Beibehaltung aller nur brauchbaren Passagen aufs Sorgfältigste umgearbeitet worden.

Ohne Anspruch auf Vollständigkeit nur einige Hinweise: Matthäus läßt Bethsaida weg, also ist der Ankunftsort kein Problem mehr. Er klärt die Umständlichkeit mit der Verabschiedung, indem er die Menge in den Plural setzt. Matthäus veranschaulicht und zieht das Beten auf dem Berg und das Alleinsein am Abend zusammen. Er ersetzt die Mitte des Sees durch das anschaulichere „viele Stadien", er zeigt deutlicher, wodurch die Quälerei entsteht, Wind macht Wellen, „durch die Wellen", die er aus der Sturmstillung 8,24 nimmt. Leider streicht er nun das Sehen Jesu. Warum? Wegen der vierten Nachtwache, weil's dunkel war? Schade eigentlich, Matthäus, das ist nämlich ein schöner Zug der Markusfassung, daß der erhöhte Herr auch durch die Nacht hindurch die Not seiner Jünger sieht. Das hättest du mit übernehmen sollen. Ich werde es in meiner Fassung der Geschichte mit übernehmen.

Dann, das ist nun wirklich eindrucksvoll, läßt er das Sätzchen 50a „und wollte an ihnen vorübergehen" ersatzlos wegfallen. Erstaunlich. Es ist freilich vernünftig, denn es verwirrt nur. Es bringt Fragen ohne Klärungsmöglichkeit. Die Doppelungen in Vers 49 und 50a zieht Matthäus zusammen. „Erschrecken" wird vorgezogen, anschaulichere wörtliche Rede, „vor Furcht", eingefügt, und damit man sich's noch einmal klarmacht, werden ausdrücklich die Jünger eingefügt.

Und Matthäus schiebt den Seewandel des Petrus mit den Versen 28 bis 30 als stärkstes Stück zwischen die Markus-Geschichte, vernäht dies sorgfältig hinten und vorn. Petrus wird nach der Methode „typisch Petrus" gestaltet, erst tapfer, dann Versager, dann Hilferuf zu Christus, dann gerettet.

---

51 W. Schmithals, a.a.O., in einer im übrigen tiefschürfenden Auslegung

Zum Schluß Vers 33: Da sagt nun Matthäus das glatte Gegenteil von dem, was Markus sagt. Das ist wiederum sehr erstaunlich. An eine Verbalinspiration des Markus hat Matthäus auch nicht recht geglaubt. Oder man muß es genauer sagen. Matthäus handelt in eigener geistlicher Kompetenz. Solch ein Schluß ist natürlich ausgesprochen vernünftig. Denn wenn man das so erzählt hat, können die Jünger nur noch auf die Knie fallen und das Petrus-Bekenntnis vorwegnehmen. Man kann noch sehr viel mehr entdecken an diesem Text.

Ich habe diese Textvergleichsarbeit als unglaublich interessant empfunden. Besonders deshalb, weil man hier verstehen kann, warum Matthäus das alles tut. Das ist fast, als wenn er am Schreibtisch nebenan säße, und man sagte: Gut gemacht, Matthäus, bis auf die Sache mit dem Sehen in der Nacht. Aber das ist ja eine Kleinigkeit gegenüber dem anderen. Da gibt es doch für uns überhaupt keinen historischen Abstand. Der denkt wie wir. Das kann man sogar in Gemeindegruppen nachspielen lassen, wie sich der Matthäus mit dem Markustext beschäftigt. Der Seewandel des Petrus allerdings, den einzubringen hätten wir wahrscheinlich nicht den Mut gehabt. Will uns Matthäus ermutigen, „neue Christustexte" zu schreiben?[52]

Wir wissen freilich nicht, ob ihm so etwas wie der Seewandel des Petrus vielleicht in Umrissen überliefert gewesen ist oder ob er's aus einer Erzählung wie Johannes 21 herausgesponnen hat oder überhaupt frei erfand. Der Seewandel des Petrus unabhängig von unserer Geschichte ist nicht gut vorstellbar, da sie abhängig und vollständig eingebaut ist in die Markus-Fassung, und auch der Umbau des Matthäus verrät an keiner einzigen Stelle, daß er noch eine zusätzliche Tradition gehabt hätte, in die der Seewandel außerhalb unseres Textes hineingepaßt hätte.

Ich denke also, Matthäus wird sich diese Geschichte um seiner Verkündigung willen ausgedacht haben oder sie zumindest, um zu verkündigen, in diese Fassung gebracht haben. Das läßt sich leicht nachweisen. Das Sprachmaterial des Einschubs stammt durchgehend von Matthäus.[53]

Solch eine kerygmatische Anreicherung der Geschichte ist ja auch vernünftig. Wenn ich die Seewandel-Geschichte als Verkündigungstext einsetzen will und nicht einfach eine Variante der Sturmstillung erzählen möchte, was soll ich sonst damit machen? Daß Jesus allein auf dem Meer wandeln kann, ist doch klar. Wer wollte dem erhöhten Herrn das absprechen. Das

---

52 Hans Stock: Evangelientexte in elementarer Auslegung. Göttingen, 1981, S. 25
53 Heinz J. Held: Matthäus als Interpret der Wundergeschichten. In: G. Bornkamm, G. Barth, H.J. Held, a.a.O., S. 194. Für die Übernahme der Geschichte aus der Überlieferung treten ein: Georg Strecker: Der Weg der Gerechtigkeit. Göttingen, [2]1966, S. 199; Ferdinand Hahn: Christologische Hoheitstitel. Göttingen, 1963, S. 86; Gerd Theißen: Urchristliche Wundergeschichten. Gütersloh, 1974, S. 187; Anders G. Braumann, a.a.O. und H. J. Held, a.a.O.

Interessante der Geschichte liegt doch darin, daß die Jünger das auch können, wenn sie genug Glauben haben, wenn sie nicht kleingläubig sind, wenn sie nicht zweifeln. Damit hat Matthäus offenbar Probleme in seiner Gemeinde. Kleinglaube kommt öfter vor als seine Spezialität, und der Zweifel, der durch Glauben überwunden werden soll, auch. Die eindrucksvollste Stelle dazu ist Matthäus 28, Vers 17. Bei der Aussendungsrede des Auferstandenen, wo man es am wenigsten begreift, da haben sie doch nun den Auferstandenen, und zweifeln trotzdem. Was soll unsereiner da erst sagen. Matthäus wird so etwas wie Kleinglauben und Zweifel in seiner Gemeinde als ein Problem empfunden haben, und er hat unseren Text bewußt so gestaltet, um zu zeigen, wie ein Christ wie Petrus in seiner Situation, wenn die Wellen hochgehen und man Angst hat, sich verhält: Er schaut auf seinen Herrn und steht so über dem Element des Schreckens. Aber wehe, wenn er vom Herrn weg auf die Wellen und den Wind blickt und wenn er sich selbst in dieser Situation ohne Christus sieht, dann geht er ab in die Tiefe. Aber er weiß, was Christen in solch einer Situation tun. Sie wissen es alle, weil sie es aus dem Gottesdienst und aus der Not kennen: Herr rette uns, Herr rette mich. „Und der Herr streckte seine Hand aus der Höhe, faßte ihn und zog ihn aus großen Wassern." (Psalm 18,17)

Das möchte Matthäus seiner Gemeinde predigen. Könnte man fast dazugehören zu dieser Gemeinde.

Was habe ich jetzt gemacht? War das die Exegese, oder war das schon die Meditation? Diese Unterscheidung ist sowieso etwas schwierig. Sie ist auch nicht so wichtig. Die Frage ist eher, gehört das noch zur Exegese? Gehört es zur Exegese, daß wir uns in dieser Weise hineinzudenken versuchen in die Beweggründe des Matthäus? Wenn zur Exegese gehört, daß ich einen Text verstehe, muß ich mich in dieser Weise in ihn hineindenken! Also gehört es zur Exegese und müßte noch weitergehen.

Man kann sicher unterscheiden zwischen der etwas formaleren exegetischen Arbeit, in der ich Textgestalt und Eigentümlichkeiten des Textes feststelle, in der ich den Sinn der Worte ermittle, Parallelstellen aufsuche, mir das ganze Umfeld des Textes klarzumachen versuche, das, was die sozialgeschichtliche Auslegung versucht, mit hineinzuarbeiten bemüht bin. Aber in diesem allen beginnt schon ein tieferes Verstehen. Man könnte dann als zweites ein intensiver ins Verständnis eindringendes Bemühen nennen, wenn ich mit dem Erfahrungsmaterial meines Lebens bewußter den Text zu entschlüsseln versuche. Ich muß im Zusammenhang der Exegese ja weiterfragen. Ich muß fragen: Was hat denn Matthäus bewegt, mit dem Markustext so zu verfahren? Welchen Wahrheitswert hatte *für ihn* wohl die Geschichte in dieser Neufassung? Dabei frage ich nicht danach, ob diese Geschichte so passiert ist. Dies Verständnis von Wahrheit ist, das hat sich inzwischen sicher herumgesprochen, zu schlicht. Zudem ist es bei dem Seewandel des Petrus mit großer Wahrscheinlichkeit deutlich, daß sie so nicht passiert ist. Dennoch hat sie einen tiefen Wahrheitsgehalt. Aber auch bei der Markus-Vorlage ist zumindest so viel undeutlich, daß man auf die Frage, ob denn und was da passiert sei, nur sagen kann: Ich weiß es nicht. Wir können einige Vermutungen anstellen, mehr aber auch nicht. In dieser Weise, wie es da steht, scheint so viel daran herumerzählt worden zu sein, daß wir den Kern kaum gültig ermitteln können. Das ist offenbar auch nicht wichtig gewesen. Offensichtlich ist der Wahrheitswert der Markus-Fassung und der Matthäus-Fassung an einer ganz anderen Stelle zu suchen. Der Exeget muß also fragen, wo steckt die Glaubenserfahrung, die solch eine Geschichte wahr macht bzw. die solch eine Geschichte von einer abergläubischen Deutung der Wirklichkeit unterscheidet?

Ich nehme – sehr direkt zugegriffen – zunächst einmal an, die Glaubenserfahrung dieser Geschichte liegt darin, daß Matthäus zutiefst davon überzeugt ist, dieser Herr, von dem er die Geschichte erzählt und gegenüber seiner Vorlage charakteristisch verändert, ist der mir jederzeit nahe, erhöhte Kyrios. Es ist der Herr, den ich, Matthäus, und ihr, die Gemeinde Jesu Christi, kennen, den wir anrufen können in der Not, der durch sein Kreuz und durch seine Auferstehung gezeigt hat, daß er im Tod mit dabei ist und dennoch das Leben hat, daß er stärker ist als alle uns erschreckenden, verwirrenden Todesmächte. Der Erfahrungsgrund für diese Geschichte kann m. E. nur in Christus und in der Christuserfahrung liegen. Man könnte ja sonst auch auf den Gedanken kommen, daß Matthäus und seine Gemeinde die Erfahrung gemacht hätte, daß sie auf dem realen Meer und auf dem Meer dieser angstmachenden Welt (als Metapher) bewahrt worden sind, noch einmal davongekommen. Daß sie gebetet haben und errettet wurden, daß sie wunderbar durch alle Widrigkeiten hindurchzuschreiten vermochten im Vertrauen auf die Kraft Jesu. Aber das wäre dann nur ein Teil der Wahrheit. Dann wäre das die Erzählung derer, die noch einmal davongekommen sind. Und die unendlich vielen, die abgegangen sind in die Tiefe, die die Flut ertränkt hat (Bertolt Brecht: Sicherlich, die Sintflut dauerte nicht ewig, einmal verliefen sich ihre braunen schmutzigen Wasser, aber ach wie wenige dauerten länger), für sie wäre diese Geschichte nichts.

Nein, das glaube ich nicht, die Erzählung muß schon tiefer angelegt sein. Es muß auch der Herr sein, der im Tode dabei ist, nicht nur im Leben. Vielleicht kann man den Erfahrungsgrund der Erzählung auch in konkreteren Erfahrungen suchen, Verfolgungssituationen, vielleicht auch in der Erfahrung des einzelnen, der für die Gemeinde den Kopf hinhalten muß. Aber die Rettung wäre dann auch eine im Tod.

Diese Geschichte also als Bild für angefochtene Christen und eine angefochtene Kirche. Soweit zunächt die Exegese. Oder war das nun doch schon ein Stück Predigt?

Nein, das war es nicht. Es gab sicherlich schon für mich als Prediger die Möglichkeit, mich ganz intensiv durch den Text ansprechen zu lassen. Aber dies alles ist noch Teil der Auslegung, der Exegese, der Zuwendung zum Text, um möglichst genau zu ermitteln, was er wohl meint. Diesen Text lege ich nur zureichend aus, wenn ich ihn auch daraufhin befrage, wo der Erfahrungsgrund für seine Aussage liegt. Damit wende ich mich gegen das Ideal der vermeintlich rationalen, wissenschaftlichen, wesentlich deskriptiven Exegese, die meint, wenn sie ein abstraktes Etikett auf solch eine Geschichte geklebt hat, wäre das Auslegung. Es geht um das Verstehen eines Textes. Es geht um ein durchaus rationales und wissenschaftlich überprüfbares Auslegen. Zu solchem Auslegen gehört aber, daß ich den Text in seiner Intention verstehe. Wenn er einen Verfasser hat, dessen Arbeitsweise sogar greifbar ist, wie in unserem Falle, geht es auch um das Verstehen der Beweggründe, aus denen heraus der Verfasser mit dem Text etwas tut, und es geht um das diskutierbare Nachdenken darüber, was wohl der Erfahrungsgrund des Verfassers sein kann, warum er so etwas sagt. Ich kann den Text bzw. den Verfasser nur verstehen, wenn ich selber ein gewisses Verständnis von der Sache habe, die ihn bewegt. Mit dieser anfänglichen Kenntnis versuche ich seine Sätze abzutasten, erprobe mein Anfangsverständnis, lasse es vom Text verändern, wenn es möglich und nötig ist.

Der Zugang zu solch einem Text geht aus von einer gewissen Vertrautheit mit der Sache, die den Matthäus bewegt. Diese Vertrautheit habe ich von meiner eigenen Erfahrung mit dem christlichen Glauben, wie kümmerlich sie auch immer sei. Ich muß aber nicht mit dem, was Matthäus mit diesem Text sagt, im vorhinein einverstanden sein.

Es muß auch kein vorlaufendes Einvernehmen mit dem Text vorhanden sein. Allerdings ist es nötig, daß es so etwas wie eine Suchbewegung, ein ernsthaftes Interesse bei mir gibt, der Glaubenserfahrung des Matthäus auf die Spur zu kommen und mich von ihr nach meinem Glaubensverständnis fragen zu lassen.

Mit alledem sind wir aber schon in der hermeneutischen Diskussion.

c) Verstehensprobleme bei Glaubenstexten

1. Die historisch-kritische Arbeit

Als Prediger gehen wir in der Regel, wie oben dargestellt, vielleicht etwas lax und widerwillig, aber doch ohne größere Probleme mit dem historisch-kritischen Rüstzeug an die biblischen Texte heran. Wir sind höchstens betrübt, wenn das dann nicht so sehr viel für die Predigt abzuwerfen scheint.

Nun wird von verschiedenen Seiten immer wieder eingewandt, die historisch-kritische Forschung tauge nicht wirklich zum Verstehen von Glaubenszeugnissen, oder auch, um die Texte für die Predigt nutzbar zu machen, müßten noch allerlei andere Methoden hinzukommen.

Es ist deshalb nötig, daß wir uns noch einmal sorgfältig und grundsätzlich mit den Methoden, alte Glaubenszeugnisse zu verstehen, beschäftigen.

Rudolf Bultmann hat 1957 mit seinem Aufsatz: „Ist voraussetzungslose Exegese möglich?"[54] fünf Thesen zur Exegese aufgestellt. Ich gehe zunächst auf die ersten beiden Thesen ein:

„1) Die Exegese der biblischen Schriften muß wie jede Interpretation eines Textes vorurteilslos sein." Denn jede „von dogmatischen Vorurteilen geleitete Exegese hört nicht, was der Text sagt, sondern läßt ihn sagen, was sie hören will".

„2) Die Exegese ist aber nicht voraussetzungslos, weil sie als historische Interpretation die Methode historisch-kritischer Forschung voraussetzt."

Zu den Voraussetzungen gehört z. B. der notwendige philologische Sachverstand, um die Texte überhaupt übersetzen und verstehen zu können. Eine weitere Voraussetzung ist, daß Geschichte überhaupt verstehbar ist. Dafür ist die Voraussetzung, daß die Geschichte in dem Sinne eine Einheit ist, daß sie einen geschlossenen Wirkungszusammenhang darstellt. Das bedeutet, wenn z. B. die alttestamentliche Geschichtserzählung vom Eingreifen Gottes redet, „kann die historische Wissenschaft nicht ein Handeln Gottes konstatieren, sondern nimmt nur den Glauben an Gott und sein Handeln wahr. Als historische Wissenschaft darf sie freilich nicht behaupten, daß solcher Glaube eine Illusion sei und daß es kein Handeln Gottes in der Geschichte gäbe. Aber sie selbst kann das als Wissenschaft nicht wahrnehmen und damit rechnen; sie kann es nur jemandem freistellen, ob er in einem geschichtlichen Ereignis, das sie selbst aus seinen innergeschichtlichen Ursachen versteht, ein Handeln Gottes sehen will."

Darüber hinaus setzt das Verständnis der Geschichte als eines Wirkungszusammenhangs voraus, daß der Exeget ein Verständnis von den wirkenden Kräften hat, die die einzelnen Phänomene verknüpfen. „Solche Kräfte sind die wirtschaftlichen Bedürfnisse, die sozialen Nöte, das politische Machtstreben, menschliche Leidenschaften, Ideen und Ideale." In der Einschätzung des Gewichts solcher Faktoren unterscheiden sich die einzelnen Historiker. Meistens hat jeder seine eigene leitende Fragestellung. „Das bedeutet keine Verfälschung des Geschichtsbildes . . . Verfälscht wird das Geschichtsbild nur dann, wenn eine bestimmte Fragestellung als die allein mögliche erklärt wird, wenn z. B. alle Geschichte auf ökonomische Geschichte reduziert wird."

---

54 Rudolf Bultmann: Glauben und Verstehen. Bd. 3. Tübingen, 1960, S. 142 ff.

Darüber hinaus muß man bedenken, daß die Phänomene der Geschichte nur wirklich verstanden werden, wenn die in ihnen wirksamen Kräfte verstanden sind. Ich muß also eine eingehende Kenntnis der Sache haben, von der die Texte reden. „Kann man die ökonomische Geschichte verstehen, ohne einen Begriff davon zu haben, was Wirtschaft und Gesellschaft überhaupt bedeuten? Kann man die Geschichte der Religion, der Philosophie verstehen, ohne zu wissen, was Religion, was Philosophie ist? Man kann z. B. den Thesenanschlag Luthers 1517 nicht verstehen, ohne den sachlichen Sinn des Protestes gegen den Katholizismus seiner Zeit zu verstehen. Man kann das kommunistische Manifest von 1848 nicht verstehen, ohne die Prinzipien von Kapitalismus und Sozialismus zu verstehen. Man kann die Entschlüsse der in der Geschichte handelnden Personen nicht verstehen, wenn man den Menschen nicht versteht in seinen Möglichkeiten."

Interessant ist an diesen Überlegungen, daß Bultmann selbst auf wirtschaftliche und soziale Gesichtspunkte hinweist, die u. a. für das Verstehen historischer Texte wichtig sind. Er selbst ist diesen Fragen nicht intensiv nachgegangen, aber es steht selbstverständlich in der Linie historisch-kritischer Erforschung der biblischen Texte, wenn z. B. sozialgeschichtliche, wirtschaftsgeschichtliche oder jede Art kulturgeschichtliche Fragestellungen zum Verstehen herangezogen werden.[55]

Historisch-kritisch sind solche Untersuchungen, wenn die jeweils mitgebrachten Voraussetzungen jeweils kritisch, d. h. auch selbstkritisch eingesetzt werden. Es besteht ja immer die Gefahr, daß die biblischen Texte, so lange sie noch ein wenig Autorität haben, benutzt werden, um historisch verfremdet bestimmte gegenwärtige Interessen zu vertreten. Vor dieser Gefahr steht aber nicht nur z. B. eine materialistische Interpretation biblischer Texte,[56] sondern auch eine Interpretation, die ihren eigenen gesellschaftlichen Standort nicht genügend bedenkt. Es ist in jedem Fall Auslegungen der Bibel zu widersprechen, wenn ihnen „jene Nüchternheit der historisch-philologischen Methode, die die Aussagen des Textes auch gegen die eigenen Interessen der Exegeten zur Kenntnis bringen will"[57], fehlt.

Dieser Gesichtspunkt der kritischen Selbstreflektion des Auslegers gilt freilich nicht nur für die theoretisch untermauerte Konzeption, sondern auch für die individuellen und gesellschaftlichen, für die profanen und religiösen Erfahrungen, die als selbstverständlich in die Interpretation der Texte hineingeraten und sie im Ansatz schon nur noch zu gehorsamen Werkzeugen der eigenen Erfahrung machen können.

---

55 Z. B. Gerd Theißen: Soziologie der Jesusbewegung. München, [4]1985
56 Kuno Füssel: Anknüpfungspunkte und methodisches Instrumentarium einer materialistischen Bibellektüre. In: Michel Clévenot: So kennen wir die Bibel nicht. Anleitung zu einer materialistischen Lektüre biblischer Texte. München, [2]1980
57 Georg Strecker/Udo Schnelle: Einführung in die neutestamentliche Exegese. Göttingen, [2]1985, S. 144 f.

Andererseits kommen u. U. durch Lebenserfahrungen, die in der Nähe der sozialen Wirklichkeit des Neuen und des Alten Testaments liegen, geradezu überraschende Ergebnisse der Auslegung zustande. Es zeigt sich, daß die Bibellektüre in sogenannten Basisgemeinden in Südamerika, in schwarzen Gemeinden in den USA sehr viel elementarer geschieht, als wir das bei uns gewöhnt sind. Und es ist sinnvoll, daß der Ausleger und Prediger sich aufgrund solcher Erfahrungen klarmacht, in welche sozialen Verhältnisse und in welch eine Gemeindesituation etwa eine Geschichte wie der Seewandel Jesu von Matthäus hineingesprochen worden sein könnte.

Vermutlich sind es arme Leute, die zur Gemeinde des Matthäus gehören, die Machttaten überall in der Welt sehen, nur nicht bei sich. Die vielleicht erleben, wie unter dem Druck einer christenunfreundlichen Umwelt ein Christ seinen Glauben aufgibt. Die erleben, wie sich solch ein Häuflein Christen hier und da in den Häusern trifft und zusammendrängt wie Jünger des Nachts in einem Boot. Es sind Menschen, die vielleicht die Erfahrung machen, daß eine christliche Frau, die sonst gar nichts ist, plötzlich wie über Wasser zu gehen scheint, furchtlos, wo vernünftigerweise der Mensch besser nicht furchtlos ist. Und gefragt, wie sie das Verhör, die Befragung, die Beschimpfung durchstanden habe, sagt: „Ich habe auf den Herrn geschaut".[58]

Aber auch solch eine Interpretation muß ihre historisch-sozialgeschichtlich kritische Grundlage haben. Es müßte also zu überprüfen versucht werden, ob das, was sich der Ausleger in solch einem Text vor Augen stellt, Anhalt hat an Texten aus der damaligen Zeit, die entsprechende Erfahrung zeigen und solch eine Erfahrung stützen.

Begreift man historisch-kritisches Verstehen biblischer Texte in dieser Weise, dann gehören Phantasie und Vorstellungskraft, das Sich-vor-Augen-Stellen bestimmter Situationen, das Ausprobieren mit Hilfe gegenwärtiger Erfahrung notwendig zum Verstehensprozeß hinzu. Es wird sicher begrenzt durch die Möglichkeiten, die der Bibeltext anbietet, aber es dürfte nicht zu sehr durch die Phantasielosigkeit des Exegeten begrenzt sein.

Bleiben solche Überlegungen noch ganz im Rahmen der von Bultmann genannten Kriterien, so ist es bei den Versuchen der *strukturalistisch bestimmten Exegese* die Frage, ob sie überhaupt im Zusammenhang mit historisch-kritischer Exegese zu bedenken ist. Dennoch wird sich eine solche Auslegung nur ernstnehmen lassen, wenn sie zeigen kann, daß sie den biblischen Texten als fremdartigen Glaubenszeugnissen gerecht wird, die nicht für uns und unsere Zeit gedacht sind und doch wirksam werden sollen. Das bedeutet, auch eine strukturalistisch bestimmte Exegese muß sich historisch-kritisch rechtfertigen können.

---

58 Vgl. auch: Gerd Theißen: Urchristliche Wundergeschichten. Gütersloh, 1974, S. 250 f.

Gegen eine Textinterpretation, die zu eilfertig auf eine existentielle Begegnung mit dem Text aus ist, will *Paul Ricoeur* erst einmal sehr lange beim Text selbst bleiben. Ricoeur, der strukturalistische und linguistische Methoden für seine Textinterpretationen mit verwendet, will zunächst nur eines fragen: Was sagt dieser Text eigentlich als Text? Ein Text ist nach Ricoeur etwas anderes als ein Gespräch. Was der Text bedeutet, fällt nicht mehr mit dem zusammen, was der Autor sagen wollte. Es gibt eine „Autonomie des Textes". Deshalb ist es für den Interpreten nötig, die „Textwelt" zu erfassen. „Ein Text ist zu interpretieren als ein *Entwurf von Welt,* die ich bewohnen kann, um eine meiner wesenhaften Möglichkeiten darein zu entwerfen. Genau dies nenne ich Textwelt, die *diesem* einzigen Text eigene Welt."

Ricoeur will nicht mehr davon reden, daß ein Sinn hinter dem Text steht. Der Text ist der Sinn.

Von Heidegger übernimmt er die Erkenntnis, daß Verstehen eines Textes immer zugleich ein Sich-Verstehen ist. „Daher heißt Verstehen *Sich Verstehen vor dem Text.* Es heißt nicht, dem Text die eigene begrenzte Fähigkeit des Verstehens aufzuzwingen, sondern sich dem Text auszusetzen und von ihm ein erweitertes Selbst zu gewinnen, einen Existenzentwurf als wirklich angeeignete Entsprechung des Weltentwurfs. Nicht das Subjekt konstituiert also das Verstehen, sondern – so wäre wohl richtiger zu sagen – das *Selbst* wird durch die ‚Sache' des Textes konstituiert."[59]

Ricoeur will durch seine Konzentration auf den Text, der aufs sorgfältigste in verobjektivierender Weise auseinandergenommen wird, die Antinomie zwischen dem verobjektivierenden Zugang der Wissenschaft zur Wirklichkeit und der existentiellen Welterfahrung überwinden. Die historisch-kritische Forschung hat den Text gleichsam von außen analysiert. Sie hat das herausgearbeitet, was man allgemeingültig über ihn sagen kann. Zum wirklichen Verstehen eines Textes kommt es in diesem Auseinanderfallen der beiden Zugangsarten in Wirklichkeit erst in der existentiellen Begegnung zwischen dem Interpreten und der im Text verborgenen fundamentalen Anrede, Anfrage, Aussage. Ricoeur möchte nun diesen erkenntnistheoretischen Gegensatz zwischen einer verobjektivierenden und aspekthaften Weltbegegnung, die sich der Welt bemächtigt, die wir für unsere Arbeitswelt brauchen, und jener sich ganzheitlich verstehenden existentiellen Begegnung mit der Wirklichkeit, in der wir Schicksal, Glück, Pech, Gott erfahren, jedenfalls in der Textinterpretation überwinden. Hier liegt das eigentlich Interessante dieses Ansatzes. Es ist allerdings die Frage, ob solches Zusammendenken der beiden Wirklichkeitsbereiche auf diese Weise gelingen kann.[60]

---

59 Paul Ricoeur: Philosophische und theologische Hermeneutik. In: Paul Ricoeur/ Eberhard Jüngel: Metapher. EvThSH. München, 1974, S. 28 ff.
60 S. u. Dietz Lange. S. 145–151

Gerhard Marcel Martin
hat verschiedentlich zu zeigen versucht, was solche strukturalistisch-linguistische Textinterpretation austragen könnte. Er nimmt Barths Gedanken zur
Vielfalt der Schrift auf, indem er sich im Anschluß an die linguistische
Textexegese die Fülle der „Codes" eines Textes klar macht: Der Aktions-
code: Wer sind die Subjekte? Was tun die Akteure?

Der topographische Code: Welche Schauplätze werden genannt? Welche
Ortsangaben werden gemacht?

Der chronologische Code: Welche Zeitangaben macht der Text?

Der soziologische Code: Welche Angaben über Ökonomie, Politik, Ideologie finden sich im Text?

Der symbolische und mythologische Code: Welche symbolischen und
mythologischen Bilder und Worte begegnen im Text?

Martin zeigt, daß es sinnvoll sein kann, sich mit diesen vielfältigen Frage-
stellungen an den Text heranzubegeben. Er schildert, wie so etwas in der
Gruppenarbeit, im Bibliodrama zum Ernstnehmen und Verstehen des Textes hilft. In ähnlicher Weise können psychologische und psychoanalytische
Methoden zur Texterschließung herangezogen werden, die das Hören auf
Besonderheiten des biblischen Textes neu ermöglichen. Martin weist besonders darauf hin, daß in solchen Gruppengesprächssituationen der biblische
Text in ganz neuer Weise interessant und in den Mittelpunkt des Gesprächs
rückt. Martin empfindet die Texttheorie des französischen Strukturalismus
und seine Metaphern für das, was den Text ausgemacht hat, als hilfreich. Der
Text ist hier das Textgewebe, das Gespinst. Die vielfältigen Feststellungen,
die sich am Text machen lassen, zeigen, daß der Text wie ein Gewebe ist, das
seine Muster hat, die man versuchen kann zu erkennen, bei denen man
feststellen kann, daß sich verschiedene Muster überlagern usw.

Der Interpret steht einem solchen sorgfältig analysierten Text gegenüber.
Er versucht nicht zu erfühlen, was der Autor wohl gemeint haben könnte. Er
legt vielmehr Strukturen frei, zeigt Zusammenhänge auf, um das Ganze des
Textes auf sich wirken zu lassen.[61]

In diesem Sinne tritt Martin sowohl für den Text der Bibel wie für den Text
der Predigt als offenes Kunstwerk ein. Im Anschluß an Umberto Ecos Buch
„Das offene Kunstwerk"[62] überlegt Martin, ob nicht auch die Predigt, besonders die Homilie, solchen Charakter eines offenen Kunstwerks haben müßte.
So wie der Text, wenn man ihn in seiner Struktur, in der Vielfalt dessen, was
daran zu erkennen ist, ernst nimmt, vor dem Leser als ein vielfältiger
Auslegung bedürftiges Werk steht, so könnte auch die Predigt von ihrer

---

61 Gerhard Marcel Martin: Das Bibliodrama und sein Text. In: Ev. Th. 45 Jg., 1985,
S. 515 ff.
62 Umberto Eco: Das offene Kunstwerk. Frankfurt, 1973, S. 32 ff.

einfachen Zielgerichtetheit auf einen Skopus oder eine Aussage abgebracht und stärker zu einem Angebot werden, aus dem der Hörer sich in eigener Aktivität und Kreativität das erarbeitet, was er für sich als hilfreich empfindet.

Interessanterweise nimmt Martin im Anschluß an Eco die Lehre vom vierfachen Schriftsinn als positives Beispiel eines Versuches, einem Text mehr als eine Bedeutung abzulauschen. Solche pluralistische Auslegungsmöglichkeit des Textes soll den Text nicht einfach zu einem beliebigen Warenhaus machen. Solche sorgfältig am Text bleibende strukturalistisch-linguistische Arbeit nimmt den Text und damit auch die Grenzen seiner Aussage besonders ernst. Der Umgang mit dem Text ist, wie Martin betont, eher konservativ. Aber die in dem Text notwendig vorhandene Vielfalt kommt auf diese Weise deutlicher heraus, und die Möglichkeit, dem Sinn des Textes als Text näherzukommen, ist besser gegeben.

Walter Wink

Ein wenig von solchem Umgang mit dem Text zeigt das Buch von Walter Wink über die Bibelarbeit.[63]

Im Vorwort dazu sagt G. M. Martin in Aufnahme Winks, es komme darauf an, sich den Texten neu zu öffnen. „Wer sich der vermeintlichen *einen* Fragestellung, auf die der Text antwortet, allzu sicher ist, weiß meist nicht nur die fraglose Antwort schon vorher und braucht eigentlich den Text gar nicht, sondern bringt sich um die Entdeckung anderer Botschaften und neuer Fragen, die keineswegs alle Antwort finden müssen."[64]

Deshalb ist das Wichtigste die Verzögerung des Aneignungsweges zum Bibeltext. All die verschiedenen Methoden dienen zunächst formal diesem Ziel, sich mehr Zeit zu lassen beim Betrachten des Textes, dem Text mehr Gelegenheit zu geben, seine Eigentümlichkeit zu zeigen. Das Ziel ist dabei, keine Methode einfach absolut zu setzen. Walter Wink geht historisch-kritisch vor, scheut aber auch nicht vor einer differenziert angewandten psychologischen Betrachtungsweise zurück.

„Wie man nämlich Texte durch eine ausschließlich historische, dogmatische oder ethische Betrachtungsweise in ihrem Reichtum einengen kann, so durch ihre Rück- und Engführung auf eine bestimmte psychologische, sprachphilosophische, ästhetische oder feministische Pointe. Biblische Texte . . . leben auf verschiedenen Ebenen, haben und behalten eine Vielzahl von Pointen, lassen in verschiedenen Situationen sehr Verschiedenes aufleuchten."

---

63 Walter Wink: Bibelarbeit. Stuttgart, 1982
64 Gerhard M. Martin: Einleitung. In: W. Wink, a. a. O., S. 7 ff.

In diesem Sinne tritt Martin für eine Freigabe der Texte für solchen Umgang ein. Das Winksche Buch ist ihm ein Beispiel dafür. „Sind Texte des Glaubens lebendig, bewahren und setzen sie Glauben und Erfahrung frei, dann muß es nicht nur erlaubt, sondern sehr wirkungsvoll sein, uns in ihnen zu spiegeln, unsere Wünsche, Ängste und Fragen in sie hineinzuprojizieren und dann – im Prozeß der verzögerten Aneignung – klarer zu erkennen und zu unterscheiden lernen, wo unsere Gedanken nicht Gottes Gedanken, seine Wege nicht unsere Wege sind, aber auch wo es Wegkreuzungen und treffende und betroffenmachende Begegnungen gibt. Mit psychologisch-hermeneutischer Begrifflichkeit: Projektionen in den Text hinein sind unvermeidlich (überspitzt könnte man sogar sagen: Texte sind genau dafür da!); aber im Prozeß der Aneignung geht es dann auch um die Rücknahme von Projektionen und die darin steckende Gottes- und Selbsterkenntnis. Wo Projektionen zurückgenommen werden, bleibt der Text Text, wird das Textil nicht zerrisen. Aber auch: Wenn wir die Texte *nicht* beleben, Fäden herausziehen und wieder hineinbringen, sterben sie, sind sie für uns tot." Zwar wird in diesem letzten Zitat die Metapher „Text" in der strukturalistischen Betrachtungsweise kräftig überstrapaziert. Dennoch gibt das Buch von Wink eine Fülle von Anregungen und ist besonders nützlich dadurch, daß in ihm nicht, wie es sonst bei strukturalistischer Textauslegung leicht geschehen kann, die historische Dimension vernachlässigt wird.

Hans Stock wird recht haben, wenn er meint, es sei von solch strukturalistisch-linguistischer Methode etwas zu lernen „auch ohne deren systembedingte Einseitigkeiten zu übernehmen. Nachzeichnen der Handlung von Schritt zu Schritt; Charakterisierung der Personen, ihres Verhaltens, ihrer Beziehungen, ihrer Rolle; Gebärden- und Wortsprache; Ausgangslage und Zielpunkt des Geschehens; Schwerpunkt, Intention, Pointe – solche Aspekte sind nicht zu überspringen, wenn bei der Auslegung nicht immer wieder nur ein gleichförmiger ‚Skopus' herauskommen soll."[65]

Das Hineindenken in den Text und in seine Situation auf jede nur mögliche Weise ist also erforderlich. Es ist einerseits ein Teil der historisch-kritischen Arbeit am Text. Andererseits ist es gleichzeitig ein sehr kreatives „Verstehensspiel", in dem ich den Text auf unterschiedliche Weise betrachte und mich mit den Erfahrungen meines Lebens hineingebe.

G. M. Martin verweist in diesem Zusammenhang auf den Versuch Kierkegaards, in seiner Schrift „Furcht und Zittern" die biblische Geschichte von Isaaks Opferung in vier unterschiedlichen Fassungen zu erzählen. Schon nach der Lektüre dieser vier Sichtweisen des Erzählers schaut man sich den biblischen Text mit ganz neuen Augen an.

---

65 Hans Stock: Evangelientexte in elementarer Auslegung. Göttingen, 1981, S. 28

Dennoch bleibt die von R. Bultmann eingangs beschriebene historisch-kritische Zugangsweise zum Text als notwendiges kritisches Korrektiv verbindlich. Die unterschiedlichen hier nur andeutungsweise genannten neuen Zugangsweisen zum Text weisen jedoch darauf hin, daß Verstehen der Texte noch mehr meint.[66]

2. Die Frage des Verstehens

Rudolf Bultmann

Bultmanns drei weitere Thesen in dem oben genannten Aufsatz[67] befassen sich mit der tiefer in die Sache des Textes eindringenden hermeneutischen Frage.

„3) Vorausgesetzt ist ferner der Lebenszusammenhang des Exegeten mit der Sache, um die es in der Bibel geht, und damit ein Vorverständnis."

Bultmann erläutert dazu: „Das Vorverständnis ist begründet in der das menschliche Leben bewegenden Frage nach Gott. Es bedeutet also nicht, daß der Exeget alles Mögliche von Gott wissen muß, sondern daß er von der existentiellen Frage nach Gott bewegt ist – einerlei welche Form diese Frage jeweils in seinem Bewußtsein annimmt, etwa als die Frage nach dem „Heil", nach der Rettung vor dem Tode, nach Sicherheit im wechselnden Schicksal, nach der Wahrheit inmitten der rätselhaften Welt."

Wir hatten vorher schon gesehen, daß ein Lebenszusammenhang in jedem Falle nötig ist, wenn man alte Texte verstehen will. Jetzt geht es speziell um die Frage nach Gott. Diese Überlegungen Bultmanns sind immer wieder mit Fragezeichen versehen worden. Man witterte „natürliche Theologie". Das ist nicht gemeint. Bultmann geht allerdings davon aus, daß jeder Mensch bewegt ist von der Frage nach Gott, in welcher Gestalt dies auch immer sein möge.[68]

---

66 Vgl. auch Klaus Wegenasts sachgemäßes Eintreten für einen „mehrdimensionalen Zugang zur Wahrheit der Bibel" und die Warnung vor einseitiger Betonung der „Oberflächenstrukturen eines Textes, wie sie die linguistische Exegese bestimmt" oder die „Reduzierung eines Textes auf ein Beziehungsgefüge von Ökonomie, Ideologie und Politik, noch die Etablierung eines so oder so strukturierten Fragerasters aus dem Arsenal der Psychoanalyse". Zu recht verweist Wegenast auf den „oft aus Ignoranz und Hochmut beiseitegestellten Versuch Rudolf Bultmanns." Klaus Wegenast: Wie die Bibel verstehen? Zu neuen Versuchen der Bibelauslegung in Wissenschaft und Praxis. Ev. Erz. 25. 1983, S. 202–214

67 S. o. S. 109

68 Hans Weder (Neutestamentliche Hermeneutik. Zürich, 1986, S. 140 ff.) stellt die Frage, ob dieser Ansatz sachgemäß ist. Er befürchtet, daß durch die Frage auch schon die Antwort festgelegt ist. Das wäre gegen Bultmanns Intention.

„4) Das Vorverständnis ist kein abgeschlossenes, sondern ein offenes, so daß es zur existentiellen Begegnung mit dem Text kommen kann und zu einer existentiellen Entscheidung."

Bultmann erläutert dazu:

„Die *existentielle Begegnung* mit dem Text *kann zum Ja wie zum Nein führen*, zum bekennenden Glauben wie zum ausgesprochenen Unglauben, weil im Text dem Exegeten ein Anspruch begegnet, weil ihm hier ein Selbstverständnis angeboten wird, das er annehmen (sich schenken lassen) oder ablehnen kann, weil also Entscheidung von ihm gefordert ist. Auch im Falle des Nein ist das Verständnis ein legitimes, eine echte Antwort auf die Frage des Textes, die nicht etwa durch Argumentation zu widerlegen ist, weil sie existentielle Entscheidung ist."

Darauf kommt es bei der Exegese letztlich an. Eine Exegese von biblischen Texten ist nur sinnvoll, wenn es zu einer existentiellen Begegnung mit dem Text kommt. Nur muß noch einmal darauf hingewiesen werden, daß „existentiell" bei Bultmann immer die Begegnung des Menschen in allen seinen Lebensbezügen mit dem Text meint. Es meint nicht „individualistisch".

„5) Das Verständnis des Textes ist nie ein definitives, sondern bleibt offen, weil der Sinn der Schrift sich in jeder Zukunft neu erschließt."

Bultmann erläutert dazu:

„*Weil der Text in die Existenz spricht, ist er nie endgültig verstanden* . . . Da der Exeget geschichtlich existiert und das Wort der Schrift als in seine besondere geschichtliche Situation gesprochen hören muß, wird er das alte Wort immer neu verstehen. Immer neu wird es ihm zeigen, wer er, der Mensch, ist und wer Gott ist, und er wird es in immer neuer Begrifflichkeit sagen müssen."[69]

Wenn es das Ziel eindringender Exegese ist, den Text so zu erschließen, daß er den Exegeten und durch ihn in der Predigt die Gemeinde betreffen kann, dann muß alles, was am biblischen Text geeignet ist, solch eine Begegnung mit dem Text zu verhindern, so verwandelt werden, daß es den Hörer neu treffen kann. Nun haben aber die biblischen Texte in ihrer Rede von Gott, von Jesus, dem Christus Gottes, Eigentümlichkeiten, die solchen direkten Anspruch erschweren. Das mag zunächt gar nicht so aussehen. Ich habe ja die Erzählung vom Seewandel Jesu und dem Seewandel des Petrus zu verstehen versucht, ohne mich um irgendwelche Verstehensschwierigkeiten zu scheren. Ich habe das allerdings so gemacht, daß ich scheinbar ganz selbstverständlich die Aussage, daß Jesus auf dem See gegangen ist und daß Petrus das zeitweilig auch konnte, symbolisch aufgefaßt, die Szene also spiritualisiert habe. Ich habe so getan, als wäre die Frage, ob denn einer wirklich auf dem Wasser gehen kann, für diesen Text keine Frage. Vermut-

---

69 R. Bultmann, Glauben und Verstehen, III, a. a. O., S. 149 f.

lich bin ich damit verhältnismäßig nahe an der Intention des Matthäus. Nur darf der Exeget so unreflektiert nicht mit diesen Texten umgehen. Es ist ja keine Frage, daß uns die Wirklichkeitsseite von Wundergeschichten, von Geschichten wie der Himmelfahrt oder der Jungfrauengeburt, der Erscheinung des Auferstandenen Schwierigkeiten macht. In der Auslegung entschärfen wir diese Schwierigkeiten meist fast automatisch. Nachdem die Entmythologisierungsdebatte sehr viel Streit gebracht hat, mag der Prediger da nicht mehr so recht herangehen und umschifft die Klippe lieber. Es ist immer wieder erstaunlich, wie selbstverständlich in Predigten vom Handeln Gottes, von Gottes Liebe, von der Hilfe Christi, vom Wunder geredet wird. Es muß jedoch geklärt werden, worin der Wirklichkeitswert solcher Texte besteht und wie wir sie verantwortlich predigen können.

Dabei geht es letztlich immer um die Frage der Wirklichkeit Gottes, genauer der Wirklichkeit des *Handelns Gottes*.

Bultmann hat sich, wie bekannt ist, mit Vehemenz gegen einen unklaren Umgang mit mythologischen Texten gewandt. Er hat als Verstehenshilfe für diese Texte sein Programm der „existentialen Interpretation" entwickelt, dessen Grundgedanke sich – trotz erforderlicher Korrekturen im einzelnen – bisher als unüberholbar erwiesen hat.

Der Grundgedanke der existentialen Interpretation ist folgender: Wenn ich solche Texte wie den Seewandel sachgemäß interpretieren will, dann ist es nicht sinnvoll, zunächst auf das zu achten, was über Gott oder Christus gesagt wird, weil die Gefahr besteht, daß aufgrund der Veränderung des Wirklichkeitsverständnisses zwischen den biblischen Texten und uns solches Reden mißverstanden wird. Es ist vielmehr nötig, auf das zu achten, was sich zwischen damals und heute nicht verändert hat. Bultmanns Voraussetzung ist: Mag sich auch das Weltbild, die Vorstellung von den Wirkursachen unserer Welt verändert haben, nicht gewandelt hat sich das Wesen des Menschen. Der Mensch ist damals und heute derselbe in seinen grundlegenden Strukturen des Existierens. In seiner Beziehung zu sich selbst, zu Gott und zur Welt der Menschen und der Dinge ist er nicht verändert. Bultmann nennt diese Grundstrukturen des Lebens, des Existierens: Existentialien. Daher kommt dieser etwas seltsame Ausdruck „existentiale Interpretation". Es geht dabei darum, alle Aussagen, die über Gott oder Christus oder das Wesen des Menschen in einer uns unverständlichen, z. B. mythischen Sprache gemacht werden, daraufhin zu befragen, in welcher Weise sich in ihnen grundlegende Beziehungseigentümlichkeiten des Menschen zeigen. Also z. B. die Tatsache, daß der Mensch eine Beziehung zur Gottesfrage hat, daß er sein Leben gewinnen und nicht verlieren will, daß er aus der Angst lebt, dies Leben zu verlieren oder zu kurz zu kommen, daß er zeitlich ist, daß er mit dem Problem des Todes als seines möglichen Nichtseins fertigwerden muß, daß er Mitmenschen braucht und ohne sie sein Leben nicht denkbar ist. Es geht also um das, was ich beim Seewandel versucht habe: Ich habe gefragt, was bedeutet solch ein „bewegliches Bild", Petrus auf den Wellen, untergehend, um Hilfe schreiend und gerettet werdend für das Grundverständnis vom Leben des Menschen bei Matthäus. Dies ist solch eine existentiale Interpretation. Ich befrage den mir unverständlichen oder schwer verständlichen Text, der in wunderhaften Bildern, der von Gottes Handeln, vom Handeln Christi spricht, zunächst einmal auf das hin, was das für die Menschen bedeutet. Ich tue das nur, um zu verstehen, was hier gemeint ist. Deshalb existentiale Interpretation. Existentiell würde es, wenn ich durch das, was ich dort verstanden habe, selbst angegangen würde, mich fragen, was willst du davon halten? Willst du dies als dein Lebensverständnis, wenn du in solche Schwierigkeiten kommst, übernehmen, auf Christus blicken und dich von den Schwierigkeiten, die dir Angst machen, nicht faszinieren lassen?

Die Voraussetzung der existentialen Interpretation, daß die Menschen in ihrer Grundstruktur damals und heute vergleichbar sind, ist die entscheidende Voraussetzung jeglicher Interpretation historischer Texte. Nur deshalb konnte ich Matthäus zu verstehen suchen. Nur deshalb kann man sich überlegen, was soziale Unterschiede damals wohl bedeutet haben. Dabei muß man jedoch schon wieder vorsichtig sein, denn auch Unterdrückungsempfindungen werden in der einen Zeit, je nach dem es dem Zeitgeist entspricht, stärker oder schwächer erlebt als in der anderen Zeit. Das kann dann nur die historische Analyse zeigen. Aber die Grundstruktur des Menschen, daß er sich frei oder unfrei empfindet, daß er Angst hat oder getrost ist, daß er sein Leben gewinnen und nicht verlieren möchte, die ist geblieben. Diese Seite der existentialen Interpretation ist unaufgebbar und wird vom Exegeten wie vom Prediger ständig praktiziert.

Problematisch hingegen ist es, daß Bultmann von dieser dem Menschen damals und heute gemeinsamen Grundstruktur wesentlich mit dem schmalen, abstrakten Begriffsarsenal, das aus der Begegnung mit Heidegger entwickelt worden ist, gesprochen hat. Da ist das Empfinden berechtigt, daß damit der gesamte Bereich des Mitmenschlichen, des Sozialen, des Politischen, des Ökologischen, kurz die ungeheure Vielfalt und Breite des Lebens auf einige Begriffe reduziert worden ist und darum die Sprachmöglichkeit des Theologen und des Predigers unangemessen eingeschränkt worden sind. Diese Kritik ist berechtigt. Jedoch ist der Schaden, wenn man das Grundanliegen und diesen Mangel begriffen hat, leicht zu beheben.

Es sind dann eben die lebensvollen Situationen, sofern sie aus den Texten nach kritischer Sichtung zu erheben sind, damals und die Breite unserer Lebenserfahrung heute miteinander in einen Dialog zu bringen. Es kommen ins Gespräch eine vergangene Glaubenserfahrung und unsere gegenwärtige Glaubenserfahrung. (Wobei zu bedenken ist, daß Glaubenserfahrung immer gleichzeitig volle Lebenserfahrung ist). Ich frage also, wo zeigen sich im Text Grunderfahrungen des Glaubens, und ich versuche, diese Erfahrungen mit meinen eigenen Grunderfahrungen des Glaubens zu verstehen.

Solche Erfahrungen können, wenn man es sich noch einmal am Gespräch zwischen gegenwärtig lebenden Gesprächspartnern klar macht, wenn die beiden sich gut kennen, mit Etiketten bezeichnet werden. Aber nur dann versteht der eine, was der andere meint, wenn er sagt: Ich bin völlig down. Schon wenn wir hören, daß Martin Luther sich mit Anfechtungen quälte, „tentationes", müssen wir nachfragen, was er damit wohl meinte? Quälte er sich mit eigenen Unfähigkeiten, hatte er sexuelle Gelüste, verzweifelte er an der Kraft des Wortes Gottes, benannte er psychische Schwierigkeiten, hatte er Glaubenszweifel, wenn ja welcher Art, entschwand ihm die Wirklichkeit Gottes oder glaubte er die Rechtfertigung aus Gnaden nicht mehr, wurde ihm seine eigene Berufung suspekt usw.? Wenn zwei Gesprächspartner solche Verständigungsschwierigkeiten haben, kann der eine den anderen fragen und zu ihm sagen: Nun erzähl' doch mal, was hast du denn? Bei Luther und erst recht beim Neuen Testament sind wir angewiesen auf das, was geschrieben ist. Wir sind z. B. angewiesen auf Zeitzeugen, die uns solche Anfechtungen erklären. Wir brauchen eine Schilderung der Umstände, eine vorstellbare „Story", um verstehen zu können, d. h. uns selber in dieser Situation vorstellen zu können und von daher zu wissen, was da los ist.

Deshalb ist es nicht angemessen, die Grunderfahrungen des Glaubens, die sich in der Bibel ausdrücken, nur mit einem abstrakten Begriff zu benennen, auch wenn dieser Begriff mancherlei sagen und auslösen kann. Es ist vielmehr nötig, daß wir uns den Text in seiner Welt vorstellen. Es ist zu wenig, wenn ich den Seewandel auf die Überschrift „Glaube in Anfechtung" reduziere. Ich muß versuchen, mit Hilfe unserer eigenen Lebenswelterfahrung zu entschlüsseln, was solch eine Geschichte vom Seewandel vermutlich bedeutet hat in der Zeit des Matthäus. Warum hat er seiner Gemeinde nicht einfach wie der Apostel Paulus ein paar markante Stichworte gesagt? Warum hat er seiner Gemeinde solch ein gewaltiges Gemälde vor Augen gemalt? Was soll man dabei fühlen? In welchen Situationen soll das in welcher Weise helfen? Wie hilft es einem, der Sklave ist, einem, der Verantwortung hat, einer Frau in ihrer Situation usw.?

Bei der existentialen Interpretation ist allerdings eines undeutlich geblieben: *Was bedeutet die mythische Rede wirklich?* Ist sie nur eine uneigentliche äußere Form, die auf eine dahinter liegende Wahrheit verweist, die man mit mehr oder weniger abstrakten Formulierungen dann als eigentliche Wahrheit sagen kann? Ist das Bild vom Seewandel dann so etwas wie ein spielerisches Bild, das man sich zur eigenen „Verzauberung", zur Erinnerung an eine abstraktere Wahrheit an die Wand hängt? Wie ist das mit dem Handeln Gottes?

Bultmann schlägt dazu folgende Lösung vor: Es ist davon auszugehen, daß Gottes Handeln nicht *zwischen* den Ereignissen in einer Lücke oder *anstelle* weltlichen Handelns geschieht, Gottes Handeln geschieht immer *im* weltlichen Geschehen. Gottes Handeln ist nur für den Glaubenden sichtbar, d. h.

nur für denjenigen, der selbst mit seiner ganzen Existenz von der Gottesbegegnung her lebt. Die Tatsache, daß Gott in den Ereignissen handelt, besagt also nicht, daß es sich dabei um eine allgemeine, neutral feststellbare Wahrheit handelt. Wenn ich sage, daß Gott die Welt geschaffen hat, dann ist solche Aussage nur sinnvoll, wenn ich zuvor sagen kann, ich glaube, daß mich Gott geschaffen hat. Ich sage dieses, obgleich ich in der verobjektivierenden Sicht genau weiß, wie ich entstanden bin, und daß da keine Stelle ist, in der Gott außerhalb des erklärbaren Ablaufs der Dinge etwa irgendeinen wunderbaren Schöpfungsakt vollzogen hätte. Trotzdem kann ich im Glauben dies Geschehen als Gottes wunderbares Handeln erfahren und mich als Geschöpf bekennen.[70]

Bultmann weist darauf hin, daß solche Unerkennbarkeit Gottes und seine gleichzeitige Wirklichkeit eine gewisse Parallele hat in der Verborgenheit des menschlichen Ich für den verobjektivierenden Blick des medizinischen Wissenschaftlers. Das menschliche Ich zerlegt sich ihm in eine Vielfalt von Wirkungszusammenhängen, unter denen das Ich verschwindet.

Dennoch ist es Wirklichkeit. So ist auch die Welt für uns im verobjektivierenden Anschauen nur in ihren Wirkungszusammenhängen zu fassen, in ihrer „Mitte" aber nur in der personalen Begegnung mit Gott.

Bultmann unterscheidet nun verschiedene Arten des Redens von Gott. Einmal wird von Gott in der Sprache vergangener Mythologie geredet. In ihr wird das Handeln Gottes, ob es nun in der Natur, Geschichte, im menschlichen Schicksal oder im Leben der Seele geschieht, als ein Handeln verstanden, das in den natürlichen oder geschichtlichen oder psychologischen Lauf der Dinge eingreift. Es zerbricht und verbindet die Ereignisse zugleich. Die göttliche Kausalität wird eingeführt als ein Glied in der Kette der Ereignisse, die einander nach dem Kausalzusammenhang folgen. Solches Denken vom Handeln Gottes in der Lücke hält Bultmann nicht mehr für angemessen, weil es Teil eines vergangenen Weltbildes ist.

Als Zweites sagt Bultmann: Es gibt die symbolische Sprache vom Handeln Gottes. Sie nimmt mythologische Elemente auf, aber ist nicht mehr eigentlich mythologisch gemeint. „. . . die mythologische Sprache verliert ihren mythologischen Sinn, wenn sie als Sprache des Glaubens dient . . . Mythologische Anschauungen können als Symbole oder Bilder verwandt werden, die vielleicht in der Sprache der Religion notwendig sind und daher auch für den christlichen Glauben."[71]

70 Vgl. dazu R. Bultmanns immer noch eindrucksvolle Aufsätze: Welchen Sinn hat es, von Gott zu reden; und: Zur Frage des Wunders. In: Ders.: Glauben und Verstehen. 1. Bd. Tübingen, 1954, S. 26 ff. und S. 214 ff.
71 Rudolf Bultmann: Jesus Christus und die Mythologie. Hamburg, 1964, S. 70 f.; S. 78

Das könnte also auf unseren Seewandel des Petrus zutreffen. Da ist die mythologische Vorstellung, daß einer mit Hilfe der Gottheit auf dem realen Wasser gehen kann, verwendet, aber der Sinn scheint nach unserer Analyse ein übertragener, ein symbolischer geworden zu sein. Es geht nicht mehr (oder nicht mehr nur) um Wasser, sondern um Gefängnis, Unterdrückung, Verfolgung usw.

Bultmann sagt nun weiter: Auch wenn „mythologische Begriffe notwendig als Symbole oder Bilder gesehen sind, müssen wir fragen, was durch solche Symbole oder Bilder ausgedrückt wird. Sicher ist es unmöglich, daß ihr Sinn in der Sprache des Glaubens durch mythologische Vorstellungen ausgedrückt werden soll. Ihr Sinn kann und muß ohne ein Zurückgreifen auf mythologische Termini gesagt werden."[72]

Das wäre also das, was ich eben beim Seewandel des Petrus versucht habe, indem ich sage: Es geht dabei gar nicht um das Auf-dem-Wasser-Gehen, sondern um Bewahrung im Gefängnis, Rettung aus der Verzweiflung, in Unterdrückung, Verfolgung usw. Ich habe das mythologische Bild erläutert. Liegt also die eigentliche Wahrheit solch eines Bildes in dem, was ich erläuternd sage? So, daß das mythologische Bild nur eine Art anschauliches Etikett wäre, sein wirklicher Sinn aber mit anderen Begriffen beschrieben werden muß? Was aber sagen diese anderen Begriffe? Ich sagte Bewahrung, Rettung. Wer bewahrt? Wer rettet? Gemeint ist doch damit, Gott rettet. Warum sage ich nicht einfach: Es ist das Vertrauen darauf, daß es immer noch einen Ausweg gibt, daß Menschen kommen werden, die einem helfen, daß einem ungeahnte seelische Kräfte plötzlich zuwachsen, Unkraut vergeht nicht. Warum rede ich dennoch vom Handeln Gottes? Nun wird man derartiges nicht gegeneinander setzen dürfen. Die Aussagen: Ich bin durch Menschen gerettet, oder Gott hat mir geholfen, können durchaus die sachgemäße Benennung desselben Ereignisses sein. Es kann besagen, ich glaube, daß verborgen unter dem rettenten Handeln von Menschen Gott an mir gehandelt hat. Bleibe ich damit aber nicht doch in der mythischen Sprache?

Bultmann erklärt als Drittes zum Reden von Gott:

„Vom handelnden Gott sprechen heißt, daß wir Gott gegenübergestellt sind, angesprochen, gefragt, gerichtet oder gesegnet von Gott. Darum ist auch solche Rede nicht ein Reden in Symbolen oder Bildern, sondern eine analoge Redeweise. Denn falls wir auf solche Weise vom handelnden Gott sprechen, erfassen wir Gottes Handeln als eine Entsprechung zu den Handlungen zwischen Menschen. Ja, mehr: Wir stellen uns die Gemeinschaft zwischen Gott und Mensch als eine Entsprechung zu der Gemeinschaft zwischen Mensch und Mensch vor. In diesem analogen Sinn sprechen wir von der Liebe Gottes, von seiner Fürsorge für den Menschen, von seinen Geboten

---

72 R. Bultmann, a. a. O., S. 79

und von seinem Zorn, von seinem Versprechen und von seiner Gnade, und auf diese analoge Weise nennen wir ihn Vater. Das ist nicht nur gerechtfertigt, wir müssen sogar so reden; denn jetzt sprechen wir nicht von einer Gottesidee, sondern von Gott selber. So sind Gottes Liebe oder Fürsorge nicht nur Bilder oder Symbole; diese Vorstellungen bedeuten wirkliche Erfahrungen des hier und jetzt handelnden Gottes. Besonders in der Vorstellung Gottes als Vater verschwand der mythologische Sinn schon lange . . ., nur eine rein persönliche Verbundenheit wird ausgedrückt."[73]

Man spürt, Bultmann gerät hier an eine Grenze. Er möchte den Wirklichkeitswert der Rede von Gott als Vater z. B. unbedingt festhalten. Er versucht, es noch „eigentlicher" auszudrücken, was damit gemeint ist: „Persönliche Verbundenheit". Das wäre also die Wahrheit des Satzes von Gott als Vater.

Aber ich denke, hier wird nur eine abstrakte (und in diesem Falle eine schlechtere) analoge Redeweise anstelle einer lebensvolleren (wenn auch für Vatergeschädigte u. U. problematischere) analoge Redeweise benutzt. „Persönliche Verbundenheit" ist nämlich genau so eine analoge Rede, d. h. eine aus der Erfahrung mit Mitmenschen gewonnene Beschreibung, die für die Erfahrung mit Gott steht. Wie aber wird Vatersein Gottes, persönliche Verbundenheit erfahren? Wovon spricht einer, der Gott „Vater" nennt?

In der Klärung des Redens von der Wirklichkeit Gottes bleiben hier Fragen offen.[74]

Paul Tillich

Es ist deshalb sinnvoll und notwendig, einen kurzen Seitenblick auf *Paul Tillich* zu werfen, dessen Symbolverständnis besser geeignet scheint, mit der Rede vom Handeln Gottes umzugehen. Auch Paul Tillich zeigt, daß wir von Gott lebensrelevant nur reden können in menschlichen Bildern und Begriffen. Symbole haben immer einen Doppelcharakter. Einerseits sind sie „auf das Unendliche ausgerichtet, das sie symbolisieren, und andererseits auf das Endliche, durch das sie es symbolisieren".[75]

Tillich beschäftigt sich ebenfalls mit dem Vatersymbol. Auch bei ihm dient die menschliche Erfahrung mit dem Vater dazu, eine Aussage über die Gotteserfahrung zu machen. Das Symbol lebt einmal von der menschlichen Erfahrung des Vaters. Aber angewandt auf Gott übersteigt dieser Begriff die menschliche Erfahrung unendlich. Wer meint, er könne die Transzendenz mit menschlichen Worten als das, was sie ist, in den Begriff bekommen, macht Gott zu einem Götzen. Wer aber andererseits behauptet, das Symbol sei eine uneigentliche Redeweise, begibt sich letztlich der Möglichkeit,

---

73   R. Bultmann, Jesus Christus und die Mythologie, a. a. O., S. 80 f.
74   Vgl. Gerhard Ebeling: Dogmatik und Exegese. ZThK. 77/1980, S. 284
75   Paul Tillich: Systematische Theologie. Bd. I. Stuttgart, ³1956, S. 278

überhaupt von Gott zu reden. Tillich wendet sich vehement immer wieder dagegen, von „nur" einem Symbol zu reden. Mehr als symbolisches Reden von Gott kann es nicht geben. Auch die Rede von Gott als dem „Sein-selbst" ist nur scheinbar eigentlichere Rede. Sie ist inhaltlich leer und sagt nur, daß Gott eine grundlegende, allumfassende Wirklichkeit ist. Aber mit „grundlegend" und „allumfassend" benutze ich schon wieder symbolische Redeweise. Sobald sich eine Vorstellung mit dem, was das „Sein-selbst" ist, verbindet, wird sie symbolisch sein müssen.[76]

Sie bewahrt das Christentum davor, in einem Meer abergläubischer „Objektivationen" des Heiligen zu versinken. Aber Entmythologisierung kann auch bedeuten: Ausscheidung des Mythos als Form religiöser Aussage und sein Ersatz durch Wissenschaft und Moral. In diesem Sinne muß Entmythologisierung abgelehnt werden. Sie würde die Religion ihrer Sprache berauben. Sie würde die Erfahrung des Heiligen zum Schweigen bringen. Symbole und Mythen dürfen nicht deswegen kritisiert werden, weil sie Symbole und Mythen sind. Sie müssen daraufhin untersucht werden, ob sie die Macht haben das auszudrücken, was sie ausdrücken sollen, in unserem Falle das Neue Sein in Jesus als dem Christus.[77]

Man kann also nicht „hinter" die Sprache des Symbols mithilfe „eigentlicherer" Begriffen kommen. Eigentlichere Begriffe gibt es nicht. Höchstens kann ich einen unverständlichen Mythos oder ein unverständliches Symbol, d. h. nach Tillichs Überlegung einen Mythos oder ein Symbol, die keine Kraft mehr haben, den Menschen direkt zu packen, durch ein anderes, besser packendes Symbol ersetzen. Symbolisch aber bleibt die Rede vom handelnden Gott notwendigerweise immer. Für unser Beispiel vom Seewandel des Petrus hieße das also, wir müßten prüfen, ob das Bild vom sinkenen Petrus heute Menschen noch direkt ansprechen kann. Wenn das nicht mehr der Fall ist, müßten wir dies Symbol durch ein anderes ersetzen, wenn es zu finden ist und seinerseits wirklich besser greift.

Bultmann und Tillich sind sich bei aller Unterschiedenheit an diesem Punkte verhältnismäßig einig. Tillich hat aber m. E. überzeugender den Wirklichkeitswert symbolischen Redens bedacht. Die Frage aber bleibt, ob sich von der Wirklichkeit dessen, was mit Gott, mit Handeln Gottes, gemeint ist, noch deutlicher reden läßt.

---

76 Vgl. Otto Schnübbe: Paul Tillich und seine Bedeutung für den Protestantismus heute. Hannover, 1985. S. 30 ff. Tillich nimmt das Problem der auch von ihm als notwendig beurteilten Entmythologisierung so auf, daß er sagt: „Symbole müssen als Symbole verstanden werden; wenn man sie wörtlich versteht, verlieren sie ihren Sinn . . . Entmythologisierung kann bedeuten: Kampf gegen die literalistische (buchstabengläubige, H. H.) Mißdeutung von Symbolen und Mythen. Das ist eine stets notwendige Aufgabe der christlichen Theologie.
77 Paul Tillich: Systematische Theologie. Bd. II. Stuttgart, ²1958, S. 163 bis 165

3. Metaphorische Sprache

Eberhard Jüngel

Eberhard Jüngel verweist in diesem Zusammenhang auf den metaphorischen Charakter der Sprache des Glaubens. „Gott ist ein sinnvolles Wort nur im Zusammenhang metaphorischer Rede." Dies Wort wird sofort sinnlos, wenn man den Zusammenhang der Worte nicht-metaphorisch verstehen will. „Auch der die Metapher vermeidende Satz *Gott ist Gott* sagt gar nichts, wenn nicht zugleich gesagt wird, *als* was Gott ist. Diese Als-Prädikation vollzieht die theologische Metapher."[78]

In einer zusammenfassenden Thesenreihe sagt er: „Metaphorische Rede ist weder uneigentliche noch vieldeutige Sprache, sondern eine besondere Form eigentlicher Rede und eine in besonderer Weise präzisierende Sprache. Zur eigentlichen und präzisierenden Redeweise der Metapher gehört die Dimension der Anrede. Metaphern sprechen an und sollen ansprechen. Das unterscheidet sie von der definierenden Aussage, die nicht anreden, sondern ausschließlich feststellen will.

Metaphorische Rede präzisiert, indem sie mit der Dialektik von Vertrautheit und Verfremdung arbeitet. Sie verfremdet sowohl einen Sachverhalt als auch einen Sprachgebrauch, indem sie ein für die Bezeichnung des Sachverhaltes ungewöhnliches Wort und dieses in einer ungewöhnlichen Bedeutung verwendet. Zugleich geht sie aber davon aus, daß die Verfremdung als solche in die vertraute Welt *eingeholt* wird, so daß es zu einer *Erweiterung* der vertrauten Welt kommt ... Man darf in dem Satz: ‚Christus ist ein Weinstock' nicht den Weinstock im Weinberg meinen und muß doch an ihn denken. Das in einer metaphorischen Prädikation metaphorisch gebrauchte Wort wird – mit Luther geredet – zu einem „verneuten Wort". Jüngel[79] weist darauf hin, daß die metaphorische Sprache Vertrautheit mit dem Sachverhalt, der angesprochen wird, und mit der ursprünglichen Bedeutung des Wortes voraussetzt. Wenn solche Vertrautheit nicht natürlicherweise da ist, müsse solche Vertrautheit durch Erzählung hergestellt werden. In der metaphorischen Rede gelingt es, „Wirkliches so auszusagen, daß ein Mehr an Sein zur Sprache kommt".

Allerdings meint Jüngel, daß dieses Mehr zwar nicht unmetaphorisch gesagt werden kann, daß aber dennoch zur Kontrolle die begriffliche Sprache nötig sei. Wie oben bei Bultmann schon ist auch hier die Frage, ob solche

---

78 Eberhard Jüngel: Metaphorische Wahrheit. Erwägungen zur theologischen Relevanz der Metapher als Beitrag zur Hermeneutik einer narrativen Theologie. Ev. Th. Sonderheft. 1974, S. 71–122; hier: S. 110

79 E. Jüngel, Metaphorische Wahrheit, a.a.O., S. 119 ff.

dann verwendete begriffliche Sprache nicht auch wieder nur eine etwas abstraktere metaphorische Sprache ist, die sich nur den Anschein gibt, zu solcher Kontrolle geeignet zu sein.

Jüngels Aufsatz enthält eine Fülle von Aspekten zum Thema metaphorischer Rede. Er verweist auf Luthers meist nur unzureichend beachtete Überlegungen in „Vom Abendmahl Christi, Bekenntnis. 1528", daß die Rede „Christus ist der Fels", „Christus ist ein Weinstock" keine uneigentliche Rede darstellt und daß der als Metapher benutzte Weinstock etwas anderes ist als der Weinstock im Weinberg, obwohl an ihn zu denken sei, er aber trotzdem ein „verneutes' Wort sei.

„Vom Wesen redet man in solchen Sprüchen, was einer sei, und nicht, was er bedeute, und macht über seinem neuen Wesen auch ein neu Wort."[80]

„Christus ist ein Fels, das ist, Er hat ein Wesen und ist wahrhaftig ein Fels, aber doch ein neuer Fels, ein ander Fels, ein rechter Fels. Item, Christus ist ein rechter Weinstock."[81]

Mit immer neuen Beispielen „Luther ist ein Hus", „Christus ist das Lamm Gottes" versucht Luther zu zeigen, daß die Metapher keine uneigentliche Redeweise ist, die durch eine wesentlichere ersetzt werden müßte oder die man dadurch verbessern könnte, daß man sagt, dies „bedeutet" etwas, vielmehr besteht Luther darauf, daß hier das Wesen der Sache durch die Metapher ausgesagt wird.

Dennoch bleibt freilich die Frage: Ist eine symbolisch oder jedenfalls auch symbolisch gemeinte Wundererzählung, an deren Realitätsseite Matthäus möglicherweise keine Fragen hatte, durch solch ein Nachdenken über den Charakter metaphorischer Rede für uns verständlich zu machen? Welche Wirklichkeitserfahrung wird mit solch einer Szene erweitert? Wo wird ein Mehr ausgesagt, als sonst zu erleben ist? Muß man nicht schon „metaphorisch leben", um daraus eine Botschaft zu empfangen? Das heißt, muß man nicht schon die Übel seines Lebens, das, was Matthäus für seine Leser vielleicht vor Augen hat, die Situation der angefochtenen Gemeinde unter dem Bild der Nacht, der hochgehenden See, des sich Quälens gegen den Wind, im Gefühlsleben untergebracht haben, damit solch eine Geschichte einem ein Licht aufsteckt? Läßt sich so etwas in unserer Zeit durch Erzählen herstellen? Denn wenn ich eine symbolische Erzählung in ihren Einzelzügen erst erläutern muß, sagen muß, die Wellen bedeuten Bedrängnisse usw., dann ist das Symbol als solches kaum noch machtvoll, mit Tillich gesprochen.

Der erklärte Witz reizt nicht mehr zum Lachen.

---

80 Martin Luther: Vom Abendmahl Christi. Bekenntnis (1528). WA. 26; 274
81 M. Luther, a. a. O., WA. 26; 275

Eberhard Jüngel hat nun die Überlegungen zur Metapher auch angewandt auf das Verständnis der Gleichnisse Jesu. Für das Reden von der Wirklichkeit Gottes ist dies von großer Bedeutung. Das Gleichnis ist wie die Metapher keineswegs uneigentliche Rede für etwas, das sich auch abstrakt sagen ließe. „Im Gleichnis spitzt sich die Sprache so zu, daß das, *wovon* die Rede ist, *in* der Sprache selber *konkret wird* und eben dadurch die Angesprochenen in ihrer eigenen Existenz neu bestimmt ... Jesu Gleichnisse von der Gottesherrschaft sind aber *Ereignisse,* deren Pointe beim Hörer selbst „zünden" soll. Am Ende ist das, wovon die Rede war, beim Hörer selbst konkret ... Das Gleichnis ist ... ein Ereignis, das seinerseits etwas geschehen läßt. Am ehesten ist es in dieser Hinsicht dem Witz vergleichbar, der sich ereignen muß, wenn er gelingen soll, und der dann eben seinerseits den Menschen so trifft, daß etwas mit ihm geschieht: er lacht ... mit der Pointe *kommt* dann die Gottesherrschaft im Gleichnis selber beim Hörer *an,* wenn dieser sich auf das Gleichnis einläßt ..."[82]

Durch das Erzählen von Gleichnissen bringt Jesus den Menschen Gott nahe, läßt er Gott für seine Hörer durch das, was er sagt und durch das Gesagte auslöst, erfahrbar werden. Gott ereignet sich also in solchem Geschehen. Aber Gott kommt nicht nur durch das Erzählen von Gleichnissen zum Menschen. Seit Jesus selbst nach Ostern zum Gleichnis Gottes geworden ist, muß er, wie die Geschichte der christlichen Überlieferung zeigt, erzählt werden. In solchem Erzählen von Jesus als Gleichnis Gottes kommt Gott zum Menschen.[83]

Dieser Hinweis Jüngels ist für uns insofern wichtig, als sich hier zeigt, zur Erfahrung der Wirklichkeit Gottes – jedenfalls in seiner Menschwerdung – gehört notwendig, daß Menschen dieses Ereignis erlebbar vor Augen gestellt wird. In solch einem Erzählvorgang wird dem, der sich in ihn verstricken läßt, etwas von der Wirklichkeit Gottes deutlich.

Hans Weder

Hans Weder hat in seiner neutestamentlichen Hermeneutik[84] Jüngels Überlegungen zum Metapherncharakter der Gleichnisse ebenfalls zum Grundmodell für das Verständnis der neutestamentlichen Texte und ihrer Rede von Gott gemacht.[85]

---

82 Eberhard Jüngel: Gott als Geheimnis der Welt. Tübingen, ²1977, S. 400–402
83 E. Jüngel, Gott als Geheimnis der Welt, a.a.O., S. 409 ff.
84 Hans Weder: Neutestamentliche Hermeneutik. Zürich, 1986
85 Vgl. auch Hans Weder: Die Gleichnisse Jesu als Metaphern. Göttingen, 1978; Wolfgang Harnisch: Die Gleichniserzählungen Jesu. UTB. 1343. Göttingen, 1984

Die Frage lautet nicht zuerst, wie verstehen wir die neutestamentlichen Texte oder wie verstehen wir die Rede vom Handeln Gottes, sondern: „Auszugehen ist von der Einsicht, daß die neutestamentlichen Texte selbst eine hermeneutische Funktion haben. Sie geben uns Gott, den Menschen und die Welt in neuer Weise – besser: wahrhaftig – zu verstehen."

Weder nimmt die Schleiermachersche Definition auf, wonach die Hermeneutik nicht nur auf den Verstehensbedingungen des Vernehmenden, sondern auch auf denen des Redenden aufzubauen hat. „Eine neutestamentliche Hermeneutik muß entworfen werden mit Bedacht auf das, was das Wort des Neuen Testamentes zu verstehen gibt." Dies ist nicht in falscher Weise biblizistisch gemeint.

„Eine unter dem Diktat der neutestamentlichen Texte entworfene Verstehenslehre würde den heutigen Leser dazu zwingen, zu den Verstehensbedingungen der neutestamentlichen Zeit zurückzukehren."

Das wäre unmöglich. „Die neutestamentliche Hermeneutik kann nicht unter Absehung von den heutigen Verstehensbedingungen entworfen werden." Allerdings ebenfalls nicht unter ihrem Diktat. Weder möchte allgemeinverständlich sein und gleichzeitig von den höchst speziellen Verstehensweisen des Neuen Testaments betroffen sein und profitieren.[86]

Das führt er nun immer wieder neu besonders an den Gleichnissen Jesu vor. Sie sind in ihrer Sprachform typisch für die Weise, wie das Neue Testament von Gott redet. Das in auffälliger Weise Besondere an der Gleichnisrede Jesu besteht darin, daß er eigentlich Unvereinbares miteinander in Zusammenhang bringt. Jesus nimmt eine weltliche Geschichte, um das Gottesreich damit anzusagen. Eigentlich kann eine weltliche Geschichte nicht die Gottesherrschaft zeigen.

Die Gottesherrschaft ist ja an sich zukünftig, und sie ist ganz anders als gegenwärtige weltliche Verhältnisse. Dennoch macht die Gleichnisrede Jesu ihre Aussage gerade auf dem Grunde der Spannung, die zwischen der Gottesherrschaft und der erzählten Geschichte besteht. Dadurch, daß Jesus die Gottesherrschaft an eine gegenwärtige weltliche Geschichte bindet, bringt er sie in eine „unvermutete Nähe". „Weil die Gleichnisrede Jesu die Gottesherrschaft in eine unvermutete Nähe bringt, ohne diese Nähe je anders als unvermutet erscheinen zu lassen, spricht sie von der Gottesherrschaft präziser, als die zeitgenössische begriffliche Rede es getan hatte. Das Gleichnis sagt: Die Gottesherrschaft der kommenden Zeit hat etwas zu tun damit, daß in dieser jetzigen Zeit Väter ihre heimgekehrten Söhne umarmen und daß verärgerte Söhne sich bitten lassen zum Fest der Bruderschaft. Dabei

---

86 H. Weder, Neutestamentliche Hermeneutik, a. a. O., S. 24 ff.

wird die Unvereinbarkeit von Gottesherrschaft und Welt stets gewahrt. Deshalb kann festgestellt werden: Die Gleichnisrede vergegenwärtigt die Zukunft Gottes, ohne dieser ihren strengen Zukunftsaspekt zu nehmen."[87]

Deutlich ist also, das Gleichnis ist keine Information über die Gottesherrschaft. Weder will vielmehr sagen, daß die Gottesherrschaft, indem Jesus diese Gleichnisse sagt, sich ereignet. Das Gleichnis deckt das Wesen der Gottesherrschaft auf. „Ihr Wesen ist es, nahe und gerade dadurch dem Menschen ein befreiendes Ereignis zu sein. Ein Befreiungsereignis insofern, als die Nähe der Gottesherrschaft den Menschen ablenkt von sich und ihn eben so auch sich selbst näher bringt."[88]

Wichtig ist freilich, daß die Gleichnisse wesensmäßig verbunden sind mit der Person Jesu. Sie sind von ihm nicht ablösbar. Das bedeutet, die Wahrheit der Gleichnisse lebt davon, daß mit ihrem Sprecher Gott in die Welt gekommen ist, daß das christologische Bekenntnis wahr ist. Eine andere als diese Wahrheit haben sie nicht. Dies ist aber auch ihre einzig entscheidende Wahrheit.

Ähnliches wie das, was zu den Gleichnissen Jesu gesagt ist, gilt wahrscheinlich überhaupt für die Verkündigung Jesu, sie läßt sich nicht anders als christologisch begründen, meint Weder.

Was bedeutet das nun für die von uns zu klärende Frage, wie die Rede von Gott in den Texten des Neuen Testaments zu verstehen ist? Weder will auch das an den Gleichnissen zeigen. Er meint, das, was an mir geschieht, wenn ich dies Gleichnis als Gleichnis Jesu und als ansprechendes Wort von Gott her an mir geschehen lasse, das ist dann die sachgemäße Gotteserfahrung. „Man könnte auch sagen, das Gleichnis vollziehe die Gottesherrschaft an dem Menschen, der sich von ihm ansprechen läßt. Oder noch deutlicher: Das Gleichnis theoretisiert nicht über die Gottesherrschaft, es macht vielmehr die Gottesherrschaft zum Ereignis am Hörer. Und wenn die Gottesherrschaft zum Ereignis an mir wird, dann ist Gott an mir wirksam geworden. Was anderes wäre als Gotteserfahrung anzusprechen, wenn nicht dies, daß Gott an mir wirksam wird? Also: Der Grundzug der Gleichnisse Jesu ist, dem Zuhörer eine Gotteserfahrung zu bereiten, und zwar indem sie die Welterfahrung vor den Augen des Zuhörers erzählerisch ausbreiten."[89]

Das Interessanteste bei den Gleichnissen Jesu ist, daß die Welt weltlich bleibt und dennoch für die Zueignung der Nähe der Gottesherrschaft nutzbar gemacht wird. Das Gleichnis bringt mit der weltlichen Sprache Gott zur

---

87 H. Weder, a. a. O., S. 190
88 H. Weder, a. a. O., S. 195
89 H. Weder, a. a. O., S. 218 f.

Sprache. „Was aber geschieht mit dem Weltlichen, wenn Gott im Blick auf dessen Weltlichkeit zur Sprache kommt? Das Weltliche wird um die Dimension des Geschöpflichen erweitert. Die Säkularität der Welt wird verwandelt in ihre Geschöpflichkeit. Die Geschöpflichkeit ist genau der Ausdruck für eine Weltlichkeit, die gegenüber Gott nicht verschlossen ist und dennoch nicht mehr sein oder scheinen will, als sie ist."[90]

Weder meint, daß in den Gleichnissen Jesu das Eingehen Gottes auf die Welt sichtbar wird und daß deshalb die Gleichnisse in ihrer Weise das abbilden, was die Kirche dann erkannt hat in dem Bekenntnis: Das Wort ward Fleisch in Jesus Christus. „Denn in der Metapher ‚Jesus ist Christus' geschieht genau dasselbe Beieinander von Welt und Gott: Eine weltliche Person wird auf Gott übertragen und wird nun Gott in Person. Das Spannende an dieser Christologie ist, daß diese göttliche Person ihrer Weltlichkeit nicht verlustig geht."[91]

In welcher Weise kann nun Welt und Gott in der Erzählung von Jesus Christus zusammenkommen? Weder hat sich ausführlich mit dem Geschichtsbezug des christlichen Glaubens auseinandergesetzt.[92]

Er hat in der Auseinandersetzung mit der analytischen Geschichtsphilosophie[93] gezeigt, daß auch der Historiker zutreffende Aussagen über vergangene Ereignisse nur machen kann, wenn er das gesamte Beziehungsgeflecht, in dem ein Ereignis stattgefunden hat, in seiner Zufälligkeit und Einmaligkeit festhält. „Was eine Person in Wahrheit ist, stellt sich heraus, wenn ihre Geschichte wahrheitsgetreu erzählt wird."

Zu dieser Geschichte gehört aber immer auch das, was einem Menschen widerfahren ist, und nicht nur das, was er getan hat! Weder hält es für unsachgemäß, aus dem komplexen Geflecht eines geschichtlichen Ereignisses nur das *handelnde Subjekt* zu isolieren und dies dann als für uns heute wichtig anzusehen.

Eine solche Vergegenwärtigung geschieht nur aus dem Interesse des erkennenden Subjekts heraus und zerstört letztlich das geschichtliche Ereignis in seiner Einmaligkeit, die es erst durch Widerfahrnis *und* Handeln erhält. Was sich so als Gegenwartsbezug des Geschichtlichen gibt, ist in Wahrheit nur dessen Ausbeutung für gegenwärtige Praxisbestätigung, die aber längst vor solcher Geschichtsbetrachtung als richtig erkannt ist. Der sachgemäße

---

90 H. Weder, a. a. O., S. 228
91 H. Weder, a. a. O., S. 229
92 Hans Weder: Das Kreuz Jesu bei Paulus. Ein Versuch über den Geschichtsbezug des christlichen Glaubens nachzudenken. Göttingen, 1981
93 Arthur C. Danto: Analytische Philosophie der Geschichte. Frankfurt, 1974; Hermann Lübbe: Geschichtsbegriff und Geschichtsinteresse. Basel/Stuttgart, 1977

Umgang mit geschichtlichen Ereignissen muß jedoch sein, sie so zu entdek-ken und zu erzählen, daß sie als vergangene Ereignisse in ihr Beziehungs-geflecht aus Widerfahrnis und Handeln eingebettet verstehbar werden.

Mit Danto hält es Weder für unmöglich, von einer Vergegenwärtigung des Vergangenen zu sprechen. Vergegenwärtigung zerstört die vergangene und nur darin vorhandene Wirklichkeit des Geschehens.

Die dem Historiker, aber auch dem Theologen, der sich mit den biblischen Texten beschäftigt, angemessene Darstellungsform ist deshalb die „erzählen-de Erklärung". „Die erzählende Erklärung steht für die Unableitbarkeit des Einzelnen, dafür, daß diesem Einzelnen ein ontologisch bedeutsamerer Status zukommt als dem Allgemeinen, welches in der generalisierenden oder der funktionalen Erklärung gewonnen wird."[94]

Weders Grundsatz könnte man so benennen: Das Zufällige ist die Wahr-heit. Wenn das nun aber auch für die Rede von Gott in Christus gelten soll, „gerät da Gott nicht in eine verdächtige Nähe zu den Zufällen?" Das ist in der Tat so, die Verstörtheit darüber muß aber, meint Weder, kritisch bedacht werden. In der Theologie geistert seit Lessing der Satz herum, nach dem zufällige Geschichtswahrheiten der Beweis von notwendigen Vernunftwahr-heiten niemals sein können. Das ist zwar richtig. Nur ist der Glaube eben nicht von der Art der notwendigen Vernunftwahrheiten. Das Wesen des Glaubens ist es z. B., daß er das zufällige und einmalige Ich des Menschen zum wesentlichen Inhalt hat, während es die Eigenart der notwendigen Vernunftwahrheit ist, daß sie dieses Ich zum Verschwinden bringt.

Das Kreuz Christi ist tatsächlich ein unableitbares, zufälliges, aus dem Verlauf der Welt als notwendig nicht erhebbares Ereignis. Es ist, besonders wenn man es sorgfältig erzählt, ein bewegend einmaliges Ereignis, wie es Milliarden andere einmalige Ereignisse gegeben hat und gibt. Allerdings ist es nun der erzählenden Erklärung angemessen, das, was die Jünger mit diesem Kreuz erlebt haben und zu diesem Kreuz mitteilen, sorgfältig dazu-zuerzählen. Ähnlich wie beim Gleichnis wären hier Welt und Gott zusam-menzuerzählen, so daß das Weltliche weltlich bleibt und dennoch der Cha-rakter als ein für allemal geschehenes Ereignis verständlich werden kann. „Eine evangelische Deutung der Geschichte Jesu, insbesondere seines Kreu-zestodes, muß etwas aufblitzen lassen von der Entsprechung, welche Gott und die Geschichte im Innersten zusammenhält. Das bedeutet, daß jede evangelische Geschichtserzählung den Vorgang wiederholt, den man als Eingehen Gottes in die Geschichte bezeichnen könnte. Jede evangelische Geschichtserzählung ist ein sprachliches Ereignis, in welchem sich das Ereignis der Inkarnation wiederholt."[95]

---

94 H. Weder, Hermeneutik, a.a.O., S. 370
95 H. Weder, Hermeneutik, a.a.O., S. 368

Auf die Frage, wie sachgemäß vom Handeln Gottes zu reden ist, und zwar so, daß es heute verständlich wird, sind wir durch das Bedenken der sprachlichen Form der Metapher, der Interpretation der Gleichnisse Jesu als ansprechende zueignende Rede im Sinne von erzählten Metaphern, nun zur Geschichte Jesu als einer zu erklärenden Erzählung gekommen, die in der zufälligen Geschichte Jesu entsprechend der Jüngererfahrung die einmalige Gottesgeschichte jeweils Gegenwart werden läßt.

Ist so also von Gott in unserer Lebenserfahrung zu reden? Das wird uns weiter beschäftigen.[96]

Abschließend soll noch auf einen Hintergrund der oben genannten Formel vom erklärenden Erzählen hingewiesen werden. Uns wird im weiteren noch die Frage beschäftigen müssen, wie denn das Verhältnis von empirischer Textwahrnehmung und existentieller Textbegegnung zu bestimmen ist. Diese grundlegende erkenntnistheoretische Frage läßt sich so lösen, daß man diese beiden Zugangsarten zu Texten (aber auch zur Wirklichkeit insgesamt) einander komplementär zuordnet. Dieser aus der Quantenphysik stammende Begriff besagt, daß ich auf dasselbe Phänomen bezogene Feststellungen ganz unterschiedlicher Art machen kann, wenn ich bedenke, daß ich sie unter verschiedenen Versuchsanordnungen treffe. Einmal gehe ich an einen Text, ein Geschehen verobjektivierend, d. h. möglichst allgemeingültig unter Zurückdrängung subjektiver Empfindungen heran. Im anderen Falle nehme ich die Wirklichkeit überhaupt erst wahr, wenn ich mich voll existentiell mit einbringe. Diese schiedlich-friedliche Sortierung ist jedoch unbefriedigend, weil in Wirklichkeit das eine nicht ohne das andere geht. Es ist besonders bei den biblischen Texten zu beachten.

Hans Weder hat diese Frage unter der Überschrift: Erklären und Verstehen abgehandelt.[97]

Auch er geht davon aus, daß diese Trennung der beiden Bereiche künstlich ist. „Gerade die ausschließlich am Erklären orientierte Tätigkeit der Naturwissenschaft schließt eine um Verstehen bemühte geisteswissenschaftliche Tätigkeit ein."[98]

In diesem Sinne hat auch die auf das verobjektivierbare Erklären ausgerichtete historisch-kritische Exegese eine ganz wichtige Bedeutung für den Prozeß des existentiellen Verstehens. Die exegetische Methodik hat z. B. die Aufgabe, dafür zu sorgen, daß die Fremdheit und Eigenständigkeit eines Textes respektiert und gegen die Ausbeutung durch das existentielle Interesse eines Auslegers geschützt wird. Weder wendet sich auch nachdrücklich

---

96 S. u. S. 301 ff.
97 H. Weder, Hermeneutik, a. a. O., S. 108–136
98 H. Weder, Hermeneutik, a. a. O., S. 112

gegen eine „Immunisierung" der Texte dadurch, daß man sie nur in bestimmte Kategorien einordnet und damit die Aufgabe für erledigt erklärt. „Die Erklärung dient in einem solchen Falle dazu, den Ausleger selbst zu schützen gegen den Anspruch der Texte." Im Hinblick auf historische Phänomene ist das besonders zu bedenken. Eine Einordnung in Kategorien besagt noch nichts, auch wenn wir oftmals das Gefühl haben, wenn eine Sache psychologisch oder religionsgeschichtlich erklärt ist, sei die Glaubensfrage hinfällig. Genau dies ist nicht der Fall.

Am Beispiel der historischen Erklärung zeigt Weder, daß es bei historischen Phänomenen vielfach nicht hilft, sie in einen allgemeingültigen Erklärungsraster einzuordnen. Er verweist auf Wittgensteins Äußerung: „Das Verführerische der kausalen Betrachtungsweise ist, daß sie einen dazu führt, zu sagen: ‚Natürlich – so mußte es geschehen.' Während man denken sollte: *so* und auf viele andere Weise kann es geschehen sein."[99]

Die kausale Betrachtungsweise verführt dazu, die Zufälligkeit und Einmaligkeit eines Geschehens zu übersehen. Diesem einmaligen historischen Geschehen aber kommt man nur durch einen Prozeß des „erklärenden Erzählens" nahe. Dies ist jedoch ohne Verstehen des Auslegers nicht möglich.

Allerdings ist bei den neutestamentlichen Texten dann noch einmal eine andere Dimension zu beachten. Ich kann versuchen, diese Texte erklärend zu erzählen. Dennoch kann ich sie auch hier durch Einordnung in historische Zusammenhänge, sozialgeschichtliche Verhältnisse usw. wegerklären. Das bedeutet, sie sind eingeordnet, ich habe mich ihnen gegenüber immunisiert, sie können mich nicht mehr betreffen. Offenbar ist es jedoch für den Verstehensvorgang unendlich wichtig, daß ich mich auf die Texte verstehe, wie Ernst Fuchs sagt. Daß ich sie ihrem Geiste nach verstehe. Da diese Texte jedoch, besonders die Rede von Gott, nicht einfach Texte sind, die ich nebenbei verstehen kann, sondern die immer mich auch ganz fordern, dreht sich hier der Erkenntnisprozeß sachgerechterweise plötzlich um. Nicht ich verstehe irgendwelche Texte, sondern ich werde von den Texten verstanden, sofern sie „den *mich* verstehenden, *mich* anerkennenden Gott an mich herantragen"[100].

Von daher kann Weder sagen, daß die Exegese dafür sorgen muß, daß die Texte auch in dieser Weise sprechen können. „Es kann also nicht Sache einer säkularen Methode sein, den Glaubenden den Zugang zu dem, was sie bearbeitet und auslegt, zu versperren." Weder schließt sich damit teilweise Überlegungen Stuhlmachers zum Umgang mit biblischen Texten an. Er fragt

---

99 H. Weder, Hermeneutik, a. a. O., S. 127
100 H. Weder, Hermeneutik, a. a. O., S. 136

allerdings, ob Stuhlmachers Begriff der „Hermeneutik des Einverständnisses" dazu geeignet sei, die Offenheit des Geschichtlichen angemessen zu wahren.[101]

Eine solche vorlaufende „Hermeneutik des Einverständnisses" halte ich nicht für brauchbar, da sie geeignet ist, den Texten ihre Offenheit zu nehmen. Die Offenheit eines Textes für die existentielle Begegnung mit ihm kann auch darin bestehen, daß ich ihn aufgrund solcher Begegnung ablehnen muß. Es kann nur eine vorlaufende Bereitschaft geben, mich auf die Glaubenserfahrungen, die im biblischen Text überliefert sind, im Sinne einer ernsthaften Suchbewegung einzulassen. Ob es dann zum Einverständnis kommt, kann sich erst im Verlauf der erzählenden Erklärung und damit nachträglich zeigen.

Weder wird zuzustimmen sein, wenn er schreibt: „Es ist m. E. als hermeneutischer Notstand zu betrachten, daß die exegetische Literatur weithin eine historische Deskription der Texte liefert, statt einer Wiederholung dessen, was sie vollziehen . . ." Weder nimmt die wirkungsgeschichtliche Auslegung, wie sie Luz[102] u. a. vornehmen, positiv auf, weist jedoch darauf hin, daß auch sie in der historischen Deskription stecken bleiben kann. Er will selbstverständlich keineswegs die Notwendigkeit historisch-kritischer Arbeit bestreiten. „Sie ist unverzichtbar, wenn es um den methodischen Respekt vor der Fremdheit und Unvereinnahmbarkeit des Textes geht.

Dennoch muß die Auslegung über die *Beschreibung von Begegnung* hinauskommen zu einem gegenwärtigen *Vollzug der Begegnung* mit dem Text und damit dem Fleischgewordenen.

Dieser Vollzug kann wohl nur geschehen, wenn statt historischer Deskription eine Interpretation geleistet wird, welche den vergangenen und fremden Text entschlossen mit den Augen des Auslegers und seiner Zeit ansieht."[103]

Die Bedeutung dieser Überlegungen für „biblisch predigen" liegt auf der Hand.

Jan T. Ramsey

Jan T. Ramsey, Professor für Mathematik und Philosophie und späterer anglikanischer Bischof, von Wittgenstein herkommend, scheint mir hier weiterzuführen. Ramsey denkt ebenfalls über die Eigentümlichkeiten reli-

---

101 Hans Weder: Zum Problem einer „Christlichen Exegese". NTS. 27/1980, S. 64–82

102 S. o. S. 59

103 Hans Weder: Die Menschwerdung Gottes. ZThK. 82, 1985, S. 359

giöser Sprache nach. Sie ist „odd" (seltsam, eigentümlich, sonderbar). In ihr werden Worte anders eingesetzt, als es sonst in unserem Sprachgebrauch meistens üblich ist.

Nun ist es im alltäglichen Leben normalerweise so, wenn man nicht weiß, was jemand mit einem bestimmten Wort oder einer Aussage meint, fragt man ihn: Wie meinst du das denn? Wer so gefragt wird, antwortet im günstigen Falle mit einem Beispiel. Die Situation, die in dem Beispiel beschrieben wird, ist dann zumeist geeignet, die Bedeutung des Wortes dem Fragenden zu erschließen.

Genauso muß man nach Ramseys Ansicht mit metaphysisch-theologischen Aussagen umgehen. Solche Aussagen kann man nur dann richtig erfassen, wenn man sie in der für sie *typischen Ursprungssituation* beschreibt, oder aber wenn man zeigen kann, in welcher Situation sie als Aussagen sinnvoll sind. Religiöse Aussagen, so meint er, stammen aus ganz bestimmten Erschließungssituationen (disclosure-situations).

Solche Erschließungssituationen sind zunächst einmal etwas ganz Alltägliches. Sie sind nicht nur beschränkt auf religiöse Erfahrung. Ramsey kann vielerlei Situationen darstellen, in denen sich einem Menschen eine Erkenntnis erschließt, die eine Situation neu macht.

Ein Richter erkennt im Gerichtssaal in einer Zeugin plötzlich eine frühere Freundin. Die Situation hat sich für ihn augenblicklich verändert. Jemand malt ein Fünfeck an die Tafel und vermehrt die Zahl der Ecken im immer gleichen Abstand vom Mittelpunkt, bis einer plötzlich sagt, das ist ja ein Kreis. Es gibt eine Fülle solcher Erfahrungen.

Für die religiöse Erfahrung verweist Ramsey gern auf 2. Samuel 12. Der Prophet Nathan spricht mit David, der Uria die Frau und das Leben genommen hat. Der Prophet Nathan erzählt David eine alltägliche Geschichte von dem reichen und dem armen Mann, der eine hat viele Schafe, der andere nur eins. Das Verhältnis des Armen zu seinem Schäflein wird so ausgemalt, daß der Hörer David sich mit ihm identifizieren muß. Und als zu dem reichen Mann der Gast kommt und er seine Schafe schont und das einzige Schäflein des armen Mannes nimmt, ergrimmt David. Und als Gerichtsherr urteilt er: So wahr der Herr lebt, der Mann ist ein Kind des Todes, der das getan hat! Und als Nathan dann sagt: Du bist der Mann! Da wird diese Geschichte, der sich David nicht entziehen konnte – jäh vermutlich[104] – zur Erschließungssituation für die Erkenntnis Gottes als des zornigen Richters und seiner selbst als des verlorenen Sünders.

---

104 Vgl. Martin Heidegger: Vorträge und Aufsätze. Pfullingen, 1954, S. 180
Man kann an Heideggers Überlegungen denken, daß das Sein der Dinge beim direkten Zugriff entschwindet und sich nur erschließt, wenn ich die Dinge in der Situation des „Gevierts" aufsuche. Siehe auch Martin Heidegger: Sprache. Pfullingen, 1959, S. 11–33

Wenn Ramsey das Wesen einer Erschließungssituation beschreiben will, dann sagt er: Es ist zunächst eine normale Situation, und es ist „mehr" da. Man kann an der Nathangeschichte deutlich machen, was es mit diesem „Mehr" auf sich hat. Dieses „Mehr" wäre in dieser Erzählung auch enthalten, wenn Nathan nicht ein ausdrückliches Gerichtswort gesagt hätte. Die Geschichte von Davids Zerstörung der Ehe eines anderen und dessen geglückte Beseitigung ist ja in der Darstellung des 2. Samuelisbuches von atemberaubender Weltlichkeit. Das darf alles so ablaufen, als ob es Gott nicht gäbe. Nur in 11,27 heißt es am Schluß ganz trocken: „Aber dem Herrn mißfiel die Tat, die David getan hatte." Dann ist der Vorhang wieder zu. Dann sendet der Herr den Nathan. Dieser erzählt wiederum eine durch und durch weltliche Geschichte. Aber das Zusammenbringen dieser beiden Geschichten schafft eine Erschließungssituation für Gott als Richter und für David als Sünder. Wer diese Geschichte hört, weiß, auch wenn nicht von Gott die Rede wäre, der David steht jetzt vor seinem höchsten Richter nackt da. Der muß jetzt das Gefühl haben, als wenn sich ihm ein Abgrund auftut. Der möchte versinken und nicht mehr da sein. Der möchte das alles nicht gewesen sein. In dieser Situation schlägt eine absolute Erkenntnis durch. Jeder versteht, der David ist wirklich schuldig. In unserem Sprachgebrauch, d. h. unserer Wirklichkeitserfassung gesagt, David ist schuldig vor Gott. Dieser Situation ist nur eine Sprache angemessen, die solch eine Erfahrung ausdrücken kann. Das ist nach unserem Empfinden die religiöse Sprache.

Welche Bedeutung solche Erkenntnis für die Predigt hat, kann man sich an folgender Situation deutlich machen. Mir sagt jemand: Wenn ich mir vorstellen soll, daß ich zu beten anfange, ich glaube, ich käme mir verrückt vor. Zu wem soll ich da reden beim Beten und warum? Nun wäre es vermutlich sinnlos, in eine abstrakte Erörterung der Möglichkeit der Existenz Gottes und des Gebetes einzutreten, wiewohl solche Erörterung nicht unnötig ist. Statt dessen sage ich zu dem Menschen: „Wissen Sie, ich habe einen guten Bekannten, dessen achtjähriger Junge hat Blutkrebs, der liegt in der Klinik, und sie versuchen alles mit ihm, was sie nur können. Seine Frau ist ständig bei dem Kleinen im Krankenhaus. Sie haben noch drei Kinder. Er ist voll im Beruf. Zwischendurch löst er seine Frau ab. Der betet darum, daß sein Kleiner gerettet wird und daß sie das als Familie einigermaßen unbeschadet durchstehen. Es dauert schon lange. Und im Hintergrund steht die stumme Bitte, sie möchten nicht in Verzweiflung geraten, wenn der Junge nicht zu retten ist." Ich beschreibe also eine Situation, in der das Beten für mich seinen legitimen Ort hat. Der das hört, kann nun sagen: „Ja, das verstehe ich, daß einer da betet." Das ist kein Gottesbeweis. Er kann auch sagen, das ist eine Art Autosuggestion, damit man in solch einer schwierigen Situation nicht völlig durchdreht. Aber er wird begreifen können, daß er sich damit von dieser menschlichen Situation schon wieder ein ganzes Stück entfernt hat, daß er abständig seine Gedanken dazu äußert. Angemessener ist es, das

Beten zu Gott als eine dieser Situation entsprechende Verhaltensweise zu begreifen.

Ramsey äußert sich ausführlich darüber, daß wir nur Grenzaussagen über Gott machen können. Wie das Ich des Menschen eine letzte Größe ist, die nicht mehr hinterfragt werden kann, so ist auch das Reden von Gott nicht eigentlicher aussagbar als im Rahmen jener seltsamen Sprache, die weltliche Begriffe benutzt, um sie im Sinne symbolischer Aussagen zu verwenden für etwas, was wir nicht in den Griff bekommen können. Die Wirklichkeit Gottes als solche ist nicht zu fassen und nicht zu beschreiben. Aber es ist zu beschreiben, was jemand meint, wenn er von Gott redet. Ich kann verstehen, was er damit sagen will. Ich kann unter Umständen aufgrund seiner Erfahrung eine entsprechende Erfahrung machen. Ich kann freilich auch diese Erfahrung als Gotteserfahrung ablehnen.

Theologische Aussagen, die vom Sein Gottes oder vom Handeln Gottes sprechen, möchte Ramsey auch in der Bibel so verstehen, daß er ihre Erschließungssituation aufsucht. Das heißt, daß er die Situation, in der sie ursprünglich plausibel waren, zu erfassen sucht. „Laßt uns zurückkehren zu dem Felsen, aus dem sie (die metaphysischen Sätze) gehauen sind: Eine *disclosure-situation* (eine Situation der ‚Erschließung‘), das heißt, wo man ‚Objekte‘ hat *und mehr;* die Art der Situation, in der alle Metaphysik, alle Religion . . . sogar der christliche Glaube selbst gründet."[105]

In Bezug auf die biblischen Texte wird es unterschiedlich gut möglich sein, die ursprüngliche Erschließungssituation einer Gotteserkenntnis, eines biblischen Bildes zu ermitteln und so darzustellen, daß die Plausibilität der jeweiligen Gotteserkenntnis, der theologischen Metapher, der metaphorischen Erzählung sich direkt aufdrängt. Für unsere Erzählung vom Seewandel wäre das freilich nützlich. Es wäre gut, wenn wir verstehen könnten, in welcher Situation der seine Jünger aufs Meer zwingende, ihnen über das bedrohliche Element zur Hilfe kommende Christus ein wirkungsmächtiges Symbol ist. Oder für welche Ereigniskonstellation solch eine Szene wie der mutige, verzagende, zweifelnde, betende und gerettete Petrus eine brauchbare Metapher sein konnte.

Vielleicht muß man noch darauf hinweisen, wenn es bei Ramsey heißt, eine Erschließungssituation enthält Feststellbares und *mehr,* dann ist dieses *Mehr* auf keinen Fall im Sinne eines göttlichen Handelns in der naturwissenschaftlichen Lücke o. ä. aufzufassen. Gemeint ist, daß ich eine Situation schildere. Wenn ich das sorgfältig tue, wird sich zeigen, daß sie meist lückenlos

---

105 Jan T. Ramsey: Freedom and Immortality. London, 1960, S. 148, übersetzt bei Wim A. de Pater: Theologische Sprachlogik. München, 1971, S. 15

nachträglich erklärbar ist. Trotzdem ist es verständlich, wenn jemand in solchem Zusammenhang von Gott redet. Es ist nämlich in der Situation eine Frage oder eine Zusage oder ein Anspruch enthalten, die sich gleichsam in, mit und unter den erklärbaren Dingen aufhalten.

Insofern taugt das Reden von der Erschließungssituation nur zum Verständlichmachen des Redens von Gott und Handeln Gottes. Es taugt natürlich nicht als Gottesbeweis. Es ist aber auch nur bedingt brauchbar zur überzeugenden Weitergabe von Gotteserkenntnis. Man kann sich das z. B. an den Wundergeschichten klarmachen. Wundergeschichten sind ja unsachgemäß beschrieben, wenn sie als Handeln Gottes in der naturwissenschaftlichen Lücke begriffen würden. Das Besondere am Wunder ist nicht seine naturwissenschaftliche Unerklärbarkeit, sondern die Tatsache, daß gegen alles Erwartbare Hilfe erscheint und daß diese Hilfe als Nähe Gottes erfahren wird. Deshalb führt das Wunder zu Erschrecken und zu Dank. Allerdings haftet solcher Erfahrung der unerwartbaren Hilfe Gottes immer das Einmalige, das nicht Vergleichbare an. Ich kann verstehen, wenn jemand aufgrund einer unglaublichen Bewahrungserfahrung ein solches Urerlebnis hat, daß er von daher Gott als den begreift, der ihm hilft. Aber solche Situation taugt nur bedingt zur Übertragung. Ich kann leicht sagen, schade, daß ich dergleichen nicht erlebt habe. Ich kann auch sagen, ja, dergleichen habe ich auch erlebt, aber ich denke gleichzeitig an die vielen, die das nicht erleben konnten. Es kann auch ein blinder Zufall sein, für mich hat solche Bewahrung keine überzeugende Kraft. Ich habe weiterhin Angst um mich selbst, denn ich weiß, manchmal wird man bewahrt und manchmal nicht. Und ich kann daraus keine Erkenntnis sammeln. Dies bedeutet: Auch hier besteht das Problem der wahren und der falschen Propheten. Die Gotteserkenntnis kommt immer in die Strittigkeit der Verschiedenartigkeit der Erkenntnis, aber auch in die Strittigkeit der Anfechtung. Solcher Streit und solche Unsicherheit kann natürlich nicht so geklärt werden, daß man die Qualität verschiedener Erschließungssituationen gegeneinander abwägt und die beste auswählt. Nein, ich kann solche Erfahrungen anderer nur auf mich wirken lassen. Ich kann sie nur durch Übernahme in mein Leben wahr sein lassen oder durch Ablehnung zu einem für mich nicht wahren Ereignis machen.

Dennoch ist solche Möglichkeit des besseren Verstehens nicht gering zu schätzen. Ich werde weiter unten zeigen, daß vom Kreuz Christi verständlicher geredet werden kann, wenn die Situation der Jünger sorgfältig bedacht wird.

Ich nehme also Ramseys Gedanken so auf, daß ich zu einer Glaubensaussage die Situation, aus der sie stammt oder in der sie heute sinnvoll ist, mit hinzudenke bzw. hinzubeschreibe. Geschieht solche Situationsbeschreibung sorgfältig und kritisch, mit dem Erfahrungsmaterial meines Lebens, mit dem Erfahrungsmaterial, das ich von anderen Menschen meiner Zeit und aus der Geschichte habe, dann ist damit eine gewisse Sicherheit gegeben, daß nicht jede beliebige Erfahrung als Erschließungssituation für Glaubensaussagen dienen kann.[106]

Für unser christliches Verständnis gilt die Erfahrung mit Jesus Christus, die die Jünger und die Urgemeinde gemacht haben, als Erschließungssituation von ursprünglicher, einmaliger Qualität. Alle Glaubenserfahrung der Christenheit bezieht sich auf diese Glaubenserfahrung.

Ramseys hermeneutische Konzeption ist für den Prediger sehr wichtig, weil sie die Sprache des Glaubens, die symbolisch oder metaphorisch sein muß, mit der Situation, in der sie wahr ist, zusammenbindet.[107]

4. Die Schrift und unsere Erfahrung

Gerhard Ebeling hat sich zeit seines Theologenlebens mit der Auslegung der Schrift befaßt. Von ihm stammt die Definition der Kirchengeschichte als Geschichte der Auslegung der Heiligen Schrift. Dabei kam es ihm besonders auf die Kategorie der Auslegung an, weil diese geeignet ist, die theologische Bedeutung der Geschichtlichkeit der Kirche zur Geltung zu bringen. Es gibt keine konservierbare Wahrheit der Schrift, sie ist vielmehr immer neu auszulegen und wird nur als gepredigte jeweils Gottes Wort.[108]

In ähnlicher Weise hat er die grundlegende Bedeutung der historisch-kritischen Methode für die protestantische Theologie und Kirche beschrieben.[109]

---

106   Vgl. Karl Fritz Daiber: Der Wirklichkeitsbezug in der Predigt. PTh. 74/1984, S. 495: „Der Prediger kann Erschließungssituationen aussprechen und durch Inanspruchnahme der christlichen Überlieferung deuten. Erst durch diesen Akt der Deutung gewinnt die Erschließungssituation Eindeutigkeit. Was den Bericht von solchen Situationen in der Predigt besonders fruchtbar macht, ist, daß der Predigthörer, von Gegebenheiten alltäglichen Erlebens ausgehend, in den Prozeß der Entdeckung der Relevanz biblischen Glaubens einbezogen wird. Die biblische Überlieferung gewinnt im Akt der Deutung von Erschließungssituationen eine neue unmittelbare Lebensnähe."

107   Zu Ramsay vgl. folgende Literatur:
Jan T. Ramsey: Religious Language. SCM PRESS LTD. London, [4]1974; ders.: Models and Mystery. The Whidden Lectures. London, 1964;
Wim A. de Pater: Theologische Sprachlogik. München, 1971. De Pater beschäftigt sich im Anschluß an Ramsey intensiv mit der Frage des Wunders;
Wolf-Dieter Just: Religiöse Sprache und analytische Philosophie. Stuttgart, 1975, S. 120–127;
Joachim Track: Sprachkritische Untersuchungen zum christlichen Reden von Gott. Göttingen, 1977, besonders S. 234–237

108   Gerhard Ebeling: Die Geschichtlichkeit der Kirche und ihrer Verkündigung als theologisches Problem. Tübingen, 1954, S. 81

109   Gerhard Ebeling: Die Bedeutung der historisch-kritischen Methode für die protestantische Theologie und Kirche. In: Ders.: Wort und Glaube. I. Tübingen, 1960, S. 1–49

„. . . gerade das Verfahren, das die historische Quelle in ihrer Historizität, d. h. in ihrem Abstand von der Gegenwart kritisch bis an die Grenze des Erklärbaren durchsichtig macht und damit zugleich die Vorurteile des Auslegers selbst kritisch zurechtrückt und ihm die eigene historische Bedingtheit seines Vorverständnisses durchsichtig macht, (schafft) die notwendige Voraussetzung für die Reinheit der Begegnung mit dem Text, damit aber auch für die Möglichkeit, sich von ihm etwas sagen zu lassen."[110]

Während der Zeit seiner Erarbeitung der Dogmatik des christlichen Glaubens hat Ebeling in einem Vortrag[111] gesagt, daß diese Arbeit für ihn die innere Nähe Systematischer Theologie zur Predigt spürbar werden lasse „trotz sorgfältig gewahrter Stildifferenz".

Man merkt dies seiner Dogmatik in weiten Passagen an. In seinem Vortrag „Dogmatik und Exegese", in dem Ebeling die Arbeit an seiner Dogmatik nachträglich in Hinblick auf die Exegese reflektiert,[112] kommt das Wort Predigt zwar nicht vor, jedoch ließe sich in weiten Passagen das Wort Dogmatik durch das Wort Predigt ersetzen, so nahe liegt beides bei Ebeling beieinander. Dieser Aufsatz ist für das Problem der Schriftauslegung des Predigers besonders wichtig.[113]

Die Aufgabe kritischer Bibelauslegung ist, „die Sache der Bibel so klar wie nur irgend möglich zum Leuchten kommen zu lassen gegen alles, was außerhalb ihrer oder auch in ihr auf seiten der Überlieferung oder auf seiten unseres eigenen Wirklichkeitsverständnisses verdunkelnd wirkt und Mißverständnisse erzeugt."[114]

Im Nachdenken über die Praxis dogmatischer und exegetischer Arbeit nennt Ebeling vier Leitgesichtspunkte, die er als hilfreich ansieht:
1) Die sachintensive, besonders dem Text zugewandte Interpretation,
2) die von gegenwärtiger Erfahrung herkommende Interpretation,
3) die auf die Grundsituation des Menschen bezogene Interpretation und
4) die sich dem ontologischen Problem des Redens von Gott und Christus stellende relational-ontologische Interpretation.

Zu 1) Es ist klar, daß dies so weit als möglich mit dem Instrumentarium historisch-kritischer Auslegungsmethodik zu geschehen hat. Ebeling spricht besonders seine Erfahrung mit der Galaterbrief-Auslegung an. Es geht dabei

---

110   G. Ebeling, a. a. O., S. 36
111   Gerhard Ebeling: Schrift und Erfahrung als Quelle theologischer Aussagen. ZThK. 75/1978, S. 99–116
112   Gerhard Ebeling: Dogmatik und Exegese. ZThK. 77/1980, S. 269–286
113   Vgl. auch: Gerhard Ebeling: Fundamentaltheologische Erwägungen zur Predigt. Wort und Glaube. III. Tübingen, 1975, S. 554–573
114   G. Ebeling, Dogmatik und Exegese, a. a. O., S. 272

nicht darum, im Sinne einer Unterscheidung von explicatio und applicatio vorzugehen, vielmehr muß alles, auch die historisch-kritische Auslegung, schon geprägt sein von der Frage: „Verstehst du auch wirklich, was du liest?" Die Frage ist nur, wann man einen Text verstanden hat. Ebeling sagt: „Wird sie (die hermeneutische Aufgabe) sachintensiv wahrgenommen, so muß sie bis dahin führen, wo Einverständnis eintreten kann oder begründet verweigert werden muß."[115]

Das erscheint auch nach dem, was Weder herausgearbeitet hat, einleuchtend. Die Frage ist jedoch, ob sich noch genauer sagen läßt, worauf ich eigentlich achten muß, wenn ich einen biblischen Text verstehen will. Ebeling formuliert: „Ein überliefertes Wort ist erst dann recht erfaßt, wenn deutlich wird, woraus es entsprungen ist, was zu ihm ermächtigt hat, woraufhin es gesagt werden kann. Diese Einkehr in den Ursprung eines Wortes schließt gewiß auch die Frage nach seinen äußeren Umständen, seiner Veranlassung und seiner Motivation mit ein, erschöpft sich aber nicht darin. Je nach dem Charakter eines Textes muß man bis zu der Erfahrung vorstoßen, die in ihm zur Äußerung gelangt ist. Je sachintensiver die Interpretation verfährt – z. B. was die paulinische Aussage über die Rechtfertigung aus Glauben eigentlich meint oder welche Wirklichkeit mit dem Worte pneuma angesprochen ist – , desto mehr kommt es darauf an, den Erfahrungsgrund einer Aussage zu erhellen. Denn erst dann, wenn man in den Erfahrungsgrund einkehrt, erschließt sich uneingeschränkt der Zugang zum Text."[116]

Normalerweise kehrt man ja in einer Herberge ein. Hier also ist in den Erfahrungsgrund eines Textes einzukehren. Was heißt das? In dem schon genannten früheren Vortrag erläutert Ebeling es so: „Es geht darum, diesen Ort, sofern möglich, bei sich selbst aufzusuchen, denselben Sachverhalten standzuhalten oder wie immer das Ereignis einer Inanspruchnahme geartet sein mag, durch die man dazu instandgesetzt wird, daß man etwas zu sagen hat. Ein solches Verstehen wird zum Einverständnis. Und in solchem Einverständnis wiederholt sich die Entstehung der betreffenden Aussage. Dadurch wird das vermittelte Gegenüber des äußeren Wortes nicht etwa aufgehoben und überflüssig. In dem skizzierten Verstehensvorgang erweist sich gegebenenfalls das mir gegenüberstehende äußere Wort als das bleibend notwendige Mittel, das zu dem Ausgesagten Zugang eröffnet . . ."[117]

Der Erfahrungsgrund des Textes ist also bei mir selbst aufzusuchen. Im praktischen Geschäft des Interpretierens sieht das dann so aus: „Durch den Text wird etwas vermittelt. Zugleich aber wird durch ihn auf etwas hin

---

115 G. Ebeling, a.a.O., S. 274
116 G. Ebeling, a.a.O., S. 275
117 G. Ebeling, Schrift und Erfahrung, a.a.O., S. 105

angesprochen, was bereits da ist. Was einem dabei dank dem Text an eigener Lebenseinsicht aufgeht, stellt nun aber wiederum die Voraussetzung seines vollen Verstehens dar. Denn der Verstehensvorgang vollzieht sich als ein überaus verwickeltes Hin- und Hergehen zwischen verbum und res (Wort und Sache, H. H.) sowie zwischen überliefertem Text und eigenem Ausgeliefertsein an das Leben . . . Das Verhältnis von Glauben und Verstehen ist ein eigentümlich wechselseitiges: Jedes von beidem eröffnet in bestimmter Hinsicht das andere."[118]

Zu 2) Die Einkehr in den Erfahrungsgrund einer Aussage wird von Ebeling als generelle hermeneutische Regel für eine sachintensive Interpretation beschrieben. Sie gilt besonders für die Bibel, als die gesamte Intention ihrer Aussage darauf gerichtet ist, was es mit dem Leben als einem Leben vor Gott auf sich hat. „Lebenserfahrung in einem radikalen Sinne ist darum der hermeneutische Horizont der Bibel."[119]

Es geht dabei allerdings um eine Lebenserfahrung, die zwar alle Wirklichkeitsbereiche umschließt, aber dennoch ihren Konzentrationspunkt in der Erfahrung als Gewissenserfahrung hat. Ebeling unterscheidet immer wieder zwischen lebensbezogener Erfahrung und objektivierender Empirie,[120] zwischen gewissensbezogener Lebenserfahrung und wissenschaftlicher Empirie.[121] Solche Unterscheidung ist nötig, weil es sich um zwei unterschiedliche Weisen des Zugangs zur Wirklichkeit handelt und dadurch auch unterschiedliche Ergebnisse zustandekommen. „Die Theologie wird vor viel Torheit bewahrt, wenn sie die wissenschaftlich-empirische Weltforschung ernstnimmt. Und diese wiederum wird ebenfalls vor viel Mißbrauch bewahrt, wenn für die Erfahrung Raum bleibt, die dem einzelnen als Individuum von seiner Weltverantwortung her erwächst."[122]

Wir werden auf diese Unterscheidung der beiden Welterfahrungen, die in der gegenwärtigen theologischen Diskussion immer wieder als unbefriedigend empfunden und durch ein einheitliches Konzept zu überwinden versucht wird, weiter unten noch eingehen müssen. Für die erfahrungsorientierte Interpretation biblischer Texte kommt es Ebeling jedoch primär auf die Gewissenserfahrung an, die Erfahrung des Lebensvollzugs mit seinen Höhen und Tiefen, Erfahrung mit der Erfahrung (Eberhard Jüngel) ist. Solche Gewissenserfahrung ist nicht nur Befreiungserfahrung, sondern auch Nichtigkeits- und Ohnmachtserfahrung, nicht nur das, was man mit Christus ist, sondern auch das, was man ohne ihn ist. Es ist die Erfahrung der

---

118 G. Ebeling, Dogmatik und Exegese, a. a. O., S. 275 f.
119 G. Ebeling, a. a. O., S. 278
120 G. Ebeling, a. a. O., S. 278
121 G. Ebeling, Schrift und Erfahrung, a. a. O., S. 113
122 G. Ebeling, a. a. O., S. 113

Anfechtung wie der Dankbarkeit und Freude. Ebeling zeigt das in einer Darstellung des Erfahrungsverständnisses bei Luther. Es geht darum, daß von der Heiligen Schrift erwartet wird, „daß dem Menschen seine Situation in der Welt vor Gott zur Erfahrung kommt und sie dadurch zurechtgebracht wird. Darum geht es in allen theologischen Aussagen. Es ist ein verhängnisvoller Irrtum, als müßte der Glaube, auf den die Schrift abzielt, erst noch zusätzlich in die Erfahrung hineintransferiert werden. Vom Lebensbezug des Glaubens zu reden, ist im Grunde eine Tautologie. Der Glaube in wahrem Sinne besteht im Lebensbezug. Und der gelebte Glaube ist nichts anderes als geglaubtes Leben. Er bringt in jeder bestimmten Lebenssituation die Grundsituation des Menschen, sein Sein in der Welt vor Gott, zur Erfahrung, wodurch die je gegebene Situation erhellt und verändert wird."[123]

Hermeneutisches Prinzip ist der Mensch als Gewissen.[124]

Dabei ist nach dem Gesagten klar, wenn Ebeling vom Gewissen spricht, hat er den Menschen mit seiner gesamten Welterfahrung vor Augen. Gewissen ist zu verstehen als „das Zusammentreffen, das Miteinander-präsent-Werden von Mensch, Welt und Gott."[125]

Mit solcher Erfahrung kehrt der Exeget in den Erfahrungsgrund des Textes ein, wobei immer zu bedenken ist, daß dies ein Hin- und Hergehen zwischen Texterfahrung und eigener Erfahrung ist, bei der eines das andere beeinflußt und der Text den Charakter der Aussagequelle haben muß.[126]

Dies Reden von Gewissenserfahrung beschreibt nur den entscheidenden Punkt, auf den relevante Erfahrung immer zuläuft. Für den Exegeten ist es aber nötig, daß er sich nun auch tatsächlich auf die Wirklichkeit einläßt. Die Redlichkeit der Glaubensrechenschaft gebietet, die Augen aufzumachen und nüchtern wahrzunehmen, was sich dem unbefangenen Blick darbietet. Der Dogmatiker, und das gilt entsprechend für den Prediger, soll sich dort antreffen lassen, wo die zur Sache gehörenden Widersprüche ausgetragen werden. Er kann sich im übrigen ohnehin nicht dem Kontrast seines Textes zu seiner Gegenwart entziehen, auch wenn der Text in ganz anderer geschichtlicher Verflechtung zu sehen ist. Ebeling hat in seiner Dogmatik Beispiele für solch eine erfahrungsgesättigte Phänomenbeschreibung geliefert, bevor er sich an die biblischen Aussagen heranbegibt.

Da man beim Lesen von Dogmatiken meist – jedenfalls mir geht es so, daß ich eine Dogmatik nicht von vorne bis hinten durchlese, sondern mir je nach Anlaß und Interesse ein Kapitel vornehme – nur die speziellen theologischen

---

123 G. Ebeling, Schrift und Erfahrung, a. a. O., S. 113
124 G. Ebeling, Wort und Glaube I, a. a. O., S. 348
125 Gerhard Ebeling: Theologische Erwägungen über das Gewissen. In: Ders., Wort und Glaube, I, a. a. O., S. 433
126 G. Ebeling, Schrift und Erfahrung, a. a. O., S. 110

Kapitel vornimmt, wundert man sich ein wenig, was z. B. beim Kapitel über die Kreuzigung Christi unter dem Oberkapital des Todes Gottes das Bedenken des Phänomens des menschlichen Todes soll. Oder bevor Ebeling sich an die Texte zum Thema Auferstehung heranbegibt, äußert er sich zum Phänomen des menschlichen Lebens und in anderen Teilen der Dogmatik zu den Problemhorizonten der Sprache, der Menschlichkeit, der Macht usw. Ebeling möchte hiermit eine erfahrungsorientierte Auslegung biblischer Texte anbieten. Er möchte, daß der Dogmatiker bzw. der Prediger zunächst einmal umsichtig wahrnimmt, welchen Wirklichkeitsbereich er mit seinem theologischen Thema berührt. Man kann sich fragen, ob solch umsichtige Beschreibung der Phänomene, wie sie Ebeling vorlegt, genügt. Müssen wir nicht genau so, wie wir historisch-kritisch, also wissenschaftlich überprüft, mit den Texten der Bibel umgehen, in entsprechender Weise ebenfalls wissenschaftlich-empirisch mit unserer Lebenserfahrung umgehen? Der Prediger weiß, das wird schnell uferlos und ist schwierig. Trotzdem meine ich, wenn in der Predigt ein Stück Erfahrungswirklichkeit aufgenommen wird, muß es im Rahmen des Möglichen auch eine empirisch-kritische Exegese dieses Wirklichkeitsbereiches geben. Aber bringt solche empirisch-kritische Beschreibung der Wirklichkeit das, was wir für eine erfahrungsorientierte Interpretation brauchen? Das muß sich jeweils zeigen. Ebelings Verfahren wirkt umsichtig, aber handgestrickter und lebensnäher. Deshalb ist die Art und Weise, wie Ebeling sich hier der Wirklichkeit zu stellen versucht, vermutlich für den Prediger besonders interessant und hilfreich. Der Prediger, der seine eigene Wirklichkeitsbeobachtung und Wirklichkeitserfahrung in disziplinierter Weise in den Umgang mit dem biblischen Text einbringt, wird am ehesten zu seiner zentralen Aussage vorstoßen.

Zu 3) und 4). Glaubensaussagen sind nur sinnvoll, wenn sie als Situationsaussagen interpretierbar sind. Das bedeutet, sie müssen erkennen lassen, auf welche menschliche Grundsituation sie bezogen sind und wie sich das in den Einzelsituationen menschlichen Lebens auswirkt. Eine Glaubenserfahrung, die nicht zugleich Lebenserfahrung ist, ist nicht vorstellbar.

Damit sind wir bei der letzten wesentlichen Frage, die im Zusammenhang mit der Interpretation biblischer Texte gestellt werden muß. Da die Interpretation biblischer Texte vom Handeln Gottes reden muß, kann sie der Frage nicht ausweichen, ob es denn nun wirklich sinnvoll ist, bei unserer Welterkenntnis davon zu reden. Wie ist Rede vom Handeln Gottes von Unsinn oder abergläubischer Weltorientierung zu unterscheiden? Ebeling sagt, die Exegese kann sich dem Problem der Ontologie nicht entziehen. Der Exeget muß sich darüber Rechenschaft geben, was denn nun gemeint ist, „wenn vom Sein Gottes, vom Sein vor Gott, vom Sein Gottes in Christus, vom Sein Christi beim Vater, vom Sein in Christus, vom Sein Christi in uns, vom Ausgegossenwerden des Geistes, vom Sein im Geist oder ähnlichen Wendungen die Rede ist. Das Unzureichende am Entmythologisierungsprogramm hatte seinen Grund darin, daß die Rede von Gott aus dem Problembereich ausgeklammert wurde. Damit war der Zugang zur eigentlichen Wurzel auch des Mythischen und zu dessen angemessener theologischer Kritik, aber auch zu seiner angemessenen theologischen Bejahung erschwert. Es wäre nun jedoch falsch, sich angesichts dieses gesamten Komplexes auf eine Theorie religiöser Sprache zurückzuziehen, ohne dabei die Beziehung zum Wirklichkeitsverständnis zu bedenken." Die Theologie muß sich auf die Frage nach der Lehre von Sein einlassen. Sie kann eine Ontologie nicht als „ein philosophisches Fertigfabrikat" beziehen.[127] Ebeling hat das mit seiner „relationalen Ontologie" versucht.

Überblickt man Ebelings Äußerungen zur Textinterpretation, so sind sie für den Prediger ermutigend. Es lohnt sich, die ganze Breite gegenwärtiger Wirklichkeitserfahrung in das Geschäft des Verstehens der Texte einzubringen. Allerdings ist die Frage, wie es mit dem Verhältnis von wissenschaftlicher Empirie und gewissensbezogener Lebenserfahrung bestellt ist, nicht zufriedenstellend geklärt.

Dietz Lange
Der Göttinger Systematiker Dietz Lange[128] hat sich unserem Thema in einer Studie: „Erfahrung und die Glaubwürdigkeit des Glaubens" zugewandt.

Lange möchte versuchen, das Auseinanderfallen der verschiedenartigen Weisen von Wirklichkeitserfahrung zu überwinden. Er sieht die Situation so: „Entweder versteht man den Glauben so sehr aus einer Verflochtenheit mit der Lebenserfahrung, daß dabei zwar die vielgescholtene Innerlichkeit des Religiösen wieder zu ihrer Ehre kommt, aber die Reichweite der Empirie und die Bedeutung der Frage nach Allgemeingültigkeit verkannt wird, so daß aufs neue Subjektivismus und Weltlosigkeit die Theologie bedrohen. Oder man will die Theologie analog der empiristischen Wissenschaftstheorie konstruieren, wodurch ihre Weltbezüge diskutierbar werden, auch wohl das Religiöse einen subjektiven Winkel für sich übrig behält, das Geheimnis des Glaubens aber von wissenschaftstheoretischen und vor allem den ethischen Problemen verschlungen zu werden droht.[129]

Lange bestimmt die Erfahrung zunächst in dreifacher Weise. Da ist einmal die unverwechselbare, unvertretbare und nicht übertragbare Lebenserfahrung des einzelnen. Da ist zweitens die überprüfbare, prinzipiell von jedermann unter gleichen Bedingungen wiederholbare Erfahrung des wissenschaftlich-technischen Umgangs mit der Welt, und drittens die Grunderfah-

---

127 G. Ebeling, Dogmatik und Exegese, a.a.O., S. 284 f.
128 Dietz Lange: Erfahrung und die Glaubwürdigkeit des Glaubens. Tübingen, 1984
129 D. Lange, a.a.O., S. X

rung des Menschseins, die eine „Erfahrung mit der Erfahrung" ist (Jüngel), da sie es mit der Frage nach dem letzten Sinn aller Erfahrung zu tun hat. Lange stellt nun die Frage, ob es nicht eine „Einheit aller Erfahrung" geben müßte. Damit sucht er nach einem gemeinsamen Bezugspunkt sowohl für die unmittelbare Lebenserfahrung wie für die erfahrungswissenschaftliche Theorie wie für die religiöse Erfahrung. Er stellt fest, daß das Auseinanderfallen der verschiedenen Erfahrungen nicht zwingend notwendig ist. Sowohl die empirische Welterfahrung wie die alltägliche und die religiöse Erfahrung muß von metaphysischen Grundannahmen ausgehen. Und es ist eigentlich nicht einzusehen, wieso es nicht zu einer Horizontüberschneidung verschiedener Erfahrungsweisen im Bezug auf die Einheit aller Erfahrung kommen könnte. „In Wahrheit läßt sich wohl kaum bestreiten, daß, wie die empiristische Theorie, so auch jede theologische Auslegung religiöser Erfahrung die metaphysische Grundannahme, daß die Wirklichkeit eine Einheit sei, faktisch teilt, sobald sie überhaupt rational argumentiert und auf Allgemeingültigkeit ihrer Aussagen Wert legt."[130]

Dabei ist die Einheit der Wirklichkeit kein metaphysisches Dogma, sondern die unerläßliche Voraussetzung der Mitteilbarkeit von Erfahrungen. Schon die Grunderfahrung des vernünftigen Umgangs mit der Wirklichkeit setzt eine solche Einheit der Wirklichkeit implizit voraus.

Lange sieht als zweites solch eine Einheit aller Erfahrung in der Gewissenserfahrung. In diesem Bereich ist noch am schnellsten einleuchtend zu machen, daß eine Horizontüberschneidung der unmittelbaren Begegnung und des empirischen Zugriffs zur Welt nötig ist. Jeder Mensch weiß etwas von der Unbedingtheit des Sollens. Die Ansprechbarkeit auf das Gewissen gehört konstitutiv zum Menschsein.

Auch die ethische Gewissenserfahrung verweist auf eine solche Einheit der Erfahrung.

Interessant ist nun, daß Lange darauf hinweist, daß sowohl die Seinserfahrung wie die ethische Gewissenserfahrung von einer tiefen metaphysischen Gestalt der Antinomie geprägt ist.

Im Bereich der Seinserfahrung gehört dazu die Theodizee-Frage, die selbstverständlich nicht nur als religiöse Fragestellung auftaucht. Die Frage Hiobs zeigt die Grundaporie jeder Seinserfahrung. Alle Versuche, das Übel in der Welt zu erklären, müssen scheitern. „. . . als Theorien äußerer Erfahrung versagen sie vor der Gewalt der inneren Erfahrung des Einzelnen. Der Tod eines Kindes, eine unheilbare Geisteskrankheit, unabänderliches soziales Elend oder blindwütiger Völkermord lassen denjenigen, der davon direkt oder indirekt betroffen ist, alle jene metaphysischen Theodizeen als Zumu-

---

130   D. Lange, a. a. O., S. 50

tungen von sich weisen – mit Recht: Sie erinnern in solcher Lage fatal an die theologischen Weisheiten der Freunde Hiobs, denen es auch besser ange-standen hätte, wenn sie dessen Leiden durch das Schweigen der Ratlosigkeit geehrt hätten."[131]

Aber diese Antinomie ist auch in der ethischen Gewissenserfahrung mit Händen zu greifen. Alles ethische Handeln steht in der tiefen Erfahrung, durch Beseitigung eines Übels neue Übel heraufzuführen. Die Erfahrung der Schuld gehört zu jedem Menchenleben. „So bleibt die innere Erfahrung des Übels und der Schuld die gefährlichste, ja tödliche Bedrohung der Ein-heit . . ."[132]

Lange meint nun, daß eine Einheit der Erfahrung angesichts der Erfahrung der Anfechtung in ihrer modernen Gestalt, die von Tillich als Angst der Sinnlosigkeit bezeichnet wird, in der das Leben als „a tale told by an idiot, full of sound and fury signifying nothing" (Shakespeare, Macbeth, V/5) erscheint, nur durch die Gotteserfahrung als Grund aller Erfahrung über-wunden werden kann. Wenn man das zunächst liest, bekommt man Angst, daß nun der große Kopfsprung in die religiöse Wirklichkeit erfolgt.

Lange möchte nun nicht den Weg Karl Barths gehen, daß die Offenbarung in ihrer absoluten Differenz von weltlicher Erfahrung alle Fragen zum Schweigen bringt. Er verwirft auch Versuche, argumentativ den christlichen Glauben als Grund der Welterfahrung zu erweisen, wie er es bei Trutz Rendtorff und Eilert Herms findet. „Denn ob die spezifisch religiöse Erfah-rung abgewertet und durch dogmatischen Glaubensgehorsam ersetzt, oder ob sie sich als bloße Überhöhung der Welterfahrung letzten Endes in dieser auflöst, das läuft im Effekt auf daselbe hinaus."[133]

Langes Lösung sieht so aus: „Soll nun auf die solchermaßen ausgearbeitete Frage eine Antwort versucht werden, so läßt sie sich nur aus religiöser Erfahrung, also assertorisch, geben. Man kann sie denen, die ihr Fehlen beklagen oder ihre Unmöglichkeit erklären, nicht mit Gründen demonstrie-ren." Lange will versuchen „die Gotteserfahrung selbst als dasjenige Wider-fahrnis zu beschreiben, das die innere Widersprüchlichkeit sowohl der unmittelbaren Lebenserfahrung als auch der Empirie in sich aufzuheben vermag und so der Religionskritik standhält"[134].

Lange stellt seinen Versuch, Empirie und unmittelbare Lebenserfahrung zusammenzubringen, in vier Schritten dar. Erstens, er verweist auf die Horizontüberschneidung der beiden Erfahrungsweisen von Wirklichkeit in

---

131 D. Lange, a.a.O., S. 69
132 D. Lange, a.a.O., S. 75
133 D. Lange, a.a.O., S. 80
134 D. Lange, a.a.O., S. 80 f.

der religiösen Erfahrung. Er verweist dabei auf das Staunen als Form der Gotteserfahrung. „Das staunende Entdecken von Sinn ist der religiöse Grund der Erfahrung wie der Metaphysik." Dem Staunen zur Seite steht das Erschrecken vor der Zerstörung von Leben, Glück und Sinn, das auch zur Erfahrung gehört. „Jenes Staunen und dieses Erschrecken sind die Grundelemente der allgemeinen Gotteserfahrung."[135]

Ein religiöses a priori gibt es nur im formalen Sinn einer Ansprechbarkeit auf Gotteserfahrung. Auch Schlüsselsituationen (Ramsey disclosure-situations) weisen nur auf das letzte Geheimnis, das in diesem Leben stets Geheimnis bleibt. Gotteserfahrung wird nie verfügbar, kann daher auch nicht argumentativ plausibel gemacht werden, sondern hat etwas eigentümlich Schwebendes, verliert ihre Ambivalenz als Erstaunen und Erschrecken niemals. Wie kann es von daher zu einer überzeugenden Überwindung solcher Ambivalenz kommen?

Lange schildert dann die christliche Gotteserfahrung als Überwindung der Anfechtung. Die Anfechtung bleibt als solche bestehen, aber sie gehört in der Gotteserfahrung Jesu als Erleiden der Anfechtung in ihrer ganzen Schärfe konstitutiv zum Glauben an diesen Weg Gottes zu den Menschen hinzu.

„Der Christ, der an diesem Gottesverhältnis Jesu teilgewinnt, erfährt seine eigene Anfechtung als konstitutiven Bestandteil des Lebens aus der Liebe Gottes und als damit prinzipiell überwunden; zugleich erweist sich diese Liebe Gottes als Vergebung seiner Schuld ... Glaube ist eine ständige Auseinandersetzung mit der ihm selbst innewohnenden Anfechtung, deren Überwindung nur in ihrer immer neuen Einbeziehung in den Glauben selbst bestehen kann. Insofern steht der Prozeß religiöser Erfahrung nach christlichem Verständnis immer wieder am Anfang, denn sie bleibt eine dem Verfügen der Subjektivität entzogene primär passive Erfahrung, aliena iustitia."[136]

„Diese Überwindung der Anfechtung bleibt freilich eine ganz und gar innere und damit im Geheimnis des Gottesverhältnisses des einzelnen verborgene Erfahrung. Sie läßt sich auf keine Weise zu einer äußeren Erfahrung machen, die dann zur Basis einer theologisch-empiristischen Theorie dienen könnte."[137]

Die Aufhebung der Anfechtung in der Glaubensgewißheit hat für Lange ein doppeltes Gesicht. Es ist einmal der sich Gott verdankende Mensch, der Lebensfreude, Befriedigung in der Arbeit, Faszination durch neue Entdeckungen erlebt, aber es ist auch der Mensch, der im Angesicht von Sinnlosigkeitserfahrungen von Hiobs Leiden leben muß. „Der letzte Sinn mensch-

---

135 D. Lange, a. a. O., S. 82 f.
136 D. Lange, a. a. O., S. 89 f.
137 D. Lange, a. a. O., S. 91

lichen Lebens kann nur per contrarium erfahren werden. Auch der sich offenbarende, Sinnerfahrung gewährende Gott bleibt zugleich der ‚ganz Andere‘, Unbegreifliche.“[138]

Interessant ist nun, daß Lange versucht, mit solcher Neukonstitution der Lebenserfahrung auch die empirische Erfahrung neu zu begründen. Die Unsicherheit aller Empirie hinsichtlich ihrer Einheit der Seinserfahrung läßt sich als eine „abgeleitete, erkenntnistheoretische Gestalt der Anfechtung verstehen ... Dann erscheint Gott, der wider alle äußere Erfahrung die Erfahrung von Sinnlosigkeit innerlich zu Lebenssinn umschafft, zugleich als der Urgrund der Naturgesetze und damit eines Bereiches erwartbarer Sinnerfahrung, die bis tief ins personhafte Leben hineinreicht, insofern dieses immer auch als Natur bestimmt ist.“ Der Glaubende, wenn er der Gesamtheit seiner Erfahrungen entsprechen will, muß das, was ihm im empirischen Zugriff in der Welt erkennbar wird oder widerfährt, vom Glauben her sehen, d. h. als Anfechtung erfahren bzw. als Wirklichkeit, die durch die Glaubenserfahrung Jesu prinzipiell entmachtet ist. Die Empirie kann auf seine Glaubenserfahrung angewendet werden, aber sie verliert ihre anfechtende Macht an dem Punkt, „wo das persönliche Geheimnis der Glaubenserfahrung sich nicht nur als der Empirie unzugänglich erweist, sondern aus seinem transzendenten Grund heraus den Absolutheitsanspruch empiristischer Religionskritik aus den Angeln hebt“[139].

Ein ähnlicher Gedanke findet sich bei Rudolf Bultmann: *„Für das Auge des Unglaubens ist auch Gottes Tun ein geschehenes Weltereignis,* und sofern auch der Glaubende weiß, daß es so gesehen werden kann und daß auch er selbst immer in der Möglichkeit steht, alles Geschehen so zu sehen, muß er, wenn er von Gottes Tun redet, von ihm als Wunder reden, das contra naturam geschieht; er muß sagen, daß er, indem er von einem Wunder redet, den Gedanken der gesetzmäßigen Natur aufhebt ...

Das bedeutet, daß unsere ‚Arbeitsgedanken‘, in denen wir mit der Verfügbarkeit und d. h. mit der Gesetzmäßigkeit der Welt rechnen, immer begrenzt sein müssen durch unsere ‚Glaubensgedanken‘, und d. h. weiter, daß in unserem faktischen Leben Arbeits- und Glaubensgedanken miteinander abwechseln in der Weise, daß jene durch diese determiniert sind. Für seine Arbeitsgedanken braucht der Mensch die Vorstellung der Natur. Wie weit er sie braucht, läßt sich nicht allgemein sagen, er braucht sie so weit, wie er in eine konkrete Arbeit gewiesen ist. Läßt er sie zum Herrn werden, so wird sie Sünde.“[140]

---

138   D. Lange, a.a.O., S. 93
139   D. Lange, a.a.O., 94 f.
140   Rudolf Bultmann: Zur Frage des Wunders. Glauben und Verstehen. I. Tübingen, 1954, S. 225

Lange stellt nun fest, daß in dem Augenblick, in dem die Anfechtung ein Teil der Glaubenserfahrung geworden ist, auch das Verhältnis von Seins- und Gewissenserfahrung neu zu bestimmen ist. Zunächst einmal scheint bei uns ja die ethische Gewissensentscheidung absolute Priorität zu haben. Gegenwärtig drängt sich die Forderung geradezu auf, die ethischen Gewissensentscheidungen den technischen Entscheidungen vorzuordnen. Lange verweist auf Hans Jonas und Carl Friedrich von Weizsäcker. Für den christlichen Glauben jedoch stellt sich die Priorität anders dar. Das Entscheidende ist die neue Seinserfahrung mit Christus. Zu dieser Erfahrung gehört, daß die Anfechtung ein Teil des Glaubens wird, daß der Mensch seine Schuld und seine schuldhafte Verstrickung zugeben kann und aus der Vergebung zu leben vermag, daß er sich selbst vergessen kann, weil er eine geschenkte Identität hat. Aus solcher Erfahrung heraus ergibt sich ein neuer, befreiter Umgang mit der empirisch wahrzunehmenden Wirklichkeit. „. . . die Erfahrung der Vergebung ermöglicht es mir, ja ermächtigt mich dazu, unvermeidliche (oder im Augenblick der Entscheidung als unvermeidlich erscheinende) Schuld auf mich zu nehmen und in der ethischen Grundsituation miteinander kollidierender Pflichten und Güter eine klare Wahl zu treffen – auf die Gefahr hin, daß sich die Entscheidung im nachhinein als falsch herausstellt. Die sie tragende Verbindung von Freiheit zu vollem Einsatz für den anderen und Freiheit zu nüchterner, das größere oder kleinere Übel kalkulierender Distanz, ohne Angst vor den Folgen auch unpopulärer Entscheidungen – etwas, das prinzipiell von jedem Menschen gefordert und natürlich auch außerhalb des christlichen Glaubens anzutreffen ist – bedarf wegen der unvermeidlichen Verstrickung in Schuld eben jener Legitimation durch Gottes Vergebung und der treibenden Kraft seine Liebe."[141]

Dies bedeutet, daß empirische Arbeit erst jetzt wirklich zu ihrem Recht kommt. „Wird sie von der Rechtfertigungserfahrung her verstanden, also vom Standpunkt des Glaubens aus vollzogen, so kann dies nicht ihre Abqualifizierung als ancilla theologiae bedeuten, der dann durch dogmatische Setzungen das Terrain kirchlich genehmer Fragestellungen abgesteckt würde. Vielmehr geschieht empirische Arbeit jetzt erst wirklich in derjenigen wahrhaftigen Einsicht sowohl in die realen Möglichkeiten als auch in die Grenzen fragmentarischer und aspektgebundener menschlicher Erkenntnis, wie sie die empiristische Theorie zwar fordert, aber wegen des Zwanges zur Letztbegründung sich selbst am Ende immer wieder verschleiert. Solche Erkenntnis wird nun zum Material, das dem Glauben auf Gott als den Seinsgrund der Welt hin durchsichtig wird und doch zugleich in der Anfechtung dem Geheimnis Gottes fremd gegenübersteht. Die Ehrfurcht vor dem

---

141   D. Lange, a. a. O., S. 97
142   D. Lange, a. a. O., S. 98 f.

Rätsel des Lebens und des Seins, überhaupt wie das Staunen über die Weite der sich dem empirischen Erkennen auftuenden Perspektiven, verdanken sich der Ehrfurcht vor dem Geheimnis Gottes."[142]

Schließlich kommt Lange zu der Frage der Mitteilbarkeit von Glaubenserfahrung, die für unsere Überlegungen besonders wichtig ist. Nach dem Gesagten ist deutlich, daß Glaubenserfahrung eine innere Erfahrung des einzelnen ist. Sie ist unbedingt zu unterscheiden von privater Erfahrung. Glaubenserfahrung als innere Erfahrung erfaßt die ganze Existenz eines Menschen in all ihren individuellen, sozialen und materiellen Weltbezügen. Mitteilbar ist die Glaubenserfahrung nur als Erfahrung eines Betroffenen. Sie bedarf immer einer Sprache, in der etwas vom besonderen Charakter der Gotteserfahrung deutlich wird. Gott wird weder *abseits* von Welterfahrung noch *als* Selbst- und Welterfahrung, sondern nur *in* ihr als verborgener Grund gegenwärtig. Von solcher Erfahrung kann nur in persönlich verantworteter symbolischer Redeweise geredet werden. Auch die scheinbar verobjektivierende mythische Rede ist als solch eine symbolische Redeweise sachgemäß zu interpretieren. Die Glaubenserfahrung, die uns in der Bibel entgegentritt, muß von uns auf dem Hintergrund unserer eigenen Glaubenserfahrung zu verstehen gesucht werden. Überlieferte Glaubenserfahrung bedarf immer der Auslegung. Solche Auslegung ist nie in eine allgemein gültige Lehre zu fassen. Es bedarf immer des Gespräches zwischen der Glaubenserfahrung der Texte und unserer eigenen Glaubenserfahrung, wie es des Gespräches zwischen der Glaubenserfahrung der unterschiedlichen Ausleger bedarf. Die Wahrheit solcher fremder Glaubenserfahrung zeigt sich mir, indem ich mich auf „die gefahrvolle Reise" einlasse, solche Erfahrung in mein eigenes Leben zu übernehmen, und mich auf Gottes verborgene Führung einlasse. „Insofern ist die unmittelbare Verbürgung der Glaubwürdigkeit des Glaubens durch Erfahrung, die auf den angefochtenen Jesus als ihren letzten Bürgen verweist, nicht nur trotz ihrer Unbeweisbarkeit die einzig mögliche, sondern auch gerade wegen ihrer Unbeweisbarkeit die einzig sachgemäße Art solcher Verbürgung."[143] Lange stellt hier als theologisches Symbol den angefochtenen Jesus heraus. Ich würde diese Aussage stärker noch in dem zu finden versuchen, was die Jünger Karfreitag und Ostern begriffen haben.

Zusammenfassung

Nach solchem verhältnismäßig ausführlichen Durchgang durch das hermeneutische Problem – der keineswegs erschöpfend ist – läßt sich für den Prediger sagen: Es lohnt sich, lange und ausführlich beim biblischen Text zu bleiben.

---

143 D. Lange, a.a.O., S. 103

Alle empirischen Methoden, die dazu helfen, den Text als vergangenen Text heute zu verstehen, sind dabei einzusetzen.

Voraussetzung des Verstehens ist die prinzipielle Annahme, daß ich die Verfasser der Texte, die Texte selbst, die handelnden Personen, die Rede vom Handeln Gottes aufgrund der gleich gebliebenen existentialen Struktur des Menschen verstehen kann.

Die Texte sind auf die in ihnen überlieferte Glaubenserfahrung hin zu befragen, sofern sie von solcher reden wollen.

Es ist für das Verstehen nötig, sich ihrem Anspruch auszusetzen.

Empirisch-wissenschaftliche Feststellungen und ganzheitlich existentielle Begegnungen mit dem Text stellen keinen prinzipiellen Gegensatz dar, sondern brauchen sich gegenseitig.

Die Rede vom Handeln, vom Sein, vom Leiden Gottes usw. verstehe ich nur, wenn ich analogische, symbolische, metaphorische Rede nicht als uneigentliche, sondern als eigentliche, unentbehrliche, über sich hinausweisende Rede begreife.

Ihr Sinn erschließt sich, wenn ich zeigen kann, in welchem Erfahrungskontext, den auch ich nachvollziehen kann, sie wahr waren und sind.

Dabei ist die eigene Erfahrung zum anfänglichen Verstehen unerläßlich, sie kann jedoch durch die im biblischen Text zutagetretende Glaubenserfahrung erweitert, verändert und verwandelt werden.

Als Glied der christlichen Gemeinde stehe ich immer schon in einer Wirkungsgeschichte des biblischen Textes, die ich in der neuerlichen Begegnung mit dem Text kritisch einzusetzen und zu überprüfen habe.

Meine gegenwärtigen Glaubens- und damit Lebens- und Welterfahrungen sind Verstehensvoraussetzung und kritisches Gegenüber zur Glaubenserfahrung der biblischen Texte. Die biblischen Texte erweisen sich nach der Erfahrung der Christenheit dann jedoch immer wieder als kritisches Neues schaffendes Wort Gottes, das meine bisherige Glaubens- und damit Lebens- und Welterfahrung tief verändert.

d) Unsere Lebenswirklichkeit im Text

1. Die erfahrungsbezogene Textparaphrase

Wir sind immer noch beim Verstehen des Textes. Es geht darum, ihn so zu verstehen, daß er ein Grundtext meines Lebens werden kann, oder ein Text, den ich ablehne und der auf solche andere Weise Teil meiner Glaubenserfahrung wird.

Es geht dabei um ein Verstehen der Texte als vergangene Texte in ihrer Einmaligkeit und besonderen Verflochtenheit in eine bestimmte Situation und Zeit.

In den Texten suche ich letztlich immer vergangene Glaubenserfahrung (die nicht ohne Welterfahrung ist) zu verstehen. Ich weiß, daß diese Glaubenserfahrung das ein für allemal geschehene Christusereignis als Schlüsselgeschehen, in dem Gott, Welt und Mensch erschlossen werden sollen, als Grund hat. Ich stehe selbst als Prediger in dieser Erfahrung. Ich erfahre mich darin als unvollkommen, fragend, angefochten, zweifelnd und gehe als Suchender an den Text.

Der Text soll nicht vergegenwärtigt werden, er soll nicht angewendet werden auf meine Wirklichkeit, ich will ihn möglichst nicht ausbeuten, verwursten oder was man sonst mit einem Text machen mag. Ich will versuchen, ihn zu verstehen. Ich will dem Text begegnen und zusehen, was dabei mit meinem, mit unserem Leben geschieht.

Ich weiß, daß solch ein Text Teil eines komplexen Ereignisgeflechtes ist. Er ist von einem Endredaktor in die vorliegende Gestalt gebracht worden. Er hat oftmals eine komplizierte Überlieferungsgeschichte. Er ist in einer bestimmten Absicht verfaßt worden. Er hat für die jeweiligen Verfasser und die Adressaten eine ganz bestimmte Funktion gehabt.

Dies alles kann ich im einzelnen und im ganzen nur verstehen mit dem Erfahrungsmaterial meines Lebens. Zu dem Erfahrungsmaterial meines Lebens gehört auch die Erfahrung mit der Erfahrung anderer. Es gehört auch dazu, was ich alltäglich-empirisch und wissenschaftlich-empirisch wahrnehme und begreife. Ich muß also mit meiner Lebenserfahrung, die als solche von meiner Glaubenserfahrung nicht zu trennen ist, in den Text hineingehen. Mir ist bewußt, daß die Gefahr ist, in einem Text nur noch das zu entdecken, was ich vorher schon weiß. Das wäre falsch. Ich muß mein vorläufiges Verständnis im Sinne eines heuristischen Instruments einsetzen. Ich muß ausprobieren, ob ich damit der Fremdheit des Textes gerecht werde.

Um das in richtiger Weise tun zu können, ist es sinnvoll, daß ich mir vorlaufend und in der Begegnung mit dem Text immer wieder klarmache, wer ich bin. Es ist für den Prediger nützlich, sich bewußt zu machen, worauf er meistens sofort anspringt. Das hängt zusammen mit den Vorlieben, die einer hat, und seinen Abneigungen, mit den Denkgewohnheiten, der sozialen Stellung, der religiösen Biographie, der psychischen Struktur, den biographischen Schäden und Bewahrungen usw. Alle die Bausteine, aus denen sich mein Verständnis der Lebenswirklichkeit zusammensetzt, will ich mir möglichst klarmachen. Nicht um sie von vornherein auszuschalten. Im Gegenteil. Nur so bin ich ja Mensch mit meinen Erfahrungen. Gerade das, was einer mit seinen Anfechtungen (Luther), seinen Minderwertigkeitserfahrungen, seinen Erfolgen darstellt, ist vielleicht besonders gut geeignet, ihn Wichtiges am Text entdecken zu lassen. Was haben Frauen aus der Erfahrung ihrer Situation in der Gesellschaft an Elementen in der Schrift entdeckt, über die die Männer leicht hinweggelesen haben. Was entdecken Menschen in sozial schwieriger Situation oft Überraschendes an Bibeltexten.

Der Prediger muß nun allerdings auch bedenken, daß er den Text für andere mitliest. Er muß sehen, wie seine eigene Erfahrung zu der Erfahrung anderer Menschen paßt. Das läßt sich am sichersten in einem Predigtvorbereitungskreis erarbeiten, aber auch in der einsamen Predigtvorbereitung können die Predigerin oder der Prediger die ihnen bekannten Erfahrungen anderer Menschen und ihre daraus abzuleitenden Sichtweisen mit in den Text und seine Auslegung einbringen.

So gehe ich also an die Exegese. Dazu ist oben schon genug gesagt worden. Ganz schulmäßig wird es der Predigter selten machen. Dennoch, er hat den deutschen Text im Kopf, hat sich den griechischen, den hebräischen Text angesehen, sich die einzelnen Worte des Textes klargemacht, die Kommentare durchgeblättert, die Predigthilfen. Er kennt nun die verschiedenen Schichten des Textes, kennt die Kontroverse um die Textabgrenzung, hat den Sitz im Leben eines Textes vor Augen, kann sagen, welcher Sprechakt vorliegt. Und dennoch kann es sein, daß mir als Prediger der Text merkwürdig belanglos vorkommt. Ich lese ihn nochmals. Er bleibt mir fern. Es mag an mir liegen, es mag am Text liegen. Der Text hat keine Tiefe. Auch das Lesen des Kommentars bringt oft wenig. Um es an einem beliebigen Beispiel zu zeigen. Zur Auslegung des Seewandels bei Markus (6,45–52)[144] heißt es: „Die eigentliche Geschichte berichtet vom Zurückbleiben Jesu, von Jesu Vorbeiwandeln in der Nacht, vom Schrecken der Jünger, die nur ein Gespenst zu sehen meinen, von Jesu Eintritt ins Boot und seinem Zuspruch. Das könnte einmal eine Schilderung der Erscheinung des Auferstandenen gewesen sein; wahrscheinlicher ist, daß die Macht des Irdischen von Anfang an im Lichte der Ostererfahrungen dargestellt wurde . . . Warum sich Jesus von den Jüngern trennt, ist nicht deutlich; Markus begründet es wie 1,35 mit einsamem Gebet (anders Johannes 6,15). Damit will er die Quelle der Vollmacht Jesu sichtbar machen. Daß die Jünger ‚mitten' im See sind, soll ihre Einsamkeit und ihr Ausgeliefertsein an den Sturm darstellen. Daß sie vom Abend bis drei Uhr morgens nicht weiterkommen, während man sonst auch den See bei schlechten Verhältnissen in 6 bis 8 Stunden überquert, unterstreicht dics. Daß Jesus an ihnen vorbeigeht, wird von Markus wohl als Glaubensprüfung verstanden, in der sie denn auch gleich versagen. Man kann Jesus sehen und doch nicht sehen (4,12!), so daß es nur zu angstvollem Schreien kommt. Denn erst, wenn es zum Verstehen des Wortes, zur Gesprächsgemeinschaft mit Gott kommt, wird das Sehen des Mirakels zum

---

144   Eduard Schweitzer: Das Markusevangelium. NTD. 1. Göttingen, 1983, S. 75

Schauen des Wunders. Die Stillung des Sturms ist Bild für den Frieden, in den Jesus entläßt (5,34), wenn er in das Leben eines Menschen tritt. Das Außer-sich-Geraten über den Einbruch Gottes, der die gewohnten Maßstäbe zerbricht, ist Zeichen dafür, wie wenig der Mensch konkret mit der Wirklichkeit Gottes rechnet ... Eben dies bezeichnet Markus als das verstockte Herz. Damit stellt er die Jünger neben die Pharisäer von 3,5!"

Was weiß ich eigentlich, nachdem ich diese Sätze gelesen habe? Im Grunde muß ich mit dem Erfahrungspotential meines Lebens auch in diese Sätze einsteigen. Das sind alles Überschriften. Tiefe oder Lebensfülle haben sie nur für den, der mit diesen Überschriften automatisch Anschauungen verbindet.

Man kann sich die engagierte Einleitung Karl Barths zu seiner Römerbrief-Ausgabe von 1919 dazu ansehen: „Eigentliches Verstehen und Erklären nenne ich diejenige Tätigkeit, die Luther in seinen Auslegungen mit intuitiver Sicherheit geübt, die sich Calvin sichtlich systematisch zum Ziel seiner Exegese gesetzt (hat) ... Wie energisch geht der Letztere zu Werk, seinen Text, nachdem auch er gewissenhaft festgestellt, „was da steht" *nach* zu denken, d. h. sich so lange mit ihm auseinander zu setzen, bis die Mauer zwischen dem 1. und 16. Jahrhundert *transparent* wird, bis Paulus dort *redet* und der Mensch des 16. Jahrhunderts hier *hört,* bis das Gespräch zwischen Urkunde und Leser ganz auf die *Sache* (die hier und dort keine verschiedene sein *kann!*) konzentriert ist ... Denn wie das, was *da* steht, zu *ver*stehen ist, das ist nicht durch eine gelegentlich eingestreute, von irgendeinem zufälligen Standpunkt des Exegeten bestimmte *Wertung* der Wörter und Wortgruppen des Textes auszumachen, sondern allein durch ein *tunlichst* lockeres und williges Eingehen auf die innere Spannung der vom Text mit mehr oder weniger Deutlichkeit dargebotenen Begriffe ... Bis zu dem Punkt muß ich als Verstehender vorstoßen, wo ich nahezu nur noch vor dem Rätsel der *Sache,* nahezu nicht vor dem Rätsel der *Urkunde* als solcher stehe, wo ich es also nahezu vergesse, daß ich nicht der Autor bin, wo ich ihn nahezu so gut verstanden habe, daß ich ihn in meinem Namen reden lassen und selber in seinem Namen reden kann."[145]

Man kann überlegen, ob das, was da als Forderung an einen Kommentar gerichtet wird, nicht eigentlich schon ein Teil der Meditation ist, die eben in jedem Falle vom Prediger zu leisten ist und ein ganzes Stück persönlicher sein kann und sein muß, als es solch ein Kommentar ist. Nun sind Exegese und Meditation schwierig voneinander abzugrenzen. Die Meditation wäre dann aufzufassen als der Versuch, die Aussage des Textes, die durch die Exegese erarbeitet wird, auf die eigene Erfahrung und die eigene Lebenswirklichkeit zu beziehen und im Hin- und Hergehen zwischen Text und Lebenswirklich-

---

145   Karl Barth: Der Römerbrief. München, 1922, S. XI bis XII

keit die Aussagen der Predigt vorzubereiten. Allerdings halte ich das Auseinandernehmen von Exegese und Meditation in dieser Weise für problematisch. Ich lasse deshalb das, was sonst Meditation genannt wird und einen wichtigen Arbeitsschritt markiert, in anders verteilte Arbeitsschritte eingehen.

Für die Exegese schlage ich vor, daß sie in eine *erfahrungsbezogene Textparaphrase* mündet. Der Prediger soll schon bei der Exegese dieses Ziel vor Augen haben. Deshalb meine ich, solch eine Textparaphrase einschließlich der Wirkungsgeschichte, in der der Exeget selber steht, ist auch von der wissenschaftlichen Exegese zu fordern.

Normalerweise ist die Paraphrase, die der Prediger vom Text für seine Predigt herstellt, ein eher dürres Erzeugnis im Rahmen seiner Predigtarbeit. Um mir den Text noch einmal auf die Reihe zu bringen, mache ich eine Art Nachsprechversuch des Textes mit eigenen Worten. Das ist bei schwerer verständlichen Partien, z. B. aus den paulinischen Briefen, sinnvoll. Nach meinen bisherigen Erfahrungen ist solch eine Paraphrase kaum länger als der Text selber. Ich mache es fast nur, wenn ich Schwierigkeiten habe, mir den Text gedanklich einzuprägen.

Was ich aber nun als zur Exegese hinzugehörig empfehlen möchte, ist sehr viel mehr. Es ist die ausführliche, erfahrungsbezogene, am Text entlanggehende erklärende und verstehende Nacherzählung dessen, was da in dem Text, mit dem Text und durch den Text geschieht. Durch solches Nacherzählen kann ich merken, ob ich den Text verstanden habe. Ich muß seine verschiedenen Aussagen und Stücke miteinander in einen vorstellbaren Erfahrungszusammenhang bringen. Dies ist besonders wichtig: Ich muß mir das, was da im Text steht, konkret vorstellen können. Ich steige also mit dem Erfahrungspotential meiner Lebenswirklichkeit in den Text ein, um ihn versuchsweise zu verstehen. Das ist an sich nichts Besonderes. Das mache ich immer schon. Selbst in der dürrsten Auslegung eines Textes, geschähe sie in noch so abstrakter Begrifflichkeit, habe ich schon eine aus meiner Lebenserfahrung stammende Vorstellung von dem, was der Text meint. Allerdings verschleiere ich mir dadurch, daß ich nun Überschriften oder Etiketten aufklebe, leicht, was ich alles nicht verstanden habe. Das merke ich sehr viel schneller, wenn ich mir das, was der Text sagt, konkret vor Augen, vor das Ohr, gegebenenfalls vor die Nase (muß das in der Arche gestunken haben!) stelle.

Nun nehme ich an, daß mancher, der das Stichwort „erzählen" gelesen hat, schnell die entsprechende Schublade aufziehen wird, in die er das hineinpackt. Der Modetrend heißt nun erzählen. Und die einen empfinden das als faszinierend und bauen allerlei mehr oder weniger waghalsige theologische Gedanken darauf auf, und andere halten das für hochgradig despektierlich, meinen das Begriffliche retten zu müssen und stellen Warnblinkleuchten auf.

Und die Dritten erzählen munter drauflos. Das klingt dann so: „Es war eine stürmische Nacht. In einer Kneipe am See Genezareth sitzt allerlei Volk zusammen, das vor dem Sturm Unterschlupf gesucht hat. Die vertäuten Boote am Ufer tanzen wie wild auf und ab. Gegen Mitternacht flaut der Wind ab. Er legt sich recht plötzlich. Nur die Wellen hört man noch an den Strand schlagen. Es war wieder einmal einer der berüchtigten Fallwinde, die den See Genezareth auszeichnen. In der Kneipe rüsten sich die Leute langsam zum Heimweg. Da wird die Tür aufgestoßen und herein kommt eine Schar durchnäßter Gestalten. Fischer sind es wohl, junge Leute mit kräftigen Händen. Erschöpft lassen sie sich auf eine der Bänke fallen. Wo kommt ihr denn her, fragen die Menschen. Wir sind über den See gekommen. Was? Bei dem Sturm? Das kann doch nicht wahr sein. Ist euer Boot hin? Nein, wir sind gerettet worden, sagen sie mit seltsam glänzenden Augen. Jesus war mit im Boot. Er hat den Sturm gestillt. Jesus, fragen die anderen, welcher Jesus? Der aus Nazareth. Ach so, der Wunderrabbi. – Unser Herr, sagen sie. Und die Leute hören plötzlich zu. Und der Älteste erzählt: Wir waren im Boot, und er schlief und wollte und wollte nicht wach werden. Die Wellen schlugen ins Boot. Wir dachten, es sinkt gleich. Und er schlief, als läge er in einer Ohnmacht. Dann haben wir ihn schließlich doch wachgerüttelt, und dann ist er aufgestanden und hat dem Sturm und den Wellen geboten, und alles war still. Nana, sagt einer, die Wellen klatschen jetzt doch noch ganz schön an den Strand. Wo wir gefahren sind nicht, sagt einer. Da wurde es ganz still im Raum, und die Menschen entsetzten sich und staunten. Jesus aber war schon ein Stück weitergegangen." (Aus einer Seminarpredigt)

Das ist dann narrativ. Wenn man es ständig nur bei Schlagworten und weisem Darüberreden beläßt, wird eben so erzählt. Hauptsache anschaulich. Ich möchte vorschlagen, wer in Zukunft bedeutende Gedanken über das Narrative und das Erzählen entwickelt, der muß verpflichtet werden, das, was er meint, an eigenen Beispielen breit vorzuführen. Es läßt sich fein Gescheites über die Funktion des Erzählens sagen. Aber wie das geschehen kann, so daß es als Verkündigung brauchbar ist, so daß es den Texten entspricht, so daß es nicht eine Neuausgabe des deutschen Kitsches[146] wird, das muß gezeigt und geübt werden. Dafür müssen Kriterien entwickelt werden, die dem Prediger helfen.

Erfahrungsbezogene Textparaphrase ist zunächst nicht auf das Erzählen festgelegt, obwohl dies eine wichtige Weise des Paraphrasierens sein kann. Eine Paraphrase ist es aber auch, wenn ich eine Situation so beschreibe, daß der Hörer sie sich vorstellen kann. Der sorgfältig veranschaulichte Bericht über die Entstehung eines Textes ist eine andere Weise der Paraphrase. Es

---

146 Walther Killy: Deutscher Kitsch. Göttingen, 1961

geht darum, die Zusammenhänge eines Textes, seine Entstehung, sein Interesse so darzustellen, daß ich das verstehe, weil ich entsprechende Lebenssituationen kenne.

Für wen und wozu mache ich das?

Zunächst für mich! Damit ich als Prediger den Text in seiner Tiefenstruktur erfasse. Damit ich weiß, was da alles anklingt. Allerdings bin ich aufgrund meines Berufes schon ziemlich verdorben als Zuhörer. Die Probleme und Lösungen habe ich längst in meinen Schubladen. Ich bin viel zu schnell damit zufrieden, in Kurzformeln über den Text etwas aufzuschreiben. Aber den Text selber zu schildern, zu berichten, zu erzählen, ist noch etwas anderes. Besser ist es, ich stelle mir vor, ich würde das einem anderen erzählen. Noch besser, ich mache das tatsächlich und lese meine schriftliche Paraphrase einem anderen zur Kontrolle vor. Da muß ich ernsthafter auf die Verständlichkeit achten. Ich muß mich einem anderen verständlich machen. Also dem Sohn oder der Tochter, der Frau oder dem Mann, jemandem, mit dem ich befreundet bin, dem Kollegen vielleicht durchs Telefon die Paraphrase vorlesen zur Kontrolle. Vielleicht ist das auch schon für die Predigt brauchbar, beim Sprechen merke ich das meist. Manchmal gelingt ein Stück so gut, daß ich es voll für die Predigt übernehmen kann, manchmal auch nicht.

Wie mache ich solch eine Paraphrase?

Wenn der Text einen Gedankengang hat, zeichne ich ihn in meiner Sprache nach. Ich schildere die Erlebniswelt, in der der Text spielt, stelle mir die im Text agierenden Menschen vor. Ich beschreibe sie mit dem Anschauungsmaterial meines Alltags, wenn es paßt. Ich rede vom Verfasser des Textes, von den Verfassern, von den Überlieferern und ihren Gedanken. Ich überlege, wie der Text, ein Gleichnis, ein Brief auf die Adressaten gewirkt hat. Ich rede über den Text aus der Sicht der verschiedenen damit zusammenhängenden Menschen, aus der Sicht des Verfassers, aus der Sicht der Adressaten. Ich lasse mich durch die Methoden der Bibelarbeit und des Bibliodramas anregen. Ich lasse die Personen des Textes auftreten, lasse sie Selbstgespräche führen (s. o. Luther), lasse den reichen Kornbauern eine Verteidigungsrede halten usw. Ich suche mir die Erschließungssituation (Ramsey) für die Glaubensaussage des Textes zu erarbeiten. Dabei achte ich darauf, daß der Text als „fremder Gast" (Weder) in seiner Situation bleibt und gleichzeitig möglichst durchsichtig für mich wird.

Erfahrungsbezogene Textparaphrase heißt also, daß ich den Text in seinen Verflechtungen aufsuche. Der Text ist nicht einfach die oben beschriebene Stillung des Sturmes, die ich nur noch ein bißchen mit Nordseeluft und Kneipenstimmung anreichern müßte, und schon hätte ich die Wahrheit des Textes. Dann brauchte ich keine Exegese zu machen. Durch die historisch-kritische Arbeit aber weiß ich doch, was mit solch einem Text alles schon geschehen ist. Dies muß ich in eine Textparaphrase einarbeiten. Dies wird auch für das Erzählen in der Predigt wichtig sein.

Um es noch einmal im Hinblick auf den Seewandel Jesu und Petri zu zeigen. Der Prediger hat sich im synoptischen Vergleich und im Durcharbeiten der Kommentare ein Bild von der Entstehungsgeschichte dieses Textes gemacht. Matthäus will offenbar etwas mit diesem Text. Er will diese Seewandel-Geschichte als ein ermutigendes Beispiel für seine Gemeinde verwenden. Was wird er erlebt haben? Wie muß ich mir den Kleinglauben vorstellen, gegen den er mit dieser Geschichte angehen will? Ich suche mir Situationen des Kleinglaubens auf, die ich kenne, stelle mir vor, wie ich, so lange der Sturm noch nicht da ist und ich darüber nachdenke oder auch hinterher, genau weiß, was ich, wenn ich mit meinem Glauben angegriffen werde, sagen werde. Wie tapfer und ohne Rücksicht auf mich selbst ich sein möchte. Wie ich denen, die über mich herfallen, im richtigen Augenblick das richtige Wort sagen möchte (Matthäus 26,33 ff.). Hat Matthäus so etwas vor Augen, wenn er diese Geschichte so zielsicher umgestaltet und den Petrus einbaut? Wofür stehen die Wellen? Welcher Sturm ist gemeint? Welche Stürme dieser Art kenne ich selber? Und was ist das für eine Nacht? „Wenn über uns kommt die Nacht der Anfechtung und des Zweifels, die Nacht des bitteren Todes." Ich denke über die Erschließungssituation nach, aus der dieser Text stammen könnte. Ich nehme an, daß es sich um eine ursprünglich österliche Erscheinung handelt. Die Nähe zu Johannes 21 nehme ich als Hinweis. Was hätte für die Jünger eine österliche Erscheinung auf See bedeutet? Was machen sie überhaupt auf der See? Sind sie wieder an ihre Arbeit zurückgekehrt? Wenn der auferstandene Herr ihnen begegnet, dann muß das etwas mit Ermutigung zu tun haben, mit neuer Sendung. Ich denke darüber nach, daß diese Geschichte überliefert worden ist. Warum haben Menschen diese Geschichte aufgenommen und weitererzählt? In welche ihrer Lebenssituationen hat diese Geschichte als eine Schlüsselgeschichte gepaßt? Sie haben sich sicher in der Nacht wiedergefunden. Sie haben sich sicher im Gegenwind wiedergefunden. Und dann wieder der Petrus. Warum schildert ihn Matthäus in dieser Mischung aus Wagemut, Zweifel, Gebetsruf und Rettung. Das ist doch sicher nicht als Abschreckung gemeint. Das gehört doch offenbar so zum Christenleben dazu. Ich denke über den Zweifel nach, über die Verzweiflung aufgrund von Ereignissen. Wo gibt es eine Situation, in der aufgrund der durchstandenen Bewahrung das Christusbekenntnis, du bist wahrhaftig Gottes Sohn, gleichsam abfällt.

Lothar Steiger zeigt in seinen Predigten und Meditationen in vielfältiger Weise, wie solches Hineingehen in den Text aussehen kann.[147]

Seine erste Überlegung ist immer, wie die Texte in ihrer Umgebung oder auch historischen Zusammenstellung zu stehen kommen. „Historisch gewordene inhaltlich bedingte Nähte haben für die Texte selber hermeneutische

---

147 Lothar Steiger: Erschienen in der Zeit. Kassel, 1982; ders.: Die Herrlichkeit sehen. Kassel, 1982

Relevanz, eine erhebliche Bedeutung durch gegenseitige Auslegung, die ins Eindimensionale, ja ins Sprachlose zurückfallen würde, wenn man das Seziermesser ansetzte, um die vermeintlich ursprüngliche Texteinheit sicherzustellen ... Aus der hermeneutischen Relevanz gegenseitig sich besprechender disparater Texte ist der Grundsatz von der sich selbst interpretierenden Heiligen Schrift zu verstehen. (sacra scriptura sui ipsius interpres). ... Angrenzende Texte, die von Haus aus nichts miteinander zu tun haben, machen gleichwohl aufeinander aufmerksam, helfen sich durch ein Stück Fremde zur eigenen Sinnfindung. Dies gehört zur Dialektik von Aneignung. Ich habe schon erlebt, daß ich bei der Predigtvorbereitung schlechter daran war, wenn ich den Text historisch-kritisch nicht nur bestimmt, sondern auch für die Meditation isoliert hatte. Mit der Isolierung ergab sich unbezügliche Vereinzelung, verschwand das heuristische, will sagen erfinderische und aufspürbare In-Differenz-Stehen, aus dem allemal die Invention, der Einfall der Entdeckung, für die Predigt entspringt ... Die Langeweile leergepredigter Texteinheiten folgt nicht daraus, daß die Texte selber erschöpft wären. Diese sind so lange nicht alle, wie ihre Beziehungen zu anderen Texten nicht alle gesehen und genutzt worden sind."[148]

In diesem Sinne denkt Steiger im Zusammenhang mit unserer Seewandel-Geschichte zunächst über den Zusammenhang von Brotspeisung und Seewandel nach, der für alle drei Evangelisten typisch ist. Wie ist der Text mit seiner Textumwelt verflochten? Die beiden umliegenden Texte zeigen etwas von der Tagseite des Wirkens Jesu, unsere Seewandel-Geschichte etwas von der Nachtseite. „Daß die beiden Geschichten ‚Speisung‘ und ‚Seewandel‘ einander stoßen und in dieser Reihenfolge nacheinander (auch bei Markus) kommen, will für unseren Zusammenhang von Anfechtung, die die Anfechtung des *Entzuges Christi* ist, sehr viel besagen. Im Abendmahl wird der Geist, der in heller Verzweiflung verlorengehen will, *gestärkt* durch Speisung seines *Leibes* in der Gemeinschaft der Essenden. Dazu erscheint Christus, der Erhöhte, selbst wieder in seinem Mahl *leibhaftig*. Das stärkt und bewahrt den Geist zum ewigen Leben. Im Gebet aber wird *dem Geist,* der in stiller Verzweiflung verlorengehen will, *aufgeholfen* dadurch, daß ein anderer an seiner Stelle für ihn *redet* und ihn *vertritt* (Römer 8,26) ... Der betende Jesus auf dem Berg am Abend, wie Matthäus es erzählt (Matthäus 14,23), meint dasselbe, was der Apostel lehrt. Man muß die Texte zusammenhalten zu erzählter Lehre."

Oder Steiger denkt sich in die Nacht hinein: „Nachdem nun Jesus fortgegangen war aus seinem ersten Dasein, konnten die Jünger glauben, er sei nur eine Weile auf dem Berg und bete, wolle für einen Augenblick allein sein, um

---

148   L. Steiger, Erschienen in der Zeit, a. a. O., S. 20 f.

wieder mit ihnen zusammen zu sein die ganze Zeit. Das glaubten sie auch seit der Ostererfahrung und jenem Wort, das der Auferstandene hier am See zu ihnen gesagt hatte: ‚Ich bin bei euch alle Tage . . .‘ (Matthäus, 28,20). Doch manchmal meinten sie nach dem Tagewerk, in dem keine Anfechtung war, er habe sie am Abend alleingelassen für immer und sie seien nicht ihm voraus, sondern hinaus ins Ungewisse gefahren. Dann wurde ihr Glaube klein, die Rede verebbte, ihr Zweifel war nach innen gerichtet und still. Ihre Verzweiflung wurde ein Gegenbild zur Windgröße, zur Wasserflut, zum Sturmausbruch, ein Gegenbild der ertragend-spiegelnden Seele.

Nun lese einer den Text, halte aus beim Lesen, wo die Jünger aushielten vom Abend bis in die Morgenfrühe um 3. ‚Und am Abend war er allein daselbst . . . Und das Schiff war schon viele Stadien (1 Stadion = 200 Meter) vom Land weg, während es Not litt von den Wellen . . .‘ Das will einmal sagen, da gab es kein Zurückkehren ans Land mehr! Und will zum anderen heißen: Nach wenigen Kilometern Seestrecke ging das Theater los! Und heißt weiter: Das *dauerte* – dauerte an die drei Nachtwachen lang, wenn man den Abend mit 6 Uhr als Beginn der 1. Nachtwache ansetzt, was auch richtig ist. Innerhalb dieser 9 Stunden (von sechs Uhr abends bis morgens um 3) hören wir nichts von den Jüngern! Warum nicht? Luther übersetzt: ‚Denn der Wind war ihnen entgegen‘. Hat es ihnen die Sprache verschlagen? Nein! Das Wort ‚ihnen‘ steht nicht im Text. Es heißt vielmehr abwesend und anonym: ‚Der Wind stand dagegen‘ – oder einfach: ‚Denn es war Gegenwind‘. Auf dem Wege zum Berge Moria hat Abraham mit Isaak mehr geredet, als die Jünger der stillen Verzweiflung hier reden! 9 Stunden werden lesend leicht überflogen. 9 Stunden Schweigen werden gern überhört. Biblisches Lesen aber *sieht auf* vom Lesen und *hört*. Das ist ja wahres Lesen, wenn der Lesende innehält, um dessen inne zu werden, was äußerlich dasteht. Es gibt die lapidare Kürze des langen Sinns, über den man in Ruhe nachdenken muß. Und es gibt die lapidare Länge des kurzen Sinns, dem man plötzlich nachhängen muß. Der kurze Sinn ist ‚Anfechtung‘ und seine beschwerliche Länge 9 Stunden. Was ‚Anfechtung‘ hier meint, nämlich, daß sie die stille Anfechtung ist, versteht man nur – im wahrsten Sinne des Wortes – *mit* der *Zeit* . . . Über das Schweigen der Jünger kann man nicht in Ruhe nachdenken, sondern, wenn man es entdeckte, hält man das Schweigen aus. Man erschrickt nicht über dies Schweigen, wenn man die Anfechtung kennt, sondern findet sich in ihm wieder. (Wer über die Anfechtung erschrickt, muß ihre Erfahrung noch machen. Denn vor diesem Schweigen wird man nicht dadurch bewahrt, daß man *über* es erschrickt; sondern daß man *aus* dem Schweigen errettet wird durch Erschrecken.)“[149]

149 L. Steiger, a. a. O., S. 83 ff.

Da ist nun manches etwas kompliziert bedacht. Aber der Hinweis auf die Erfahrung und den Zusammenhang zwischen Gegenwind, Anfechtung und Schweigen und eine lange Nachtzeit kann einen auf mancherlei Gedanken bringen. Daß es gerade in dunklen Zeiten, wenn alles gegen den Strich läuft, auch kein Gebet mehr gibt, daß nur das dumpfe Schweigen und Arbeiten da ist. Wer kennt das nicht? Und es ist gut, wenn man das nicht nur als eine innerliche Erfahrung denkt, sondern, wie das immer sein muß, die äußere Erfahrung, das, was konkret Gegenwind in meiner Situation ist, mit bedenkt. Auch vielleicht das Schiff der Kirche im Gegenwind. Mühseliges Rudern. Man merkt hier, wie wichtig es ist, welchen eigenen Erfahrungshorizont oder welche eigene Erfahrung mit der Erfahrung anderer der Prediger im Zusammenhang mit dem Text aktiviert. Es ist nötig, wenn ich am Text nahe dranbleiben will, daß ich immer die Situation der Gemeinde des Matthäus, soweit sie mir bekannt ist, vor Augen habe. Unter Umständen muß ich, damit ich dem Text gerecht werde, auch Erfahrungen christlicher Gemeinden, z. B. in Äthiopien, mit bedenken.

Jeder muß das in der Weise und Sprache machen, die ihm liegt. Wichtig ist mir daran, daß sich der Prediger in den Text hineinbegibt, ihn mit seiner Erfahrung oder der Erfahrung anderer durchspielt. Oft ist es dabei nur wichtig, daß man sich etwas genau vorstellt. In wie vielen Predigten zum Jüngling von Nain (Lukas 7, 11–17) wird der schon bei Luther anzutreffende Gedanke aufgenommen, daß der Zug des Lebens (Jesus und seine Jünger) dem Zug des Todes (die Witwe, die Menge, der tote Sohn) begegnet. Über diese schöne Symbolik wird dann nachgedacht. Kaum jemand denkt sich in die Situation eines zum Stehen gebrachten Leichenzuges hinein. Lothar Steiger: „Diese respektierte Unaufhaltsamkeit um einen Toten . . . Niemand würde sich einfallen lassen, die andere Gesellschaft in Schwarz zu befragen oder gar anzuhalten, würde es wagen, mehr als an ihr vorbeizusehen . . . Man brauchte, statt stillzustehen, statt Gasse zu machen, brauchte man nur zu winken, durch Berühren, mit einem Finger könnte einer die ganze unaufhaltsame Bewegung zum Stehen bringen, dieses Zuges, der doch nicht aus dem Tor, der Gemeinschaft, dem Leben hinaus will, sondern nur gleitet, schreitet, mit geringem Gefälle, zu Friedhöfen geht man immer hinauf.

Darum bleiben Fremde stehen, um die Ohnmacht zu bekunden gegenüber denjenigen, die hier nicht stehenbleiben dürfen. Sondern gehen und ziehen müssen. Das ist die Umkehrung der Verhältnisse, die der Tod macht. Blieben die Trauernden stehen – nein, wir sind dankbar, daß dies nicht geschieht, diese Verlegenheit wollten wir ihnen sichtbar abgenommen haben! Damit überhaupt nichts in dieser Richtung geschehe, sondern die Richtung eingehalten werde, Dorfende, Stadttor. Bitte weitergehen! Das Leben geht weiter. Es geht alles vorbei, auch der Tod hat vorüberzugehen.“[150]

---

150   Lothar Steiger: Die Herrlichkeit sehen. Kassel, 1982, S. 47 f.

Vers für Vers durchspürt Steiger diese Bewegungen dann, bis jener Moment eintritt und die Träger standen. Ist ja auch im Bibeltext seltsam, wie genau plötzlich der Bericht wird.

„Und trat hinzu und berührte den Sarg, und die Träger blieben stehen." Es läßt sich als Zwischenbilanz schon sagen: Die erfahrungsorientierte Textparaphrase macht aus dem Text nicht einfach eine auf einer Erzählebene sich abspielende Story. So etwas kann auch einmal sinnvoll sein (2. Samuel 11). Aber normalerweise werde ich den Text *reflektiert nacherzählen*. In diese Textparaphrase wird Bericht, Kommentar, Quellenangabe mit eingemischt. Ein Stück ausgeführte Eigenerfahrung wird eingespielt. Es wird von den Erfahrungen anderer erzählt oder darauf hingewiesen. Der Text hat ganz verschiedene Ebenen: Die Ebene des Erzählers, die Ebene des Hörers, die Ebene der Erzählung. Das gilt entsprechend bei Brieftexten. Wie selten werden z. B. die Empfänger ernsthaft mit bedacht. Das Ankommen eines Briefes! Das Verlesen dieser Passage in der Gemeinde. Was löst das aus? Entsprechendes gilt für den Psalm, das Prophetenwort, das Gleichnis.

Mir ist es bei jenem auf uns etwas abgedroschen wirkenden Gleichnis vom Pharisäer und Zöllner vor Jahren in einer Konfirmandengruppe deutlich geworden. Wir wollten das als Hörspiel für die Konfirmandenvorstellung vorbereiten. Aber das war so langweilig und unpfiffig, daß es keine Freude machte. Bis wir auf die Idee kamen, das Gleichnis als Gleichniserzählung zu spielen. Das heißt, es einschließlich der Hörer zu spielen. Der Pharisäer und der Zöllner sind ja gar keine wirklichen Leute. Das sind ja doch nur erzählte Leute. Ausgedachte Typen, deren Konturen sich zwischen Erzähltwerden und Hören ergeben. Also mußten die Leute auf dem Marktplatz mit dazugespielt und ihre Reaktionen bedacht werden. Ihre Zwischenrufe mußten überlegt werden (Lukas 18, 9–14). „Es gingen zwei Menschen hinauf in den Tempel zu beten." Die Leute um Jesus herum murmeln Zustimmung, sagen, zum nächsten Passahfest wollen wir auch hin. „Der eine ein Pharisäer, der andere ein – Zöllner." Wie werden die Leute auf dem Marktplatz jetzt reagiert haben? Wir haben das eine Weile ausprobieren müssen. Zwei Menschen gingen zum Abendmahl. Der eine ein Freiwilliger der Aktion Sühnezeichen, der andere ein Neofaschist. Was haben die Menschen gemacht? Gelacht haben sie, böse gelacht. Das ist die Reaktion. Über dies Gelächter lohnt es sich nachzudenken. Und über den, der so zwei Typen den Leuten vor Augen stellt.

Oder: Die Geschichte von der Sturmstillung, Markus 4,35 ff. läßt sich so erzählen, daß die mögliche Erschließungssituation dabei erkennbar wird.[151]

---

151 Arbeitshilfe Grundschule zum Lehrplan 1977 für evangelische Religionslehre (im Auftrag der evangelischen Landeskirchen in Baden/Württemberg). Sonderausgabe. Stuttgart, 1978/79

„Es ist Abend in Jerusalem. Immer wieder sieht man Leute verhüllt und schnell in das Haus des Daniel huschen. Ganz aufgeregt und besonders schnell kommt etwas später noch ein weiterer Mann auf das Haus zu. Er öffnet die Tür und setzt sich still zu den Leuten, die gerade beten. Nach dem Gebet fragt Daniel: ‚Bruder Levi, warum kommst du so spät?' – ‚Ich habe gerade sehen müssen, wie Ruth von den Soldaten weggeschleppt und wohl vor den Rat gestellt wird, weil sie zu unserer Gemeinde gehört.' Plötzlich wird es laut im Raum. Die Menschen werden unruhig. Sie spüren die Gefahr. ‚Wir dürfen uns nicht mehr treffen!' ruft Maria. Viele sprechen und rufen: ‚Man könnte uns entdecken!' – ‚Wir wollen nicht ins Gefängnis!' – ‚Wir haben Angst!' – ‚Warum läßt uns Gott im Stich?' – ‚Wir müssen doch noch alle sterben!'

Jetzt steht der Apostel Jakobus auf und sagt: ‚Rette uns Herr, wir kommen um!' Dabei fällt ihm ein, daß er diesen Satz schon einmal gesagt hat, als er noch mit Jesus zusammen war. Und in die angstvolle Stille hinein beginnt Jakobus zu erzählen: Jesus steigt ins Boot. Wir folgen ihm. Jesus legt sich hin und schläft. Da kommt ein schwerer Sturm auf. Die Wellen werden immer höher und schlagen über den Bootsrand. Langsam füllt sich das Boot mit Wasser. Jesus schläft: Unsere Angst wird immer größer. Und einige rufen: ‚Wach auf, Herr, rette uns, wir kommen um!' Jesus sagt: ‚Warum habt ihr solche Angst? Habt doch Vertrauen!' Dann steht er auf und bedroht den Wind und die Wellen. Da wird es ganz still!"

Oder: Ich muß Examenspredigten durchsehen über 1. Korinther 1,18–25, das Wort vom Kreuz, und bekomme durchweg klug durchdachte Abhandlungen über die Umwertung der Werte, die Paulus vornimmt, und daß das Kreuz ein Ärgernis ist. Fast alle hoch abstrakt, bei einigen eine Konkretion durch ein angehängtes Beispiel. Keinem ist aufgefallen beim Bedenken des textlichen Umfeldes, daß Paulus selber offenbar sehr konkrete Vorstellungen hat, in welcher Weise seine theologia crucis auf die Erde kommt. Er beschreibt seine Gemeinde. Es spricht einiges dafür, daß er Vers 26 und 27 die soziale Struktur der Gemeinde beschreibt. Offenbar gehören nicht viele Gebildete zur Gemeinde, nicht viele, die führende Posten im Stadtregiment hätten, oder wahrscheinlich sind reiche Leute damit gemeint, Josephus hat diesen Sprachgebrauch, also nicht viele wohlhabende Kaufleute oder Grundbesitzer, nicht viele aufgrund ihrer Geburt Angesehene gehören dazu. Vielmehr diejenigen, die vor der Welt als Ungebildete gelten, die keine Macht haben, keinen Einfluß, gehören zur Gemeinde, und diejenigen, die nichts sind, vermutlich Sklaven, Bettler, Witwen, was zur untersten Unterschicht gehört, das gehört zur Gemeinde. Paulus meint, diese Zusammenstellung sei im Sinne der theologia crucis theologisch relevant. Man muß sich einfach mal hineindenken, was Paulus da sagt. Man muß sich die Menschen vorstellen, die da zusammenkommen. Man muß sich die Konflikte ausmalen, die möglich wären und offenbar nicht bestimmend sind. Man muß sich überlegen, was das für eine seltsame Theologie ist, die so etwas für wesentlich für den Glauben hält. Da wird die Torheit des Kreuzes sogar für uns noch anstrengend, wenn man nicht inzwischen einer mittelständischen Unterschichtsverherrlichung verfallen ist. Durch solches Hineindenken in den Text, durch sein konkretes Ausmalen, wird seine Wahrheit keineswegs leichter zu akzeptieren. Im Gegenteil. Aber diese Wahrheit bekommt deutlichere, befremdlichere und dadurch uns deutlicher packende Konturen.

Oder: In die Erzählung vom Gelähmten (Markus 2, 1–12 par.) kann der Prediger seine Erfahrungen mit dem, was krank sein heißt, einbringen und wird doch durch den Verlauf des Textes gezwungen, sich gleichzeitig mit der Frage der Sünde auseinanderzusetzen. „Wie da die Schmerzen den ganzen Raum eines Tages einnehmen können und alles nur auf den einen Wunsch zuläuft, daß sie doch endlich aufhören möchten. Aber auch das andere, daß einer, der tätig war, der arbeiten konnte, daß die anderen oft staunten, daß der nun nichts mehr tun kann. Alle gewohnten Bewegungen funktionieren nicht mehr. Einer muß den Angehörigen oder anderen Menschen zur Last fallen, ist hilflos ausgeliefert. Die Krankheit nimmt uns die alltäglichsten Verrichtungen aus der Hand. Aber das andere, das damit eng zusammengehört, ist fast noch schwerer. Es ist die Verzweiflung und tiefe Niedergeschlagenheit über die entfliehenden Chancen unseres Lebens. Ich stelle mir diesen Gelähmten vor. Er hatte noch viel vor, hatte Pläne im Kopf, und dann kam die Krankheit und hat alles durchkreuzt. Hatte nein gesagt zu allem, was er war und vorhatte.

Der Gelähmte hat das zu seiner Zeit noch härter zu sagen gewußt, als es uns heute liegt. Er konnte schreien: ‚Gott, warum hast du mich verlassen. Für welche Sünden strafst du mich? Was habe ich denn getan, daß du mir den Faden meines glücklichen Lebens abschneidest? Ich fordere Rechenschaft von dir.‘ Das ist die Frage Hiobs. Es ist aber auch die Frage jedes, der noch nicht apathisch geworden ist: Warum muß mir das gerade passieren? Warum gerade jetzt, wo ich's nicht brauchen kann? Ich bin vom Glück verlassen. Die Chancen meines Lebens rinnen dahin. Was schlimmer ist, das körperliche oder das seelische Leiden, ist schwer zu sagen, beides hängt sehr ineinander. Aber das seelische ist, glaube ich, gewichtiger . . . Jesu sagt nun überraschenderweise zum Kranken nicht: ‚Sei gesund!‘ Er sagt vielmehr: ‚Dir sind deine Sünden vergeben.‘ Daran haben viele Ausleger der Bibel herumgedacht. War der vielleicht ein besonders schlimmer Sünder? Hängt seine Krankheit mit einer besonderen Sünde zusammen? Ich glaube das nicht. Nein, dieser Mann hat erlebt, daß er sich von Gott und der Welt verlassen vorkommt. Er denkt: Meine glückliche Zeit ist dahin, ich bin unglücklich. Das alles sind Ausdrücke dafür, daß ich mich von Gott verlassen fühle, daß ich angesichts meiner Krankheit keinen Sinn mehr für mein Leben entdecken kann. Sünde hat etwas mit Sund zu tun, es ist ein Graben. Sünde meint, daß ich von Gott getrennt bin und nicht mehr weiß, wofür es mich noch gibt.

Das will Jesus ansprechen. Er sagt: ‚Du bist nicht von Gott verlassen in deinen schweren Tagen, in deiner schweren Krankheit, denke das nur nicht! Gott ist bei dir auch in deiner Krankheit.' Die herumstehenden Theologen sagen freilich: ‚So etwas geht doch nicht, man sieht doch, daß Gott diesen Mann verlassen hat, sonst würde es ihm doch nicht so schlecht gehen. Im übrigen, woher will dieser Jesus wissen, daß Gott zu dem Kranken steht.' Aber Jesus sagt: ‚Doch, ich weiß das, und ich tue nun etwas dafür, daß sich sein Leben verwandelt. Was ist wohl leichter, zu einem zu sagen: Du bist nicht von Gott verlassen, oder: Sei gesund?' Und dann heilt er ihn."[152]

Wie gesagt, der Text zwingt den Prediger dazu, Krankheit und Sünde, Heilung und Sündenvergebung zusammenzudenken. Der Predigtausschnitt zeigt, daß der Prediger sich dem teilweise entzogen hat. Er versucht, das uns im allgemeinen unangenehme Problem Krankheit und Sünde dadurch zu umschiffen, daß er die verstehbare Verzweiflung des Kranken als Hiobs Abstandserfahrung zu Gott deutet. Das ist verständlich, aber als Textauslegung sicher nicht richtig. Hier wäre also erstens eine intensivere ganz nahe am Text bleibende Auslegung nötig. Die erfahrungsbezogene Textparaphrase müßte zeigen, wie der Prediger mit dem Problem fertig wird. Eine erfahrungsbezogene Auslegung müßte sich möglicherweise mit dem Text streiten, müßte sich auf jeden Fall damit herumquälen, wie Krankheit und Sünde zusammengehören und nicht zusammengehören und was Jesus damit tut. Andererseits ist zu bedenken, daß zunächst einmal wiederum dies Ereignis als vergangenes Ereignis zu bedenken ist, also nicht sofort auf seine Verallgemeinerbarkeit befragt wird, sondern zunächst verstanden wird in diesem Zusammenhang, in dem es dort steht. Allerdings liegt in dem Versuch, es als dieses einmalige besondere Ereignis zu verstehen, schon das Interesse, was wohl daran zu verstehen und zu lernen ist. Und auch die Gemeinde hätte diesen Text nicht überliefert, wenn sie nichts darin gefunden hätte, was sie betraf. Dem muß sich der Prediger stellen. Sich in den Text hineinzudenken reicht also nicht, wenn man darunter versteht, alles so auf die Reihe zu bringen, daß einem der Text paßt. Es geht ja gerade darum, auch die Fremdheit des Textes wirken zu lassen.

Die bekannten Texte sind für den Prediger eine besondere Gefahr. Er kennt sie, die Gemeinde kennt sie, was soll da noch Neues kommen. Es bedarf dann sicher einer besonderen Anstrengung, sich in solche Texte hineinzudenken. Wie sehr das Mitbedenken der Erfahrung anderer einem bei solcher Auslegung helfen kann, habe ich in einer Bibelarbeit empfunden, die ich beim Hannoverschen Kirchentag 1983 (Thema: „Umkehr zum Leben") zu halten hatte, in der nach der Bibelarbeit Fragen der Arbeitswelt

---

152 H. Hirschler, konkret predigen, a. a. O., S. 128 ff.

behandelt wurden. Aufgegeben war mir das Gleichnis vom verlorenen Sohn (Lukas 15, 11–32). In der Halle waren viele Arbeitnehmer und eine gewisse Anzahl Arbeitsloser. Solch eine Bibelarbeit ist natürlich schon auf dem Wege zu einer Predigt. Aber sie enthält doch viele Elemente einer „erfahrungsbezogenen Textparaphrase".

Bibelarbeit zu Lukas 15,11–32:

1. *Wer hat recht?* Mich interessiert in diesem Gleichnis zunächst der zweite Sohn, denn ich finde, der hat auch recht. Spätnachmittags kommt er vom Feld heim. Er hört den Jubel und Trubel auf dem Hof. Er fragt einen der Knechte: „Was ist denn los?" Und der sagt, vermutlich grinsend: „Dein Bruder" (und in dem Ton, in dem er „Bruder" sagt, ist alles enthalten, was er denkt), „dein Bruder ist gekommen, und dein Vater hat das Mastkalb geschlachtet, weil er ihn gesund wieder hat. Ganz neu eingekleidet ist er worden, und einen Siegelring hat er angesteckt bekommen, und Schuhe hat er nun auch wieder." Und der ältere Sohn, Erbe des Resthofes, weil der jüngere Sohn bei seinem Weggang vermutlich ein Drittel abgezweigt und verkauft hat, ist ganz einfach wütend. Und im Grunde hat er recht. Man muß wohl auf seiner Seite sein. Der jüngere Sohn war ja nicht zu halten gewesen, obwohl der Vater wirklich nicht begeistert war, hatte er das durchgesetzt, was rechtlich möglich war. Das Erbteil stand ihm zu. Ob er es gleich zu Geld machen mußte? Immerhin waren die Ländereien dadurch geschmälert worden. Aber er hatte sich mit dem Geld aus dem Staube gemacht, obwohl man seine Arbeitskraft gut hätte brauchen können. Das alles war schon nicht gerade freundlich. Aber was dann an Nachrichten aus der Ferne kam! Wie der sein Geld unter die Leute gebracht hatte. Das war schlimm und eine Schande für die Familie und für die ganze Gemeinde. Sein Gut mit Dirnen verbracht, als wenn der Leib von Gott nicht geheiligt wäre. Sicher, Pech kam zum leichten Leben dazu. Hungersnot, Inflation, allgemeine Arbeitslosigkeit. Und dann hatte er Schreckliches getan, hatte sich an einen Bürger eines fremden Landes, einen Ungläubigen, einen, der den Sabbat nicht hält, der das Fleisch nicht nach den jüdischen Speisegeboten zubereitet, gehängt. Ja schließlich wird er sogar Schweinehirt, hat ständig mit diesen unreinen Tieren zu tun. Das ist widerlich. Sicher, er hatte Hunger und hätte am liebsten sich den Bauch mit Schweinefutter vollgeschlagen. Johannisbrotbaumschoten, „Treber" hat es Luther übersetzt, das, was bei der Bierherstellung von der Gerste übrigbleibt und an die Schweine verfüttert wird. Mit unreinen Menschen gelebt, mit unreinen Tieren befaßt, aus der richtigen Ordnung herausgefallen, und das alles, weil er Unabhängigkeitsideen im Kopf hatte und wieder mal seinen eigenen Weg gehen mußte.

Der ältere Bruder hätte nichts dagegen gehabt, wenn der Sohn wieder auf dem Hof gearbeitet hätte. Schließlich ist er sein Bruder; nein, vom Hof hätte er ihn nicht gejagt. Eine Bleibe hätten sie schon für ihn gehabt, und er hätte ja eine längere Zeit als Knecht mitarbeiten können. Nicht immer, aber jedenfalls für eine gewisse Zeit, als Denkzettel. Damit er weiß, was er falsch gemacht hat, und damit er auch selber das Gefühl hat, ich habe das wieder in Ordnung gebracht. Aber nun ein Fest, das Mastkalb, das ist schon ärgerlich. Es ist auch gar nicht vernünftig! Es ist pädagogisch völlig falsch! Was soll der denn davon lernen? Wenn das jeder so machte? Es muß doch schließlich auch eine überprüfbare und zuendegeführte Gerechtigkeit geben. Das werden doch sonst alles Präzedenzfälle. Wenn er, der Ältere, jetzt weggehen würde, könnte er in Zukunft dasselbe für sich einklagen.

Sie werden jetzt alle denken: Wie wir den Betrieb so kennen, bekommt der zweite Sohn nachher doch unrecht. Bekommt er auch! Aber zunächst einmal muß man sich klarmachen, daß das auch bei uns entsprechenden Ärger geben würde. Die Mitarbeitervertretung oder der Betriebsrat müßte doch wohl einschreiten. Extra ein Mastkalb schlachten. Das ist ja beinahe eine außertarifliche Zuwendung, die dann für alle gelten müßte. Oder man muß es als eine Art Gehaltsvorschuß auffassen, der in 24 Raten dann innerhalb der nächsten zwei Jahre vom Lohn abgezogen wird. Sicher kann man sagen, weil es sich um Familienangehörige handelt, gelten hier andere Gesichtspunkte, aber auch um des innerbetrieblichen Friedens willen sollten solche ungleichmäßigen Behandlungen nicht stattfinden. Und wenn es tatsächlich stimmt, daß der ältere Sohn die ganzen Jahre mitgearbeitet hat und nie ein Fest bekam, um mit seinen Freunden zu feiern, dann ist das ziemlich problematisch. Überhaupt, wie sollen denn jetzt die Besitzverhältnisse geregelt sein? Der jüngere Sohn hat doch seinen Anteil längst verbraucht. Was jetzt bleibt, wird vom Erbe des älteren Sohnes durch den Vater, der noch den Nießbrauch hat, genommen und dem jüngeren gegeben, der doch seinen Anteil schon bekommen hat. Was soll daran wohl gerecht sein?

Jeder merkt, das geht gegen den Vater. Was ist von dem zu halten? Ist das vernünftig, was der tut? Oder ist er zu gutmütig? Oder muß man einfach sagen, er paßt nicht so recht in unsere Welt? Er muß sich doch im klaren darüber sein, daß solche Güte und Freundlichkeit mißbraucht werden kann und mißbraucht werden wird. Hinterher wollen alle das gleiche Rückkehrrecht haben. Sie werden es wollen. Wir kennen das. Eine einmal gegebene Gnade wird sehr schnell zu einem einklagbaren Recht. Das Verhalten des Vaters ist verständlicherweise ärgerlich für den älteren Sohn.

Jesus erzählt dieses Gleichnis, um mit der Figur des Vaters sein eigenes Verhalten, das ähnlich ärgerniserregend war, zu kommentieren. Jesus lebte diese Liebe des Vaters. Und die Leute sagten mit Recht: Wo kommen wir denn da hin, wenn das für alle gelten soll?

168

2. *Die Umkehr.* Das Thema dieses Kirchentages ist: Umkehr zum Leben. Deshalb lohnt es sich, die Umkehr des verlorenen Sohnes noch einmal sehr genau anzuschauen. Von welcher Art ist die eigentlich?

Die Umkehr des verlorenen Sohnes ist, wenn man genau hinschaut, alles andere als Selbstzerknirschung oder Sinneswandel. Es heißt, da schlug er in sich, wörtlich, da kam er zu sich. Das hört sich an wie eine innere Reue. Aber dann merkt man, daß er ganz nüchtern überlegt: Wie viele Tagelöhner hat mein Vater, die Brot die Fülle haben, und ich verderbe hier im Hunger. Ich will mich aufmachen und zu meinem Vater gehen und zu ihm sagen: Vater, ich habe gesündigt gegen den Himmel und vor dir, ich bin hinfort nicht mehr wert, daß ich dein Sohn heiße, aber mach mich zu einem deiner Tagelöhner.

Wenn man sich das richtig überlegt, entspricht das genau den Ansichten des älteren Bruders. Der jüngere Bruder und der ältere Bruder beurteilen nämlich das, was nun zu tun ist, genau gleich. Beide sagen, nach solch einem Verhalten eines Sohnes ist mehr als ein Knecht zu sein vernünftigerweise nicht drin. Aber das wenigstens ist drin. Der jüngere Sohn denkt, das wird mir mein Vater nicht abschlagen, daß ich zu Hause mitarbeite, auch wenn ich keine Ansprüche mehr habe. Ich habe das nun versiebt, das muß ich nun auch auslöffeln. Diese Umkehr ist eine durch die eigene Schuld erforderlich gewordene und durch die Ungunst der Verhältnisse erzwungene Umkehr. Der jüngere Sohn weiß nicht mehr weiter. Da er nicht verhungern will, geht er lieber zurück.

Ich möchte einen Augenblick überlegen, wie das eigentlich mit dem Umkehren bei uns ist. Persönlich wird das jeder von sich auch kennen. Es gibt Situationen, in denen man sich besinnen und das Ruder einfach herumwerfen muß. Man muß entschlossen auf einen anderen Kurs oder sogar auf Gegenkurs gehen. Das zeigt sich in der Schule, wenn die zweite Fünf droht, das zeigt sich, wenn sich sämtliche Aussichten auf einen Arbeitsplatz in dem erwünschten Beruf zerschlagen haben. Situationen an den Schweinetrögen zwingen uns zur Umkehr. Jede kennt das aus seinem persönlichen Bereich.

Wie ist es eigentlich mit der Umkehr einer Gesellschaft, eines Volkes? Wir haben ja 1945 so etwas erlebt: eine Zwangsumkehr durch eine schreckliche Niederlage. Die Jüngeren kennen es nur von den Erzählungen, die Älteren haben es durchgestanden. Die es erlebt haben, wissen, daß sie damals an den Schweinetrögen vieler Ideale und vieler gewaltiger und meist auch gleichzeitig gewalttätiger Hoffnungen standen. Da gab es bei sehr vielen Menschen solch eine erzwungene Umkehr. Bei nicht wenigen ist das dann auch eine innere Umkehr geworden. Nicht wenige sind damals Christen geworden, die es vorher nicht waren. Und sie sind es nicht alle nur aus Opportunismus geworden, sondern weil ihnen eine Welt zerschlagen worden war. Das war eine Zwangsumkehr. Wir haben später gemerkt, daß die innere Umkehr doch nur teilweise stattgefunden hat. Das ist nämlich der Nachteil der äußerlich erzwungenen Umkehr, daß sie nicht unbedingt gleichzeitig eine innere Umkehr ist. Aber immerhin war es eine wichtige Zäsur.

Mehr unter Ihnen werden sich entsinnen an die Ölkrise 1973. Als es plötzlich aussah, als würden wir nicht mehr genügend Öl aus den arabischen Länden bekommen. Als die Ölpreise drastisch hochgingen und bei uns ein autofreier Sonntag verordnet wurde. Ich sehe mich noch am Ewigkeitssonntag vor zehn Jahren vor Beginn des Gottesdienstes vor der Gemeinde stehen, Ärzte, Pastoren und vergleichbare Amtsträger durften damals mit dem Auto fahren, die anderen mußten zu Fuß gehen. Es war ein schöner Anblick, als sie zum Teil etwas später in den Gottesdienst kamen. Es war ein kalter Tag, und sie kamen mit roten Backen und frischen Gesichtern und mit einer Mischung aus Wanderlust, Vergnügtheit und Ernsthaftigkeit in den Gottesdienst. Alle wußten, nun würde man sehr viel weniger Öl verbrauchen können. Wir wußten, sehr viel seltener als bisher würden wir Autotouren machen können. Und wenn es nötig war, dann würde man nur noch 90 bis 100 Stundenkilometer fahren. Und die Kommentare in den Zeitungen und den Medien lauteten damals etwa so: Es wird nie wieder sein wie vorher, wir werden ein völlig neues Verhältnis zur Energie bekommen, wir werden uns völlig umorientieren müssen. Also eine zwangsweise verordnete Umkehr. Wir wissen alle, das hat dann nicht lange gedauert. Erst fuhr man 100, dann 120, verachtete die noch, die mit 140 an einem vorbeizogen, und zum Schluß raste alles wieder wie üblich bis heute. Und an die Preise für das Öl, wenn es auch schwierige Folgen hatte, gewöhnte man sich mit der Zeit. Es wurde weniger Öl verbraucht, aber die Umkehr war nur ein Umkehr-Gerede.

Das Ergebnis ist, eine Gesellschaft kehrt nur um, wenn's sein muß, wenn es nur noch Treber gibt und man die auch nicht mehr bekommt. Die Frage heute ist: Ist es eigentlich realistisch, zu erwarten, daß eine Gesellschaft ohne Not umkehrt? Werden wir imstande sein, ohne ganz harte Zwänge einen anderen Weg einzuschlagen? Diese Fragen muß man bedenken, und man darf es sich nicht zu leicht machen. Forderungen allein stellen noch keine Umkehr her.

Ich möchte auf eine Beobachtung hinweisen. Solange ich nur von den beiden Söhnen spreche ohne den Vater (der ja in seinem Handeln auf Gott verweisen soll), solange also nur von den Menschen die Rede ist, wird eine tiefe Gnadenlosigkeit sichtbar. Da gilt nur Leistung und Verdienst. Der Sohn läßt sich das auszahlen, was ihm zusteht. Er nimmt es mit. Er muß für das, was er braucht, zahlen, bis es nicht mehr geht. Als er nichts mehr hat, wird er ausgestoßen und wird tief abhängig von Leuten und sehnt sich zum Schluß nach dem Fraß der Schweinetröge. Aber auch als er sich dann vornimmt, zu seinem Vater zurückzukehren, überlegt er, was er wohl bei guter Leistung herausholen könnte. Und sein älterer Bruder denkt ähnlich. Es ist die Gnadenlosigkeit einer Welt, in der Menschen das letzte Wort haben. Das ist etwas, was besonders für unsere Zeit typisch ist, und nur deshalb fällt es mir im Gleichnis auf, die Gnadenlosigkeit einer Gesellschaft, in der es heißt: Nur wer etwas leistet, gilt etwas. Nur wer noch einen Arbeitsplatz findet, kann etwas leisten. Und nur wer dann etwas leistet, hat Ansehen.

3. *Der neue Mensch.* Der Sohn geht also zum Vater zurück. Ich möchte einen Augenblick über diesen Rückweg nachdenken. Was ist das für ein Rückweg? Es ist der bittere Rückweg eines Versagers. Und es scheint der Weg in eine neue Abhängigkeit zu sein. Auch wenn der verlorene Sohn sich sein täglich Brot verdienen will, so ist er ja doch von der Freundlichkeit des Vaters abhängig, jedenfalls indem der ihn einstellt. Er ist doch einmal ausgezogen, um ein besseres Leben als zu Hause zu gewinnen. Vielleicht ist er ausgezogen – davon steht nichts im Gleichnis, aber es gehört nicht viel Phantasie dazu, sich das vorzustellen –, um die Enge des väterlichen Hauses loszuwerden. Wahrscheinlich hat er sich erhofft, das eigentliche Leben läge draußen. Ich muß nun deutlich sagen, was mir vorhin schon durch den Kopf ging, als ich den älteren Sohn, der zu Hause blieb, beschrieb: Es gibt doch auch eine berechtigte Hoffnung aller, die aus ihren Elternhäusern ausziehen, daß sie neues, besseres Leben gewinnen. Daß sie die Fehler ihrer Eltern nicht machen. Das ist doch etwas, das zu unserem Menschsein dazugehört. Manche Ausleger haben im Zusammenhang mit dem Auszug des Sohnes aus dem Elternhaus an die Sündenfallgeschichte erinnert, die ja bedeutet, daß der Mensch das Paradies verliert, sich in einer mühseligen Welt vorfindet und doch gleichzeitig dadurch erst Mensch wird, einer, der sich entscheiden muß, einer, der sein Leben nun in eigener Verantwortung gestalten muß. Und das ist ja auch berechtigt, daß die Kinder eines Tages sagen, wir wollen nicht mehr so wie die Alten. Und daß auch die Eltern sagen, er ist jetzt zwanzig, er muß nun auch aus dem Haus. Ich sage das als Vater. Deshalb ist der Rückweg des verlorenen Sohnes höchst problematisch. Alles, was er an Emanzipation, an Freiwerden, Selbständigwerden, Erfolghaben, Das-Leben-Genießen sich versprochen hatte, ist ihm nicht gelungen. Er ist gescheitert. Und wenn der ältere Sohn gewußt hätte, daß der jüngere auf dem Rückweg ist, hätte er sicher schadenfrohe, altkluge Bemerkungen nicht verkneifen können. Zu allen Zeiten reiben sich die Zuhausegebliebenen die Hände, wenn denen, die ausritten, um den Fortschritt zu bringen, so viel schiefgegangen und zerronnen ist. Wir kennen das aus unserer jüngsten politischen Geschichte. Es ist kein leichter Weg, den der verlorene Sohn hier geht, und nur die Not erzwingt ihn.

Das Entscheidende und Großartige an diesem Gleichnis ist nun, daß dieser Weg in die Knechtschaft umfunktioniert wird zu einem Weg in die Freiheit. Man muß sich hier die Einzelheiten der Erzählung genauer anschauen. Der Vater sieht den Sohn, als er noch ferne ist. Das heißt, er hält offenbar Ausschau nach ihm. Als er den Sohn sieht, packt es ihn in der Magengegend, und er rennt dem Sohn entgegen. Das ist etwas, was ein orientalischer Vater nie machen dürfte, wenn er nicht seine Würde verlieren will. Diesem Vater jedoch ist seine Würde wurscht. Er fällt seinem Jungen um den Hals. Das bedeutet, der kann sich ihm nicht zu Füßen werfen, er kommt gar nicht dazu, sondern wird wie ein Gleichberechtigter behandelt, der Vater küßt den Sohn. Er behandelt ihn so, wie ein Freund einen anderen lange entbehrten Freund begrüßen würde. Und er setzt ihn wieder in die Sohnschaft ein. Er bekommt das Kleid, er bekommt den Ring, er bekommt die Schuhe, alles Zeichen der Würde, Signale, die auch nach außen zeigen, der ist wieder der, der zu mir gehört, ja er ist es mehr, als er es vorher war.

Im Sinne des Gleichnisses bedeutet das: Der verlorene Sohn kommt gerade nicht in eine neue Abhängigkeit. Der, der aufgebrochen ist, um zu Kreuze zu kriechen, trifft auf einen, der lieber selber ans Kreuz geht. Es beginnen nicht, wie man konstruieren könnte, die alten schwierigen Vater-Sohn-Beziehungen. Sondern der Sohn wird in die große Weite einer vom Vater gewährten Freiheit hineingestellt.

Dabei ist sicher wichtig, daß dieser Vater durchaus mütterliche Züge trägt. Da wird ja heute viel von der feministischen Theologie geredet. Und unsereins muß jedenfalls die vernünftigen Gesichtspunkte daran lernen, und deshalb ist es auch wichtig, daß man sich klarmacht, daß der Sohn natürlich auch stellvertretend für die Töchter steht, die heute auch gerne ihre Vater- bzw. Mutterhäuser verlassen. Wichtig ist, der Vater ist der Freund, der Freund, der wichtig ist, der Entscheidendes zu sagen hat und doch auf gleicher Stufe steht. Und dieser väterliche Freund, der gibt dem verlorenen Sohn seine große Freiheit.

Ich glaube, wir begreifen, Jesus redet hier von einem Vater, der auf Gott verweist. Und er redet nicht nur von irgendeiner fernen Vatergottheit, sondern er redet von jenem nahen Gott, den er, Jesus, in seinem Handeln vertritt. Jesus versucht mit diesem Gleichnis, sein eigenes Verhalten, sein Zusammensein mit den Zöllnern und Sündern, seine Zuwendung zu den Verlassenen und Ausgestoßenen in der Figur dieses Vaters anschaulich und damit wirksam zu machen.

Man hat gesagt, das Herauslaufen des Vaters, das ist Jesus Christus in seinem Handeln. Wenn man will, kann man sogar hinzufügen, dieser Vater macht sich wegen eines Menschen, der es beim besten Willen von seiner Leistung her, von dem, was er sich geleistet hat, nicht verdient hat, lächerlich. Und in diesem Sich-lächerlich-Machen trägt das Verhalten des

Vaters Züge des gekreuzigten Christus, der der Welt ein Spott geworden ist, um ihr zu helfen.

Damit sind wir wieder bei der Frage des Anfangs, bei der Frage, die der ältere Sohn stellt: Ist das eigentlich gerecht, ist es angemessen, ist es pädagogisch richtig, hilft es dem Menschen, wenn in seiner Welt, die er doch nach Gerechtigkeitsgesichtspunkten, so, daß es mit anderen vergleichbar ist, ordnen muß, die Gnade auftaucht?

Die geschenkte Sohnschaft, die ein Zeichen der Gnade ist, ist das nicht ein störender Faktor in einer Welt, in der man mit den Menschen gerecht, d. h. nach irgendwelchen Maßsystemen, die Anrechte begründen, umgehen muß? Das, was das Gleichnis mit dem nicht rechnenden Vater zeigt, ist das, was Luther immer wieder das Evangelium nennt, die Frohe Botschaft von der Zuwendung Gottes zum Menschen jenseits seiner Leistung und oft genau im Gegensatz zu dem, was er sich geleistet hat. Man darf diese Gnade nicht zu harmlos sehen. Sie ist etwas anderes als eine billige Gnade. Sie ist etwas anderes als mal Gnade vor Recht ergehen zu lassen. Das muß es auch geben. Das würde Luther mit dem Begriff der justitia civilis beschreiben, also der weltlichen Gerechtigkeit. Da gibt es notwendigerweise Begnadigungen, Hilfen, Freundlichkeiten. Man muß sich sehr deutlich machen: Es geht bei dem, was hier das Gleichnis meint, nicht um soziale Reparaturen. Es geht nicht um Freundlichkeiten, daß man bestimmte Härten abmildert, daß z. B. in einer Gesellschaft keiner hungert, daß jeder sein Arbeitslosengeld bekommt, seine Sozialhilfe. Das ist alles sehr schön und sehr nützlich, ist auch christlich geboten. Aber es gehört mit zum Schmieröl in einer schwierigen Welt, die halbwegs gerecht funktionieren soll. Das alles ist aber etwas ganz anderes als die Gnade, als die Einsetzung in die Kindschaft, die der verlorene Sohn erlebt.

Die soziale Hilfe hätte der Sohn bekommen, wenn er als Knecht angestellt worden wäre. Aber nun ist er wieder als Sohn eingesetzt. Das bedeutet, ihm wird ein ganz anderes, ein neues Verhältnis zu seiner Welt gegeben. Und damit ist er ein neuer Mensch. Er hat ein Verhältnis zu den Mitmenschen und zu seiner Welt, wie es der ursprünglichen Bestimmung des Menschen entspricht. Das konnte die erzwungene Umkehr nicht leisten. Die konnte nur aufschließen für dieses Geschenk des Vaters. Das Wesentliche geschieht jedoch durch das Herauslaufen des Vaters, durch sein Handeln, dadurch, daß er den verlorenen Sohn gegen alle Vernunft in die Sohnschaft einsetzt.

Man kann sich das vielleicht ganz praktisch deutlich machen, wenn man an einige Fragen denkt, die wir heute in dieser Halle besprechen werden. Wir stehen ja vor dem Problem, daß wir unser Arbeitsverständnis überprüfen müssen, daß wir als Christen uns dafür einsetzen müssen, daß, soweit es irgend möglich ist, alle Menschen in unserem Land Arbeit haben. Das ist deshalb so wichtig, weil die Erwerbsarbeit in unserer Arbeitsgesellschaft für das Selbstbewußtsein des Menschen von ganz unerhörter Bedeutung ist. Wir haben das ja gestern gehört, wie die Tatsache, daß jemand keine Arbeit hat, an seinem Selbstbewußtsein, an seiner Menschenwürde Schaden anrichtet. Das sieht nun so aus, als müßten wir als Christen sagen: Der Mensch ist das, was er ist aus seiner Arbeit, aus seiner Leistung.

Hier muß man nun sicher sehen, daß die Arbeit viele Gesichter hat. Sie müssen nur einmal darauf achten, wie im Gleichnis von der Arbeit gesprochen wird. Sie ist Broterwerb, der nötig ist, um die Not zu wehren. Die Arbeit ist die minderwertige Tätigkeit, das Tun der Tagelöhner, der Sklaven. Der Arbeitslose sehnt sich aber dennoch schon nach solcher nicht besonders angesehener Arbeit. Schließlich ist Arbeit in dem Gleichnis das Tun des freien Sohnes, der die Welt bebauen und bewahren soll. Was mein ist, ist dein, sagt der Vater zum älteren Sohn. Und für den, der die Welt als Gottes Aufgabe annimmt, kann die Arbeit sogar, wie es uns Luther gelehrt hat, ein Gottesdienst sein, ein Gottesdienst des von Christus befreiten Menschen. Aber gerade durch dieses Verständnis der Arbeit als Gottesdienst geschieht es, wenn der Bezugspunkt Gott wegfällt, daß Menschen die Arbeit nur noch um der Arbeit selbst willen tun. Und dieses Verhältnis zur Arbeit muß die Christenheit heftig in Frage stellen. Genau dies meinen wir nicht. Die Arbeit macht nicht das Wesen des Menschen aus. Der Mensch wird nicht erst Mensch durch seine Arbeit, durch seine Leistung. Zwar ist die Arbeit ein wesentlicher Teil seines Lebens, aber wird sie zum Götzen, so wird sie, völlig unsachgemäß, zu der entscheidend wichtigen Instanz im Leben des Menschen. Und auf dem Grabstein muß es dann heißen: Nur Arbeit war sein Leben.

Dies Gleichnis sagt: Du hast deinen Wert vor und außerhalb jeder Arbeit. Du bist nicht nur etwas aufgrund deiner Leistung (auch nicht deiner Umkehrleistung!), sondern in Gottes Zuwendung, in der Kindschaft, in der Freundschaft Gottes mit dir liegt die Grundlage für dein Selbstbewußtsein. Wer diese Erfahrung macht, daß er von Gott her seinen Wert hat, ist ein neuer Mensch, gleichgültig, ob er Leistung bringen kann oder nicht, ob er Arbeit hat oder keine.

Das bedeutet nicht, daß diejenigen, die Arbeit haben oder einen guten Beruf und Leistungskraft, sich mit solchen Aussagen unseres Glaubens beruhigen dürften, als sei es dann nicht so tragisch zu nehmen, wenn andere keine Arbeit haben. Das wäre unglaublich primitiv. Die Not des anderen kann uns nicht gleichgültig lassen. Aber wenn wir wissen, daß das, was einen daran in der Seele quält, daß er nämlich das Gefühl hat, nichts mehr zu taugen, nichts mehr wert zu sein, ganz wesentlich aus einem falschen Verständnis der Arbeit kommt, dann kann die Aussage dieses Gleichnisses eine ganz große Hilfe sein.

Das Bild dieses Vaters im Gleichnis will uns sagen: Wenn wir als die verlorenen Söhne zu ihm kommen, wird er uns ein neues Selbstbewußtsein geben, das uns frei macht von der Angst um uns selbst und uns freie Hände zum Helfen schenkt.

Also gibt es zwei Arten der Umkehr in dieser Geschichte. Die eine ist die *Umkehr an den Schweinetrögen der Geschichte.* Diese Umkehr gehört mit zu der Gnadenlosigkeit unserer Welt, sie kann allerdings die verborgene Gnade Gottes sein, der uns gegen unseren Willen zurückbringen möchte. Wer diese Umkehr noch nicht erlebt hat, daß er mit seinen Ausflügen in das bessere und eigentlichere Leben steckengeblieben ist, der hat noch nicht viel erlebt und gleicht eher dem zuhause gebliebenen Sohn, der, wenn man genau hinschaut, noch viel tiefer verloren ist als der jüngere. Der Vater geht allerdings auch zu ihm hinaus und bittet ihn hereinzukommen.

Die durch die Gnadenlosigkeit der Welt erzwungene Umkehr kann uns nur in die *Nähe* Christi bringen. Eine solche Umkehr kann uns helfen, weil wir plötzlich mit leeren Händen dastehen und vielleicht offen sind für eine ganz andersartige hilfreiche Nachricht. Aber eine wirkliche Umkehr ist das nicht. (Und wenn wieder genug Öl da ist, dann ist die Umkehr wieder vergessen.)

Aber in dieser Geschichte ist auch noch jene andere Umkehr zum Leben beschrieben, die man als Umkehrung durch den hinauslaufenden Vater bezeichnen könnte. Das ist die Erfahrung, daß mir Gottes Zuwendung begegnet in seinem Wort, so daß mir in, mit und unter den Ereignissen Gott als Freund entgegentritt.

Es ist die Erfahrung, daß ich weiß, mir begegnen nicht nur schwierige oder bösartige oder hartherzige Menschen, es begegnen mir nicht nur miese gesellschaftliche Verhältnisse, es handelt an mir kein blindes, tollwütiges Geschick, sondern in dem allen, auch wenn es oft unbegreiflich ist, begegnet mir und handelt an mir der Gott, der in Jesus Christus mir zum Freund und Vater geworden ist.

Ich erfahre ihn so, daß er mir in dem Handeln anderer Menschen hilft und mich darauf verweist, daß ich in viel tieferer Weise, als Menschen das tun können, von Gott gehalten werde. Er begegnet mir, wenn ich in die Gemeinschaft mit Menschen komme, die mir gegenüber Christus vertreten und selber in ihrer Weise den hinauslaufenden Vater darstellen.

Für das Leben in einer von Leistung und Gegenleistung, von möglichst gleicher Gerechtigkeit für alle, aber auch von Unfreundlichkeit, Bosheit und Heimzahlung bestimmten Welt bedeutet das eine große Freiheit. Die sieht einmal so aus, daß ich an meinem Arbeitsplatz, dort, wo ich meinen Beruf oder mein Studium oder meine sonstige Ausbildung ableisten muß, ganz schlicht weiß, daß dieser Vater mit dabei ist. So wie Christus am Kreuz zwischen den Leidenden war, ist Gott in Christus in guten wie in bösen Tagen mit dabei. Er sagt mir, daß er mich halten will, und macht mich dadurch immer wieder neu frei von der Angst um mich selbst.

Denn wer Angst um sich selbst haben muß, der kann nicht besonders vernünftig reagieren. Wer sich in einer tiefen Weise geborgen weiß, der kann jedoch die Hände frei haben für sich und für andere. Er kann in nüchterner Vernunft das zu tun versuchen, was Menschen hilft. Dazu gehört auch, daß einer die Vorwurfshaltung des älteren Bruders aufgibt. Dazu gehört, daß einer nicht ständig über die Verhältnisse oder die bösen Drahtzieher oder die anderen Menschen klagen muß, sondern voller Hoffnung und Phantasie suchen kann, wie im Kleinen und im Größeren etwas zu verändern ist.

Und deshalb ist das letzte, was an diesem Text beachtlich und eindrücklich ist: Der Vater macht ein rauschendes Fest. Und ich nehme an, daß Jesus mit besonderem Genuß von diesem Fest erzählt hast, denn er hat offenbar ebenso mit vielen Menschen Feste der Befreiten gemacht. Er hat ja nicht nur deutlich gesagt, daß es sich lohnt, umzukehren, weil Gott nahegekommen ist, sondern sein Ruf hieß immer wieder: Tut Buße, denn das Reich Gottes ist nahe herbeigekommen. Das hat für Jesus nicht bedeutet, daß er, weil er für das Kommen des Reiches nichts tun kann, die Hände in den Schoß gelegt habe, sondern in seinen Festmählern ist etwas von der bewußten partiellen Vorwegnahme des Reiches Gottes enthalten. Soweit das unter den Bedingungen dieser Welt möglich ist, merkt man, es ist was von der Auferstehungsfreude in diesen Festen enthalten. „Denn dieser mein Sohn war tot und ist wieder lebendig geworden." Diese vorwegnehmende Freude, die wir besonders im Abendmahl feiern, zeigt etwas davon, daß die Gnade in einer gnadenlosen Welt, in der alle mit Vorwürfen, mit der Sündenbocksuche, mit der Verurteilung beschäftigt sind, das Licht der Welt ist, das mitten in unseren oft so schwierigen Verhältnissen den Silberstreif des Reiches Gottes aufleuchten läßt."[153]

In die Texte hineinzugehen mit dem ganzen Erlebnismaterial meiner Erfahrung und der mir bekannten Erfahrung anderer ist immer wieder ein ganz besonderes Erlebnis. Im allgemeinen habe ich bei der Sonntagspredigt nicht genügend Zeit, dies wirklich regelmäßig ausführlich zu machen, aber wenn es möglich ist, lohnt es sich sehr.

Ich denke, die Pfarrerin und der Pfarrer haben von ihrem Beruf her die Chance, mit den biblischen Texten besonders kompetent umgehen zu können. Die Aufgabe des Predigers besteht bei der erfahrungsbezogenen Textparaphrase darin, mit der eigenen Lebens- und Glaubenserfahrung die Texte zu interpretieren. Er soll dies jedoch so tun, daß die biblischen Texte dabei zu ihrem Recht kommen. Er soll sich mit seiner eigenen Erfahrung auf fremde

---

153 Horst Hirschler: Bibelarbeit über Lukas 15, 11–32. Deutscher Evangelischer Kirchentag Hannover. 1983. Dokumente. Stuttgart, 1984, S. 95 ff.

Erfahrung einlassen. Das aber gehört zum Alltagsgeschäft des Pfarrers. Im seelsorgerlichen Gespräch muß er sich ständig auf andere Menschen einlassen. Seine Kompetenz besteht darin, daß er, soweit das irgend möglich ist, in allen Schichten seiner Gemeinde zuhause ist. Er kann sich hineinfühlen in andere Lebensverhältnisse, andere Schichtenzugehörigkeit, andere Schicksale, andere besonders schwierige soziale und seelische Bedingungen. Wenn er Besuche macht – was, wenn er's vernachlässigt, ein Jammer ist – hat er eine solche Fülle von Informationen über andere Menchen wie sonst kaum jemand. Eine Wohnung gibt viel zu verstehen: die Möbel, die Bilder, die Gerüche, die Getränke. Manchmal bei Beerdigungsgesprächen, bei Gemeindegliedern, die der Pastor nicht kennt, ist er geradezu darauf angewiesen, sich aus den verschiedenen Informationen ein möglichst deutliches Bild zu machen. Er weiß, daß ihm möglicherweise Wesentliches verschwiegen wird. Mit der Zeit entwickelt er eine Art Spürsinn für Untiefen, die man vielleicht in der Predigt nicht ansprechen, aber doch wissen muß. Zu den besonderen Aufgaben des Pastors gehört auch, daß er ein Verständnis für andere Frömmigkeitsformen haben muß. Er muß mit Menschen beten, einen Gottesdienst halten, die viel weniger mit dem Glauben anfangen können als er, und er muß das mit solchen tun, deren zupackende Frömmigkeit ihm eher Ängste macht. Die Kompetenz des Pastors und der Pastorin liegt darin, sich auf eine große Breite menschlicher Erfahrung einstellen zu können und zu hören, was da unter anderen Sprachformen, unter anderen Lebensgewohnheiten an Ansprechbarkeit auf die Sache des Glaubens, Verständnis oder Unverständnis dafür, da ist.

Nun mag jemand einwenden, dies sei ein zu ideales Bild von der Pastorin oder vom Pastor. Ich weiß nicht, wen er dabei gerade vor Augen hat. Ich denke aber, das Beschriebene ist die Kompetenz, die der Prediger gewöhnlich hat und die sich Pastorinnen und Pastoren durch eine für sie oftmals anstrengende Berufssozialisation erwerben.

Nun denke ich, solch eine Kompetenz wird sich gerade beim Verstehen der Texte positiv auswirken können. Es geht wie beim seelsorgerlichen Gespräch mit einem unbekannten Menschen darum, die Texte in ihrer Andersartigkeit, ihrer Fremdheit stehen zu lassen und sie dennoch so weit wie möglich zu verstehen. Das Problem und der Unterschied ist dabei, daß der Prediger die von Ernst Lange beschriebene Doppelrolle spielt, nämlich gleichzeitig Anwalt des Textes und seiner selbst sowie des Hörers sein zu müssen. Ihm muß die eigenständige „Identität" des Textes am Herzen liegen, und er muß gleichzeitig versuchen, sich diesen Text soweit als möglich zu seinem eigenen zu machen. Eine nicht ganz leichte Aufgabe. Aber wie sich zeigt, eine lohnende.

Maßstab für alles Hineinwerfen meiner Lebenserfahrung mit mir und anderen in den Text ist bei der Textparaphrase, daß ich bei der Sache des Textes bleibe und ihm seine Eigentümlichkeit lasse.

2. Erklärendes Erzählen

Über das Erzählen ist in den letzten Jahren viel geschrieben worden. Ich kann mich deshalb hier kurz fassen und auf einige mir wichtige Gesichtspunkte hinweisen.

„Im Unterschied zur Beliebigkeit des Fabulierens, im Unterschied aber auch zur Notwendigkeit des Begriffs ist das Erzählen eine bezwingende Rede, in der es dazu kommen soll, daß vergangene Geschichte ihre eigensten Möglichkeiten aufs neue freisetzt."[154]

Dieser Satz Eberhard Jüngels sagt das nötige über das, was Erzählen biblischer Texte soll.

Etwas anderes ist es dann freilich, wenn ich wirklich zu erzählen versuche.

Wer vor kritischen Ohren einen biblischen Text erzählt, kommt fast notwendig ins Schwitzen. Das ist ein ganzes Stück anders, als wenn ich über das Erzählen rede oder als wenn ich in begrifflicher Sprache einen Text auslege. Bei allen beschreibenden Reden kann ich mich gleichsam am Text festhalten. Ich kann seine Zusammenhänge darstellen, kann allerlei über die Entstehung, die Meinung des Verfassers, die Wirkung auf die Hörer, die in ihm vorkommenden Sprechakte usw. sagen und bin in meinem Reden abgesichert durch das, was da steht.

Mit dem Erzählen hänge ich mich selbst weit aus dem Fenster hinaus. Ich sage, wie ich die Leerstellen eines Bibeltextes für mich ausfülle. Jeder biblische Text enthält eine Welt von Nicht-Gesagtem. Das liegt daran, daß es bei der Formulierung des Textes für Verfasser und Adressat Selbstverständlichkeiten gab, die nicht näher erläutert werden mußten, oder weil der Erzähler, der Verfasser eines Textes bestimmte Dinge nicht sagen wollte, oder weil der Text so konzipiert ist,[155] daß der Leser vieles selbst ausfüllen soll. Nun ziehe ich also über solche Abgründe und Schluchten hinweg meine erzählerischen Hängebrücken, hergestellt aus den Materialien meiner Erfahrung. Damit gebe ich oftmals viel von mir preis. Ich sage, wie ich den Glauben lebe. Ich sage, wie ich an der Stelle des Autors, der handelnden Personen reden und handeln würde, und warum.

Natürlich sage ich mir, gib nicht zu viel von dir selbst preis, das wirkt zu angeberisch. Deine eigenen Empfindungen bei dem Text sind vielleicht auch zu unqualifiziert. Gibt es vielleicht nicht auch Hängebrücken aus dem Material jener Zeit? Also versuche ich für die Leerstellen nach Erfahrungsmaterial aus anderen biblischen Texten. Ich lese für die Umwelt Jesu Josephus, benutze sozialgeschichtliche Interpretation und andere Hilfsmittel,

---

154 Eberhard Jüngel: Gott als Geheimnis der Welt. Tübingen, ²1977, S. 417
155 U. Eco, Das offene Kunstwerk, s. o. S. 113, oder auch die Psalmen

damit nicht alles nur auf meiner jetzigen Erfahrung steht. Das ist richtig und sinnvoll. Darüber hinaus weiß ich, daß ich als Prediger vorsichtig sein muß. Wenn der Prediger die erzählbaren Verbindungslinien zwischen den verschiedenen Textausgaben zu sehr mit seiner besonderen Glaubens- und Lebenserfahrung ausmalt, sagen die Kundigen vielleicht: Heute reitet ihn wieder sein Neuröschen. Immer dieselbe Leier. Die biblische Geschichte muß also verallgemeinerbar erzählt werden. „In jeder Geschichte, und sei sie noch so kontingent, steckt ein Allgemeines, denn aus jeder Geschichte kann ein anderer Exemplarisches herauslesen. Geschichten werden umso eher als ein Exempel verstanden, je mehr Typisches sie enthalten. Der Begriff des Typus bezeichnet hier eine Qualität der Übersetzbarkeit: Eine Geschichte ist in einer gegebenen Situation und im Hinblick auf ein bestimmtes Publikum typisch, wenn die „Handlung" leicht aus ihrem Zusammenhang gelöst und auf andere, ebenfalls individuierte Lebensverhältnisse *übertragen* werden kann. Wir können den „typischen" Fall auf den eigenen Fall anwenden: Wir selbst sind es, die die Applikation vornehmen, das Vergleichbare vom Verschiedenen abstrahieren und das abgezogene Modell unter den bestimmten Lebensumständen unseres eigenen Falles wiederum konkretisieren."[156]

Wir gehen allerdings den umgekehrten Weg, dennoch ist solches Aufsuchen eines Textes in seinem ursprünglichen Verständnis mit dem Erfahrungsmaterial meines Lebens darauf angewiesen, wenn ich es für die Predigt verwenden will, daß meine Erzählung exemplarischen Wert hat. Was soll sie sonst? Aber auch wenn ich solche verallgemeinerbaren Aussagen suche, übernehme ich die Verantwortung für diese Fassung der Geschichte. Seltsamerweise empfindet der Prediger solch einen erzählten Zusammenhang als anstrengender und verbindlicher, als wenn er nur darüber redet. Er sieht sich schnell der Kritik ausgesetzt. Ein anderer würde die Erzählstücke anders ausloten. Das ist wichtig. Das Gespräch über solche unterschiedlichen Ausmalungen eines Textes können ein wesentliches Element zum Verstehen eines Bibeltextes sein.[157]

Wer erzählt, gibt sich ein Stück weit preis. Andererseits machen Prediger die Erfahrung, daß sie in Erzählungen, die sie in ihren Predigten verwenden, den dort handelnden Personen oft viel markigere Worte in den Mund legen als sie selbst der Gemeinde zu sagen wagten. Verstecken sie sich damit hinter der Erzählung? Sollte das so sein, wäre es problematisch. Eine indirekte Mitteilung durch das Medium einer Erzählung jedoch ist kein Verstecken, sondern ein Aufschließen einer Wirklichkeit durch eine andere Redeweise. Versteckte sich Nathan, als er David jene Geschichte erzählte (2. Samuel 12)?

---

156 Jürgen Habermas: Erkenntnis und Interesse. Frankfurt, 1968, S. 321 f.
157 Siehe z. B. die unterschiedlichen Auslegungen zum barmherzigen Samariter: Walter Jens (Hrsg.): Der barmherzige Samariter. Gütersloh, 1977

Keineswegs! Er verhalf David zu einer neuen Sicht seiner Situation und stellte den Richter nun selbst vor den Richter. „Du bist der Mann", zeigt, daß es sich um kein Versteckspiel handelte. Wenn es gut läuft, kann dieser Satz „Du bist der Mann, du bist die Frau" sogar aus einem Text direkt ohne solche Anrede auf den Hörer überspringen und als Zugriff Gottes erfahren werden oder als Tröstung. „Erzählen ist also eine besonders strenge Weise der Rede. Sie bringt Wirkliches so zur Sprache, daß sie die verhaltene Freiheit des Möglichen mit der vorantreibenden Kraft des Zwingenden ursprünglich vereinigt."[158]

Na, hoffentlich!

Die erfahrungsbezogene Textparaphrase ist eine Vorbereitung, manchmal auch schon die Ausführung solchen Erzählens. In ihr klärt sich, aus welcher Perspektive der Text erzählt werden soll. Wie kommt die Ursprungssituation, aus der heraus dieses Stück Bibel verfaßt ist, am deutlichsten zur Sprache? An welcher Person oder welchem Personenkreis suche ich den Erfahrungsgrund eines Textes auf?

Es gibt unterschiedliche Bereiche des Erzählens, des Darstellens oder Vor-Augen-Malens. Einmal kann ich von äußeren, prinzipiell-empirisch erfaßbaren Abläufen reden.

Sodann spreche ich von inneren, existentiellen Erfahrungen der Menschen. Von ihrer Trauer, von ihrer Freude, von ihrem Empfinden in der Gottesbegegnung. Schließlich gibt es metaphorisches Erzählen, welches immer ein Zusammenspiel von existentieller Erfahrung und verobjektivierender metaphorischer Aussage ist, um vom Handeln Gottes sachgemäß zu reden.

Im Bereich empirisch-prinzipiell wahrnehmbarer Fakten zu erzählen, ist unproblematisch. Der Prediger muß nur zusehen, daß es zu der Geschichte paßt. Von der existentiellen Erfahrung zu berichten, macht auch keine grundsätzliche Schwierigkeit. Wenn ich mir die Erschließungssituation vorzustellen versuche, in der die Sturmstillungsgeschichte ihren möglichen Sitz im Leben hatte, dann rede ich von etwas, mit dem ich mich auskenne. Bleibe in dem Bereich der Schilderung der Erschließungssituation und zeige, was in diesem Zusammenhang eine Metapher besagt, dann ist das eine Weise der Entmythologisierung, die sich als dem Phänomen mythologischer Rede angemessen und dem Glauben förderlich erwiesen hat.

Ist es nun aber sinnvoll, im Bereich der Metapher herumzuerzählen? Soll ich also neben Petrus noch andere auf dem Wasser herumwandern lassen mit allerlei metaphorisch brauchbaren Erlebnissen? Ich halte das nicht für sinnvoll, weil eine metaphorische Erzählung dadurch zu leicht an den Rand ihrer Tragfähigkeit geführt würde. Dann lieber neue Metaphern erfinden.

---

158   E. Jüngel, Gott als Geheimnis der Welt, a. a. O., S. 418

Gibt es metaphorische Wahrheit, die man besser nicht weitererzählt, weil ihre Symbolkraft erloschen ist? Wie ist es mit der Jungfrauengeburt, der Gottessohnschaft Jesu? Ohne Erklärung bleibt das unverständlich. Aber spricht eine erklärungsbedürftige Metapher?[159]

Wie aber ist es mit dem Sich-hinein-Denken in Jesus?

Ist es richtig, von Jesus zu erzählen? Sich in die Jünger hineinzudenken, ist kein Problem. Aber soll der Prediger sich in die Gestalt Jesu hineindenken, bei den einzelnen Texten Jesu psychologisch verständlich machen? Sich hinein-denken, was er warum gemacht hat? Erzählen, was der Einzug in Jerusalem für ihn bedeutet haben kann? Den Garten Gethsemane mit dem Erfahrungsma-terial der Briefe zum Tode Verurteilter ausdeuten und vorstellbar erzählen? Albert Schweitzers „Geschichte der Leben-Jesu-Forschung" läßt grüßen. Meist reicht das schon.

Gerd Theißen hat den für einen Neutestamentler sehr beachtlichen Versuch unternommen, die Jesusgeschichte zu erzählen und sich von den Unkenrufen, so etwas sei unwissenschaftlich, nicht beirren lassen.[160]

Man muß allerdings genauer hinschauen, was er erzählt und wie er es durch zwischengeschaltete Briefe erläutert und absichert. Er hat das realistisch Erzählbare erzählt. Das, was sich empirisch als ziemlich wahrscheinlich feststellen läßt, so miteinander verknüpft, daß man es sich als Erleben von Menschen vorstellen kann. Typischerweise bleiben die Hauptpersonen des Buches in einer fast ähnlichen Lage wie wir: Sie sind aufs Hören-Sagen von Jesus angewiesen. Jesus selbst wird nur als Gekreuzigter gezeigt.

Ich empfinde diesen Versuch, so sehr man über das einzelne diskutieren kann, als ausgesprochen verdienstvoll. Es läßt sich jedenfalls darüber reden und daraus lernen. Im allgemeinen überläßt die biblische Wissenschaft solche Versuche uns Predigern und macht sich mit dergleichen als unwissenschaftlich angesehenen Unternehmungen nicht die Finger schmutzig.

Es wäre allerdings zu fragen, ob solche Zurückhaltung wirklich sachgemäß ist. Läßt sich der biblische Text ohne den Versuch, ihn paraphrasierend zu erzählen, wirklich verstehen? Aber zurück zur Frage, wie ist es mit dem Erzählen von Jesus? Theißen jedenfalls erzählt sich Jesus selbst als Person nicht zurecht. Er erzählt von seinen Wirkungen. Das scheint mir sachgemäß zu sein. Wenn im Neuen Testament von Jesus gesprochen wird, ist es immer der überlieferte Jesus. Das heißt, er ist der, der als nachösterlicher Jesus

159 S. u. S. 367
160 Gerd Theißen: Der Schatten des Galiläers. Historische Jesusforschung in erzählender Form. München, 1986; siehe dazu auch z. T. kritisch Hans Stock: Für die Gegenwart verständlich? In: LM 1/88

Christus für die Überlieferer lebensbestimmend ist. Und natürlich stimmt auch: „Die Christologie steht und fällt damit, daß sie an Jesus selbst Anhalt hat."[161]

Dieser uns in den Texten entgegentretende Jesus von Nazareth vertritt die Stelle des nahen, uns zugesandten Gottes. Wenn ich ihn mit den Möglichkeiten des realistischen Erzählens innerlich verständlich zu machen versuche, bedeutet das, die Aussage wahrer Mensch – wahrer Gott zugunsten des Menschen aufzulösen. Es bleibt dann, wie wir wissen, nur der Mann Jesus aus Nazareth, der eine bedeutende, vielleicht einmalige Persönlichkeit war. Einmalige Persönlichkeiten sind schon von dem Grundsatz her, daß ich Einmaliges seiner Einmaligkeit beraube, wenn ich mich vergleichbar hineinzudenken versuche, in dieser Einmaligkeit nicht sachgemäß beschreibbar. Im übrigen wollen die Texte anderes mitteilen. Sie reden von dem Kyrios, der für sie die Stelle des ihnen zugewandten Gottes einnimmt.

Man kann nur einwerfen, ob es nicht gerade zur Menschlichkeit Jesu gehöre, daß man von ihm menschlich erzählt. Es gibt ja auch genügend literarische Versuche, in denen einem ein eindrückliches Bild Jesu entgegentritt, das vielleicht Menschen anspricht. Die vielfältigen Jesusbücher sind doch immer wieder solche Versuche, soweit es möglich ist, diesem Jesus nahezukommen. Liest man nicht Milan Machovecs „Jesus für Atheisten" mit Gewinn? Wahr ist es. Dennoch halte ich ein Erzählen von Jesus, das über die Beschreibung seiner Wirkung hinausgeht, für grundsätzlich unangemessen. Rede ich nur vom Menschen Jesus, gebe ich die Wirklichkeit Gottes, die in ihm sichtbar geworden ist, preis. Erzähle ich beides durcheinander, kommt eine seltsame mythische Person heraus. Jesus nach Art eines Propheten als durch Gott inspiriert und autorisiert zu denken, widerspricht dem Wesen der christologischen Aussagen. Die Anwesenheit Gottes in Jesus sich in irgendeiner Weise naturhaft vorzustellen, ist für uns nicht denkmöglich. Ebeling redet deshalb lieber von „Gottes Wort in Person". „In dem gesamten leibhaftigen Menschsein Jesu, seinem Leben und Sterben, kommt Gott zur Sprache. Deshalb wird dieses Geschehen zur unerschöpflichen Quelle eines Wortgeschehens, durch das Gott beim Menschen und der Mensch bei Gott ist."[162]

Dennoch will ich auch sagen – da dem Erzählen, wenn es hilft, keine Grenzen gesetzt sind – wem es gelingt, von Jesus Christus überzeugend zu erzählen, der soll das tun.[163]

---

161 Gerhard Ebeling: Dogmatik des christlichen Glaubens. Bd II. Tübingen, 1979, S. 474

162 G. Ebeling, Dogmatik, a.a.O., S. 92

163 Vielleicht wäre es nützlich, dann vorher Ebelings „Dogmatik des christlichen Glauben", Bd. II, zu lesen oder eine andere Dogmatik.

Wie geschieht solches Reden von Jesus als dem Christus z. B. in der Karfreitagspredigt? Was bedeutet erfahrungsbezogene Textparaphrase bei den Berichten von der Kreuzigung Jesu von Nazareth als dem Christus Gottes?

Beim Durchsehen von veröffentlichten Karfreitagspredigten und -predigthilfen zeigt sich die unglaubliche Fülle der Annäherungsmöglichkeiten an dieses zentrale Ereignis der Christenheit. Nimmt man die Dogmatiken als eine Art Grundsatzpredigten hinzu, verstärkt sich dieses Bild. Das kann hier nicht im einzelnen entfaltet werden. Ich nehme lediglich drei typische Zugangsweisen zum Karfreitagsgeschehen heraus.

— Der erste Zugang geschieht heute meistens in der Weise, daß Jesu Tod mit der Erfahrung des Leidens in unserer Welt zu erschließen gesucht wird. Jesu Tod wird nur richtig verstanden, wenn der Tod in unserer Welt ernstgenommen wird. Jesu Tod ruft uns zur Solidarität gegenüber allem Leiden in der Welt auf. „Wir werden von Jesus lernen, dort Widerstand zu leisten, wo das Glück anderer auf dem Spiel steht. Denn Jesus, der ins Sterben geht, lebendig noch im Angesicht des Todes, macht uns Mut zu einem unverkürzten Leben, zu einem ungeteilten Glück, das allen Menschen zukommen soll."[164]

„Das stellvertretende Leiden Christi am Kreuz hat seine Relevanz darin, daß er der Gewalt seine Gewaltfreiheit entgegengesetzt hat ... Christi Sterben zieht uns in die Lebensbewegung hinein vom alten Menschen zum neuen Menschen, von der Feindschaft zur Freundschaft, von der Herrschaft der Gewalt zur Freiheit von der Gewalt."[165]

„Zur Isolierung des Karfreitags und folglich zu seiner Neutralisierung hat nicht zuletzt eine falsch verstandene, isolierte theologia crucis beigetragen. In dem Maße, wie sie das Kreuz Jesu abstrakt – ohne Benennung konkreten Leidens und Unrechts – als das zentrale Heilsereignis verkündet, gewinnen nämlich Leiden und Sterben Jesu die Qualität analogieloser Einmaligkeit. Und umgekehrt wird dabei menschliches Leiden – gleichfalls pauschal, also ohne kritische Frage nach gesellschaftlichen, strukturellen Ursachen – zum vorrangigen Ort der Kreuzesnachfolge, zur Stätte der Geduld und der Bewährung, aber nicht zum Anlaß von Widerstand und Veränderung. Die dogmatische Überfrachtung des Hinrichtungstodes Jesu durch Theorien wie die vom stellvertretenden Strafleiden oder vom Sühneopfer dient eher der Mystifizierung als der Herstellung von Betroffenheit."[166]

---

164 Peter Krusche u. a. (Hrsg.): Predigtstudien. III, 1. Stuttgart, 1980, S. 197
165 P. Krusche u. a., Predigtstudien II, 1, Stuttgart, 1985, S. 202 f.
166 P. Krusche u. a., Predigtstudien III, 1, Stuttgart, 1980, S. 192

– Der zweite Zugang zum Karfreitagsgeschehen geschieht vielfältig im Wiederholen der theologischen Spitzensätze über das Kreuz. „Das Scheitern Jesu am Kreuz ist nicht zu Sinnlosigkeit verurteilt, sondern hat von Gott her einen Sinn bekommen. Wie das? Antwort: Jesus lebte die Liebe Gottes konsequent. Diese Liebe ist nicht im Kreuz mitgestorben, sondern diese Liebe hat weiterhin Zukunft und damit absolute Geltung für uns! Aber das ist wahr: Er trug unsere Krankheit und lud auf sich unsere Schmerzen, er wurde durchbohrt um unserer Untreue willen, zerschlagen zur Sühne für unsere Verbrechen. Die Strafe liegt auf ihm, damit wir Frieden hätten, und durch seine Wunden sind wir geheilt. Da bricht in der Klage über den Tod des Gescheiterten Trost durch: Hier läßt sich einer freiwillig ans Kreuz schlagen, wo eigentlich mein Platz wäre. Warum? Weil Jesus für seine gelebte Liebe unverdient ans Kreuz genagelt wurde und ich für meine Unfähigkeit zu lieben ungeschoren davonkomme. Das hat sich für uns ereignet an jenem Karfreitag: Dieser Mensch Jesus ist für mich, ohne daß ich etwas dazutat, etwas geleistet hätte, *eingetreten!* Jesus hat mich vertreten! Meine Lieblosigkeit, mein Egoismus, mein Haß, meine Ängste sind mit ihm ans Kreuz genagelt worden! Es hat sich einer freiwillig gefunden, der mich vertritt und entlastet!"[167]

– Ein dritter Auslegungstyp des Karfreitagsgeschehens versucht den Zugang über die Theodizee-Frage und die Leidensproblematik. „Dadurch bekommt Jesu so augenscheinlich sinnlose und aussichtslose Passion ihren tragenden Sinn und wird offenbar, daß Gott selbst in seiner ‚skandalösen' Abwesenheit am Kreuz verborgen anwesend geblieben ist. Von daher wird das Kreuz zum Evangelium, zum ‚evangelischen' Angebot für alle Menschen in leidvoller Verlorenheit und Verlassenheit. Wie am Leben und Wirken Jesu kann von der Auferstehung her auch an seinem Leiden und Sterben sichtbar werden: Dieser Gott ist ein Gott mit uns, bei uns und für uns, auch wenn wir ganz unten sind. Vielleicht ist das der Weg, auf dem die Wirklichkeit des Kreuzes für uns zur befreienden Glaubens- und Identifikationsmöglichkeit werden kann . . . Den Weg zu einem so verstandenen ‚sinn-vollen Kreuz' würde ich, wie anfangs in Betracht gezogen, über ein identifikatorisch akzentuiertes Nach- und Neuerzählen der matthäischen Passionsgeschichte suchen. Wie die Auslegung gezeigt hat, sind wir dazu auch trotz des einzigartigen und unnachahmlichen Leidens des Gekreuzigten theologisch befugt, wenn wir ohne Nachahmungsambitionen und falsche Psychologisierungen unsere eigenen Erfahrungen in existentiell-identifizierender Entsprechung beim nachdenkenden Erzählen mitreden lassen."[168]

167   Horst Nitschke (Hrsg.): Passion. Gütersloh, 1983, S. 130
168   Peter Krusche u. a. (Hrsg.): Predigtstudien V, 1. Stuttgart, 1982, S. 192

Diese drei Typen finden sich (in Variationen) in der gegenwärtigen Predigt-literatur besonders oft.
1. das Kreuz als Mahnzeichen gegen das Leid,
2. das Kreuz als Opfertod Christi für unsere Sünden,
3. das Kreuz als Überwindung der Gottesferne.

Das Problem beim ersten Typ ist, daß hier das Kreuz Jesu Christi, das eine „Gabe" sein soll, zu einem Mahnzeichen der Aktion wird. Nun ist natürlich alles gut, was dazu hilft, das Leid in der Welt zu verringern. Aber dafür muß man eigentlich nicht das Kreuz Christi benutzen. Daß wir gegen das Leiden in der Welt anzugehen haben, wissen wir auch so. Das Karfreitagsgeschehen ist, soweit ich sehe, kein besonders wirksamer Druckverstärker in dieser Richtung. Theologisch gesehen gibt der Karfreitag die Freiheit zu solchem sachgemäßen Tun. Wenn er diese Kraft behalten soll, darf man ihn nicht in ein Exempel ummünzen. Dieser gesetzliche Typ der Karfreitagspredigt wird dem Kreu-zesgeschehen am wenigsten gerecht.

Der zweite Typ hat seine großen Probleme darin, daß er zwar bekennt-nistreue Glaubenssätze wiederholt, daß sie aber unverständlich sind. Jeder weiß, daß Christus für unsere Sünden gestorben ist. Nur wie soll das geschehen? Die Predigt müßte sorgfältig erklären, wie denn das zu begreifen und zu erleben ist. Stattdessen wird fast immer nur behauptet, Christus hat uns erlöst. Predigten, in denen erklärt oder verständlich gemacht wird, wie denn ein Ereignis vor 2000 Jahren uns heute von unseren Sünden befreien soll, sind in der gegenwärtigen Predigtliteratur kaum zu finden.

Der Typ drei erscheint mir am einleuchtendsten zu sein. Ich hänge ihm an. Sein Problem ist, daß er meist die Sündenvergebung vernachlässigt und damit das Kreuz als Urbild der Rechtfertigungslehre nicht zur Sprache bringt. Die Klärung der Frage Hiobs durch die theologia crucis ist *eine* wichtige Seite des Kreuzesgeschehens. Die Kraft des Kreuzesgeschehens jedoch liegt im Recht-fertigungsgeschehen. Deshalb ist zunächst einmal jeder Interpretationsweg verheißungsvoll, der versucht, die Kreuzigung Christi im Licht der österlichen Erkenntnis als das entscheidende Erschließungsereignis der Christenheit verständlich zu machen. Die verständlichen Interessen der Predigttypen eins (Kreuz als Symbol gegen das Leid) und zwei (das Kreuz als Opfertod für unsere Sünden) werden m. E. sachgemäß nur aufgenommen, wenn in nacherzählender Paraphrase des Kreuzesgeschehens aus der Sicht der ersten Gemeinde ver-ständlich wird, was Karfreitag und Ostern zu begreifen ist. Der Kampf gegen das Leid und die Ungerechtigkeit unserer Welt bedarf des Kreuzes nicht als Exempels – dazu eignet sich der vor-karfreitagliche Jesus weitaus besser –, sondern als befreienden Grundes zum Handeln. Die Rede vom Opfertod Christi für unsere Sünden wird verständlich nur, wenn sich beschreiben läßt, inwiefern die ersten Jünger und Jüngerinnen erkannten, daß dies ein Tod „für uns" war.

Als Versuch, so vom Kreuz zu reden, hier eine Predigt über 2. Korinther 5, 14b–21:

„Liebe Gemeinde!
Gestern sprach ich mit einer Kindergottesdiensthelferin aus einer anderen Gemeinde.

Gut, daß ich am vergangenen Sonntag keine Zeit hatte für den Kindergottesdienst, sagte sie.

Warum??? fragte ich.

Es war die Kreuzigung dran, das ist immer schrecklich.

Wieso, fragte ich?

Ach, das ist nichts für Kinder, die weinen bloß oder verstehen es nicht, und mich strengt das zu sehr an, ich bin froh, daß ich nicht konnte.

Anstrengende Kreuzigung
Ich sah die Abbildung eines Gemäldes von Otto Dix, die große Kreuzigung von 1948.

Man schaut direkt auf den Gekreuzigten, der in dunklen, matten, schmutzigen Farben gemalt ist. Mit seinen ausgebreiteten Armen füllt er das ganze Bild aus.

Christus blickt den Betrachter mit Augen des Schreckens an, der Mund steht wie zu einem unartikulierten Schrei offen, der Kopf zwischen den Schultern dem Betrachter entgegengestreckt.

Ein Bild zum Erschrecken. Man darf das Fürchterliche nicht verharmlosen, hat Otto Dix zu dem Bild geschrieben. In Wirklichkeit schwellen dem Gekreuzigten die Glieder an, er bekommt Atemnot, sein Gesicht verfärbt sich, und er hat die schrecklichsten Schmerzen. Das müssen wir erträglich machen, damit wir es besser verdauen können. Einsam und allein hat Jesus dies erlitten, mußte erleben, daß ihn alle verließen.

Das ist die eine Seite des Karfreitag.

Das Gedächtnis des leidenden Christus, wie wir es heute in den Bibeltexten, den Liedern und Gebeten schon gemacht haben.

Und wenn uns einer fragte, was das soll, dann fällt uns heute als erstes ein: Das bedeutet, daß wir der Leidenden in unserer Welt gedenken. Der Hungernden, der Unterdrückten, der Gefangenen, der Gefolterten, der vom Tode Bedrohten. Dies Bild Christi enthält die Aufforderung, ihr Leid nicht zu verdrängen, uns für sie einzusetzen.

Aber wir müssen vorsichtig sein, daß wir diesen Gedanken nicht zu vordergründig mit dem Kreuz zusammenbringen, sonst entschwindet uns der Sinn des Karfreitags unversehens.

Ich sah das Bild eines mexikanischen Malers Orozco aus dem Jahre 1930. Ein Fresko: Eine riesige Christusfigur, die mit einer gewaltigen Axt das eigene Kreuz umhackt und sich so vom Kreuz und Leid befreit.

Denn wenn der Karfreitag uns mit dem Leiden Christi wesentlich auf das Leiden der Welt, das Leiden der Unschuldigen stieße, dann würde seine Botschaft notwendig heißen, laßt uns das Leiden beseitigen. Dies ist eine wichtige Botschaft. Und man muß auch sagen, daß die Wirklichkeit des Kreuzes in der Welt in solcher Botschaft bitter ernst genommen wird und werden muß. Und doch erschöpft sich solche Betrachtung schnell in allgemeinen Appellen, weil der Mensch darunter unverändert bleibt.

Karfreitag aber ist noch etwas ganz anderes.
Ich habe das Bild von Otto Dix nicht vollständig beschrieben. Hinter dem Kopf des Gekreuzigten wird ein goldener Schein sichtbar. Und hinter dem Gekreuzigten ist eine Art Engelwesen farbig gemalt, das den Gekreuzigten von hinten her hält und das seinen durchbohrten Händen entströmende Blut in zwei Kelchen auffängt. Man könnte bei dem Bild von einem transparenten Realismus sprechen.
Der Maler versucht gleichsam zwei Wirklichkeiten einzufangen. Das, was sich unserer direkten Erfahrung bietet, und das, was in diesem Geschehen von Gott her geschieht.
Ähnlich transparent versucht ja auch der Evangelist Johannes die Passion Jesu zu erzählen, Sie werden es beim Vorlesen vorhin gemerkt haben, es wird immer gleichzeitig das irdisch Erfahrbare und die Wahrheit des Geschehens von Gott her gezeigt.
Wir haben für diesen Karfreitag die Epistel als Predigttext, Paulus, 2. Korinther 5. (Lesung)
Dies ist in konzentriertester Form die Botschaft dieses Tages:
Laßt Euch versöhnen mit Gott!
Er hat den, der von keiner Sünde wußte, für uns zur Sünde gemacht, damit wir in ihm die Gerechtigkeit würden, die vor Gott gilt. Das ist der entscheidende Satz unseres Glaubens:
Er hat den, der von keiner Sünde wußte, für uns zur Sünde gemacht. Aber was bedeutet das? Welche Erfahrungen werden hier mit diesem Satz beschrieben?
Wie kann ich heute noch sagen, daß Christus für uns gestorben, für uns zur Sünde gemacht worden ist? Für mich – für Dich?
Ich denke, das kann uns nur gelingen, wenn wir gleichsam in das Erleben der Jünger hineinkriechen.
Denn es gibt bestimmte Grundsituationen der Geschichte, in denen wir zu Hause sein, die wir ganz tief verinnerlicht haben müssen, wenn wir die Geschichte unserer Welt und unseres eigenen Lebens verstehen wollen.
Das Erleben der Jünger mit diesem Jesus ist eine solche Grunderfahrung der Menschheit. Und die christliche Gemeinde hat immer gewußt, welche Kräfte aus der Betrachtung des Lebens und Leidens Christi erwachsen können.

Zu diesem Karfreitag, den wir heute feiern, dem harten Todestag Jesu, gehören als Hintergrund die Tage des mit Gott versöhnten und versöhnenden Lebens.

Sie sind ja mit ihm durch diese palästinensische Landschaft gezogen, haben auf den Märkten geredet, diskutiert.

Die Frauen, die sonst nie dabei sein durften und dann am Kreuz die letzten und am Grab die ersten waren,

die Kranken, die nach Heilung schrien, die Ausgestoßenen, die Armen – die Reichen, die Schriftgelehrten manchmal –.

Sie haben erlebt, wie er geredet hat, wie er war,

seine eindringlichen Gleichnisse vom Kommen des Reiches Gottes und seiner Gerechtigkeit.

Mir geht es manchmal so, wenn ich das lese:

den barmherzigen Samariter, den verlorenen Sohn, die Arbeiter im Weinberg,

daß ich für Augenblicke zu begreifen meine, was sie erlebten: daß sie manchmal das Gefühl hatten:

– Mehr kann es im Leben nicht mehr geben als dies hier.

– Mehr kann der Himmel auch nicht bieten.

– So sieht die von Gott versöhnte Welt aus.

– Wo Jesus ist, da ist Gott.

Und dann kommt das Ende, schneller als es zu fassen ist,

die Intrige, das Böse siegt,

die Worte werden ihm im Munde herumgedreht,

als politisch Verdächtiger den Römern überstellt,

und Pilatus, der für Ruhe und Ordnung sorgen muß, der skrupellos und grausam ist, läßt ihn umbringen auf die grausamste Art, die er zur Verfügung hat.

Diese Erfahrung steht in dem Satz:

Er hat den, der von keiner Sünde wußte, für uns zur Sünde gemacht. Der von keiner Sünde wußte, den sie im Einklang mit Gott erlebt hatten, der nicht angstbesetzt und gottlos um sich selber kreiste, der nicht sich zum Gott machte, zur letzten Instanz, sondern Gott die Ehre gab,

der von keiner Sünde, d. h. keiner Trennung von Gott wußte, den hat Gott zur Sünde gemacht.

Seltsamer Ausdruck, zur Sünde gemacht, aber deutlich, was gemeint ist.

Dies Geschehen der Passion ist von Gott gewolltes Geschehen, wenn auch Menschen dies tun – wenn sie auch darin schuldig werden – so wirkt doch in dem allen Gott. Und wer am Holz hängt, ist von Gott verflucht, Gott hat ihn hineingestoßen in die Gottesferne in Gethsemane, in den letzten Schrei am Kreuz. Zur Sünde gemacht, d. h. behandelt wie ein von Gott Verfluchter, zu Erlebnissen gezwungen, in denen Gott nicht mehr erfahrbar ist.

Und die Jünger haben dies sofort begriffen. Sie sind vermutlich davongelaufen. Einige gleich durch bis Galiläa.

Typisch die Gestalt des Petrus. Als noch etwas zu retten schien, versucht er wie jener das Kreuz fällende Christus aus Mexiko mit dem Schwert dreinzuschlagen.

Als er dann begreift: Gott hat ihn zur Sünde gemacht, da gibt es nur noch die Nacht der Angst und Verzweiflung, in der man die eigene Haut rettet. „Ich kenne den Menschen nicht." – Warum auch nicht! Er, der den nahen Gott verkörperte, der von keiner Sünde wußte, ist zur Sünde gemacht.

Manchmal denke ich, der schlimmste Tag ist eigentlich der Karsamstag. Der Tag, an dem die Welt stillsteht, die Hoffnung tot ist. Der Tag, an dem die Jünger wissen: Er hat Gott nicht vertreten! Er war nicht versöhnt mit ihm. Und: Versöhnte Existenz gibt es nicht auf der Erde.

Der, der von keiner Sünde wußte? Sie hatten es gedacht, es mußte wohl falsch sein. Er war nicht mit Gott versöhnt.

Gott hat ihn zur Sünde gemacht.

Das Wort, das hier alles ändert: ist das „für uns".

Dies Wort kommt aus der österlichen Erfahrung.

Das ist es, was sie Ostern zu begreifen anfingen
und was wir bis heute immer noch nachbuchstabieren.

Dies war ein Geschehen „für uns".

Jesaja 53, was Schwester Anneliese vorhin vorgelesen hat, hat dabei unwahrscheinlich geholfen. Jener seltsame Text, von dem wir bis heute nicht genau wissen, wer damit gemeint ist, 500 Jahre vor Christus geschrieben:

Fürwahr, er trug unsere Krankheit und lud auf sich unsere Schmerzen. Er ist um unserer Missetat willen verwundet, um unserer Sünde willen zerschlagen.

Das haben sie Ostern begriffen,
Gott hat ihn in die Gottesferne gestoßen, zur Sünde gemacht.
Aber er hat ihn darin nicht verlassen.

Gott ist gerade bei dem in die Gottesferne gestoßenen Jesus geblieben. Gott versöhnte in Christus die Welt mit sich selber, d. h. Gott selbst ist in diesem gottverlassenen Christus, in dem, der Gottes Nähe, das Versöhntsein mit ihm nicht mehr selbst erleben konnte.

Gott selbst ist – bei ihm bleibend –
in die Gottesferne gegangen.
Eine von Gott umgriffene Abwesenheit Gottes.

Sie merken – liebe Gemeinde – unsere Sprache kann das Geschehen nur unvollkommen fassen. Und jeden Karfreitag denken wir neu daran herum.

Wenn der mit Gott Versöhnte – hat die christliche Gemeinde überlegt –, wenn der mit Gott Versöhnte, ohne sich zu wehren, ohne zu flüchten, gehorsam in die Unversöhntheit geht und sie durchsteht, dann ist unser Leben da mit drin. Dann ist dies ein stellvertretendes Geschehen.

Nicht nur so, daß Gott zeigt, daß er auch bei dem Verlassenen ist, sondern so, daß auch *die Verlassenheit selbst verwandelt ist. Gott will im Dunkel wohnen und hat es doch erhellt.* (Klepper)

Deshalb hat die Christenheit nicht das Ostersymbol – ein ‚V‘ vielleicht für Victoria für den Sieg über den Tod – zum Symbol des Glaubens gemacht, *sondern das Kreuz.*

Weil das die ganze – auch die trostlose – Wirklichkeit unseres Lebens umfängt und gerade das Schwierige nicht ausklammert. Nicht um es zu bestätigen oder zu verharmlosen, sondern um dem Dunkel die Macht zu nehmen, damit dies stimmt:

Ist jemand in Christus, so ist er eine neue Kreatur.

Ich hatte begonnen mit jener Äußerung der Kindergottesdiensthelferin über die Kreuzesgeschichte, die sie den Kindern so ungern erzählt.

Ich las dieser Tage den Bericht einer Krankenhauspastorin: Darin heißt es:

‚Als Markus drei Jahre alt war, lag er mit Leukämie im Krankenhaus. Die Eltern kamen täglich. Aber weil er oft allein war, kam ich und spielte mit ihm.

Wir setzten Puzzles zusammen, oder ich las ihm etwas vor. Auch das Bilderbuch ›Jesus ist geboren‹, und er bekam es als Minibilderbuch geschenkt. Er erzählte gerne die Geschichte und zeigte dabei auf die Bilder. Nach einem schweren Rückfall kam er mit vier Jahren wieder ins Krankenhaus. Ich weiß nicht, woher er es hatte, einmal fragte er: Hast du auch ein Buch, wie Jesus gekreuzigt ist?

Markus ließ nicht locker. Ich mußte ihm solch ein Buch zeigen. Als ich eines Tages wieder zu ihm kam, waren auf sein Tischchen zwei Leukoplaststreifen zu einem Kreuz geklebt. Er wollte es so, sagte die Mutter entschuldigend. Markus sagte: Jesus hat ›Aua‹. Er malte ein Bild von Jesus mit den Wundmalen an den Händen und Füßen. Jesus hat ›Aua‹, sagte er. Markus hat auch ›Aua‹.

Als er stirbt, ist er gerade fünf Jahre alt.‘

Das ist das eine, was es bedeutet, wenn Gott in Christus in unsere Gottesferne geht.

Daß wir im Leid, in der Verzweiflung nicht von Gott verlassen sind.

Und das andere kommt aus dem Nachdenken, was das wohl heißt, wenn der, der keine Sünde kannte, für uns zur Sünde gemacht wird, damit wir die Gerechtigkeit würden, die vor Gott gilt.

Er ist für unsere Schuld eingetreten.

So, daß wir, jeder Einzelne,
unsere Gottesferne, unsere Sünde, unser schuldverflochtenes Tun zum Kreuz bringen können.

Und jeder für sich sprechen kann:
Herr, ich bekenne, daß ich gesündigt habe in Gedanken, Worten und
Werken,
mich aus eigener Kraft aus meinem von dir fernen Wesen nicht heraus-
reißen kann.
Darum nehme ich Zuflucht zu deiner Barmherzigkeit.
Höre das Wort deines Apostels:
Laßt euch versöhnen mit Gott,
und will deine Versöhnung in Jesus Christus für mich annehmen und es
hören und glauben und es festhalten:
Der allmächtige Gott hat sich unser erbarmt,
seinen Sohn für unsere Sünde in den Tod gegeben,
ihn, der von keiner Sünde wußte,
für uns zur Sünde gemacht,
damit wir in ihm die Gerechtigkeit werden,
die unserer Welt allein hilft.
Das verleihe Gott uns allen.
Und der Friede Gottes, der all unser Erkennen übersteigt, der bewahre
unsere Herzen und Sinne in Christus Jesus. Amen."[169]
Läßt sich von der Erfahrung des Kreuzes durchaus unter Einbringung
unserer Lebenserfahrung sprechen, so ist dieses bei der österlichen Erfahrung nicht möglich. Die Wortkargheit des einzigen Auferstehungszeugen,
der auch selbst dazu etwas geschrieben hat, zeigt etwas von solcher Nicht-
erzählbarkeit. (Galater 1, 12; 16. 1. Korinther 15, 8 ff.; 2. Korinther 4,6 [?]).
Lukas hat dann in der Apostelgeschichte das aufgeschrieben, was in der
Gemeinde erzählt wurde. Aber darüber hinaus sollte man nicht gehen. Die
Christenheit hat nicht umsonst das Petrusevangelium samt seiner ausführlicheren Osterdarstellung abgelehnt. Ließe sich von der Auferstehung in einer
Art metaphorischer Erzählung reden?
Einer der anstrengendsten Höreindrücke während eines Ostergottesdien-
stes war für mich, als der Prediger versuchte, sich das Osterereignis selbst
auszumalen. Er sagte etwa: „Als sie Jesus in das Grab hineinlegten, war Gott
schon da. Sie sahen ihn nicht. Als sie weggegangen waren, rührte er Jesus an.
Und Jesus bewegte sich wieder und richtete sich auf und sagte: Jetzt bist du
da. Wo warst du, als ich am Kreuz hing. Ich hätte dich brauchen können. Es
war furchtbar . . ." Die Kinder sagten nach dem Gottesdienst: „Ich dachte an
E. T. (Science-fiction-Figur), ich an einen großen Zauberer." Nein, so wird
man wohl doch nicht davon reden dürfen. Wie aber dann? Immerhin hatte
der Prediger einiges gewagt. Aber es war irgendwie unangemessen. Der

---

169 Horst Hirschler: Predigt am Karfreitag. 1986, St. Jacobi, Göttingen

metaphorische Charakter kam nicht heraus. Könnte man, wenn man das wollte, so erzählen?

„Als sie Jesus ins Grab gelegt hatten, fand die tiefe Verlassenheit, die sich in Gott ausgebreitet hatte, ihr Ende. Er war wieder heimgekehrt zu sich. Er hatte sich selbst und seine Welt wieder heimgeholt. Vieles hatte er längst abgeschrieben gehabt, ins Nichts gestellt. So wie Menschen einen ewig schmerzenden Teil ihres Leibes schließlich aufgeben, zum Nichts ernennen, so waren sie ihm in die Ferne gerückt, die freien, von ihm abgerückten Menschen. Und er hatte sie in ihrem Leiden, in ihrem falschen Leben, in ihrer Trennung von ihm alleingelassen. Nun hatte er sie wieder aufgesucht, ihr Los mit ihnen geteilt bis zum Tode, ja zum Tode am Kreuz. Für eine kurze Zeit nahm er in diesem Sohn selbst an der äußersten Verlorenheit teil, einen Sabbath lang, den Sabbath, an dem sich der Herr der Welt bewußt in den Tod hineingab, in das Nichts, und der Puls der Schöpfung stillstand und die Sonne ihren Schein verlor. Er wollte dieses Nichts wieder heimholen zu sich. Als sie den toten Leib seines Sohnes ins Grab legten, umschloß Gott alle Gottesferne dieser Welt, war ganz in ihr, hob sie nicht auf, war wie der Hirt, der die 99 in der Wüste läßt und dem einen nachläuft. Aber indem er sich dieser Gottesferne hingab, sie durchlitt, band er sie in sich hinein, und alle Gottverlassenheit der Menschen ruht seither in der seinen. Dann aber am dritten Tag, sehr früh, war er wieder zurückgekehrt, und die Morgensonne seines neuen Schöpfungstages überstrahlte alles. Seine Entäußerung in diesem gekreuzigten Christus war nun Teil in seinem eigenen Wesen. Als die Frauen kamen, den Toten zu konservieren, ließ er sie ihn nicht finden. Auch wenn er sich dem Tod hingegeben hatte bis in die letzte Tiefe, um ihn in sein Leben hineinzunehmen, so bestimmte ihn der Tod dennoch nicht. Wie durch einen großen Schmerz war er bewußter und anders geworden. Der Auferstandene, den er wieder in sein Wesen hineinnahm, blieb der gekreuzigte Mensch. So mußte er sich ihnen einige Male zeigen im Bild des Lebenden mit den Nägelmalen, bis sie das neue Geheimnis seines Lebens begriffen hatten. Daß das Leben nun dem Tode die Macht genommen hatte, ihn in sich barg und Leben blieb, ewiges Leben."

Kann man so etwas machen, was ich da versucht habe? Was ist das? Ein erzählter Mythos, unabgesichert durch die Tradition. Der Dogmatiker schreibt das dürrer: „Denn der sich mit dem toten Jesus identifizierende Gott tritt sich im Tode Jesu so gegenüber, daß er die Gottverlassenheit Jesu teilt. Das ist aber nur dann eine sinnvolle Behauptung, wenn eben deshalb zwischen Gott und Gott real zu unterscheiden ist. Indem Gott sich von sich selber unterscheidet und *so*, in Einheit mit dem gekreuzigten Jesus, als Gott der Sohn die Verlassenheit von Gott dem Vater erleidet, ist Gott der Versöhner. Gott versöhnt die Welt mit sich, indem er sich im Tode Jesu gegenübertritt als *Gott der Vater* und *Gott der Sohn*, ohne mit sich selbst uneins zu werden. Im Gegenteil: im Gegenüber erst von Gott und Gott, von

Vater und Sohn, erweist sich Gott als der, der er ist. Es ist Gott der Geist, der Vater und Sohn im Tode Jesu in realer Unterschiedenheit, also im Gegenüber, eins sein läßt."[170] Eigentlich schätze ich solche Spekulationen bei den Dogmatikern auch nicht besonders. Andererseits, wenn dergleichen gedacht werden muß, muß der Prediger davon reden? Luther hat solch einen erzählten Mythos ja bewußt gedichtet:

> Da jammert Gott in Ewigkeit
> mein Elend übermaßen.
> Er dacht an sein Barmherzigkeit,
> er wollt mir helfen lassen.
> Er wandt zu mir das Vaterherz.
> Es war bei ihm fürwahr kein Scherz.
> Er ließ's sein Bestes kosten.
>
> Er sprach zu seinem lieben Sohn:
> „Die Zeit ist hie zu'rbarmen.
> Fahr hin, meins Herzens werte Kron,
> und sei das Heil dem Armen,
> und hilf ihm aus der Sünden Not.
> Erwürg für ihn den bittern Tod,
> und laß ihn mit dir leben."
>
> Der Sohn dem Vater g'horsam ward:
> Er kam zu mir auf Erden
> von einer Jungfrau rein und zart.
> Er sollt mein Bruder werden.
> Gar heimlich führt' er sein Gewalt:
> Er ging in meiner armen Gstalt.
> Den Teufel wollt er fangen.
>
> Er sprach zu mir: „Halt dich an mich,
> es soll dir jetzt gelingen.
> Ich geb mich selber ganz für dich;
> da will ich für dich ringen.
> Denn ich bin dein, und du bist mein;
> und wo ich bleib, da sollst du sein.
> Uns soll der Feind nicht scheiden.

---

170 Eberhard Jüngel, Gott als Geheimnis der Welt, a. a. O., S. 504

Vergießen wird er mir mein Blut,
dazu mein Leben rauben.
Das leid ich alles dir zugut;
das halt mit festem Glauben.
Den Tod verschlingt das Leben mein;
mein Unschuld trägt die Sünde dein.
Da bist du selig worden.

Gen Himmel zu dem Vater mein
fahr ich von diesem Leben.
Da will ich sein der Meister dein.
Den Geist will ich dir geben,
der dich in Trübnis trösten soll
und lehren mich erkennen wohl
und in der Wahrheit leiten.

Was ich getan hab und gelehrt,
das sollst du tun und lehren,
damit das Reich Gotts werd gemehrt
zu Lob und seinen Ehren.
Und hüt dich vor der Menschen Gsatz,
davon verdirbt der edle Schatz.
Das laß ich dir zur Letze.«[171]

Das ist ja auch eine schöne metaphorische Phantasie. Sie ist dadurch, daß
einfacher in wörtlicher Rede gesprochen wird, als metaphorisch unschwer zu
erkennen, und sie ist dadurch, daß der zur Welt gekommene Christus in
voller Gleichzeitigkeit mit dem Sünder Luther spricht, ein Reden von Gott,
in dem der Redende gleichzeitig von sich selber spricht.

Das ist so heute wohl nicht wiederholbar, und erzählte Auferstehung muß
auch nicht sein. Nur weil wir gerade dabei waren.

Fazit: Die erfahrungsbezogene Textparaphrase als Erzählung von den
Erschließungssituationen des Glaubens ist kein Problem, weil ich dabei von
menschlichen Erfahrungen spreche. Die nur metaphorisch sachgemäße
Rede von Gott in der Predigt bedarf der ausführlichen dogmatischen und
theologischen Reflexion und muß eingebunden sein in begriffliches wie
erzählende Elemente enthaltendes Reden.

---

171 Martin Luther: Ein fein geistlich Lied, wie der Sünder zur Gnade kommt. Nun freut
euch, lieben Christen gmein. In: Karin Bornkamm/Gerhard Ebeling (Hrsg.): Martin Luther.
Ausgewählte Schriften. Bd. V. Frankfurt, 1982, S. 250 ff.; WA 35; vgl. EKG 239

An dieser Stelle mag es sinnvoll sein, einen Blick auf die inhaltlich sehr aufgeladene Bedeutung des Erzählens in den Überlegungen des katholischen Theologen J. B. Metz zu werfen. Die Glaubensgeschichten des Alten und Neuen Testaments sind für ihn Geschichten, die nicht einfach zu einer bereits fertigen Menschheit hinzutreten. „Sie sind vielmehr Geschichten der dramatischen Konstitution des Subjektseins der Menschen – eben durch ihr Gottesverhältnis. Menschen werden herausgerufen aus den Zwängen und Ängsten archaischer Gesellschaft; sie sollen zu Subjekten einer neuen Geschichte werden. Die Bestimmungen ihres Subjektseins haben dynamischen Charakter: Angerufenwerden in der Gefahr, Herausgerufenwerden aus der Angst, Exodus, Umkehr, Erheben des Hauptes, Nachfolge ... Religion ist kein zusätzliches Phänomen, sondern ist am Aufbau des Subjektseins beteiligt. Alttestamentlich wird das deutlich an der Subjektwerdung Israels im Exodus."[172]

Deshalb müssen Christen ihren Glauben als jenes Verhalten verstehen, „in dem der Mensch sich an vergangene Verheißungen und angesichts dieser Verheißungen gelebter Hoffnungen erinnert und sich an dieser Erinnerung lebensbestimmend bindet. Weder das intellektualistische Modell der Zustimmung zu Glaubenssätzen noch das existentialistische der unverfügbaren Existenzentscheidung steht hier im Vordergrund der Glaubensinterpretation, sondern die Figur der eschatologischen Erinnerung."[173]

„Im Glauben vollziehen Christen die memoria passionis, mortis et resurrectionis Jesu Christi; glaubend erinnern sie an das Testament seiner Liebe, in der die Herrschaft Gottes unter den Menschen gerade dadurch erschien, daß die Herrschaft zwischen den Menschen anfänglich niedergelegt wurde, daß Jesus sich selbst zu den Unscheinbaren, den Ausgestoßenen und Unterdrückten bekannte und so diese kommende Herrschaft Gottes als befreiende Macht seiner vorbehaltlosen Liebe kundtat. Diese memoria Jesu Christi ist nicht eine Erinnerung, die trügerisch dispensiert von den Wagnissen der Zukunft. Sie ist keine bürgerliche Gegenfigur zur Hoffnung. Im Gegenteil, sie enthält eine bestimmte Antizipation der Zukunft als einer Zukunft der Hoffnungslosen, Gescheiterten und Bedrängten. So ist sie *eine gefährliche und befreiende Erinnerung,* welche die Gegenwart bedrängt und in Frage stellt, weil sie nicht an irgendeine offene, sondern eben an diese Zukunft erinnert und weil sie die Glaubenden zwingt, sich ständig selbst zu verändern, um dieser Zukunft Rechnung zu tragen."[174]

172 Johann Baptist Metz: Glaube in Geschichte und Gesellschaft. Mainz, ²1978, S. 58
173 J. B. Metz, Glaube, a. a. O., S. 176
174 J. B. Metz, Glaube, a. a. O., S. 78 f.

Metz ist wichtig, daß solche Erinnerung immer Erinnerung des Leidens ist. Dieses Leiden ist immer unabgegolten. Es ist in keinem theologischen Überstieg so zu integrieren, daß es wirklich aufgehoben wäre. Metz zeigt das an seiner persönlichen Erfahrung. „Gegen Ende des 2. Weltkrieges wurde ich, sechzehnjährig, aus der Schule herausgerissen und zum Militär gepreßt. Nach flüchtiger Ausbildung in Würzburger Kasernen kam ich an die Front, die damals schon über den Rhein ins Land gerückt war. Die Kompanie bestand aus lauter jungen Leuten. Eines Abends schickte mich der Kompanieführer mit einer Meldung zum Bataillonsgefechtsstand. Ich irrte die Nacht über durch zerschossene, brennende Dörfer und Gehöfte, und als ich am Morgen darauf zu meiner Kompanie zurückkam, fand ich nur noch Tote, lauter Tote, überrollt von einem kombinierten Jagdbomber- und Panzerangriff. Ich konnte ihnen allen nur noch ins erloschene, tote Antlitz sehen, ihnen, mit denen ich tags zuvor noch Kinderängste und Jungenlachen geteilt hatte. Ich erinnere nichts als einen lautlosen Schrei. Verstört irrte ich noch stundenlang allein im Wald umher, wie betäubt hielt ich, um nicht als Überläufer verdächtigt und aufgeknüpft zu werden (das hatte man mir, dem Buben, eingeschärft), meine Knarre umklammert, ehe sie mir ein riesiger GI aus der Hand schlug. So sehe ich mich heute noch. Und hinter dieser Erinnerung sind alle meine Kindheitserinnerungen zerfallen. Nie konnte ich mich mit dieser Erinnerung versöhnen. Nie habe ich sie als ein schließlich doch glücklich bestandenes Abenteuer begriffen, sie wurde mir gewissermaßen zur ‚gefährlichen Erinnerung‘.

Von ihr erzähle ich meinen Studenten, wenn ich ihnen zu erläutern suche, wieso im Zentrum meines Sinninteresses und meiner Gottesfrage die streitbare theologisch-politische Behandlung dieser Gottesfrage als Theodizeefrage steht: Der Schrei nach Gott angesichts der Leidensgeschichten in der Welt; und wieso ich dabei immer bei der Frage nach dem Leid der anderen, nach dem unmittelbar vergangenen Leid einsetze. Die theologische Gestalt der Sinnfrage, mit der ich mich beschäftige, heißt deshalb nicht: Wer rettet mich?, sondern: Wer rettet euch? Ich setze nicht an mit der Frage: Was ist mit mir im Leid, was ist mit mir im Tod?, sondern: Was ist mit dir – mit euch – im Leid, im Tod? Von dieser Struktur ist übrigens auch die Frage: Was darf ich hoffen? geprägt."[175]

Mit dieser persönlichen Lebens- und Glaubenserfahrung, der Frage nach der Gerechtigkeit Gottes angesichts des Leidens und der Frage nach unserer Hoffnung für die Welt geht Metz als einer Art praktischer Hermeneutik des

---

175 Johann Baptist Metz: Sinn und Subjekt. In: Horst Georg Pöhlmann: Worin besteht der Sinn des Lebens. Gütersloh, 1985, S. 154 ff.

Christentums an die Kirche, die biblischen Texte und die gegenwärtige Wirklichkeit heran. Metz erklärt, die Wahrheit des Leidens kann man nur erzählend in der Erinnerung aufheben. Er hält nichts davon, wenn man das Erzählen gegen das Argumentieren ausspielt. Jedes hat seine Zeit.[176]

Metz meint aber, daß eine rein argumentative Theologie, die sich ihren Ursprung in erzählender Erinnerung nicht ständig neu vergegenwärtigt, angesichts der menschlichen Leidensgeschichte zu jenen tausend Modifikationen in ihrer Argumentation führt, unter denen unversehens jeder identifizierbare Inhalt christlichen Heils erlischt.[177]

Deshalb bedarf es des Erzählens. In dem inzwischen vielfach zitierten, für die Anerkennung des Erzählens in der Theologie nicht unwichtigen Aufsatz „Kleine Apologie des Erzählens" verweist Metz darauf, daß zum geschichtlichen Leben unabweisbar die Erfahrung der Nichtidentität, die Erfahrung der Entzweiung, die Erfahrung, daß eben nicht alles gut ist, wie es ist und sich zeigt, gehört. Die Frage für Metz ist nun, ob die „theologische Rede vom Heil und von der Erlösung wirklich dieser Leidensgeschichte und der darin sich manifestierenden schmerzlichen Nicht-Identität geschichtlichen Lebens unverstellt und redlich standhalten" kann. Er meint, daß an dieser Feststellung jede rein argumentierende theologische Rede scheitern muß. Sie muß nämlich einerseits ständig versuchen, das Leiden, die Nichtidentität ernstzunehmen, sie nicht durch kluge Gedankenspiele wegzudiskutieren, aber sie muß andererseits auch das Heil als in der Gegenwart erfahrbar aufzeigen. Metz setzt sich mit verschiedenen Versuchen, Heil und Leidensgeschichte durch eine argumentierende Theologie in Einklang zu bringen, auseinander (Bultmann, Moltmann, Rahner). Metz meint, alle diese Versuche seien letztlich untauglich, da entweder das Leiden verharmlost wird, indem man es auf den Begriff bringt oder seine Abschaffbarkeit in der Zukunft postuliert oder es dualistisch-gnostisch als Gottes andere Seite verewigt wird. Dagegen stellt Metz die These auf: „Eine Theologie des Heils, die weder die Heilsgeschichte konditioniert oder suspendiert noch die Nichtidentität der Leidensgeschichte ignoriert bzw. dialektisch überfährt, kann nicht rein argumentativ, sie muß immer auch narrativ expliziert werden; sie ist in fundamentaler Weise memorativ-narrative Theologie."[178]

Für unseren Zweck ist daran interessant, daß nach Metz der Einstieg in die biblischen Texte nicht einfach mit einer allgemeinen Lebens- und Glaubenserfahrung geschehen könnte, sondern daß solche Lebens- und Glaubenserfahrung bereits in tiefer Weise durch den christlichen Glauben geprägt sein

---

176 J. B. Metz, Glaube, a. a. O., S. 186
177 A. a. O., S. 190
178 Johann Baptist Metz: Kleine Apologie des Erzählens. In: Concilium. 5/73. S. 334 ff.; ders.: Glaube in Geschichte und Gesellschaft, a. a. O., S. 181–194

muß. Dabei scheint mir das Ernstnehmen der Leidenserfahrung besonders wichtig zu sein. Für die Interpretation von Texten hat solche Erfahrung eine wichtige Schlüsselfunktion; ähnlich wie die Anfechtungserfahrung Luthers. Allerdings ist bei Luther die Erfahrung von Leid und Heil, von Anfechtung und Versöhnung nicht ausschließlich in ein Nacheinander und den Bereich des nur unruhig auf Veränderbarkeit Achtenden zu bringen. Wenn Luther vom simul justus et peccator spricht, dann ist das sehr nah beieinander, sowohl die Erfahrung der Nichtanwesenheit des Heils in der Anfechtungs- und Verzweiflungssituation wie die Erfahrung der Anwesenheit des Heils in der Rechtfertigungserfahrung.

3. Die Erfahrung des Christen im Alten Testament

Pastoren, die Bibelseminare in ihren Gemeinden veranstalten, erleben, daß die dabei sich engagierenden Gemeindeglieder tief verstört auf Texte im Alten Testament reagieren. Was ist das für ein seltsamer Gott, der heilige Kriege führt, der Rache an den Midianitern üben läßt (4. Mose 31) und die männlichen Kinder und die Frauen, die keine Jungfrauen mehr sind, töten läßt, der Städte vernichtet, der 42 kleine Buben, nur weil sie dem Propheten Elisa „Glatzkopf, Glatzkopf" nachrufen, und der sie daraufhin im Namen des Herrn verflucht, von Bären zerreißen läßt (2. Könige 2, 23 ff.), der Isaaks Opferung fordert, um Abraham zu versuchen (1. Mose 22), der Kriege benutzt, um Israel und andere Völker zu bestrafen. Am Gottesbild des Alten Testamentes bricht in unseren Gemeinden heftiger Widerspruch auf. Und die Pastorinnen und Pastoren, die davon erzählen, schildern anschaulich, in welche Bedrängnisse sie selbst dadurch gekommen sind. So direkt hatten sie darüber noch nie nachgedacht, wie jetzt, wo sie ernsthaft daraufhin befragt wurden. Sie hatten es theologisch längst verdrängt. Nun versuchten sie diese und jene Erklärung, warfen Nebel und empfanden sich als inkompetent.

Die Arbeit mit alttestamentlichen Texten hat allerdings noch eine ganz andere Seite. Übereinstimmend berichten Pastorinnen und Pastoren, die Bibelseminare halten, auch, daß das Alte Testament in seiner unglaublichen Vielfalt der Texttypen, der Situationen, der Lebenserfahrungen eine große Faszination für die Gemeinde hat. Da wir Prediger oftmals das Alte Testament viel zu wenig kennen, lohnt es sich, wenn alttestamentliche Texte dran sind, in besonderer Ausführlichkeit das Umfeld des Textes, das jeweilige Buch und die Fülle der Verweis- und Parallelstellen aufzusuchen und zu bedenken. Es kann einen dabei eine wirkliche Entdeckerfreude anfallen.

Es ist hier nicht der Ort, die gesamte ausführliche Diskussion um die Bedeutung des Alten Testamentes für die christliche Theologie und den christlichen Prediger abzuhandeln, zumal das seit Marcion eine lange Geschichte hat.[179]

Die in unserem Zusammenhang wichtige Frage ist, was tut der Prediger, wenn ihm aus einem Text Neuen oder Alten Testaments eine Gotteserfahrung entgegenspringt, für die er nach bestem Wissen und Gewissen kein Verständnis haben will? Was tue ich, wenn meine Lebens- und Glaubenserfahrungen der im Text erkennbar werdenden Glaubenserfahrung widerstreiten? Antwort: Dann muß der Prediger und die Predigerin sich in den Streit begeben. In den Streit mit sich selbst und in den Streit mit dem Text. Man wird zusehen müssen, wer obsiegt. Allerdings muß ein solcher Streit mit langem Atem geführt werden. Manches, was unmöglich aussieht, liegt an unserem unmöglichen Ansehen des Textes. Aber es gibt auch eine notwendige innerbiblische Sachkritik. Nur, nach welchen Kriterien? Ob uns etwas paßt oder nicht paßt, kann sicher kein Kriterium sein.

Dies läßt sich nun am Beispiel des Verhältnisses von Altem und Neuem Testament erörtern, obwohl Widersprüche keineswegs auf den Gegensatz zwischen den beiden Testamenten beschränkt sind, sondern sich auch in jedem der beiden Testamente finden.

Es ist deutlich, daß die alten Versuche, Neues und Altes Testament unter den Kategorien von Weissagung und Erfüllung zusammenzudenken oder durch allegorische, christologische Auslegung des Alten Testamentes aufeinander zu beziehen, für uns, die wir darauf gedrillt sind, den Text in seiner historischen Situation und Aussage ernst zu nehmen, in naiver Weise nicht mehr zu gebrauchen sind. Andererseits kann sich der Prediger nicht damit abfinden, daß er nun alttestamentliche Texte, da es zu ihrer Zeit Jesus von Nazareth, der der Christus ist, noch nicht gab, nur als Texte und Glaubenszeugnisse ihrer Zeit behandeln soll. Wie es einem manchmal gehen kann, daß nach einer Predigt über einen alttestamentlichen Text ein eifriger Theologiestudent aufkreuzt, der seine alttestamentliche Lektion gelernt hat und den Prediger heftig rügt, daß er eine christologische Kurve gekratzt habe, was

---

179 Siehe u. a.: Horst Dietrich Preuß: Das Alte Testament in christlicher Predigt. Stuttgart, 1984; Rudolf Smend: Die Mitte des Alten Testaments. München, 1986; Antonius H. J. Gunneweg: Vom Verstehen des Alten Testaments. Eine Hermeneutik. Göttingen, 1977; Walther Zimmerli: Von der Gültigkeit der „Schrift" Alten Testamentes in der christlichen Predigt. In: Antonius H. J. Gunneweg/Otto Kaiser (Hrsg.): Textgemäß. Festschrift für Ernst Würthwein. Göttingen, 1979; Hans Walter Wolff: Erwägungen zur typologischen Auslegung des Alten Testaments. Thesen. (1956). In: Ders.: . . . wie eine Fackel. München, 1980. S. 226 ff.; Hartmut Gese: Zur biblischen Theologie. Alttestamentliche Vorträge. Bh EvTh. 78, 1977; Erich Gräßer: Offene Fragen im Umkreis einer biblischen Theologie. ZThK. 77. 1980, S. 200 ff.; Peter Stuhlmacher: . . . in verrosteten Angeln. ZThK. 77. 1980. S. 222 ff.; Georg Strecker: Biblische Theologie? In: Dieter Lührmann/Georg Strecker (Hrsg.): Kirche. Festschrift für Günter Bornkamm. Tübingen, 1980, S. 423 ff.

doch völlig überholt sei. Es hat etwas hochgradig Verkrampftes an sich, wenn der christliche Prediger, um nun nur keine fremden christlichen Inhalte in der alttestamentlichen Predigt auftauchen zu lassen, so lange den Text knetet, bis auch aus ihm das Evangelium herausgepreßt ist.

Es ist aber auch nicht gut möglich, das Alte Testament zu einem religiös etwas minderwertigen Vorläufer des Neuen zu machen. Einmal geht das wegen der Eigenart der Texte nicht, die religiös unwahrscheinlich kompetent sind, zum anderen ist das für das Gespräch mit den jüdischen Schriftauslegern unmöglich.

Nun vollzieht zwar die christliche Kirche faktisch eine nur partielle Nutzung des Alten Testamentes durch die Auswahl der Predigttexte, die der unterschiedlichen Nähe des christlichen Glaubens zu diesen Texten Rechnung trägt, aber unter grundsätzlichen Gesichtspunkten bleibt das problematisch. Ich halte es auch für problematisch, die Selbigkeit des Gottesverständnisses im Alten und Neuen Testament aufweisen zu wollen und unter der Devise, alles was es im Neuen Testament gibt, gibt es auch im Alten Testament, eine Brücke zwischen den beiden Testamenten zu schlagen zu versuchen. Mindestens an der Unableitbarkeit und Besonderheit Jesu Christi auch gegenüber den messianischen Hoffnungen des Alten Testamentes zeigt sich hier die Grenze.

Für mich ist das nach wie vor das einzige grundlegende Argument für die Zusammengehörigkeit von Altem und Neuem Testament Jesus Christus.

Das von uns so genannte Alte Testament ist die Heilige Schrift Jesu von Nazareth gewesen. Jesus hat vom Gott des Alten Testamentes als seinem Vater gesprochen, er hat zu ihm Abba gesagt. Jesu Predigt ist nur auf dem Hintergrund der Gotteserfahrung Israels möglich. Wenn die Menschen, die ihn erlebten, in der Begegnung mit ihm eine Gotteserfahrung machten, dann war es die Erfahrung des Gottes Abrahams, Isaaks, Jakobs und Jesu. Die verzweifelte Frage, was sein plötzlicher und schrecklicher Tod denn zur Sprache bringen sollte, läßt sich nur im Kontext der Gotteserfahrung Israels so stellen. Die erste Gemeinde hat das Neue, das ihr durch die Erscheinungen des Auferstandenen zu denken aufgezwungen worden ist, nur bewältigen können in den Kategorien der Glaubenserfahrung Israels. Nicht umsonst ist der 22. Psalm der Grund der Kreuzesdarstellung und Jesaja 53 das Denkraster für den Sinn der Kreuzigung geworden. Der Gott des Alten und des Neuen Testamentes ist ausschließlich deshalb derselbe, weil er der in Jesus sich offenbarende Gott ist. Mehr ist dazu nicht zu sagen.

Wer nach der Selbigkeit Gottes im Alten und Neuen Testament in der Weise fragt, daß er sie inhaltlich zu erweisen sucht, um dann auf diesem Grund die Zusammengehörigkeit beider Testamente zu begründen, begibt sich auf ein falsches Geleise, so nützlich seine Entdeckungen immer sein mögen. Auf ein falsches Geleise, weil er im Hinterkopf vermutlich ein ungeschichtliches Gottesbild hat: Gott muß zu allen Zeiten gleich gewesen sein. (Das ist etwas anderes als „derselbe gewesen sein".) Wenn nun aber nur der in Christus erschienene Gott der wahre Gott ist, was ist dann mit jenen Texten, nach denen sich Gott als Kriegs- und Rachegott gebärdet? Ist das dann die unvollkommene oder falsche Gotteserkenntnis der Menschen? Sind solche Texte im Sinne Feuerbachs zu interpretieren? Wie will man das unterscheiden? Diese Gotteserkenntnis ist falsch, unvollkommen, projiziert und jene nicht? So kommt man der Selbigkeit Gottes in beiden Testamenten nicht nahe.

Ich gehe von der schlichten Aussage aus: Jesus hat zum Gott Abrahams als zu seinem Vater gebetet, Paulus auch, die erste Gemeinde auch. Der Jünger ist nicht über den Meister. Das wird auch für mich als Prediger gelten. Ich muß sehen, wie weit ich damit komme. Natürlich kommt dann sofort die Frage: Aber hat Jesus uns Gott nicht ganz anders gezeigt? Hat er nicht Gott als den liebenden Gott gezeigt? Gott ist Liebe.

Wenn Gott Liebe ist, wie kann er dann so grausam sein, wie er sich im Alten Testament an so vielen Stellen zeigt? So allgemein gefragt kann man nur dagegen fragen, wenn Gott Liebe ist, warum muß dann Jesus am Kreuz sterben? Warum gibt es im Neuen Testament die Rede vom Gericht, warum werden Menschen unter den Wehen der Endzeit gequält? Wer sich über das Gottesbild des Alten Testaments wundert, ist oftmals über das des Neuen Testamentes nicht im Bilde. Da steht nicht nur etwas von dem Gott, der es regnen läßt über Gute und Böse, sondern auch von dem, der den ganzen Leib in die Hölle fahren läßt (Matthäus 5,29 f.; 11,23). Wenn man solche Entsprechungen zwischen Altem und Neuem Testament im Reden von Gott feststellt, muß man sagen, der Gegensatz zwischen dem barmherzigen und dem unverständlichen, harten Gott ist nicht ein Gegensatz, der zwischen den beiden Testamenten zu verrechnen wäre. In jedem der beiden Testamente taucht er auf. Dennoch bleibt die Frage, ob von Gott sachgemäß gesprochen wird, wenn er ungeschichtlich als der Unveränderliche gedacht wird. In der Bibel erscheint Gott sogar in einzelnen Geschichten als der, der seinen Sinn wandelt, den etwas gereut (1. Mose 18, 22b–33), der durchs Gebet zu bewegen ist. Ist es ausgeschlossen, daß es Wandlungen Gottes gibt? Oder muß man immer nur von Wandlungen im Gottesverständnis reden, damit Gott auf jeden Fall der Unveränderliche bleibt? Das Erschrecken über die Gotteserfahrung von Menschen, das nur sinnvoll ist als ein Erschrecken über Gottes Handeln, gehört zum Wesen des Glaubens. Ich will das am Beispiel der Erzählung von Isaaks Opferung (1. Mose 22) deutlich machen.

Horst Dietrich Preuß hat in seinem Buch über das Alte Testament in christlicher Predigt als Beispiel für die alttestamentliche Predigt des christlichen Predigers eine solche über 1. Mose 22,1–19 vorgelegt:

„So kann man Gott erleben – so unheimlich, so unverstehbar. Niemand sage zu schnell, das sei doch Abraham und folglich nicht mehr unsere Situation – das sei Altes Testament und folglich nicht mehr unser Gott.

Außerdem gebe es doch ein happy end, und alles sei nur eine Probe, wie doch gleich zu Beginn gesagt werde. Eine Versuchung gilt es erst einmal durchzustehen, und niemand weiß vorher, wann Gott uns versucht. Abraham wußte es auch nicht. Nur im Nachhinein ist so etwas sagbar, und dies auch nicht immer. So kann man Gott erleben, und dann fällt das Glauben schwer. Da kommt er uns so ganz anders, so daß manche meinen, es gäbe ihn nicht.

So kann Gott fordern. Ja, er kann es. Er kann zurückfordern, was wir von ihm empfingen. Er fordert Isaak zurück, der nicht nur ein Kind, nicht nur Abrahams einziger direkter Erbe und der Sohn, den er liebhatte, war. Der Erzähler stellt das alles betont heraus und zeigt damit an, was Gott da fordert. Dazu ist dieser Abraham noch alt zu denken, der keine weiteren Kinder mehr zu erwarten hat. Isaak ist zudem der Träger der Verheißung, denn aus Abraham sollte doch sogar ein großes Volk werden zum Segen für alle, und seinen Nachkommen war das Land verheißen. All dies forderte Gott jetzt zurück. So kann Gott sein, so kann er fordern, und keiner kann ihn fragen: ‚Was tust du?‘

Gott verlangt zuweilen Furchtbares und mutet viel zu, und es fällt schwer, ihn mit diesem Furchtbaren zusammenzuglauben. Vaterland, Ideen, der sogenannte Fortschritt mögen Menschen fordern, wirklich oder angeblich, aber Gott? Da lehnen wir uns auf, obwohl dies angesichts so mancher anderen ‚Opfer‘, die wir zu bringen bereit sind, zwar merkwürdig, aber auch verständlich ist. Wo ist Gott, wenn Furchtbares geschieht, Sinnloses sich ereignet? Wie ist das mit Gott und Krieg, Gott und KZ, Gott und sinnlosem Sterben, dem blühendes Leben zum Opfer fällt? Verlangt dieser Gott wirklich das Hergeben, und ist es wirklich Gott, der dies verlangt? Das Hergeben eines lieben Menschen, von Beruf und Zukunftsplänen, von Gesundheit und anderem? Wer weiß, welchen Weg nach welchem Morija wir noch gehen müssen, jeder einzelne, die Kirche, unser Volk. Auch bei Christus gibt es noch ähnliche Worte: ‚Wer Vater oder Mutter mehr liebt als mich, ist mein nicht wert‘, oder ‚Wer sein Leben erhalten will, der wird's verlieren.‘

So kann man Gott erleben, so kann er zurückfordern, was er gegeben hat. Er kann dies tun, er muß es nicht. Abraham hat Gott auch anders erlebt, wir erleben Gott auch öfter anders. Aber zuweilen legt Gott uns unter das Messer. Dann kann man ihn aus den Augen verlieren, seine Liebe und seine Verheißungen. Dieser Gott liebt mich? Bei sich will er mich haben, mich zu sich holen? Gilt das noch angesichts dieser Schreckenssituation, gilt es noch dieser Welt? Ist Gott nicht hinter einer undurchdringlichen Wand verschwunden, so daß man nur schweigend nebeneinander hergehen kann, mit irgendjemand, so wie Abraham und Isaak es taten. ‚Hier bin ich!‘ wird auch heute noch gerufen, oft aber in unsäglichem Schmerz. Und keiner antwortet. Hat Gott seine Gnade zurückgefordert? Er ist ja der Herr auch seiner Verheißungen, und zuviel verlangen kann er eigentlich nicht. Daß Isaak lebt, daß jeder ‚Isaak' lebt, ist nichts als Gnade. So kann man Abrahams Glauben nur bewundern, mit dem er sich in diesen Abgrund fallen ließ und hoffte, bei diesem Sturz noch irgendwie aufgefangen zu werden. Ob er so hoffte, wissen wir nicht. Auch bei unserem eigenen Glauben wissen wir dies oft nicht. Glaube bringt offensichtlich kein Leben in Ausgeglichenheit, ist weder eine Lebens- noch eine Kaskoversicherung, wie die Märtyrer des Judentums und der Kirche zeigen.

Glaube ist als Mut zum Sein beschrieben worden. Zvi Koliz hat den Juden Jossel Rackower im Warschauer Ghetto wie folgt zu Gott sprechen lassen: Während sein Haus schon brannte und sein Tod in den nächsten Augenblicken eintreten konnte, schrieb er: ‚Spätestens in einer Stunde werde ich mit Frau und Kindern vereint sein und mit Millionen meines Volkes in einer besseren Welt, wo es keinen Zweifel mehr gibt und wo Gott der einzige Herrscher ist. Ich sterbe ruhig, aber nicht befriedigt, ein Geschlagener, aber kein Verzweifelter, ein Gläubiger, aber kein Betender, ein Verliebter in Gott, aber kein blinder Amensager. Ich bin ihm nachgegangen, auch wenn er mich von sich geschoben hat; ich habe sein Gebot erfüllt, auch wenn er mich dafür geschlagen hat; ich habe ihn lieb gehabt, auch wenn er mich zur Erde erniedrigt, zu Tode gepeinigt, zu Schande und zum Gespött gemacht . . .

Und das sind meine letzten Worte an dich, mein zorniger Gott: Es wird dir nicht gelingen. Du hast alles getan, damit ich nicht an dich glaube, damit ich an dir verzweifle! Ich aber sterbe, genau wie ich gelebt habe in felsenfestem Glauben an dich!'

Gott ist also wohl auch die Voraussetzung für die Zweifel an ihm. Und so wie hier bei Abraham oder bei Jossel Rackower können Glaubenswege auch aussehen. Da kann man nur gegen diesen unheimlichen Gott anglauben, an seiner Liebe festhalten gegen allen Augenschein. Vielleicht ist dies sogar ein für uns zuweilen notwendiges Stück unseres Weges unter diesem auch so unheimlich begegnenden Gott. Der Weg Abrahams muß immer wieder einmal gegangen werden.

Wie kann man das? Wie ist das zu schaffen? Gott bleibt seinen Verheißungen treu, auch wenn es nicht so aussieht. Das haben unzählige Juden geglaubt auf dem Weg in die Gaskammer, angesichts dessen wir nur vor Schuld und Scham verstummen können. Gott hält fest an seiner Liebe gegen allen Augenschein, nicht nur wir müssen dies tun! An seine Zusagen darf man sich halten, an sein verheißendes Wort gegen sein zuweilen uns rätselhaftes Tun. Ich darf von dem Gott, den ich nicht verstehe, hinfliehen zu dem Gott, der sich mir erschlossen hat und liebend erschließt. Gottes Verheißungen werden uns zugesprochen, aber sie werden (wie bei Abraham) nicht unser Besitz. Er gibt sich nicht in unsere Hände. Daß sie am Schluß unserer Erzählung daher geballt neu gesagt werden, hat seinen tiefen Sinn. Wir können an Gott und seiner Liebe festhalten, weil es Jesus Christus gab und gibt. Er ist die Kraft, die mir immer wieder auch dazu verhelfen kann, an dem auch für mich immer wieder unbegreiflichen Gott festzuhalten. Hier in Christus sieht man Gott wirklich ins Herz, da er sich nicht ersparte, was er Abraham ersparte. ,Der Herr sieht', so heißt es mehrmals in unserer Erzählung. Er sieht sozusagen vom Kreuz auf uns herab und in unsere Welt hinein. So wie er dort sich liebend zeigt, ist er in Wahrheit, und er hört daher nicht auf, unser Vater zu sein.

Paulus hat am Ende des 8. Kapitels seines Römerbriefs alle möglichen Weltübel aufgezählt, um dann zu versichern, daß keines davon uns scheiden kann von der Liebe Gottes, die uns in Christus widerfährt. Alles was geschieht, soll nicht mehr die Qualität oder die Macht haben, uns von Gott wegzubringen.

Dort auch nimmt Paulus auf unsere Abrahamserzählung Bezug. Daher also kann man so glauben, daher können auch wir vielleicht so an Gottes Liebe festhalten angesichts der Weltübel. Daher ist Glaube auch kein Sprung mehr in einen ungewissen Abgrund. Wir können fliehen und uns bergen vor dem Gott, der sich auch für uns immer wieder hinter einer Wand zu verbergen droht, zu dem Gott, der sich uns in Christus erschlossen hat. Der Christusglaube ist es auch, der im Nachhinein dann sagen kann, daß manches ,nur' Versuchung gewesen sein mag, nie aber Willkür Gottes.

Der Weg Abrahams muß wieder begangen werden, aber er kann auch immer wieder so enden wie bei ihm. Gottes Verheißung bleibt, und er hält an ihr fest, auch wenn wir es zuweilen nicht sehen. Gott hat gehandelt, hat geopfert, und zwar nicht auf unsere Kosten, sondern uns zugute. So kann man also glauben und zuweilen wohl sogar singen, daß in Jesus Freude ist in allem Leiden."[180]

Besser als durch alles Darüber-Reden zeigt einer durch die Predigt, wie er's meint und tut. In dieser Predigt hat Preuß genau das getan, was er theoretisch entwickelt hat. Preuß geht sehr bewußt davon aus, daß er als ein christlicher Prediger über den alttestamentlichen Text predigt. Seine Grundthese ist die einer Strukturanalogie zwischen dem Alten und dem Neuen Testament. Mit diesem Begriff Strukturanalogie möchte Preuß das Problem des Verhältnisses zwischen Altem und Neuem Testament klären. Da dies ein sehr formaler Begriff ist, kann er darin viel unterbringen. Strukturanalogien sieht Preuß nun an folgenden Punkten:

– in bestimmten „Grundstrukturen glaubender Existenz",
– in der Analogie des Handelns Gottes als des begreiflichen und unbegreiflichen Gottes,

---

180   H. D. Preuß, Das Alte Testament in christlicher Predigt, a. a. O., S. 193 ff.

- in der Analogie der Gemeinde als Volk Gottes und Kirche,
- in der Analogie des Redens von Christus und von Gott,
- in der Analogie der Sprache vom Heilsgeschehen in Christus und vom Weg Gottes mit Israel.

Inhaltlich bedeutet das, daß wir im Alten Testament
- die Analogie von verborgenem und offenbarem Gott finden,
- daß Gottes Heilshandeln wie im Neuen Testament dem Handeln der Menschen vorausgeht,
- daß es Entsprechungen im Bereich des Kultus, des Gebetes u. ä. gibt,
- daß wir das Reden von der Schöpfung noch deutlicher lernen,
- daß es Entsprechungen im Verhältnis von Geschichte und Eschatologie gibt
- und daß die Bibel schließlich voll von urtypischen Erzählungen ist.

Altes Testament und Neues Testament „benötigen sich gegenseitig als Korrelat, als Ergänzung und als Korrektur". Die Frage an das Alte Testament muß immer sein: „Wo habe ich als Christ in meiner Wirklichkeitserfahrung mit dem zu tun, was der alttestamentliche Text meint?"[181]

Diese Grundsatzüberlegungen finden sich in der Predigt zu Isaaks Opferung umgesetzt. Es lohnt sich, den Ablauf noch einmal durchzugehen. Entsprechend seiner Empfehlung, die Predigt über alttestamentliche Texte nicht mit einer historischen Einleitung zu beginnen und so einen historischen Graben aufzureißen, sondern sofort in gleichzeitige Äußerungen einzusteigen, beginnt Preuß damit, daß der Text zeigt, was Gott fordern kann. Keiner kann ihn fragen. Der Prediger schildert mit knapper Andeutung, was Gott zurückfordern oder zulassen kann. Im Sinn der Strukturanalogie verweist er darauf, daß es Forderung des Unverständlichen auch bei Christus gibt: Wer Vater oder Mutter mehr liebt als mich . . .

Der Prediger schildert die Anfechtung Abrahams so, daß auch unsere Anfechtung darin vorkommen kann. Zwischendurch der Gedanke, daß Gott an sich das Recht hat, seine Gnade zurückzufordern. Der Prediger bewundert den Glauben Abrahams und sucht solchen Glauben in unserer Zeit auf im Gebet des Jossel Rackower im Warschauer Ghetto. In diesem Gebet wird in ergreifender Weise etwas vom Festhalten am unverständlichen Gott deutlich. Der Weg Abrahams muß immer wieder gegangen werden. Wie schafft man das, so daß man auf Gott vertraut, der seinen Verheißungen treu bleibt?

In dem Bibeltext gibt es die Erfahrung des deus absconditus und des deus revelatus. „Ich darf von dem Gott, den ich nicht verstehe, hinfliehen zu dem Gott, der sich mir erschlossen hat und liebend erschließt." Und für Christen wird nun dasselbe gesagt. „Wir können an Gott und seiner Bibel festhalten,

---

181 H. D. Preuß, Das Alte Testament in christlicher Predigt, a. a. O., S. 125 ff.

weil es Jesus Christus gab und gibt." In der Geschichte heißt es, „der Herr sieht". Christus sieht sozusagen vom Kreuz auf uns herab und in unsere Welt hinein. In Christus sieht man Gott, der im Tod seines Sohnes sich das nicht ersparte, was er Abraham erspart hat. Deshalb gilt die Erfahrung des verborgenen und offenbaren Gottes auch für Christen. „Wir können fliehen und uns bergen vor dem Gott, der sich auch für uns immer wieder hinter einer Wand zu verbergen droht, zu dem Gott, der sich uns in Christus erschlossen hat."

Wenn man die Predigt so auf sich wirken läßt, merkt man die Stärke und die Schwäche des Konzepts der Strukturanalogie. Der christliche Prediger, der auf solchem Analogiegleis die Bibel Alten Testaments liest, kann gerade die unverständlichen schrecklichen Seiten des Gottesbildes zu begreifen suchen als etwas, das notwendig auch zur neutestamentlichen Gotteserfahrung hinzugehört. Das Kreuz Christi ist das Bild für das Ineinander von unverständlicher Erfahrung Gottes und der Liebe Gottes. Außerdem kann der Prediger im Alten Testament suchen, wo der barmherzige Gott sichtbar wird; in diesem Falle, daß er den Sohn verschont. Daß in dieser Weise auch das Schreckliche und Unverständliche in Gott aufgenommen wird und besonders im Gegensatz zu den heute oftmals üblichen Verharmlosungen Gottes, in denen er nur noch der große Akzeptierer sein darf, ist in solch einer Predigt wohltuend.

Andererseits ist der Nachteil solcher Strukturanalogie mit Händen zu greifen. Der Prediger kennt des Rätsels Lösung und teilt sie der Gemeinde mit. Die Gefahr ist, daß das langweilig wird. Ich will nur kurz auf einige homiletische Gesichtspunkte eingehen, die aber mit dem Inhalt zusammenhängen.

Vieles ist zu kurz gesagt. Ich halte es nicht für möglich, so kurz über Gott und Krieg und Gott und KZ zu sprechen. In einem Zusammenhang dazu noch, bei dem man nicht weiß, wie das Hergeben, das Gott fordert, und das Greuliche, was Menschen vollbringen, zusammenzudenken ist. Das kann eigentlich nur Mißverständnisse bringen. Das braucht mehr Zeit und sorgfältiger differenzierende Rede. Denn in der Tat ist das den Glauben zutiefst Anfechtende, daß offenbar unser schreckliches Tun in gewisser Hinsicht mit Gottes unbegreiflichem Handeln zusammenfällt.

Aber das läßt sich nicht so kurz andeuten. Auch das unwahrscheinliche Gebet des Jossel Rackower so nebenbei einzubringen, ist schade. Dies muß man doch erleben. Das darf man doch nicht so zusammenkürzen. Das Gebet ist ein ganzes Stück länger. Es muß der Hörer doch die Situation erleben, damit er etwas von der tiefen Verzweiflung, die dort ausgesprochen wird, empfindet. Und weil die Verzweiflung zu kurz kommt und die Anfechtung gleich mit den ersten Sätzen nicht mehr erlaubt wird, kommt natürlich auch das Evangelium zu kurz. Der Prediger zeigt zu schnell, daß er weiß, das mit Isaak hat alles seine Ordnung, ist nach der Strukturanalogie unter verborgenem und offenbaren Gott zu verrechnen. Man merkt der Predigt ja an, daß sich der Prediger seine Aussagen nicht leicht gemacht hat. Er befaßt sich mit den schwierigen Wahrheiten. Aber das wird nicht erlebbar. Es wird viel zu apodiktisch gleich am Anfang behauptet: „Ja, so kann Gott fordern." „Nein, das kann er nicht", kann man da nur schreien. Er hat nicht das Recht, so etwas zu fordern! Es ist doch furchtbar und unglaublich und der Menschen und Gottes unwürdig, das Opfer des eigenen Sohnes zu fordern. Ich weiß auch, daß ich als Prediger zum Schluß dies mit dem deus absconditus und dem deus revelatus in irgendeiner Weise sagen werde. Aber doch erst, nachdem ich mit Abraham den Weg auf den Berg Morija mitgegangen bin, drei Tage lang und einen vierten halben dazu.

„Wo ich über ihn reden sollte, würde ich zuerst den Schmerz der Prüfung schildern. Zu dem Ende würde ich einem Egel gleich alle Angst und Not und Qual heraussaugen aus dem Leiden eines Vaters, damit ich es beschreiben könnte, was Abraham litt, indessen er bei alledem dennoch glaubte. (Wie glaubte er noch? H. H.). Ich würde daran erinnern, daß die Reise drei Tage währte und ein gut Stück des vierten, ja diese dreieinhalb Tage sollten unendlich viel länger werden als die paar tausend Jahre, die mich und Abraham scheiden. Dann würde ich daran erinnern (und das ist meine Meinung), daß jeglicher Mensch noch umkehren darf, ehe er solch eine Sache anfängt, und jeden Augenblick sich zurückwenden in Reue."[182]

Denn es ist ein anderes, ob mir der Sohn genommen wird, nachdem ich lange um ihn gekämpft habe, ob Gott ihn mir nimmt durch eine Krankheit oder sonst etwas oder ob ich selbst die Hand dazu anlegen muß. Und wenn mir beim Mitgehen dieses Weges auf den Berg Morija mancherlei Situationen einfallen, wo es so etwas geben könnte oder gegeben haben könnte, in Kriegssituationen oder sonstigen dramatischen Augenblicken, daß ein Vater den Sohn oder ein Sohn den Vater oder eine Mutter die Tochter oder eine Tochter die Mutter ans Messer liefern müßte, dann ist das etwas, das ich von mir weisen muß, weil es nicht modellfähig ist. Einmalige Geschichten des Schreckens, nie exemplarisch. Nein, diesen Gott wollen wir nicht. Wir müssen gegen ihn klagen und protestieren. Sicher kann dann Jossel Rackower aus dem Warschauer Ghetto eingebracht werden, aber doch wieder nur, um ein einmaliges Stück auf einer Grenze zu zeigen, bei der wir im Grunde wie Abraham verstummen, und nur nachträgliche Dichter können sich solche Gebete ausdenken, damit es nicht so still ist wie bei Abraham oder so jämmerlich, wie bei uns, wenn wir Angst haben. Weil wir doch das Sprechen zum Leben brauchen. Und es muß auch in solcher Predigt etwas bleiben, was

---

182 Sören Kierkegaard: Furcht und Zittern. Gesammelte Werke. 4. Abt. Düsseldorf, ²1950, S. 56

das Gedächtnis der Leidenden wirklich festhält (Metz). Was die ganze nackte Angst, es möchte mir dergleichen zustoßen, was über meine Kraft geht, und die Bitte, es möchte das doch nicht geschehen, enthält. Die Bitte, führe uns nicht in Versuchung, meint doch, daß das bitte nicht geschehen soll!

Ich möchte mit solchen Einwänden ein wenig darauf hinweisen, daß der Begriff der Strukturanalogie eine die Ereignisse gleichmachende Tendenz hat. Isaaks Opferung ist keine exemplarische Geschichte, es ist eine haarsträubende Geschichte zum Sich-dran-Reiben.

Meine darüber hinausgehende Frage wäre, ob wirklich der Begriff Strukturanalogie so breit gefächert als Brücke zwischen Altem und Neuem Testament benutzt werden kann. Ich halte es für besser, im Sinne eines hermeneutischen Prinzips von einer sehr breit welthaft vermittelten existentialen Interpretation zu reden, d. h. die Strukturanalogie sollte begrenzt werden auf den Bereich der menschlichen Erfahrbarkeit. Was ich auf diese Weise verstehe, kann durchaus einmalig sein, einmalig in seiner historischen Konstellation, einmalig in seiner Gotteserkenntnis, einmalig in der Gottesoffenbarung in Christus. Wenn von Gottes Handeln unter dem Begriff Strukturanalogie geredet wird, wird das leicht ungeschichtlich. Es kann aber doch sein, daß sich mir Gott in manchen Texten der Bibel als so fremdartig erschließt, daß ich sage: Er hat wohl auch seine Geschichte gehabt. In aller Vorsicht gesagt.

Preuß nimmt immer wieder positiv eine bestimmte Art typologischer Schriftauslegung auf, wie sie von Hans W. Wolff schon 1956 beschrieben ist. Unter „typologisch" ist etwas Ähnliches wie eine Strukturähnlichkeit zu verstehen.[183]

Die „in der Zeit des Neuen Bundes fortwirkende Bedeutung des alttestamentlichen Geschehens nennt das Neue Testament typikos (1. Korinther 10,11). Die diesem Sachverhalt gemäße Auslegung nennen wir typologisch. Typologische Auslegung sieht im Alten Testament Entsprechungen zum Neuen, d. h. Vergleichbares bei aller Verschiedenheit, Gültiges gerade im Vorläufigen, Gegensätzliches im Fortgang des lebendigen Gotteshandelns." Bei Hans Walter Wolff lautet die Leitfrage sachgemäßen Verstehens der Texte: „Was sagt der alttestamentliche Text in seinem geschichtlichen Sinn der im Neuen Bunde mit Jesus Christus lebenden Menschheit?"

Er nennt dann vier Bereiche:

a) Der alttestamentliche Text enthüllt vorläufig den Willen, den Beweggrund, die Absicht des Gottes Israels, der sich zuletzt und endgültig in Jesus Christus seines Volkes und aller Völker angenommen hat . . .

---

183   H. W. Wolff, Erwägungen, a. a. O.

b) Der alttestamentliche Text zeigt in konkreter geschichtlicher Situation eine Vorform des Offenbarwerdens Gottes, wie es in Jesus Christus letztgültige Geschichte wurde . . .

c) Der alttestamentliche Text führt Modellfälle des Volkes Gottes vor . . .

d) Der alttestamentliche Text bietet Beispiele der Wege, Taten, Lagen, Entscheidungen, Leiden, Verirrungen, Errettungen des Volkes Gottes . . .“

Durch dies alles hilft der alttestamentliche Text der christlichen Gemeinde zum Verstehen ihres Glaubens.

Man muß hier deutlich sehen, daß die Rede vom „vorläufigen Willen“, von der „Vorform“ etwas ist, das nur der christliche Leser im Text entdeckt. Es gehört nicht zum Selbstverständnis der Texte. Im Gespräch mit dem Text, im Widerspruch zu ihm kann ich möglicherweise manches nur verkraften als Vorform des Glaubens, indem ich es zur Ausnahmesituation o. ä. ernenne, daß es vielleicht zu einer Entwicklung des Glaubens wird, zu einer Entwicklung in Gott selbst. Ich denke aber, in den meisten Fällen wird der Text, wenn ich mich wirklich mit meiner Erfahrung auf ihn einlasse, am besten verstanden als eine nicht alltägliche, darum auch nicht einfach auf einen Nenner zu bringende, aber dennoch zu unserem Leben gehörende Erfahrung der Wirklichkeit Gottes.

So ist sicherlich die Erfahrung der deutschen Niederlage 1945 als Gericht Gottes über ein hybrides Verständnis vom deutschen Menschen und vom deutschen Volk nicht zu einer allgemein anerkannten Glaubenswahrheit zu machen und mutet vielleicht manchen wie eine alttestamentliche Vorform des christlichen Glaubens an. In Wirklichkeit ist jedoch für den, der dies Geschehen durchlitten hat, der Gedanke des Gerichtes Gottes in diesem Zusammenhang wahr und eine wesentliche Erkenntnis Gottes, die ihn zeigt als den, der dunkel und rätselhaft, willkürlich vernichtend darin die Sünde der Väter heimsucht an ihnen selbst, an ihren Frauen und Kindern. Und auch dieses nicht in einfacher Weise berechenbar, sondern unbegreiflich bleibend.[184]

Das Alte Testament weist uns darauf hin, daß wir im gekreuzigten Christus auch das Unfaßbare in Gott mitdenken müssen. Es zeigt uns aber auch, daß die Klage und der Protest zum Glauben gehören.

Einen anderen Versuch, die Verbindung zwischen Altem und Neuem Testament zu denken, hat H. Gese vorgelegt. Gese möchte im Sinne einer

---

184 Vgl. auch die dramatische Predigt K. H. Miskottes: „Gottes Feinde kommen um“ anläßlich der Befreiung Hollands 1945. In: Kornelius H. Miskotte: Predigten. München, 1969, S. 69 ff.

Offenbarung, die in der Geschichte aufweisbar ist bis hin zu Christus, das Alte Testament einschließlich der Apokalyptik als eine Weise fortschreitender Gotteserfahrung zu Christus hin verstehen. „Jesus von Nazareth trat ein in das von der Offenbarungsgeschichte eröffnete geschichtliche Sein und vollzog in seinem Leben die messianische Aufrichtung des Gottesreichen."[185] Ich halte diesen Weg für nicht gangbar.

Walther Zimmerli, der die sorgsame und eindrückliche Bearbeitung einzelner Texte durch Gese besonders hervorhebt, fragt, ob „der Gedanke innergeschichtlich nachweisbarer Traditionskontinuität der Erfassung des Eigentlichen im Beieinander und Zueinander von Altem und Neuem Testament wirklich gewachsen" ist. Er hat dort Bedenken, „wo eine bestimmte Ontologie, die sich in einen kontinuierlichen Lebensprozeß einfügen soll, ausgearbeitet wird. Hier ist die Gefahr eines stark konstruktiven Elements in solchem ‚Hinterfragen' der Texte auf Gesamtlebensbezüge hin oft nicht vermieden."[186]

Zimmerli selbst hält das Festhalten an der Selbigkeit Gottes, der durch die Geschichte geht, wie die beiden Testamente bezeugen, für unaufgebbar. „Dazu tritt für die christliche Lesung ebenso unaufgebbar das Wissen, daß im Lauf menschlicher Geschichte nach dem Ablauf der vom Alten Testament bezeugten Geschichte der ‚Sohn' mitten in Gottes Volk Israel als sein König hineingetreten und kraft seiner Sohnschaft auch selber als ‚Der Herr' angerufen worden ist." Der Gottesname Jahwe ist „durch den Namen Vater Jesu Christi überblendet". Das, was das Alte Testament verkündet, „wird nun von diesem neuen Namen her neu gültig gemacht"[187].

Rudolf Smend möchte, wenn es um die Frage geht, was denn das Alte Testament im wesentlichen ausmacht, auf keine der vielen vorgeschlagenen Möglichkeiten einer Mitte des Alten Testaments eingehen, sondern lediglich darauf verweisen, daß es immer wieder um den Namen Jahwes und das Volk Israel im Alten Testament geht und aus dieser Beziehung sich alles entwickelt. „In der Mitte des Alten Testaments steht nicht der jüdische Weltgott, der die partikulare Bindung abstreifen kann, sondern dieser eine Gott mit dem fremdartigen Namen und sein ihm gehorsames und nicht gehorsames Volk ... An die Stelle der beiden Namen Jahwe und Israel ist im Neuen Testament der Name Jesus Christus getreten. In ihm ist die Fülle des Bundes, die im Alten Testament durch das Versagen Israels zerbrochen und trotz aller Anstrengungen nur in der Form der Verheißung geblieben war, Wirklich-

185 H. Gese, Zur biblischen Theologie, a. a. O., S. 27
186 W. Zimmerli, Von der Gültigkeit der „Schrift" Alten Testamentes, a. a. O., S. 192 ff.
187 W. Zimmerli, a. a. O., S. 199

keit; in ihm sind Gott und Mensch beisammen . . . Dieser Zugang zum Alten Testament ist für seinen christlichen Gebrauch der einzige . . . mag uns im übrigen, und gerade von diesem Zugang her das Alte Testament auch noch so fremd vorkommen. Hier hat alles Reden von Verheißung und Erfüllung, alle Typologie, aber auch alle unvermeidbare ‚Sachkritik' am Alten Testament ihren einzig möglichen Ausgangspunkt; von hier aus sind sie freilich auch notwendig. Von hier aus und von nirgendwo sonst ist die Theologie des Alten Testaments nicht nur eine historische, sondern auch eine theologische Disziplin. Sie ist es nicht in gleicher Direktheit und Unmittelbarkeit wie die Theologie des Neuen Testaments, indirekt und mittelbar aber nicht weniger als sie. Sie mutet Kirche und Theologie nichts Leichtes zu: die Namen Jahwe und Israel, in Jesus Christus beide überholt und beide gegenwärtig."

Das aber bedeutet, daß wir die Aufgabe haben, „das Alte Testament sein und bleiben zu lassen, was es war und ist. Es war und ist als solches nicht Christuszeugnis und soll von uns auch nicht dazu gemacht werden . . ."[188]

Für den Prediger und die Predigerin heißt das, daß der biblische Text, will ich ihn verstehen, nicht anders als der neutestamentliche in seiner geschichtlichen Verflechtung, Besonderheit und Einmaligkeit mit Hilfe meiner Glaubenserfahrung zu verstehen gesucht wird. Wichtig ist dabei für mich Luthers Hinweis, „siehe zu, ob das, was da steht, zu dir gesagt ist oder ob es nur dem Volk Israel gilt". Das bedeutet, es spricht sehr viel gegen eine unterschiedslose Übertragung von Bundesschluß-Traditionen, Exodus-Traditionen unter christlicher Überschrift in unsere Zeit. Wir haben nur als Christen Zugang zum Alten Testament. Und das heißt, nicht an Christus vorbei. Da kann es zum Streit kommen zwischen der Glaubensauffassung, die ich in Christus habe, und der Glaubensauffassung, die mir aus dem alttestamentlichen Text entgegentritt. Die muß offen durchstanden werden. Schnelle Verwerfungen, christliches Besserwissen wird in der Regel dem Vater Jesu Christi, der im Alten Testament wirkt, nicht gerecht. Aber die christliche Predigt zum Alten Testament enthält Ja und Nein, allerdings mehr Ja als Nein. Starre Regeln, als dürfe man in alttestamentlicher Predigt nicht von Christus reden, sind albern. Natürlich darf und soll der Prediger das, wenn es sinnvoll ist. Nur sollte das dann nicht erst am Ende in einer christologischen Kurve mit schlechtem Gewissen, weil der Text vielleicht doch nicht die ganze Wahrheit gesagt hat, geschehen, sondern als ein Gespräch, das durchsichtig ist während der ganzen Predigt. Aber genauso kann es sinnvoll sein, in einer Predigt über einen alttestamentlichen Text nicht explizit von Jesus Christus zu sprechen. Inhaltlich muß er freilich immer anwesend sein.

---

188   R. Smend, Die Mitte des Alten Testaments, a. a. O., S. 83 f.

Schlußbemerkung

Mein Vorschlag ist, daß der Prediger als Abschluß der Exegese eine erfahrungsbezogene Textparaphrase anfertigt. Solch eine Textparaphrase, in der die Lebenswirklichkeit des Predigers eingesetzt wird, um den Text wirklich zu verstehen, ist schon auf dem Wege zu Predigtformulierungen. Sie ist fast eine Art Homilie, jedenfalls ganz deutlich dem Text zugewandt. Dies ist die erste ganz wichtige Form der Erschließung für die biblischen Texte beider Testamente. Diese erfahrungsbezogene Textparaphrase schon als Predigt zu halten, wäre jedoch verfrüht, weil der wesentliche Arbeitsschritt der Erprobung des Textes in unserer Lebenswirklichkeit, die systematische und ethische Reflektion, sowie das Nachdenken über die Gemeinde noch fehlen. Wird so etwas wie solch eine Textparaphrase oder eine entsprechende Zuwendung zum Text jedoch unterlassen, besteht die landauf landab zu erlebende Gefahr, daß die Texte in ihrer Kraft überhaupt nicht ausgeschöpft werden. Das ist ein Jammer. Um der Bibelvergessenheit unserer Gemeinden willen ist es nötig, daß die Predigerinnen und Prediger sich selbst erst einmal wieder auf die Spur bringen, damit sie zu möglichen Entdeckungen am Bibeltext kommen, die sich dann auch in den Gemeinden auswirken können.

III. Der biblische Text in unserer Lebenswirklichkeit

a) Den Text dazwischenbringen

1. Der Text im Alltag

Nach der intensiven Hinwendung zum Bibeltext unter Einbringung meiner Lebens- und Glaubenserfahrung und der anderer, wende ich mich nun mit dem Text ebenso deutlich unserer Lebenswirklichkeit zu. Es geht also um eine Umkehrung der Blickrichtung. Ich gehe mit dem Text, den ich mir in der Paraphrase verdeutlicht habe, in meine Lebenswirklichkeit hinein.

Nun könnte das etwas künstlich wirken, weil ja die Lebenserfahrung schon beim Ausloten des Textes kräftig beteiligt war. Wir haben auch z. B. bei Isaaks Opferung gesehen, daß meine gegenwärtige Glaubens- und Lebenserfahrung sich kräftig gesträubt hat, bei so etwas verstehend mitzugehen. Die Lebenswirklichkeit ist bei der erfahrungsbezogenen Textparaphrase schon mit dabei. Das ist richtig. Aber in welchem Interesse geschieht das? Bisher ging es immer um das Verstehen des Textes. Der sollte ja auch mir Fremdartiges enthalten dürfen. Dinge, die ich zwar verstehe, die mir aber möglicherweise überhaupt nicht passen.

Zu Mark Twain, dem amerikanischen Schriftsteller und Weltreisenden, kam einmal ein Mann und klagte: Ich habe solche Schwierigkeiten mit dem Bibellesen, besonders mit dem, was ich nicht verstehe. Merkwürdig, antwortete Mark Twain, mir geht es umgekehrt, ich habe am meisten Schwierigkeiten mit dem, was ich verstehe!

Selbst wenn ich den Text verstanden habe, kann es bedeuten, daß die überlieferte Glaubenserfahrung mir etwas zuzumuten scheint, mit dem ich im gegenwärtigen Leben nicht zurechtkommen kann. Es kann auch sein, daß ich erst im Lebensvollzug wirklich merke, was der Text mir zusagt oder zumutet. Deshalb ist die gegensätzliche Richtung der beiden Arbeitsschritte unbedingt nötig und zu unterscheiden.

Die Predigt hat immer zwei Beziehungspunkte: Den Text und unsere Lebenswirklichkeit. Diese beiden Beziehungspunkte sind zu unterscheiden und aufeinander zu beziehen. Wir verstehen den Text nicht ohne das Einbringen unserer Erfahrung, und wir wollen die Lebenswirklichkeit als Prediger nicht ansehen ohne die Botschaft des Textes, die Anspruch erhebt, unsere Lebenswirklichkeit erst richtig zu erschließen. Das aber gilt es auszuprobieren, anzuwenden. Trägt der Text für unser Leben wirklich etwas aus? Trägt er? In dieser Fragehaltung gehen wir mit dem Text an unsere Lebenswirklichkeit.

Damit ist noch nicht gesagt, was ich dann in der Predigt anstelle. Es kann trotz aller Wirklichkeitserprobung des Textes sein, daß ich bewußt zu einer ausschließlich am biblischen Text sich entlanghangelnden Predigt zurückkehre. Es kann aber auch sein, daß ich der Gemeinde die Konfrontation des Textes mit unserer Wirklichkeit vorführe oder ihr zeige, wie dieser Bibeltext mir einen bestimmten Wirklichkeitsbereich erschließen kann. Das muß sich dann in der Besinnung über den Predigtentwurf zeigen.

Es ist auch dem Mißverständnis vorzubeugen, als gehe es hier um ein falschverstandenes Schema von explicatio und anschließender applicatio, als solle der vorher verstandene Text nun auf die Situation angewandt werden. Es ist komplexer, meine gegenwärtige Wirklichkeitserfahrung ist – wenn auch in gebremster Weise, damit der Text sein Eigenes sagen kann – längst am Verstehen beteiligt. Es geht jetzt darum, daß ich die im Text vorliegende Glaubenserfahrung, die ich halbwegs verstanden habe, ernstnehme, indem ich sie unserer gegenwärtigen Lebenswirklichkeit aussetze und damit gleichzeitig diese Lebenswirklichkeit zu ihrem Recht kommen lasse.

Wie geschieht das praktisch?

Zunächst so, wie es bei der „ersten Begegnung mit dem Text" schon geschildert wurde.[189] Der Text gerät dazwischen. Ich denke über die Karfreitagspredigt nach. Es ist Gründonnerstagvormittag. Das Telefon klingelt. Die Kindergottesdiensthelferin einer anderen Gemeinde. Wir haben einiges zu besprechen. Wir kommen auf den Kindergottesdienst an Palmarum, bei dem der Sohn mitgewirkt hat. „Gut, daß ich am vergangenen Sonntag keine Zeit für den Kindergottesdienst hatte", sagt sie. „Warum?" frage ich. „Es war die Kreuzigung dran . . ."[190]

Oder ich sitze an der Predigt für den Sonntag Judika (Johannes 11, 46–53). „Da versammelten die Hohenpriester und die Pharisäer den Hohen Rat . . ." „Es ist besser für euch, ein Mensch sterbe für das Volk, als daß das ganze Volk verderbe . . ." Johannes macht in sarkastischer Fröhlichkeit dazu auch noch die schöne doppelbödige Aussage, daß der Hohepriester eine amtliche Gabe des Heiligen Geistes gehabt haben muß, ohne daß er's wußte, und deshalb die Wahrheit sagte. Trost für den Prediger.

Dies Bild der Ratssitzung gerät mir zwischen die Bilder von meinen Institutionensitzungen. Wie wir beraten in kirchlichen Gremien, in Krankenhausvorständen, wie politische Gremien sitzen und Entscheidungen fällen. Wie sie versuchen, das kleinere Übel auszuhandeln, bei dem möglichst wenige Leute (und möglichst unwesentliche Leute!) Nachteile haben. Es ist besser, daß eine Minderheit Nachteile hat als die Mehrheit . . . Plötzlich ist der Text nicht mehr von gestern.

189 S. o. S. 88
190 S. o. S. 186. Der Beginn der Predigt am Karfreitag

Das ist das eine. Es kann sein, daß auf solche sich einfallartig einstellende Weise schon ein Stück Wirklichkeitserprobung des Textes beginnt. Aber nicht jede solcher Strukturanalogien trifft das Zentrum des Textes. Manchmal allerdings stößt einen der Text selbst auf das, worauf es ankommt. Beim Jüngling zu Nain ist es keine Frage, daß es um die Macht des Todes geht und wer ihr Einhalt gebieten kann. Ich muß nur noch bedenken, von welchen Erfahrungen ich dabei reden will. Aber gerade dabei fällt mir ein:[191]

„Wenn ich *eine* Geschichte in dieser Situation nicht hätte vorlesen dürfen, dann wäre es die Geschichte vom Jüngling von Nain gewesen", sagt sich der Prediger. Er muß also zusehen, wo dieser Text wirklich geeignet ist, Hilfe zum Leben zu geben, Dunkelheit aufzuhellen, Verdecktes zu erschließen.

Der Prediger kann sich nach meiner Erfahrung im Normalfall nicht auf seine spontanen Einfälle und ihre Stimmigkeit verlassen. Er muß sorgfältig prüfen, auswählen und oft mühselig suchen. Denn es geht ja nicht darum, daß ich irgendeine Entsprechung zwischen Text und Wirklichkeit bedenke in der Predigt, es geht doch um die Frage, wo treffen sich Text und Lebenswirklichkeit bei der in dieser Situation entscheidenden Grundfrage des Glaubens? So nützlich und kreativ es sein kann, von einer nebensächlichen Entsprechung zwischen Text und Wirklichkeit auszugehen, um dann zur Hauptsache vorzustoßen. In jedem Falle kommt es aufs letztere an. Text und Lebenswirklichkeit sind aufeinander zu beziehen an der Stelle, an der sich die Gott und damit auch mich selbst betreffende Erfahrung des Textes und der Wirklichkeit treffen. Wir hoffen ja, – sonst würde sich das ganze Geschäft der Textauslegung nicht lohnen –, daß der Text kein Fremdling in unserer Welt bleiben wird. Wir haben die begründete Erwartung, daß seine Botschaft unsere Wirklichkeit möglicherweise besser erschließt als alles, was wir bisher versucht haben. Was sollte sonst auch die ganze Tiefbohrerei? Der Text enthält die Chance, Gottes Wirklichkeit in ihrem eigentlichen Sinn erschließendes Wort zu sein. Das ist aber nicht etwas, das gleichsam als religiöse Patina zur Wirklichkeit hinzukäme. Vielmehr hoffen wir, daß die Botschaft des Textes uns unsere Wirklichkeit als das zeigt, was sie im Letzten ist.

Tillichs Begriff der Korrelation zwischen Vernunft und Offenbarung ist für das, was ich hier meine, geeignet. Die Glaubenserfahrung des Textes ist auf die meine Existenz im Letzten betreffenden Fragen meiner Lebenswirklichkeit in ihrer jeweiligen Situation zu beziehen. Die fragende Vernunft erlebt in den tiefen Dimensionen der Wirklichkeit die Frage nach Gott, die Frage nach dem Sinn von Sein. Wir lesen die biblischen Texte daraufhin, ob sie uns ein neues Wort geben können. Oftmals ist das, was der biblische Text sagt, eine unsere Existenzfrage völlig verändernde Antwort. Aber in jedem Fall ist

---

191 S. o. S. 26

die im Text zutagetretende grundlegende Wirklichkeitserfahrung und meine alltägliche Wirklichkeitserfahrung aufeinander zu beziehen. Dabei ist deutlich, daß wir die vielen Dimensionen unserer Wirklichkeitserfahrung keineswegs im wesentlichen als Frage durchhalten, wir sind immer schon mit Antworten gesättigt, die sowohl von einem uns biographisch vermittelten christlichen Wirklichkeitsverständnis geprägt sein können, wie auch in jedem Falle bestimmt sind durch unsere Gottesferne und somit falsche Antworten sind. Es kann also nicht einfach darum gehen, daß der Bibeltext in seiner Wirksamkeit erprobt würde und wir ihn fallenlassen, wenn er sich als nicht brauchbar erweist. Vielmehr kommt es notwendig zum Streit zwischen der Wirklichkeitssicht des Textes und unserer Sicht. Dabei ist es nicht so, daß der Text von vornherein immer recht hätte. Das wäre zu schlicht. Aber wir leben in einer Erfahrungsgemeinschaft als Prediger, die weiß, daß uns Hilfe zum Leben nur gegeben werden kann, wenn sich Gott in Jesus Christus gegen unsere aus der Gottesferne stammende Wirklichkeit durchsetzt. Das bedeutet, so sehr unsere Gegenwart Ort der Gotteserfahrung ist, ist diese Gotteserfahrung dennoch nicht ohne die Christuserfahrung sachgemäß zu gewinnen. Es kann keine natürliche Offenbarung abseits der Christuserfahrung geben. Schicksalsschläge als eindeutige Zeichen des Zornes Gottes und Glückstreffer als Zeichen seines Wohlwollens sind in Christus abgeschafft. So sehr wir der Anfechtungserfahrung des deus absconditus und der Gerichtserfahrung ausgesetzt bleiben.

Zusammenfassend gesagt geht es also darum, Grundfragen des Glaubens im Text und in der Wirklichkeit aufeinander zu beziehen. Wobei wir der Glaubenserfahrung des Textes mit der Hoffnung begegnen, daß sie uns unsere Wirklichkeit in Wahrheit erschließt.

2. Der exemplarische Fall

Wenn wir sagen, der Prediger geht mit dem Text in seine Lebenswirklichkeit und erprobt ihn, ist das in dieser Allgemeinheit eine unmögliche Gegenüberstellung. Der biblische Text ist ein leicht ausgrenzbares Stück Wirklichkeit, zwar vielfältig offen und auslegbar, aber doch begrenzt und überschaubar. Lebenswirklichkeit ist unbegrenzt und unbegrenzbar. Unsere Lebenswirklichkeit, zu der der Streit mit den Kindern, der Kauf des neuen Autos, das Gespräch mit der Landstreicherin, das Lesen eines Zukunftsromans von Stanislaw Lem, Umberto Ecos „Der Name der Rose", die Fußballweltmeisterschaft, der Morgengruß der Müllmänner, der gestirnte Himmel über mir und der Besuch des Christen aus Südafrika, die neuesten Texte zur Gen-Manipulation, der Ausflug ins Reich der Meditation gehören, die Wirklichkeit in ihrer unglaublichen Vielfalt, das ist uferlos.

Das Problem für den Prediger, der Sonntag für Sonntag auf die Kanzel muß, ist, daß er mit seinem Text und dem Thema des Sonntags in bezug auf die Lebenswirklichkeit fast völlig ins Beliebige gestellt ist. Kasualsonntage, Erntedank, Totensonntag, Friedensgottesdienst, aber auch der Text, der eindeutig in einen bestimmten Bereich verweist, sind unter dem Gesichtspunkt der Eingegrenztheit des jeweiligen Wirklichkeitszugriffs ein Labsal. In der Regel sind die Beziehungsmöglichkeiten zwischen Predigttext und Wirklichkeit uferlos und diffus.

Also hofft der Prediger auf die Gnade des glücklichen Geschicks, daß ihm ein Stück Wirklichkeit im Zusammenhang mit dem Predigttext näherrückt als andere. Und er greift zu, wo ihm etwas nahekommt und es ihm einleuchtet.

Dabei bieten sich zwei Arten eines Zugriffs für den Prediger offenbar besonders an. Beide sind nach meinem Urteil in unterschiedlicher Weise problematisch. Dennoch ist der Prediger ihnen leicht ausgesetzt.

Die erste Art des Zugriffs ist die, daß der Prediger seine Zeitgenossenschaft als Zeitungsgenossenschaft und Fernsehgenossenschaft versteht. Mustert man Predigten daraufhin durch, welche Wirklichkeitsbereiche angesprochen werden, und beachtet zusätzlich ihr Wortmaterial, fällt auf, welch hohen Anteil das kurze Antippen von Wirklichkeitsbereichen hat, die aus der Medieninformation stammen. Meist sind sie auch noch wesentlich kürzer als in den Medien, oft auf ein Schlagwort oder eine Überschrift reduziert. Als Beispiel nur einige Sätze aus dem Schlußteil einer Erntedankfestpredigt. Wir müssen „öffentlich für das Recht derer sprechen, denen ein ungerechtes Wirtschaftssystem oder ein diktatorisches Regime ihr Recht auf Freiheit und Menschenwürde verweigern. Unser Gottesdienst könnte Anlaß geben, für jene Menschen die Stimme zu erheben, die nach Brot und Gerechtigkeit hungern und dürsten; das heißt nach Solidarität, nach einem vernünftigen Ausgleich der Güter dieser Erde . . . Wir lesen fast tagtäglich von Jugendkriminalität, von Drogenmißbrauch, Jugendalkoholismus . . . da leiden junge Menschen – ich fürchte: oft verzweifelt – am Stumpfsinn einer Gesellschaft, die ihnen wenig mehr als Wohlstandsmüll zu bieten hat; die für Steuermillionen Lebensmittel vernichtet, um die Preise hochzuhalten, während andererseits ein Drittel der Menschheit am Verhungern ist . . . Ich kann hier nicht mit fixen Lösungen aufwarten. Dazu bräuchte es mehr Information und Wissen, als ich habe. Es bräuchte – ich deute es an – Gespräch und Auseinandersetzung . . . Ich denke an die kleinen Schritte, die ohne Zusatzstudium möglich sind. Fürs erste würde es genügen, wenn wir empfindlich würden für Ungerechtigkeit in der Gemeinde selbst, bei uns . . . daß es verstecktes Leiden gibt, weil auch im Wohlfahrtsstaat Menschen unter die Räder kommen, nicht zuletzt unter die Räder der Gesetze, mit denen wir uns gegen andere schützen . . . Leiden, das sich nicht aufdrängt, und das sogar hinter der Maske des Wohlstandes zu finden ist; wenn wir uns der Herausforderung stellen, die der Zustand von zwei Dritteln unserer Erde bedeutet; wenn wir also – kurz gesagt – die entrechtete Kreatur Mensch finden, die auf unsere Menschlichkeit wartet . . . Ich bin sicher: Dann finden wir auch, was wir mit Recht für uns selber suchen: einen Sinn für unser Leben und eine Zukunft, für die es sich zu leben lohnt."[192]

Man muß einmal darauf achten, wieviel in dieser sonst nicht schlechten Predigt medial vorher abgepackte Wirklichkeit angeboten wird. Wie oft die großen Probleme in Kurzformeln vorkommen, wird jedem geläufig sein: die Arbeitslosigkeit, die Umweltbedrohung, der Nord-Süd-Konflikt, die Aufrüstung, die Energiefrage usw.

Wolfgang Armbrüster kommt im Anschluß an die Auswertung des Sprachgebrauchs in Zeitungsandachten zu dem Urteil, daß Begriffe aus dem Zusammenhang, den sie in der politischen Diskussion haben, herausgenommen und nur noch als Schlagworte in der Predigt eingesetzt werden. Die Begriffe werden ihres eigentlichen, z. B. politischen Inhaltes beraubt und werden zu Kulissen, „die Wirklichkeit und Bedeutung nur vortäuschen". Er stellt das fast völlige Fehlen von nachprüfbaren politischen Daten fest, keine Personen, keine genaue Rede. „Die Texte geben vor, sich ans Heute zu richten, aber das Heute ist immer, überall und jeder. Sie behaupten mit ihrer Sprache, Wirkliches zur Sprache zu bringen, aber sie schrecken vor der Berührung mit der Wirklichkeit zurück."[193]

Nun geht es hierbei eigentlich nur um den Umgang mit der Wirklichkeit, um die Art, wie ich die dort vorgenommene Ausgrenzung von Ereignissen, um eine Nachricht daraus zu machen, übernehme. Die Medien bieten ja dem Prediger durchaus eine Fülle von Anregungen und Hinweisen. Nur man muß sie dann auch wirklich aufnehmen, sehr sorgfältig reflektieren und sich Zeit lassend in der Predigt aufnehmen. Während ich dieses hier schreibe, wird im Rundfunk in den Lokalnachrichten aus Hessen gemeldet: „Bei einem Badeunfall in . . . wurde gestern eine 48jährige Frau schwer verletzt. Zwei junge Mädchen im Alter zwischen acht und zehn Jahren, die sich gegenseitig ins Wasser stießen, verletzten die im Wasser schwimmende Frau dabei so sehr, daß sie sofort mit dem Rettungshubschrauber ins Krankenhaus gebracht werden mußte. Die Ärzte erklären, daß sie lebenslang querschnittsgelähmt bleiben wird. Wer den Vorfall beobachtet hat, wird gebeten, sich zu melden." Eine Mediennachricht. Etwas aus der Wirklichkeit, das sich durch seine Schrecklichkeit sozusagen selbst ausgegrenzt und abgepackt hat. Es tritt aus dem Normalen heraus. Es fällt durch seine Ungewöhnlichkeit und

192 Horst Nitschke (Hrsg.): Erntedankfest. Reformationsfest. Gütersloh, 1980, S. 66 f.
193 Wolfgang Armbrüster: Doppelpaß der Verkündigung. Über die Sprache der Predigt. Evangelische Kommentare. Stuttgart, 1986, S. 154 ff.

seine Tragik auf. Das ist sicherlich berichtenswert, sogar nötig als Hinweis, was alles geschehen kann, und daß man doch vorsichtig sein möchte beim Baden und Spielen.

Und das ist natürlich für mich als Prediger, wenn ich das so höre, ein Anlaß zum Tiefsinnigwerden. Wenn dir das zugestoßen wäre. Von einem Augenblick zum anderen. Eben noch geschwommen. Anschließend ein Leben lang querschnittsgelähmt. Später wird über den gleichen Sender die Bach-Kantate „Wer nur den lieben Gott läßt walten und hoffet auf ihn allezeit, den wird er wunderbar erhalten . . ." gesendet.

Die Frau liegt jetzt im Krankenhaus. Weiß sie schon, was wir eben gehört haben? Wer nur den lieben Gott läßt walten? Was ist das für ein anfälliges Leben? Wie sollte so jemand seinen Glauben nicht verlieren oder ihn gerade brauchen? Daran kann der Prediger hängenbleiben. Aber nicht als Schlagwort, sondern als erfahrene Wirklichkeit.

Dennoch, was uns Predigern beim Bedenken der Wirklichkeit einfällt, sind meist nur die großen Themen, und darüber wird dann in den Allgemeinbegriffen gesprochen. Das aber ist so nicht die Lebenswirklichkeit, die dem Text angemessen ist. Deshalb denke ich als erstes, was die Leute im Fernsehen sehen, im Radio hören, in der Zeitung lesen, kann nur für die Predigt relevante Lebenswirklichkeit werden, wenn es als einzelnes Thema sorgfältig und weit über das hinaus, was die Medien sagen, bearbeitet wird. Im allgemeinen kennen die Leute das ja schon. Wenn es nicht ganz bewegend ist, muß ich das nicht wiederholen.

Die zweite Art des Zugriffs zur Wirklichkeit ist die verbreitetste. Prediger und Predigerinnen sind sie am ehesten von ihrer Berufssozialisation gewohnt. Es ist der Zugang über den Allgemeinbegriff. Ich lege mir den Predigttext nach der Skopus-Methode zurecht, das heißt, ich suche für ihn eine Überschrift und sehe zu, wo ich in der Wirklichkeit unter dieser Überschrift entsprechende Beispiele finde. Der Text redet vom Mut des Glaubens angesichts des Leidens. Also suche ich mir Beispiele in unserer Wirklichkeit dazu oder bleibe im ungünstigsten Falle in der allgemeinen Sprache über den Mut des Glaubens und das Leiden. Die großen Möglichkeiten, aber auch die Begrenztheiten des begrifflichen Denkens sowohl im Bereich des Redens über unsere Wirklichkeit wie auch als Sprache des Glaubens müssen weiter unten genauer bedacht werden.[194]

Wir haben uns schon klargemacht, daß die Versammlung eines Textes unter einen Skopus nicht sonderlich sinnvoll ist. Meist ist der Text viel komplexer, als daß er sich auf einen Skopus, eine existentiale Begrifflichkeit, eine Strukturanalogie zur gegenwärtigen Wirklichkeit einfach reduzieren

---

194   S. u. S. 533 ff.; vgl. auch H. Hirschler, konkret predigen, a. a. O., S. 9 ff.

ließe. Deshalb habe ich vorgeschlagen, der Textaussage mit einer Textparaphrase zu entsprechen. Aus ihr ergibt sich eine Richtungsangabe für einen bestimmten Bereich unserer Wirklichkeit. Es ist sinnvoll, diesen zunächst einmal begrifflich oder thematisch zu umschreiben zu versuchen, aber dann doch sehr schnell auf einen exemplarischen Fall, auf eine Situation, auf ein Ereignis, auf einen darstellbaren Zusammenhang zu kommen und das im Zusammenhang mit dem Text zu reflektieren.

Es gibt ein eindrucksvolles, aber auch abschreckendes Bild, wie man zu solchem Wirklichkeitsbezug aus dem Text kommen kann, bei dem Aufklärungsprediger Franz Volkmar Reinhard. Reinhard war einer der erfolgreichsten Prediger um 1800. Er soll sonntäglich in Dresden 5000–6000 Hörer über Jahrzehnte hinweg unter seiner Kanzel versammelt haben. Das muß man erst einmal nachmachen. Er hatte allerdings keine Medienkonkurrenz, und es waren andere Zeiten. Reinhard schildert in seinen „Geständnissen", wie er bei der Perikope vom 7. Sonntag nach Trinitatis, der Geschichte der Speisung der 4000 (Markus 8, 1–9), zu dem jeweiligen Wirklichkeitsbezug kommt. Er macht sich klar, daß diese Speisung in einer unbewohnten Gegend geschah. Dies führt zu der Predigt: „Von den Ursachen, warum Jesus seine Zuhörer am liebsten in einsamen Gegenden um sich versammelte." Da es Jesus gelungen ist, mehrere tausend Menschen ohne Obrigkeit und Polizei in Ordnung zu halten, spricht er über das Thema: „Von der stillen Gewalt, welche die Tugend durch ihre Gegenwart über die Menschen behauptet." Jesus war in dieser Situation der großen Menge gegenüber auf sich selbst gestellt. Also heißt das nächste Thema: „Daß Christen bey jeder Gelegenheit mehr auf sich als auf andere hoffen müssen." Die Absichten der Menschen waren Jesus gegenüber nicht völlig uneigennützig und edel. Jesus behandelt sie trotzdem mit großer Güte. Die Lehre, die Reinhard daraus zieht, heißt: „Von der Achtung, welche Christen auch unvollkommnen Versuchen im Guten schuldig sind."

Es war natürlich ein Problem, sich ohne Vorsorge in eine so einsame Gegend zu begeben. Die Predigt heißt deshalb: „Daß wir sehr elend seyn würden, wenn Gott nicht unaufhörlich die Fehler unserer Unvorsichtigkeit verbesserte." Jesus befriedigt bei der Speisung körperliche und geistige Bedürfnisse: „Über den Zusammenhang, in welchen Gott das Bedürfniß, den Körper durch Nahrung zu erhalten, mit der Bildung und Besserung unseres Geistes gesetzt hat." Aus der Tatsache, daß man bei dieser Speisung nur sehr wenig zu essen hatte und nur Fische und Gerstenbrot aß, folgen die Predigten: „Daß die Tugend der Genügsamkeit weit wichtiger und unentbehrlicher sey als man gewöhnlich meynt." Und: „Gott will und kann auch das Wenige und Geringe reichlich segnen." Und: „Betrachtungen über das Wunderbare, welches in der Art liegt, wie Gott uns noch immer unseren Unterhalt verschafft." Das Volk war in der Gefahr, in große leibliche Not zu geraten, ist aber glücklich bewahrt worden: „Daß die Zeit, welche wir zweckmäßigen frommen Übungen widmen, auch für unser leibliches Wohl nicht verloren ist." Drei Tage lang hatte Jesus die Menge bei sich behalten, dann aber seinen Unterricht auf die beste Art und zur besten Zeit beendet. Daraus läßt sich lernen: „Wie viel darauf ankommen, daß man bey jeder guten Handlung mit der rechten Art aufzuhören wisse." Die Teuerung, die 1805 in Sachsen herrschte, veranlaßte Reinhard, die Perikope unter das Thema zu stellen: „Wie christliche Wohltätigkeit zur Zeit eines öffentlichen Mangels geübt und angenommen werden soll."[195]

Es ist eindrucksvoll, in welcher Weise Reinhard den Texten allgemeine religiöse, moralische oder lebenspraktische Wahrheiten abzugewinnen vermag. Auch sein Interesse, diese Wahrheiten jeweils nur am biblischen Text aufzuzeigen, verdient Beachtung. Reinhard erzählt in seinen Predigten keine Beispielgeschichten. Er spricht die Wirklichkeit in allgemeinen Wahrheiten an, und die Konkretion nimmt er aus der Bibel. Dennoch ist diese Art der Benutzung der Bibel als Fundgrube für allgemeine Wahrheiten problematisch, weil es nicht zu einer wirklichen Auseinandersetzung mit dem Text und der Lebenswirklichkeit kommt.

Ich denke, nützlicher als das Aufsuchen thematischer Bezüge zwischen Text und Wirklichkeit ist es, den Bibeltext als Zeitgenosse der Menschen zu erleben zu suchen.

„Ob der Prediger Zeitgenosse der Menschen wird, denen er predigt, ist zunächst nicht eine Sache der Erkenntnis, sondern des Mitlebens ... In solchem Mitleben und aus ihm erschließt sich die Wirklichkeit der Menschen dem Prediger. Es ist nicht zu übersehen, daß es heute schwerer geworden ist als es früher war, in diesem Sinne Zeitgenosse zu sein. Die Gründe dafür sind bekannt und brauchen hier nur angedeutet zu werden. Es ist heute schwerer, als Prediger Zeitgenosse zu werden, weil die Verhältnisse unüberschaubarer geworden sind, die Gemeinden anonymer. Darum wird man in einer unüberschaubaren Großstadtgemeinde schwerer Zeitgenosse als in einer überschaubaren Dorfgemeinde. Hinzu kommt die gegenüber früheren Verhältnissen oft unvergleichlich differenzierter gewordene Berufswelt. Weil zur Zeitgenossenschaft auch ein Minimum an Verständnis für das gehört, was der andere tut und leidet, wird Zeitgenossenschaft in unserer differenzierten Arbeits- und Berufswelt erschwert. Ein weiteres Erschwernis liegt in der Fluktuation der Bevölkerung. Das größte Hindernis für den Prediger, Zeitgenosse zu werden, war in den vergangenen Jahren der überaus häufige Pfarrstellenwechsel. Zeitgenossenschaft braucht Zeit. Wo diese Zeit fehlt, kann Zeitgenossenschaft nicht wachsen. Der Prediger ist dann oder bleibt

195 Christian Erdmann-Schott: Möglichkeiten und Grenzen der Aufklärungspredigt. Dargestellt am Beispiel Franz Volkmar Reinhards. Göttingen, 1978, S. 224 f.

dann oft Zeitgenosse ganz anderer Menschen als der ,seiner Gemeinde' . . .
Bei den genannten Schwierigkeiten, denen noch manche hinzugefügt werden
könnten, darf nicht übersehen werden, daß der Prediger nach wie vor eine
große Chance hat, den Menschen Zeitgenosse zu werden. Er ist ja zugleich
Seelsorger der Gemeinde. Er begegnet den Menschen in den elementaren
Situationen des Menschseins: Geburt, Übergang vom Kind zum Erwachsenen, Hochzeit, Tod, Krankheit, Freude usw. . . . Im Hören auf das, was
andere zu sagen haben, wächst Zeitgenossenschaft. Es kommen dann die
vielfältigen Möglichkeiten hinzu, Gemeindeglieder kennenzulernen und als
Hörender ihre Wirklichkeit zu erfahren."[196]

Solches Mitleben mit den Menschen hat noch einen anderen Aspekt. Es ist
die Frage, wie der Pfarrer und die Pfarrerin die Alltäglichkeiten menschlichen Lebens ansieht. Wie weit hält er es für wichtig zu entdecken, wie
Menschen leben, wie sie miteinander sprechen, in welchen praktischen
alltäglichen Sorgen sie stecken, was sie glücklich macht? Das Mitleben mit
der Gemeinde ist ganz deutlich eine Frage der Wertung. Welchen Wert messe
ich solchem alltäglichen Erleben zu? Solche Wertung zeigt sich in meinem
Zuhören. Sie zeigt sich in meinem Reden. Wer im wesentlichen Gedankengänge, Strukturanalysen, politische Zusammenhänge, gläubige Wirklich-
keitssortierung hoch besetzt hat, ist am Leben der Menschen zumeist nicht
nahe dran. Er hat vielleicht das Empfinden, es sei seine Pflicht, zu ihnen
hinunterzusteigen und zuzuhören. Man wird ihm dies anmerken, daß er nicht
glaubt, im Erzählen der Leute Gottes verschlungene Wege in einem Menschenleben zu entdecken und zu sehen, wie spannend, seltsam, langweilig,
trostlos und glücklich ein Menschenleben sein kann. Unter diesem Gesichtspunkt sind viele Themenschwerpunkte der Predigt auch eine Flucht aus der
Lebenswirklichkeit der Menschen. Dabei sollte deutlich sein, die Predigt hat
nicht die Aufgabe, den Alltag der Menschen erzählerisch zu verdoppeln. Es
geht schon darum, diesen Alltag im Licht der Aussagen des Bibeltextes zu
sehen. Aber es ist eben gut, wenn das dann auch wirklich der Alltag der
Menschen ist.

Nicht alles, was ich erlebe, was andere erleben, ist für die Kanzel geeignet.
Geeignet ist alles zum Durchdenken. Aber für die Kanzel muß ich den
exemplarischen Fall, die typische Situation, das für viele Menschen Wichtige
herausnehmen.

Dafür lege ich mir eine Liste an. Ich schreibe völlig ungeordnet jene Dinge
auf, die ich erlebt habe und die mir im Zusammenhang mit dem Text einfallen. Ich nenne einiges aus der Liste für die Karfreitagspredigt 1986:[197]

196 Karl Manzke: Erneuerung der Predigt aus der Bibel. In: Horst Hirschler/Günter
Linnenbrink (Hrsg.): Die Bibel weckt Gemeinde. Hannover, 1984, S. 81 f.
197 S. o. S. 186 ff.

1. Gespräch mit Frau X, deren Mann sich umgebracht hat.
2. Das Mädchen heute morgen, die sich so sehr wohlfühlte und überhaupt keine Probleme zu haben schien.
3. Metz, der sagt, wir können nach Auschwitz beten, weil auch in Auschwitz gebetet wurde, aber mit unserer Gottesfrage kommen wir hinter Auschwitz nie mehr zurück.[198]
4. Der Kollegin N. fast zugestoßene Blindheit und glückliche Heilung, das tiefe Hindurch-Müssen und die Freude.
5. Wir sind alle ständig darauf aus, stabilisiert zu werden. Mit uns zufrieden zu sein. Am liebsten zufrieden zu sein durch nützliches Tun für andere.
6. Frau M's Anruf, daß sie froh war, Palmarum nicht über das Kreuz reden zu müssen.
7. Was heißt es, sich an gesunden guten Tagen, ohne eigene Not in die Kreuzigung Christi hineinzudenken, und wo berührt mich das überhaupt?
8. Welche Leidenszonen sollen wir aufsuchen? Brasilien, Südafrika, die Erlebnisse von Frau S. in Südafrika.
9. Gespräch mit Handwerker S. über seinen Betrieb. Er kann ihn nur mühsam halten.
10. Die Identifikation des Kreuzwegs Christi mit dem Weg Nicaraguas. Auf den Bildern haben sie Christus das Gesicht eines gestorbenen Revolutionsführers gegeben. Unerträglich! Warum?
11. In den Predigtstudien der Hinweis auf das mexikanische Fresko von Christus, der das Kreuz umhackt. G. I. hat mir das Bild geschickt.
12. Im Grunde ist am Kreuz der deus absconditus und der deus revelatus in eins da, aber erst seit Ostern.
13. Der Tod des Peter Noll, des Freundes von Max Frisch. Blasenkrebs. Kann ich mitfühlen.
14. Was heißt „für uns zur Sünde gemacht", vielleicht Jesaja 53?
15. Die Kreuzigung Christi bei Luise Rinser. Mirjam.
16. Verhältnis von Sünde und Kreuz. Wer ans Kreuz muß, ist Sünder. Wenn einer, der kein Sünder ist, ans Kreuz muß, weil Gott das will, muß man dann sagen (Jesaja 53), er ist für uns zur Sünde gemacht? Deshalb Jesu Sündlosigkeit konstitutiv für das Heilsgeschehen?
17. Die Kirche in Bad Salzdetfurth mit dem Wandteppich: Der Gekreuzigte und Auferstandene in eins.

---

198 J. B. Metz, Sinn und Subjekt, a. a. O., S. 156. „Wir können nach Auschwitz beten, weil auch in Auschwitz gebetet wurde. Wir Christen kommen mit unserer Gottesfrage nie mehr hinter Auschwitz zurück; über Auschwitz hinaus aber kommen wir, genau besehen, nicht mehr allein, sondern nur noch mit den Opfern von Auschwitz. Angesichts von Auschwitz gibt es für mich keinen ‚Sinn', den wir ohne die Juden bezeugen könnten."

18. Frau Lohses Beschreibung des Kreuzigungsbildes von Otto Dix in den LM, Text wichtig. Auch hier der Auferstandene angedeutet.
19. Kann man das Ineinander von Kreuz und Auferstehung gleichzeitig erleben? Metz sagt, das geht nicht, dann wird das Leiden nicht ernstgenommen. Ist nicht doch das Leiden seit Karfreitag „leichter", der Tod entmachteter?
20. James Graf Moltke 1944, „der ganze Saal hätte brüllen können . . ." Wäre er an Krebs gestorben, wüßte niemand von ihm.
21. Die Geschichte aus dem Gemeindebrief, von dem kleinen Jungen, der Blutkrebs hatte.

Ich habe jetzt die Stichworte etwas ausführlicher beschrieben. Normalerweise genügt ein Stichwort. Solch eine Liste erstelle ich anfangs sehr schnell unter Zuhilfenahme des Terminkalenders, weil ich vieles schon wieder vergessen habe. Oft sind mehr Gespräche mit Menschen dabei. Was mir zwischendurch einfällt, wird noch dazugeschrieben. Man weiß nicht, ob man es gebrauchen kann. Das meiste ist nicht brauchbar.

Es ist verhältnismäßig einfach, aus solch einer Liste das Exemplarische vom Nichtexemplarischen zu trennen. Manches, was mir während der Predigtherstellung noch einfällt – das ist nicht wenig –, steht nicht auf der Liste.

Bei der Auswahl der Ereignisse, an denen ich Text und Lebenswirklichkeit zusammenbringen möchte, wird es gut sein, sich klarzumachen, aus welchem der unterscheidbaren Lebensbereiche ich den exemplarischen Fall nehme. Es ist deshalb nützlich, damit ich mich als Prediger ein wenig überprüfe, ob ich ständig nur mit den strukturellen Problemen im globalen Bereich oder nur immer mit Gott und der Seele beschäftigt bin. Man kann, wenn man will, die Lebenswirklichkeit der Hörer und des Predigers in vier unterschiedliche Bereiche unterteilen:

1. Der zwischenmenschliche Bereich
In diesem Bereich lassen sich am leichtesten Ereignisse aufnehmen und darstellen. Erlebnisse in der Familie, Erfahrungen im Beruf, mit Arbeitskollegen, Nachbarliches, die Kinder in der Schule und überhaupt der Generationenkonflikt, der Außenseiter, Gruppenzugehörigkeit, Erfahrungen in der Kirchengemeinde. Dieser Bereich wird von uns als vorrangig wichtig erlebt, weil wir in ihm die alltäglichen Erfahrungen machen. Die Probleme sind überschaubar. Der Hörer hat in solchen Fragen eine natürliche Kompetenz. Er akzeptiert auch die Zuständigkeit der christlichen Aussage für diesen Bereich. Soweit es sich um Fragestellungen handelt, die unter dem allgemeinen Begriff Nächstenliebe unterzubringen sind, bzw. bei älteren Hörern, soweit es sich um Fragen der Moral und Ethik handelt. Je weniger unser Normenempfinden allgemein verbindlich ist, desto weniger kann auch der

Prediger zu einfachen normierenden Aussagen kommen. Gerade deshalb ist es gut, wenn er auf einen Fall bezogen redet.

2. Strukturelle Probleme im Nahbereich

Ich denke dabei an Probleme, die vom einzelnen als durchaus als zu seinem Leben gehörend erfahren werden, denen er jedoch mehr oder weniger ausgeliefert ist: die Arbeitslosigkeit, die Freizeitprobleme der Jugend, die Schwierigkeit, Kinder christlich zu erziehen, die Schwierigkeit, altmodische Eltern zu ertragen, das Problem der ausländischen Arbeitnehmer und ihrer Familien, die zunehmenden Ehescheidungen, § 218, die Lage der alten Menschen, der Trend, im Urlaub ins Ausland zu fahren, die durch Reklame gesteuerte Freude an neuen Sachen usw. Wenn der Prediger solche Fragen in der Predigt aufnehmen will, wird er den Punkt finden müssen, an dem etwas von solchen strukturellen Problemen erlebbar ist. Verhältnismäßig einfach ist es, dabei auf Gespräche zurückzugreifen, auf die interessante Fernsehdiskussion, wobei die unterschiedlichen Ansichten in wörtlicher Rede darzustellen wären. Der Prediger kann von Diskussionen in Gemeindegruppen berichten, die die unterschiedlichen Meinungen wiedergeben, und einen eigenen Antwortversuch vortragen.

3. Strukturelle Probleme im globalen Bereich

Dazu gehört der Hunger in der Welt, das Wettrüsten, der Rassismus, Auschwitz, die Umweltgefährdung, die Explosion des Kernkraftwerkes in Tschernobyl, das Konzil des Friedens, der Terrorismus der einzelnen, der Gruppen und der Staaten, die Weltwirtschaft und ihre Ungerechtigkeit, das Problem der Gerechtigkeit.

Diese Themen fallen dem Prediger besonders leicht ein. Der Gemeinde liegen solche Themen ferner. Auch hier muß jeweils der Punkt ausgesucht werden, an dem solche Fragen existentiell wichtig werden. Der Prediger muß zeigen, wo dies Problem ihn und die Hörer wirklich berühren kann oder soll. Er muß zeigen, was das mit dem christlichen Glauben zu tun hat.

4. Der Bereich des individuellen Erlebens

Dabei denke ich an die Erfahrungen, die einer mit sich selbst macht, mit seiner Freude, mit seinem Unglück, mit seiner Ich-Stabilität und seiner Depression, mit seiner Arbeitsfähigkeit und Arbeitsunfähigkeit, mit der Hoffnung, dem Beten, der Erfahrung der Geborgenheit in Gott, dem neuen Mut, der langen Durststrecke, mit dem Tod und dem Sterben, mit der Krankheit, mit dem Alter, mit der Enttäuschung, mit den fröhlichen Tagen, mit der Liebe zu sich selbst und zu anderen.

Die Aufnahme dieses Bereichs in der Predigt wird vom Hörer zumeist mit Dankbarkeit registriert. Durch die pastoral-psychologische Ausbildung sind die Prediger an diesem Punkt sprachfähiger geworden. Ob es dabei allerdings immer gelingt, die Erfahrung z. B. von Identität und Nichtidentität mit der Behauptung des Glaubens, der Mensch lebe von geschenkter Identität, zusammenzubringen, muß bezweifelt werden. Keineswegs darf dieser Bereich unter Abwertung der drei anderen Bereiche in den Mittelpunkt rücken.

Wenn ich exemplarische Fälle, Situationen, Problemzusammenhänge für meine Predigt bedenke, wird es gut sein, daß ich sie nicht zum Beispiel degradiere. Der exemplarische Fall ist keine Illustration der biblischen Aussage. Aus dem bisher Gesagten dürfte das deutlich sein. Ich will jedoch ausdrücklich darauf hinweisen. Es geht nicht darum, daß ich einen abstrakten Gedanken aus dem Bibeltext herausfiltere und für diesen Gedanken einen Beleg suche in der Wirklichkeit. Wenn ich so vorgehe, schneide ich mir Ereignisse unter christlich-ideologischem Gesichtspunkt zurecht. Diese Gefahr besteht immer. Es ist unbedingt nötig, dieser Gefahr dadurch zu entgehen, daß der exemplarische Fall, die besondere Situation, das herausgenommene Problem für sich genommen wichtig werden. Die passend gemachte Bekehrungsgeschichte, der man schon von weitem ansah, was alles weggelassen worden ist, damit sie als Beleg für des Predigers These taugte, oder ihr modernes Gegenstück: die als Druckverstärker eingesetzte Unheilsgeschichte diskreditieren den Einsatz exemplarischer Fälle als demagogisches Mittel. Die Gemeinde merkt das nach einiger Zeit sehr deutlich. Und Ebeling hat recht, wenn er im Hinblick auf den konkreten Fall, der zur Durchsetzung politischer Ansicht eingesetzt wird, schreibt, daß sich daran zeigen kann, „wie fragwürdig die Faszination des Konkreten ist. Man meint oft, es sei das Einfache und Evidente, und es ist doch meist das Allerkomplizierteste, undurchschaubar zusammengewachsen aus unendlich vielen Komponenten. Das Handgreifliche hat den Anschein des Allerwirklichsten, während sich das Entscheidende doch im Verborgenen vollzieht."[199]

Wer sich ein exemplarisches Stück Wirklichkeit vornimmt, muß zusehen, daß es in seinen Verästelungen und Abhängigkeiten so geschildert wird, daß auch derjenige, der ein anderes Urteil als der Prediger hat, sich darin wiederfindet und damit umgehen kann.

3. Die Erprobung des Textes

Ich nehme mir noch einmal die Geschichte vom Seewandel des Petrus vor. (Matthäus 14, 22–33).

Matthäus schreibt seinen Text wahrscheinlich in einer Situation, in der er seiner Gemeinde sagen zu müssen meint, wie sehr der Glaube an Jesus

---

199   Gerhard Ebeling: Theologisches Verantworten des Politischen. In: Ders.: Umgang mit Luther. Tübingen, 1983, S. 194

Christus das tragende Element christlicher Existenz ist. Glauben heißt, inmitten der Schwierigkeiten, die mich bedrohen und bedrücken, den Blick und das Zutrauen fest auf den auferstandenen und erhöhten Herrn zu richten und so seinen Weg zu gehen. Die christliche Gemeinde ist nicht einfach zufälliger Spielball von irgendwelchen Winden und Wellen. Sie ist vielmehr von ihrem Herrn auf ihren Weg gezwungen. Sie fährt, wenn sie ihrem Herrn folgt, nicht auf eigene Verantwortung. Sie soll sich nicht anpassen und nicht den Schwierigkeiten ausweichen. Auf ihrem Weg gibt es die Erfahrung der Finsternis, die auch den Christen wortlos macht. Christus wird erfahren als der, der nicht da ist, obwohl er doch an Land betet und seine Gemeinde sieht. (Markus gegen Matthäus). Aber der einzelne Christ und die Gemeinde empfindet das in solchen Augenblicken nicht, sie erleben nur die Mühsal des Gegenwindes, der das Schifflein der Gemeinde aus dem Gleichgewicht bringenden Wellen und die Angst. Und wenn der Herr dann wirklich kommt, ist das so fremd, unerwartet und überraschend, daß er eher wie ein Gespenst wirkt. Aber wer glaubt, er kennt den Herrn, geht ihm entgegen. Er tut dies vielleicht im Überschwang des Glaubens mit unbekümmertem naiven Mut. Aber er muß lernen, daß er sich darin nicht auf sich verlassen kann, daß er anfechtbar und angefochten ist, er hat keine Scheuklappen, die ihn die bedrohliche Wirklichkeit nicht wahrnehmen ließen, er hat keinen ideologischen Schutzschild, der ihn immun machte gegen Bedrängnisse. Er droht unterzugehen. Es ist nicht selbstverständlich, den Blick nur auf Christus gerichtet zu halten. Im Blickfeld sind immer auch die Bedrohung und die eigene Angst. Auch das, was uns ängstet, hat seine Kraft und seine Bedeutung, und wir können nicht so tun, als sähen wir uns selbst nicht in solcher Bedrohung und als ließe uns das kalt. Aber wer dann in seinem Scheitern weiß, an wen er sich halten kann, wer seine Litanei: Herr, rette mich, kennt, der wird gehalten, dem wird sein Versagen nicht zugerechnet, der bekommt neuen Mut und darf neu anfangen. Er wird als Versager keineswegs verharmlost. Der Kleinglaube ist falsch, er ist Zeichen der Sünde, Zeichen des Nichtglaubens, des Abstandes zu Christus, aber er ist Teil christlicher Existenz. Er ist nur für den zu ertragen, der sich nicht dauernd bestätigen muß, wie fabelhaft er im Grunde ist, oder daß die anderen auch nicht besser sind, der sich von Christus gehalten weiß. Wer sich auf Christus verläßt, erlebt Wunder. Er kann gegen allen Augenschein gerettet werden. Er ist nicht einfach der Macht der Verhältnisse ausgeliefert. Es mag im Extremfall sogar so scheinen, als seien die Gesetzmäßigkeiten unserer Welt für einen Augenblick belanglos. Wer auf Christus vertraut, vertraut in ihm auf den Herrn der Welt, auf den, der Leben und Tod in seiner Hand hält. Die Gemeinde, die solche Rettungserfahrung macht, kann nur auf die Knie fallen und das Bekenntnis sprechen: Du bist wahrhaftig Gottes Sohn.

Wir wissen nicht genug über die Situation des Matthäus. Wir können sie uns so dramatisch vorstellen, wie es als Erschließungssituation für die Stillung des Sturmes[200] zu begreifen versucht wurde. Ich stelle mir vor, daß seiner Gemeinde Versammlungen untersagt wurden, daß die zur Gemeinde gehörenden Sklaven für die Gottesdienste und Gemeindetreffen nicht frei bekamen, daß sie sich scheuten, ihre heidnischen Herren zu vergrällen durch mutiges Bekennen. Oder müssen wir es uns dramatischer vorstellen, stand das Leben auf dem Spiel?

Wenn ich meinem ersten Vorschlag folge und darauf zu achten versuche, welchen Wirklichkeitsbereich die Paraphrase in unserer Gegenwart anvisiert, dann denke ich an Christengemeinden in bedrängter Situation. An Berichte über nicht registrierte Gemeinden in der Sowjetunion, ich denke an Äthiopien, ich erinnere mich, daß ich vor Jahren den Präsidenten der Mekane-Jesus-Kirche in Äthiopien, Emanuel Abraham, gehört habe, wie er über die Situation der Gemeinde in der Bedrängnis sprach:

„. . . Ich möchte das ausdrücken mit den Worten des Apostels Paulus, daß alles das, was uns geschieht, nur dazu dient, daß das Evangelium weiter ausgebreitet wird.

Zehntausende haben sich unserer Kirche angeschlossen oder sind dabei, diesen Schritt zu vollziehen. So hat sich in den letzten fünf, sechs Jahren die Mitgliederzahl unserer Kirche verdoppelt trotz der Tatsache, daß wir verfolgt wurden, daß Mitglieder der Kirche eingesperrt und die Kirchen geschlossen wurden. Die Schwierigkeiten, die diejenigen bestehen müssen, die an Jesus Christus glauben, sind ein Zeugnis für die, welche außerhalb stehen, und ziehen sie heran zu denjenigen, die glauben. Sie fragen, was diese Gläubigen trotz all der Schwierigkeiten am Glauben festhalten läßt. Die Antwort ist, daß der Glaube an den auferstandenen Christus es notwendig macht, dabei stehenzubleiben und daran festzuhalten. Wir in der Mekane Yesus Kirche erleben wirklich nach dem Maß der Schrift, was es bedeutet, teilzuhaben an dem Leiden Jesu Christi. Wir erleben, daß unser Herr uns für wert gehalten hat, für ihn und in seinem Namen zu leiden. Wir erleben es in unserer Kirche, was der Apostel Paulus meinte, als er an die Philipper schrieb, daß es uns gegeben ist, nicht nur an Jesus Christus zu glauben, sondern auch um seinetwillen zu leiden. Da es ein Vorrecht ist, an Jesus Christus zu glauben, ist es auch ein Vorrecht, für Jesus Christus zu leiden. Man muß an dieser Stelle beachten, daß der Apostel Paulus nicht in Begriffen von Pflicht und Aufgabe denkt, sondern im Begriff des Vorrechtes. Es ist ein Vorrecht, nicht nur zu glauben, sondern auch um seinetwillen zu leiden, eben weil wir an Jesus Christus glauben . . . Brüder und Schwestern im Herrn! Wir in Äthiopien sind Menschen mit einem einfachen Glauben. Wir glauben einfach daran, was die Heilige Schrift uns sagt. Mit anderen Worten: Wir nehmen einfach

---

200 S. o. S. 164f.

unseren Herrn Jesus Christus und seine Jünger beim Wort. Und ich kann vor dieser gelehrten Versammlung hier bezeugen, daß wir bis jetzt nicht enttäuscht worden sind. Immer wieder haben wir erfahren, daß seine Gnade für uns mehr als ausreichend gewesen ist. Es hat sich erwiesen, daß seine Stärke uns vollenden kann in all unserer Schwachheit, in unserer Gefangenschaft und in den Verfolgungen, denen wir unterworfen sind.

Es gab eine Zeit, wo wir mit den Psalmisten und dem Apostel sagen konnten: Um deinetwillen werden wir Tag für Tag getötet wie Schlachttiere. Vor wenigen Jahren noch war das Wort wörtlich wahr im Leben unserer Kirche. Und alle Mitglieder der Kirche erwarteten tagtäglich, daß sie getötet werden könnten. Aber Dank sei unserem Herrn, daß er seine Kinder sicher durch diese Periode des Terrors brachte. Er ist treu gewesen, und er bleibt treu, und wir beten darum, daß wir auch als treu im Glauben befunden werden bis ans Ende. Brüder und Schwestern! Betet für uns, daß Gottes Wort sich schnell ausbreiten möge, daß er uns erheben möge, damit wir erlöst werden von verkehrten und bösen Menschen. Möge der Herr des Friedens selbst den Frieden in jeder Weise garantieren und mit Ihnen allen sein."[201]

Eindrucksvoll! Wichtig für die christliche Gemeinde zu wissen, daß und wo es so etwas gibt, wichtig für das Gebet und die äußere Unterstützung. Andererseits, es ist nicht unsere Situation. Aber wir können uns hineindenken. Offenbar gibt es eine Wahrheit des Textes, die bis heute zu erleben ist. In ihr spielt aber offensichtlich auch die Nacht und die Angst, die Verzweiflung und die Schmerzen und das Versinken und sicher auch der Kleinglaube eine große Rolle. Es gibt keinen Grund zu klagen, daß wir nicht in solch einer Situation sind. Bertolt Brecht sagt mit Recht, selig das Land, das keine Helden braucht. Es ist eine Errungenschaft, die man mit Dankbarkeit zur Kenntnis nehmen kann, wenn Christen um ihres Glaubens willen nicht im Gefängnis sitzen müssen, nicht bedroht werden. Freilich ist die Frage immer zu stellen, ob die christliche Gemeinde sich notwendigen Anfechtungen nicht möglicherweise entzieht.

Viele empfinden das im Bereich der Friedensfrage. Das Moderamen des Reformierten Bundes hat 1983 den status confessionis ausgerufen gegen die Massenvernichtungsmittel. Daraufhin hat es mancherlei Proteste gegenüber den Befürwortern gegeben. Pastoren, Gemeinden, Kirchenvorstände, die sich dafür engagiert hatten, haben einen gewissen Gegenwind bekommen. Manchen hat das auch persönlich bedrückt.

201 Emanuel Abraham: Grußwort. In: Kirchenkanzlei der EKD (Hrsg.): Bericht über die dritte Tagung der sechsten Synode der EKD in Osnabrück 1980. Hannover, 1981, S. 97 ff.

Aber ist das der Situation des Textes angemessen? Wohl kaum. Muß ich überhaupt die Situation so vergleichbar aufsuchen? Darf ich im Zusammenhang mit diesem Text nur davon reden, daß Christen um ihres Christseins willen in Bedrängnis geraten? Die Situationen wechseln doch.

Ich denke, ich muß der Gemeinde die vermutlich ursprüngliche Situation, in der der Text etwas Wichtiges gesagt hat, so berichten, daß sie das wirklich miterleben kann. Aber dann kann ich fragen, wo gibt es diese Erfahrung, daß es zeitweilig so ist, als wenn die Wellen über einem zusammenschlagen? Ich kenne eine Familie, da ist ein Kind gestorben, ein anderes behindert, die Mutter am Rande der Kräfte und mit Neigung zu Depressionen. Der Ehemann beginnt zu trinken. Könnte es in solcher Situation helfen, wenn da ein Bild des untergehenden und doch geretteten Petrus vor Augen gemalt wird?

Hilft das denn? Man merkt plötzlich, das ist ja in dem Text leider alles sehr allgemein gesagt. Solch einer Familie muß man doch eigentlich ganz anders helfen. Da müssen Freunde sein, die ihnen zur Seite stehen. Da muß geklärt werden, warum der Mann trinkt und die Frau zu Depressionen neigt. Da müssen die Probleme bearbeitet werden. Da braucht es einen langen Atem der Begleitung und Hilfe, sicher auch die Hilfe durch Spezialisten. Die Geschichte vom Seewandel Jesu und Petri aber ist eine hochabstrakte Metapher. Man lernt dadurch nichts Konkretes. Es wird nicht gezeigt, wie ich mit Schwierigkeiten umgehen soll. Es wird nicht mitgeteilt, wo man sich durchlavieren darf und wo nicht. Es wird nicht gezeigt, ob die Hilfe Christi durch Menschen geschieht oder durch eine wundersame Veränderung von Umständen. Es wird überhaupt nichts konkret Verwertbares gezeigt.

Eine solche Metapher hat offenbar eine ganz andere Funktion und darin möglicherweise ihre Kraft. Es geht dabei um ein sehr tiefgehendes Unterfangen der Wirklichkeit. Der Petrus wird als der uns sehr nahe Mensch vorgestellt, der unsicher ist, der sich von den Schwierigkeiten beeindrucken läßt. Er geht unter, wird darin gehalten und kann neu, auf Christus vertrauend, seinen Weg gehen. Wo diese Nachricht einen Menschen trifft, wird sie ihn wahrscheinlich zunächst enttäuschen. Wenn er wirklich bedrängt ist von solchen Schwierigkeiten, wie sie die Wellen, der Wind, die Nacht und die Einsamkeit symbolisieren können, dann ist er fixiert auf seinen Gegenwind, auf seine Angst vor dem Untergehen und ebenso auf die ihm vorstellbaren Möglichkeiten konkreter Hilfe. Dieser Bibeltext aber bringt ihn auf eine ganz andere Spur. Hilfe kommt hier aus dem Ruf: Herr, rette! Aus dem Gebet, aus dem Hilfeschrei, aus dem Blick weg von den Problemen hin auf den Grund des Lebens. Typische Vertröstung? Das wäre schlimm. Wenn etwas zu tun und zu helfen ist, muß man's tun. Aber Trost ist etwas anderes als Vertröstung. Trost unterfängt das Leben, und zwar gerade nicht einfach durch Reparatur der Probleme, sondern durch Eröffnung einer neuen Geborgenheitserfahrung. In solcher Erfahrung aber liegt das Befreiende des

Glaubens. Er bringt in den Schwierigkeiten den Halt, den wir brauchen, um Gelassenheit und klaren Kopf zu bekommen. Daraus wird es dann schon Wege geben. Und wenn es wirklich keine gibt, wird sich zeigen, ob die ausgestreckte Hand Jesu auch angesichts des Todes weltlicher Hoffnungen Kraft hat.

Gibt es nicht auch die ganz reale Hoffnung, für die wir Gott danken können? Ist es eigentlich verboten, diese seltsame Wundergeschichte realistisch zu verstehen? Daß Christus durch Menschen erfahren wird, die die Hand ausstrecken und einen aus dem Dreck ziehen? Daß das ganz Unvermutete eintritt, rettend? Natürlich ist das nicht verboten. Aber gegenwärtig kommen wir darauf fast automatisch, und der Trost wird aus der Angst, er könne als Vertröstung wirken – was ja nicht einfach eine unberechtigte Angst ist, wir haben unsere Geschichte – seiner tiefen Kraft beraubt.

Solch eine biblische Geschichte kommt dadurch, daß ich sie unserer Wirklichkeit aussetze, auf der einen Seite auf den Prüfstand. Es muß sich zeigen, ob sie brauchbar ist. Gleichzeitig und oft noch mehr kommt aber unsere Wirklichkeit, kommen wir selbst auf den Prüfstand. Und da kann sich manches ändern.

b) Die Wirklichkeit „exegesieren"

1. Der alltägliche Sachverstand

Pfarrrerin und Pfarrer haben gelernt, biblische Texte wissenschaftlich zu exegesieren. Mit der Wirklichkeit ähnlich verantwortlich umzugehen, haben sie nicht gelernt. Es gibt kein Fach Wirklichkeitsexegese in unseren Ausbildungsstätten. Die Humanwissenschaften in der Form der Pastoralsoziologie und der Pastoralpsychologie schlagen zwar aspektgebundene Schneisen in die Unübersichtlichkeit des Wirklichen, was aber können sie zur Exegese der Wirklichkeit beitragen? So ist der Prediger im wesentlichen zunächst auf seinen alltäglichen Sachverstand angewiesen und gezwungen, diesen umsichtig auszuweiten bis hin zu jenen Bereichen, in denen er ohne eine gewisse Kenntnis der wissenschaftlichen Ergebnisse nicht mehr mitreden kann. Was heißt das nun, zunächst mit dem alltäglichen Sachverstand jenes Stück Wirklichkeit, das ich für die Predigt herausgesucht habe, zu exegesieren, zu analysieren, auszuloten, mit dem Wort Gottes zu erschließen?

Die Aufgabe der Predigt ist es, den biblischen Text der Hörergemeinde als Hilfe zum Leben zu erschließen. Der Bibeltext soll also helfen, die Lebenswirklichkeit des Predigers, der Predigerin, des Hörers und der Hörerin so anzusprechen, daß sie als das, was sie im Lichte Jesu Christi vor Gott und für die Menschen in ihrer Tiefe ist, sichtbar wird. Wenn es denn gelingt.

Den Text kenne ich verhältnismäßig gut. Den Wirklichkeitsausschnitt, mit dem ich den Text zusammenbringe, muß ich noch genau kennenlernen. Zunächst muß ich auf seine deskriptiv erfaßbaren Eigentümlichkeiten achten, dann auf seinen Erlebniswert, schließlich auf das, was von Gottes Wirklichkeit und vom Gelingen oder Scheitern des menschlichen Lebens darin enthalten ist. Dies zerlegt sich freilich in eine Fülle von Gesichtspunkten.

Um es an einem Beispiel zu zeigen: Der Pfarrer einer ländlichen Gemeinde bereitet den Erntedankfest-Gottesdienst vor. Zur Aufbereitung der damit anvisierten Lebenswirklichkeit hat er diesen und jenen Aufsatz, u. a. einen über Futtermittelzusätze im Schweinefutter und anderes gelesen. Er will etwas zur Verantwortung des Christen, speziell des Landwirts, für die Schöpfung sagen. Darüber hinaus hat er erfahren, daß seine Landwirte für ihren eigenen Hausgebrauch immer ein Schwein mindestens abgetrennt untergebracht haben, das mit den normalen Küchenabfällen gefüttert wird. Ihm ist bekannt, daß die Landwirte alles tun müssen, damit sie konkurrenzfähig am Markt sind. Deshalb müssen sie den Schweinen ein optimales Schweinemastfutter geben. Der Pfarrer hat sich hineingedacht in die heute übliche groteske Situation, daß der Erntedank für eine gute Ernte sehr ambivalent ist. Die gute Ernte ist im wesentlichen ein Erzeugnis des tüchtigen Landwirts, der mit Hilfe der Düngung und der Spritzverfahren, bei der Schweinemast durch die entsprechende Fütterung und Haltung der Tiere, für eine gute Ernte sorgt. Der Dank für die dann möglicherweise erreichte gute Ernte bleibt ihm jedoch eher im Halse stecken. Denn wenn die Ernte zu gut ist, sinken die Preise. Werden die Preise durch Subventionen gehalten, macht die EG-Kommission Schwierigkeiten. Der Pfarrer weiß, wie Landwirte heute in Not sind. Dennoch haben sie Verantwortung vor Gott und den Menschen. All dieses erwägt er im Durchdenken des Predigttextes Jakobus 1, 13–18. Wir sind vor Gott für unser Tun verantwortlich. Alle gute Gabe kommt von Gott, diese gute Gabe dürfen wir nicht schädigen um des Gewinns willen, der dabei abfällt. Er will die versammelten Landwirte auf ihre ökologische Verantwortung hin ansprechen. Da er das Empfinden hat, er selbst drückt sich vor der Härte des Problems, wenn er zu allgemein redet, nimmt er sich als Konkretion den Wirklichkeitsbereich „extra gefüttertes Schwein" vor. Am Sonntag sagt er der Gemeinde, die zahlreich versammelt ist (die Landwirte sind dabei längst eine Minderheit): „Ist es nicht so, daß jeder sein Schwein, das er für sich selbst schlachtet, auch getrennt füttert. Damit zeigt er ja, daß er weiß, daß es nicht einfach gut ist, was wir unseren Schweinen zu fressen geben . . ." Die Gemeinde hört sich das unbewegt an. Der Pfarrer erfährt zunächst weiter nichts. Die Nachricht über die Predigt läuft zunächst in den Kreisverband des Landvolks, wird als Beispiel, wie die Pastoren jetzt immer zum Erntedankfest predigen, in allerlei Gremien wiederholt. Da „Brot für die Welt" eine von landwirtschaftlichen Zeitungen heftig angegriffene Broschüre herausgegeben hat, in der unsere Landwirtschaft ebenfalls nicht gut wegkommt, kocht die Volksseele. Die Verantwortlichen für eine jährliche kirchliche Landwirteversammlung beschließen, den Stier bei den Hörnern zu packen, laden den Pastor und die verärgerten Landwirte zu der nächsten Versammlung ein, und es ergibt sich ein Gespräch, bei dem die Fetzen fliegen. Der Pastor wiederholt noch einmal seine Beobachtung, daß jeder doch sein Extra-Schwein habe und mit Normalfutter füttere. Daraufhin gibt es großes Gelächter und Stimmengewirr. Schließlich sagt einer der Bauern: „Natürlich haben wir das, wie wollen wir denn sonst vernünftige Mettwurst machen. Das ist doch das Furchtbare, die Leute wollen doch heute alle mageres Fleisch haben. Der Markt will das fettlose Schwein. Deshalb müssen wir doch so sorgfältig füttern, damit sie bloß nicht fett werden, sonst haben wir sofort Abschläge. Wenn ich aber für mich selber Mettwurst machen will, will ich auch ein richtiges Schwein haben. Und deshalb füttern wir das extra."

Es ist deutlich, was alltäglicher Sachverstand in solch einem Falle bedeutet. Der Pastor in der ländlichen Gemeinde weiß natürlich, in was für ein umstrittenes Gebiet er sich begibt, wenn er ökologische Fragen auf der Kanzel anspricht. Ohne Kunstdünger, die entsprechenden Ungeziefervernichtungsmittel u. ä. sind keine Erträge zu erreichen, mit denen der Landwirt bestehen könnte. Bei vielen Landwirten ist inzwischen längst ein starkes und kundiges Verantwortungsbewußtsein gewachsen. Von seiner Einstellung her liegt dem Landwirt der ganze Bereich der chemischen Landwirtschaft nicht. Aber ohne optimale Erträge gehen die Betriebe ein. Es gibt durch die offenbar unaufhaltsame Schrumpfung der bäuerlichen Vollerwerbsbetriebe eine weitverbreitete angstgesteuerte Aggressivität. Kirchlich wirkt sie sich sehr unterschiedlich aus. Es gibt Gesprächskreise, in denen diese Fragen sehr sorgfältig bedacht werden. Die Landwirtschaftsdenkschrift der EKD hat sich als eine wichtige Diskussionshilfe hierfür erwiesen. Andererseits sagen viele Landwirte: Wir wollen diese Dinge beim Erntedankfest in der Kirche nicht auch noch hören.

Von einem Landwirt, der kirchlich engagiert ist und in vielen Gremien sitzt, bin ich ernsthaft gefragt worden, ob man nicht für ein paar Jahre mal auf diese schreckliche Geschichte von dem reichen Bauern, der zuviel geerntet hat und seine alten Scheunen abbrechen und die neuen bauen muß und dann sterben muß, verzichten könnte. Es wäre wirklich nicht zu ertragen, wenn die Pastoren diesen Text vorläsen, es träfe ihn jedesmal ins Herz. Das wäre wirklich nicht ihre Situation. Ihre kleinen Höfe gingen ein. Nur einige der Großen werden immer größer. Nun solle man auch noch Wiesenbauer werden und Land brachliegen lassen und dafür Geld bekommen, und dann immer diese Vorhaltungen, man baute zuviel neue Scheunen und werde zu reich.

Der Pfarrer und die Pfarrerin, die sich in einer ländlichen Gemeinde auf den Erntedankfestgottesdienst vorbereiten, stehen immer wieder vor der Frage, ob sie es bei allgemeinen Sätzen, die niemandem wehtun, bewenden lassen, was schade für die Predigt ist, denn die soll eigentlich Hilfe zum Leben sein und nicht Marmelade, die über die Verhältnisse gestrichen wird, oder ob sie sich in Konkretes einlassen wollen und damit unter Umständen erheblichen Ärger einhandeln. Letzteres sollte aber aufgrund sachkundiger Urteile geschehen.

Aber wenn der Prediger früh genug daran denkt, er könne dergleichen in seiner Predigt vorkommen lassen, dann ist es natürlich sinnvoll, wenn er zum Landwirt nebenan geht und ihn fragt, wie er das sieht. Ja, es wird überhaupt sinnvoll sein, zum Erntedankfest mit verschiedenen Gemeindegliedern zu sprechen, wie es mit ihrer Ernte in diesem Jahr gewesen ist. Denn nicht nur der Landwirt ist an diesem Tage das Thema oder der Kleingartenbesitzer, sondern jeder, der durch seine Arbeit seinen Lebensunterhalt und mehr erwirtschaftet hat.

Der alltägliche Sachverstand kommt aus dem Miteinanderleben, aus dem, was man selbst selbstverständlich weiß, und aus dem, was man sich von anderen, die kompetenter sind, sagen lassen muß. Mir hat viel geholfen, daß in meiner ersten Gemeinde regelmäßig einige Richter zum Gottesdienst kamen. Richter müssen sich in ähnlicher Weise mit dem Leben beschäftigen wie Pfarrer. Der eine oder der andere hat mich manches Mal nach dem Gottesdienst angerufen und hat mir gesagt, in dieser Frage waren Sie heute nicht kompetent. Beachten Sie einmal folgendes . . . Nach einiger Zeit habe ich dann doch lieber vorher bei ihnen angerufen, das war für die Predigt besser.

Allerdings gibt es eine schwerwiegende Bremse beim Pastor, zu solchem alltäglichen Sachverstand zu gelangen, den wir uns klarmachen müssen. Als Schriftgelehrte sind wir gewohnt zu vermuten, daß Gedrucktes bedeutender ist als Erlebtes. Wir denken auch, daß Studierthaben mehr Sachverstand bringt als Nichtstudierthaben. Beides hat eine lange Geschichte und seine Berechtigung in der jeweiligen Situation. Aber es ist unberechtigt, wenn es unbewußt das Verhalten prägt. Pastoren gehören außerdem zur oberen Mittelschicht bzw. zur unteren Oberschicht. Da gehört es traditionell dazu, nicht anzunehmen, daß von den normalen Leuten aus niedrigeren Schichten Wahrheit kommen kann. Die hat man entweder selbst, oder man liest sie sich an. Daß aber im alltäglichen Gespräch mit Gemeindegliedern Sachkompetenz zu erwerben wäre, die für die Predigt unbedingt nötig ist, ist ein für Akademiker zunächst ungewöhnlicher Gedanke. Das hört sich ein wenig unfreundlich an, und ich kenne mindestens drei, die sich in dieser Hinsicht völlig anders verhalten. Aber ich bitte zu überprüfen, ob nicht unterschwellig solche Empfindungen das Verhalten auch der Pastorinnen und Pastoren prägen. Sprechfähige Leute aus der Unterschicht können einem das sehr genau sagen. Sie sagen dann: „Der erwartet doch gar nichts von mir. Die neigen sich höchstens zu uns herunter und sind freundlich zu uns. Sie sagen sogar, sie seien solidarisch. Ich bedanke mich für solche Solidarität. Sie erwarten doch überhaupt nicht, daß sie von unsereinem etwas lernen können." Solche Stimmen sind nicht unberechtigt. Es gibt einen unbewußten akademischen Hochmut, der schon vom Gymnasium an gezüchtet wird und neben sehr vielem anderen den großen Nachteil hat, daß die alltägliche Sachkompetenz des Predigers nicht genügend ausgebaut werden kann. Man muß jedoch sagen, der Prediger, der im Gespräch mit seinen Gemeindegliedern schon alles weiß, ist dumm. Wer Gespräche führt und daraus nichts lernen will, kann sie sein lassen. Jedes Gemeindeglied ist an irgendeiner Stelle fachlich, menschlich, im Glauben oder Unglauben kompetenter, als ich es bin. Sicherlich in vielen Bereichen auch inkompetenter, als ich es bin. Aber die Frage an meine pastorale Befähigung ist doch, ob ich es nötig habe, mich an der Inkompetenz des anderen innerlich aufzurichten oder ob ich so aufgerichtet bin von woanders her, so daß ich dazwischenhören kann, um die Kompetenz des anderen zu erfahren und von ihr zu lernen.

Der Prediger hat aus seiner Alltagserfahrung mit sich selbst und anderen eine hohe Kompetenz zum Erfassen und Beurteilen der Lebenswirklichkeit. Solche Alltagserfahrung ist die lebenswichtige Basis für unser gesamtes Verhalten. Meist beachten wir sie nicht, achten wir sie gering. Dennoch stammt mehr als 80 Prozent dessen, was wir wissen und was uns zum Leben befähigt, aus solcher im Vollzug des Lebens gelernten alltäglichen Kompetenz. Durch selbstbewußtes, selbständiges, umsichtiges Bedenken der jeweiligen dem Bibeltext angemessenen Lebenswirklichkeit stößt der Prediger in der Regel auf die entscheidenden Sachverhalte und Punkte. Er weiß, worauf es ankommt und an welcher Stelle der Wirklichkeitsbereich für seine Hörer existentiell wichtig und für die Glaubenserfahrung relevant werden kann.

Alltägliche umsichtige Lebenserfahrung ist nicht geringer zu schätzen als der spezialisiertere methodisch oder wissenschaftlich vorgehende Zugriff zur Wirklichkeit. Im Gegenteil, so nötig und wichtig ein methodischer Zugriff zur Wirklichkeit ist, so groß sind gleichzeitig die Fehlerquellen durch Nichtberücksichtigung des komplexen Geflechtes der Wirklichkeit. Alltägliche Erfahrung weiß sehr viel mehr um die Komplexität des Lebens. Ich staune immer wieder, wenn ich nichtakademisch ausgebildete Menschen beim Erzählen beobachte, welche Fülle von unterschiedlichen Aspekten in solchem Erzählen präsent ist. Jeder methodische und wissenschaftliche Zugriff zur Wirklichkeit muß durch die Alltagserfahrung überprüft werden, ob er nicht wesentliche Aspekte der Erfahrung vernachlässigt. Umgekehrt bedarf die Alltagserfahrung immer wieder der Spezialuntersuchung und der methodisch-wissenschaftlichen Erörterung, damit sie die erst durch methodisches Eindringen wahrnehmbaren Aspekte der Lebenswirklichkeit aufdeckt. Solche Spezialkenntnis ist aber in einem gewissen Umfang auch schon gesprächsweise und in der alltäglichen Lebenserfahrung zu gewinnen. Sowohl der Prediger wie der Hörer hat zu seiner selbstverständlichen Alltagserfahrung immer auch spezielle „Ausbeulungen" an Sondererfahrung. In diesem Bereich sollte nichts zu hoch und nichts zu niedrig sein für den Prediger. Der eine ist Autospezialist, die andere Computerfachfrau. Ein dritter hat meterweise Science-fiction-Bände stehen, einer ist Norwegenfan, der andere ein Angler, ein weiterer ein ehemaliger SS-Mann, eine Frau ist Dienstmädchen bei Hindenburg gewesen, eine Jüdin kennt Theresienstadt von innen, eine alte Frau ist Generaloberin beim DRK gewesen, eine andere Maschinenstrickerin in einer Strumpffabrik. Eine Landstreicherin weiß Dinge, die man sich nicht ausdenken kann. Und überall ist Gelegenheit zum Gespräch, zur Nachfrage und zum Lernen. Mit dieser Fülle an alltäglicher Wirklichkeitserfahrung denkt der Prediger über den Bibeltext und über den dazugehörenden Wirklichkeitsbereich nach. Es ist nicht sinnvoll, daß er lediglich mit Inkompetenzgefühlen an unsere komplizierte Lebenswirklichkeit herangeht. Er kennt sich aus. Er kann mit seiner Kompetenz den Bibeltext und die dazugehörige Lebenswirklichkeit ausdeuten. Ich bin immer wieder beeindruckt, was dabei an biblisch geprägter Lebensweisheit und an theologisch verantwortetem Durchblick durch unsere moderne Welt herauskommt. Offenbar kann derjenige, der den biblischen Texten die darin sichtbar werdende Glaubenserfahrung entnehmen kann, davon auch etwas auf die Wirklichkeit anwenden. Er kann die Ereignisse daraufhin befragen, wieweit in ihnen etwas von der Wirklichkeit Gottes als Frage, als auf dem Wege befindliche richtige Antwort oder als verdrehte Antwort sichtbar wird.

2. Die aufbereitete Lebenswirklichkeit
2.1 Themenstudien

Über die alltägliche Kompetenz hinaus bedarf der Prediger jedoch auch der vorgefertigten thematischen Aufarbeitung von Lebenswirklichkeit. In dem leider vielfach nicht vermeidbarem Zeitdruck, unter dem die Predigtherstellung steht, muß man sich schnell über die Gesichtspunkte eines Themas, das, was zu bedenken ist und welches Gewicht es hat, informieren können. Solche

Hinweise liegen im Predigtvorbereitungsmaterial meist in kurzer Form schon vor. Hier finden sich hilfreiche Hinweise auf die Wirklichkeitsaspekte des Textes und auf die Gesichtspunkte, die im Zusammenhang mit der Lebenswirklichkeit zu bedenken sind.

Ein Beispiel für solche Aufarbeitung von Themen, die für den Prediger wichtig sind, bieten die vier Bände Themenstudien.[202] Hier ist versucht worden, wichtige Themen sowohl des Glaubens wie auch unserer Wirklichkeit in ihren vielfältigen Aspekten zu bedenken.

So wird nachgedacht über: Die Angst, zu kurz zu kommen; Träume, die an Grenzen stoßen; Leistung und Beziehung – ein Widerspruch, der uns krank macht; Alt und Jung vertragen sich nicht; Wir haben uns auseinandergelebt; Unsere Kinder sind überfordert; Verstand und Glaube – wie paßt das zusammen? Leiden – wie kann Gott es zulassen? Die Bibel – von der Naturwissenschaft widerlegt? usw.

Für den Prediger sehr viel müheloser zugängliche Themenstudien, die in jedem Pfarramt vorliegen müßten, sind die Denkschriften der EKD. Ich habe den Eindruck, daß sie unter dem Gesichtspunkt der Aufbereitung von Aspekten unserer Lebenswirklichkeit viel zu wenig benutzt werden. Die Denkschriften zur Arbeitslosigkeit, zur Landwirtschaft, zur Friedensproblematik, zum Demokratieverständnis des Christen bieten eine Fülle von ausgezeichnetem Material, Gesichtspunkten, die für den Prediger hilfreich sein können. Seltsamerweise werden diese Denkschriften verhältnismäßig schnell abgehakt, oftmals abqualifiziert. Warum? Wenn man dem einmal im Gespräch nachgeht, ist in fast allen Fällen der Grund, solche Denkschriften mit Abstand zu behandeln, daß sie in dem Geruch stehen, kompromißlerisch zu sein. Vielen gefällt die Stoßrichtung nicht. Die Spitzensätze bleiben etliches hinter dem zurück, was man sich von solchen Denkschriften versprechen zu müssen meint. Sie werden alle an der inzwischen schon fast legendären Ost-Denkschrift gemessen. Da sie an Öffentlichkeitswirkung diese nicht erreichen, gelten sie nichts.

Nun halte ich das für sehr unqualifiziert. Sternstunden kann man nicht zum Maßstab machen. Und daß es sich bei den Denkschriften um Kompromisse handelt, ist gewollt. Die Kommissionen werden so zusammengesetzt, daß die Breite der in der Evangelischen Kirche in Deutschland vorhandenen Meinungen zu einem Thema in der Kommission versammelt ist. Diese Kommissionen versuchen dann, ein von möglichst allen getragenes Papier zu verabschieden. Da Christenmenschen bekanntlicherweise unterschiedliche politische Auffassungen haben, ist der Konsens nur durch den Kompromiß zu

---

202 Peter Krusche u. a. (Hrsg.): Themenstudien für Praxis und Gemeindearbeit. Bd. 1–4. Stuttgart, 1977–1980

erreichen. Wenn man sich daraufhin die Denkschriften durchliest, sind sie erstaunlich gut. Aber darum geht es gar nicht. Wenn der Prediger meint, eine Denkschrift sei zu zahm, zu undeutlich, zu wenig profiliert, und er meint um seines Glaubens willen profilierter und zugespitzter reden zu sollen, dann muß er das tun. Die Denkschrift sollte für ihn eine ganz andere Funktion haben. Sie soll, wie der Name sagt, ihm denken helfen. Auf ihre Lösungen wird er nicht festgelegt. Die Denkschriften stellen in hervorragender Weise Denkmaterial umsichtig zusammengestellt bereit. Das sollte der Prediger unbedingt nutzen.

Ähnliches gilt für Studientexte und Handreichungen der EKD, in denen aktuellere Themen kurzfristig behandelt werden. Ähnliche Texte gibt es von den Landeskirchen: Zur Ausländerfrage, zum Weltwirtschaftsproblem, zur Invitrofertilisation, zur Gen-Technologie, zu nichtehelichen Partnerschaften. Die Fülle der in Pfarrämtern ankommenden Ausarbeitungen und Materialien schrecken den Prediger oft ab, und wenn er kein Stichwortsystem hat, nach dem er die entsprechenden Texte griffbereit wegordnet oder sich in einer Kartei notiert, wird er die vielen Themenaufbereitungen kaum nutzen können. Es ist nützlich für den Prediger, wenn er weiß, wo er zu solchen Informationen schnell greifen kann. Ich merke zwischendurch immer wieder, wie nützlich es ist, sich einen Themenbereich einmal herauszunehmen und den für sich durchzuarbeiten. Es ist z. B. üblich geworden, in Schlagworten das Leistungsdenken negativ darzustellen. Dies ist eine berechtigte theologische Aussage, wenn sie im Sinne der Gerechtigkeit aus den Werken geschieht. Andererseits weiß jeder, daß wir nur durch eine gewaltige moralische Leistung den Frieden retten werden, daß wir von den Ärzten, von den Naturwissenschaftlern, von den Energiespezialisten, von den Umweltschützern, von den Omnibusfahrern, von den Tankwagenfahrern, von den Krankenpflegern höchste Perfektion erwarten müssen. Wie ist die Abqualifikation des Leistungsdenkens und die Forderung der Höchstleistung zusammenzudenken, so daß das theologisch Hand und Fuß hat? Man muß sich zwischendurch an solch ein Thema setzen. Ähnliches ist zum Thema Macht zu sagen. Vielfach ist die Macht negativ besetzt. Die Mächtigen sind solche, die interessenverflochten, unverantwortlich und nur augenblicksorientiert handeln. Jeder Prediger ist aber selber in seinem Bereich ein Mächtiger. Vielfach ist er Dienstvorgesetzter von Erzieherinnen und anderen Mitarbeitern. Wie ist von sachgemäßer Machtwahrnehmung und unsachgemäßer Machtwahrnehmung richtig zu reden? Ähnliches wäre zu vielen anderen Themen zu sagen.

Wesentliche Anregungen bekommt der Prediger durch die theologische Presse. Besonders die Evangelischen Kommentare und die Lutherischen Monatshefte liefern eine Fülle von aufbereiteter Wirklichkeit. Auch hier sind das Wichtigste die Sachregister der jeweiligen Jahrgänge. Sonst findet man nichts und weiß nicht, welche Schätze man in seinem Keller stapelt.

Der Prediger, der in dieser Weise Wirklichkeitsbereiche und Themen, die unsere Wirklichkeit betreffen, umsichtig erkundet und sie daraufhin abtastet, inwiefern solche Themen und Wirklichkeitsbereiche für die Glaubenserfahrung des Christen wichtig sind, bereitet sein Predigtgeschäft in verantwortlicher Weise vor.

2.2 Literarisches

Wenn es um das Aufnehmen von Wirklichkeitserfahrung geht, muß fast zuerst an die Literatur gedacht werden. Sie stellt für den Prediger eine ganz entscheidende Sehhilfe dar. In der literarischen Erzählung, im gegliederten Text, im Gedicht wird ein Stück unserer Lebenswirklichkeit herausgegriffen und leitet zum Hinsehen, zum Sich-Hineindenken an. Soll man überhaupt literarische Texte in die Vorbereitung der Predigt einbeziehen und sogar in der Predigt einsetzen? Dieter Schupp hat als Gemeindepastor kräftige Kritik an Gert Otto geübt, daß dieser als Predigtmaterial beständig auf Texte aus der Literatur hinweist und nicht auf selbsterlebte Alltagsgeschichten zurückgreift.[203]

„Sind ihm Alltagsgeschichten, mündlich überliefert, zu banal, zu unliterarisch, erzählt ihm niemand eine Geschichte, die veranschaulicht und erläutert? Er kennt Morgenstern und Buber, Claudius und Bobrowski, Gollwitzer und Braun; literarisches Material andererseits! Gut so. Wo bleibt die Geschichte, die ihm die Frau erzählt, die die Seminarräume putzt? Warum zitiert er nicht – zuweilen wenigstens – das, was ihm ein Arbeitsloser mal irgendwann und irgendwo sagte? Warum ist bei ihm keine Rede von jener alten Frau, die ihm eine Einsamkeitsgeschichte anvertraute? Wo also bleibt das „Einerseits-Material" aus Ottos Umwelt? Trinkt er kein Glas Bier mit den Müllmännern, kennt er nicht den Sohn seines Bäckers, besucht er keine Friedhöfe, geht er nie auf den Fußballplatz, nie in solche Kneipen, wo im allgemeinen nur Arbeiter anzutreffen sind, keine Studenten? Da nämlich, das weiß ich aus eigener Erfahrung, werden die ‚Einerseits-Geschichten' erzählt. Apoetische Geschichten in schlechtem Deutsch, meist ohne Pointe, selten druckreif, halt ganz gewöhnliche Geschichten, die man zu kennen glaubt und die einem dennoch unbekannt sind ... Ich leihe mir also, im Gegensatz zu Otto, kein Material aus der Literatur, ich bekomme genug von den Geschichten erzählt, in denen es nach Liebe oder Betrug, nach Schmerz oder Tod, nach Leben und Auferstehung riecht. Die mir erzählten Geschichten sind *mein* Material."

---

203 Dieter Schupp: Welches Material brauche ich für meine Predigt? ZGP. 3/84, S. 12 ff.

Und dann erzählt Schupp: „Neben mir in der Kneipe sitzt einer, der in der BILD-Zeitung liest, da steht eine Zwanzig-Zeilenmeldung über Nigeria. Er schiebt mir das Blatt rüber und sagt: ‚Hier, deine Neger!‘ Ich kenne meinen Tischnachbarn nicht, wir kommen ins Gespräch. Er schimpft auf die Türken, die Lehrer und die Doppelverdiener, auf die Kirche, die Parteien und die Vereinsbosse. Nach etwa einer Stunde kommt er auf sich selbst zu sprechen. Er sei nur ein ‚kleiner Arsch‘, seit zwei Jahren arbeitslos, seine Frau putzt abends die Praxisräume eines Zahnarztes, die Tochter muß demnächst die Realschule verlassen, und vor drei Wochen ist er auch nicht mehr zum Schriftführer des Sportvereins gewählt worden. Bei der Vorbereitung über eine Predigt – Galater 3 – geht mir dieser Mann mit seinen traurigen Augen nicht aus dem Sinn. Zwei Geschichten, die er mir später am Abend erzählte, ‚ziehe‘ ich für meine Predigt heran; ich kann sie einfach nicht überhören und vergessen."

Schupp erzählt von den Gescheiterten in der Kneipe: „Einer ist klein und schwach und sehr blaß, ihm ist nach drei Tagen ‚Ehe‘ die Frau weggelaufen. Er kommt jeden Abend hierher, um sich zu betrinken, und dafür nimmt er jeden Hohn in Kauf. Er hat große Mühe, die richtigen Worte zu finden, es entstehen Pausen, die aber keiner am Tisch unterbricht. Man gibt ihm Zeit und läßt ihn spüren, daß man ihn versteht, daß man ihn ernstnimmt, ihm seine Geschichte ‚abnimmt‘. Keinem seiner Zuhörer fallen Tricks und Drehs ein, womit er das Blatt wenden könne. Kein Ratschlag wird gegeben. Ich vermute: an jenem Abend, damals in der Kneipe, wurde die stummste Predigt aller Zeiten gehalten."

„Einer bedankt sich. Er hat begonnen mit der Frage: ‚Ich weiß nicht, ob es Sie interessiert, das?‘ Dann erzählt er von seinem ‚Mißgeschick‘ im Super-markt, von seiner Freundin Ingrid und dem Strolch Peter, von den bösen Mienen seiner Mutter, von dem Verhör durch die Polizeibeamten, zuletzt von den Ängsten, die er hat, sollte ein Herr M. erfahren, daß er geklaut hat. Am Ende sagt er: ‚Sie haben recht, ich gehe morgen früh zu ihm und erzähle ihm selbst alles, das ist das beste. Danke.‘ Ich habe kein Wort geredet, ihm diesen Rat nicht gegeben, ich habe wirklich bloß zugehört." – „In einer Kneipe also sagt ein junger Mann, daß er mich am letzten Sonntag überhaupt nicht verstanden habe. Seit seiner Konfirmation sei er das erste Mal wieder in der Kirche gewesen; sein Sohn wurde getauft. Ich werde hartnäckig und befrage ihn. Nach und nach erzählt er mir so ziemlich genau das, was ich in der Predigt gesagt habe. Er hat mich also verstanden, nur will er mir nicht glauben, daß das, was er verstanden hat, das ist, was ich sagen wollte. Er sagt nicht, meine ‚Predigtgeschichte‘ sei unmöglich, er sagt, er habe mich nicht verstanden. Dabei weiß er sogar noch den Namen der Hauptperson in der biblischen Geschichte: Es ging um Debora, jene Frau, die sich einen Namen machte, weil sie sich nicht schlagen gab, sondern mit Phantasie, Tapferkeit und Mut das tat, was zu tun war. ‚Und hinterher triumphierte sie auch noch wie sonst keine!' fügte der junge Vater mit ironischem Unterton hinzu. Mir geht auf, wir beide reden über Debora, aber er meint Annette. Annette ist seine Frau.

‚Wissen Sie eigentlich, daß sie nicht bloß immer Recht haben muß, vor allem vor Fremden, sie hat es auch in den allermeisten Fällen.' Mit dieser Anfrage beginnt seine Geschichte. Am Schluß rät er mir: ‚Wenn Sie wieder einmal zwei trauen in der Kirche, denken Sie einmal an mich!'"

Und dann nennt Schupp einige Kurzgeschichten: „Eine Frau hat alles getan, um eine ausgeschriebene Stelle im Kindergarten zu bekommen. Sie rechnet felsenfest mit einer Zusage. Die bekam sie nicht! Nun schon zum fünften Mal innerhalb von eineinhalb Jahren. Jetzt ist sie am Ende."

Eine zweite Geschichte: „Eine Mutter beginnt wieder Kontakt aufzunehmen mit ihrer verheirateten Tochter, die vor rund zehn Jahren verärgert auszog und seitdem nie mehr was von sich hören ließ. Seitdem ich ihre Geschichten kenne, weiß ich, was Demütigung heißt."

Und mehr Geschichten: „Ein junger Mann bekommt einen Haftbefehl: Vier Wochen Bau, ersatzweise 1100 DM. Beim besten Willen kriegt er nicht mehr als 400 Mark zusammen. Aber ein paar andere lassen ihn nicht hängen. Nach acht Tagen schon kann er die gesamte Summe überweisen. Eine Geschichte zum Mitfreuen. Ihm ergeht es jetzt so wie jener Witwe in der Bibel, die etwas Verlorenes wiederfand und nun Menschen sucht, die sich mit ihr freuen . . . Einer war einmal ein sehr bekannter und erfolgreicher Fußballprofi. Jetzt trinkt er nur noch eine Flasche Bier nach der anderen. Seine ‚große Zeit' war einmal Anfang der sechziger Jahre. Jetzt lachen ihn sogar die kleinen Kinder aus, wenn er durch die Straßen torkelt und vor sich hinlallt. Für seine Familie ist er schon längst gestorben, und er weiß es. Seine Geschichten, von denen er leben könnte, will niemand mehr hören. Der ‚verlorene Sohn' hat keinen Vater mehr."

Ich habe das deshalb so ausführlich zitiert, weil Schupps Erzählungen natürlich in dem Augenblick, indem er sie aufschreibt, schon solch ein Stück Literatur geworden sind. Das, was er kritisiert, liefert er selbst. Vielleicht etwas weniger kunstvoll, dadurch näher am Alltag. Auch unsortierter, deshalb für die Auslegung noch offener.

Aber es bedarf nun doch noch einmal des Nachdenkens, wie ist das mit der Literatur und der Erprobung des Bibeltextes. Ist es sinnvoll, literarische Texte zu verwenden? Ich halte das natürlich für sinnvoll. Dabei wird es freilich unterschiedliche Zeiten geben. Es hängt ganz einfach davon ab, wo der Prediger jeweils mehr zuhause ist und was ihm für die Predigt hilfreicher erscheint. Ich habe bei mir selbst gemerkt, in Zeiten, in denen ich durch Schulunterricht und die Zusammenarbeit mit Deutschlehrern im Religionsunterricht literarische Texte gut aufbereitet im Kopf hatte, tauchten sie sehr viel selbstverständlicher in den Predigten auf, – zumal, wenn man wußte, daß sich auch regelmäßig Lehrer und Schüler in den Gottesdienst verirren konnten –, als in Zeiten, in denen ich weniger las bzw. weniger Anlaß hatte, Gelesenes intensiver zu verarbeiten.

Natürlich müssen literarische Texte in der Predigt selbst dann so dargeboten werden, daß nicht derjenige, der sie nicht kennt, das Empfinden hat, er sei nun leider zu ungebildet und komme dabei nicht ganz mit. Das ist an sich kein Problem, nur eine Aufgabe. Die Texte müssen so dargeboten sein, daß sie für sich selbst sprechen.

Warum aber überhaupt die literarischen Texte verwenden? Undiskutabel ist das Zitieren von Texten und großen Namen in der Predigt, um dem Hörer die eigene Gebildetheit vorzuführen. Problematisch kann es auch sein, wenn ich Texte verwende, um dem Hörer, der seinerseits literarisch gebildet ist, das Erlebnis zu verschaffen: Das kenne ich schon, da kann ich mitreden. Obwohl man hier schon vorsichtiger sein muß. Wir leben ja alle vom Wiedererkennen. Und das Mitdenken in der Predigt kann natürlich sehr viel kreativer geschehen, wenn der Hörer mit der Sache, die in der Predigt verhandelt wird, schon vertraut ist. Vielleicht hat er selbst von dem Text, den der Prediger vorführt, einen ganz anderen Eindruck und nimmt das als Anlaß, ihn anschließend darauf anzusprechen. Andererseits hängt es aber auch von der Gemeindestruktur ab. Wenn das Verhandeln literarischer Texte im wesentlichen ein Erlebnis für den Pastor und drei weitere Gemeindeglieder wäre, sollte man den literarischen Text absetzen. Gelingt es aber dem Prediger und der Predigerin, die Tatsache, daß es sich um ein Stück Literatur handelt, fast völlig hinter der verhandelten Sache verschwinden zu lassen, halte ich die Predigt unter Einbeziehung von Literatur für ausgesprochen nützlich, wenn nicht gar geboten.

Normalerweise ist die beste Verwendung von Literatur, wenn sie aus der Begeisterung des Lesenden heraus geschieht. Es gibt ein Buch oder ein Gedicht, ich lese es, und dann komme ich tagelang nicht mehr davon los. Ich habe z. B. von Klaus Scholder „Die Kirchen und das Dritte Reich"[204] zu Weihnachten geschenkt bekommen. Ich lese mich in den Tagen nach Weihnachten darin fest und bekomme die Geschichte dieses Jahres 1933 gar nicht mehr aus dem Kopf. Dahinein kommt die Vorbereitung der Neujahrspredigt, und plötzlich fällt mir ein, wie wäre das gewesen, wenn ich die Neujahrspredigt 1933 zu halten gehabt hätte? Wäre ich auch nur im geringsten imstande gewesen, zu sagen, was jenes Neue Jahr bringen würde? Hinterher kann man leicht weise Sprüche machen, daß das doch alles schon angelegt war. Natürlich. Aber wer in der Situation davor steht, in der das alles noch unausgemacht ist, die Entscheidungen von Menschen, die sich überschneidenden und gegenseitig beeinflussenden Ereignisse noch anstehen und nicht

204 Klaus Scholder: Die Kirchen und das Dritte Reich. Bd. 1. Frankfurt, 1977

vorhersehbar sind. Was bedeutet das, vor solch einem Jahr zu stehen? Wie wird das mit unserem Jahr sein, das nun beginnt? Was leistet das Buch hier? Anleitung zum Sehen, Hilfe zum Erkennen dessen, was mir als Prediger der Neujahrspredigt in Wirklichkeit bevorsteht. Der Prediger muß sich überprüfen, ob seine Begeisterung übertragbar und übertragenswert ist. Nicht alles, was ich begeisternd finde, taugt für die Predigt. Umberto Ecos[205] „Der Name der Rose" ist sehr eindrücklich, aber ich habe bisher nur erlebt, daß ein Prediger die nihilistischen Schlußgedanken Adsons zum Anlaß nahm – nachdem er sie der Gemeinde vorgelesen hatte – seinen Hoffnungsglauben dagegen zu setzen.

Wer Stanislaw Lems utopischen Roman „Solaris" kennt, weiß, welch seltsames Buch dies ist. Es geht um die Erforschung eines Planeten, der von einem geheimnisvollen intelligenten Meer bedeckt ist, das wie ein überdimensionales göttliches Wesen die Gehirne der Menschen mit ihren verborgensten Gedanken lesen und daraus neue Wesen schaffen kann. Das Buch ist vom Autor als theologisch-philosophisches Nachdenkstück gedacht und mit krausester Phantasie ausgestattet. Das liest der Prediger und kommt gar nicht wieder davon los. Peter Cornehl[206] schreibt: „Als ich ‚Solaris' zum ersten Mal las (besser: verschlang, in einem Zuge von nachmittags bis zum nächsten Morgen), hat mich nicht nur die spannende Erzählung gefesselt, sondern die Entdeckung, wie diese Sache immer deutlicher auf eine religiöse Auflösung zuläuft. Solaris ist die Geschichte der Suche nach ‚Kontakt' mit dem Unendlichen, der faszinierenden Begegnung mit einem Wesen, das in der Lage ist, in die menschlichen Gedanken einzudringen, sein Innerstes zu erforschen und ihm näher zu sein, als er sich selbst ist. Die unheimliche – bedrohende und anziehende – Begegnung mit einem Gegenüber, von dem es schließlich heißt, es könnte so etwas wie ein Gott sein, freilich ein besonderer Gott . . . Das war der Vergleichspunkt: Ist nicht Psalm 139 in seiner Weise auch eine solche Begegnung mit dem unendlichen Du?" Und dann denkt Cornehl über den Psalm 139 und Lems utopischen Roman nach und entdeckt Neues an dem Psalm. Nachdem ich diese interessante Predigt gelesen hatte, habe ich mir zunächst Lems Buch hergenommen und habe das noch einmal durchgelesen. Ich habe nicht den 139. Psalm genommen. Da hatte ich das Gefühl, den kenne ich. Da liegt natürlich das eine Problem. Erdrückt die Faszination des utopischen Romans den Text? Aber natürlich ergeben sich eine Fülle von Fragen. Läßt sich der ganze Roman mit seinen wichtigen vielschichtigen Elementen in der Predigt verarbeiten? Cornehl hat das ganz gut geschafft.

---

205 Umberto Eco: Der Name der Rose. München, ⁴1986
206 Peter Cornehl: All-Gegenwart Gottes. Psalm 139; Stanislaw Lem: Solaris. In: Ottmar Fuchs: Von Gott predigen. Gütersloh, 1984, S. 101 ff.

Aber die weitere Frage: Wird nicht solch eine von außen gesehene, zwar geheimnisvolle aber doch in ihrer Anlage schon objektivierbare Erscheinung des Göttlichen als eines geheimnisvollen, mich ganz umgreifenden, innen und außen auslotenden Wesens mir nicht ein falsches Gottesbild ins Gefühl schieben? Gott ist nicht ein Seiendes, und sei es noch so gewaltig und geheimnisvoll. Er ist das Sein selbst, welche Aussage nichts besagen kann, sondern lediglich eine Denkrichtung anzeigt, weil wir Gott nicht verdinglichen können. Gott als Vater ist eine Metapher, die auf Gott verweist. Wenn ich aber das Bild eines solchen geheimnisvollen Ozeans habe, ist das als Metapher brauchbar? So kann man daran herumdenken und dennoch fasziniert bleiben. Freilich, geht so etwas in einer Sonntagspredigt? Für wen eigentlich? Und man atmet auf, wenn man liest, es war eine Predigt für Studenten, Universitätsgottesdienst. Ein Teil hatte vorher im Seminar darüber gesprochen. Gut. Das läßt sich vorstellen.

Also die Begeisterung des Lesenden ist sicher eine Voraussetzung für die Verwendung der Literatur in der Predigt. Aber es muß sorgfältig geprüft werden, ist das, was ich da auf die Kanzel bringen will, wichtig genug für das Leben der Menschen, zu denen ich spreche? Nimmt es ihre Lebenswirklichkeit an wesentlicher Stelle auf? Sind die Bilder, die das Erzählte hinterläßt, wesentlich für das, was ich sagen will? Gebe ich damit auch nicht zu sehr an? Erschlage ich den Text auch nicht? (Entsprechende Fragen sind natürlich immer zu stellen, auch wenn ich wie Dieter Schupp Alltagserlebnisse aufnehme.)

Der entscheidende Grund, literarische Texte in der Predigt zu verwenden, ist jedoch, daß hier Aspekte unserer Lebenswirklichkeit verdichtet und auf originale Weise gedeutet sind und es hilfreich sein kann, den biblischen Text mit dieser gedeuteten Lebenswirklichkeit zu konfrontieren. Dabei ist es nötig, den literarischen Text sorgfältig zu analysieren, zu exegesieren. Nicht nur der Text selbst, sondern besonders die Weise, wie er Lebenswirklichkeit aufnimmt, bearbeitet, deutet, verzerrt, verfremdet usw. In der Predigt geht es ja nicht einfach um den literarischen Text. Er ist kein Selbstzweck. Wir haben nicht den Auftrag, ein literarisches Seminar zu veranstalten, so reizvoll das sein kann, und solche Elemente schaden der Predigt auch nicht, aber es geht natürlich darum, mit Hilfe des literarischen Textes ein Stück Lebenswirklichkeit zur Sprache zu bringen und sie mit Hilfe des Predigttextes zu erschließen. Daß solche Predigten oft etwas vielschichtig sind, ist keine Frage. Andererseits können sie sehr lebendig sein und für den Hörer ein interessantes Erlebnis, weil in der Predigt etwas aufgeführt wird, etwas zu erleben ist.

Wie oben schon angedeutet, ist ein weiterer Grund für den Prediger, sich der Literatur zuzuwenden, die Seh- und Sprachhilfe. Wer Texte liest und bedenkt, sie auswertet und diskutiert und dann selbst predigt, lernt dadurch, wie sich Lebenswirklichkeit zur Sprache bringen läßt. Der Prediger, die

Predigerin lernen ganz schlicht, wie stellt die Schriftstellerin, der Schriftsteller eine Szene dar, worauf achten sie, welche Formen des genauen Hinsehens, des anschaulichen Überblicks gibt es, wie ist die Mischung von wörtlicher Rede und Bericht, in welchen Tempora wird erzählt usw. Es ist gut, sich das immer wieder bewußt zu machen und an Texten von Hebel und Gotthelf, von Brecht und Dürrenmatt, von Böll und Frisch, von Drewitz und Rinser, von Singer und Wiesel zu lernen.

Grob sortiert lassen sich für die Predigt zwei Sorten literarischer Texte von ihrem Inhalt her unterscheiden:

1. Texte, die keinen direkten Bezug zum christlichen Glauben haben, aber eine wichtige Verdichtung und Interpretation menschlicher Lebenswirklichkeit sind.
2. Texte, die selbst schon eine Beziehung zum christlichen Glauben hergestellt haben.

Im ersten Falle stelle ich als Prediger selbst die Beziehung zwischen Lebenswirklichkeit und Glaubensaussage her. Im zweiten Fall nehme ich die Art, wie der Schriftsteller die Beziehung zwischen Glaube und Wirklichkeit hergestellt hat, positiv auf oder streite mich damit.

Ein schönes Beispiel für die Sorte eins ist jene bekannte Stelle aus Max Frischs Tagebüchern:

„Heute fragt Ursel, unsere Sechsjährige, mitten aus dem Spiel heraus, ob ich gern sterbe. ‚Alle Leute müssen sterben‘, sage ich hinter meiner Zeitung: ‚Aber gern stirbt niemand.‘ Sie besinnt sich.

‚Ich sterbe gerne!‘

‚Jetzt?‘ sage ich: ‚Wirklich?‘

‚Jetzt nicht, nein, jetzt nicht –:

Ich lasse die Zeitung etwas sinken, um sie zu sehen, sie sitzt am Tisch, mischt Wasserfarben.

‚Aber später‘, sagt sie und malt mit stiller Lust: ‚später sterbe ich gerne.‘“[207]

Ein wunderschönes, verdichtetes Stück Wirklichkeit, in seiner Kürze und Konzentriertheit fast eine als Metapher geeignete Szene. Das ist nun zu bedenken. Im ersten Anlauf: Typisch Kind, unbelastet wie Kinder so sind, „gern sterben“. Es soll alles freundlich zum Leben gehören. Aber als dann der Vater harte Realität spielend nachfragt, „Jetzt?“, verschiebt sie es schnell auf später. Und man weiß schon, später wird es auch wieder heißen: Noch später. Und dann kommt der Tod doch als fremdes Verhängnis.

Aber, nächster Durchgang: Das malende Kind. Frisch deutet diese Szene ja. Schon wie er sie herausgeschnitten hat, scheinbar nur die Szene wiedergibt, aber was ist darin dennoch alles schon komponiert. Der Vater wird

---

207 Max Frisch: Tagebuch 1946 bis 1949. Frankfurt/M., 1963, S. 349 f.

persönlich gefragt, ob er gern stirbt. Er aber bleibt hinter seiner Zeitung versteckt und sagt das, was zur Zeitung paßt. „Alle Menschen müssen sterben, aber gern stirbt niemand." Gibt er eine väterliche Belehrung ab? Flüchtet er ins Allgemeine? Über meinen Tod rede ich ungern. Aber die Tochter geht auf seine Allgemeinheiten nicht ein, sondern setzt sich selbst nun ein, „ich sterbe gerne". Offenbar immer noch hinter seiner Zeitung, stellt der Vater die Testfrage: „Jetzt?" und nachgeschoben noch einmal „wirklich?" Dann aber läßt er die Zeitung sinken, um den Erfolg seiner Intervention zu besichtigen. Aber wie schildert er das, was er dort sieht. Sie malt mit stiller Lust. „Aber später . . . später sterbe ich gerne!" Durch dies Malen stimmt das, was die Tochter sagt. Denn dies Bild enthält ja beides, das Nein zum Sterben, das wir sagen, weil wir die Bilder unseres Lebens noch gern lustvoll zuende malen möchten, und fast immer haben wir noch ein Bild zuende zu malen. Und das Ja, nach dem wir uns auch sehnen, daß wir alt und lebenssatt sterben möchten, wie die Bibel sagen kann (allerdings manchmal erst nach 175 Jahren! 1. Mose 25, 7 f.), daß wir versöhnt sterben möchten, versöhnt mit dem Sterbenmüssen. Und man könnte nun diesen Text aus dem Tagebuch neben das Nachwort Max Frischs zu den Tagebuchaufzeichnungen des krebskranken Peter Noll halten[208] und zeigen, wo beides seine Wahrheit hat. Das Nein zum Tode und die Hoffnung auf ein spätes Ja. Wo das stimmt und wo es doch wieder nicht stimmt.

Eduard Lohse hat diesen Text Max Frischs als Themeneinstieg zu einem Buch über Tod und Leben im Alten und Neuen Testament eingesetzt[209] und dazu geschrieben: „Wer würde auf die Frage, ob er gern sterbe, wohl antworten, er sei jetzt dazu bereit? Der Tod ist der letzte Feind, sagt der Apostel Paulus, 1. Korinther 15,26. Aber er fügt hinzu, dieser Feind sei entmachtet, überwunden durch die Auferstehung Jesu Christi von den Toten. Deshalb kann er erklären, er sehne sich danach, aus der Welt zu scheiden und bei Christus zu sein, Philipper 1,23. Das aber heißt nicht weniger, als daß er gern zu sterben bereit sei. Er sei jedoch nicht minder bereit, dem ihm gestellten Auftrag weiter zu dienen . . . Wie kommt es dazu, daß Tod und Leben so beurteilt werden?"

Ein anderes Beispiel kann die „Anekdote zur Senkung der Arbeitsmoral" von Heinrich Böll sein: „In einem Hafen an der westlichen Küste Europas liegt ein ärmlich gekleideter Mann in einem Fischerboot und döst. Ein schick angezogener Tourist legt eben einen neuen Farbfilm in seinen Photoapparat,

208   Peter Noll: Diktate über Sterben & Tod. Zürich, 1984
209   Otto Kaiser/Eduard Lohse: Tod und Leben. Stuttgart, 1977

um das idyllische Bild zu photographieren. Klick – das spröde, fast feindselige Geräusch weckt den dösenden Fischer, der sich schläfrig aufrichtet. Der Tourist: ‚Sie werden heute einen guten Fang machen.‘ Kopfschütteln des Fischers. ‚Aber man hat mir gesagt, daß das Wetter günstig ist.‘ Kopfnicken des Fischers. ‚Sie werden also nicht ausfahren?‘ Kopfschütteln des Fischers. Steigende Nervosität des Touristen. ‚Oh, Sie fühlen sich nicht wohl?‘ Endlich geht der Fischer von der Zeichensprache zum wahrhaft gesprochenen Wort über. ‚Ich fühle mich großartig.‘ Der Gesichtsausdruck des Touristen wird immer unglücklicher. ‚Aber warum fahren Sie dann nicht aus?‘ Die Antwort kommt prompt und knapp. ‚Weil ich heute morgen schon ausgefahren bin.‘ ‚War der Fang gut?‘ ‚Er war so gut, daß ich nicht noch einmal auszufahren brauche, ich habe sogar für morgen und übermorgen genug.‘ ‚Ich will mich ja nicht in Ihre persönlichen Angelegenheiten mischen, aber stellen Sie sich mal vor, Sie führen heute ein zweites, ein drittes vielleicht sogar ein viertes Mal aus und Sie würden drei, vier, fünf, vielleicht sogar zehn Dutzend Makrelen fangen. Sie würden nicht nur heute, morgen, übermorgen, ja an jedem günstigen Tag zwei-, dreimal, vielleicht viermal ausfahren – wissen Sie, was geschehen würde?‘ Der Fischer schüttelt den Kopf. ‚Sie würden sich in spätestens einem Jahr einen Motor kaufen können, in zwei Jahren ein zweites Boot, in drei oder vier Jahren könnten Sie vielleicht einen kleinen Kutter haben, eines Tages würden Sie zwei Kutter haben. Sie würden ein kleines Kühlhaus bauen, mit einem eigenen Hubschrauber fliegen, die Fischschwärme ausmachen und Ihren Kuttern per Funk Anweisung geben. Sie könnten den Hummer ohne Zwischenhändler direkt nach Paris exportieren – und dann . . .‘ Der Fischer klopft ihm auf den Rücken, wie einem Kind, das sich verschluckt hat. ‚Was dann?‘ fragt er leise. ‚Dann‘ sagt der Fremde mit stiller Begeisterung, ‚dann könnten Sie beruhigt hier im Hafen sitzen, in der Sonne dösen und auf das herrliche Meer blicken.‘ ‚Aber das tue ich ja schon jetzt‘, sagt der Fischer, ‚ich sitze beruhigt im Hafen und döse, nur Ihr Klicken hat mich dabei gestört.‘“[210] Christoph Meier schlägt diese Geschichte als Predigteinstieg vor. „In dieser Geschichte wird sehr eindrücklich das Problem deutlich, um das es auch im Predigttext geht: Wir wollen durch Vorsorgen unsere Zukunft sichern und verlieren so unsere Gegenwart aus den Augen . . . In solche Situationen hinein predigt Matthäus sein ‚Sorget nicht . . .‘ Kernaussagen der Predigt: Abbau des Leistungsdrucks. Meine Lebenserfüllung hängt nicht davon ab, was ich gestern nicht geschafft habe

210 Heinrich Böll: Anekdote zur Senkung der Arbeitsmoral. In: Das Heinrich Böll-Lesebuch. dtv-TB. 10031. München, 1982, S. 223 ff. gekürzt von Christoph Meier, in: Peter Krusche u. a. (Hrsg.): Predigtstudien. I, 2. Stuttgart, 1985, S. 228 f.

und heute nicht schaffe. Verringern quälender Sorgen angesichts einer oft als bedrohlich empfundenen persönlichen und politischen Zukunft. Ermutigung zu gelassenem Handeln. Ich kann getrost und in Ruhe tun, was in meinen Kräften steht. Was ich nicht schaffe, kann ich ebenso getrost anderen überlassen."

Sicherlich zwingt dieser Text dazu, über das nachzudenken, was Leben ist und wie wir mit der Zukunftsvorsorge und überhaupt unserer Welt richtig umgehen. Der Erzähler Böll steht auf der Seite des Fischers. Genauer noch, er benutzt den Fischer, um dem Touristen und damit uns und unserer Mentalität den Spiegel vorzuhalten. Emotional gehen wir als Hörer auch sofort auf die Seite dieses Fischers. Der Tourist, der uns abbilden soll, wird zur lächerlichen Figur. Beide Figuren verkörpern zwei Welten. Der Prediger möchte daran sein Bild von der Leistungsgesellschaft festmachen. Der Leistungsdruck soll abgebaut werden. Nur, wer auf des Fischers Mentalität abfährt, ist ein hoffnungsloser Romantiker. Mit dessen Mentalität gäbe es keine Medizin, die das Lebensalter so unwahrscheinlich verlängert hat, wie das in den letzten zwanzig Jahren gelungen ist. Andererseits, womit ist solcher Fortschritt gleichzeitig als Nebenwirkung erkauft? Die Sympathie für den Fischer, zeigt sich, ist mehr als nur Romantik. Was zeigt eigentlich Bölls Überschrift? Meint er den Ausstieg aus der Industriegesellschaft oder nur ihre Überprüfung? Der Böllsche Text zwingt darüber nachzudenken, was ist eigentlich Leben, was lohnt sich? Der Text „sorget nicht" wird in dieser Szene anschaulich. Die Frage ist jetzt, wie hilft dieser Text unsere in dem Bild dargestellte Wirklichkeit zu ordnen. Müssen wir etwas von dem Fischer lernen oder von dem biblischen Text, oder sind beide kein Maßstab? Helfen sie also beide nicht in unserer Situation? Habe ich den biblischen Text richtig erschlossen, wenn ich herausnehme eine Ermutigung zu gelassenem Handeln? Das ist ja kein Evangelium, sondern wiederum ein neues Gesetz, sympatisch vorgebracht. Aber nun stehe ich unter dem Gesetz, in dieser mühseligen Welt auch noch gelassen handeln zu müssen. Woher nehme ich den Ermöglichungsgrund für solch gelassenes Handeln? Muß ich doch den Text im Sinne der Rechtfertigung ohne des Gesetzes Werke interpretieren? Der Prediger formuliert: „Meine Lebenserfüllung hängt nicht davon ab, was ich gestern nicht geschafft habe und heute nicht schaffe." Wieso nicht? Das stimmt in dieser Allgemeinheit doch gar nicht! Dies nur als Hinweis. Es lohnt sich, solch einen Text, wenn man ihn verwendet, nicht nur als Einstieg zu nehmen, sondern sorgfältig zwischen dem Text und dieser Situation und unserem Leben hin- und herzuschreiten und sich Gedanken zu machen. Allerdings so, daß der Bibeltext seine Kraft beweisen kann.

Das kurze Gedicht, das geformte Zitat sind noch etwas anderes als solch eine Erzählung. Sie haften auch durch ihre Form im Gedächtnis. Manchmal kann es nützlich sein, das Gedicht oder das Zitat dem Predigthörer auf einem Zettel in die Hand zu geben. Bertolt Brecht:

„Die Nachtlager"

Ich höre, daß in New York
An der Ecke der 26. Straße und des Broadway
Während der Wintermonate jeden Abend ein Mann steht
Und den Obdachlosen, die sich ansammeln
Durch Bitten an Vorübergehende ein Nachtlager verschafft.

Die Welt wird dadurch nicht anders
Die Beziehungen zwischen den Menschen bessern sich nicht
Das Zeitalter der Ausbeutung wird dadurch nicht verkürzt
Aber einige Männer haben ein Nachtlager
Der Wind wird von ihnen eine Nacht lang abgehalten
Der ihnen zugedachte Schnee fällt auf die Straße.

Leg das Buch nicht nieder, der du das liesest, Mensch.

Einige Menschen haben ein Nachtlager
Der Wind wird von ihnen eine Nacht lang abgehalten
Der ihnen zugedachte Schnee fällt auf die Straße
Aber die Welt wird dadurch nicht anders
Die Beziehungen zwischen den Menschen bessern sich dadurch nicht

Das Zeitalter der Ausbeutung wird dadurch nicht verkürzt."[211]

Das ist eine Predigt in sich. Sogar in biblischer Sprache, wie Brecht es gern macht. Was bedeutet die kleine Hilfe, die wir alle nur zustandebekommen, wenn dadurch sich insgesamt nichts ändert. Die kleine Hilfe ist keineswegs unwesentlich. Sie hilft konkreten Menschen. „Der Schnee fällt auf die Straße." Aber verschieben wir, das getan habend, die große Veränderung auf den St. Nimmerleinstag? Wie kann von der kleinen Hilfe oder trotz der kleinen Hilfe ein Weg gehen zur nötigen größeren Hilfe? Lähmt der Glaube dabei oder treibt er an? Ist unser Glaube Selbstberuhigung, unser Tun des Guten nur Reparatur des Alten oder Baustein von etwas Neuem? Und wie verhält sich das Herstellen größerer irdischer Gerechtigkeit zum Hoffnungsbild des Reiches Gottes? Ist die partiell vorweggenommene Gerechtigkeit des Reiches Gottes, wie sie z. B. von Paulus 1. Korinther 11, den Korinthern recht kräftig eingehämmert wird (wenn sie es anders machen, kreuzigen sie Christus noch einmal), ein Anfang des Reiches Gottes oder nur ein vorzeitiges und kümmerliches Angeld auf Hoffnung bleibende Parallelität? Die partiell überwundene Klassentrennung beim Abendmahl in der Gemeinde, was bringt sie? Schafft sie die Voraussetzung für eine bessere justitia civilis, eine

---

211 Bertolt Brecht: Die Nachtlager. In: Gesammelte Werke. 8. Frankfurt, 1967, S. 373 f.

bessere irdische Gerechtigkeit? Karl Barths Bürgergemeinde und Christengemeinde fällt mir ein. Für die Predigt wird das zuviel sein, aber streichen kann man immer.

Ich will damit deutlich machen, daß der Einsatz literarischer Texte als Seh- und Sprachhilfe zum Erkennen von Wirklichkeit und Auseinandersetzung damit für die Predigt nützlich ist. Die zur Verfügung stehende Literatur ist uferlos. Wir nützen sie als Prediger viel zu wenig. Dabei rechne ich zur Literatur nicht nur Frisch, Böll, Brecht, sondern alles, was verdichtete Wirklichkeit ist.

Die zweite Art von Texten sind jene, in denen die Autorin oder der Autor selbst schon die Beziehung zum christlichen Glauben hergestellt haben.[212] In diesem Bereich kann man vier Typen wieder etwas grob unterscheiden (grob deshalb, weil es mancherlei Übergänge und Kombinationen gibt).

Das erste sind Texte, in denen der christliche Glaube verfremdend aufgenommen wird.

Der zweite Typ nimmt biblische Inhalte direkt auf und interpretiert sie.

Zum dritten Typ möchte ich Literatur rechnen, die etwas von jüdischer Glaubenserfahrung zeigt.

Und als viertes denke ich an Texte, die aus der Bestreitung des christlichen Glaubens ihre Thematik schöpfen.

Beim ersten Typ steht mir als schönes Beispiel immer noch Dürrenmatts „Ehe des Herrn Mississippi" in der zweiten Bühnenfassung vor Augen.[213] Hier kann man Dürrenmatts Art besonders gut kennenlernen. Es ist allerdings dafür erforderlich, daß man ein wenig von Dürrenmatts Theatertheorie weiß.[214] Dürrenmatt hält es nicht mehr für möglich, einfache Stücke zu schreiben, die die Wirklichkeit abbilden und die Illusion schaffen, so wäre es wirklich. Deshalb kann man heute eigentlich nur noch Komödien schreiben, die die Illusion von Wirklichkeit durchbrechen und durch ihren Inhalt eine kritische Distanz zur Gegenwart herstellen. Komödie ist für Dürrenmatt eine Art Welttheater, ein Gleichnis für diese Welt, aus der wir immer neu erkennen, was in ihr zu sehen ist. In der „Ehe des Herrn Mississippi" gibt es die drei Hauptfiguren mit ihren jeweiligen ideologischen Konzepten (das Gesetz Moses, die Ideologie von Karl Marx und die Narrheit der christlichen Nächstenliebe, repräsentiert durch den Grafen Bodo von Überlohe-Zabernsee). Die äußeren Gewinner sind „Frau Welt" und der technokratische

---

212 Einen sehr guten Überblick gibt Karl-Josef Kuschel: Jesus in der deutschsprachigen Gegenwartsliteratur. Zürich/Gütersloh, [2]1978; wobei der Titel irreführend ist. Weder beschränkt sich der Autor dankenswerterweise nur auf Jesus noch auf die deutschsprachige Literatur.
213 Friedrich Dürrenmatt: Komödien. I. Zürich, 1957, Seite 91 ff.
214 Friedrich Dürrenmatt: Theaterprobleme. In: Ders.: Theaterschriften und Reden. Zürich, 1972, S. 92–131

Machtmensch. Das Ganze ist im Grunde ein Metaphernspiel. Die Mitte ist die Figur des Grafen, den Dürrenmatt sagen läßt: „So ließ der Liebhaber grausamer Fabeln und nichtsnutziger Lustspiele, der mich schuf, dieser zähschreibende Protestant und verlorene Phantast (Dürrenmatt über Dürrenmatt, H. H.) mich zerbrechen, um meinen Kern zu schmecken . . . um mich nicht als Sieger, sondern als Besiegten – die einzige Position, in die der Mensch immer wieder kommt – in den Tiegel seiner Komödie zu werfen: Dies allein nur, um zu sehen, ob denn wirklich Gottes Gnade in dieser endlichen Schöpfung unendlich sei, unsere einzige Hoffnung."[215]

Ähnlich ist Dürrenmatt in seinem Stück „Die Wiedertäufer" vorgegangen. Die dort handelnden Personen sind als Möglichkeiten christlicher Existenz vorgeführt und zeigen doch in ihrem Zerbrechen christliche Existenz. „Dies machen Dürrenmatts christliche Narrenfiguren klar: Wo christliche Existenz im Horizont des deus absconditus begriffen wird, ist Nachfolge Christi nicht harmlos, Glaube nicht kampflos, Sinn nicht vorfabriziert und Gnade nicht billig zu haben."[216]

Zum zweiten Typ rechne ich Luise Rinsers Roman „Mirjam",[217] in dem sie die Jesusgeschichte aus der Sicht Maria Magdalenas zu beschreiben versucht und dabei, wie das offenbar erstaunlicherweise bei vielen Jesusbüchern der Fall ist, immer wieder auf den Johanneischen Christus zurückgreift.

Die Gedichte von Kurt Marti gehören zu den in Predigten oft zitierten Texten. Solche und andere Gedichte bekommen die Predigthörer vervielfältigt in die Hand. Es läßt sich leichter darüber nachdenken. Und man kann es mit nach Haus nehmen.

Wir sind Protestleute gegen den Tod.

Christoph Blumhardt

dem herrn unserm gott
hat es ganz und gar nicht gefallen
daß gustav e. lips
durch einen verkehrsunfall starb

erstens war er zu jung
zweitens seiner frau ein zärtlicher mann
drittens zwei kindern ein lustiger vater
viertens den freunden ein guter freund
fünftens erfüllt von vielen ideen

215 F. Dürrenmatt, Komödien, a. a. O., S. 125
216 K. J. Kuschel, Jesus, a. a. O., S. 259
217 Luise Rinser: Mirjam. Frankfurt, 1983

was soll jetzt ohne ihn werden?
was ist seine frau ohne ihn?
wer spielt mit den kindern?
wer ersetzt einen freund?
wer hat die neuen ideen?

dem herrn unserm gott
hat es ganz und gar nicht gefallen
daß einige von euch dachten
es habe ihm solches gefallen

im namen dessen der tote erweckte
im namen des toten der auferstand:
wir protestieren gegen den tod von gustav e. lips.[218]

Eva Zeller:
Wann
wenn nicht
um die neunte Stunde
als er schrie
sind wir ihm
wie aus dem Gesicht geschnitten

Nur seinen Schrei
nehmen wir ihm noch ab
und verstärken ihn
in aller Munde[219]

Rudolf Otto Wiemer:
Entwurf für ein Osterlied

Die Erde ist schön, und es lebt sich
leicht im Tal der Hoffnung.
Gebete werden erhört. Gott wohnt
nahe hinterm Zaun.

Die Zeitung weiß keine Zeile vom
Turmbau. Das Messer
findet den Mörder nicht. Er
lacht mit Abel.

218   Kurt Marti: leichenreden. Neuwied, 1969 S. 22 f.
219   Eva Zeller: Golgatha. In: Evangelische Kommentare. Stuttgart, 8/1975, S. 173

Das Gras ist unverwelklicher
grün als der Lorbeer. Im
Rohr der Rakete
nisten die Tauben.

Nicht irr surrt die Fliege an
tödlicher Scheibe. Alle
Wege sind offen. Im Atlas
fehlen die Grenzen.

Das Wort ist verstehbar. Wer
Ja sagt, meint Ja, und
Ich liebe bedeutet: jetzt und
für ewig.

Der Zorn brennt langsam. Die
Hand des Armen ist nie ohne
Brot. Geschosse werden im Flug
gestoppt.

Der Engel steht abends am Tor. Er
hat gebräuchliche Namen und
sagt, wenn ich sterbe:
Steh auf.[220]

Typ drei: Mit Literatur aus jüdischer Glaubenserfahrung meine ich z. B.
Martin Bubers[221] „Erzählungen der Chassidim.", die nach wie vor in Predigten hoch im Kurs stehen und vielfach zitiert werden. Das gilt auch für die z. T.
recht andersartigen chassidischen Geschichten, die Elie Wiesel überliefert.[222]
    Aber hier hinein gehört auch die gesamte Literatur, die sich mit dem
Leiden und der Tötung jüdischer Menschen durch Deutsche in der Zeit des
Nationalsozialismus auseinandersetzt. Im Sinne von J. B. Metz[223] gehört
besonders auch diese furchtbare Erfahrung mit unserer eigenen Geschichte
zu unserer Lebenswirklichkeit, die die Predigt in ihren Horizont einbeziehen

---

220 Rudolf Otto Wiemer: Entwurf für ein Osterlied. In: Stimmen vor Tag. München/
Hamburg, 1965, S. 61 f.
221 Martin Buber: Die Erzählungen der Chassidim. Zürich, 1949
222 Elie Wiesel: Chassidische Feier. Wien, 1974
223 S. o. S. 195, 223

muß. Eins ist besonders wichtig, hinzuhören, wie jüdischen Menschen angesichts dieser Erfahrung von ihrem Glauben gesprochen haben.[224]

Eine Fundgrube für die Predigt im „Horizont des christlich-jüdischen Gesprächs" mit vielen, auch literarischen Anregungen, ist ein Band mit Predigtmeditationen: „Predigten in Israels Gegenwart."[225]

Beim vierten Typ, der den christlichen Glauben ganz oder teilweise bestreitet, denke ich z. B. an die „Fliegen" von Jean Paul Sartre, besonders an Jupiters große Rede, in der Hiob 38–41 verarbeitet ist, und das Gespräch Jupiter-Orest:

Orest: „. . . Ich bin dazu verurteilt, kein anderes Gesetz zu haben als mein eigenes. Ich werde nicht zu deiner Natur zurückkehren: Tausend Wege sind darin gezogen, die zu dir führen, aber ich kann nur meinem Weg folgen. Denn ich bin ein Mensch, Jupiter, und jeder Mensch muß seinen Weg erfinden . . ."[226]

Oder Sartres viel zu wenig beachtetes Stück: „Der Teufel und der liebe Gott" mit der Selbstanklage des Götz:

„. . . Ich flehte, ich rang um ein Zeichen, ich sandte dem Himmel Botschaften zu, doch es kam keine Antwort. Der Himmel weiß nicht einmal, wer ich bin. In jedem Augenblick fragte ich mich, was ich in den Augen Gottes wohl sei. Ich kenne die Antwort jetzt: nichts. Gott sieht mich nicht, Gott hört mich nicht und Gott kennt mich auch nicht. Du siehst diese Leere zu unseren Häupten? Diese Leere ist Gott. Du siehst die Öffnung in der Tür? Ich sage dir, sie ist Gott. Du siehst dies Loch in der Erde? Gott. Das Schweigen ist Gott. Die Abwesenheit ist Gott, die Verlassenheit der Menschen ist Gott. Was da war, war einzig ich: Ich allein habe mich für das Böse entschieden, habe das Gute erfunden. Ich habe betrogen und Wunder getan, ich selber klage mich heute an, und auch freisprechen kann nur ich mich, der Mensch."

Und der Dialog Götz-Heinrich: „Götz: Heinrich, ich möchte dir noch eine tolle Posse erzählen: Gott existiert nämlich nicht. (Heinrich wirft sich auf ihn und schlägt ihn. Unter seinen Schlägen lacht Götz und schreit:) Er existiert nicht. Halleluja! Eitel Freude und Tränen der Freude! Du Narr! Schlage mich doch nicht. Ich befreie uns ja. Wenn es keinen Himmel gibt, gibt es auch keine Hölle mehr: Nichts außer der Erde bleibt da."

Heinrich: „Ach! Möge er mich hundertfältig, tausendfältig verdammen, wofern er dennoch existiert. Götz, die Menschen haben uns Verräter und Bastarde genannt und haben uns verdammt. Wenn Gott nicht existiert, so

---

224 Vgl. Das Gebet des Jossel Rackower, S. o. S. 203; Zwi Kolitz: Jossel Rackower spricht mit Gott. In: Jörg Zink: Lichter und Geheimnisse. Stuttgart, ²1976, S. 88 ff.
225 Arnulf H. Baumann/Ulrich Schwemer: Predigen in Israels Gegenwart. Gütersloh, 1986
226 Jean Paul Sartre: Die Fliegen. In: Dramen. Hamburg, 1954, S. 61

gibt es kein Mittel mehr, den Menschen zu entrinnen. Mein Gott, dieser Mensch hier lästert dich, ich aber glaube an dich, ich glaube, mein Gott. Unser Vater, der du bist im Himmel, ich möchte lieber gerichtet werden von einem unendlichen Wesen, als von denen, die meinesgleichen sind."

Götz: „Zu wem sprichst du denn? Eben noch hast du gesagt, er sei taub. (Heinrich sieht ihn schweigend an.) Keine Möglichkeit mehr, den Menschen zu entrinnen. Es ist aus mit den Ungeheuern und den Heiligen. Aus mit dem Stolz. Nur die Menschen sind da."[227]

Oder Albert Camus: „Die Pest" mit den beiden Predigten des Paters Paneloux und den Gesprächen des Dr. Rieux.[228]

Es ist die Frage, in welcher Weise solche Bestreitungen des Glaubens in der Predigt aufgenommen werden. Sicherlich nicht so, wie ich es als Vikar erlebt habe, daß der Prediger am Sonntag nach dem tödlichen Unfall von Albert Camus dies zum Anlaß nahm, zu erklären, daß jener gottlose Mensch nun sein Urteil bekommen habe und vor dem göttlichen Richter stehe. Die Kanzel ist nicht der Ort, Menschen „fertigzumachen". Die Anfragen des Unglaubens sind wichtig für den Prediger und für den Hörer zur Auseinandersetzung mit der eigenen möglichen Anfechtung. Deshalb ist gerade auf solche Texte sehr ernsthaft einzugehen, weil sie in der Tat eine legitime Interpretationsmöglichkeit unserer Lebenswirklichkeit bieten. Wenn dieser Bereich des Zweifels, wie es im Augenblick üblich ist, fast völlig aus der Predigt verschwunden ist, kann das nur darauf hinweisen, daß der Erfahrungsbezug der Predigt nicht ernsthaft wahrgenommen wird. Denn zu unserer Erfahrung gehört nicht nur das Schweigen Gottes, sondern auch die Anfechtung, es möchte alles Unsinn sein, was wir glauben.

Man kann sich darüber streiten, ob die Bücher und Texte von Günter Herburger dieser Kategorie oder eher dem Typ zwei zuzurechnen sind. Am bekanntesten sind seine 1971 veröffentlichten Kindergeschichten „Birne kann alles"[229], hier besonders die Geschichte „Birne in der Kirche".

Diese Kindererzählung zeigt exemplarisch Herburgers Interesse. Birne ist eine zu allem fähige Glühbirne, die mancherlei Originelles und Erstaunliches macht. In dieser Geschichte läßt sie sich von einer „schönen Frau" eine Kirche zeigen. Die Frau erklärt die Kirche: „Hier ist alles voll Geschichten', sagt die schöne Frau. ,Jesus hat vor 2000 Jahren gelebt. Seine Abenteuer stehen in einem Buch, das Bibel heißt. Der Vater von Jesus ist hundertmaltausendmalmillionen Jahre alt. Über ihn und die Menschen, die vor 3000, 5000 oder 10 000 Jahren gelebt haben, gibt es auch viele Geschichten.' ,Ich

227 Jean Paul Sartre: Der Teufel und der liebe Gott. In: Dramen, a. a. O., S. 360 f.
228 S. u. S. 554
229 Günter Herburger: Birne kann alles. Reinbek, 1974; darin: Birne in der Kirche, S. 94 ff.

finde das blöd', sagt Birne. ‚In jeder Kirche hängt dieser Jesus am Kreuz. Er sieht schrecklich aus, und die Geschichten, die man erzählt bekommt, sind alle alt. Warum baut man überhaupt Kirchen, wenn alles, was damit zu tun hat, längst vergangen ist?' ‚Eine Kirche ist zur Erinnerung da', sagt die schöne Frau. ‚In Kirchen ist es still, man kann darin beten oder eine Predigt hören.'"

Herburger läßt dann Birne fragen, was beten ist und predigen. Birne stellt fest, dazu brauche man doch keine Kirchen, sie will der schönen Frau nachweisen, daß man auch draußen predigen kann, und führt sie auf die Straße, bringt ihr durch Zwiebelsaft das Weinen bei und versucht die Leute zu bewegen, der weinenden schönen Frau zu helfen. Das mißlingt. Auf der Schnellstraße gibt es einen Unfall mit Verletzten, die bluten. Die Menschen stehen herum, helfen aber nicht, sie reden nur. „Da fliegt Birne durch die Unterführung in die Kirche und ruft: ‚He, Jesus, wir brauchen dich! Draußen liegen Verletzte. Komm herunter von deinem Kreuz!' ‚Sofort', sagt Jesus. ‚Ich muß mir nur noch die Nägel aus Händen und Füßen ziehen.' Er macht sich vom Kreuz los und steigt herunter. Birne, die neben ihm herschwebt, zeigt ihm den Weg durch die Unterführung. Auf der Straße stillt er sofort die Wunden der Verletzten. Einen Sterbenden belebt er wieder durch Mund-zu-Mund-Beatmung. Die Neugierigen, die nur zugesehen und nichts getan haben, staunen, wie leicht es diesem Mann aus der Kirche fällt, Verletzten zu helfen. ‚Jeder kann helfen', ruft Jesus. ‚Ihr müßt nicht staunen, sondern handeln.' ‚Jesus, Jesus', ruft die schöne Frau. ‚Das ist Jesus! Er ist von seinem Kreuz gestiegen.' ‚Jesus, Jesus', rufen alle. Sie heben ihn hoch und tragen ihn in die Kirche zurück. Sie können sich nicht vorstellen, daß es Jesus auch außerhalb der Kirche gibt. Als sie ihn wieder ans Kreuz hängen wollen, springt er auf den Altar und ruft: ‚Ich will nicht mehr ans Kreuz! Wollt Ihr denn immer einen Verletzten als Vorbild? Ich bin wie ihr! Ich will mich freuen und anderen helfen, die in Not sind.' Und mit einem Sprung steht Jesus zwischen den Zuschauern und geht mit ihnen aus der Kirche. Seitdem wird in Kirchen wieder gelacht, vielleicht sitzt Jesus manchmal auch unter der Gemeinde, auf jeden Fall hängt kein Verletzter mehr am Kreuz. Die Kreuze wurden abgeschafft."

Ähnlich spricht Herburger in seinem weniger bekannten Zukunftsroman „Jesus in Osaka"[230] und in anderen Erzählungen vom Kreuz. „Weil das Kreuz zum Zeichen der Angst und der Gekreuzigte zu einer Figur der Unterdrükkung wurde, weil Erlösung durch den Tod eines Gefolterten die Menschen ‚böse und verzweifelt' gemacht hat, geht dieser Jesus Herburgers daran, den ‚alten' Jesus auszulöschen: ‚Ich bin nicht Jesus', schreit er in die Menge. ‚Jesus ist tot.' Jesus ist schon lange tot. Ihr braucht ihn nicht mehr.' Deshalb will

---

230   Günter Herburger: Jesus in Osaka. Neuwied, 1970

dieser Jesus kein Beispiel mehr sein für die Menschen, kein Vorbild, kein Ideal, deshalb lehnt er es ab, irgendwelche besondere ‚Bedeutung' für die Menschen zu haben. Denn alles was ihn von den Menschen trennt, kann zur religiösen Entfremdung mißbraucht werden. So will dieser Jesus den Menschen zeigen, daß auch er leben will und Angst vor dem Tod hat wie alle Menschen; daß es keine Erlösung durch das Kreuz gibt, sondern nur Erlösung hier und jetzt; daß die Menschen sich kein Bild von Gott und dem Himmel machen, sondern die Erde vollenden sollen. Deshalb hebt Jesus den Unterschied zwischen sich und den Menschen auf: ‚Ich bin Gottes Sohn. Wir sind Gottes Söhne und Frauen, die selber Vater und Mutter haben und keine Bilder brauchen.'"[231]

Hier ist Jesus also zum ausschließlich innerweltlichen Weltveränderer geworden. Das hat den Vorteil, daß mit Jesus reale Forderungen verbunden werden können. Hierin kann man den Wunsch positiv aufgenommen sehen, den christlichen Glauben zu einer folgenreichen Sache für die Menschen zu machen. Allerdings ist dieses Jesusbild doch sehr schmalbrüstig und mit wenig menschlichem Tiefgang behaftet. Das Problem des nichtabschaffbaren Leidens bewegt den Autor nicht.

Wenn man solch eine Geschichte wie „Birne in der Kirche" überhaupt in der Predigt bedenken will, dann könnte man sie (gegen Herburgers ausdrückliche Intention und bei Nennung dieser Veränderung der Intention in der Predigt) so weitererzählen, daß die Verletzten ins Krankenhaus kommen, daß einer von den Verletzten erfährt, daß er einen unheilbaren Schaden bei dem Unfall bekommen hat. Als Birne diesen Kranken im Krankenzimmer besuchen will, sieht sie, daß auch dort ein Kreuz ist und fliegt sofort hin, um den Jesus dort am Kreuz abzumachen, denn, so sagt sie, „die Kreuze sind doch abgeschafft". Daraufhin sagt der Kranke: „Laß das bitte. Wenn er da hängt, ist wenigstens einer da, der mich versteht."

Es ist die Frage, ob man das so machen soll. Die Gemeinde könnte auf diese Weise vielleicht den Konflikt zwischen einem nur ethisch relevanten Jesus und jenem, der als der erhöhte Herr auch die Untergehenden hält, deutlicher verstehen.

Während der Predigtvorbereitung mit den Texten der zweiten Sorte, die in sich bereits eine Auseinandersetzung mit dem christlichen Glauben enthalten, stößt man natürlich nicht nur auf die verdichtete Lebenswirklichkeit der Menschen unserer Zeit, sondern darin auch auf eine christlich gedeutete Lebenswirklichkeit (bzw. auf Texte, die diese Deutung bestreiten). Vielfach sind solche Texte ja selbst ein Stück eigenständiger Verkündigung oder Gegenverkündigung. So kann der Prediger dies entweder verstärkt für seine eigenen Gedanken aufgreifen, oder er setzt sich davon ab oder damit aus-

---

231 Zitiert bei K. J. Kuschel, Jesus, a. a. O., S. 194

einander, um auf diese Weise den Bibeltext, die biblische Aussage zum Leuchten zu bringen. Die Predigt kann durch so etwas nur bereichert werden. Karl-Josef Kuschel schreibt: „Moderne christliche Literatur ist differenzierte *Einheit von kritischer Literatur und kritischer Theologie.* Beide, Theologie und Literatur, gehen hier eine Interessenkoalition ein im Kampf um die Menschwerdung des Menschen . . . Jesus ist nicht endgültig, sondern nur in immer neuen Modellen, Entwürfen, Versuchen abbildbar. Zum Wesen von Modell und Entwurf gehört die Vorläufigkeit, die Kritisierbarkeit, Offenheit. Keines dieser Deutungsmodelle ist gegen Kritik immunisiert, keines darf sich der offenen Diskussion entziehen . . . Daß aber Jesus in kein Bild eingeht, muß seinerseits Konsequenzen für einen theologischen Denk-, Sprach- und Predigtstil haben. Hier kann Theologie lernen. Denn der Theologe muß wissen, *was literarisierbar ist, ist auch verkündigbar,* je besser eine theologische Problemstellung literarisierbar ist, desto besser ist sie auch verkündigbar. ‚Wenn wir ehrlich sind‘, schreibt der katholische Neutestamentler *Gerhard Lohfink,* ‚müssen wir allerdings zugeben, daß das Erzählen im Gottesdienst eigentlich schon verstummt ist. Die Heilsgeschichte Gottes wird nicht mehr erzählt, sondern *verlesen.* Unsere eigenen Erfahrungen werden nicht mehr in die Erzählung eingebracht. Daß dies alles so ist, hat viele Gründe. Einer von ihnen ist unsere geheime Angst vor der biblischen Erzählung. Müßten wir diese Angst nicht endlich einmal ablegen? Die Angst, ob es auch historisch so gewesen ist, die Angst, daß andere unser Erzählen vielleicht nicht richtig verstehen könnten, die Angst, daß wir selbst eine biblische Geschichte vielleicht noch nicht ganz richtig verstanden haben. Das ist doch gerade das Großartige an den biblischen Erzählungen, daß man sie nie ganz versteht. Wie könnten wir auch die Geschichte, die Gott unter uns wirkt, schon jetzt ganz verstehen?‘"[232]

Solch eine Predigtvorbereitung mit literarischen Texten kommt einem auf der einen Seite aufwendiger vor, als wenn man sich nur mit dem biblischen Text befaßt und sich einen Wirklichkeitsbereich aussucht, aus eigener Anschauung über ihn redet oder ihn sogar nur in Andeutungen beschreibt. Auf der anderen Seite ist solche Verarbeitung von literarischen Texten auch ein ganzes Stück einfacher, weil fast immer anschauliches Material zu verarbeiten ist. Da geschieht etwas, Personen ziehen auf, sie tun etwas, der Prediger kann es erzählen, kann darüber reflektieren, kann das Erzählte „besichtigen"[233], „kann sich mit den erzählten Figuren streiten".

232   K. J. Kuschel, a. a. O., S. 319; Zitat von Gerhard Lohfink aus: Gerhard Lohfink: Erzählung als Theologie. Zur sprachlichen Grundstruktur der Evangelien. In: Stimmen der Zeit. 190. Freiburg, 1974, S. 521 ff.
233   H. Hirschler, Konkret predigen, a. a. O., S. 41 ff.

Als schwierig habe ich immer empfunden, einen komplexen literarischen Text, eine Erzählung, ein Drama zu einer für die Predigt brauchbaren Kurzfassung zu verarbeiten. Auf der einen Seite soll das, was ich da als Kurzfassung darstelle, gegenüber dem Autor einigermaßen verantwortbar sein. Auf der anderen Seite habe ich nur eine begrenzte Zeit in der Predigt zur Verfügung. Aber ich denke, man wird bei solchen Texten nicht zu sehr an der Zeit sparen dürfen. Wer sich der Literatur zuwendet, muß sich auch Zeit dafür lassen. Allerdings ist es dabei wichtig, daß wir – oftmals fasziniert vom literarischen Text – den biblischen Text nicht vernachlässigen. Der biblische Text braucht gerade, wenn ich einen literarischen Text verwende, noch mehr Raum. Man wird nicht schematisch sagen können, das muß sich zeitlich in längerer Zeit auswirken, obwohl das auch nicht gering zu schätzen ist, wichtiger ist das emotionale Gewicht, das ich dem Text lasse bzw. in der Predigt gebe. Der Predigthörer darf gerne erleben, daß der Prediger von solch einem Roman wie Solaris begeistert ist. Wichtiger aber ist, daß er erlebt, wie der Prediger dies alles nur bedenkt, um des Psalms 139 willen, wie der ihn beschäftigt und für sein Erleben Gottes wichtig ist.[234]

Abschließend wäre noch zu sagen, daß ich natürlich das literarische Stück sehr verschieden einsetzen kann. Je nach Länge und Gewicht kann es ein kurzes Zitat sein oder die ganze Predigt in der Auseinandersetzung damit ausfüllen. Mir scheint es wichtig zu sein, daß literarische Texte nicht einfach als Lückenbüßer eingesetzt werden, da sie in irgendeiner Weise Lebenswirklichkeit abbilden und der biblische Text seine Kraft zeigen muß. Im Zusammenhang mit unserer Lebenswirklichkeit braucht die Bearbeitung des literarischen Textes genügend Raum in der Predigt.

Nur kurz will ich darauf hinweisen – obwohl das sehr ausführlich zu machen wäre –, daß eine ähnliche Funktion wie die Literatur für die Predigt auch natürlich die bildende Kunst hat. Auch hier geht es um Verdichtung, Interpretation von Wirklichkeit, manchmal um ihre Verwandlung. Das Bild, wie alle Bereiche der darstellenden Kunst, können ein durchaus sinnvolles Element für die Predigt sein.

Hans Werner Dannowski, Hannover, u. a. machen im Museum sonntags am späten Vormittag eine Art Matinee-Gottesdienst, in deren Mittelpunkt jeweils ein Gemälde steht. Es ist vielfach üblich geworden, durch Projektion von Bildern oder Austeilen von Bildblättern innerhalb der Predigt oder die ganze Predigt als Bildmeditation zu gestalten. Es ist ebenso möglich, ein Bild sorgfältig und genau so zu erzählen in der Predigt, daß die Gemeinde es „sieht". Auch hier gilt in der Erarbeitung des Kunstwerks das, was zur Literatur gesagt wurde entsprechend.

---

234 S. o. S. 243

2.3 Heiligenerzählungen

Es mag verwundern, daß nun Erzählungen von bedeutenden Christenmenschen erscheinen. Aber eine sehr wichtige Weise des Vorstellens von gegenwärtig relevanter Lebenswirklichkeit ist, auch zu zeigen, wie Menschen sich in bestimmten Situationen verhalten. Der Ausdruck „Heiligen"erzählung muß allerdings in Anführungsstriche gesetzt werden, weil nach evangelischem Verständnis Menschen immer nur zusammen mit ihrer Sinkender-Petrus-Erfahrung exemplarisch sein können. Das heißt, es muß erzählt werden, wie ihr Leben, sofern es vielleicht von Mut und geistlicher Kraft bestimmt scheint, auch ganz tief von der Anfechtung und vom Versagen geprägt ist. Wenn es nicht miterzählt wird, ist es meist gemogelt. Die klassischen Worte dazu sind Luthers vielzitiertes „Wir sind Bettler, das ist wahr" und Bonhoeffers „Wer bin ich?"

„Wer bin ich? Sie sagen mir oft
ich träte aus meiner Zelle
gelassen und heiter und fest,
wie ein Gutsherr aus seinem Schloß.

Wer bin ich? Sie sagen mir oft,
ich spräche mit meinen Bewachern
frei und freundlich und klar,
als hätte ich zu gebieten.

Wer bin ich? Sie sagen mir auch,
ich trüge die Tage des Unglücks
gleichmütig, lächelnd und stolz,
wie einer, der Siegen gewohnt ist.

Bin ich das wirklich, was andere von mir sagen?
Oder bin ich nur das, was ich selbst von mir weiß?
Unruhig, sehnsüchtig, krank, wie ein Vogel im Käfig,
ringend nach Lebensatem, als würgte mir einer die Kehle,
hungernd nach Farben, nach Blumen, nach Vogelstimmen,
dürstend nach guten Worten, nach menschlicher Nähe,
zitternd vor Zorn über Willkür und kleinlichste Kränkung,
umgetrieben vom Warten auf große Dinge,
ohnmächtig bangend um Freunde in endloser Ferne,
müde und leer zum Beten, zum Denken, zum Schaffen,
matt und bereit, von allem Abschied zu nehmen?

Wer bin ich? Der oder jener?
Bin ich denn heute dieser und morgen ein anderer?
Bin ich beides zugleich? Vor Menschen ein Heuchler
und vor mir selbst ein verächtlich wehleidiger Schwächling?
Oder gleicht, was in mir noch ist, dem geschlagenen Heer,
das in Unordnung weicht vor schon gewonnenem Sieg?

Wer bin ich? Einsames Fragen treibt mit mir Spott.
Wer ich auch bin, Du kennst mich, Dein bin ich, o Gott!"[235]

Nun gibt es ja unterschiedliche Weisen, „Heilige" einzubringen. Die Martins-Legenden werden gelegentlich im Zusammenhang mit dem Martinsfest erzählt. Wenn der 6. Dezember auf einen Sonntag fällt, gedenkt man gelegentlich an den Heiligen Nikolaus mit seinen Getreidelieferungen, und vom Heiligen Franziskus wird meistens jenes Gebet „O Herr, mach mich zum Werkzeug deines Friedens" zitiert, das bekanntlich nicht von ihm ist, sondern aus dem Anfang des 20. Jahrhunderts stammt. Mit großer Regelmäßigkeit werden in Predigten zitiert: Martin Luther, Dietrich Bonhoeffer, Martin Luther King, seltener Dom Helder Camara, Pater Kolbe, Helmut J. Graf Moltke, Mutter Theresa usw.

Was heißt es nun, solche Menschen in der Predigt aufzunehmen, um an ihnen zu zeigen, wie der Wirklichkeitsbezug des Glaubens aussieht?

Das heißt zunächst, genau wie bei den literarischen Texten, man muß sich Zeit dafür lassen. Es ist überhaupt nichts davon zu halten, wenn irgendein Satz zitiert wird, der nur dadurch bedeutend ist, daß ihn ein bedeutender Mensch gesagt hat. Dies sollte sich der Prediger abgewöhnen. Wenn man solche Zitate bedeutender Christenmenschen einmal daraufhin untersucht, welches der Erkenntniswert dieser Sätze ist, dann ist der in den meisten Fällen ausgesprochen gering. Nur die Kombination von diesem Satz und der bedeutenden Persönlichkeit scheint den Prediger zu veranlassen, solch ein Zitat vorzunehmen. Meistens bringt das nichts. Wenn es sich nicht um sehr originelle Formulierungen handelt, die haften bleiben sollen, sollte man darauf verzichten. Ich denke an Formulierungen wie: „Wir sind Protestleute gegen den Tod." Christoph Blumhardt. Dieser Satz ist auch ohne Christoph Blumhardt gut, und man merkt ihn sich vielleicht mit Christoph Blumhardt besser. Für besonders bedrückend halte ich es, wenn in der Predigt ganz selbstverständlich so getan wird, als wisse die Gemeinde genauestens über Dietrich Bonhoeffer Bescheid, man brauche seinen Namen nur zu nennen,

235 Dietrich Bonhoeffer: Widerstand und Ergebung. Briefe und Aufzeichnungen aus der Haft. München, ⁶1955, S. 242 f., © Kaiser Verlag, München

schon sei deutlich, inwiefern dieses oder jenes Wort von ihm wichtig ist. Ähnlich ist es mit Martin Luther-King und anderen.

Ich möchte das ein wenig ausführlicher am Beispiel des Zitierens von Luthertexten bzw. seines Namens in der Predigt zeigen. Schaut man Predigten, besonders Reformationsfest-Predigten auf die Benutzung des Namens oder der Texte Luthers hin an, so ergibt sich ein durchweg einheitliches Bild: Er wird als Aufhänger benutzt oder als autoritativer Beleg für die Richtigkeit der Gedanken des Predigers eingeführt. In den meisten Predigten, die ich in den letzten Jahren durchsah, wird oft nur mit einem Satz auf Luther hingewiesen. Er wird benutzt als angesehener Gewährsmann oder Anlaß für das, was der Prediger sagen möchte: „. . . denn Luther war es, der eine neue Art nach Wahrheit zu fragen bekanntgemacht hat." Oder: „Seht, deswegen wollte Luther, daß jeder Mensch ein Sünder sei – ob Pimpf, Politiker oder Papst – damit ein Mensch wisse, wie er zuletzt dran ist im Leben und besonders im Sterben." Oder: „Luther sagt, woran du dein Herz hängst, das ist dein Gott."[236]

In solchen Kurzhinweisen ist vorausgesetzt, daß die Gemeinde durch das Aussprechen des Namens Luther besonders aufmerksam wird. Zu manchen der Predigten am Reformationstag gehört zusätzlich als eine Art Pflichtübung der Hinweis darauf, daß an diesem Tag vor soundsoviel Jahren die 95 Thesen angeschlagen worden sind. Manchmal wird das verbunden mit der Bemerkung, daß es gut sei, daß wir keine Heldenverehrungsfeiern, Sedanfeiern mehr nötig hätten, und dann werden die Probleme der Gegenwart vorgeführt und bedacht. Im besten Falle versucht der Prediger, Grunderkenntnisse Luthers, etwa von der Freiheit eines Christenmenschen oder von der Rechtfertigung allein aus Glauben, oder vom Verständnis Gottes, von Gesetz und Evangelium zu benennen und an gegenwärtigen Beispielen und Erfahrungen zu erklären, was das bedeutet und zu zeigen, daß solche Aussagen heute auch noch wichtig sind. Die Frage ist freilich, was soll Luther dabei? Wird er erwähnt, weil wir eine reformatorische Kirche sind und es eine Kontinuität geben muß? Solche Kurzzitierung von Worten eines bedeutenden Christenmenschen hätte ja ihren Sinn, wenn man sicher sein würde, daß die Gemeinde ihn kennt und damit elementare Erfahrungen verbindet. Ich nehme an, daß das bei den Predigern in vielen Fällen so ist. Für die Gemeinde ist es zu bezweifeln.

Das bedeutet aber, wenn wir in der Predigt auf jemanden verweisen, um den Erfahrungsbezug christlichen Glaubens zu zeigen, dann muß das anders geschehen. Dabei halte ich nichts davon, nicht von Luther, Dietrich Bon-

236 Siehe: Horst Nitschke (Hrsg.): Erntedankfest. Reformationsfest. Gütersloh, 1980, S. 89 ff.

hoeffer, Martin Luther King und anderen bedeutenden Christenmenschen zu reden. Ich glaube, daß es sinnvoll ist, auf wichtige Menschen hinzuweisen, nur müssen diese Menschen dann auch für die Gemeinde mit Leben gefüllt sein. Die Gemeinde muß im Zusammenhang mit solchen Menschen etwas erleben können. Ich will das an einem Beispiel zeigen.

Wenn ich zeigen möchte, welche Bedeutung der Glaube für Luther in seinem Leben hatte, dann nehme ich mir z. B. die Pestzeit in Wittenberg und das Umfeld vor. Da lohnt es sich zu lesen: „Ob man vor dem Sterben fliehen möge. 1527"[237] Eine eindrucksvolle Schrift, wie Christenmenschen sich in der Notsituation verhalten können. Luther redet davon als einer, der gerade Erfahrungen macht. Luther hat 1527 mit vielfältigen Krankheiten und Anfechtungen zu kämpfen. Am 6. Juli überkommt ihn eine schwere Erschöpfung und offenbar eine sehr tiefgehende seelische Depression. Er schreibt vier Tage später an Spalatin:

„Vorgestern bin ich von einer plötzlichen Ohnmacht so ergriffen worden, daß ich verzweifelte und völlig unter den Händen meiner Frau und der Freunde zu vergehen meinte; so ganz war ich mit einem Male aller Kräfte beraubt. Aber der Herr erbarmte sich meiner und stellte mich bald wieder her."[238]

Das muß ziemlich schlimm gewesen sein. Die Freunde Jonas und Bugenhagen berichten darüber. Es sei ihn eine große Verzweiflung angekommen, wie man sie oft in Psalmen liest. Drei Wochen später schreibt er an Melanchthon: „Ich bin mehr als die ganze Woche so im Tod und in der Hölle hin- und hergeworfen worden, daß ich jetzt noch am ganzen Körper mitgenommen bin und an allen Gliedern zittere. Ich habe Christus ganz verloren und wurde von den Fluten und Stürmen der Verzweiflung und der Gotteslästerung geschüttelt. Aber von den Gebeten der Heiligen (der gläubigen Freunde, H. H.) bewegt, hat Gott begonnen, sich meiner zu erbarmen, und meine Seele aus der tiefsten Hölle herausgerissen. Laß auch du nicht ab, für mich zu beten, wie auch ich für dich. Ich glaube, daß mein Kampf auch anderen dient."[239]

In diese Zeit hinein kommt die Nachricht, daß der Prediger Leonhard Kaiser aus Schärding am Inn, der in Wittenberg studiert hat, ermordet worden ist, wie der Prediger Winkler aus Halle vier Monate vorher. Dies nimmt Luther furchtbar mit. Warum sei er nicht statt ihrer gestorben?

---

237 Martin Luther: Ob man vor dem Sterben fliehen möge. (1527) WA 23; 338 ff. In: Karin Bornkamm und Gerhard Ebeling: Martin Luther. Bd. II. Frankfurt, 1982, 225 ff.

238 Martin Luther: Brief an Spalatin v. 10. Juli 1527. WAB 4; 221; zit. in: Heinrich Bornkamm: Martin Luther in der Mitte seines Lebens. Göttingen, 1979, S. 491

239 Martin Luther: Brief an Melanchthon vom 2. August 1527. WAB 4; 222; zit. in: H. Bornkamm, a. a. O., S. 492

Und dann kommt die Pest nach Wittenberg. Die Universität siedelt nach Jena über. Der Kurfürst fordert ihn auf, ebenfalls nach Jena überzusiedeln. Luther bleibt. Aber von seiner Situation zeugt ein Brief vom 1. November 1527:

„...Wie es dem Herrn gefällt, so geschieht es, mein lieber Amsdorf, daß ich, der ich bisher alle anderen zu trösten hatte, nun selbst allen Trostes bedürftig bin. Allein darum bitte ich, und bitte Du mit mir, daß mein Christus mit mir mache, was ihm gefällt, nur davor bewahre er mich, daß ich undankbar und ein Feind werde dessen, den ich bisher mit solchem Eifer und solcher Inbrunst gepredigt und verehrt habe, wenn ich ihn indessen auch mit vielen schweren Sünden beleidigt habe... In meinem Haus ist allmählich ein Hospital entstanden. (Luther schildert, wer alles krank geworden ist, Kaplan Georg Rörers Frau, unmittelbar vor der Niederkunft, hat die Pest [und stirbt bald danach], Käthe ist vor der Niederkunft, Hänschen ist seit drei Tagen krank). So sind äußerlich Kämpfe, innerhalb Ängste (2. Korinther 7,5) und sehr bittere. Christus sucht uns heim. Ein Trost, den wir dem wütenden Satan entgegensetzen: Daß wir wenigstens das Wort Gottes haben...“[240]

Auf dem Hintergrund dieser Erfahrungen hat Luther dann das Lied „Ein feste Burg...“ über seinen besonders geliebten Psalm 46 verfaßt. Man hat also mit Sicherheit ein falsches Bild von diesem Lied, wenn man sich vorstellt, da stünde ein unerschütterlicher Glaubensrecke dahinter, und im Grunde müsse man bei dieser protestantischen Nationalhymne aufstehen und heroische Gefühle haben. Es ist ein Anti-Anfechtungslied eines sehr belasteten und seelisch gebeutelten Menschen.[241]

Ich habe diese Wirklichkeitserfahrung als sehr hilfreich empfunden im Zusammenhang mit der Auslegung der Seligpreisungen.[242]

Man kann die Seligpreisungen ja in zwei Gruppen einteilen: Selig sind die Armen, die Leidenden, die Machtlosen, die nach Gerechtigkeit Hungernden. Ihnen wird Freude zugesprochen. Sie sollen sich jetzt freuen, denn sie werden zu den Erlösten gehören. Darüber hinaus werden die selig gepriesen, die in der Nachfolge Christi Elemente des Reiches Gottes jetzt schon vorwegnehmen: die barmherzig sind, die Frieden machen, die das Böse nicht vermehren, die Gerechtigkeit üben und deshalb verfolgt werden. Sie können sich jetzt freuen, denn Gott wird sie trösten, belohnen, denn ihrer ist das Himmelreich. Himmelreichsversprechungen. Man muß sich vor Augen füh-

240 Martin Luther: Brief an Amsdorf vom 1. November 1527. WAB 4; 274 f. In: K. Bornkamm/G. Ebeling, Martin Luther, a. a. O., Bd. VI, S. 95 f.
241 Vgl. Horst Hirschler: Luther in der Predigt. In: P. Th. 1983, S. 374 ff.
242 Vgl. Horst Hirschler: Reformationsfest. 31.10.1985. In: GPM. 39/4. 1985, S. 455 ff.

ren, was da steht. Wir sagen ganz etwas anderes. Wir sagen:

Der hat's gut, der hat ein Haus.

Der hat's gut, der hat einen Arbeitsplatz.

Der hat's gut, der ist gesund.

Selig ist, glücklich ist – sagen wir – der, der etwas hat. Aber solche Seligpreisungen? Selig sind die Arbeitslosen, denn Gott wird sie trösten? Selig sind, die nach Abschaffung der Apartheid hungern, sie werden – wenn Gottes Herrschaft anbricht – satt werden? Selig sind die Machtlosen, sie werden – wenn Gottes Reich anbricht – das Erdreich besitzen?

Was ist das? Vertröstung? Opium des Volkes? Zynismus? Ja das wäre es, wenn wir uns durch solche Seligpreisungen darin bestärken ließen, denen, die in Not sind, nicht zu helfen. Das wäre Opium.

Aber: Erst recht wäre es Opium, wenn der Eindruck erweckt würde, als sei das, was wir durch unsere Hilfe erreichen können, mehr als die Herstellung halbwegs brauchbarer Verhältnisse mit der bei uns möglichen relativen Gerechtigkeit und Hilfe. Solche Hilfe ist nicht gering zu schätzen. Aber wirklich selig wird der Mensch dadurch nicht. Wer sich das vorgaukeln läßt, ist elend dran. Und wer anderen das suggeriert, ist unverantwortlich.

Das wahrhaftige Glück, das, was Jesus „selig" nennt, läuft auf anderen Geleisen. Jesus beschreibt mit diesen Zukunftsaussagen auch nicht eine berechenbare, vielleicht gar herstellbare Zukunft. Er sagt denen, die es brauchen, vielmehr Gottes Nähe jetzt und in Zukunft so zu, daß ihr gegenwärtiges Leben dadurch bestimmt ist und sie in einer tiefen Weise selig, glücklich sind. Das ist nur zusagbar, das ist nicht meßbar und nicht in Spurenelementen nachweisbar. Und doch können Christen von solcher Erfahrung Zeugnis ablegen.

Dazu erzähle ich von Luther.

Luther sagt, zum Leben des Christen gehört die Anfechtung, die Verzweiflung. Aber es gehört dann auch dazu, daß „ein Trost bleibt, den wir dem wütenden Satan entgegensetzen: daß wir wenigstens das Wort Gottes haben". Das ist seine Erfahrung: Selig sind, die Leid tragen, jetzt sind sie selig, denn sie sollen getröstet werden.

Und es gibt die vier anderen Seligpreisungen, in denen Menschen in der Nachfolge Jesu Elemente des zukünftigen Gottesreiches vorwegnehmen in aller Vorläufigkeit.

Selig sind, die Frieden machen,

selig sind, die barmherzig sind in einer unbarmherzigen Welt,

selig sind, die das Böse nicht vermehren,

selig sind, die für Gerechtigkeit eintreten und verfolgt werden.

Auch hier heißt der nachfolgende Satz nicht: Denn sie werden Erfolg haben, sondern: Sie werden Gottes Kinder heißen, ihrer ist das Himmelreich. Wieder die Zusage der die Gegenwart und Zukunft umfassenden Nähe Gottes. Gott hält dich in dem Schweren, das dir daraus erwächst. Du bist nicht mit dir allein. Darum häng dein Herz nicht an die Erfolge, häng dein Herz nicht an die Werke, die dir gelingen, verzweifle nicht, wenn der Einsatz nichts bringt, sondern sei einer, der in dieser schwierigen Welt in aller Nüchternheit einer ist, der Frieden machen kann, weil er immer wieder der Nähe Gottes gewiß ist.

Als ein Beispiel solchen Frieden-Machens lese ich gern Luthers wunderbaren Brief anläßlich der Wurzener Fehde vor.[243] Dieser Brief ist fast völlig unbekannt, und es gab einmal in der vollen Kirche bei der Verlesung in Auszügen großes Staunen und Gelächter und am Schluß seltsamerweise Beifall, als ich erwog, ob unsere Bischöfe solch einen Brief auch an die entsprechenden Fürsten unserer Zeit schreiben sollten.

Man muß mit den Menschen, die genannt werden, etwas erleben können, sonst lohnt es sich nicht. Wenn ich also Martin Luther King zitieren will, dann muß ich wieder einmal ein Stück weit seine Biographie lesen und muß mir irgendeine markante lebensvolle Situation herausnehmen, die erzählen und erst in diesem Kontext ein bedeutendes Wort von ihm zitieren. Ich muß dies dann aber möglicherweise auch kommentieren und diskutieren und abwägen, ob es trägt. Wie oft wird Martin Luther Kings Traum zitiert, ohne daß jemand erwöge, was der eigentlich bringt. Ist er eine Trostparole auf dem langen Marsch durch die Institutionen? Stellt sich das, was da geträumt wird, von selbst ein, oder was muß man dafür tun?

In dem Zusammenhang, in dem wir dies hier besprechen, geht es um das Sichtbarwerden dessen, was der Glaube bedeutet im Leben von Menschen.

In diesem Sinne hat Hans Stock in elementarer Auslegung von Evangelientexten auf Menschen hingewiesen, die zeigen können, was heute Nachfolge heißt.[244] Er verweist erstens auf den Erzbischof Oscar Arnulfo Romero, der Anwalt des gewaltlosen Freiheitskampfes in El Salvador war und dann umgebracht wurde. Stock verweist als Zweites auf die Schrift eines Theologen in der CSSR, der 1974 aus dem Pfarramt entfernt wurde: Jakub S. Trojan[245] und sein Buch: „Entfremdung und Nachfolge." Schließlich zitiert er als Drittes eine Szene aus Christoph Meckels: „Erinnerung an Johannes Bobrowski"[246] und zitiert dabei folgenden Text:

243 Martin Luther: Sendbrief an Kurfürst Johann Friedrich und Herzog Moritz von Sachsen. (1542) WAB 10; 32 ff. In: K. Bornkamm/G. Ebeling, Martin Luther, a. a. O., Bd. IV, S. 304 ff.
244 Hans Stock: Evangelientexte in elementarer Auslegung. Göttingen, 1981, S. 218 ff.
245 Jakub S. Trojan: Entfremdung und Nachfolge. Kaiser Traktate. Nr. 50. München, 1980
246 Christoph Meckel: Erinnerung an Johannes Bobrowski. Düsseldorf, 1978

„Wir gingen auf eine Party in West-Berlin. In der überfüllten Wohnung stand er (Johannes Bobrowski, H. H.), trinkend, breitbauchbeinig, auf sensible Art jovial und harmonisierte mit dem Gastgeber.

Dann brach Geschrei in einer Ecke aus. Unvermittelt stand, von den anderen getrennt, ein Mensch da und schrie und weinte dazu. Das war ein Mann, den keiner zu kennen schien, elegant gekleidet, nervös und jetzt mit zerstörtem Gesicht. Er überschrie ein Standbein-Spielbein-Gespräch verschiedener Herren, taumelte durch die Party, stand dann weinend an einer Wand und rief: „Ich lasse mir meinen Herrn Jesus nicht umbringen; ich gebe meine Religion nicht her. Was sind das hier für Menschen, es sind keine Menschen." „Schweine", schrie der zitternde Mensch.

Die Gäste schauten hin und tranken weiter. Man war im Nettsein gestört und allgemein ratlos. Es war nicht zu erfahren, was hier geschah. Wer sich der Sache annehmen wollte, wer beschwichtigend in die Nähe des Schreienden trat, wurde von ihm in die Party zurückbefördert oder von seinen Tränen abgehalten.

Bobrowski sah das mit seinen Pferdeaugen. Langsam, mit der Vorsicht des Bändigers, ging er zu dem Zitternden hin. Beiläufig blieb er in seiner Nähe stehn (er war ein Souverän der Beiläufigkeit) und sprach beruhigend in seine Richtung. Er sprach zu ihm hin, aber nicht auf ihn ein. Er ging nicht einfach zu ihm, er rückte nicht näher, sondern hielt sich rauchend und sprechend in natürlicher Entfernung. Der Zitternde wehrte ihn ab und wollte nichts wissen, er bewarf, was er vor sich sah, mit Geheul und „verschwinde". Bobrowski blieb ruhig stehen und sprach und rauchte. Der Mensch sah ihn an und schien etwas stiller zu werden – da war Bobrowski schon angekommen. Da war er bereits der Partner des hilflosen Menschen. Er stand in seiner Nähe und sprach zu ihm hin, das war schon genug und schien etwas zu bewirken. Er rauchte, während der andere zu zögern schien.

Dann sprach er mit ihm. Daraus ergab sich, wiederum beiläufig, ein weiterer Schritt zu dem Hilflosen hin. Man sah: Hier befanden sich zwei Menschen in einem Kreis, und das hatte nichts mit der Party zu tun. Bobrowski rückte noch näher und sagte: Du hast recht, aber Du weißt doch: Das ist, wie es ist, und Du selbst mußt klüger sein. Du weißt es doch besser, was wissen die anderen davon. Du kannst nicht erwarten, daß einer empfindet wie Du. Das alles betrifft Dich nicht. Du bist jetzt verletzt, und weil das die anderen nicht sind, mußt Du außerdem noch nachsichtig sein.

Bobrowski hatte jetzt keine Zigarette mehr. Er legte sein Gesicht an den Kopf des Zitternden. Beide schwitzten. Sie standen Stirn an Stirn, und der Zitternde wurde ruhig. Während Bobrowski mit ihm sprach und der zitternde Mensch noch heftig Antwort gab, schaute die Party zu und bestellte ein Taxi. Bobrowski sprach weiter, Gesicht an Gesicht, geduldig umarmt in körperlicher Übereinstimmung, und der andere war beruhigt und hörte zu. Es wurde gesagt, das Taxi sei vorgefahren. Der Mantel des Menschen wurde gesucht und gefunden. Der jetzt Willenlose wurde in den Mantel getan und vom Gastgeber verabschiedet, nichts für ungut usw. Bobrowski brachte ihn die Treppe hinunter. Der immer noch ruhige und erschöpfte Mensch wurde ins Taxi niedergelassen und weggefahren. Bobrowski kam in die Party zurück und trank weiter. Er war zu dieser Zeit noch wenig bekannt, er war hier ein Mensch, der etwas für die Party getan hatte: Er hatte den armen Irren gutartig entfernt. Er hatte den Hilflosen von der Party erlöst. Er hatte ganz einfach etwas für ihn getan, und er war der einzige, dem das möglich war."

Hier muß man nicht über einen ganzen Menschen reden. Sondern nur über eine Szene, in der er eine wichtige Rolle spielt. Das ist ja auch für das Reden von den sogenannten bedeutenden Leuten wichtig. Man muß sie in einer Szene, in bestimmten Situationen menschlich erkennbar mit dem, was sie können und was sie nicht können, erscheinen lassen. Dann haben sie einen Wert für den Hörer. Dann kann er sagen, das kann ich mir vorstellen, vielleicht hätte ich das auch sein können. Wenn nur Heroengestalten geschildert werden, geht das zum einen Ohr hinein und zum anderen wieder hinaus.

Im übrigen ist das Leben von Christenmenschen in der Predigt eigentlich – um eine Definition G. Ebelings abzuwandeln – nur sachgemäß darzustellen als ein Stück lebensgeschichtlicher Auslegung der Heiligen Schrift.

2.4 Wissenschaftliches

Noch einmal eine neue Wendung bekommt unsere Frage nach der umsichtigen Aufnahme von Wirklichkeit durch die Anforderungen, die die empirisch-wissenschaftliche Analyse der Wirklichkeit auch Predigerin und Prediger stellt. Sie kommen auf unterschiedliche Weise damit zusammen.

Ich sprach mit einem Theologiestudenten, der zunächst ein ingenieurwissenschaftliches Studium begonnen hatte und mir, nachdem er zur Theologie übergewechselt war, sagte: „Sie wissen mit Sicherheit überhaupt nicht, was im Bereich der Technischen Hochschule religiös los bzw. nicht los ist. Diejenigen, die in solch einen technisch-wissenschaftlichen Beruf gehen, können in der Regel mit Gott nichts anfangen. Ich habe anfangs in der Mensa möglichst unauffällig ein Tischgebet gesprochen. Von denen, die dort saßen, bin ich immer wieder fassungslos bestaunt worden, was ich da mache. Und bin dann gefragt worden, ob ich das denn glaube. Das paßt nicht hinein in ihr Denken. Die Wirklichkeit ist mit ganz anderen Fragen besetzt als mit religiösen Fragen. Bei fast allen Leuten, mit denen ich gesprochen habe, war dafür keine Sprache vorhanden. Sie denken vielleicht, das ist übertrieben. Aber ich empfehle Ihnen, prüfen Sie das einmal. Die meisten können mit dem Glauben nichts anfangen."

Die Diskussion um die theologischen Thesen des Hamburger Pastors Paul Schulz, dem die Rechte aus der Ordination aberkannt wurden, weil das, was er lehrte, nicht mehr seinem Ordinationsgelübde entsprach, weist in eine ähnliche Richtung. Wer sich auf bestimmte Aspekte des kritischen Rationalismus einläßt, kommt in Glaubensschwierigkeiten. Es ist seltsam, wie sehr diese Fragestellung in der modernen Theologie ausgeklammert ist. Theologische Lehrer und Prediger beschäftigen sich mit allen möglichen Themen, aber nur selten mit der Frage, wie denn eine empirisch bis in die letzten nun sogar genetischen Ursachen erklärbare und z. T. manipulierbare Welt ernsthaft noch Sprachraum und Wirkungsraum läßt für die Rede von Gott. Dies wird im nächsten Abschnitt weiter zu bedenken sein. Aber diese Schwierigkeit beim Zusammendenken von empirischer Wirklichkeit und Glaubenserfahrung zeigt sich nicht nur im naturwissenschaftlichen Bereich, sondern in sämtlichen Bereichen der Wissenschaft.

Zwar bildet die ethische Problematik scheinbar eine Klammer zwischen dem Erforschbaren und der Glaubenswahrheit, aber doch nur scheinbar. In dem Augenblick, in dem erklärt wird, daß die religiöse Begründung ethischen Handelns, weil nicht für Gläubige und Ungläubige gleichermaßen anwendbar, in einer Gesellschaft keinen allgemeingültigen Überzeugungswert mehr hat, und gezeigt werden kann, daß man auch mit einer Ethik ohne Metaphysik (G. Patzig) auskommen kann, entfällt diese Klammer.

Der Prediger ist auch hier wieder in der Situation, daß er in seiner Person die empirischen Wissenschaften und den Glauben zusammenbringen muß. Und zwar muß er dies in einer Situation, in der es noch keine allgemeinverbindlich anerkannte Lösung dieser Problematik gibt.

Die Bereiche, mit denen es der Prediger zu tun bekommt, lassen sich einteilen in:

1. Den naturwissenschaftlich-technischen Umgang mit der Wirklichkeit einschließlich der ökologischen Aufgaben und Probleme,
2. die soziologische und sozialpsychologische Untersuchung der Wirklichkeit einschließlich der Friedens- und Gerechtigkeitsproblematik,
3. den Bereich der ökonomischen Fragen auf nationaler und internationaler Ebene,
4. den Bereich der speziell anthropologischen Wissenschaften, vor allem die medizinischen (z. T. unter 1), die psychologischen und tiefenpsychologischen Erkenntnisse und Erkenntnisversuche.

Der Prediger kommt mit all diesen Bereichen in unterschiedlicher Weise zusammen. Die theologischen Ausbildungsstätten haben seit den siebziger Jahren besondere pastoralsoziologische wie pastoralpsychologische Ausbildungsgänge eingerichtet. Im Zusammenhang mit ihrer Ausbildung bekommen Pfarrerinnen und Pfarrer einen gewissen Einblick in kirchensoziologische und ortsgemeindesoziologische Fragestellungen und Verfahren. Sie können, wenn es gut läuft, den Wert statistischer Daten erkennen, solche Daten anwenden; sie haben gelernt, auf soziale Gegebenheiten in ihrem Arbeitsfeld und im Bereich der Kirche und Gesellschaft zu achten. Im Bereich der Pastoralpsychologie haben die angehenden Pastorinnen und Pastoren an Ausbildungsgängen für das seelsorgerliche Gespräch teilgenommen, haben einen gewissen Einblick in tiefenpsychologische Theorien bekommen, können mit den Methoden der klinischen Seelsorgeausbildung umgehen, haben ein wenig von Gesprächstherapie, Transaktionsanalyse, Gestalttherapie, themenzentrierter Interaktion und gruppendynamischen Zusammenhängen gehört bzw. erfahren und sind in alledem kräftige Dilettanten.

Was bedeutet es nun, wenn der Prediger solche soziologischen Zugänge zur Wirklichkeit ein wenig kennt, mit psychologischen Zugängen ein wenig umgehen kann, für das Verständnis des Textes und der ihm begegnenden Wirklichkeit?

In den Themenstudien[247] findet sich eine thematische Ausarbeitung „Vergebung – Aufbruch zum Anderen". Verfasser sind der leider so früh verstorbene Manfred Wester und Joachim Scharfenberg. Manfred Wester geht bei der Ausarbeitung dieses Themas so vor, daß er zunächst drei Situationen schildert, in denen Vergebung mißlingt. Er beschreibt dann das Problemfeld. Er stellt fest, Vergebung ist keineswegs selbstverständlich. Er definiert dann im Anschluß an das Gleichnis vom Schalksknecht (Matthäus 18,23 ff.) und einen Hinweis von D. Sölle auf das pädagogische Konzept Makarenkos (Wenn der Lehrer als Strafe Nachsitzen ausspricht, muß er selber mit dabeisein, so daß die Unterscheidung von Handelndem und Behandeltem in gewisser Weise aufgehoben ist.): Vergebung als Beziehung, die auf ein gemeinsames Ziel hin ausgerichtet ist. Wester hält für wichtig, daß ich mich in meinem Verhalten zum Nächsten nicht von seinem Verhalten bestimmen lasse, sondern nur von dem gemeinsamen Ziel. Er stellt fest, wer das Vergangene vergibt, muß Zukunft geben. Ähnlich hat es Jesus vielleicht gemeint, wenn er von siebenmal siebzigmal Vergeben spricht. Der Predigthörer muß sich seinen eigenen Schwierigkeiten und Hemmungen beim Vergeben stellen. Wester weist auf die Figur des Jona hin. In seinem Zorn sagt Jona (Jona 4,2): „Das ist es, was ich dachte, als ich noch in meinem Lande war; darum wollte ich auch zuvorkommen und nach Tharsis fliehen; denn ich weiß, daß du gnädig, barmherzig, langmütig und von großer Güte bist und läßt dich des Übels gereuen." Das Predigtziel benennt er dann so: „Eine Predigt zu diesem Thema müßte selbst vergebenden und nicht fordernden Charakter haben. Sie sollte keine Schuldgefühle wecken oder verstärken, sondern Vergebung als eine verlockende Möglichkeit anbieten."

---

247 Peter Krusche u. a.: Themenstudien. Bd. II. Stuttgart, 1978, S. 163 ff.

Ganz anders geht nun Joachim Scharfenberg, bekannt als tiefenpsychologisch ausgebildeter und erfahrener praktischer Theologe, an dies Thema heran. Ihn erschrecken Westers negative Beispiele verweigerter Vergebung, und er hält von seinem Erfahrungshintergrund den „Zusammenhang von Vergebung und Selbstannahme" für wichtig, der von Wester nicht bedacht wird. Er möchte auch nicht negativ formulieren, daß der Hörer seinen eigenen Schwierigkeiten mit dem Vergeben begegnen müsse, er möchte ihn eher mit seinen eigenen – vielleicht nicht realisierten – Möglichkeiten zur Vergebung in Verbindung bringen.

Scharfenberg hat einmal eine Jona-Paraphrase geschrieben, deshalb reagiert er stark auf das Jona-Beispiel. Daran merkt er, was ihm bei Wester fehlt: „Es ist etwas übersprungen, *nämlich der Aufbruch zu mir selber und zu meiner eigenen Identität.* Ich glaube, das haben die Neger oder anders die Frauen ganz stark erlebt, und deshalb sollten wir das Vergebungsthema nicht zu schnell dialogisieren und in Alltagswirklichkeit hinein banalisieren. Es entsteht sonst leicht ein so munteres Pfadfinder-Schulter-Klopf-Christentum von der Marke ‚Kopf hoch, Johannes!'"

Scharfenberg erweitert deshalb das Thema: Vergebung-Aufbruch zu meinem wahren Selbst und zum anderen. Scharfenberg schildert nun Jona, der „seine Identität darin gefunden hatte, daß er über die Sache mit Gott Bescheid wußte, dessen Metier es nun einmal ist, zu vergeben; so ein richtig weichlicher lieber Gott, bei dem das Leben lustig weitergeht, obwohl die Menschen immer ihr Ninive veranstalten, ihr sexuelles, ihr Wohlstands-, ihr Konsum-, ihr Atom-, ihr massenmediales Ninive. Sie hätten ja wirklich mal ein schönes Sodom und Gomorrha verdient, aber nein, dieser Gott vergibt ja. Und so erfahren wir ‚Diener des Wortes' immer wieder drastisch unsere tiefe Ohnmacht. In Ninive besteht kein Bedarf an Vergebung, und das macht uns als Christen entweder aggressiv oder depressiv. Manche werden dann zu „Terroristen" und veranstalten ihr eigens privatistisches Sodom und Gomorrha. Andere werden depressiv und geraten in eine Identitätskrise. Sie bedeutet zunächst einmal Rückzug aus den sozialen Bezügen (Jona in der Einsamkeit, die Versuchung Jesu, Luther vor Stotternheim, Blackpower, Frauenbewegung, Meditationsbewegung usw.). Und jetzt kommt der entscheidende Punkt: Entweder übernehme ich eine geliehene Identität, und dann werde ich Berater oder Therapeut (wie ich das selbst auch gemacht habe), oder ich finde meine wahre Identität als christliche Identität, und das heißt Identifikation mit Jesus. Meine Suchfrage, die sich für mich an dem Jona-Text formuliert, ist also die, ob Vergebung als Antwort auf die individuelle und kollektive Identitätskrise verstanden werden kann. Daraufhin möchte ich die Überlieferung befragen."

Scharfenberg hält es für ein großes Unheil, daß die christliche Überlieferung des Stichwortes „Vergebung" so lange in juristischen Begriffen transportiert wurde. Der Protestantismus hat das geändert, aber an ihre Stelle philosophische Begrifflichkeit gesetzt. Scharfenberg meint, nun bei Wester feststellen zu können, daß er das Wort Vergebung in soziologische Bauart umgießen möchte. Er, Scharfenberg, möchte aber – „auch auf die Gefahr hin, Lieblingsideen zu verfolgen" – doch auf dem Recht auch der irdenen Gefäße psychologischer Machart insistieren. „Ich glaube, daß Paul Tillich das Stichwort ‚Annahme des entfremdeten Menschen' eingebracht hat. Natürlich muß eine solche Formel, die schon bald wieder ein Symbol ist, interpretiert werden. Ich finde es sehr glücklich, daß sie sich sowohl in psychologischen als auch in soziologischen Kategorien interpretieren läßt. Psychologisch interpretiert heißt ‚Entfremdung', daß ich mein Ich, mich selber, meine Identität verloren habe oder zu verlieren drohe, weil ich entweder nach einer unbeschränkten Herrschaft des Lustprinzips strebe und zwischen meinen verschiedenen Triebimpulsen aufgerieben werde; oder weil ich unter die Fuchtel des Leistungsprinzips und eines sadistischen Über-Ichs samt der erbarmungslosen Du-sollst-Forderungen geraten bin . . ."

Dagegen heißt Annahme „die allmählich sich entwickelnde Fähigkeit, mich so zu sehen, wie ich tatsächlich bin, und das zu akzeptieren. Diese Fähigkeit kann ich mir aber nicht selbst geben, sondern ich kann sie nur erwerben durch die Identifizierung mit einem anderen, durch die ich lerne, mich selbst ein Stück weit mit den Augen eines anderen, mich liebenden Menschen zu sehen." Für Scharfenberg geht es also um die Doppelfrage: „Wie kann ich es lernen, mich selbst ein wenig mit den Augen eines anderen, mich Liebenden zu sehen, und wie kann ich dann auch andere – selbst Ninive – mit solchen liebenden Augen sehen? . . . Ich meine, daß Erik Erikson ebenso die Begrifflichkeit wie die Symbole wie die Fallbeispiele für eine solche Sichtweise bereitgestellt hat. Es ist gewiß kein Zufall, daß amerikanische Theologie aus der Kombination von Tillich und Erikson großen Gewinn gezogen hat."

Zur Predigt kommt Scharfenberg dann nicht mehr, weil ihm Freunde, als er ihnen das bis dahin Erarbeitete vorgelesen hat, erklären, das, worum es gehe, sei in einer Predigt schwer vermittelbar. Also stellt er sich lieber ein Rundgespräch vor, sei es in einer Gemeindeversammlung, sei es in einem Kreis der Kerngemeinde oder der Mitarbeiter; ein Gespräch, das der Reinigung der Atmosphäre und der Beziehungserklärung dienen sollte. „Hier könnte man von einem Anspiel von Jona her ausgehen und dadurch in kleinen Gruppen etwas von dem Ingangbringen, was ich oben zu beschreiben versucht habe."

Bei Scharfenberg stärker als bei Wester wird deutlich, was es bedeutet, wenn der Prediger mit einem ganz bestimmten Bild von dem, was der Mensch braucht, an einen Text (Jona) bzw. an ein Problem (Vergebung) herangeht. Er entdeckt dann im Text das, was er schon vorher weiß, und er entdeckt mit Hilfe des Textes dasselbe dann auch wieder in der Wirklichkeit. In dem vorliegenden Text muß ich dann sogar die Vergebung selbst organisieren, indem ich die Identifizierung mit einem anderen dadurch zustandebekomme, daß ich mich selbst ein Stück weit mit den Augen eines anderen mich liebenden Menschen sehe.

Was an Scharfenbergs Text m. E. fehlt, ist das, was er möglicherweise mit den Gruppengesprächen anvisiert hat: *die ernsthafte Auseinandersetzung mit der uns fremden biblischen oder theologischen Aussage.* Es muß sich dann nämlich in der Diskussion zeigen, ob z. B. Eriksons oder auch Tillichs Interpretation von Sünde und Vergebung das, was der biblische Text meint, aussagt.

Allgemeiner gesagt: Wenn der Prediger, der sich vornehmlich mit soziologischen, sozialgeschichtlichen, sozialpsychologischen Fragen beschäftigt, Exegese betreibt und geleitet durch seine Fragestellung Entsprechendes auch im Text entdeckt, den so verstandenen Text dann wiederum auf unsere Wirklichkeit anwendet, was findet er Neues? Oder wenn der Prediger mit den Metaphern und Symbolen jeweiliger tiefenpsychologischer Schulen an die Texte herangeht, was wird er mit ihrer Hilfe anderes in der Wirklichkeit entdecken, als was er längst weiß?

Das ist nun sehr allgemein gefragt und auch suggestiv verdächtigend. Es ist ja nicht zu leugnen, daß solche Zugangsweisen, besonders wenn sie die Fremdheit der Texte akzeptieren und ernstnehmen und ihre jeweilige Methode nur als Verstehensversuch einsetzen, wichtige Aspekte an den Texten entdecken können. Nur, wenn die jeweilige Spezialkenntnis, die einer hat, für ihn der einzige und wesentliche Gesichtspunkt für den Zugang zum Problem und für die Auslegung der Texte wird, ist das problematisch. Jeder wird das von sich selbst kennen. Als die antiautoritäre Zeit war, entdeckten wir mühelos und ja auch nicht unberechtigt Antiautoritäres in der Bibel. Eine Zeitlang war im Zusammenhang mit Heideggers Überlegungen zur Sprache alles, was in Text und Wirklichkeit geschah, „sprachlich" usw. Das sind wichtige Aspekte unserer Wirklichkeitserkenntnis, verabsolutiert, wird es seltsam.

Unter diesem Gesichtspunkt, aber wahrscheinlich nur unter diesem, ist es vielleicht nicht ganz schlecht, wenn in der Theologenausbildung in bezug auf die soziologische wie die psychologische Wirklichkeitswahrnehmung ein erheblicher Dilettantismus herrscht. Wenn der Prediger weiß, daß er auf diesen Gebieten Dilettant ist, d. h. ein wenig davon versteht, aber nicht genug, um wirklich kompetent damit arbeiten zu können, wird er es zur Problemwitterung jedenfalls bringen, und er kann sich bei Fachleuten kundig machen. Besser ist natürlich eine solide Fachkompetenz in den humanwissenschaftlichen Bereichen. Sie würde sich dann im Hinblick auf die biblischen Texte wirklich auf den fachlichen Aspekt beschränken und die anderen Zugangsarten nicht vernachlässigen. Die Verabsolutierung eines bestimmten Zugangs (auch des historisch-kritischen) ist unsachgemäß. Denn wie ich in den Wald rufe, so schallt es heraus. Wenn ich mit einer bestimmten

Fragestellung und Methodik an den Text herangehe, antwortet er mir im Rahmen dieser Fragestellung.

In diesem Sinne kann der Prediger die Humanwissenschaften wie die Naturwissenschaften benützen zur Ausweitung seiner Alltagskompetenz. Dies bedeutet, daß er seine auf das ganzheitliche Erfassen von Wirklichkeit zielende, alltagsvertraute Bemühung nicht aufgibt und immer im Bewußtsein hält, auch wenn er Spezialwissen anwendet. Dies erfordert Vertrautheit und Distanz gegenüber den empirischen Wissenschaften, aber auch gegenüber sich selbst unter der Fragestellung: Habe ich die unterschiedlichen Gesichtspunkte, die in diesem Rahmen zu bedenken sind, möglichst bedacht?

Glaubenserfahrung als eine ganzheitliche Weise des Zugangs zur Wirklichkeit und empirisch-wissenschaftliche Zugänge sowohl zum Text und seiner Glaubenserfahrung wie zur Wirklichkeit und meiner gegenwärtigen Glaubenserfahrung sind zwei prinzipiell zu unterscheidende, aber nicht zu trennende notwendige Zugangsweisen zu unserer Welt.[248]

Dies Kapitel über die aufbereitete Lebenswirklichkeit kann nur Anregungen bieten. Im Grunde ist das unerschöpflich. Ich denke, der Prediger muß in elementarer Weise neugierig und bildungshungrig sein.

Man muß alles als Gelegenheit zum Lernen nehmen, sagte einer, als er aus den Trümmern seines Autos herauskroch. Da hört einer bei der Interpretation von Gustav Mahlers[249] II. Sinfonie von des Heiligen Antonius von Padua Fischpredigt. Er liest etwas über die Versuche, den Gottesfrieden ums Jahr 1000 durchzusetzen. Er hat Gelegenheit, mit einem alten Freund, der Offizier bei der Bundeswehr ist, eine Nacht über SDI zu diskutieren. Ein Landstreicher erzählt ihm, wie er am ganzen Körper tätowiert worden ist. Er stöbert die jüdischen Witze von Salcia Landmann durch. Er besichtigt eine Galvanik und hört von der notwendigen Beseitigung der Chemikalien. Ein türkischer Taxifahrer lehrt ihn Einsichten in den Islam. Er spricht mit einem Arbeitslosen über dessen langen sinnlosen Tag. Eine Tansanierin berichtet ihm über die Weihnachtsbräuche zu Hause. Er lernt, wie man selber Brot backt. Er liest, was Dieter Schupp in der Kneipe erlebt. Er lernt zu meditieren.

Was macht der Prediger mit dieser unglaublichen Fülle des Wirklichen? Das läßt sich bei Ernst Bloch lernen. Man muß dessen Bücher einmal daraufhin durchmustern, was darin an erfahrener Welt verarbeitet ist von Karl May bis Karl Marx, von Technik bis Gespensterglauben, Conan Doyle bis Beethoven. Die Fülle des Erlebbaren. Es ordnet sich ihm alles unter dem Prinzip Hoffnung. Da er es mit Maßen ideologisch, viel mehr jedoch

---

248 S. o. S. 238
249 S. u. S. 582 f.

anthropologisch, oder sogar eschatologisch zuordnet, kommen Welt und Mensch, manchmal gar Gott zu ihrem Recht. Wieviel mehr müßte sich dem Prediger von der Heiligen Schrift her alle Welt erschließen und zuordnen für seine Predigt, wenn er denn etwas davon versteht.

3. Das Eigengewicht des Falles

Manchmal drohen die Ereignisse, den Text in die Ecke zu drängen.

Rudolf Bultmann predigt am 22. Juni 1941 über Lukas 14, 16–24, das Gleichnis vom großen Abendmahl. Es ist der Tag des Beginns des Feldzuges gegen die Sowjetunion. Er beginnt: „Liebe Gemeinde! Wir alle sind tief ergriffen und erregt von der Nachricht, die wir heute morgen hörten. Die Ereignisse haben nun eine neue Wendung genommen, und wir stehen auch im Krieg mit Rußland! Mit gespaltenen Herzen werden wir das Eingangslied gesungen haben: ‚Halleluja, schöner Morgen, schöner als man denken mag! Heute fühl' ich keine Sorgen . . .‘ Denn wenn wir uns auch Mühe geben, unsere weltlichen Sorgen hier im Gotteshause zu vergessen oder sie Gott preiszugeben – können wir die große Sorge, die heute auf uns allen liegt, vergessen? Wenn ich vorher gewußt hätte, an welchem Tage ich diese Predigt halten müßte, so hätte es für mich langer Überlegung bedurft, welchen Text ich wählen sollte, welcher Text das rechte Wort für diesen Tag, für diese Stunde sein würde. Nun bin ich der Wahl enthoben; ich hatte den Text des alten Evangeliums für diesen Sonntag gewählt, und vielleicht enthält er gerade das rechte Wort für heute. Wir wollen versuchen, uns in Ruhe auf das zu besinnen, was er uns sagen will.“

Und dann kommt eine ausführliche, intensive Predigt über den Ruf Gottes. Dazwischen im Anschluß an jenen, der nicht zum Abendmahl kommt, weil er noch Geschäfte machen muß, eine längere Passage des Nachdenkens über „unser Volk als ganzes“. Bultmann denkt darüber nach, wie es einst von Gottes Ruf getroffen ist bei der Missionierung, dann im Zeitalter der Reformation. Er weist darauf hin, daß äußerlich noch manches so aussieht, als sei Deutschland ein kirchliches Land . . . „noch immer erklingt am Sonntag das Glockengeläut über Häuser und Fluren“. Aber er fragt: „Wie viele Kirchen füllen sich noch allsonntäglich mit andächtigen Hörern? (1941 war das ganz dünn geworden. Wir siegten noch! H. H.). „Für viele sind die großen Dome unserer Städte nicht mehr Stätten, da Gottes Wort zu ihnen spricht, sondern nur noch Kunstwerke, in denen deutscher Geist sich selbst das Denkmal gesetzt hat? Wohin ist es mit der christlichen Unterweisung der Jugend gekommen! Wer fühlt sich noch ernsthaft durch die kirchliche Sitte gebunden? Wir wissen alle, daß Deutschland heute kein christliches Land mehr ist; daß das kirchliche Leben nur noch ein Rest ist, und daß manche wünschen und hoffen, daß auch dieser Rest bald verschwinde."

Der Krieg kommt nicht vor. Bultmann spricht über Gottes Ruf, der uns in guten wie in bösen Tagen klarmacht, daß „diese unsere Welt uns kein letztes Genüge geben kann, kein eigentliches Leben schenken kann . . . Für Gottes Zukunft bereit sein, das heißt, getrost und bereit in das Dunkel hineingehen, bereit für das, was Gott in der Zukunft mit uns vorhat."

Lediglich am Schluß kommt noch einmal eine Passage: „Wir haben nicht ausdrücklich von dem Schicksal gesprochen, in dem wir in dieser Zeit stehen, und dessen unheimliche Größe uns gerade heute wieder erschreckend zum Bewußtsein kommt. Ist es notwendig, davon jetzt noch ausdrücklich zu reden? Wer verstanden hat, was die Forderung der Bereitschaft bedeutet, zu der uns unser Gleichnis mahnt, der wird auch wissen, was diese Forderung gerade heute bedeutet. Wohl werden wir alle auch ohne unser Gleichnis wissen, daß wir für das Kommende bereit sein müssen durch Tat und Opfer, in Ruhe und Tapferkeit. Unser Gleichnis mahnt uns darüber hinaus, bereit zu sein für das, was *Gott* uns durch das Kommende sagen will. Es lehrt uns, den festen Boden zu suchen, auf dem wir allein echte Ruhe und Tapferkeit finden können; auf dem wir die innere Freiheit gewinnen von allem, was uns die irdische Zukunft bringen kann: Gutes und Böses, Siege und Opfer – die innere Freiheit, die wir gewinnen, wenn wir bereit sind, für Gottes Zukunft und ihm stille halten. Amen."[250]

Hier kann man auf keinen Fall sagen, daß das Ereignis den Text in die Ecke gedrängt hätte. Der Prediger konzentriert sich fast ausschließlich auf seinen Bibeltext. Es finden sich eine Reihe von Anklängen, die den Hörer im Zusammenhang mit der Ausweitung des Krieges ansprechen können. Aber auch in den Konkretionen der Textauslegung ist kein direkter Hinweis aufgenommen. Freilich muß man auch die Situation bedenken; welcher Art sollten denn wohl Hinweise damals sein? Die Nachrichten waren voll von großsprecherischen Reden und undurchschaubaren Informationen. Was dieser Angriff auf die Sowjetunion bedeutete, mochten Einsichtige vorausahnen, aber wußten sie es? Der Äther hallte wider von deutschen Siegesnachrichten. Wer wollte an diesem Tag das Ereignis zu deuten sich zutrauen? Die deutlichste Konkretion liegt in der Gesamtstimmung der Predigt. Diese Stimmung liegt quer zur offiziellen Propaganda. Das ist auch eine Aussage. Im übrigen bemüht sich der Prediger, seiner Gemeinde durch eine solide Fundierung des Glaubens, der den Menschen in einer tieferen Weise trägt als Meinungen über dieses oder jenes es jemals können, eine Hilfe zum Leben zu

---

250 Rudolf Bultmann: Marburger Predigten. Tübingen, 1956, S. 126 ff.

geben. Ich halte also nichts davon, bei dieser Predigt von mangelnder Konkretheit zu reden. Sie hat vermutlich in dieser Situation dem Hörer eine Glaubens- und damit Lebenshilfe gegeben.

Dennoch können wir das in unserer andersartigen geistigen und politischen Situation in dieser Weise nicht nachmachen. Wir befragen den Bibeltext auf die ihm zugrundeliegende Wirklichkeit der Glaubenserfahrung und beziehen diesen Bibeltext auf unsere Wirklichkeit und die darin sich ereignenden Glaubenserfahrungen. Da müssen die Themen und Ereignisse konkret angesprochen werden. Dies darf, Gott sei Dank, zu unserer gegenwärtigen politischen Situation gehören. Es gibt keine mit 1941 vergleichbaren politischen Beschränkungen.

Der Glaube muß also seine Kraft in bezug auf die konkreten Erfahrungen unseres Lebens zeigen. Das muß sorgfältig und verständlich besprochen und bedacht werden.

Dadurch ist nun aber die Predigt in der Gefahr, Schlagseite zu bekommen. Es ist ganz natürlich, daß der angesprochene Wirklichkeitsbereich, weil er aktueller ist, weil er möglicherweise eine größere Dramatik hat, mehr Aufmerksamkeit beansprucht. Es scheint im Bereich unserer Lebenswirklichkeit mehr auf dem Spiel zu stehen als im Bereich der Textauslegung. Textauslegung kann man immer machen. Die Bibel ist immer vorhanden. Da steht offenbar nichts auf dem Spiel. Solche Gefahr muß der Prediger sehen. Der Bibeltext hat als solcher heute fast keine vorgegebene Autorität mehr. Allenfalls gibt es eine gewisse Hoffnung, daß da Wesentliches zu holen ist. Der Prediger darf aber auf keinen Fall die Autorität des Bibeltextes voraussetzen. Er ist in einer unerhörten Weise gezwungen zu zeigen, wo der Bibeltext inhaltliche Autorität hat. Deshalb steht es in seiner Verantwortung, ob die Predigt in dem Sinne eine Schlagseite hat, daß sich die Aufmerksamkeit des Hörers wesentlich auf den angesprochenen Wirklichkeitsbereich richtet und die mit dem Bibeltext transportierte Glaubenserfahrung, die doch zu heutiger neuer Glaubenserfahrung anleiten soll, demgegenüber ins Abseits gerät.

Eine weitere Gefahr ist, daß der angesprochene Wirklichkeitsbereich fast immer und ohne die Beratung des biblischen Textes sachgemäß zu beantworten ist. Prediger und Hörer wissen auch ohne Bibeltext, wie man vernünftigerweise mit diesem oder jenem Problem umgehen muß. Was wird der Bibeltext dadurch? Er ist gerade noch ein Etikett, das man auf ein vernünftiges Argument klebt, damit es christlicher aussieht. In unserer säkularen Welt werden die notwendigen Antworten außerhalb des religiösen Rahmens gegeben. Da kommt der Bibeltext in Wohnungsnot.

Es kann auch sein, wie wir sahen, daß es von der biblischen Botschaft her überhaupt keine präzisen Lösungsangebote gibt. Wir kennen diese Problematik von den Denkschriften der EKD her. Da sie fast immer ethische bzw. sozialethische Themen behandeln, geht es nur noch darum, den Grundsatz:

Liebe deinen Nächsten wie dich selbst, in die entsprechenden Probleme einzubringen. Wenn man nicht – was ich für nötig halte – sehr viel tiefer und grundsätzlicher bohrt, sind die biblischen Texte schnell langweilig, unwesentlich, selbstverständlich und fallen ab.

Andererseits gibt es auch Situationen, in denen die spezielle Themapredigt das Angemessene ist. Es ist zwar auch dort sinnvoll zu zeigen, aus welchem biblischen Zusammenhang heraus man argumentiert, aber es geht darum, daß der Prediger sich auch guten Gewissens sorgfältig einem Gegenwartsthema zuwenden kann, ohne immer Legitimationsgedanken im Hintergrund zu haben: Ich muß nun noch zeigen, daß das, was ich sage, biblisch begründet ist.

Wie aber geht nun der Prediger damit um, wenn er eine sehr gewichtige Wirklichkeitserfahrung zu bedenken hat und doch den Bibeltext nicht in den Hintergrund gedrängt haben möchte? Wie so etwas geschehen kann, sei an einer Predigt zum 40. Jahrestag der deutschen Kapitulation am 8. Mai 1945 gezeigt.

Wir bereiteten einen Gottesdienst in einem größeren Arbeitskreis vor, der am Vorabend des 8. Mai stattfinden sollte. Ich habe die Situation als Prediger sehr anstrengend und als große Herausforderung empfunden. Das Frühjahr 1985 war im Bereich der Medien durch eine Fülle von Versuchen geprägt, das Geschehen des Zweiten Weltkrieges zu zeigen, zu deuten und zu verarbeiten. Ausgezeichnete Dokumentationsfilme, Analysen, Einzelaspekte waren in Fernsehen, Radio und Presse und auf dem Buchmarkt zu haben.

Das Gespräch mit der Kriegsgeneration lief noch einmal – so empfand ich es – in sehr dramatischer Weise an. Es gab viele Einzel- und Gruppengespräche. Als Beispiel nur eines von den vielen:

Ich sagte in einem Gespräch: „Wir haben in unseren Gefangenenlagern unwahrscheinlich viele Russen verhungern lassen. Das geschah überhaupt nicht aus der Not heraus, sondern nur aus Menschenverachtung aufgrund unseres nationalen und rassistischen Dünkels." Mein Gesprächspartner, 70 Jahre alt, erklärte: „Ich habe den Krieg vom ersten bis zum letzten Tag mitgemacht. Das kann nicht sein. Wir haben nicht systematisch Menschen verhungern lassen. Die Wehrmacht hat so etwas nicht gemacht." Ich sage: „Ich habe eine seriöse Dokumentation, das stimmt wirklich." Mein Gesprächspartner geht kopfschüttelnd weg. Wir schätzen uns gegenseitig sehr. Ich sehe, wie es in ihm arbeitet. Nach etwa einer Stunde spricht er mich noch einmal an und sagt: „Ich muß Sie noch einmal sprechen. Es fällt mir sehr schwer. Aber es kann doch sein, daß Sie recht haben. Ich entsinne mich, daß man bei uns 1942 in der Einheit erzählt hat, die Russen seien solche Untermenschen, daß sie die eigenen Kameraden aufäßen. Und ich weiß, daß ich damals gesagt habe: ‚Wenn die das tun, müssen sie aber großen Hunger haben.' Es kann doch sein, daß Sie recht haben." Er war sehr betroffen. „Ich habe das nie zuende gedacht. Erst heute wird mir das klar."

Es gab Gespräche, bei denen Frauen zu ihren Männern sagten: „Warum hast du mir das eigentlich nie erzählt?" Und der Mann antwortete: „Ich konnte das nicht. Es ging einfach nicht." Und daneben jene anderen Erfahrungen der Kameradschaft, des Lebenseinsatzes für andere und gleichzeitig das Gefühl, wir sind verheizt worden.

Ich war im Zuge der Vorbereitung der Predigt zwischendurch ganz verzweifelt: Wie sollte man das alles zusammenbekommen? Dazu die große Masse der jüngeren Menschen, für die das alles Geschichte ist. Wenn sie etwas wußten und interessiert waren, war es meistens unter vereinfachenden Schwarz-Weiß-Klischees abgeheftet. Die einen waren eben böse, und die anderen waren gut. Und die große Hilflosigkeit bricht aus, wenn die Guten das Böse tun und die Bösen das Gute tun. Dann die Gruppen, die in den Gottesdienst kommen würden, um ihre Stichworte über den Frieden und die Atomraketen zu hören. Die die Predigt nur daraufhin abhören würden, bist du ganz meiner Meinung oder bleibst du ein wenig dahinter zurück. Dann kann man dich vergessen. Und als Gewichtigstes gehörte zu solch einer Predigt die eigene Betroffenheit über dies Geschehen.

Ich drucke hier nur die persönlichen Äußerungen der beiden Zeitzeugen, die Anfrage des Schülers und die Predigt ab. Natürlich hat der Gottesdienst als ganzer gewirkt. Er war mit einer Gruppe vorbereitet. Vieles, was zum Umfeld solch eines Gottesdienstes gehört, läßt sich gar nicht im einzelnen beschreiben. Nur eines: Durch einen – wie sich später herausstellte – technischen Defekt in der Sirenensteuerungsanlage war am Tage vor dem Gottesdienst in der Stadt Göttingen plötzlich der alte Fliegeralarm zu hören mit dem auf- und abschwellenden Ton, der heutzutage für den ABC-Alarm reserviert ist. Was dieses Geräusch an Erinnerungen und Überlegungen bei den Älteren hochspülte, ist kaum zu beschreiben. Als ich es in der Predigt ansprach, ging eine deutliche Bewegung durch die Kirche.

Erinnerungen, Anfrage, Predigt
aus dem Bittgottesdienst der Göttinger Kirchen am 7. Mai 1985

Erinnerung, Frau Dora Harbsmeier, Göttingen:
1945. Das Ende des Krieges. Ich war damals Pfarrfrau in Reiffenhausen hier bei Göttingen. Im Februar 1942 war mein Mann in Rußland am Wolchow schwer verwundet worden durch einen Streifschuß am Hinterkopf. Ein Heimatschuß, wie man damals so sagte. Das Sehzentrum war getroffen, mein Mann war damals nahezu blind. Nach intensiver Behandlung sollte und wollte er 1943 versuchen, seinen Dienst als Pfarrer wieder aufzunehmen. Die kleine übersichtliche Gemeinde Reiffenhausen schien der geeignete Ort dafür zu sein. So zogen wir im August des Jahres in das schon seit einiger Zeit leerstehende Pfarrhaus ein. Die Gemeinde war wohl froh und dankbar, daß sie wieder einen Pastor hatte, besonders in diesen schweren Zeiten. Die Stimmung war gedämpft, kaum jemand glaubte wohl

noch an einen glücklichen Ausgang dieses Krieges. In sehr vielen Familien gab es einen oder auch mehrere, die an der Front waren. Die Nachrichten kamen spärlich, manche Soldaten mußten wohl schon als vermißt gelten. Immer häufiger kam eine Meldung, daß wieder einer von ihnen gefallen war. Sie ging an den Bürgermeister, und der pflegte dann zum Pastor zu kommen, damit dieser der betreffenden Familie die Nachricht überbrächte. Mein Mann hielt dann auch die Trauerfeier für den Sohn, den Mann, den Bruder in der Familie. Die Beteiligung bei diesen Anlässen war groß. Wer nicht selbst betroffen war, trauerte mit den anderen. Man hielt zusammen und fühlte sich wie eine große Familie. Anders als zu anderen Zeiten war man aufeinander angewiesen. Nur die aus den Großstädten Evakuierten standen außerhalb. Es hat lange gedauert, bis sie wirklich in die Gemeinde aufgenommen wurden.

Abends saßen wir am Radio und verfolgten ängstlich, ob wieder feindliche Flieger eingeflogen waren und wo sie wieder ihre Bomben abzuwerfen drohten. Manchmal konnte man von Kassel her einen Feuerschein erkennen. Dann wußte man, daß sie in der Nähe waren. Ich erinnere mich eines Abends, an dem wir nach einer Bibelstunde im Filialdorf Lichtenhagen von dort etwa 5 km zu Fuß zurückgingen. Es war unheimlich dunkel, wir konnten unseren Weg kaum finden. Auch die Lichter am Bahnhof Eichenberg waren erloschen, und das bedeutete, daß Flieger in der Nähe sein mußten. Und da hörten wir sie auch schon beinahe über uns. Die Kinder lagen zu Hause in den Betten und fürchteten sich vielleicht ohne uns, wenn sie von dem Geräusch wach werden sollten.

1944, gegen Ende des Krieges also, kamen dann sogar Tiefflieger in unsere Gegend, die ohne Ansehen der Person auf Menschen zielten, die mehr oder weniger zufällig auf dem Felde waren. Es wurde immer unheimlicher, auch bei uns in unserem entlegenen Walddorf, wie man von Reiffenhausen damals wohl sagen konnte. Es war nicht verwunderlich, daß jeder bei uns sich nach dem Ende dieses unseligen Krieges sehnte.

Und dann sickerte schließlich, Anfang April 1945, die Nachricht durch, daß die feindlichen Truppen im Anzuge seien. An der Kreuzung bei Niedergandern, 2 km von uns entfernt, wurde noch gekämpft, man hatte noch Panzersperren anlegen wollen, die an der Straße stehenden Bäume waren bereits angesägt worden. Bei den letzten Kämpfen hat es dann bei den Deutschen auch noch Gefallene gegeben. Reiffenhausen hatte die weiße Fahne noch nicht aufgezogen. Wir saßen mit unseren Kindern auf der Bank in der Laube vor unserem Hause und warteten der Dinge oder auch der Menschen, die da kommen sollten, denn wir ahnten nicht, daß wirklich noch gekämpft wurde. Ein Deutscher in Uniform kam vorbei und meinte, wir sollten doch lieber eine geschütztere Stelle aufsuchen, es würde noch geschossen. So gingen wir in den Keller des gegenüberliegenden Schulhauses, der allerdings auch nicht besonders sicher war. Das jüngste

Kind wurde im Kinderwagen heruntergetragen. Dort saßen wir nun und warteten, mehr oder weniger aufgeregt, ließen aber die Kinder unsere Sorgen nicht spüren, soweit das möglich war. Es dauerte, glaube ich, nicht so sehr lange, da wurde an das Kellerfenster geklopft, mein Mann solle herauskommen, die Amerikaner wären nun da. Der Pastor sollte wohl bei der Verständigung mit ihnen behilflich sein. Als wir dann später aus dem Keller herauskamen, sahen wir, daß die Bank, auf der wir noch vor kurzem gesessen hatten, zerstört war. Ein Granatsplitter hatte auch ein großes Loch in die Außenwand unserer Küche gerissen. Überall um das Haus herum lagen Glassplitter, viele Fenster waren zerbrochen.

Was konnten wir anderes tun als aufatmen, Gott danken, daß wir noch einmal mit dem Leben davongekommen waren. Da gab es nur das erleichterte Gefühl: Nun ist der Krieg zuende, nun wird nicht mehr geschossen, kommen keine feindlichen Flieger mehr, brauchen wir nicht mehr allabendlich die Fenster zu verdunkeln. Daß das Ende des Krieges nicht nur Erleichterung bedeutete, sondern auch Kapitulation, totale Niederlage nach einem schier endlos scheinenden, verzweifelten Krieg, der unzählige Opfer gekostet hatte auch von Menschen, die sich vermeintlich für eine gute Sache eingesetzt hatten, das kam uns zunächst nicht zum Bewußtsein. Wir fühlten uns einfach befreit von einer schweren Last, der Last der Gewaltherrschaft der Nationalsozialisten, die uns so viele Jahre hindurch bedrückt hatte. Wir hatten sie als Mitglieder der Bekennenden Kirche und als Pfarrersleute besonders hart zu spüren bekommen. Deutschland lag zerstört am Boden, gewiß, und wir würden die Folgen der Niederlage tragen müssen. Nichts aber würde wohl heranreichen können an den Terror des Nationalsozialismus und dieses schrecklichen Krieges, der nun endlich zuende gegangen war.

Erinnerung: Professor Dr. Hans Stock, Göttingen:
Ich erinnere mich an die letzten Tage des Krieges, wie ich sie als Soldat erlebte. Die Waffenschule, der ich angehörte, war auf der Flucht vor Bombenangriffen zuletzt im Raum von Pilsen zwischen die von West und Ost anrückenden Fronten der Amerikaner und Russen geraten. Wir warteten begierig auf das Ende, nur noch auf Überleben bedacht.

Im Rußlandfeldzug hatte unsere motorisierte Einheit in Bereichen hinter der Front oft die grausame Vernichtungsstrategie gegenüber Juden und Gefangenen beobachten müssen. Schon damals sagten wir älteren Soldaten unter uns den oft gehörten Satz: Das kann nicht gutgehen, es wird auf unsere Frauen und Kinder zurückschlagen. Inzwischen war dieser Prozeß in vollem Gang. Viele von uns taten nur in schwerem inneren Konflikt die soldatische Pflicht. Jetzt war die Wehrmacht, war Deutschland endgültig am Ende. Die Nachricht vom Selbstmord Hitlers am 30. April brach den Bann des Schweigens, das die militärische Disziplin erzwang. Mich traf diese Nachricht, während ich sinnloserweise in letzter Stunde noch Jugendliche an der Panzerfaust ausbilden mußte. Da wir das auf freiem Feld machen mußten, wurden wir von Tieffliegern beschossen, wobei einer der Jungen einen Schuß in die Brust bekam. Zu helfen war nicht mehr, ein herbeigeholter Feldkaplan kniete bei ihm. Unser von allen verachteter NS-Führungsoffizier kam hinzu und sagte: „Wozu das – der krepiert auch so!" Das Gewaltsystem offenbarte noch einmal seine Menschenverachtung und seine Gottlosigkeit. Neben mir sagte einer leise: Mann, dir möchte ich noch einmal in Zivil begegnen – wie Soldaten so redeten.

Ich brach die Ausbildung ab und meldete mich beim Kommandeur der Waffenschule, einem General von hoher Bildung und Einsicht. Wir hatten eine ganz offene Unterredung. Wenige Tage später, unmittelbar vor der bedingungslosen Kapitulation, handelte der Kommandant dann auf eigene Verantwortung: Er löste unsere Einheit auf, ich drückte den Entlassungsvermerk in alle Wehrpässe des Stammpersonals. Wir traten noch einmal an und hörten die denkwürdige Ansprache des Kommandeurs. Er sagte, wir sollten alle die Uniform ausziehen und uns in Räuberzivil durchzuschlagen suchen, westwärts – vielleicht in amerikanische Gefangenschaft, jedenfalls nicht in russische. Der Krieg sei aus, der schlimmste Schrecken vorbei, Hitler habe uns alle verraten und Schande über Deutschland gebracht. Wir alle hätten daran unseren Teil zu tragen und würden das wohl zu spüren bekommen. Das sollten wir auf uns nehmen. Wir hätten wohl unsere Pflicht erfüllt, aber für eine schlimme Sache, das hätten wir doch alle gespürt. Er selbst würde sich von USA-Truppen gefangennehmen lassen, belastet durch Niederlage und Schande, und doch könne man nun endlich wieder freier atmen. Mit dem „Heil Hitler" sei es nun vorbei! Dann grüßte er mit dem alten militärischen Gruß, indem er die Hand an die Mütze legte, und ließ uns wegtreten. Wir taten uns zu kleinen Gruppen zusammen und suchten uns durch das entstandene Chaos durchzuschlagen. Ich habe das Bild vor Augen, wie wir, als Zivilisten getarnt, irgendwo im Straßengraben lagen und die endlosen Kolonnen der hochmotorisierten USA-Truppen an uns vorbeiratterten; Musik, Gelächter klang ab und zu herüber, ein Päckchen Zigaretten wurde uns zugeschleudert – die ganze technische und moralische Übermacht des Siegers zeigte sich uns. Wir wurden dann aber doch sehr rasch als Soldaten erkannt und aufgesammelt und in ein provisorisches Lager gebracht. Der Krieg war aus, Gefahren und Leiden anderer Art kamen auf uns zu. Würden wir je nach Hause kommen? Viel weiter konnten wir damals nicht denken.

Anfrage: Schüler Markus Kosuch, Göttingen:
Als ich am letzten Donnerstag in die Stadt trampte, nahm mich ein älterer Herr mit. Da ich an heute abend dachte, fragte ich ihn ganz spontan, ob er

schon immer in Göttingen wohne. Ich war überrascht, daß er sogleich zu erzählen begann, von Schlägereien zwischen den Nationalsozialisten und den Kommunisten auf dem Marktplatz, vom Krieg und vom Kriegsende.

So haben auch meine Großeltern erzählt – ich fand es immer sehr beeindruckend, wenn sie von ihrer schlesischen Heimat und von ihrer Flucht erzählten.

Einerseits höre ich gerne von damals. Andererseits aber, wenn von Deutschland geredet wird, von der Schuld der Deutschen, frage ich mich, ist das meine Geschichte? Fühle ich mich eigentlich als Deutscher?? – Eigentlich nicht! Ich bin doch zuerst einmal ein Mensch, einer, der hier auf dieser Erde wohnt, der zufällig in Deutschland geboren ist und deshalb ein Bürger dieses Landes ist.

Ich habe immer ein komisches Gefühl, wenn ich abends nach Sendeschluß die Nationalhymne höre oder wenn von der Wiedervereinigung gesprochen wird.

Geht dieser 8. Mai 1945 mich, der ich soviel später geboren bin, eigentlich etwas an?

Welchen Sinn soll es heute haben, sich über Geschichte Gedanken zu machen? Ständig irgendwelche Filme über das Dritte Reich, ständig in der Schule: Der Nationalsozialismus.

Für mich und viele andere, die ich kenne, ist eine Übersättigung eingetreten.

Wenn wir schon über Geschichte sprechen, dann muß das einen Bezug zu unserer Zeit haben.

Also nicht nur von gestern reden, sondern auch für morgen.

Oft werden die Älteren ja gefragt, warum sie nichts gegen Hitler und die Judenvernichtung getan haben, sie haben es doch gewußt, – aber ich frage mich, bin ich heute besser als die Menschen damals? Haben wir überhaupt das Recht, den Zeigefinger zu heben und auf die Menschen, die Hitler nicht bekämpft haben, zu zeigen? Handeln wir nicht heute genauso wie die Menschen von damals? Verschließen wir nicht genauso die Augen vor den Problemen unserer Zeit? Einerseits aus Ohnmacht, andererseits aus Bequemlichkeit?

Eine Lehrerin erzählte mir, sie habe in Religion in der 3. Klasse eine Geschichte erzählt, in der von Ausländern die Rede war. Im Gespräch sagten einige Kinder: Die Ausländer, das sind die, die uns die Arbeitsplätze wegnehmen.

Da sagen also Drittkläßler, daß die Ausländer schuld an der Arbeitslosigkeit sind. Wo sie das wohl herhaben?

Wenn ich die Probleme unserer Zeit sehe – vielleicht werde ich auch einmal arbeitslos – und die Gefahr, daß wir vielleicht unsere Welt zerstören, habe ich das erste Mal das Gefühl, die Menschen von damals zu verstehen, ihre Ohnmacht als einzelne damals, meine Ohnmacht als einzelner heute.

Könnten die älteren Menschen mit ihren Erfahrungen von damals uns nicht heute zur Seite stehen?

Predigt: Horst Hirschler, Göttingen:
Predigttext: Jesaja 57, 15–19

Liebe Gemeinde!
Was sind das für Wochen der Erinnerung, der alten Bilder, der Berichte.

Manchmal habe ich in diesen Tagen gedacht, besonders wenn man diese Dokumentationsfilme sah: Wir sind dem allen erlebnismäßig überhaupt nicht gewachsen. Diese Gesichter, diese Schreckensszenen, die vielen getöteten Menschen, was steckt da an Lebensschicksalen dahinter. Die Bilder aus den Konzentrationslagern, diese Kinder in Uniform mit ihren eisernen Kreuzen, die Menschen auf der Flucht. Wie sollen wir das eigentlich innerlich verarbeiten, was damals geschah?

Da ist es gut, daß wir uns an das halten können, was der einzelne erzählt, an den überschaubaren Ausschnitt, daß einer sagt: So habe ich das erlebt.

Reiffenhausen zum Kriegsende oder die Auflösung einer Truppe. Denn auch dahinter leuchtet ja unausweichlich der Schrecken auf. Nachts das brennende Kassel, die Tiefflieger, die einen Jungen erschießen und dahinter immer wieder die Fragen, warum mußte es dahin eigentlich kommen?

Es ist seltsam, nach so vielen Jahren. Längst vergessen Geglaubtes, plötzlich hat man es wieder vor Augen. Dieses Frühjahr 1945 mit seinem hellen Sonnenschein.

Ich selbst denke noch an jenen Tag Ende März, an dem die Sonne ihren Schein verlor, weil eine ungeheure Rauchwolke den Himmel über Hildesheim verfinsterte und die Stadt starb. Und die Menschen auch. Und ich entsinne mich noch, wie wir ihren verkohlten und kleingeschrumpften Körpern am nächsten Morgen zwischen den Trümmern verstört auswichen. Als Elfjährige zu Aufräumungsarbeiten kommandiert.

In Gesprächen mit Älteren in diesen Wochen merke ich, wie genau sich viele noch erinnern, bis in die Einzelheiten hinein. Daß der eine sagt: Ja natürlich haben wir das gesehen, die endlosen Kolonnen russischer Kriegsgefangener, die uns beim Vormarsch entgegenkamen, halb verhungert, die fielen einfach um, wurden erschossen. Sicher, wir haben ihnen manchmal Brot zugeworfen anfangs, aber dann wurde es verboten, und wir hielten uns daran. Die Brutalisierung war schrecklich, auf beiden Seiten.

Ein anderer sagt:
Ja bei uns haben sie schon in den ersten vierzehn Tagen des Rußlandfeldzuges Juden erschossen hinter der Front. Einer hat versucht, etwas dagegen zu machen. Aber es war nicht möglich.
Und ein anderer meint:
Aber sie müssen auch das andere sehen: Das Erlebnis der Kameradschaft. Wir hielten unglaublich zusammen. Wir halfen uns bis zum Letzten. Sie glauben nicht, was da an menschlichem Einsatz war.

Jeder, der das erlebt hat, kann solche Erinnerungen beisteuern, bedrükkende und erklärende, manchmal tröstliche und immer erschreckende. Und über dem allen das befreiende Gefühl: Gut, daß dies nun ein Ende hat. Jedenfalls der Krieg. Auch wenn für viele Gefangenschaft, Vertreibung und Tod dann erst kamen.

Was machen wir mit solchen Erinnerungen?
Was machen diejenigen, die es erlebt haben?
Was machen die Jüngeren, die das nicht erlebt haben, für die das Geschichten alter Leute sind?

Wir haben vorhin die Fragen von Markus Kosuch gehört.
Sind wir nicht längst übersättigt? Wird das nicht auch das Ergebnis dieser Tage und Wochen sein? Daß es uns nun reicht?

Und besteht nicht die Gefahr, daß das alles auf ein paar pflichtmäßig und regelmäßig zu wiederholende Urteile und Namen zusammenschrumpft: Auschwitz und Coventry, Dresden und die Flucht, Oradour und Hiroshima, ab und zu ein Bitburg-Streit, und sonst wird alles zu den historischen Akten gelegt.

Wir wissen alle, es wäre nicht gut, wenn es so liefe. Ich glaube, es ist wichtig, so lange das noch geht, daß die Älteren erzählen. Sie sind nicht mehr so lange unter uns. Und sie erzählen nur, wenn die Jüngeren nachfragen. Beides hängt zusammen.
Und deshalb glaube ich, das erste, was nötig ist, muß sein, daß wir der Erinnerung standhalten, immer wieder neu der Erinnerung standhalten!

Was aber heißt das?
Wir haben einen Bibeltext für diesen Abend. Jesaja 57, 15–19. Wir haben ihn eben gehört. Es ist ein Nachkriegstext, ein Prophetenwort nach einem verlorenen Krieg, nach der Zerstörung Jerusalems. Nach einer langen babylonischen Gefangenschaft, Deportation, Vertreibung, sind sie zurückgekehrt mit großen Hoffnungen auf die Gnade des Nullpunkts, daß etwas Neues beginnt, daß endlich Gottes Herrschaft mit seiner Gerechtigkeit sich durchsetzt. Aber sie müssen erleben: Nichts dergleichen geschieht. Es bleiben schwierige wirtschaftliche Verhältnisse, neue Armut, Folgen eines verlorenen Krieges.

Und offenbar hat sie immer wieder die eine Frage gequält: Was hat das alles nur zu bedeuten? Sind wir denn Spielbälle eines irrsinnigen Schicksals? Ist Gott denn überhaupt da? Warum hat uns das so treffen müssen? Sind nicht andere Mächte und Gottheiten viel stärker?

Auf solche Fragen antwortet der Prophet des dritten Teils des Jesaja-Buches: So spricht der Herr, da könnt ihr sehr sicher sein, ich wohne nach wie vor in der Höhe und in Heiligkeit. Das heißt im Klartext: Gott ist nach wie vor der Herr der Geschichte. Und, so fährt der Prophet fort, ich war zornig über die Sünde des Volkes, ich schlug sie, verbarg mich und zürnte. Sie gingen treulos die Wege ihres Herzens, ihre Wege habe ich gesehen.

Der Prophet sagt also: Wegen eurer und eurer Väter Schuld ist das geschehen. Gott sah die treulosen Wege. Ihr habt auf andere Götter, auf falsche Führer gesetzt. Ihr habt es deshalb verdient gehabt. Sowas kommt von sowas.

Der Prophet redet ganz ungeniert von der Schuld der Vergangenheit.

Wenn wir das hören, regt sich bei uns sofort Widerspruch. Ist das nicht viel zu einfach, wie er davon redet? Das ist ja fast wie Kollektivschuld. Wird es nicht auch damals schuldhafte Verstrickung in unterschiedlichem Maße gegeben haben. Unterschiedliche Verantwortung. Die einen waren Täter, die anderen gehorchten Befehlen, die Dritten waren Mitläufer, und manche gehörten doch auch zum Widerstand. Muß man da nicht viel mehr differenzieren?

Und zweitens, kann man eine Niederlage so als Gericht Gottes auffassen? Hat nicht der Krieg viel zu unterschiedslos die Menschen zu Opfern gemacht, die Gerechten und die Ungerechten? Und sind nicht nach dem 8. Mai ebenso unterschiedslos die Guten wie die Bösen noch einmal davongekommen? Kann man nicht eher daran verzweifeln, wie das lief? Oft sind doch gerade die Besten umgekommen. In fast jeder Diskussion bei uns wird es schwierig, wenn man an den Punkt kommt, wenn von der Schuld gesprochen wird. Die einen wissen ganz genau, wem man da etwas vorwerfen muß, und die anderen weisen es von sich.

Es ist vielleicht nicht so sehr ein Problem dort, wo die Verantwortung und das verbrecherische Handeln deutlich nachweisbar sind. Davon redet sich relativ leicht. Es hat sogar eine entlastende Wirkung, wenn man das Böse genau festmachen kann und zu eindeutigen Urteilen kommt: Die Konzentrationslager waren solch ein schreckliches Unrecht oder, was viel zu selten gesagt wird, die 3½ Millionen russischer Kriegsgefangenen, die in den Gefangenenlagern der Wehrmacht verhungert sind. Wenn die Schuld eindeutig bestimmbar ist, dann geht es noch.

Aber wie ist es dort, wo die vielen einzelnen gefragt sind? Ich denke an ein Gespräch vor Jahren schon, in dem ich einem früheren Gemeindeglied in einer hitzigen Diskussion, in der dieser meinte, sie hätten als Soldaten doch immer das Beste gewollt und er habe sich an Verbrechen nicht beteiligt, gesagt habe: Schließlich sei er aber auch des

Teufels Offizier gewesen, und das gelte in Abstufungen natürlich für jeden Soldaten.

Das war ein langes, schwieriges Gespräch. Denn da war keine in einzelnen Taten vorwerfbare Schuld zu erkennen, so weit er davon erzählte. Wir haben dann schließlich gesagt, der einzelne war jeder in seiner Weise ein kleines oder größeres Rädchen in einer großen Unrechtsmaschinerie. Er war in einer Weise ausweglos eingespannt, er war in der anderen Weise doch ein selbständig, oft ausgezeichnet funktionierendes Rädchen und dadurch verstrickt in das schuldhafte Geschehen, ob er's wollte oder nicht.

Und doch, ich erlebe es bei solchen Gesprächen immer wieder, in dem Augenblick, in dem der Schuldvorwurf empfunden wird, verhärtet sich alles. Es gibt eine Fülle von Verteidigungsgründen: Ein Martyrium könne man doch nicht einklagen, was ja auch richtig ist. Wem hätte es genützt. Der einzelne kann nichts tun. Ich hatte schließlich Familie.

Und dann, das gehört auch dazu, wird ganz schnell aufgerechnet. Die anderen waren doch auch nicht besser, denken Sie an Dresden. Das ist doch auch Schuld.

Und das ist es ja sicher. Der britische Bischof Bell hat das sofort nach dem Angriff auf Dresden im britischen Oberhaus seinen Landsleuten in aller Deutlichkeit gesagt, und die haben auch Schwierigkeiten beim Hören gehabt.

Aber jeder weiß doch, solches Aufrechnen bringt nichts. Besonders muß man immer fragen: Wer hat denn angefangen? So kommen wir nicht weiter. Die Erfahrung ist, der Schuldvorwurf führt zur Verhärtung.

Der Prophet in unserem Text redet anders von der Schuld. Es geht dabei nicht um den Schuldvorwurf, sondern um die Erkenntnis der Schuld. Das ist etwas anderes. Das ist die Schuld vor Gott. Daß einer sich ein Gewissen aus dem macht, was er erlebt hat, was er getan oder was er nicht getan hat. Solche Erkenntnis der Schuld läßt sich nicht erzwingen. Solche Schulderkenntnis ist eine Gnade. Daß jemand in seinem Herzen getroffen ist.

Götz Harbsmeier, der damalige Pastor in Reiffenhausen, hat 1946 geschrieben in einem Aufsatz: Ich wende mich an die Deutschen, die darunter leiden und denen es in diesen Jahren so gegangen ist, daß sie bestimmte Fragen überhaupt nicht loswerden können. Die Fragen heißen: Was habe ich versäumt, daß das möglich war und daß das Schreckliche geschah? War ich zu ängstlich? War ich zu gutgläubig? Habe ich nicht eine tiefere Schuld an diesem Irrweg? Habe ich nicht so viel unterlassen mit der Selbstrechtfertigung, daß der einzelne doch nichts machen kann? Wer kann denn überhaupt etwas machen, wenn nicht der einzelne?"

Liebe Gemeinde, das sind Fragen, wie ich sie mir nur selbst vor Gott, vor meinem Gewissen stellen kann. Ein Außenstehender ist da nicht zuständig. Er kann gelegentlich Gottes Werkzeug sein, daß mich sein Wort im Herzen trifft. Aber was dann folgt, ist, daß mein Herz mich anklagt. Und da gibt es kein Ausweichen, da kann fast jeder, der damals gelebt hat – das erlebe ich immer wieder – da kann fast jeder sagen: Ja, an dieser Stelle habe ich versagt. Ja damals, was ich da unterlassen habe und was ich da gemacht habe, das vergesse ich nie.

Übrigens erlebe ich oft, daß Jüngere, die das nicht erlebt haben, wenn sie in dieser Weise auf die Frage stoßen, sie plötzlich als eine Frage an sich selbst empfinden. Daß sie sich fragen, wie ist das eigentlich mit mir heute? Bin ich eigentlich besser? Wo bin ich denn heute Mitläufer? Eingespannt in unrechte Unheilsläufe? Das wird nicht zur Entschuldigung dessen, was damals geschehen ist, gefragt, sondern weil sie etwas empfinden von dieser sie persönlich treffenden Fragestellung, und ihr entsprechen müssen.

Von solcher Erkenntnis der Schuld, bei der jeder sich selbst fragt, weiß unsere Kirche etwas. Und es ist eine ihrer Eigentümlichkeiten, die viele bis heute nicht verstanden haben, daß sie nach dem Krieg mit sich ins Gericht gegangen ist. Das Nachdenken darüber, wo wir als Kirche versagt haben, ist eine der ganz wichtigen Eigentümlichkeiten nach dem Kriege geworden.

Und deshalb ist 1945 in der Stuttgarter Schulderklärung von Niemöller, Lilje, Wurm und anderen gesagt worden: „Durch uns ist unendliches Leid über die Völker und Länder gebracht worden. Wir klagen uns an, daß wir nicht mutiger bekannt, nicht treuer gebetet, nicht fröhlicher geglaubt und nicht brennender geliebt haben."

Und dahinter stand die Erfahrung der Bekennenden Kirche und die Erfahrung des Versagens.

Vielleicht ist das so, daß diejenigen leichter von Schuld reden können, die etwas von der Vergebung Gottes wissen, von der auch unser Bibeltext etwas sagt.

Und man muß dann verstehen, aus solcher Schulderfahrung heraus, in der der einzelne sich selber fragt, kann dann einer sagen – nicht als allgemeine Wahrheit, aber für sich: Ich habe den Zusammenbruch 1945 als ein Gericht Gottes über die falschen Wege, die wir gegangen sind, empfunden. Wir haben dem Geist der Stärke und des Übermenschen gehuldigt, haben andere Menschen und Völker abgewertet, und wir haben die Quittung dafür bekommen.

Aber man muß sich darüber im klaren sein, solch eine Aussage ist kein Erklärungsmuster für das Grauen dieses Krieges, damit wird nichts erklärt. Die Unterschiedslosigkeit, in der Menschen starben in den Bombennächten, in den Lagern, verschließt einem den Mund bei irgendwelchen Erklärungsversuchen.

In unserem Text heißt es, daß es Zeiten gibt, in denen sich Gott verbirgt. Und es gibt Verzweiflungsfragen, in denen man diese Verborgenheit Gottes geradezu schmerzhaft empfindet. Warum durfte das mit den Konzentrationslagern geschehen? Oder etwas anderes: Warum mußte der 20. Juli 1944 scheitern? Und warum mußte danach das Morden noch so lange weitergehen? Fragen, auf die wir keine Antwort haben.

Luther hat gesagt: Wenn du so vor dem verborgenen Gott stehst, dann wende dich von ihm und geh hin zu dem offenbaren Gott, der in Christus ist.

Und das ist nun das Befreiende an diesem Bibeltext, daß er nicht bei der Rede von der Schuld und vom Gericht stehenbleibt. Es ist ja eine wunderbare Stelle in diesem Text gleich zu Anfang, in dem es heißt: Gott ist der Herr der Geschichte, er ist aber gleichzeitig der, der mit den Opfern leidet, er ist bei den Zerschlagenen und Gedemütigten. Dies ist fast ein Stück vorweggenommener Christuserfahrung. Gott, der auch in der Tiefe des menschlichen Daseins ist, der gerade die nicht verläßt, die sich von Gott verlassen vorkommen. Gott ist bei den Opfern.

Und wenn das so ist, daß die erste Weise, der Erinnerung standzuhalten, heißt: Auch von der Schuld reden können, so ist die zweite Weise, dieser Erinnerung standzuhalten, daß wir uns der Opfer erinnern. Daß wir uns immer wieder die Mühe machen, auch wenn das unser Fassungsvermögen vielfach übersteigt, uns hineinzudenken, die Bücher zu lesen, die Berichte zu hören und zu sehen: Die schrecklichen Bilder von den Toten in Bergen-Belsen, die sinnlos tapfer in Stalingrad sich hinschlachtenden Soldaten, die jungen, oft mit dem Flair der Tapferkeit umgebenen Fallschirmjäger von Monte Cassino. Man muß dabei sorgfältig an die jungen Toten denken auf beiden Seiten. Man muß sich hineindenken, was es bedeutet hat, wenn die Nachricht des Todes zu Hause ankommt. In stolzer Trauer! Trostlos! Man muß die Briefe lesen. Die einen haben Gott in diesen Kämpfen verloren, die anderen haben ihn gefunden. Man muß an die Flucht denken und an alles, was dazugehört.

Ich bin, spricht der Herr, bei denen, die zerschlagenen und gedemütigten Geistes sind. Das ist also unsere zweite Aufgabe, daß wir uns erinnern an die Opfer.

Und nun das Dritte: Der Prophet will nicht, daß wir dabei stehenbleiben. So spricht der Herr: Ich will den Geist der Gedemütigten aufleben lassen und das Herz der Zerschlagenen.

Ich will sie ermutigen. Ich will sie heilen, will sie auf den rechten Weg führen, will ihnen wieder Trost geben. Denen, die Leid tragen, will ich den Lobpreis auf die Lippen geben. Friede, denen in der Ferne und in der Nähe.

Ich will sie heilen, spricht der Herr.

Ich bin vor diesem Gottesdienst immer wieder gebeten worden, auch den Dank nicht zu vergessen. Den Dank, daß wir nun vierzig Jahre keinen Krieg haben in unserem Land, daß wir Neues haben aufbauen können, daß wir zu den ehemaligen Kriegsgegnern gute Beziehungen haben. Daß wir menschliche Beziehungen auch durch schwierige Grenzen hindurch schaffen können.

Ich weiß, manch einer wird jetzt unruhig, wenn ich das so sage und denkt: Kann man vom Dank angesichts der Bedrohung der Rüstungsspirale, der Bedrohung des Friedens reden. Ich glaube, es ist die Frage, wovon wir uns unser Grundgefühl bestimmen lassen. Der Prophet sagt: Es gilt das Wort von dem Neuanfang Gottes mit uns. Er ist bei uns in der tiefsten Tiefe. Er ist bei uns an den hellen Tagen. Und deshalb ist der Dank das Erste, was uns bestimmen soll. Der Dank für die Nähe Gottes an guten wie an bösen Tagen, der Dank für alles, was wir an Güte und Freundlichkeit von ihm erfahren dürfen. Jeder soll Gott im Gebet dafür Dank sagen.

Es ist ein wichtiger Unterschied, ob einer ein dankbarer Mensch ist und die Welt als solcher sieht oder ob einer ein von Angst erfüllter Mensch ist.

Erst wenn wir so aus dem Dank leben, dann können wir auch das andere richtig begreifen, daß der verheißene Friede gleichzeitig ein Friede ist, den wir gewinnen müssen. Nicht in der Angst, als ob alles nur an uns läge. Gott sitzt im Regiment. Aber auch nicht, als dürften wir die Hände in irgendeiner Weise in den Schoß legen.

Und ich glaube, es ist gut, wenn wir noch einmal an die Zeit von 1945 zurückdenken.

Wolfgang Borchert hat es als Letztes vor seinem Tode geschrieben 1947: Du, Mann an der Maschine, du, Mann in der Werkstatt, wenn sie dir morgen befehlen, du sollst keine Kochtöpfe und keine Wasserrohre mehr machen, sondern Stahlhelme und Maschinengewehre, dann gibt es nur eins: Sag Nein! Du, Forscher in deinem Laboratorium, wenn sie dir morgen befehlen, du sollst einen neuen Tod erfinden gegen das alte Leben, dann gibt es nur eins: Sag Nein!

Du, Pfarrer auf der Kanzel, wenn sie dir morgen befehlen, du sollst den Krieg heiligsprechen, dann gibt es nur eins: Sag Nein!

Du, Pilot auf dem Flugfeld, wenn sie dir morgen befehlen, du sollst Bomben und Phosphor über die Städte tragen, dann gibt es nur eins: Sag Nein!

So haben wir damals alle in Deutschland gedacht!! Und man kann schon einen Schrecken bekommen, wie herrlich weit wir es wieder gebracht haben.

Und ich weiß nicht, liebe Gemeinde, wie es Ihnen gestern ergangen ist, als die Sirene um 12.35 Uhr das altbekannte Fliegeralarmgeheul von sich gab. Ich habe einen Augenblick gedacht: Wenn das jetzt echt ist, dann haben wir auf der ganzen Linie versagt.

Wir können nicht an den alten Krieg gedenken, von der Schuld damals reden, von den Opfern damals, ohne uns zu fragen, wo werden wir eigentlich heute schuldig? Wo werden wir dadurch schuldig, daß wir politisch nicht genügend für den Frieden tun, daß wir alte Schreckensbilder von damals, besonders von den Russen, unreflektiert ganz tief nach wie vor in uns wirksam haben und sie nicht bearbeiten? Es muß doch ein tiefer Wille in uns wachsen, alles nur Menschenmögliche zu tun, damit Friede wächst unter uns.

In dem „Wort zum Frieden", das der Dresdener Bischof Hempel und unser Bischof Lohse veröffentlicht haben, heißt es: Wir bitten alle Menschen in beiden deutschen Staaten, bezeugen Sie durch Ihr Leben, wie Konflikte mit anderen Menschen friedlich überwunden werden können. Wir bitten die Regierungen der beiden deutschen Staaten, stellen Sie sich unermüdlich ihrer besonderen Verpflichtung für die Sicherung des Friedens! Wir danken ihnen für alle nüchterne und behutsame Politik zwischen beiden deutschen Staaten. Wir bitten die Alliierten des Zweiten Weltkrieges: Finden Sie neu zusammen, bemühen Sie sich um weitere Schritte, die dazu helfen, endgültig auf alle Kernwaffen zu verzichten. Hören Sie auf, neue Waffensysteme aufzustellen!
Hören Sie auf, neue Waffensysteme aufzustellen! Bringen Sie neue Impulse in die Verhandlungen ein!
Das sagen die beiden Bischöfe.

Und man muß feststellen, das ist schon ein Stück Friedenswerk, wenn solch ein Wort zwischen Ost und West gemeinsam formuliert werden kann.

Es muß doch auf alle nur mögliche Weise in den Völkern der Wille zum Frieden, zum Angstabbau, zum Neuanfang politisch wirksam gemacht werden. Damit die Erfahrungen dieses schrecklichen Krieges wenigstens in diesem Sinne nicht umsonst waren. Es muß Neuanfänge auf allen Ebenen geben: Auf der hohen politischen Ebene, aber auch zwischen den Städten. Es ist gut, wenn wir solche Städtepartnerschaften haben wie mit Thorn. Es muß Einzel- und Gruppenreisen nach Rußland geben. Warum wird bei uns so wenig Russisch gelernt? Warum wissen wir so wenig über Rußland?

Es hat Verheißung, wenn neue Beziehungen über Gräben hinweg geknüpft werden.

Ich bekam vor einigen Wochen aufgrund einer Rundfunkandacht von einer Lehrerin aus dem Rheinland eine Dokumentation zugesandt. Da hat im Jahre 1981 eine ihrer Schülerinnen in der Klasse 9 des Gymnasiums ihr einen Zeitungsausschnitt gegeben aus einer israelischen Zeitung, aus der Jerusalem-Post, von einem Herrn Dessauer.
Er ist ein Mensch, so geht es aus den Briefen hervor, der noch zutiefst leidet unter dem, was ihm von Deutschen angetan worden ist. Er ist bitter. Den Menschen in Israel, die deutsche Erzeugnisse kaufen und immer erklären, die seien doch so gut, schreibt Herr Dessauer, das wisse er auch, er habe noch nie von einer Gaskammer gehört, die nicht funktioniert hätte. Der

Schlußsatz heißt dann: Ich hasse die Deutschen immer noch und alle, die mit ihnen zu tun haben. Sie haben nicht nur sechs Millionen Juden massakriert, sie haben darüber hinaus auf vielfältige Weise noch viel mehr Leben zerstört.

Die Lehrerin besprach diesen Brief ausführlich im Unterricht in der Klasse. Die 14- bis 16jährigen Jungen und Mädchen schrieben einen Leserbrief an die Jerusalemer Zeitung und schrieben: Wir wissen, daß die Verbrechen der Nationalsozialisten den Juden unvorstellbare Leiden zugefügt haben. Aber wir sind verwundert, daß die Gefühle, wie sie in Herrn Dessauers Brief zum Ausdruck kommen, auf alle Deutschen, auch auf junge Menschen übertragen werden. In der Nazizeit waren wir noch nicht geboren. Wir sind bestürzt und möchten gerne wissen, was zu tun ist, um diesen Haß zu überwinden.

Das Ergebnis des Leserbriefes war mehr als erstaunlich. Es gab eine Fülle von Briefen aus Israel an diese Klasse. Briefe, die jeder für sich bewegend und eindrucksvoll sind, weil dahinter persönliches Leid und Erleben steht.

Manche stimmen Herrn Dessauer zu. Andere lehnen ihn ab. Viele versuchen Verständnis für ihn zu wecken. Einer schrieb: Eure reinen neuen Gesichter sind frei von List und Erinnerung. Ich will euch nicht hassen, und ich kann euch nicht lieben. Denn ich erinnere mich daran, daß Eurer Väter Gesichter auch rein und neu waren.

Man spürt den Briefen an, wie jetzt bei dieser Bitburg-Sache, was da alles unverarbeitet hochkommt.

Auch der Herr Dessauer schreibt mehrfach. Er erläutert die Gründe für seine tiefe Ablehnung und seine tiefen inneren Schwierigkeiten. Sie waren eine große Familie. Die sind fast alle ermordet worden. Diese Menschen fehlen ihm bis heute. Und so kann er bis heute nicht vergessen.

Die Schulklasse ist an diesem Thema geblieben. Im letzten Jahr haben sie eine Israel-Reise gemacht. Sie haben sich in der deutschen Botschaft mit den Briefschreibern getroffen, auch der Herr Dessauer war da. Er hatte sich zunächst seelisch nicht in der Lage gesehen, an solch einer Begegnung teilzunehmen, konnte schließlich der persönlichen Bitte des Botschafters gegenüber sein Nein nicht aufrechterhalten und war doch gekommen.

Ich lese aus seinem Brief vor, den er im Oktober letzten Jahres geschrieben hat:

„Liebe Schüler! Da sind wir uns nun doch in der Residenz des deutschen Botschafters ‚Aug in Aug' begegnet. Ich muß schon sagen, ich war völlig verdutzt und überwältigt von dem unerwarteten begeisterten Empfang und mußte mit einer Flut von gemischten Gefühlen fertigwerden. Mit einer guten Portion Wut auf mich selbst, daß ich mich von dem Botschafter zum Kommen hatte überreden lassen, und mit kompletter Überraschung, als

Katrin auf mich zustürzte und mich umarmte. Es fiel mir außerordentlich schwer, Euch allen gegenüberzustehen und auf alle Fragen Antwort zu geben. Aber letztendlich war ich froh, daß ich durchgehalten habe. Haß ist etwas, mit dem sich sehr schwer leben läßt. Ich werde diese Gefühle irgendwie überwinden müssen. Sie tun mir nicht gut und sie dienen zu nichts."

Es ist ein langer Brief. Er endet: „Es war gut, daß ich Euch alle getroffen habe. Wenn irgendeiner von Euch wieder in Israel ist, ist er zu mir herzlich eingeladen.

Ich wünsche Euch für Eure Zukunft alles Gute. Möge die Zukunft besser sein als die Vergangenheit.

Euer M. B. Dessauer."[251]

Ich will euch den Lobpreis auf die Lippen geben, sagt unser Bibeltext. Friede denen in der Nähe, Friede denen in der Ferne.

Amen[252]

Man merkt, wie stark das Gewicht der Situation hier die Predigt bestimmt. Ich sehe keinen Weg, das zu vermeiden. Der Bibeltext wird an entscheidender Stelle eingesetzt, um das Geschehen und die eigenen Gedanken auf die Reihe zu bekommen. Es geht darum, der Erinnerung standzuhalten, besonders der Schuld und dem Gerichtsgedanken. Es geht darum, der Opfer zu gedenken. Und es geht darum, Trost, Dank und neue Verantwortung auszusprechen. Auf diese Punkte konnte ich auch ohne Bibeltext kommen. Allerdings gibt der Bibeltext, den ich erst nach langem Suchen gefunden habe, wichtige Hinweise, die mir beim Durchdenken des Themas so nicht gekommen wären. Ich bin von einige Gemeindegliedern auf den Predigttext angesprochen worden. Er war weithin unbekannt und ist wohl als wesentlich empfunden worden. Freilich, die Frage bleibt: Erschlägt hier nicht doch die Lebenswirklichkeit den Text? Das, was da geschildert wird, ist doch einfach erlebnisstärker. Es geht tiefer in die Magengegend. Wie soll mir das mit einem Bibeltext so gelingen? Muß es das überhaupt? Es muß mein Bemühen bleiben! Die Botschaft des Textes soll der Hörer mitnehmen. Das Ziel biblischer Predigt soll sein, den Bibeltext, das, was die Mitte der Schrift ist, Jesus Christus, als das Entscheidende erfahrbar zu machen. Auch wenn es nicht immer gelingt. Es bleibt als Aufgabe bestehen.

---

251 Aus: Lydia Munkler u. a. (Hrsg.): Briefe an junge Deutsche. Juden antworten deutschen Schülern auf einen Leserbrief in der Jerusalem-Post. Düsseldorf, ²1985
252 Horst Hirschler: Predigt am 7. Mai 1985 in St. Johannis, Göttingen. (Jesaja 57, 15–19)

c) Systematisch-theologische Überprüfung

1. Die Alltäglichkeit systematisch-theologischer Gedanken

Die homiletische Zielangabe „biblisch predigen", also den Bibeltext zum Umschlagplatz der Erkenntnis machen oder überlieferte Glaubenserfahrung als Hilfe zu gegenwärtiger Glaubenserfahrung erschließen, ist zunächst ganz formal. Diese Zielangabe besagt nur: Nimm einen Bibeltext und predige mit ihm. Nimm ihn ernster als sonst üblich. Es lohnt sich.

Der Einwand gegen diesen Vorschlag kann nun lauten, liegt da nicht ein abergläubisches Verständnis von der geheimnisvollen Wirkung des Bibeltextes als solchem vor? Bibeltexte haben doch ganz unterschiedliche Inhalte. Schon die Tatsache, daß die sechs Predigtreihen nur eine Auswahl aus der Bibel, vornehmlich aus dem Neuen Testament – und unter Weglassung peinlicher Stellen – darstellen, zeigt doch, daß das Motto auch heißen könnte „nach den Perikopenreihen predigen". Aber auch dann ist noch die Frage, was heißt das denn inhaltlich, „biblisch predigen"?

Der kundige Prediger rettet sich damit, daß er sagt, letztlich ist damit gemeint: *den Christus praesens verkündigen.* Oder er sagt: Gemeint ist Gesetz und Evangelium (oder wenn er Barth mag, Evangelium und Gesetz) predigen oder einfach: die Liebe Gottes verkündigen.

Da die biblischen Texte sehr unterschiedlich in ihren Aussagen sein können, da die Bibel kein theologisches Lehrbuch ist, sondern ein Glaubenserfahrungsbuch aus wechselnden Zeiten und Situationen, kann der Prediger sich nicht nur auf den einzelnen Text beziehen, sondern er muß zusehen, wie er seine Glaubensaussagen im Zusammenhang mit den unterschiedlichen Texten der Bibel auf die Reihe bringt. Er kann sich nicht einfach dem jeweiligen Text ausliefern. Er predigt mit Hilfe des Bibeltextes in eigener theologischer Verantwortung. Sein Verständnis von dem, was einen Christenmenschen in seiner Beziehung zu Gott, Welt und Mensch ausmacht, muß für ihn selbst, aber auch für seine Gemeinde eine angemessene Einheitlichkeit, vernünftige Durchsichtigkeit und Verständlichkeit haben. Pastorin und Pastor müssen angesichts wechselnder Bibeltexte und angesichts wechselnder Herausforderung durch Situationen ganz selbstverständlich systematisch-theologisch nachdenken.

Also nenne ich im Homiletischen Seminar den Studenten und zukünftigen Predigern unter den Arbeitschritten, die ich in der schriftlichen Vorlage der Seminararbeit lesen möchte, nach „exegetischen Entscheidungen" immer die „systematisch-theologischen Überlegungen". Das hat zum Ergebnis, daß die Studenten jeweils verwirrt fragen: Was sollen wir denn da schreiben? Was Ihnen dazu einfällt, sage ich. Aufgabe systematisch-theologischer Reflexion bei der Predigtvorbereitung ist, sich Rechenschaft zu geben über die Gegenwartsrelevanz der aus dem Text zu erhebenden Aussagen über Gott, Welt und Mensch sowie über deren Zusammenhang mit dem Ganzen des christlichen Glaubens.

Das Ergebnis, das ich dann erhalte, ist in der Regel dürftig. Eine Studentin sagte mir – sie quälte sich mit Johannes 1,17, denn das Gesetz ist durch Mose gegeben; die Gnade und Wahrheit ist durch Jesus Christus geworden . . . –: ich habe mehrere Dogmatiken durchgearbeitet, immer nachgelesen unter Gesetz, unter Gnade. Ich sitze davor und weiß nicht, was ich schreiben soll. Systematisch-theologische Überlegungen im Zusammenhang mit dem Bibeltext wirken wie eine zusätzliche, weit über die Predigtaufgabe hinausgehende, letztlich unnötige Pflichtübung. Dabei denkt man an das, was in den Dogmatiken ordentlich geschrieben im Bücherschrank steht. Da muß man an Barth, Tillich, Jüngel denken und besonders an das Examen.

Nun wird der gegenwärtig oftmals anzutreffende Mangel an systematisch-theologischem Eros, besonders im Zusammenhang mit dem Predigttext, verschiedene Ursachen haben, die hier nicht weiter untersucht werden sollen. Ich denke allerdings, daß die übliche Zuordnung von Systematischer Theologie und Bücherschrank ein schwerwiegendes Mißverständnis ist. Systematisch-theologisches Nachdenken, dogmatische Überprüfung von Aussagen der Bibel gehören zum Alltag des Glaubens. Jeder Christenmensch, der eigenständige Glaubensaussagen zu machen versucht, seien sie noch so stotternd, entwickelt dabei seine Dogmatik.

Die alltägliche Ursprungssituation der systematisch-theologischen Reflektion ist das nachdenkliche Gespräch zwischen Christen.

Da steht in der Zeitung, daß der fünfmilliardste Erdenbürger begrüßt worden ist, und daß es 1998 eine weitere Milliarde Menschen mehr geben wird. Bei 10 Milliarden soll es dann stagnieren. Einer, dem das auf die Seele gefallen ist, sagt, da kommen wir mit der Missionierung aber auch nicht mehr nach. – Ein anderer fügt hinzu, ich hörte, daß die Christen sowieso immer weniger werden. Ist das eigentlich ein vernünftiger Gedanke, daß Gott durch das Volk Israel alle Völker segnen wollte und daß der christliche Glaube das Heil für alle Menschen bedeutet? Das ist doch durch die Wirklichkeit längst überholt. Die meisten erfahren gar nichts davon. Entweder ist das nicht wahr. Oder Gott kümmert sich um die anderen Leute eben durch die anderen Religionen. – Und die Atheisten?, wirft einer ein. – Die gibt's ja kaum. An irgendetwas glaubt doch jeder. – Wenn das stimmte, würde Gott auch durch den verrücktesten Aberglauben wirken. Das wäre doch das Gegenteil von dem, was die Bibel sagt. Aber vielleicht wirkt er dadurch, daß es überall Liebe und Verantwortung für andere Menschen gibt. – Was hat denn das eigentlich bedeutet, daß der Papst da in Assisi mit den Vertretern der Weltreligionen zusammen gebetet hat. Gibt es doch denselben Gott für alle? – Nein, da hat jeder für sich gebetet. – Aber trotzdem, kann man eigentlich überhaupt noch missionieren?

Das klassische Einfallstor für die systematisch-theologische Reflektion ist nach wie vor die persönliche Betroffenheit über ein schreckliches Geschehen. Mit dem Kreuz begann die christliche Theologie.
Was bedeutet das unverständliche Unglück?
Wir saßen in einer Gruppe von Studentinnen und Studenten aus dem Homiletischen Seminar zusammen. Gegen 23 Uhr kam es irgendwie auf: Aus Auschwitz kannst du Gott nicht heraushalten. Willst du Menschen damit entschuldigen? Das nicht. Aber du mußt auch dieses schreckliche Geschehen mit Gott zusammendenken. – Längere Pause. – Aber nur so, daß Menschen auch dort gebetet haben. – Das wäre mir zu wenig. – Aber du kannst doch unmöglich sagen, daß Gott gewollt hat, daß diese Menschen dort in die Gaskammern sollten. Die SS war doch kein Werkzeug Gottes. Nein, Gott war zwar in den Konzentrationslagern, aber – so habe ich mal gehört – auf der Seite der Leidenden. Gott hat das Leiden der Menschen mitgelitten. Er ist unglaublich traurig über das, was dort geschehen ist. Wenn ich das so nicht sagen könnte, wollte ich von Gott nichts mehr wissen. – Aber denkst du denn, daß du unsere Welt einteilen kannst in böse Menschen, mit denen Gott nichts zu tun hat, und in gute und leidende, mit denen er etwas zu tun hat? Das geht doch nicht! Bei der Kreuzigung Jesu haben die Christen doch auch gesagt, die Soldaten, die ihn gekreuzigt haben, haben Verantwortung und andererseits, Gott hat seinen Sohn dahingegeben. Da ist beides drin. – Nein, da mache ich nicht mit, so kann ich mir Gott nicht vorstellen . . .

Es würde zu weit führen, das lange Gespräch zu schildern, es endete lange nach Mitternacht. Ich habe zum Schluß berichtet, was Elie Wiesel in Loccum erzählt hatte:

„In Auschwitz eines nachts neben ihren Etagenpritschen setzten sich verzweifelte jüdische Menschen zusammen, um Gott anzuklagen wegen des unendlichen Leides, das er über sein Volk und die Menschen gebracht hat. Ein Ankläger Gottes, ein Verteidiger Gottes, ein Rabbi als Richter und zwei Beisitzer. Der Verteidiger wandte ein, man könne die Greueltaten der Menschen nicht Gott in die Schuhe schieben. Aber dieser Einwand wurde als nicht haltbar zurückgewiesen. Und Gott wurde für schuldig erklärt. Als nach einer langen Pause des Schweigens einer sagte: Und was machen wir nun?, sagte der Rabbi: Lasset uns beten."

Ein Predigerdasein, aber auch ein Theologiestudium, das nicht immer wieder von solchen Fragen bestimmt ist, kann ich mir nicht gut vorstellen.

Die Fülle der Fragen und Themen ist unendlich:
– Ein 82jähriger fragte mich: Was halten Sie vom Jüngsten Gericht? Es wird in den Kirchen gar nicht mehr vom Jüngsten Gericht gesprochen. Es gibt doch das Gericht und die Liebe Gottes. Beides?
– Im Waldgottesdienst hatten sie die Rede des Indianerhäuptlings Seattle anstelle des Evangeliums verlesen. Daraus können wir sicher manches

lernen. Aber ist das unsere Vorstellung von der Verantwortung für die Schöpfung?

– Die Nachbarn haben ein mongoloides Kind bekommen. Sie hätten vorher einen Test machen können. Es wäre ihnen dann eine Abtreibung empfohlen worden. Sie haben es bewußt nicht gemacht. Sie sind engagierte Christen. Was legt Gott uns auf, und was dürfen wir – auch schuldhaft – von uns abschütteln?

– Die Frau hat mehrmals gesagt, ich bin eine Ehebrecherin. Ich konnte das gar nicht hören, sagte die Pastorin. Ich wußte doch, wie das alles zustandegekommen war. Ich habe es ihr auszureden versucht. Aber sie wollte nicht auf mich hören. Müssen wir eigentlich noch von Sünde reden? Da ist doch so viel schief gelaufen. Der Mann war so schwierig. Kann man da wirklich noch von Gottes Ordnungen reden, gegen die wir verstoßen?

Diese Liste kann jeder für sich fortsetzen. Der Alltag des Glaubenden führt notwendig zu systematisch-theologischen Fragestellungen, fordert vorläufige Antworten und drängt hin zu Antworten, die in der christlichen Gemeinde möglichst breit gemeinsam getragen und praktiziert werden. Von da ist es dann nicht mehr weit zum gemeinsamen Bekenntnis. Und das, was in einer Gemeinde gemeinsam bekannt wird, wirkt, wenn es gut läuft, wieder zurück auf das Nachdenken des einzelnen.

Die biblischen Texte, die der Prediger der Gemeinde erschließen soll, damit sie selbständig damit leben kann, sind selbst Beispiele gelebter Glaubenserfahrung. Auch sie bzw. ihre Verfasser haben ihre ihnen eigentümlichen systematisch-theologischen Antworten. Für den Prediger bedeutet das die Nötigung zu fragen, wie diese Antworten heute zu verstehen sind, ob sie noch greifen und wie sie zum Ganzen einer christlichen Existenz in der Gemeinschaft der Christen passen.

Die systematisch-theologische Reflektion ist also ein selbstverständliches Lebenselement im Alltag des Glaubenden. Eines der bewegendsten Dokumente solcher Verbindung von Lebenserfahrung und theologisch-systematischer Reflektion ist jener Brief, den Dietrich Bonhoeffer am 21. Juli 1944 nach der Nachricht vom Scheitern des Attentats auf Hitler und mit dem vor Augen, was das für die in die Verschwörung Verstrickten bedeuten würde, geschrieben hat:

„Ich habe in den letzten Jahren mehr und mehr die tiefe Diesseitigkeit des Christentums kennen und verstehen gelernt. Nicht ein homo religiosus, sondern ein Mensch schlechthin ist der Christ, wie Jesus – im Unterschied wohl zu Johannes dem Täufer – Mensch war. Nicht die platte und banale Diesseitigkeit, der Aufgeklärten, der Betriebsamen, der Bequemen oder der Lasziven, sondern die tiefe Diesseitigkeit, die voller Zucht ist, und in der die Erkenntnis des Todes und der Auferstehung immer gegenwärtig ist, meine ich. Ich glaube, daß Luther in dieser Diesseitigkeit gelebt hat.

Ich erinnere mich eines Gespräches, das ich vor 13 Jahren in A. mit einem französischen jungen Pfarrer hatte. Wir hatten uns ganz einfach die Frage gestellt, was wir mit unserem Leben eigentlich wollten. Da sagte er: ich möchte ein Heiliger werden (– und ich halte für möglich, daß er es geworden ist –); das beeindruckte mich damals sehr. Trotzdem widersprach ich ihm und sagte ungefähr: ich möchte glauben lernen. Lange Zeit habe ich die Tiefe dieses Gegensatzes nicht verstanden. Ich dachte, ich könnte glauben lernen, indem ich selbst so etwas wie ein heiliges Leben zu führen versuchte. Als das Ende dieses Weges schrieb ich wohl die „Nachfolge". Heute sehe ich die Gefahren dieses Buches, zu dem ich allerdings nach wie vor stehe, deutlich.

Später erfuhr ich und ich erfahre es bis zur Stunde, daß man erst in der vollen Diesseitigkeit des Lebens glauben lernt. Wenn man völlig darauf verzichtet hat, aus sich selbst etwas zu machen – sei es einen Heiligen oder einen bekehrten Sünder oder einen Kirchenmann (eine sogenannte priesterliche Gestalt!), einen Gerechten oder Ungerechten, einen Kranken oder einen Gesunden – und dies nenne ich Diesseitigkeit, nämlich in der Fülle der Aufgaben, Fragen, Erfolge und Mißerfolge, Erfahrungen und Ratlosigkeiten leben – dann wirft man sich Gott ganz in die Arme, dann nimmt man nicht mehr die eigenen Leiden, sondern das Leiden Gottes in der Welt ernst, dann wacht man mit Christus in Gethsemane, und ich denke, das ist Glaube, das ist „Metanoia"; und so wird man ein Mensch, ein Christ (vgl. Jeremia 45!). Wie sollte man bei Erfolgen übermütig oder an Mißerfolgen irre werden, wenn man im diesseitigen Leben Gottes Leiden mitleidet? . . ."[253]

„. . . Was wir mit unserem Leben eigentlich wollten." Elementarer kann man nicht fragen. Und er zieht angesichts seiner Situation Bilanz. Was trägt?

Die heute übliche Frage: Wie finde ich meine Identität? wird in solcher Frage besser aufgenommen. Und die Antwortversuche. Ein Heiliger werden ist respektabel. Glauben lernen ist mehr. Die Gefahren des Buches „Nachfolge", zu dem ich nach wie vor stehe. Darauf verzichten, etwas aus sich zu machen, das ist es. Sich Gott in die Arme werfen. Mit Christus in Gethsemane wachen. Und dies in der Fülle der Aufgaben, der Fragen, der Erfolge und Mißerfolge, Erfahrungen und Ratlosigkeiten. Das ist die Lebenserfahrungsseite dessen, was mit dem oft nicht mehr verständlichen Wort von der Rechtfertigung allein aus Glauben gemeint ist. So etwas muß der Prediger vor Augen haben, sonst versteht er die dogmatische Formel nicht.

Erst wenn ich auf der Spur solcher Fragen und Antwortversuche bin, lohnt es sich, in die Dogmatiken zu schauen. Dann werden sie geradezu spannend. Denn nun kann ich entdecken, wo der Dogmatiklehrer auch schon auf meine

---

253 D. Bonhoeffer, Widerstand und Ergebung, a. a. O., S. 247 ff.

Gedanken gekommen ist, wo ich weiter bin als er und wo er mir sein umsichtigeres Nachdenken und das der Christenheit vorführt.

Es ist dann sinnvoll, die verschiedenen Dogmatiken durchzublättern, das Register anzuschauen, in der RGG einen schnellen Überblick zu gewinnen und, was es sonst an Hilfsmitteln gibt.

Es kann dann sein, daß solche Beschäftigung mit bestimmten dogmatischen oder ethischen Grundsatzfragen, wenn ich mir einen Augenblick Zeit dafür nehme, nicht einfach nur auf die jeweilige Sonntagspredigt bezogen ist. Es ist dann reizvoll, sich auch einen Augenblick festzulesen, um die systematisch-theologischen Hirnwindungen wieder etwas gängiger zu machen.

Ich kenne Prediger, die bestimmte Sonntage zu solchem grundsätzlichen Nachdenken geradezu ausnützen.

Die Predigt zum Ewigkeitssonntag, der bei uns als Totensonntag gefeiert wird, kann eine gute Gelegenheit sein, sich die Beerdigungspredigten des vergangenen Jahres noch einmal anzuschauen, festzustellen, welche Stereotypen sich im Schlußteil der Predigt eingeschlichen haben. Da lohnt es sich, die Sätze, die ich da gebrauche, einmal alle aufzuschreiben und zu überprüfen, ob ich sie genügend theologisch reflektiert habe, nahe genug an den Menschen, ob sie hilfreich sind. Ich schaue wieder einmal in Eberhard Jüngels Buch „Tod" hinein. Ich überlege, wie war das eigentlich mit Thornton Wilders „Die Brücke von San Luis Rey"?

War das ein sinnvoller Gedanke, zu überlegen, daß nach Gottes Willen jedes Leben eines Menschen, ganz gleich wie lang oder kurz es dauert, ein erfülltes Leben ist, oder wird damit das Skandalon des Todes in unsachgemäßer Weise entschärft? Was machen die Russen eigentlich, wenn sie ihren eingefrorenen Lenin bestaunen?

Der 10. Sonntag nach Trinitatis kann zum Lesen neuer Texte für das Verständnis des jüdischen Volkes und das Verhältnis Israel und Christenheit benutzt werden.[254] Zum Pfingstfest schaue ich mir Hollenwegers Schriften genauer an.

Sehr ausführlich kann man das in der Hektik der normalen Predigtvorbereitungsarbeit nicht machen. Aber etliche Seiten helfen einem manchmal schon ein Stück weiter oder schaffen auch solch einen produktiven Ärger über abgehobene Theologie, daß ich auf bessere Gedanken komme. Nützlich ist es, wenn sich der Prediger hin und wieder einen Vortrag für den Pfarrkonvent verordnen läßt, so daß er sich dafür mit systematisch-theologischen Grundfragen beschäftigen muß.

Wahrscheinlich aber ist es noch hilfreicher für den Prediger, wenn er die dogmatischen Fragestellungen in der Gemeinde behandelt. Die lebensbezo-

---

254 Siehe: Arnulf H. Baumann/Ulrich Schwemer: Predigen in Israels Gegenwart. Gütersloh, 1986

gene Seite der systematisch-theologischen Fragestellung muß bei Seminarabenden in der Kirchengemeinde deutlich herauskommen und übt die Sprache des Predigers. Ein Segen kann es dabei sein, wenn nicht nur die Mitglieder der Kerngemeinde dabei sind, sondern auch Nichtchristen oder solche, die Schwierigkeiten mit ihrem Glauben haben.

Ich denke nämlich, eine der Ursachen für die systematisch-theologische Abstinenz bei Predigern und Studenten ist, daß wir keiner ernsthaften Bestreitung und Nachfrage mehr ausgesetzt sind. Wenn die Gesellschaft nur noch in die jeweiligen unterschiedlichen religiösen oder nichtreligiösen Subkulturen zerfällt, leidet darunter auch die dogmatische Diskussion. Gerade das Gespräch mit dem, für den der Glaube keine Plausibilität hat, seine kritischen Nachfragen sind für den Prediger wichtig.

2. Die dogmatische Reflektion

Christliche Predigt setzt voraus, daß das Reden von Gott heute noch sinnvoll ist und zum sachgemäßen Reden von Mensch und Welt unabdingbar hinzugehört. Diese Voraussetzung ist in jedem Predigttext in irgendeiner Weise enthalten. Der Prediger wird sich der Gottesfrage zwischendurch immer wieder stellen müssen. In spontanen Gesprächen in der Gemeinde, im Religionsunterricht, bei grundsätzlichen Überlegungen für einen Vortrag oder ein Gemeindeseminar wird er gezwungen, zu sagen, warum er es für sinnvoll hält, von Gott heute zu reden, und wie er es sich zurechtlegt, daß er zu Gott reden kann. Mit der Gottesfrage sind im Grunde alle Fragen der Theologie in irgendeiner Weise berührt. Es geht dabei nicht nur um die (unangemessene) Frage nach der Existenz Gottes, sondern auch um die Frage der Theodizee, die Frage des Verhältnisses von Schöpfungs- und Christusoffenbarung, das Verhältnis von deus absconditus und deus revelatus, von Gesetz und Evangelium, vom Handeln Gottes und dem Handeln der Menschen, vom Reich Gottes und dem Sinn irdischer Gerechtigkeit.

Ich habe solche Themen in kompetenter Weise in Gerhard Ebelings „Dogmatik des christlichen Glaubens" behandelt gefunden. Natürlich ist jede andere Dogmatik auch geeignet, sich die nötigen Fragestellungen zu verdeutlichen, um Antworten zu finden.

Ebelings Dogmatik bietet sich für die bisherigen Überlegungen zur biblischen Predigt deshalb besonders an, weil sie sich intensiv mit dem Verhältnis von Schrift und Erfahrung, Glaubenserfahrung und Welterfahrung auseinandersetzt. Deshalb will ich im folgenden zeigen, wie ich als Prediger diese Dogmatik für mich aufzunehmen und zu verarbeiten versuche.[255]

I. These: Die christliche Verkündigung muß heute zeigen, daß in den Ereignissen, die mich betreffen, Gott mir begegnet.

a) Die Frage nach Gott ist in der gegenwärtigen theologischen Diskussion erstaunlich unaktuell.

Wenn ich die Predigten der Studenten im Homiletischen Seminar oder der Kandidaten zum I. oder II. theologischen Examen lese, fällt mir auf: Nichts ist so selbstverständlich wie das Wort „Gott". Es wird in der Regel uninterpretiert und bedenkenlos gebraucht. Nun wäre das ja sachgemäß, wenn die Wirklichkeit Gottes in solchen Predigten bedrängend nahe wäre. Beim genauen Hinsehen merkt man jedoch, daß die uninterpretierte Chiffre „Gott" dazu dient, alle möglichen Aktivitäten, die vom Christenmenschen gefordert werden, zu begründen. In sehr vielen Fällen wird das Wort als Druckverstärker eingesetzt für etwas, das auch so plausibel ist. Wenn ich in den Gesprächen über eine solche Predigt dann den Verfasser frage: Was meinen Sie mit Gott?, werde ich normalerweise erstaunt angeschaut. Die Fragestellung ist nicht geläufig. Eine derartige gedankenlose Benutzung des Wortes Gott sorgt jedoch langfristig für die Auswanderung Gottes aus unserem Alltag. Er ist dann nur noch eine Chiffre für Eingeweihte und besondere Veranstaltungen. Aber mit unseren alltäglichen Erfahrungen, was hat er damit zu tun?

Nur als Hinweis dazu: Ich war in Würgassen an der Weser in dem Ausstellungspavillon des dortigen Kernkraftwerkes. Die technischen Abläufe der Kernenergieerzeugung sind vorzüglich dokumentiert. Man erfährt genau, wie solch ein Kernkraftwerk funktioniert. An einem Tretrad kann man feststellen, daß die eigene Energieleistung gerade zum Antrieb einer Bohrmaschine ausreicht. Mit einer schwenkbaren Fernsehkamera kann man in den Reaktor hineinschauen. Auf einem Fernsehschirm wird man informiert, welche Maßnahmen vorgesehen sind, um die bedrohlichen Risiken eines solchen Werkes sicher im Griff zu haben. Es gibt die Sicherheitskreise 1 bis 10. Für jeden möglichen Unfall ist der entsprechende Sicherheitsmechanismus vorgesehen. Was soll da Gott? Was die Rede von Transzendenz? Hat Gott etwas mit einem defekten Ventil zu tun? Hat er etwas mit Materialermüdung zu tun? Materialermüdung ist Materialermüdung, was soll das sonst

255 Gekürzte Fassung von Horst Hirschler: In welchem Sinne hilft Ebelings Dogmatik dem Prediger heute. ZThK. 78/1981, 491 ff.

sein? Und die Schlamperei des Prüfingenieurs ist dessen Schlamperei und sonst nichts. Soll man in diesem Zusammenhang auf Gott vertrauen? Sicherer ist es, einen Sicherheitskreis mehr anzulegen und einen Prüfingenieur zusätzlich einzustellen. Natürlich erscheint es uns sinnvoll, von Gott zu reden, wenn es um die Frage der Verantwortung oder der Verantwortungslosigkeit von Menschen geht. Aber auch da ist die Frage, in welchem Sinne ist das sinnvoll? Denn gefordert ist die Verantwortung des Menschen. Erst über komplizierte Hilfsgedanken kann ich dabei von Gott reden.

b) Die Frage nach Gott taucht heute allenfalls als Frage nach dem ethischen Verhalten oder nach der Motivation dazu auf, wird jedoch alsbald als entbehrlich erlebt.

Gerade am durch Tschernobyl aktuellen Beispiel des Kernkraftwerks, das für alle Bereiche des Lebens, die wir zu verantworten haben, stehen kann, gilt: Es kommt alles darauf an, daß die Verantwortlichen das richtige Verantwortungsbewußtsein haben. Es kommt darauf an, daß sie die richtigen Maßstäbe haben. Also wird gepredigt: Gott will nicht, daß wir unseren Nachkommen solche strahlenden Salzstöcke auf Jahrtausende hinterlassen. Oder in einem anderen Verantwortungsbereich wird gesagt: Gott will die Rüstung nicht.

Im Bereich der ethischen Forderung also scheint von Gott heute konkret geredet werden zu können.

Wenn man sich das allerdings genauer anschaut, ist das Gesagte entweder in sich evident, und dann braucht man Gott nicht, oder es ist nicht überzeugend, und dann ändert die Rede von Gott auch nichts daran. Daß Rassismus nicht richtig ist, das Wohlstandsgefälle eine Schande, Atomreaktoren eine Gefahr, das Wettrüsten Schwachsinn, das ist ja auch richtig, ohne daß ich Gott dafür bemühe. Und wenn er nur als Druckverstärker eingesetzt wird, ist das auf die Dauer nicht überzeugend. Die Auswanderung Gottes aus der Sprache des Alltags und sein entbehrlicher Einsatz bei den Problemen des Alltags kann uns nicht gleichgültig lassen.

c) Ebelings Ansatz beim Strittigsein Gottes ist hilfreich, weil damit die Wirklichkeit Gottes in der Erfahrung des Alltags erscheint.

Das ist eine der Überraschungen, mit denen Ebeling aufwartet, daß er in seiner Gotteslehre nicht beim Sein Gottes beginnt, sondern beim Strittigsein, wie er das nennt. Damit also, daß Gott umstritten ist. Das ist ein Gedanke, den der Prediger im Anschluß an Luthers Erklärung zum ersten Gebot im großen Katechismus immer wieder den Gemeindegliedern nahebringen sollte.

„Was heißt ein Gott haben oder was ist Gott?

Antwort: Ein Gott heißet das, dazu man sich versehen soll alles Guten, und Zuflucht haben in allen Nöten. Also daß ein Gott haben nichts anderes ist, denn ihm von Herzen trauen und glauben, wie ich oft gesagt habe, daß alleine das Trauen und Glauben des Herzens machet beide Gott und Abgott ... Denn die zwei gehören zuhaufe, Glaube und Gott. Worauf du nun (sage ich) dein Herz hängest und verlässest, das ist eigentlich dein Gott ...

Es ist mancher, der meinet, er habe Gott und alles genug, wenn er Geld und Gut hat, verläßt und brüstet sich darauf so steif und sicher, daß er auf niemand nichts gibt. Siehe, dieser hat auch einen Gott, der heißet Mammon, das ist Geld und Gut, darauf er all sein Herz setzet, welches auch der allergemeinste Abgott ist auf Erden. Wer Geld und Gut hat, der weiß sich sicher, ist fröhlich und unerschrocken, als sitze er mitten im Paradies. Und wiederum, wer keins hat, der zweifelt und verzagt, als wisse er von keinem Gott ... Also auch, wer darauf trauet und trotzet, daß er groß Kunst, Klugheit, Gewalt, Gunst, Freundschaft und Ehre hat, der hat auch einen Gott, aber nicht diesen rechten einigen Gott. Das siehest du abermals dabei, wie vermessen, sicher und stolz man ist auf solche Güter und wie verzagt, wenn sie nicht vorhanden oder entzogen werden. Darum sage ich abermals, daß die rechte Auslegung dieses Stücks sei, daß einen Gott haben heißet, etwas haben, darauf das Herz gänzlich trauet."[256]

Wenn man einen solchen Text hört, vergeht einem alles hochnäsige Reden über den Polytheismus der alten Kulturen. Plötzlich weiß man, das mit den Göttern ist gar nicht so unvernünftig gewesen. Wir machen das bis heute, daß wir Situationsgottheiten haben. Die Sakramente des Alltags, die Heilsmittel zum erfüllteren Leben gebrauchen wir genauso. Und sie haben in der Tat eine weit über ihre wirklichen Fähigkeiten hinausgehende, sie transzendierende Bedeutung: das Geld, das Haus, der Wagen, der Status, die Karriere, der Ehepartner, der vergöttert wird – da haben wir sogar das Wort: ver„göttert".

Ebeling setzt in der Gottesfrage bei dem an, woran einer sein Herz hängt. Das bedeutet, das Reden von Gott ist mitten in den Alltag hineingenommen. Dort geschieht es, daß ich mein Herz an etwas hänge und daß ich auf dies oder jenes mein tiefes Vertrauen setze. Nun ist natürlich die Frage: Ist das ein sinnvoller Ansatz für die Gottesfrage? Bin ich damit nicht doch wieder nur beim Menschen? Muß ich nicht Angst haben, daß dadurch zwar etwas über menschliche Vertrauenshaltungen und Grundeinstellungen ausgesagt wird, daß aber das Sein Gottes als Gegenüber entschwindet?

Ebeling hat nicht beim Sein Gottes eingesetzt, weil er die Situationsvergessenheit des metaphysischen Redens von Gott für falsch hält. Er hält es nicht für möglich, im gleichsam keimfreien Denkraum Aussagen über Gottes Wesen, seine Eigenschaften zu machen, wenn dabei der Mensch, der die Erfahrung mit Gott macht, ausgeklammert bleibt.

---

256 Martin Luther: Der große Katechismus. (1529) WA 30; 132 ff.

Ebeling kommt es in seinem ganzen Werk darauf an, daß von Gott nicht isoliert, vom Menschen nicht isoliert und von der Welt nicht isoliert gesprochen wird, sondern daß alle drei in ihrem Zusammensein zur Sprache kommen. Das bedeutet aber, daß von Gott nur sachgemäß gesprochen wird, wenn der Mensch, der die Gotteserfahrung macht, nicht ausgeklammert ist. Ebenso kann die Welt, in der wir Erfahrung mit Gott machen, nicht ausgeklammert werden. Beim Herangehen an die Gottesfrage kann nicht abgesehen werden von der wirklichen Situation des Menschen, also auch nicht davon, daß er Sünder ist, in der Gottesferne, einer, der mit Gott nicht im Einklang steht, der Gott und Götter verwechselt, für den Gott strittig ist. Der Vorwurf, Ebeling bleibe damit beim Menschen, zeigt eine oft besprochene Gefahr auf, aber eine Gefahr, der Ebeling m. E. mühelos entgeht. Es geht Ebeling im Gegensatz zu einer metaphysischen Seinslehre, die das Sein an sich und unter Absehen von der menschlichen Erfahrung zu denken versucht, um eine *Ontologie der Relation*. Das heißt, der Mensch ist nur sachgemäß beschrieben, wenn er sich in seinem Gegenüber zu der ihn angehenden Welt, „in, mit und unter" dem, was ihm begegnet, in seinem Gewissen von der Wirklichkeit Gottes angegangen sieht. Natürlich ist die Voraussetzung dabei, daß Gott ist, daß er Gegenüber des Menschen ist. Aber wenn gefragt wird: Wo ist denn Gott faßbar?, sagt Ebeling: darin, daß du ständig im Streit stehst, was dir zum Gott wird. Das gilt sogar, wenn du das Wort „Gott" nicht gebrauchst oder kennst. Der Wirklichkeit Gottes kannst du nicht entweichen. Immer hast du Götter, immer fragst du danach, was wirklich trägt, worauf Verlaß ist angesichts des Lebens und angesichts des Todes. Wir können der Begegnung mit der Frage nach Gott im Alltag nicht ausweichen.

Allerdings ist die Frage, ob der Mensch heute diese Begegnung mit Gott überhaupt wahrnimmt. Besteht nicht die Gefahr, daß wir aufgrund der Sprachlosigkeit in der Gottesfrage Gott überhaupt nicht zu Gesicht bekommen? Ich halte das für eine Gefahr und meine, daß es eine der Aufgaben der christlichen Verkündigung ist, die Wirklichkeit Gottes in unserem Alltag wieder aufzudecken. Ich halte es für ein gefährliches Versäumnis, wenn wir von der Erfahrung Gottes im Alltag nicht immer wieder sehr sorgfältig argumentierend reden. Es gibt ein Sprachloswerden in unserer Kirche in der Rede von Gott, bei dem sie ihr Eigentliches nur noch im mitmenschlichen Tun verständlich machen kann, das in einer nachchristlichen Welt sowieso plausibel ist und die Kirche zu einer gesellschaftlichen Hilfsorganisation degenerieren läßt. Solche Hilfe ist nicht schlecht, ich möchte darin nicht falsch verstanden werden. Aber die Sache des Glaubens ist damit keineswegs umfassend beschrieben.

Bei Vorträgen in Gemeindegruppen erlebe ich immer wieder, wie fasziniert Gemeindeglieder sind, wenn man ihnen Überlegungen wie Luthers Erklärung zum ersten Gebot vorführte. Immer wieder höre ich: „Wir haben gar nicht gewußt, daß Sie sich solche Gedanken zur Gottesfrage machen. Auch daß für Sie der Glaube an Gott nicht verständlich ist, ist uns neu. Wir haben immer gedacht, das müßte gleichsam berufsmäßig für Pastoren selbstverständlich sein."

Ich habe den Eindruck, daß sehr viele Menschen in den Gemeinden hilfreiche Überlegungen zur Erfahrung Gottes im Alltag brauchen. Das aber ist die Aufgabe des Gemeindegesprächs und der Predigt.

d) Ebelings Ansatz beim Gebet ist hilfreich, weil damit eine für jeden Menschen verstehbare Lebensäußerung des Glaubens angesprochen wird, in der Gott sowohl als Gegenüber wie als nicht verobjektivierbare Wirklichkeit erfahren wird.

Ebelings § 9 „Reden zu Gott" (A. Das Gebet als Schlüssel zur Gotteslehre) ist ein mutiger Zugriff, in die Gottesfrage einzusteigen und das Gebet zu einer Art konkretem Erkenntnisweg zur Wirklichkeit Gottes zu machen. Ebeling hat sich hier besonders engagiert. Ihm ist dies eine der wichtigsten Passagen seiner Dogmatik, wie er sagt.

Ist das eigentlich ein ernstzunehmender Weg, an einer fast intimen religiösen Verhaltensweise zu versuchen, das Reden von Gott heute verständlich zu machen?

Ich denke ja. Es ist in unseren theologischen Grundsatzdiskussionen und in unserer Verkündigung eine der wichtigsten Aufgaben, das Wesen des Gebets zu erläutern und für das alltägliche Denken verständlich zu machen. Es geht ja beim Gebet keineswegs um ein speziell frommes Verhalten. Beten ist vielmehr das normale Verhalten gegenüber der mich betreffenden Wirklichkeit. Der Fluch, der Aufschrei des Zorns, die Aussage „verdammter Mist" gegenüber dem mir nicht in den Kram passenden Ereignis sind nichts anderes als profane Gebete (wenn es in diesem Zusammenhang Profanität gäbe). Das Gebet ist die sprachliche Reaktion auf die Erfahrung, daß ich Betroffener bin. Genauer noch, dadurch, daß ich auf ein Ereignis sprechend reagiere, zeige ich, daß mir in dem Ereignis nicht nur verobjektivierend beschreibbare Fakten begegnen. Wenn mir z. B. ein Stein auf den Fuß fällt, dann trifft mich damit nicht nur ein physikalisch zu beschreibendes Ereignis, sondern ich bin gleichzeitig ein Betroffener. Als Stein könnte er mich überhaupt nicht betreffen, sondern lediglich treffen, aber zusammen *mit* diesem Geschehen, *in* ihm, *unter* ihm trifft mich ein Geschick, durch das ich mich als Person angegangen fühle und das mir in jedem Fall die Frage stellt: Na, was sagst du nun? Ein Geschick, dem ich dann fluchend oder klagend, beleidigt, betroffen oder schweigend begegne. Ich glaube, solch einen Gedanken kann jeder Mensch zu verstehen suchen, allerdings muß ihm davon gesprochen werden. Normalerweise wird das Gebet als außergewöhnliche Tat frommer Leute aufgefaßt. Ebelings Ansatz verweist darauf, daß es verstehbar ist, was einer, der von einem Geschick betroffen ist, tut, wenn er Gott anruft, ihn anklagt, verflucht oder ihm dankt. Oft kommt an dieser Stelle der Einwand, das sei doch kein Hinweis auf Gott, sondern sei doch ganz einfach psychologisch zu erklären. Da der Mensch es gewohnt sei, mit anderen Menschen zu reden, entfahre ihm eben in einer solchen Situation ein Fluch, als wenn er mit jemandem rede. Das sei eine Art Enthemmungsmechanismus. Diesen Einwand muß man gelassen durchdenken. Er ist deshalb nicht sachgemäß, weil er sich nur auf die isolierte Beobachtung eines Teilaspektes dieses Geschehens konzentriert und nicht auf die dem Betroffenen im Erlebniszusammenhang begegnende Wirklichkeit, die ihn fordert, knechtet oder befreit und durch die er auf sein Lebensverständnis hin befragt wird.

Ein wenig hören sich solche Überlegungen ja wie eine Art Gottesbeweis an. Ebeling sagt dazu: „Als Wahrnehmung der Grundsituation des Menschen erschließt das Gebet die Erfahrbarkeit Gottes. . . . Das Verfahren will zwar nichts beweisen, wohl aber etwas aufweisen, für einen Sachverhalt die Augen öffnen, Verstehen vermitteln, zum Nachdenken anregen."[257] Natürlich steht ein bestimmtes Verständnis vom Sein Gottes im Zusammenhang mit der Welt hinter Ebelings Aussage. „Das Sein Gottes ist nichts Getrenntes neben dem Sein in der Welt, sondern ist das Zusammensein Gottes und der Welt, wie ebenso das Sein der Welt nichts Getrenntes, Abgesondertes meint neben dem Sein Gottes, sondern das Zusammensein von Welt und Gott."[258]

Das ist sicher einer der schwierigsten Punkte in Ebelings Gotteslehre. Da wir vom verobjektivierenden Denken notwendigerweise nicht loskommen, denken wir Ebelings Aussage vom Zusammensein Gottes mit der Welt natürlich zunächst verobjektivierend, also aus dem unbetroffenen Abstand heraus, und überlegen uns: Wie kann denn das sein, daß Gott mit der Welt zusammen ist? Muß man das substanzhaft oder sonst irgendwie denken? Das bedeutet, wir denken solch eine Aussage sofort wieder so, daß wir uns selbst aus dem Zusammenhang mit Gott und Welt herauslösen. Wir denken es metaphysisch. Bei solchen Fragen kommt unsere Sprache sicherlich auch an ihre Grenze; denn das Wort „Zusammensein" ist von seinem Begriff her von außen gedacht, zielt auf verobjektivierendes Vorstellen. Es muß jedoch deutlich sein, daß Ebeling sagen will: Gott, Welt und Mensch werden in ihrem Zusammensein nur sachgemäß gedacht, wenn sie aus der Situation der aktuellen Begegnung heraus verstanden werden. Es ist eine Wahrheit, die sich nur in der Begegnung erschließt, die nicht von außen zu bewahrheiten, sondern nur von „innen her", „ganzheitlich" als wahr zu erfahren ist. Das gilt für alle Aussagen, in denen Gottes Zusammensein mit der Welt sich fast wie ein substanzhaftes Zusammensein anhört, aber natürlich falsch aufgefaßt

257 Gerhard Ebeling: Dogmatik des christlichen Glaubens. Bd. I. Tübingen, 1979, S. 194
258 G. Ebeling, Dogmatik, Bd. I, a. a. O., S. 222

wäre, wenn man nicht begreift, daß hier eine ganzheitliche Erfahrung beschrieben ist, die nur der richtig erfaßt, der in ihr steht bzw. sich an das erinnert, was er erfahren hat, als er in ihr stand.

Ein schönes Beispiel dafür sind Überlegungen Luthers zu diesem Thema:

„Denn die Gottheit fähret nicht vom Himmel wie jener vom Berge, sondern ist im Himmel und bleibt im Himmel, ist aber auch zugleich auf Erden und bleibt auf Erden... Was bedarfs viel Redens? Ist doch das Himmelreich auf Erden. Die Engel sind zugleich im Himmel und auf Erden. Die Christen sind zugleich im Reich Gottes und auf Erden. So man auf Erden will verstehen, wie sie davon reden, mathematice oder localiter... Ach kindisch und albern reden sie vom Himmel, auf daß sie Christo einen Ort droben im Himmel machen, wie der Storch ein Nest auf einem Baum, und wissen selbst nicht, was und wie sie reden."[259]

„... Als sei Gott ein großes, weites Wesen, das die Welt füllet und durchaus raget, gleich als wenn ein Strohsack voll Stroh stecket, und oben und unten dennoch ausraget... Aber wir reden nicht also. Sondern sagen, daß Gott nicht ein solch ausgereckt, lang, breit, dick, hoch, tief Wesen sei, sondern ein übernatürlich unerforschlich Wesen, das zugleich in einem jeglichen Körnlein ganz und gar, und dennoch in allen und über allen und außer allen Kreaturen sei; darum bedarf es keines Umzäunens hier, wie der Geist träumet, denn ein Leib ist der Gottheit viel zu weit und könnten viel tausend Gottheit drinnen sein. Wiederum auch viel viel zu enge, daß nicht eine Gottheit drinnen sein kann. Nichts ist so klein, Gott ist noch kleiner. Nichts ist so groß, Gott ist noch größer. Nichts ist so kurz, Gott ist noch kürzer. Nichts ist so lang, Gott ist noch länger. Nichts ist so breit, Gott ist noch breiter. Nichts ist so schmal, Gott ist noch schmäler, und so fortan. Ists ein unaussprechlich Wesen über und außer allem, was man nennen oder denken kann."[260]

„Wohl ist's wahr, daß unsere Vernunft hier sich närrisch stellet zu denken, ... wo sie höret, daß Gott sei in dem oder in diesem, denkt sie immer des Strohsacks... Aber der Glaube vernimmt, daß ,in' gleich soviel in dieser Sache gilt als über, außer, unter, durch und wieder herdurch und allenthalben. Ach, was rede ich von so hohen Dingen, die doch unaussprechlich sind, und für den Einfältigen unnötig, für den Schwärmer ganz und gar umsonst, dazu auch schädlich, denn sie verstehens doch so wenig als der Esel den Psalter."[261]

259 Martin Luther: Vom Abendmahl Christi. Bekenntnis. (1528) WA 26; 421 f.
260 M. Luther, Abendmahl, a. a. O., S. 339 f.
261 M. Luther, Abendmahl, a. a. O., S. 341

Eindrucksvoll, wie Luther hier in seiner Schrift „Vom Abendmahl Christi. Bekenntnis. 1528" versucht, das Zusammensein Gottes mit der Welt festzuhalten und gleichzeitig zu vermeiden, daß es substanzhaft gedacht wird.

In diesem Zusammenhang greift Ebeling auch die wichtige Frage nach der Personalität Gottes auf. Die Rede von Gott als Person bringt nicht die Menschenähnlichkeit Gottes zum Ausdruck, sondern ist ein Ausdruck für die Tatsache, daß die Wirklichkeit Gottes mich als Person betrifft. Es ist unsachgemäß, von einer Wirklichkeit, die mich als Person betrifft, in Kategorien zu sprechen, die unterpersonal gedacht sind. Diesen Gedanken hat ja Paul Tillich genauer ausgeführt, indem er sagt, wenn Gott als umgreifende Wirklichkeit gedacht ist, die in sich die Personalität des Menschen einschließt, dann kann er in seinem Wesen nicht als unterpersonal gedacht werden. Ich muß entweder von ihm reden, wie von einer Person, obwohl ich weiß, daß er nicht eine Person ist, oder ich müßte in Kategorien von ihm reden, die deutlich machen, daß ich ihn als Personalität einschließend und übersteigend beschreiben will. Das ist für unsere Sprache und unser Erleben schwierig. Die Mystik hat dies immer wieder versucht. Bei Meister Eckhart und Johannes Tauler kann man nachlesen, wie sie versuchen, die Wirklichkeit Gottes durch völliges „Entwerden" zu berühren. Also Gott gerade nicht anzusprechen, sondern durch das Schweigen, durch das Ablegen aller Wünsche und Vorstellungen mit ihm eins zu werden. Hier wird versucht, in einer sehr tiefen und Gottes Wesen keineswegs abqualifizierenden Weise jenseits dessen, was Personalität ausmacht, mit Gottes Wirklichkeit zu kommunizieren. Wir müssen wohl bei allem Staunen und bei aller Achtung vor solch einem Glaubensweg sagen, daß hier vermutlich die bleibende Sündhaftigkeit des Menschen nicht ernst genug genommen wird. Für den von Gott getrennten Menschen, der für seine Gottesbeziehung auf das Christusereignis angewiesen ist, ist solch ein Weg vermutlich nicht gangbar. Aber das hat sehr viel tiefere Aspekte, denn wenn „Einswerden mit Gott" das Hineingenommensein in das Leiden und die Gottesferne des gekreuzigten Christus bedeutet, mag es vielleicht doch sinnvoll sein, von einer Gottesbeziehung zu reden, die nicht einfach in Analogie zu einer Ich-Du-Beziehung erfahrbar wird. Das kann hier nicht weiter bedacht werden, soll nur ein Hinweis sein, welche Aspekte ein Gottesverständnis umfassen könnte, das Gottes Wirklichkeit als die Personalität des Menschen umgreifend und übersteigend denkt.

Das Nachdenken über das Gebet als ein Zugang zur Wirklichkeit Gottes ist Ebelings m. E. wichtigster Beitrag im ersten Band. Das sollte in der theologischen Diskussion und in der Verkündigung sehr viel intensiver als bisher unter die Gemeinde gebracht werden.

II. These: Die christliche Verkündigung muß heute neu die Erfahrung des deus
absconditus und deus revelatus bewußt machen und die Unterscheidung von
Gesetz und Evangelium einüben.

a) Die Verkündigung der Liebe Gottes wird ohne die Erfahrung der dunklen, harten und unverständlichen Seite Gottes unwesentlich.

Im Homiletischen Seminar habe ich mehrfach als Predigttext 1. Johannes 4, 16 b ff. gegeben: „Gott ist Liebe; und wer in der Liebe bleibt, der bleibt in Gott und Gott in ihm . . ."

Wer darüber schon gepredigt hat, weiß, daß das kein sehr einfacher Text für den Prediger ist. Was mich dann aber beim Lesen der Predigten doch überrascht hat, war, daß sie fast alle ein schier unerträgliches Liebesgesäusel enthielten. Gott ist Liebe und will von uns Liebe. Und das kann man an Beispielen sehen. Das Jüngste Gericht findet seit längerer Zeit nicht mehr statt, und ein gefährlicher oder gar zorniger Gott ist nicht denkbar. Gott scheint in dieser Art nicht mehr ertragbar zu sein. Im übrigen ist die Welt so leichter zu sortieren. Die dunklen Seiten in der Welt werden den Menschen zugeschrieben, die dafür verantwortlich sind, oder den Verhältnissen, die geändert werden müssen. Es ist deutlich, daß Gott solche Änderung will. Gottes Liebe, so wird an den Beispielen immer wieder deutlich, ist erfahrbar nur noch am hellen lichten Tag, wenn es einem gut geht, wenn er befreit ist, wenn ein Nächster zu ihm steht. Gottes Liebe erfährt der Hungernde nur noch, wenn er satt wird, der Gefangene nur, wenn er befreit wird. Schwierige Zeiten sind nur zu überstehen mit dem Hinweis auf die Besserung oder mit der Hoffnung, daß es durch unser Tun anders wird. Und es ist im Grunde die Konsequenz, obwohl das natürlich nicht in den Predigten steht, der Gekreuzigte erfährt Gottes Liebe auch nur, wenn er vom Kreuz herabsteigen kann. Gottes Liebe wird als sein Wesen somit zur Chiffre für das natürlicherweise als gut Erfahr- und Erlebbare. Es ist eine neue Art natürlicher Theologie, die jedem einleuchtet, die aber das Dunkel verdrängen muß, es allein dem Menschen oder seiner Reparaturunfähigkeit zuschreibt.

Das ist nun sicher etwas einseitig beschrieben. Aber es ist deutlich, daß das Wesen des Kreuzesgeschehens bei solch einem eindimensionalen Gottesverständnis nicht reflektiert wird.

b) Wenn das Dunkel dieser Welt nur als reparaturbedürftige, von Leuten mit falschem Bewußtsein verursachte Schadensstelle unserer Welt angesehen wird, die aus der Kraft des Glaubens zu reparieren ist, wird das unserer Welt nicht gerecht, und die Komplementarität von menschlichem und göttlichem Handeln ist nicht erkannt.

Jeder weiß, daß wir an manchen Gräbern nur noch mitklagen und mittrauern können und am liebsten schweigen würden. Der Krebstod eines Neunjährigen paßt nicht in ein einfaches Welt- und Gottesbild. Es hilft diesem Jungen auch nicht, wenn man diesen Krebs vielleicht in fünf oder zehn Jahren heilen können wird, im Gegenteil, es macht seinen Tod für ihn und die Eltern noch irrsinniger. Solch ein Ereignis jedoch können wir nicht aus unserem Reden von Gott ausklammern.

Natürlich gibt es die Frage, die mir ein befreundeter Pastor stellte, was er denn im Falle eines durch die Schuld eines Betrunkenen Umgekommenen wohl am Grabe sagen solle. Die alte Formel: „Nachdem es dem allmächtigen Gott gefallen hat, unseren Bruder aus diesem Leben abzurufen", klinge doch wie ein nackter Hohn. Gott hat es doch nicht gefallen (auch wenn das im alten Wortsinn anders gemeint ist), und er hat ihn doch auch nicht abgerufen, sondern dieser Mensch ist durch einen leichtfertigen Autofahrer umgebracht worden. Wie soll da vom Handeln Gottes geredet werden?

In einer Welt, in der das Leiden stärker als je zuvor verhinderbar oder zufügbar geworden ist, entschwindet die Plausibilität Gottes als eines, der am Menschen handelt. Der Mensch ist weithin dem Menschen ausgeliefert. Unser Verständnis der Welt ist dadurch geprägt. Was vom Übel ist, muß abschaffbar sein, wenn es nicht gleich gelingt, verfallen wir in Depressionen oder wissen uns unter moralischen Druck gesetzt.

Mir scheint es nötig zu sein, daß wir uns wieder bewußt machen, gleichgültig, ob ein Mensch an uns handelt oder ein Naturereignis oder eine Krankheit uns trifft: In solchem Geschehen geschieht Gottes oft unbegreifbares Wirken an uns. Das ist keine Aufforderung zur Tatenlosigkeit, wohl aber eine Aufforderung, unsere Welt nicht in unseren Taten aufgehen zu lassen. Hier bedarf es der komplementären Unterscheidung und Fragestellung. Wir kennen den Begriff der Komplementarität aus der Physik. Er besagt, daß ich die Versuchsanordnung, unter der ich eine Situation bedenke, jeweils mit berücksichtigen muß. Es kann dann durchaus sein, daß ich das gleiche Ereignis unter verschiedenen „Versuchsanordnungen" unterschiedlich beschreiben muß. Bei der Situation des Autounfalls durch den Betrunkenen muß auf der einen Seite bedacht werden, was die Situation für den, der schuldig geworden ist, bedeutet. Er weiß, daß ihm nichts seine Schuld verharmlosen kann. Er weiß, daß er in dem Ereignisgeflecht, das zu dem Unfall geführt hat, ein wesentlicher Handelnder war und sich, wenn er sich nicht als verantwortliche Person aufgeben will, nicht herausreden darf. Jeder kennt diese Angst als Autofahrer, einmal ein solcher Handelnder zu sein, der ein Kind oder einen anderen Menschen vor dem Auto hat und nicht rechtzeitig bremst.

Die ganz andere „Versuchsanordnung" liegt in einem solchen Geschehen in der verzweifelten Frage z. B. der Eltern eines überfahrenen Kindes: Warum mußte das sein, warum mußte das unserem Kind geschehen, warum konnte Gott das nicht verhindern? Auf diese Frage kann nicht dadurch eine Antwort gegeben werden, daß derjenige, der fahrlässig gehandelt hat, entschuldigt wird, oder daß die unglücklichen Umstände, die zu dem Unfall geführt haben, detailliert beschrieben werden. Das gehört dazu, muß berücksichtigt werden, muß für das nächste Mal bedacht werden, vielleicht muß ein Fußgängerübergang her oder eine Ampel. Das ist der eine Aspekt. Aber die unausweichliche und viel tiefere Frage des anderen Aspektes bleibt bestehen: Warum mußte das uns so geschehen? Wie sollen wir damit weiterleben? Wie sollen wir unser Leben verstehen?

c) Ebelings Aufnahme der Unterscheidung Luthers vom deus absconditus und deus revelatus ist hilfreich, weil damit unsere gesamte Erfahrung umfaßt ist.

Wer die Unterscheidung vom deus absconditus und deus revelatus aufnimmt, braucht keinen noch so dunklen Bereich unserer Welt aus der Gottesfrage auszuklammern oder zu verdrängen. Ebeling spricht von der Verborgenheit Gottes, die ihre Spitze dadurch bekommt, daß sie eine Verborgenheit (absconditas) sub contrario ist, und zwar in doppelter Weise: 1. die absconditas Gottes im Christusgeschehen, 2. die absconditas Gottes im Weltgeschehen in der mir begegnenden Lebenswirklichkeit.

Zu 1.: Ich möchte als Beispiel wieder Predigten über den Text 1. Korinther 1, 18 ff. nehmen: „Denn das Wort vom Kreuz ist eine Torheit denen, die verloren werden; uns aber, die wir selig werden, ist es eine Gotteskraft . . .“

In solchen Predigten wird das Kreuz benutzt als ein dogmatischer Lehrsatz der „Durchkreuzung“, der alles Weisheitsstreben der Griechen und alle Zeichenforderungssucht der Juden zunichte macht und zeigt, daß die Maßstäbe Gottes ganz andere sind. So heißt es in fast allen Predigten. Und dann wird über die andersartigen Maßstäbe Gottes nachgedacht. Das Kreuz Christi selbst wird in seinem Wesen nicht erfahrbar. Es lohnt sich jedoch, auch dieses Kreuzesgeschehen als ein Geschehen der Glaubenserfahrung anzusehen und zu verstehen zu suchen, was das Ereignis der Kreuzigung Jesu aus Nazareth für seine Anhänger bedeutet hat. Er, der seinen Jüngern ganz offensichtlich die Nähe und Wirklichkeit Gottes verkörpert hat, endet am Galgen. Gott greift nicht in dieses Geschehen ein, es wird nicht abgewendet. Gilt da nicht der Satz: Wer am Holz hängt, ist von Gott verflucht, zumindest von Gott verlassen? Macht nicht Jesus selbst diese Erfahrung der Abwesenheit Gottes in seinem Sterben? Müssen nicht die Jünger diese Erfahrung machen, daß sie die Nähe und Wirklichkeit Gottes nicht mehr zu erkennen vermögen? Das Kreuz, das Leiden, der Tod Jesu ist für sie die härteste Anfechtung. Und nicht umsonst versuchen wir doch den Gang des Kirchenjahres von Gründonnerstag über Karfreitag bis Ostern immer wieder neu zu gehen, obwohl wir doch am Karfreitag wissen, daß es Ostern gegeben hat. Muß uns nicht die Erfahrung der Verborgenheit Gottes sub contrario am Kreuz immer wieder anfallen als eigene quälende Frage? Ich glaube, daß man, wenn man sich ernsthaft in das Kreuzesgeschehen hineindenkt, dieser Frage nicht entfliehen kann.

Die christliche Gemeinde hat seit Ostern in ganz unterschiedlichen theologischen Denkreihen immer wieder das Kreuz zu verstehen versucht. Unter der augenscheinlichen Aussage des Kreuzes – Wer am Holz hängt, ist von Gott verlassen – verborgen ist die andere Aussage: Gerade dieser gottverlassene Jesus verkörpert Gottes Nähe für uns. Gottes Nähe geschieht in letzter Zuspitzung gerade in der Tiefe des Leidens, in der Tiefe des ungetrösteten Todes. Die christliche Gemeinde hat gesagt: Wie wir zu Ostern erkannt haben, daß Gott Jesus doch nicht verlassen hat, obwohl es anders aussieht, so heißt es auch für uns, in der Tiefe der Gottesferne sind wir, so wissen wir es durch den gekreuzigten Christus, nicht von Gott verlassen. In diesem Kreuz verborgen geschieht die Liebe Gottes zu uns. Der deus revelatus, der offenbare Gott, ist verborgen unter der Maske des deus absconditus. Er ist erkennbar nur als der zu Ostern begriffene und seither gepredigte Gott in Christus.

Zu 2.: Die absconditas dei im Weltgeschehen, in der Lebenswirklichkeit entspricht dem, was im Christusgeschehen erfahrbar geworden ist. Natürlich wird der Mensch von Gott auch ohne das Christusgeschehen in der Begegnung mit den Ereignissen angesprochen, aufgefordert, erschreckt oder beschenkt. Aber das Gesicht dieses Gottes aus den Ereignissen ist das Gesicht des verborgenen, des unverständlichen, des wetterwendischen, des sinnlosen Zufallsgottes. Erst das Christusgeschehen läßt Gottes Gesicht erkennbar werden. Aber nun doch nicht so, daß plötzlich einfach der liebende Gott bei gutem Wetter und freundlichen Tagen erschiene, sondern es wird Gott sichtbar als deus absconditus und deus revelatus, als der, der in Kreuz und Auferstehung gehandelt hat. Das bedeutet, zu diesem Gott gehört auch alle Fürchterlichkeit und Finsternis dieser Welt, auch die von Menschen hergestellte – auch das Kreuz ist von Menschen hergestellt worden. Ebeling verweist darauf, daß die Erfahrung, daß Gott der Verborgene ist, nicht vorschnell in die Erfahrung des offenbaren Gottes umgemünzt werden darf. Das Kreuz darf ja nicht durch Ostern ersetzt werden. Es wird vielmehr durch Ostern in seinem Wesen erkennbar.

Ich möchte dazu eine wichtige Stelle bei Ebeling aus dem dritten Band zitieren, die wir heute nicht gerne hören, die aber notwendig zu diesem umfassenden Gottesgedanken gehört:

„Gott wäre nicht Gott, wenn er nicht in allem verborgen wirksam wäre. Nicht daß dies eine Erklärung des Bösen lieferte. Wohl aber so, daß selbst die Macht des Bösen nicht sein könnte, ohne von der Macht Gottes zu zehren und die tötende Kraft aus der Verkehrung der lebendigmachenden Kraft Gottes herzuleiten. In welcher Weise Gott auch in allem Gottwidrigen, das geschieht, verborgen ist, das kann nur aus der Analogie zum Kreuzesgeschehen heraus gedacht werden. Die absconditas Gottes im Kreuz Jesu Christi ist die Offenbarung der absconditas Gottes in der Weltgeschichte, seines eigenen Leidens am Bösen. Nur wenn die abgründige Verborgenheit Gottes unter dem Triumph des Gottwidrigen als der Durchgang und Übergang zur offenbaren Herrschaft Gottes geglaubt wird, kann auch gegen allen Augenschein Gottes Herrschaft als in den Herrschaftsverhältnissen dieser Welt wirksam geglaubt werden. Ohne daß Gott in der Gestalt des Bösen auf uns zukommt, vollzieht der Glaube nicht die ihn erst wirklich kennzeichnende Kehre von Gott weg zu Gott hin. Luther hat dies als eine Grundbedingung der Gotteserfahrung formuliert: ‚Gott kann nicht Gott sein, er muß zuvor ein Teufel werden, und wir können nicht gen Himmel kommen, wir müssen vorhin in die Hölle fahren, können nicht Gottes Kinder werden, wir werden denn zuvor des Teufels Kinder.‘[262]

Es wird so oft dahergeredet, nach Auschwitz und Hiroshima könne man nicht mehr an Gott glauben. Abgesehen davon, daß dies wohl dem Grad nach, aber nicht der Art nach die Präsenz des Bösen in der Welt verändert hat, wäre doch zu fragen, ob nicht heute die Kraftlosigkeit des Glaubens an Gott gerade darauf zurückzuführen ist, daß man dem ausweicht, auch die Fürchterlichkeit solcher Geschehnisse mit Gott zusammenzudenken. Nicht um das Sphinxgesicht des verborgenen Gottes anzustarren oder in seine rätselhaften Züge die eigenen Deutungen einzutragen, sondern um sich auf die Wende einzulassen, die sich in Jesus Christus ereignet hat.“[263]

Das ist sicher für viele Prediger des Evangeliums starker Tobak. Und es ist die Frage, ob man das einfach auf den theologischen Begriff bringen darf, ohne zuvor aufs tiefste seine Verzweiflung und sein Nichtverstehen angesichts dieser Ereignisse zu bekennen. Ebeling spricht mit Recht in diesem Zusammenhang von den „dunkelsten Stunden der Geschichte, der Welt, wie des eigenen Lebens“. Aber ich meine, daß wir uns dem Geheimnis Gottes in Christus und dem Geheimnis des eigenen Lebens nur angemessen nähern, wenn wir diese Dimension des Glaubens nicht ausklammern, sondern sie bedenken und predigen.

d) Ebelings Insistieren auf der Unterscheidung von Gesetz und Evangelium ist hilfreich, weil damit der Ideologisierung weltlicher Verhältnisse und Hoffnungen gewehrt und die Nüchternheit christlicher Liebe ermöglicht wird.

Die Formel von Gesetz und Evangelium ist theologisch in Mißkredit gebracht worden. Sie muß als eine wichtige Unterscheidung wieder neu eingebracht werden. Sie ist das notwendige Gegenstück zum deus absconditus und deus revelatus. Während die erste Formel den Widerfahrnisaspekt der Wirklichkeit heraushebt, meint Gesetz und Evangelium die Art, in der mir Gottes Anspruch und Zuspruch begegnet. Das Gesetz, darauf verweist

---

262 Martin Luther. WA 31/I; 249
263 G. Ebeling, Dogmatik, Bd. III, a. a. O., S. 488

Ebeling, ist für Paulus zunächst die Tora, aber es gibt bei ihm eine Ausweitung des Gesetzesbegriffes, die das Gesetz Gottes zu einer allgemein menschlichen Erfahrung macht. Wenn das Menschsein als Sein unter dem Gesetz charakterisiert ist, dann ist das Gesetz nicht einfach ein bestimmter Kodex von Pflichten, sondern etwas, das mit dem Leben selbst in Aktion ist.

„Konstanten der Gesetzeserfahrung sind die elementaren Lebensvorgänge sowie besonders einschneidende Widerfahrnisse: die Bewußtwerdung und Selbstfindung in Kindheit und Reifung, das Erlebnis der Geschlechtlichkeit und der Beziehung zum Geschlechtspartner, das Eingehen einer Lebensbindung, die Geburt eines eigenen Kindes samt den daraus erwachsenden Aufgaben, der Tod der Eltern und das Abtreten der ganzen Generation vor einem, schließlich die Aussicht auf das eigene Altern und Sterben. Nicht zufällig sind, wie in den Religionen überhaupt, so auch im Christentum derartige Anlässe, wie die sogenannten Kasualien zeigen, vornehmlich dazu angetan, den Menschen innerlich anzurühren und zu bewegen, ihn seines Beschenkt- und Gefordertseins, seines Getroffen- und Infragegestelltseins bewußt zu machen. Dazu kommen besondere Fügungen und Schicksalsschläge: Gelingen oder Scheitern von Vorhaben, die einem zur Lebensaufgabe wurden; Gewinn von Ansehen und Vermögen oder ihr plötzlicher Verlust, ob durch fremde oder eigene Schuld; das Miterleben und Mitgerissenwerden von geschichtlichen Ereignissen und Katastrophen, welche die Gewalt anonymer Mächte, die Ohnmacht der Mitbetroffenen, die Chance besonderer Herausforderungen und auch das Wunder der Bewahrung und des Geführtseins erfahren lassen; oder daß es um einen her einsam wird, daß unheilbare Krankheit das restliche Dasein hoffnungslos erscheinen läßt und daß statt der animierenden Zuwachsrate das Schwinden der Kräfte und die Verengung des Horizonts das Leben bestimmen.

In all dem ist deshalb von Gesetzeserfahrung zu reden, weil hier die verschiedenen Dimensionen dessen zusammentreffen, was das Leben ordnet, trägt, hell und durchsichtig macht, was es aber auch in Unordnung bringt und erschüttert, was es verfinstert und sinnlos werden läßt; ferner all das, was das Leben durch offensichtliche Aufgaben und Pflichten herausfordert, reich macht und erfüllt, aber auch durch ein Übermaß dessen niederdrückt oder durch Mangel an Gefordertsein unausgefüllt, tötend langweilig und leer sein läßt; überdies all das, was das Leben einengt, auf Grenzen stoßen und das Gewicht seiner eigenen Folgen spüren läßt . . .“[264]

So ist einmal die Lebenswirklichkeit als ganze eine Erfahrung des Gesetzes, des fordernden, des strafenden Gottes. „Alles, was wahrhaft den Anspruch eines Gebotes erheben kann, will als Gottes Gebot verstanden und ernstgenommen sein.“[265]

---

264 G. Ebeling, Dogmatik, Bd. III, a. a. O., S. 269
265 G. Ebeling, Dogmatik, Bd. III, a. a. O., S. 273

Der Inhalt der Gesetzesforderung ist in letzter Zuspitzung das Doppelgebot der Liebe. Dies bedeutet jedoch, daß der Mensch in seiner Lebenswirklichkeit als ganzer gefordert ist und erkennen muß, daß jedes Gebot, das der Gerechtigkeit und der Liebe dient, als Forderung Gottes verstanden und ernstgenommen werden will.

Wichtig ist in diesem Zusammenhang die Lehre von den beiden usus legis, von der beiderlei Funktion des Gesetzes.

Die erste Funktion des Gesetzes ist, daß uns Gott in ihm als der Fordernde gegenübertritt. Er ist der, der uns Grenzen setzt, der uns in den Ereignissen der Welt begegnet. Gott fordert von uns darin das Tun des Richtigen, dessen, was dieser Welt nützt, es ist der usus politicus legis. Es ist das, was getan werden muß zur Erhaltung dieser Welt, was der Gerechtigkeit und der Liebe in einer von der Sünde geprägten Welt dient und um Gottes willen zu tun ist.

Die zweite Funktion des Gesetzes ist die theologisch wesentliche. Es ist der usus theologicus. Gemeint ist die Erfahrung, daß das Gesetz gleichzeitig in die Verzweiflung treibt. Daß ich nämlich weiß, daß ich der Forderung Gottes, die mir begegnet, gerecht werden müßte und es nicht kann. Ja, daß ich die Forderung Gottes, gerade wenn ich sie zu erfüllen suche, immer wieder dadurch pervertiere, daß ich das Gesetz Gottes zum eigenen Rühmen vor Gott und vor den Menschen verwende. Daß ich mich selbst zum Mittelpunkt habe, daß ich Fassaden baue, um die Gesetzeserfüllung vor mir selbst und vor anderen vorzutäuschen. Der Zielpunkt des Gesetzes als usus theologicus legis ist es, den Menschen als Sünder, als von Gott Getrennten erkennbar werden zu lassen, ihm zu helfen, sich seiner Gottesferne bewußt zu werden. Es handelt sich auch hier wiederum nicht um eine christliche Sondererfahrung, sondern um eine Erfahrung, die jeder Mensch kennt. Allerdings wird sie in ihrer Härte erst wirklich erkennbar und ertragbar für den, der sich durch das Evangelium gehalten weiß. Die Verkündigung des Evangeliums bekommt aber in diesem Zusammenhang eine ganz andere Funktion, als wir sie heute oftmals verbreiten. Ebeling konnte zur Überraschung mancher in der Diskussion sinngemäß etwa sagen: Das Evangelium ist keine Motivation zum Tun des Guten, es ist auch keine Kraft dazu. Es ist vielmehr die Kraft, sich selbst in seinem Sünder-Sein, in seinem Versagen überhaupt zu ertragen. Es ist die Kraft, dieses Versagen zugeben zu können. Daraus wächst dann allerdings eine ungeheure Freiheit, nämlich nüchtern und ohne Angst um sich selbst das zu tun, was der Gerechtigkeit und der Liebe dient, die Gott will.

Das bedeutet also: Das Evangelium verschafft jetzt nicht die Kraft zu einem tertius usus legis, zu einem dritten Gebrauch des Gesetzes für ein Leben in Heiligung, in dem Sinne, daß die erste Funktion des Gesetzes sozusagen die bürgerliche und immer Kompromissen ausgesetzte Moral wäre, während der durchs Evangelium befreite Christ nun die asketische, entsagungsvolle und höhere Moral anzubieten hätte. Das lehnt Ebeling nachdrücklich ab. Er verweist darauf, daß das Evangelium den Sünder befreit zum Tun des weltlich Notwendigen, auch des Kompromisses. Ebeling erklärt, daß es nicht Höheres als das Tun des usus politicus legis für den Christen gibt, der weiß, daß er in einer komplizierten Welt in seinem Versuch, das Nötige und Richtige zu tun, immer wieder an seine eigenen Grenzen stößt und die Vergebung braucht. „Die Verankerung des usus politicus legis in der Rechtfertigungslehre wird . . . daran deutlich, daß er nur da in wahrem Sinne erfüllt wird, wo jemand kraft des Glaubens dazu freigemacht ist, sich dienend für andere hinzugeben, ohne dabei auf Selbstbestätigung angewiesen zu sein."[266] Aber auch darin bleibt der Mensch Sünder und sein Handeln Stückwerk.

Ich halte die Rede vom deus absconditus und deus revelatus und die Lehre von Gesetz und Evangelium, die hier nur in einzelnen Aspekten dargestellt werden können, für etwas, das wir Prediger uns wieder zu eigen machen sollten, denn es ist nötig zur Unterscheidung dessen, was wir erleben, und es lohnt sich, der Gemeinde das wieder verständlich zu machen.

III. These: Die christliche Verkündigung muß die Rede vom Kommen des Reiches Gottes deutlich von einer Fortschrittsgläubigkeit unterscheiden und dennoch konkrete weltliche Hoffnung bestärken.

a) Christlicher Glaube ist in der letzten Zeit oft als Fortschrittsglaube erschienen, Befreiung von Zwängen ist als christliche Freiheit gefeiert worden, bis die Ernüchterung eintrat.

Johann Baptist Metz hat in seiner Rede anläßlich der Verleihung des Friedenspreises des deutschen Buchhandels 1980 an Ernesto Cardenal gesagt:

„Gottes Liebe kann dem Christen gebieten, die eigene Ohnmacht anzunehmen und Unrecht für sich zu erleiden. Als Nächstenliebe darf sie sich jedoch nicht mit der Ohnmacht und Unterdrückung der anderen, der ‚Geringsten der Brüder' abfinden. Der Christ ist sich darüber im klaren, daß er die Unschuld nicht zu bewahren vermag, weder durch das Prinzip unbedingter Gewaltlosigkeit noch durch vermeintliche Neutralität. Es kann sein, daß die Liebe für Augenblicke und niemals gesucht, immer aufgedrängt, das finstere Antlitz der Gewalt als Ausdruck ihrer Verzweiflung annehmen kann. Freilich so, daß die Liebe immer weiß, wie sehr sie durch jegliche Gewalt verletzt wird." Und Metz sagt geradezu beschwörend: „Ich bin zuversichtlich, daß Ernesto Cardenal eines Tages auch von diesen Wunden der Revolution,

---

266 G. Ebeling, Dogmatik, Bd. III, a. a. O., S. 287

die sie sich selber schlug, sprechen wird." Und die Schlußpassage: „Irgendwann wird die erste Begeisterung über das Gelingen der Revolution verklingen und der quasi messianische Glanz über dem neuen Land verdämmern. Dann kann diese moralische Einschätzung der Revolution, diese Bereitschaft des revolutionären Lebens, der eigenen Schuldfähigkeit, das freie Nicaragua davor bewahren, die in ihm auftauchenden Konflikte und Widersprüche schlichtweg nach außen zu projizieren und die neu gewonnene Identität an der Wurzel durch neue Verfeindungszwänge zu verzerren. Ich weiß, eine solche Zumutung ist groß, doch groß ist auch die Hoffnung, die sich an dieses Land knüpft."[267]

Ich kann hier nicht alles darstellen, was Metz gesagt hat, aber vielleicht ist deutlich, da waren weite Passagen einer sorgfältigen Differenzierung, in der die Hoffnung festzuhalten versucht wird und trotzdem nicht einer harmlosen oder ideologisierten Fortschrittsgläubigkeit das Wort geredet wird. Das Überraschende war dann die Rede von Ernesto Cardenal, dessen Psalmen wir ja vielfach in Predigten und Gottesdienstliturgien aufgenommen haben. In seiner Rede wurde nicht einmal die Spur solcher Differenzierungen erkennbar. Vielleicht ist das im persönlichen Gespräch anders. Vielleicht lag es an der Situation oder an der Übersetzung. Aber was hier an Naivität und Gleichsetzung der christlichen Freiheit mit der Freiheit in Nicaragua gesagt wurde, daß nicht einmal im kleinsten Nebensatz eine der Differenzierungen von Metz aufgenommen war, das war erschreckend. Eine naive Gläubigkeit sprach aus den Sätzen: Hier beginnt nun das Neue, das Vollkommene!

Metz hat sicher recht, wenn er sagt, daß bald der quasi messianische Glanz verdämmern wird. Aber wie redet man dann richtig von solch weltlicher Hoffnung? Erleben wir ähnliches nicht auch bei vielen Beispielen, die in den Predigten vorkommen, daß sie ihren Glanz von daher nehmen, daß sie eine Hoffnung auf eine heile Welt suggerieren und daß die Beispiele gar nicht erst bis dahin durchdacht werden, wo es Alltag wird, wo die Sünde des Menschen wieder voll durchschlägt, wo sich zeigt, daß sie auch in der Glanzzeit nur kaschiert oder nicht wahrgenommen wurde?

b) Die Erkenntnis, daß es vom Menschen aus keinen Weg zur Herbeiführung des Reiches Gottes gibt, ist richtig, aber sie kann die christliche Gemeinde lähmen und politisch gleichgültig machen.

Zwei Fragen sind mir dabei wichtig:

Einmal: Ist das, was ich zu Ernesto Cardenal gesagt habe, nicht eine typisch abendländische, vielleicht sogar speziell deutsche, fast schon morbide Abgewogenheit, die jede Begeisterung beckmesserisch hinterfragt, sich selbst

---

267 Zitiert nach Frankfurter Rundschau vom 25.10.1980, S. 14

dauernd ins Knie der Begeisterung schießt, und damit bewußt oder unbewußt den jeweiligen üblen status quo stärkt und stabilisiert? Ich denke dabei an ein Gespräch mit einem Pastor aus Thailand bei einer Tagung, der mit einer wilden Begeisterung von dem kommenden „Kingdom of God" sprach, auf das wir durch unser Handeln zugehen müßten, ja das wir durch unser Handeln herbeiholen müßten. Als wir ihn baten, er solle doch mal genauer sagen, was dieses „Kingdom of God" denn sei, und er dann erklärte, „daß die Leute keinen Hunger haben, daß sie zur Schule gehen können, daß Frieden ist, daß die Russen und Amerikaner aufhören, sich in Thailand einzumischen", sagten wir:

„Aber das ist doch nicht das Kingdom of God, das ist höchstens etwas mehr irdische Gerechtigkeit. Es ist eine Gerechtigkeit, wie sie Gott zweifellos will, und die sich, so gut es eben geht, hier auch herstellen läßt, und für die man sehr viel tun muß. Aber wenn Sie die hergestellt haben, dann ist doch noch keineswegs das Kingdom of God da, sondern dann haben wir unsere relative, von Sündhaftigkeit und Bosheit durchwachsene irdische Gerechtigkeit mit all den Schwierigkeiten, die dazugehören." Als wir ihm das gesagt hatten, war er verwirrt und wußte nicht so recht, was er darauf sagen sollte. Und wir hatten hinterher ein schlechtes Gewissen und dachten, nun haben wir ihm seinen schönen Schwung weggenommen und uns selbst in unserer Schwunglosigkeit bestärkt. Ist das eigentlich richtig?

Als zweites will ich eine viel grundsätzlichere Frage stellen: Haben wir eigentlich selbst eine Hoffnung für diese Welt? Im dritten Band Ebelings wird deutlich, wie abständig Ebeling einer Hoffnung auf das kommende Reich Gottes gegenübersteht, sofern es vom Menschen hergestellt werden soll. „Es muß schlechterdings als ausgeschlossen gelten, das Reich Gottes durch geschichtliches Handeln des Menschen in der Geschichte selbst herzustellen, so daß es als eine neue und endgültige Geschichtsperiode zu gelten hätte. Eine solche Auffassung widerspräche diametral dem Gedanken des Reiches Gottes, der wesenhaft dies in sich schließt, daß Gott allein sein Reich zu schaffen und zu vollenden vermag."[268]

Das ist eine klare Aussage. Ist sie richtig? Gibt es eine Hoffnung auf ein Wachstum des Reiches Gottes in unserer Welt oder nicht? In welchem Sinne wohl? Daß mehr Menschen das Evangelium hören, – sicherlich, obwohl das auch vermutlich relativ ist. Daß es Menschen äußerlich und materiell besser geht, daß weniger Krieg und mehr Frieden ist, – es ist notwendig, daß wir dafür kämpfen, aus vielerlei Gründen heute wichtiger denn je zuvor. Aber sind wir dadurch, der einzelne, eine Gemeinde, eine Gesellschaft näher dem Heil? Ist dadurch die Welt Gottes nähergekommen, ist sie erfahrbarer als in

---

268   G. Ebeling, Dogmatik, Bd. III, a. a. O., S. 502

früheren Zeiten? Man muß sich hier nur einmal die Frage stellen: Haben wir heute mehr Heilserfahrung als der Apostel Paulus? Da wird sofort deutlich, das ist Unsinn. Es gibt keinen Fortschritt in der Erfülltheit des Lebens. Der neue Mensch in der neuen Gesellschaft bleibt immer der alte Adam, der in der Gottesferne sich selbst zu verwirklichen trachtet und das Heil, das er erstrebt, nicht gewinnt. Aber lähmt uns solch eine Erfahrung nicht?

Ich denke, zunächst einmal muß man zugeben, Ebelings Angst vor einer Ideologisierung der christlichen Hoffnung ist berechtigt, wenn bei solchen Entwürfen der Mensch als Sünder nicht ernstgenommen wird. Die Gefahr besteht doch in der Tat, daß aus der Rechtfertigung allein aus dem Glauben an die geschehene Heilstat Gottes in Jesus Christus unter der Hand eine Rechtfertigung meines Handelns aus der Zukunftshoffnung auf eine bessere Welt wird, was dann dazu führen kann, daß der jetzt lebende Mensch um eines erträumten zukünftigen Menschen willen vernachlässigt oder abgewertet wird. Wir werden – so meine ich – als erstes wieder deutlich sagen müssen: Mehr als die Rechtfertigung des Sünders gibt es in dieser Welt nicht. In dieser Rechtfertigung des Sünders, die jeweils nur im Zuspruch da ist, geschieht das Reich Gottes in unserer Welt, und sonst nirgends. Das läßt sich nicht auf Flaschen ziehen, nicht institutionalisieren, nicht in einem Gottesstaat verwirklichen. Aber es läßt sich daraufhin freilich sehr viel tun.

c) Ebelings kärglich entwickelte Gedanken zur Bedeutung des Hoffnungsbildes vom Reich Gottes für das gegenwärtige Handeln müssen weiterentwickelt werden.

Ebelings berechtigte Angst vor der Ideologisierung des Gedankens vom Reich Gottes und vor der Gefahr, dadurch falschen Zukunftsgöttern nachzulaufen, darf nicht zu einer Lähmung des christlichen Handelns für die Herstellung von mehr Gerechtigkeit in unserer Welt führen.

Mir hat immer sehr eingeleuchtet, daß das Bild von der partiellen Vorwegnahme des Reiches Gottes in Jesu Handeln in den Evangelientexten des Neuen Testamentes für unser Handeln von grundlegender Wichtigkeit ist. In der Tat kann man sagen, daß Jesus in seinen Heilungen, in der Art und Weise, wie er mit Menschen verschiedener Schichten zusammengewesen ist, in seiner Annahme der Sünder, in seinen Gastmählern, ein Stück des Reiches Gottes vorweggenommen hat. Er hat damit der zukünftigen Wirklichkeit des Reiches Gottes in einer vorläufigen Weise entsprochen. Es war nicht das Reich Gottes, die Leute blieben Sünder, sie wurden wieder krank, sie wurden wieder unglücklich, sie mußten durch die Tiefe des Todes. Aber es war ein Vorschein des Reiches Gottes. Zu solcher Vorwegnahme des Reiches Gottes muß – das ist aus dem Vorhergesagten deutlich, obwohl es uns schwerfällt – das Kreuz Christi als die Solidarisierung Gottes mit dem Elenden, der am Kreuz oder anders leidet und stirbt, hinzugedacht werden. In der Nachfolge Jesu Christi wird es möglich und unabdingbar, daß wir Sünder dem künftigen

Reich Gottes zu entsprechen versuchen als solche, die von der Last ihrer Sünde immer wieder befreit sind, die für die Gerechtigkeit und Liebe in dieser Welt tun sollen und können, was nur möglich ist, ohne daß sie ihr Herz an solche Ziele hängen, weil sie wissen, daß sie mehr als Gottes Liebe nicht gewinnen können. Durch solches Handeln wird das Reich Gottes nicht hergestellt, es kommt auch nicht näher, aber es leuchtet von der Hoffnung des Reiches Gottes in unserer Welt konkret etwas auf. Diese Partien sind bei Ebeling m. E. zu schwach entwickelt. Er könnte und müßte da mehr sagen. Er deutet das an, indem er formuliert:

„Wird die Herrschaft Gottes als Ziel und Ende der Geschichte geglaubt, dann werden in der Geschichte selbst die Spuren ihres Kommens wahrgenommen und auch Zeichen der Hoffnung darauf gesetzt. Wo immer sich eine Hilfe zu wahrem Leben ereignet, wo eine echte Erneuerung einsetzt, wo unnötige Ärgernisse aus dem Wege geräumt werden, wo in Leid getröstet und die Ursache von Leid bekämpft wird, wo man sich gegenüber dem Schrei nach Gerechtigkeit und Frieden nicht taub stellt, sondern sich ihn zu Herzen gehen läßt, so daß daraus Taten hervorgehen, wo man bei aller Ohnmacht gegenüber dem menschlichen Elend doch nicht darin nachläßt, Tränen abzuwischen, Wunden zu verbinden und Sterbende zu geleiten, überall da wird man an das Reich Gottes erinnert, nimmt man sein Kommen wahr und wird in der Hoffnung auf seine schließliche Vollendung bestärkt."[269]

Soweit einige Gedanken für die Predigt im Zusammenhang mit Gerhard Ebelings „Dogmatik des christlichen Glaubens". Wer andere Dogmatiker bevorzugt, kann dort Ähnliches versuchen. Im Grunde geht es darum, daß der Prediger und die Predigerin immer wieder neu überprüfen, ob ihre systematisch-theologischen Grundentscheidungen noch (oder schon wieder) brauchbar sind. Da gibt es zwischendurch eindrucksvolle dogmatische Lokkerungsübungen, denen man sich nicht entziehen sollte. Als eine solche Anregung habe ich z. B. Dietrich Ritschls „Zur Logik der Theologie" empfunden.[270]

Angesichts der Fülle der auf den Prediger eindringenden komplexen überlieferten Glaubenserfahrung und der ebenso komplexen, z. T. christlich geprägten, z. T. völlig säkularen Wirklichkeitserfahrung und der Anforderung, die sich hieraus ergibt für die Predigt, ist es nötig und hilfreich, wenn man gewisse Grundunterscheidungen, grundsätzliche Sortierungen im Kopf hat.

Zum Menschen, daß er von sich aus und aufgrund seiner eigenen Tätigkeit zu seiner eigenen Identität, zum Daheimsein in dieser Welt und zur Gebor-

---

269 G. Ebeling, Dogmatik, Bd. III, a. a. O., S. 506
270 Dietrich Ritschl: Zur Logik der Theologie. München, 1984

genheit in Gott nicht kommen kann. Daß ihm dies unter grundsätzlicher Beibehaltung seiner Entfremdung (simul iustus et peccator) in der jeweils neuen Zusage der Liebe und Vergebung Gottes geschenkt wird und daß er nur im Glauben unter dem eschatologischen Vorbehalt partiell die Aufhebung solcher Entfremdung erfahren kann.

Zu Schöpfung und Offenbarung, daß wir glauben, daß Gott mich geschaffen hat samt allen Kreaturen, mir dies aber nicht den Weg zu einer deutlichen Gotteserkenntnis aus der Natur bahnt, daß der Mensch aber dennoch ein Wissen um Gott hat in der unruhigen Frage nach ihm (Augustinus) und daß dieser unruhig fragende und sorgende Mensch durch Christus angenommen und befreit wird, so daß wir nur durch den gekreuzigten Christus letztlich Gott erkennen können.

Traue ich dem *Gesetz* zu, daß es den Menschen in dieser Welt zurechtbringt? Habe ich dabei die Erfahrung des „theologischen Gebrauchs des Gesetzes" bedacht? Das Gesetz, die Ermutigung, die Aufforderung zum Tun des Guten weisen in die richtige Richtung und treiben doch gleichzeitig in die Verzweiflung. Und das ist keine Beckmesserei, sondern es ist als Trost gemeint.

Ein Problem bei allem dogmatischen Nachdenken bleibt, daß wir immer wieder auf das Miteinander von existentieller, ganzheitlicher Glaubensaussage und empirisch-naturwissenschaftlicher Kenntnis bei demselben Sachverhalt stoßen. Wir können beim Nachdenken über Gottes Schöpfung nicht mehr davon absehen, daß die Schöpfung kompetent durch die Naturwissenschaft erforscht wird und daß sie durch das menschliche Handeln in tiefer Weise fortgesetzt gestört und geschädigt werden kann. Deshalb ist es unbedingt nötig, daß die beiden Zugangsweisen zur Wirklichkeit nicht als Konkurrenz begriffen werden. Wir können auch nicht die eine zugunsten der anderen vernachlässigen. Beide sind in ihrer Weise nötig.

Der Prediger und die Predigerin müssen zusehen, wie sie die Unterschiedenheit der beiden Zugangsweisen und ihre Bezogenheit aufeinander zur Sprache bringen. D. Lange[271] meint, im Staunen, in der Anfechtung und im durch die Rechtfertigung befreiten ethischen Handeln kommt beides zusammen.

Ein wichtiger Trost für den Prediger ist, daß auf allen Gebieten der Theologie, auch im Bereich der Dogmatik, vieles umstritten und in Bewegung ist. Dadurch kann sich der Prediger ermutigt fühlen, sich in solchen Streit zur Bildung eigener Ansichten hineinzubegeben und im Gespräch, im Pfarrkonvent oder im Arbeitskreis in der Gemeinde eigenständige theologische Erkenntnis zu suchen.

---

271 D. Lange, Erfahrung und die Glaubwürdigkeit des Glaubens, a. a. O.

3. Die ethische Reflektion

Unausweichlich stößt der Prediger bei der Vorbereitung seiner Predigt auf ethische Fragen. Sie werden ihm durch den Bibeltext vorgegeben, er muß sich ihnen stellen beim Bedenken der Lebenswirklichkeit. Unsere Predigten sind voll von ethischen Grundsatzüberlegungen, Hinweisen und Anweisungen.

Ich bedenke das anhand einer Predigt:[272]

Predigt über 1. Mose 4, 1–16 (Kain und Abel)

„Jedesmal, wenn ich diese Erzählung höre, liebe Gemeinde, geht mir ein Satz nicht aus dem Sinn: Kain, wo ist dein Bruder Abel? Ich spüre, diese Frage ist nicht nur dem Kain gestellt. Sie ist auch an mich gerichtet. Sie fordert mich heraus; sie stellt mich zur Rede! Und sie lautet für mich: Weißt du um die Verantwortung, die du für deine Mitmenschen trägst? Ist dir ihr Leben, ihr Glück, ihre Sorge, ihr Seufzen, ihr Leid egal? Es ist die Frage, die mich unruhig macht und aufrüttelt. Ich spüre, in dieser Erzählung geht es nicht nur um den Brudermord des Kain an Abel. Es geht zugleich um das Leid, das wir Menschen einander zufügen, um die Ungerechtigkeit, die Lieblosigkeit, den Haß, mit dem wir unser Zusammenleben vergiften. Es geht um uns, die wir uns im Glauben Brüder und Schwestern und Kinder Gottes nennen. Mir fällt ein, wie viele Menschen in dieser Stunde unglücklich sind. Mir wird bewußt, daß jetzt Menschen hungern und vor Hunger sterben, daß andere gefoltert werden und geschunden, daß wieder anderen die Armut jede Hoffnung nimmt; daß andere erniedrigt werden und gehaßt, nur weil sie schwarz sind und nicht weiß wie wir; daß Krieg ist im Libanon und anderswo, an jedem Tag, auch heute in dieser Stunde – das kann ich nicht vergessen. Kain, wo ist dein Bruder Abel?

Ich denke an die Menschen in Südafrika, von denen wir in diesen Tagen so Bedrückendes hören und an die wir heute in der Fürbitte denken. Ich denke daran, daß vielen Menschen das Recht, in Freiheit zu leben, versagt wird; daß Rassentrennung Haß und Gewalt, aber auch Angst und Verzweiflung hervorruft. Aber ich sehe auch den Nichtseßhaften vor meiner Wohnungstür, der zugleich Alkoholiker ist, dem ich etwas zu essen gebe und ein paar Mark, die er dann doch wieder vertrinkt.

Kinder können das alles vergessen, im nächsten Augenblick wieder unbefangen fröhlich sein. Wir aber wissen – denn wir sind erwachsen –, wir

---

272 Karl-Fritz Daiber/Hans Werner Dannowski u. a.: Predigen und hören. Bd. 1. München, 1980, S. 66 ff. Es handelt sich um eine Predigt, die im Rahmen einer Gottesdienstbefragung ausgewertet wurde. Sie wurde in einer Großstadtgemeinde gehalten. Der Pastor gehört zu der Gruppe der 30–39jährigen.

sind nicht ohne Schuld an dem, was ringsherum geschieht – in unserer Stadt, in unserem Land, in unserer Politik, in unserer Kirche, in der ganzen Welt. Das alles ist in unsere Hand gelegt, in meine und Ihre. Wir können zwar vergessen, aber es bekommt uns nicht. Kain, wo ist dein Bruder Abel?

Und dann beschäftigt mich die andere Frage unserer Erzählung, die von der ersten nicht zu trennen ist, die trotzige und doch schuldbewußte Reaktion des Kain: Soll ich meines Bruders Hüter sein? Und diese Frage kommt bei mir so an: Kann ich die Verantwortung übernehmen, die von mir erwartet wird? Ist sie nicht zu groß? Kann ich ihr gerecht werden?

Und ich denke wieder an Südafrika. Ich schließe mich mit vielen Menschen in der Fürbitte zusammen. Aber ich spüre: Das reicht nicht aus. Aus dem Gebet müßte die Tat erwachsen. Ich müßte darüber hinaus etwas tun.

Und ich denke auch an den Nichtseßhaften vor meiner Tür. Ich schicke ihn weiter zur Beratungsstelle in der Schaumburgstraße um die Ecke. Es ist gut, daß es diese Beratungsstelle gibt. Aber ich schiebe den Menschen, der Hilfe braucht, zugleich von mir weg und bin ihn los.

Soll ich meines Bruders Hüter sein? Hat es Sinn? Ist es nicht ein Tropfen auf den heißen Stein, wie wir zu sagen pflegen?

Wie geht die Erzählung nun weiter? Sie bietet kein Patentrezept, keine fertigen Antworten. Es löst sich nicht alles in Wohlgefallen auf. Es wird nichts beschönigt. Unstet und flüchtig wird das Leben des Kain sein. Kein Paradies. Wir werden damit leben müssen mit der Ungerechtigkeit, dem Haß, der Lieblosigkeit, wir können das alles nicht so ohne weiteres von uns abschütteln.

Und wir werden leben müssen mit den Fragen, die in unserem Gewissen wach werden und mit der Schuld, an der wir irgendwie Anteil haben. Und wenn wir sie unterdrücken, wird es uns nicht bekommen. Also bleibt alles beim alten?

Aber wenn ich weiterlese, merke ich, daß unsere Erzählung nun doch einen überraschenden Fortgang nimmt. Da wird nicht erzählt, daß Kain resigniert, daß er aufgibt, daß ihm alles egal ist. Nein: Gott macht ein Zeichen an Kain. Und das heißt doch: Gott läßt diesen Kain nicht einfach laufen. Das Zeichen Gottes wird ihn begleiten. Gott wird ihn nicht alleinlassen, ihn nicht fallenlassen. Er ist nicht der Gott, der nur fordert: Wo ist dein Bruder? und den Menschen dann mit seinen Bemühungen alleinläßt. Er ist nicht der Gott, der sagt: Mensch, nun siehe du zu! Gottes Zeichen wird Kain begleiten. Gott will mit ihm unterwegs sein. Er will der Gott sein, der mitempfindet, der Verständnis hat, ja, der mitleidet.

Und nun merke ich: Diese Erzählung von Kain und Abel hat eine Fortsetzung. Und sie führt mich ins Neue Testament. Dort lerne ich diesen Gott kennen, der mit mir unterwegs ist. In der Erzählung vom verlorenen

Sohn wird mir von ihm erzählt. Es ist der Gott, dessen Liebe zum Menschen offenbar zu groß ist, als daß er ihn zugrunde oder in die Irre gehen ließe. Es ist der Gott, dem unsere Zukunft wichtiger ist als die belastende Vergangenheit. Es ist der Gott, der uns als seine Kinder gelten läßt, so wie wir sind, der uns die Angst nimmt und uns neue Freiheit schenkt.

Wenn ich diese Fortsetzung lese, erfahre ich: Dieser Gott begegnet mir in der Person Jesu Christi. Jesus konnte das, sich dem Bruder zuwenden, ohne Vorbehalte, von ganzem Herzen und mit allen Kräften: Einen Kranken heilen, Hungernden zu essen geben, beim Anblick einer Ungerechtigkeit gerecht sein und für die Gerechtigkeit eintreten. Er konnte es, weil er sich als Kind Gottes wußte, weil er Gott an seiner Seite wußte, weil er sein Leben in Gottes Hand wußte. Und Jesus tritt mit jedem Wort und jeder Tat und mit seinem Leben dafür ein, daß dieser Gott auch unser Gott ist, der mit uns unterwegs ist. Das erfahre ich, wenn ich die Fortsetzung der Erzählung von Kain und Abel lese; daß ich nicht anders sein muß, als ich bin, daß ich gebraucht werde so, wie ich bin.

Jetzt fange ich an, die Frage: Kain, wo ist dein Bruder Abel? anders zu hören. Die belastet mich nicht mehr. Ich sehe in ihr für mich eine großartige Chance: Ich darf mich dem Menschen zuwenden, der mich braucht und auf mich wartet. Ich darf meine Gaben, meine Hände, mein Herz und meine Phantasie für ihn einsetzen.

Ich denke wieder an die Menschen in Südafrika. Ich fange an, für sie zu beten. Ich fange an, für ihr Recht einzutreten und unsere Kirchenleitung und Politiker auf das Unrecht, das dort geschieht, aufmerksam zu machen. Ich fange an, darauf zu achten, daß sich in meiner Umgebung ausländischen Arbeitnehmern gegenüber nicht die gleiche Menschenverachtung und Lieblosigkeit breitmachen.

Ich beginne, den Nichtseßhaften vor meiner Tür mit anderen Augen anzusehen und ernsthaft zu überlegen, wie ich ihm helfen kann. Ich weiß: Schwierigkeiten werden dasein. Von Enttäuschungen und Resignation werde ich nicht frei sein. Die Verantwortung wird nicht geringer werden. Aber ich weiß: Gott ist mit mir, mit meinem Reden und meinem Tun. Was ich nicht schaffe, was mich entmutigt und bedrückt, das darf ich getrost Gott anvertrauen. Er wird andere Menschen finden, ermutigen und beauftragen.

Das könnte geschehen, liebe Gemeinde, bei mir und bei Ihnen, wenn wir die Erzählung von Kain und Abel und ihre Fortsetzung hören. Darum wollen wir Gott bitten.“

Diese Predigt enthält eine Fülle von Eigentümlichkeiten, die sich bei der Behandlung von ethischen Themen in gegenwärtigen Predigten finden, und ist von daher ein Lehrstück. Zunächst der Aufbau der Predigt. Sie hat vier große Teile. Es beginnt mit der Beschreibung der Forderung Gottes, gleichsam der primus usus legis. Als zweites könnte man den usus secundus, den zweiten Gebrauch des Gesetzes entdecken. Können wir dieser Forderung gerecht werden? Als drittes folgt das Evangelium und schließlich kommt der tertius usus legis, das Handeln des Angenommenen. Entschlossen steuert die Predigt zu Beginn auf den Satz: Kain, wo ist dein Bruder Abel los. Der Prediger spürt, daß diese Frage nicht nur an Kain gestellt ist. Er verläßt damit sofort den biblischen Kontext und macht den Satz zu einer Frage an sich und die Hörer. Gott fragt den Menschen nach seiner Verantwortung für andere. In einem großen Aufzug folgen nun alle jene Abels, nach denen Gott uns fragt. Ihr Leben, ihr Glück, ihre Sorge darf uns nicht egal sein. Ich nenne nur die Stichworte: Das Leid, das wir einander zufügen/Ungerechtigkeit/Lieblosigkeit/Haß/Menschen, die jetzt unglücklich sind/Hunger/vor Hunger sterben/gefoltert werden/geschunden/in Armut ohne Hoffnung/erniedrigt/ gehaßt, weil schwarz und nicht weiß/durch den Krieg im Libanon gequält/ Bedrückendes von Menschen in Südafrika, denen das Recht, in Freiheit zu leben, versagt wird/Rassentrennung/Gewalt/Angst/Verzweiflung/der Nichtseßhafte vor meiner Wohnungstür/Alkoholiker zugleich. Ein Rundblick auf alle Schrecken der Welt. Der Schlüsselsatz ist: „Wir sind nicht ohne Schuld an dem was ringsherum geschieht, in unserer Stadt, in unserem Land, in unserer Politik, in unserer Kirche, in der ganzen Welt. Das alles ist in unsere Hand gelegt, in meine und Ihre."

Ich muß diesen Satz mehrmals lesen. Nach dieser massiven Schilderung der Anfrage Gottes an uns folgt so etwas wie der usus secundus des Gesetzes. Das Gesetz fordert nicht nur, es entlarvt auch unsere Unfähigkeit, unser Versagen. Ich tue ja manches, aber es reicht nicht aus. Etwas überraschend schließt der Prediger aus dem Satz „unstet und flüchtig wird das Leben des Kain sein," daß wir mit der Schuld leben müssen, „an der wir irgendwie Anteil haben". Dann folgt als drittes das Evangelium. Es läßt sich am Kainszeichen festmachen. Es ist nicht nur der fordernde Gott, sondern der begleitende, der mitempfindet, der mitleidet. Damit ist der Übergang zum Neuen Testament gegeben. Der verlorene Sohn wird knapp angedeutet. Gott ist unsere Zukunft, wichtiger als unsere belastete Vergangenheit. Er läßt uns gelten so wie wir sind, nimmt uns die Angst und schenkt uns neue Freiheit. Das war der erste Durchgang des Evangeliums. Es folgt eine etwas undeutliche Passage, in der Christus als Exempel dargestellt wird, der das alles kann, was wir tun sollten: Sich dem Bruder zuwenden, Kranke heilen, Hungernden zu essen geben, für Gerechtigkeit eintreten. Aber er ist auch der erhöhte Christus, der für uns eintritt, dafür eintritt, daß Gott mit uns unterwegs ist. Das Evangelium sagt: „daß ich nicht anders sein muß, als ich bin, daß ich gebraucht werde, so wie ich bin".

Nun folgt der dritte Gebrauch des Gesetzes. Plötzlich belastet den Prediger die Frage, wo ist dein Bruder Abel? nicht mehr. Er sieht in ihr für sich eine „großartige Chance". Er „darf" das alles tun, was nötig ist. Der Prediger redet offenbar in dieser Weise, wie auch im folgenden im überpersönlichen

Ich-Stil und im Indikativ, um dem Hörer zu suggerieren, daß die nun folgenden Handlungsanweisungen noch etwas vom Evangelium sind. Er nimmt an Konkretionen noch einmal Südafrika auf. Dafür soll gebetet werden. Für das Recht der Menschen in Südafrika soll eingetreten werden, und unsere Kirchenleitung und Politiker sollen auf das Unrecht, das dort geschieht, aufmerksam gemacht werden. Der Christ soll darauf achten, daß sich in seiner Umgebung ausländischen Arbeitnehmern gegenüber nicht die gleiche Menschenverachtung und Lieblosigkeit breitmachen. Der Nichtseßhafte vor der Tür soll mit anderen Augen angesehen werden, und es soll überlegt werden, wie ihm zu helfen ist. Hier redet der Prediger von Schwierigkeiten, Enttäuschungen und Resignation. Aber er ist nicht entmutigt. „Gott ist mit mir."

Die Predigt ist im Rahmen eines Forschungsprojektes ausgewertet worden. Die Hörer haben Fragebogen ausgefüllt. Eindruck der Hörer: „Der Vortrag wird von den Hörern als überdurchschnittlich gut und dynamisch gesprochen beurteilt. Die Predigt selbst wird als beweglicher, aussagekräftiger, lebensnäher, unkonventioneller, sehr viel engagierter, sehr viel kirchenkritischer, dabei auch als zurückhaltender empfunden als viele andere. Die Hörer schildern sie als fortschrittlicher, beruhigender, sachlicher, stärker auf den Text bezogen als dies gemeinhin geschieht."

Eine Expertengruppe macht einige Beobachtungen an der Predigt: „Die Experten sehen unterdurchschnittlich viele kognitive Elemente, sehr viel stärker als im Durchschnitt dagegen emotionale und handlungsanweisende Elemente. Sie beschreiben die Predigt als eine, die den Konsens mit den Hörern hinsichtlich der Geltung der biblischen Überlieferung in schwächerem Maße voraussetzt und die zusammen mit dem Hörer die Wahrheit der Überlieferung in stärkerem Maße als üblich zu entdecken sucht." Als Gesamteindruck wird zur Predigt festgestellt: „Der Inhalt dieser Predigt entspricht den Ansichten der Hörer überdurchschnittlich und wird als entsprechend gut beurteilt."

Wie es bei einer quantitativen Analyse notwendig ist, sind die Urteile standardisiert und von daher verständlicherweise allgemein. Es ist jedoch unschwer zu erkennen, daß eine solche Predigtbeurteilung der Eigentümlichkeit einer solchen Predigt nicht einmal annähernd gerecht werden kann. Dabei ist zusätzlich zu bedenken, daß eine Hörerbefragung zur Beurteilung einer Predigt sehr differenziert betrachtet werden muß. Der Predigthörer geht nicht in den Gottesdienst, um eine Predigt zu beurteilen. Ihn interessiert auch nicht die Predigt als gelungene oder mißlungene Leistung des Predigers. Er kommt, um Gottes Wort für sich und für die Gemeinde zu hören. Er erwartet, daß ihn dieses Wort anspricht. Dieser Ansprechvorgang ist nur zu einem Teil abhängig von der Machart der Predigt. Wenn der Hörer angesprochen worden ist, dann ist das ein hochkomplexes Geschehen aus seiner eigenen religiösen und sonstigen Biographie, seiner gegenwärtigen Situation, dem gottesdienstlichen Geschehen, den Menschen, die dort zusammen sind, der Predigt, dem Bibeltext, dem Ansehen und Aussehen des Predigers, seiner Stimme, der Assoziationen, die das abruft usw. Eine Hörerbefragung sagt somit gleichzeitig etwas über den Hörer wie über den Prediger. Freilich überraschend und nachdenklich machend ist der Satz: „Stärker auf den Text bezogen als das gemeinhin geschieht." Was geschieht gemeinhin sonst mit dem Text, wenn dies hervorgehoben wird?

Einige Hinweise zur Predigt: Im Sinn der biblischen Predigt ist es natürlich ein Jammer, daß der Prediger durch das zielsichere Ansteuern des Satzes: „Kain, wo ist dein Bruder Abel" sofort den Bibeltext verläßt und zu dieser bei uns kulturell vermittelten allgemeinen Frage übergeht. Der Satz ist damit aus seinem Kontext herausgerissen und kann nicht mehr reden. Er wird ein Plakat. *Seine isolierte Vergegenwärtigung zerstört die biblische Erzählung.* In der Erzählung fragt Gott mit diesem Satz den Brudermörder nach seinem Bruder. Der Satz ist Teil einer langen Geschichte zwischen Kain und Abel. Eine, wenn man so will, archetypische Geschichte. Eine Geschichte, in der gezeigt wird, wie ich bin, in konkret vorstellbaren Erzählschritten. Wenn man solche Erzählschritte sorgfältig mitgeht, durchdenkt, miterlebt, wird sowohl der Text wie das Leben des Exegeten erschlossen.

Solcher Umgang mit dem Text ist natürlich kein Gesetz, nur eine Chance. Es läßt sich auch mit dem isolierten Satz: Kain, wo ist dein Bruder Abel, sachgemäß predigen. Allerdings zeichnet der Prediger nun sein Schreckensgemälde. Schon die Aufreihung zeigt, hier wird zuviel zu ungenau auf einen Haufen geworfen. Themen sind: Allgemeine Lieblosigkeit, der Welthunger, der Krieg im Libanon, Südafrika, Nichtseßhafte. Am Schluß fallen die allgemeine Lieblosigkeit, der Hunger, der Krieg im Libanon aus. Dafür kommen noch die ausländischen Arbeitnehmer hinzu. Eine Fülle sehr unterschiedlicher ethischer Probleme. Jedes Problem nur angetippt, keiner dieser Hinweise enthält für den Hörer neue wesentliche Informationen. Ist der Prediger an den schrecklichen Ereignissen, die er darstellt, wirklich ernsthaft interessiert? Oder dient dies nur als Anschauungsmaterial für den Satz: Wo ist dein Bruder Abel? Wer so ungenau mit dem Leiden von Menschen umgeht, macht sie zum plakativen Anschauungsmaterial für Gedanken. Er benutzt das Leiden, um beim Hörer ein Schuldgefühl zu erzeugen. Aber wozu? Die schwächlichen Handlungsanweisungen am Schluß rechtfertigen den Anfangsaufwand nicht. Bemerkenswert ist die Omnipotenzphantasie, die sich in die erste Schuldzuweisungspassage eingeschlichen hat: „Das alles ist in unsere Hand gelegt, in meine und Ihre." Der Realitätsbezug läßt hier wohl etwas zu wünschen übrig. Da die Beschreibung der Forderung Gottes pauschal und ungenau ist, kann auch das Lösungsangebot nur undeutlich sein. Die einzig konkrete Aussage ist das Gebet für Südafrika. Schon das Eintreten für das Recht der Menschen in Südafrika bleibt nebelhaft. Wie sollen unsere Kirchenleitung und die Politiker auf das Unrecht, das dort geschieht, aufmerksam gemacht werden? Soll ein Brief geschrieben werden? Liegt der hinten in der Kirche, um unterschrieben zu werden? Soll jeder einzelne einen solchen Brief schreiben? Ist eine Demonstration vorgesehen? Oder gibt es einen gemeindlichen Hintergrund, der diesen für uns unklaren Satz klar macht? Das könnte ja sein. Auch die Äußerung zu den ausländischen Arbeitnehmern wäre in ihrer Allgemeinheit nur erträglich, wenn es konkrete Gemeindeaktivitäten gibt, die dem Satz Fleisch geben. Konkretes – allerdings in überraschender Weise – zeigt sich bei den Nichtseßhaften. Da scheint es ja ein vernünftiges Verfahren zu geben, solche Menschen zu einer Beratungsstelle zu schicken, wo kirchliche Mitarbeiter vermutlich das ihnen Mögliche tun werden. Der Prediger aber problematisiert dies in einer etwas selbstquälerischen Weise. Will er's besser machen als diese Beratungsstelle? Hat er Allzuständigkeitsempfindungen? Er hat aber offenbar schon des öfteren versucht, solchen Nichtseßhaften zu helfen. Ab Freitagnachmittag, wenn die Beratungsstellen geschlossen sind, sind die Pfarrämter beliebte Anlaufstellen. Der Prediger weiß, wie schwierig das ist. Deshalb kommt er nicht weiter als bis zum Ansehen mit anderen Augen und ernsthaftem Überlegen, wie ihm zu helfen ist. Dann aber fällt ihm ein, das wird schwierig sein, und es gibt dabei Enttäuschungen und Resignation. Pfarrer und Pfarrerinnen können davon ein Lied singen. Aber hilft das der Gemeinde?

Gewichtiger noch ist das, was theologisch in der Predigt geschieht. Ist die Forderung Gottes so aufgenommen, daß sie mich im Herzen ergreifen kann? Wenn ich so früh in der Predigt schon erkläre, daß ich mit solchen Problemen leben muß, zerplatzen die großen Vorwürfe wie eine Seifenblase. Wie wird von Christus geredet? Ist er Exempel oder Erlöser oder beides? Ist die Sündenvergebung eigentlich richtig beschrieben? Geht es wirklich darum, daß ich „nicht anders sein muß, als ich bin"? Braucht mich die Frage: Kain, wo ist dein Bruder Abel? nicht mehr zu belasten? Bedeutet nicht Vergebung, daß ich gerade als einer von Gott akzeptiert werde, der ein Versager ist, der schuldig ist? Dem gesagt wird, um dich selbst brauchst du dir keine Gedanken mehr zu machen. Du bist als Person angenommen. Aber über die Welt und über das, was aus ihr als Forderung Gottes dir begegnet, kannst du nun noch viel unruhiger sein und sollst es. Das Evangelium macht in der Tat gelassen im Hinblick auf mich selbst und im Hinblick auf das, was letztlich mit der Welt geschieht. Gott sitzt im Regimente. Das gibt aber doch gerade die Freiheit und die Möglichkeit zum Ungelassensein über die Nöte der Menschen, über die Nöte der Kreatur. Im Grunde steht der Christ, der das Evangelium angenommen hat, genau wie jeder andere vor der Forderung Gottes, seiner Anfrage: Wo ist dein Bruder Abel? Er hat durchs Evangelium allerdings die Freiheit bekommen, sorgfältiger und ohne Sorge um sich und seine Identität auf den anderen zu schauen und Wege zu seiner Hilfe suchen zu können. Der Prediger deutet das an. Aber es bleibt ungenau. Es muß allerdings überlegt werden, ob genauere Handlungsanweisungen wirklich helfen. Der Prediger wird das, was er sagt, nur im Sinne von Modellen aufgefaßt haben wollen, an denen sich die Gemeinde in grundsätzlicher Weise orientieren kann. Das wäre genauer zu bedenken.

Aus dieser Predigt ergeben sich wichtige Hinweise für die Behandlung ethischer Fragen in der Predigt.

1. Ethische Probleme müssen präzise angesprochen werden. Sie müssen sorgfältig an einem Fallbeispiel oder in einer allgemeinen Beschreibung, die die Rahmenbedingungen des Problems aufzeigt, der Gemeinde vor Augen geführt werden.

2. Wenn der Prediger dieses tut, kann er nur einen Ausschnitt aus dem ethischen Problemfeld bringen. Er kann im Grunde nur eine Fragestellung behandeln. Es ist vorstellbar, daß er einen größeren Problemzusammenhang in der Weise aufnimmt, daß er einige globale Hinweise gibt und dann an einem exemplarischen Fall zeigt, was er meint und wie er damit umgehen will. Der große Rundumschlag im Bereich der ethischen Probleme ist vom Hörer nicht ernsthaft aufzunehmen. Schon wenn der Predigthörer eine Aneinanderreihung von Problemen zur Kenntnis nehmen muß, empfindet er unterschwellig, daß der Prediger es nicht ganz ernst meint. Der Prediger will, merkt er, sich diesen Problemen nicht wirklich zuwenden, sondern er will mit Hilfe dieser Probleme nur etwas Allgemeines deutlich machen. Deshalb läßt sich der Predigthörer durch solche gewaltigen Aufzüge von Schreckensbildern auch nicht aus der Ruhe bringen. Er merkt, so schlimm wird es schon nicht werden. Wenn er gar gesagt bekommt, daß alle diese großen Probleme in seiner und des Predigers Hand liegen, dann weiß er, das darf ich getrost überhören, der Prediger wird das schon nicht so ernst meinen.

3. Ethische Probleme dürfen nicht als Beispiele oder gar als Mittel zur Erzeugung von Schuldgefühlen mißbraucht werden. Es ist ein Unterschied, ob ich von Südafrika in allgemeinen Sätzen rede und dies benutze, um eine nicht näher beschriebene Schuldzuweisung an mich und meine Predigthörer vorzunehmen, oder ob ich Menschen vor Augen habe. Ich muß Situationen aufsuchen, in denen der Gemeinde Menschen vor Augen stehen. Es ist nötig, daß ich genaue Informationen habe. Sinnvoll ist es, davon zu reden, wenn ein Mensch verhaftet worden ist, den die Gemeinde oder unsere Kirche kennt. Konkrete Menschen sind keine Beispiele für Gedanken und kein Material zur Schuldzuweisung. Solche Situationen lassen mich fragen, was kann ich denn tun? Das Hineindenken in eine solche Situation ist der erste Teil eines Gebetes. Das Gebet der Christenheit für die Menschen ist eine der uns aufgetragenen Aufgaben. Auch dies ist, wenn es konkret sein soll, schon schwierig. Denn worum sollen wir Gott bitten in solch einer schwierigen Situation?

Ungleich schwieriger ist jedoch die Beschreibung dessen, was getan werden kann. Die Predigt zeigt das deutlich. Es ist die Frage, ob die Predigt der richtige Ort ist, so etwas zu erörtern. Es könnte sein, daß eine Gruppe in der Gemeinde sich sehr intensiv daransetzt, überlegt: Was sollten wir in unserer Situation tun? Dann kann der Prediger darüber berichten, und es zeigt sich, daß die ethische Frage eine die Gemeinde ernsthaft bewegende Angelegenheit ist. Davon kann im Gottesdienst auch genau und anschaulich gesprochen werden. Dann lassen sich Briefe schreiben, Geld für Rechtsanwälte beschaffen, Partnerschaften zwischen Kirchenkreisen in Südafrika und bei uns einrichten, ernsthafte Beziehungen aufbauen.

Entsprechendes wäre zur Frage der Nichtseßhaften zu sagen. Jeder hat sie vor Augen. Jeder hat seine Probleme damit. Es ist die Problematik zu benennen. Der Prediger braucht nicht den Allzuständigen zu spielen. Es ist nach der Qualität der Beratungseinrichtungen zu fragen. Es ist die Schwierigkeit konkret zu benennen, jemanden, der in der Nichtseßhaftenszene lebt, zu integrieren. Es ist möglicherweise, da das Problem unmöglich zu lösen ist, zu zeigen, wie sachgemäßes christliches Verhalten gegenüber dem Nichtseßhaften aussieht, wenn er aus seiner Situation nicht herauszulösen ist und gleichzeitig von uns als einer anzuerkennen ist, dem die Liebe Gottes ebenso gilt wie uns. Die Predigt ethischer Probleme muß zeigen, daß sie beides, die Menschen wie die Probleme, ernst nimmt.

4. Ein besonderes Feld sind die *unrealistischen Handlungsanweisungen* in der Predigt. Predigten lassen sich sehr schön daraufhin untersuchen, wie weit in ihnen Anweisungen enthalten sind, die entweder realistisch oder nicht realistisch gemeint sind, die aber dennoch dazugehören. Ich denke dabei an jenen Satz in der obigen Predigt: „Ich fange an, darauf zu achten, daß sich in meiner Umgebung ausländischen Arbeitnehmern gegenüber nicht die gleiche Menschenverachtung und Lieblosigkeit breit macht." (wie in Südafrika) Dies ist so allgemein, daß man es überhören kann. Es ist nicht deutlich, an welche Situation der Prediger denkt und was ich tun soll. Wollte ich solch einen Satz als ernsthafte Handlungsanweisung sagen, müßte er etwa folgendermaßen heißen: „Ich überlege mir jetzt, wann ich das letzte Mal einen ausländischen Arbeitnehmer gesprochen habe. Ich denke darüber nach, ob ich ihn eigentlich ebenso behandelt habe wie einen deutschen Arbeitnehmer? Ich überlege mir, ob ich ihn gefragt habe, aus welchem Land er kommt? Habe ich eigentlich gefragt, wie es ihm hier bei uns in Deutschland geht? Sprechen wir eigentlich über dergleichen Gespräche und Erfahrungen am Mittagstisch oder beim Abendbrot? Wäre es vorzustellen, daß ich so jemanden, mit dem ich ins Gespräch gekommen bin, einmal bei uns einlade? Aber vielleicht gibt es ganz andere Gedanken, die uns dabei kommen könnten. Jedenfalls wären solche menschlichen Erfahrungen mit Menschen aus anderen Ländern ein gutes

Mittel gegen die Ausländerabneigung bei uns. Sie ist im übrigen auch schrecklich provinziell."

Wer bei solchen ethischen Themen genauer hinschaut, genauer fragt, genauere Aussagen versucht, wird freilich auch angreifbarer. Doch die allgemeine Rede, die in der Abstraktion bleibt, einen Handlungsbedarf signalisiert, ihn aber nicht ernsthaft durchdenkt, ist der Predigt nicht angemessen.

5. Der Prediger sollte nicht den Eindruck machen, als sei die Forderung Gottes grenzenlos. Das kann der Mensch nicht tragen, deshalb wird er es „weghören".

Nun wirkt aber Gottes Forderung offensichtlich so, als sei sie grenzenlos. Deshalb müssen wir das ausführlicher bedenken. „Und siehe, da stand ein Schriftgelehrter auf, versuchte ihn und sprach: Meister, was muß ich tun, daß ich das ewige Leben ererbe? Er aber sprach zu ihm: Was steht im Gesetz geschrieben? Was liest du? Er antwortete und sprach: ‚Du sollst den Herrn, deinen Gott lieben, von ganzem Herzen, von ganzer Seele, von allen Kräften und von ganzem Gemüt, und deinen Nächsten wie dich selbst.' (5. Mose 6,5; 3. Mose 19, 18). Er aber sprach zu ihm: Du hast recht geantwortet; tu das, so wirst du leben. Er aber wollte sich selbst rechtfertigen und sprach zu Jesus: Wer ist denn mein Nächster?"

Genau das ist die Frage. Wo ist dein Bruder Abel?, hat der Prediger aus seinem Text gehört, und er fand Abel in der ganzen Welt. Auf die Frage, wer ist denn mein Nächster, antwortet Jesus: „Es war ein Mensch, der ging von Jerusalem hinab nach Jericho und fiel unter die Räuber; die zogen ihn aus und schlugen ihn und machten sich davon und ließen ihn halbtot liegen. Es traf sich aber, daß ein Priester dieselbe Straße hinabzog; und als er ihn sah, ging er vorüber. Desgleichen auch ein Levit: als er zu der Stelle kam und ihn sah, ging er vorüber. Ein Samariter aber, der auf der Reise war, kam dahin; und als er ihn sah, tat er ihm leid; und er ging zu ihm, goß Öl und Wein auf seine Wunden und verband sie ihm, hob ihn auf sein Tier und brachte ihn in eine Herberge und pflegte ihn. Am nächsten Tag zog er zwei Silbergroschen heraus, gab sie dem Wirt und sprach: Pflege ihn; und wenn du mehr ausgibst, will ich dir's bezahlen, wenn ich wiederkomme. Wer von diesen dreien, meinst du, ist der Nächste gewesen dem, der unter die Räuber gefallen war? Er sprach: Der die Barmherzigkeit an ihm tat. Da sprach Jesus zu ihm: So gehe hin und tu desgleichen!" (Lukas 10, 25–37)

Jesus dreht die Frage, wer ist denn mein Nächster, herum zu der Frage, wer ist dem der Nächste geworden, der unter die Räuber fiel. Wenn ich wissen will, was es heißt, meinen Nächsten zu lieben, gehe ich am besten von dem aus, der mich als Nächsten braucht.

Es lohnt sich, einen Augenblick bei diesem zusammengeschlagenen Menschen zu verweilen. Ich stelle mir vor, er kann nicht mehr rufen, so wie er dort liegt, hingeworfen, blutend, der unbarmherzigen Sonne ausgeliefert, ist er, der verstummt ist, der stumme Ruf Gottes an den, der vorübergeht. Die Situation schreit, sie muß zurechtgebracht werden. In dem Gleichnis wird, ohne daß das mit einem Wort gesagt werden muß, deutlich, in, mit und unter solch einer Situation ergeht der Ruf Gottes an mich. Wenn ich Gottes Gebot gehört habe, du sollst deinen Nächsten wie dich selbst lieben, bin ich vorbereitet auf solch einen Ruf. Ich mache ihn nicht, aber ich nehme ihn wahr. Er soll mich im Gewissen treffen. Der Mensch kann sein Gewissen verschließen. Er kann ein derart geprägtes Gewissen haben, daß er sagt: Juden helfe ich nicht. Jesus zeigt durch das Arrangement dieser Szene, was die sachgemäße Reaktion auf Gottes Forderung, die mir durch die Situation begegnet ist.

Dies ist die Grundsituation für alles ethische Handeln. Sie ist nicht überholbar, sie ist auch nicht überholungsbedürftig, auch wenn einige Fragestellungen in ihr nicht enthalten sind. Sie kann aber mühelos für solche Fragestellungen stehen.

Wir haben in diesen Jahren gelernt: Nicht nur ein Mensch kann unter die Räuber fallen, auch die Natur kann an der Ausbeutung des Menschen zugrundegehen. Dies gehört mit zu den möglichen Situationen. Martin Luther King hat darauf hingewiesen, daß man auf die Dauer nicht immer nur dem einen helfen kann, der unter die Räuber fällt, sondern daß man die ganze Straße nach Jericho, vielleicht sogar die ganze Gesellschaft so verändern muß, daß kein Mensch mehr unter die Räuber fällt. Jeder weiß, wie schwierig das ist. Dies ist der Hinweis darauf, daß der von Jesus geschilderte Fall aussieht, als meine er nur die individuelle Einzelfallhilfe und als sei die notwendige Strukturänderung etwas ganz anderes. In der Tat liegen hier sehr viel schwierigere Probleme vor. Dennoch sind solche strukturellen Fragen in dem Gleichnis voll enthalten. Es gehen zwei angesehene Tempelbeamte vorbei, und derjenige, der hilft, ist ein verachteter Samaritaner. Eine ganze Reihe von sozialpsychologischen und sozialgeschichtlichen Problemen Palästinas zur Zeit Jesu sind in diesem Gleichnis versammelt. Darüber hinaus ist zu bedenken, auch die sozialethische Fragestellung ist im Bereich der Predigt ein auf den einzelnen bezogenes Problem. In der Predigt geht es darum, daß der einzelne Hörer im Herzen getroffen wird. Daß er eine Erkenntnis über eine individuelle Not oder eine strukturelle Not als seine Erkenntnis übernimmt und bereit gemacht wird zum Handeln. Dies kann dann gemeinsames Handeln der Gemeinde sein. Immer aber muß der Einzelne angesprochen werden, und er muß sich zu solchem gemeinsamen Handeln mit entscheiden.

Es kann auch darauf hingewiesen werden, daß in diesem Gleichnis das wichtige Problem der Pflichtenkollision nicht direkt angesprochen wird. Oftmals sind wir nicht nur einem Ruf Gottes ausgesetzt, einer Verantwortlichkeit, sondern wir müssen zwischen Verantwortlichkeiten abwägen. Im Gleichnis wird dies in der Tat nicht thematisiert, auch wenn man sich solch eine Pflichtenkollision zur Entlastung des Priesters und Leviten zurechtlegen könnte. Aber das steht dort nicht. In der Tat stellt die Pflichtenkollision ein Problem dar, wie sich noch zeigen wird.

Nimmt man die Erzählung Jesu als ein Bild für die Forderung Gottes, so zeigt sich, diese Forderung ist unvorhersehbar, sie ist an jeden Menschen gerichtet, sie läßt sich prinzipiell nicht begrenzen.

Nun trifft dieses bei der Predigerin und dem Prediger in eine Gemütsverfassung, die ihnen gut bekannt ist. Die Grenzenlosigkeit der Forderung Gottes mischt sich mit der Grenzenlosigkeit der Arbeitsanforderung an Pastor und Pastorin. Zu den Eigentümlichkeiten dieses Berufes gehört, ob einem das gefällt oder nicht, daß der Amtsträger immer das Empfinden hat, es wäre noch viel mehr zu tun. Hier müßten eine ganze Reihe von Besuchen gemacht werden, man müßte einmal mit der Jugend neu anfangen, die Konfirmandeneltern müßten versammelt werden, das Mittelalter ist nicht sachgemäß zu erreichen, um die Arbeiter sollte man sich mehr kümmern, usw. Pastorinnen und Pastoren reagieren unterschiedlich darauf. Die einen schütteln solche ständig im Hintergrund vorhandene Arbeitsanforderung ab und beschränken sich auf das, was sie schaffen, andere nehmen sich das zu Herzen und reagieren je nach Charakter als Allroundmanager oder depressiv, usw. Solche Reaktion zeigt sich dann auch in der Predigt, wie wir sehen. Die hybride Allzuständigkeitsvorstellung wird in der Predigt auf die Gemeinde übertragen. Nun ist das Problem, daß es dafür heutzutage gute Gründe gibt. Die Frage, wer ist denn mein Nächster, wird von uns heute auf einen Hintergrund gestellt, den der Prediger besonders stark empfindet, den aber auch die Predigthörer ähnlich kennen. Wir sind, was das Leiden von Menschen und die Folgen von Katastrophen, von Kriegen, von politischer Unterdrückung, von wirtschaftlicher Not angeht, bald in der Nähe der Allwissenheit. Was da regelmäßig an Informationen sehr unterschiedlicher Qualität, aber doch so, daß man es sich in vielen Fällen vorstellen kann, durch Fernsehen, Radio, Zeitung und Zeitschrift auf uns einströmt, ist kaum zu verarbeiten. Der am Wege liegende blutende Nächste, der unsere Hilfe braucht, wird uns durch ein den Planeten umspannendes Nachrichtenwesen ständig frei Haus geliefert. Sind jene Menschen, die wir aus Südafrika oder Brasilien oder Afghanistan sehen und hören, Nächste? Sollen wir uns das zu Herzen nehmen, oder sollen wir das abwehren? Sollen wir sagen, dafür sind andere zuständig, mögen die sich darum kümmern?

Es gibt zweifellos so etwas wie eine abgestufte Verantwortung. Aber zunächst einmal muß man sagen, daß wir in ungerechte Verhältnisse auf eine unglaubliche Weise verstrickt sind. Wir haben das in diesen Jahren gelernt, wie durch die Verhältnisse auf dem Weltmarkt fast alles, was wir essen, anziehen und fahren, um nur einiges zu nennen, verflochten ist auf eine komplizierte Weise mit notleidenden Menschen in anderen Ländern. Ob man über die „Früchte der Apartheid" nachdenkt, die Näherinnen der billigen Kleidungsstücke vor Augen hat, sich über den Kakaopreis informiert oder Fleisch ißt, das angeblich siebenmal mehr pflanzliche Stoffe verbraucht, immer sind wir verflochten mit Ländern, in denen Menschen elend leben.

Dazu kommt, wir können in einer Demokratie nicht den Landesvater für die Verhältnisse verantwortlich machen. Zwar sind die Einflußmöglichkeiten des einzelnen, seine Beteiligung an der Macht, auf Wahlen begrenzt. Da wir aber in einer Gesellschaft leben, in der sich die Stimmung, die politische Einstellung der Bürger – manchmal kurzfristig, meist langfristig – stark auf politische Entscheidungen auswirkt, sind wir beteiligt und verantwortlich. Hinzu kommt, daß wir jeder eine Fülle von Beispielen nennen könnten, wo Hilfe für Einzelne und Bevölkerungsgruppen in fernen Ländern durch spontane Hilfsaktionen, durch stetig arbeitende Einrichtungen wie „Brot für die Welt" oder „Misereor" zustandekam. Wir können also beim besten Willen nicht sagen, ferne Nächste interessieren uns nicht. Wir verhalten uns faktisch nicht so, und wir dürfen es auch nicht.

Aber beim genauen Hinsehen ist nicht nur die Fülle der Anforderungen aus der Ferne das Problem, sondern auch, wie ich den Erfordernissen in unserer nächsten gesellschaftlichen Umwelt gerecht werde. Die Predigt nennt die Nichtseßhaften, die ausländischen Arbeitnehmer, Arbeitslose, Einsame und Kranke, und viele andere ließen sich mühelos hinzufügen. Was macht der Prediger, damit die Forderung Gottes nicht grenzenlos wirkt und dadurch unwirksam wird?

Ich nenne ohne Anspruch auf Vollständigkeit einige Lösungsversuche. Der gewichtigste liegt sicher in einer grundsätzlichen Zuweisung von Zuständigkeiten.

Ein solcher Versuch der Zuweisung von Zuständigkeiten ist Luthers Zwei-Regimenten-Lehre. (Ich rede lieber von den zwei Regimenten als von den zwei Reichen, weil bei dem Wort Regiment deutlicher ist, daß es um Regierweisen Gottes geht.) Es soll an dieser Stelle nun nicht das Verhältnis von Zwei-Reiche-Lehre und Königsherrschaft Jesu Christi und die jeweils damit verbundenen Kontroversen beschrieben werden.[273]

Richtig verstanden brauchen die beiden Versuche, die Verantwortung des Christen in der Welt zu klären, nicht als einander ausschließend aufgefaßt zu werden. Der Grundgedanke ist, daß Gott auf zweierlei Weise die Welt vor dem Chaos bewahrt: Durch die Predigt des Wortes Gottes in Gesetz und Evangelium regiert er die Herzen und schafft durchs Evangelium befreite Menschen, die der Welt zu ihrem Nutzen dienen. Durch das weltliche Regiment, unter dem man nicht nur den Staat versteht, sondern alle das Chaos verhindernden Ordnungskräfte, wie die Welt der Berufe, das Amt der

273 Joachim Rogge/Helmut Zeddis (Hrsg.): Kirchengemeinschaft und politische Ethik. Berlin (DDR), 1980

Eltern, das Amt der Kinder usw., sorgt Gott dafür, daß äußerlicher Friede erhalten bleibt und bösen Werken gewehrt wird. „Darum muß man diese beiden Regimente mit Fleiß scheiden und beides bleiben lassen: Eins, das fromm macht. Das andere, das äußerlich Frieden schaffe und bösen Werken wehret. Keins ist ohne das andere genug in der Welt."[274]

Wichtig ist hier der Satz: Keines ist ohne das andere genug in der Welt. Das heißt, diese Unterscheidung der beiden Regimente ist nur möglich, wenn man ihre Beziehung aufeinander ebenfalls sieht. Zunächst würde diese Arbeitsteilung ganz einfach heißen: Wer im normalen Leben tätig ist, ist auf seinen ihm aufgetragenen Bereich anzusprechen. Luther hat ein besonders schönes Beispiel in der schon erwähnten Schrift „Ob man vor dem Sterben fliehen möge, 1527" für solche amtliche Zuweisung vorgelegt. Er äußert sich auf Anfrage dazu, wer bei einer Pest verantwortlich ist, den Pestkranken der Nächste zu sein. Er nennt dazu jene, die im geistlichen Amt sind, wie Prediger und Seelsorger. Sie sind schuldig, in Sterbens- und Todesnöten den Menschen beizustehen und zu bleiben. Auch alle, die in weltlichen Ämtern sind, Bürgermeister, Richter und dergleichen, müssen als weltliche Obrigkeit auch anwesend sein. Aber auch der Knecht soll nicht von seinem Herrn fliehen noch die Magd von ihrer Frau. Umgekehrt soll ein Herr seinen Knecht nicht verlassen noch eine Frau ihre Magd, es sei denn, sie würden beide auf andere Weise versorgt. Ebenso sind auch Vater und Mutter gegenüber den Kindern und umgekehrt die Kinder gegen Vater und Mutter durch Gottes Gebot gebunden. Alle öffentlichen Personen, wie der Stadtarzt, der Stadtdiener, die Söldner müssen trotz Pest in der Stadt bleiben. Es ist interessant, wie Luther dann im weiteren Nachdenken diese amtlichen Aufgaben ausweitet. Vormünder müssen für ihre Schutzbefohlenen dableiben, befreundete Familien müssen sich gegenseitig versorgen, ja es darf kein Nachbar vom anderen fliehen, wenn nicht Menschen da sind, die die Kranken an ihrer Statt warten und pflegen können. Nur wer solche Verpflichtungen nicht hat, und das ist die Voraussetzung, wenn genug vorhanden sind, die die Kranken pflegen und versorgen, dann ist es freigestellt zu fliehen oder zu bleiben, wie einer es mag und wie mutig und stark er im Glauben ist.

Dieser Versuch einer Zuordnung, wer dem unter die Räuber bzw. unter die Pest Gefallenen helfen soll, bedeutet, bei Aufrechterhaltung der Forderung Gottes eine gewisse Beschränkung der Grenzenlosigkeit der Forderung. Sie bleibt freilich noch immer bedrängend genug.

In diesem Zusammenhang ist auf die Denkschrift der EKD „Evangelische Kirche und freiheitliche Demokratie, der Staat des Grundgesetzes als Angebot und Aufgabe"[275] hinzuweisen. Das Besondere an dieser Denkschrift ist,

---

274   Martin Luther: Von weltlicher Obrigkeit. (1523) WA 11; 252
275   Evangelische Kirche und freiheitliche Demokratie. Der Staat des Grundgesetzes als Angebot und Aufgabe. Gütersloh, 1985

daß sie neben dem Versuch, die Nähe des der Demokratie zugrundeliegenden Menschenbildes zur Gottesebenbildlichkeit und zur Rechtfertigungslehre aufzuzeigen, besonders ein neues Verhältnis des evangelischen Christen zum demokratischen Staat dadurch begründet, daß der lutherische Berufsgedanke auf die politische Existenz des Christen angewandt wird.

„Nach evangelischem Verständnis gehört die politische Existenz des Christen zu einem weltlichen Beruf. Christliche Bürger sind deswegen hier nach ihrer Berufserfüllung gefragt. Im Beruf kommen nach evangelischem Verständnis seit Luther eine weltliche Aufgabe und die Verantwortung vor Gott zusammen. Der weltliche Beruf kann dem Christen nicht gleichgültig sein, weil er etwa mit seinem Glauben nichts zu tun hätte. Auch im weltlichen Beruf sind wir von Gott beansprucht. Denn er ist ein Ort, an dem die Nächstenliebe geübt werden soll, die danach fragt, was dem Nächsten und der Gemeinschaft dient und nützt. Der Ruf zur Nächstenliebe fordert also sehr nüchtern auch die Bereitschaft zur Übernahme politischer Verantwortung."[276] Die Denkschrift weitet hier die Mitverantwortung des Christen für die Demokratie mit Recht so weit aus, weil im Hinblick auf die Meinungsbildungsprozesse, die politisch wirksam werden, sich niemand völlig solcher Aufgabe entziehen kann. „Christen verstehen ihre politische Existenz als den ihnen von Gott zugewiesenen Beruf im Alltag der Welt, sei es als Bürger und Wähler, Mitglied einer Partei oder Mandatsträger. Deshalb sind sie bereit, konstruktiv an der offenen demokratischen Diskussion teilzunehmen und einen demokratischen Grundkonsens immer neu zu erarbeiten und zu befestigen, innerhalb dessen nach dem Maß menschlicher Einsicht der politische Streit, auch unter Christen, ohne Schaden ausgetragen werden kann."[277]

Nach der Arbeitsteilung der Zwei-Regimenten-Lehre hat die Kirche nicht den Auftrag, in der Politik selbst tätig zu sein.[278] Allerdings gilt: „Die Predigt der Kirche richtet sich an alle Christen und darüber hinaus an alle Menschen im politischen Leben. Auch die Predigt unterliegt der Kritik. Ihre Aufgabe ist es nicht, ein eigenes politisches Programm zu verkündigen, wohl aber

---

276 Denkschrift, a. a. O., S. 22
277 Denkschrift, a. a. O., S. 45
278 Siehe auch die V. These der Barmer Theologischen Erklärung (1934): „Fürchtet Gott, ehret den König." (1. Petrus 2,17). Die Schrift sagt uns, daß der Staat nach göttlicher Anordnung die Aufgabe hat, in der noch nicht erlösten Welt, in der auch die Kirche steht, nach dem Maß menschlicher Einsicht und menschlichen Vermögens unter Androhung und Ausübung von Gewalt für Recht und Frieden zu sorgen. Die Kirche erkennt in Dank und Ehrfurcht gegen Gott die Wohltat dieser seiner Anordnung an. Sie erinnert an Gottes Reich, an Gottes Gebot und Gerechtigkeit und damit an die Verantwortung der Regierenden und Regierten. Sie vertraut und gehorcht der Kraft des Wortes, durch das Gott alle Dinge trägt . . .

politische Programme daraufhin zu befragen, wie sie sich mit dem Gebot Gottes vertragen.“[279]

Das bedeutet also für den Prediger, daß er nun doch fast grenzenlos die Forderungen, die durch hungernde Menschen, durch mangelnde Gerechtigkeit, durch eine zerstörte Natur als Gottes Forderungen erkennbar sind, in der Predigt zur Sprache bringen muß.

Wie geht der Prediger damit um? Wenn er solche Forderungen ernst nimmt, kommt er schnell an seine Grenzen. Sie werden ihm vielleicht nicht klar. Aber in solch einer wie der vorliegenden Predigt zeigt sich sehr deutlich, wie der Prediger das Verhältnis von Anforderung und Machbarkeit sieht. Er fordert sehr viel mehr, als er nachher in konkrete Handlungshinweise umsetzen kann.

Fast notwendigerweise reagiert der umsichtige Prediger auf die grenzenlose Forderung Gottes mit Entlastungsmechanismen. Dazu wird man zunächst sagen müssen, das ist sachgemäß. Wer für alles zuständig sein will, ist für nichts zuständig.

Ich erzählte einem Pfarrer von diesen Überlegungen. Er sagte: Das habe ich auch jahrelang gemacht. Ich habe versucht, mich über jede wichtige Herausforderung ihrem Gewicht entsprechend aufzuregen und Aktionen und Hilfsmaßnahmen zu überlegen. Ich habe inzwischen gemerkt, dahinter steckt die pastorale Unfähigkeit der Delegation von Aufgaben und die pastorale Hybris, zu meinen, man könne sowieso alles besser und es ginge schneller. Es gibt jetzt eine ganze Reihe von Menschen und von Gruppen, die gesagt haben, diese Aufgabe übernehmen wir. Alles, was mit Südafrika zusammenhängt, macht eine Gruppe. Die Friedensfragen bearbeitet eine andere Gruppe. Patenschaften mit Kindern in Indien organisieren Einzelne. Für die Nichtseßhaften haben wir intensive Gespräche mit dem Diakonischen Werk geführt. Die arbeiten dort vorzüglich, soweit es überhaupt möglich ist zu helfen. Wir haben eine Arbeitsloseninitiative. Ich achte darauf, daß möglichst nicht zu viele in mehreren dieser Gruppen sind. Möglichst sollte jeder sich auf eine Sache konzentrieren und von den anderen wissen. In den Gottesdiensten sprechen wir mal den einen Schwerpunkt und mal den anderen Schwerpunkt an.

Dies scheint mir ein gelungener Versuch zu sein, eine „amtliche Zuweisung“ von Zuständigkeiten in der christlichen Gemeinde zu organisieren. Wenn so etwas in einer Gemeinde da ist, wird auch das Ansprechen von Problemen in der Predigt einen ganz anderen Charakter bekommen. Es wird konkreter, und es belastet nicht alle Gemeindeglieder so gleichmäßig, daß sich niemand belastet fühlt. Es wird allerdings nötig sein, sich offenzuhalten für das Unvorhergesehene. Vielleicht hatte der Priester in der Erzählung

---

279 A. a. O., S. 23

Jesu die Leitung einer Beihilfestelle für Witwen und Waisen (was es damals in Jerusalem gab). Sein Vorübergehen an dem dort Liegenden, für den kein anderer Zuständiger erkennbar war, war dennoch schuldhaft.

Die von mir angedeutete Lösung einer amtlichen Arbeitsteilung innerhalb der christlichen Gemeinde ist ein Idealbild. Aber möglicherweise doch eines, das anzustreben ist. Es ist deshalb nötig, damit nicht andere Entlastungsmechanismen Platz greifen.

Odo Marquard hat in einer Reihe von Aufsätzen darauf hingewiesen, daß eine Menschheit, die von Gott nicht mehr reden kann und aufgrund technischer Weltbewältigung zu Allmachtsphantasien neigt, unter den Druck gerät, selber an Gottes Stelle treten zu müssen. „Die Menschen werden dann selber das Absolute . . . Inzwischen – im Zeitalter der Kommunikation . . .“ sei diese Menschheit „zur absoluten Kommunikationsgemeinschaft, zum absoluten Über-Wir“ geworden. Es wird „alles durch die Menschen gemacht“. „Aber diesem . . absoluten Machen fehlt . . . die Allmacht; darum bewirkt es, was es nicht will. Die Folgen und Nebenfolgen entziehen sich seiner Kontrolle; sie werden unverfügbar . . . Darum wird – im Zeitalter des . . . Machenseifers der Menschen – das Gutgemeinte nicht das Gute; das absolute Verfügen etabliert das Unverfügbare; Resultate kompromittieren die Intentionen; und die absolute Weltverbesserung gerät zur Weltkonfusion . . . Darum kommt es zur großen Kultur der Ausreden, zur Hochkonjunktur von Entschuldigungsarrangements, zu einem exorbitanten Sündenbockbedarf, kurzum: zur Kunst, es nicht gewesen zu sein. Beliebtes Vielzweckalibi ist die Gesellschaft; und die Gesellschaft: das sind die anderen. Denn wo es schiefgeht, sind modern zwar die Menschen es – machend – gewesen, aber stets nur die anderen Menschen.“[280]

Solchen Schuldzuweisungen kann man auch in Predigten gelegentlich begegnen. Dort sind es in anonymer Form die Herrschenden, die Mächtigen, die Regierenden, das Weltwirtschaftssystem, die militanten Kräfte, Kirchenobere, die nicht entschieden genug reden, und ähnliche finstere Gesellen. Das Besondere an der Forderung Gottes allerdings ist, daß sie außer dem Angeredeten keinen weiteren Sündenbock zuläßt.

Einen weiteren Versuch, der grenzenlosen Anforderung auszuweichen, sehe ich in der rationalen Güterabwägung, in der versucht wird, der Pflichtenkollision dadurch zu entgehen, daß möglichst sachlich abgewogen wird, welches ist das größere Übel, wir müssen das kleinere wählen, und damit ist die Sache erledigt. Im Bereich der von uns bisher beschriebenen ethischen Anforderungen würde das heißen: Ich muß zusehen, wie ich die Anforderungen erfülle, die mein alltägliches Leben an mich stellt, daß ich mich um eine Familie sorgen muß, daß ich einen ganz bestimmten Lebensstil in dieser

---

280 Odo Marquardt: Abschied vom Prinzipiellen. Stuttgart, 1981, S. 80–82

Gesellschaft pflegen muß, daß ich bestimmte notwendige Aufgaben habe und nicht unbegrenzt Zeit habe für Leute, die in Nöten sind, und dies miteinander in Einklang bringe. Für die Hungernden, für die Menschen in Südafrika, für die Menschen in Kriegszonen sind viele andere zuständig. Ich habe nur eine ganz geringe Zuständigkeit. Insofern kann ich die vernachlässigen. In der Abwägung des Gewichtes der verschiedenen Anforderungen haben bestimmte Dinge Priorität. Wenn ich das festgestellt habe, kann ich den größten Teil der anderen Anforderungen in Ruhe zu den Akten legen.

Der Prediger kennt diese Situation aus der Vorbereitung der Abkündigung für den Heiligen Abend. Er möchte möglichst zu Herzen gehend für die Kollektenabkündigung werben. Die Gemeinde hat ein Projekt in einem Land der Dritten Welt. Dieses Projekt ist im Gemeindebrief beschrieben. Es hat Hand und Fuß und ist eine hilfreiche Sache. Die könnten dort sehr viel Geld brauchen. Der Prediger malt sich aus, was die versammelte Gemeinde zu diesem Weihnachtsfest wieder an Geld für Geschenke und Eßwaren ausgibt und was in die Kollekte getan werden wird. Er überlegt sich, wie er dieses Mißverhältnis zur Sprache bringen kann. Er weiß, eine ganze Reihe werden, um unvorhergesehenen Einflüssen des Heiligen Geistes vorzubeugen, nur eine bestimmte Summe Geldes mit in den Gottesdienst genommen haben. Dennoch möchte er etwas sagen. Und während er seinen Text formuliert, rechnet er aus, was er selber in der Familie zu Weihnachten ausgegeben hat, wie das Weihnachtsgeld eingesetzt wird, z. T. noch zum Abbezahlen des umfänglichen Urlaubes, stellt fest, daß er selbst mit seiner Kollekte gerade den zehnten Teil solcher Ausgaben erreicht. Und er weiß, daß solche rationale Güterabwägung: – Ich muß schließlich meinen Urlaub haben, und ich will auch ein bißchen Freude im Urlaub haben, die Kinder können nicht so sehr viel schlechter gestellt sein als die Klassenkameraden, sie bekommen schon ein ganzes Stück weniger; und auf der anderen Seite hungernde Menschen, um die sich zwar auch andere kümmern, für die ich nicht allein zuständig bin, die aber dennoch in einer unvergleichlichen Not sind, – nicht verfängt.

Wie immer in der Pflichtenkollision schafft die rationale Abwägung und Wahl des kleineren Übels die Schuldproblematik nicht ab. Es wäre unredlich, würde der Prediger sich auf solch ein Geleise begeben. Es wird aus seinen Überlegungen möglicherweise ein familiär anderer Lebensstil erwachsen, aber auch durch solches Tun wird das Empfinden, der Handlungsaufforderung nur unvollkommen nachgekommen zu sein, nicht verschwinden.

Was bedeutet das für die grenzenlose Forderung Gottes? Es heißt zunächst einmal, sie soll nicht in hybrider Weise (alles ist in unsere Hand gelegt) oder in depressiver Weise (es ist alles so trostlos) aufgenommen werden. In der Predigt sollen vielmehr möglichst viele Punkte gezeigt werden, wie die Gemeinde solchen Anforderungen gerecht werden kann. Es gibt die Forderung Gottes, und wir können der Forderung Gottes in mancherlei Weise entsprechen. Aber dennoch bleibt die Aporie unseres Handelns. Die Schwierigkeit, daß wir Gutes wollen und Böses schaffen. Daß wir Paradiese erstreben, und es werden Gefängnisse daraus. Daß wir nicht aus unserer Haut wollen und dies uns nur schwer zugeben. Die Erfahrung der Anfechtung kann nicht weggeredet werden. Sie bleibt Prediger und Gemeinde erhalten.

An dieser Stelle ist noch einmal auf die schon oben[281] dargestellte Beziehung von Gesetz und Evangelium hinzuweisen. Spricht der Prediger ethische Fragen an, so ist es seine Aufgabe, die Forderung Gottes sorgfältig zu erkennen zu versuchen. Er hat als Erkenntnismodell jene Geschichte vom barmherzigen Samariter und die in diesem Zusammenhang erhobene Forderung der Gottes- und Nächstenliebe. Es hat sich schon gezeigt, daß solche Forderung heute erweitert werden muß, um die „Schöpfungsliebe", d. h. die Verantwortung für die Schöpfung, für das Leben, für die zukünftigen Menschen.

Hans Jonas, Schüler Rudolf Bultmanns und jüdischer Philosoph, hat in der letzten Zeit sehr nachhaltig darauf hingewiesen, welche Verantwortung der einzelne für die Schöpfung und für die zukünftige Menschheit hat. Deshalb fordert er eine umfassende Verantwortung für die Zukunft des Menschen und der Welt.[282] In der Tat haben wir heute deutlicher als je zuvor offenbar die Möglichkeit, diese Zukunft zu gefährden. Ob wir auch die Möglichkeit haben, diese Zukunft menschlicher zu machen, wird sich zeigen. In jedem Fall gehört die Verantwortung für die zukünftige Schöpfung mit zum Doppelgebot der Gottes- und Nächstenliebe hinzu. Wenn wir vom Gebot Gottes sprechen, denken wir in der Regel an die Zehn Gebote. Sie sind eine Konkretion dessen, was das Doppelgebot der Liebe meint im Hinblick auf bestimmte Situationen oder bestimmte Gegebenheiten unserer Welt. In den Ethiken ist versucht worden, durch eine genauere Bestimmung des Rahmens, in dem Gottes Forderung erfüllt werden soll, konkreter von ihr zu reden. So ist gesprochen worden von den Schöpfungsordnungen, die durch die Geschichte ihrer Verwendung besonders in diesem Jahrhundert etwas in Mißkredit geraten sind. Dietrich Bonhoeffer spricht von den Mandaten Gottes, Ernst Wolf von den Institutionen, in denen verantwortliches Handeln stattfindet. Trutz Rendtorff spricht von den drei Grundelementen ethischer Lebenswirklichkeit, dem Gegebensein des Lebens, dem Geben des Lebens und dem verantwortlichen Reflektieren beider, und zeigt, wie diese drei Grundelemente in der Ehe, in der Politik, in der Arbeit, in der Kultur und in Religion und Kirche Antwort auf die Forderung Gottes sein können. Dies soll im einzelnen hier nicht entfaltet werden. Jeder Prediger wird seine

---

281 S. o. S. 313 ff.
282 Hans Jonas: Das Prinzip Verantwortung. Versuch einer Ethik für die technologische Zivilisation. Frankfurt, 1979

Vorliebe für einen bestimmten ethischen Entwurf oder für eine Mischung aus mehreren entdecken müssen. Wesentlich ist, diese Forderung Gottes soll uns bewegen zu verantwortlicher Weltgestaltung, zur Verwirklichung von Liebe und Gerechtigkeit.

Das den Prediger immer wieder am stärksten bewegende Thema im ethischen Bereich ist die Forderung der justitia civilis, wobei diese normalerweise im Bereich *des politischen Handelns* gesucht wird. Es muß darauf hingewiesen werden, daß solche verantwortliche Weltgestaltung sowohl im Bereich des Lebens als einzelner, wie in Ehe und Familie, in anderer verbindlicher Gemeinschaft und dann auch in allen Bereichen des Politischen verwirklicht werden soll. Diese Bereiche sind in der Gemeinde immer wieder, besonders wenn es um politische Fragen geht, umstritten. An dieser Stelle soll nur darauf hingewiesen werden, daß im Sinne der o. g. Zwei-Regimenten-Lehre die Kirche nicht die Aufgabe hat, „dem einzelnen Christen die Entscheidungen, die er als Bürger zu treffen hat, abzunehmen. Es ist jedoch ihre Aufgabe, ihm bei der Meinungs- und Urteilsbildung zu helfen. Dabei kann sie keine andere Autorität in Anspruch nehmen, als die Überzeugungskraft ihrer Sachargumente und, gemäß ihrer Tradition, der Gründe aus Schrift und Bekenntnis. Die Kirche soll in den großen Entscheidungsfragen der Gesellschaft nach Möglichkeit klare und eindeutige Orientierungspunkte angeben. Wo es jedoch nur um geeignete Wege geht, sollte die Autorität des geistlichen Amtes nicht zum Instrument eines politischen Willens gemacht werden. Die Gemeinsamkeit im Glauben ist nicht identisch mit politischem Konsens. Verkündigung und Seelsorge leben von geistlicher Freiheit. Damit diese nicht verletzt wird, müssen die Christen als Glieder der Kirche dafür Sorge tragen, daß in umstrittenen Fragen politischer Einschätzung die Gemeinschaft des Glaubens nicht Schaden nimmt."[283]

Es wird also versucht, hier zu unterscheiden zwischen einer Grundorientierung und den geeigneten Wegen. Dies ist vielfach eine Hilfe. Der Prediger kann als Faustregel nehmen, daß der Grundorientierung aus der Bibel abzuleiten ist, während unterschiedliche Wege und der Streit unter Christen darüber, welcher Weg gegangen werden soll, nicht aus der Bibel abzuleiten sind. Überhaupt ist hier Vorsicht geboten mit der Aussage, daß eine bestimmte politische Entscheidung dem Willen Gottes entspräche. (Die Aussage, Gott will die 35-Stunden-Woche, war sogar für Gewerkschaftler etwas überraschend.) „Amtsinhaber müssen mit größter Selbstdisziplin dafür sorgen, bei politischen Äußerungen nicht mit der Autorität des Wortes Gottes vorzubringen, was Sache des Ermessens ist."[284]

---

283 Denkschrift, a. a. O., S. 46
284 Gerhard Ebeling: usus politicus legis – usus politicus evangelii. ZThK. 79, 1982, S. 344

Solche Unterscheidung von Grundorientierung und Weg, der stärker dem Ermessen überlassen ist, mag in vielen Fällen möglich sein. Das ist nicht immer der Fall. Wir kennen das Problem aus der Friedensdiskussion. Alle haben den Ruf vernommen: „Krieg soll nach Gottes Willen nicht sein." Jedenfalls möglichst nicht, gegen Hitler-Deutschland war er offenbar doch nötig! Aber alle haben den Ruf gehört, alles zu tun, was dem Frieden dient und den Krieg nicht zum Ausbruch bringt. Jetzt aber einen bestimmten Weg, Verhandlungen mit radikalen Vorleistungen, Verhandlungen mit Vorleistungen auf Probe, die, wenn die Verhandlungen nichts bringen, wieder rückgängig gemacht werden, oder Verhandlungen bei unverminderter oder gar angedrohter verstärkter Rüstung als Gottes Weg zu beschreiben, ist problematisch. Deshalb bricht auch immer wieder der Streit aus, ob die Kriegsdienstverweigerung als der glaubensnähere Weg der Friedenssicherung und des christlichen Zeugnisses anzusehen ist oder ob, wenn sie mit dem gleichen Ziel der Kriegsverhütung geschehen, der Dienst in der Bundeswehr und der Ersatzdienst aufgrund der Verweigerung nach christlichem Verständnis ethisch gleichwertig sind. Wenn diese beiden Entscheidungen zu statisch nebeneinandergestellt werden als gleichwertig, droht das notwendige Gefälle hin zu einer Abrüstung verloren zu gehen. Deshalb ist es nicht richtig, von einer Gleichwertigkeit in einem statischen Sinne zu reden. Vielmehr müssen beide Wege daraufhin angesehen werden, wie weit in ihnen ernsthaft die Möglichkeit enthalten ist, in unsere aus Machtblöcken bestehende Welt eine politische Bewegung hin zum Frieden zu bekommen. Ich bin der Überzeugung, daß hier der eine ohne den anderen nicht auskommt. Die Soldaten brauchen die Kriegsdienstverweigerer als ernsthaften Stachel, daß eine Abschreckung, die mit Vernichtung des Gegners und faktischer gleichzeitiger Selbstvernichtung droht, ethisch auf die Dauer nicht erträglich ist. Die Kriegsdienstverweigerer brauchen die Soldaten als Stachel, daß sie das Machtproblem kaum annähernd ernsthaft bedacht haben und bisher keine politisch überzeugende Lösung, die man einem ganzen Volk zumuten könnte, vorzulegen imstande sind. Ihr Handeln ist bisher zeichenhaft. Zeichenhaftigkeit hat eine politische Wirkung, die sehr hoch anzusetzen ist. Aber sie ist noch kein politisches Handeln. Das gegenseitige Sich-Brauchen der beiden Gruppen in unserem Volk muß bestimmt sein durch den gemeinsamen politischen Willen zu einem Abbau der Spannungen zwischen den Völkern und einer deutlichen Reduzierung der Rüstung sowie intensiver Friedensbemühungen. Bei solchen unterschiedlichen Auffassungen muß es Streit geben. Der Prediger ist verpflichtet, diesen Streit auf der Kanzel, auch wenn er der einen oder der anderen Seite zuneigt, jeweils so zur Sprache zu bringen, daß die anwesenden Gemeindeglieder, die einer gegenteiligen Meinung sind, sich in seinen Äußerungen wiederfinden können. Der Prediger darf seine Meinung sagen. Er muß sie jedoch als seine persönliche Auffassung deutlich machen.

Es kann freilich sein, daß die Christenheit in einer bestimmten Situation auch einmal einen bestimmten Weg als den einzigen Weg der Forderung Gottes bezeichnen muß. In Situationen mit eindeutigem Unrecht ist das kein Problem. Meist sind die Situationen komplexer. Dann muß es Streit in der christlichen Gemeinde geben, und es muß versucht werden, zu einer gemeinsamen Aussage zu kommen. In Situationen, in denen der Streit noch nicht entschieden ist, kann die Predigt, die der ganzen Gemeinde das Wort Gottes sagen soll, nur die Grundorientierung einschärfen. Die kontroverse Diskussion gehört in die Gemeindeversammlung.

„Wenn sich Christen Rechenschaft über die oft verschiedene Sicht ihrer politischen Verantwortung geben, sollen sie sich bewußt sein, daß es sich bei diesen Fragen in der Regel nicht um letzte Dinge, sondern um den Bereich des ,Vorletzten' (Dietrich Bonhoeffer) handelt."[285]

Von besonderer Bedeutung ist, daß der Prediger im Sinne einer sorgfältig bedachten Zwei-Regimenten-Lehre den Unterschied zwischen dem Amt des Predigers und dem Amt des politisch Handelnden klar sieht. Der Prediger kann etwas zu Grundorientierungen sagen. Er zeigt, daß er nichts vom politischen Geschäft versteht, wenn er Eindeutigkeit oder klare Entscheidung verlangt und den Kompromiß madig macht. Der Prediger muß grundsätzliche Gesichtspunkte einschärfen. Sie sollen die politisch Handelnden in ihrem Gewissen treffen. Im politischen Miteinander jedoch ist der Kompromiß, die Suche nach Mehrheiten für die möglichst gute Lösung eine Notwendigkeit und eine große ethische Errungenschaft. Wer den Kompromiß schmäht, zeigt seine Unbildung im Bereich des Politischen. Deshalb darf die Parole im Bereich der Diskussion um Kirche und Politik nicht heißen: Die Kirche muß unpolitisch sein, sondern: Die Kirche muß politischer sein. Die verantwortlichen Verkündiger des Wortes in der Kirche müssen ein tiefes Verständnis für das Wesen des Politischen entwickeln. Es ist ein Verdienst der schon des öfteren zitierten Denkschrift „Ev. Kirche und freiheitliche Demokratie", daß sie fast im Sinne eines Lehrbuches Hinweise gibt für das Wesen politischen Handelns. Der Prediger muß die Stimme erheben, wenn durch politische Entscheidungen, auch durch Kompromißentscheidungen, die Grundrechte, die Menschenrechte, das Gebot Gottes übertreten werden. Er muß zusehen, *daß* er Christen und Nichtchristen mit Hilfe seines Wortes so bewegt, daß sie möglicherweise zu politisch anderem Handeln kommen. Aber auch solches Handeln wird in vielen Fällen wieder ein Kompromiß sein.

Wir haben bisher nur von der Forderung Gottes gesprochen, vom primus usus legis. Es ist oben[286] deutlich geworden, welche wichtige Funktion der

---

285 Denkschrift, a. a. O., S. 46
286 S. o. S. 315

secundus usus legis, der usus theologicus, hat. Die eine Funktion des Gesetzes ist: Du sollst es tun. Aber es gibt eine zweite gleichsam unausweichliche Nebenwirkung des Gesetzes, diese geheime, und wenn man es genau nimmt, entscheidende Funktion des Gesetzes hängt mit dem Selbstverständnis des Menschen zusammen. Luther und die Reformatoren haben in diesem Zusammenhang von einem zweiten Gebrauch des Gesetzes gesprochen. Das ist ein bißchen mißverständlich. Es ist besser, man stellt es sich als eine Auswirkung, als eine Art Nebenwirkung des Gesetzes vor, die allerdings unausweichlich ist und von großer Wichtigkeit. Ich sage das deshalb so ausführlich, weil diese Seite des Gesetzes heute fast vergessen ist. Dabei ist sie die entscheidende. Das Gesetz Gottes, die Forderung Gottes treibt nämlich, obwohl sie ernst gemeint ist und wir sie tun sollen, gleichzeitig, wie wir nachträglich immer wieder erleben, in die Verzweiflung. Das praktische Ergebnis der Forderung Gottes ist, daß ich weiß, so müßte die Welt aussehen, und doch merke, ich schaffe es nicht. Ich schaffe es nicht, weil ich aus der Angst um mich selbst lebe. Weil ich Angst um meine Identität habe. Ich kann mich nicht selbst aufgeben, alles was mir gelingt, muß ich als Bestätigung meiner Tüchtigkeit, meiner Identität auffassen. Immer bin ich im Grunde mit mir selbst beschäftigt. Ich kann die Forderung Gottes deshalb immer wieder nicht erfüllen, weil es Pflichtenkollisionen in der Welt gibt, weil ich schuldig werde, weil die Welt komplizierter ist, als ich sie mir vorstelle, weil nicht nur mein Feind und die Verhältnisse böse sind, sondern auch ich selbst.

Tiefer noch trifft den Prediger die Erkenntnis, daß ich die Forderung Gottes gerade, wenn ich sie erfülle, immer dadurch pervertiere, daß ich damit aus mir selbst etwas machen will. Ich bin gar nicht sachlich an Gottes Forderung und seinem Ziel, nämlich den Menschen zu dienen, orientiert, sondern ich bin immer letztlich mit mir selbst beschäftigt. Es geht mir um meine Identität, die ich finden möchte. Ich kann gar nicht anders, als daß ich, wenn ich das Gesetz schon nicht erfüllen kann, zumindest den Eindruck erwecke, als könnte ich es. Immer bin ich mit dem Fassadenbau beschäftigt, täusche Gesetzeserfüllung mir selbst und anderen vor und kreise in Wahrheit um mich selbst.

Nun sagt die Reformation, diese zweite Funktion des Gesetzes, sozusagen sein theologischer Hintersinn, ist, daß der Mensch sich als Sünder erkennt. Der Mensch soll durch diese Erfahrung sich seiner eigenen Gottesferne bewußt werden. Jeder Mensch macht übrigens diese Erfahrung, er sei Christ oder Nichtchrist, in Augenblicken, in denen er die Freiheit von sich selbst hat. Meist sind das Augenblicke, in denen er geliebt wird und ohne Angst um sich sagen kann, wie es um ihn steht. Allerdings wird diese Erkenntnis in ihrer Härte nur aushaltbar sein, wenn nun nach diesen beiden Aussagen über das Gesetz (das Gesetz als Forderung, Gerechtigkeit und Liebe in dieser Welt zu verwirklichen, und das Gesetz als Wirklichkeit, die einen in die Verzweiflung treibt), das Evangelium hinzukommt. Es muß hinzukommen als die Nachricht, daß der so an sich verzweifelnde Mensch aufgrund des Christusgeschehens eine neue Identität geschenkt bekommt. Man darf sich dieses Geschehen der Vergebung, des Geschenks der neuen Identität nicht zu schematisch vorstellen, als sei da ein leeres menschliches Verzweiflungsgefäß, das nun mit dem Evangelium angefüllt würde. Es ist eher so, daß die eine Erfahrung die andere jeweils ein Stück mehr hochschaukeln kann; wenn ich merke, daß ich der Forderung Gottes nicht gerecht werde und ein wenig vom Evangelium begreife und plötzlich dann deutlicher sehe, wie wenig ich der Forderung des Gesetzes in Wirklichkeit gerecht werde und noch mehr mit dem Evangelium anfangen kann bis dahin, daß ich schließlich weiß: Der Mensch wird überhaupt nicht gerecht durch des Gesetzes Werke (d. h., er findet überhaupt nicht seine Identität durch sein Tun), sondern allein durch den Glauben an Gottes Zusage im Evangelium.

In unseren Predigten wird das Evangelium zumeist als Ermutigung verstanden, als Motivation zum richtigen Tun, als eine Art moralischer Druckverstärker. Sympathisch an der oben abgedruckten Predigt ist, daß sie versucht, das Evangelium in dem Sinne einzusetzen, daß der Mensch eine neue Weise des In-der-Welt-Seins bekommt. Angedeutet wird es dadurch, daß jetzt vom „Ich darf" gesprochen wird. Das wäre sicher deutlicher zu entfalten. Aber die Richtung stimmt. Der Glaube sagt: Du kannst in Parallele zu dem in Gethsemane verzweifelnden Christus, der, wie wir seit Ostern glauben, von Gott auch in seiner Verzweiflung umgriffen war, selbst wissen, daß du in deinem Mit-dir-nicht-Zurechtkommen von Gott umgriffen und angenommen bist. Du bist von ihm mit deiner Verzweiflung angenommen. Er nimmt dich als Person an. Er nimmt nicht deine Fehler an, aber er macht die Annahme nicht abhängig von der vorlaufenden Korrektur der Fehler, er rechnet damit, daß du als Gerechtfertigter neu mit deinen Ängsten, die du um dich selbst hast, umgehen wirst. Von daher wird dein ganzes Handeln verwandelt. Du bekommst deine Identität von ihm geschenkt, du brauchst nichts mehr für dich zu machen. Wer dies erfahren hat und in immer neuer Weise erfährt, der ist nun keineswegs ein besonders heiligmäßiger Übermensch geworden. Es ist nach Luthers Auffassung nicht so, daß der vom Evangelium Ergriffene nun eine neue Fähigkeit zu besonders christlichen Taten hätte. Der Christ ist vielmehr ganz nüchtern befreit, auf die erste Funktion des Gesetzes als der Forderung Gottes, Liebe und Gerechtigkeit in dieser Welt wirken zu lassen, erneut einzugehen. Der Christ tut eigentlich nichts anderes, als daß er immer wieder neu versucht, der Forderung Gottes gerecht zu werden. Er ist allerdings zu einer großen Sachlichkeit befreit, er weiß plötzlich, ohne die Forderung Gottes abzuschwächen, freue ich mich am Kompromiß, tue das Halbfalsche, hole das relativ Beste heraus, muß das kleinere Übel wählen. Ich kann das tun, ohne die relative Gerechtigkeit, die ich in der Welt verwirklichen kann, ständig madig machen zu müssen. Aber auch ohne den Kompromiß, die Wahl des kleineren Übels nun plötzlich zur richtigen Handlung hochstilisieren zu müssen und die Schuld zu verdrängen. Ich brauche nicht so zu tun, als erfülle ich mit meinem Handeln jeweils die Forderung Gottes. Ich kann deutlich sagen, dies wäre möglicherweise richtig gewesen. Ich habe nur jenes geschafft. Ich brauche dafür die Vergebung der Sünden, sonst kann ich nicht leben. Das meint Luther, wenn er davon spricht, daß wir simul iustus et peccator sind. Und er schreibt in einem Brief an Melanchthon: „Du wirst ein Sünder sein und sündige tapfer, aber tapferer glaube und freue dich in Christus, der ein Sieger ist über die Sünde, den Tod und die Welt."[287]

Derjenige, der in solch einer Situation ein Amt wahrnimmt, weiß, daß er in diesem Amt viel falsch machen wird. Er weiß, daß er sich selbst immer wieder zur Ordnung rufen muß. Er weiß, daß er sich immer wieder kritisieren lassen muß, ob er wohl das Richtige tut. Er weiß, daß er nie sagen kann, das ist alles schon richtig, und besser geht es nicht. Und er braucht sich doch davon nicht verrückt machen zu lassen. Es kann von den Menschen her denken, von dem, was heute möglich ist, und hat es nicht nötig, das Vorhandene oder sich selbst als absolut richtig zu rechtfertigen. Er muß allerdings die Wege, die er geht, sachlich rechtfertigen als helfend für die Menschen, als das kleinstmögliche Übel usw.

Bei jeder Behandlung von ethischen Themen in der Predigt ist es gut, wenn der Prediger sich überlegt, daß die Handlungsanweisung großen Eindruck macht – und sehr schnell wieder vergessen wird. Die ethische Konkretion kann in der Predigt nur mit dem Ziel eingesetzt werden, den Hörer zu eigenständigem Entscheiden zu veranlassen. Dies geschieht auch, wenn er in christlicher Verantwortung etwas anderes tut, als der Prediger für richtig hält!

Merke: Besser als zehn Handlungsanweisungen ist die Vermittlung einer grundlegenden Erkenntnis, aus der dann eigenständige konkrete Handlungen erwachsen können. Und besser als zehn Erkenntnisse ist das Aufleuchten der Gnade im Herzen eines Menschen. Daß er frei wird zum Tun des Gerechten und der Liebe. Dann wächst ihm Erkenntnis zu, und das Konkrete fällt ihm von selbst ein. Allerdings ist die abwägende Unterrichtung der Gewissen auch wichtig. Und manchmal – nach meiner Erfahrung selten – überkommt einen Prediger auch der Geist, und er vermag seiner Gemeinde die Leviten zu lesen, als hätte Gott selbst geredet. Das kann man Gott sei Dank nicht organisieren.

---

287 Si gratiae praedicator es, gratiam non fictam, sed veram praedica; si vera gratia est, verum, non fictum peccatum ferto. Deus non facit salvos ficte peccatores. Esto peccator et pecca fortiter, sed fortius fide et gaude in Christo, qui victor est peccati, mortis et mundi. Peccandum est, quamdiu hic sumus; vita hac non est habitatio iustitiae, sed exspectamus, ait Petrus, coelos novos et terram novam, in quibus justitia habitat." Martin Luther: Brief von der Wartburg an Melanchthon vom 1. August 1521. WA 2; 372

Für die Behandlung umstrittener ethischer, besonders politischer Fragen kann sich der Prediger folgende Merkpunkte einprägen:

1. Um ein ethisches oder politisches Thema zu verhandeln, brauche ich Sachverstand. Dazu ist nötig eine sorgfältige „Exegese" des jeweiligen Wirklichkeitsbereichs. Ich brauche „Quellenkritik", d.h., woher habe ich meine Informationen, weiß ich genug? Dazu gehört „Ideologiekritik", d.h., welche selbstverständlichen Voraussetzungen ideologischer Art machen meine Quellen, welche habe ich?

Habe ich diese Frage schon mit jemandem besprochen, der etwas davon versteht und anderer Meinung ist als ich? Wenn ich eine Handlungsanweisung geben will, habe ich deren Folgen bis zuende bedacht?

2. Der Prediger muß wissen, wie über das angesprochene Thema in der Gemeinde gedacht wird. Welche Gespräche habe ich mit Gemeindegliedern über diese Frage geführt? Welche tief verwurzelten Ansichten, die ich ernstnehmen muß, sind mir begegnet?

3. Der Prediger muß sich genug Zeit nehmen in der Predigt für ein Thema. Die Reihung der Themen signalisiert des Predigers Uninteressiertheit an dem wirklichen Problem. Es ist das Thema am exemplarischen Fall und dort, wo es den Hörer persönlich betreffen kann, aufzunehmen und zu bedenken.

4. Der andersdenkende Mitchrist muß fair dargestellt werden. Er muß, säße er unter der Kanzel, das Empfinden haben können, ich werde so dargestellt, wie ich das selber tun würde. Ich werde nicht demagogisch abqualifiziert. Das gilt besonders für die Inhalte der Gebete!

5. Der Prediger muß der Gemeinde sorgfältig die Gründe für sein jeweiliges Urteil vorlegen. Er muß zeigen, woher er seinen Maßstab nimmt. An dieser Stelle ist der Bibeltext unumgänglich. Ebenfalls unumgänglich ist die systematisch-theologische und ethisch grundsätzliche Einordnung des Themas. Für politische Sachfragen kann der Prediger keine andere Autorität in Anspruch nehmen als die Überzeugungskraft seiner Sachargumente und in den Grundlinien die Gründe aus Schrift und Bekenntnis.

6. Da ein Prediger in amtlicher Funktion spricht, ist es hilfreich, wenn er, falls das nötig ist, seine eigene politische Haltung deutlich von dem unterscheidet, was er als für Christen geboten erachtet.

7. Der Kompromiß in ethischen und politischen Fragen ist nicht abzuqualifizieren, aber er gehört in den Raum konkreten politischen Handelns. Wer dort handelt, muß das, was er tut, auf sein Gewissen nehmen. Der Kompromiß kann schuldhaft und nötig sein. Die Gemeinde begleitet die Handelnden. Der Prediger muß die Situation, in der die Handelnden stehen, sorgfältig bedenken.

Die Eindeutigkeit seiner ethischen und politischen Grundaussagen darf aber nicht dem Kompromiß zum Opfer fallen. Es gibt in den wirklich

umstrittenen Fragen in der christlichen Gemeinde keinen schiedlich-fried-
lichen Weg.

Der Streit in der Abschreckungsfrage, in der Frage der Abtreibung usw.
zerrt an der Einheit in der Gemeinde, geht durch die Familien und die
einzelnen hindurch. Auch wenn ich nach bestem Wissen und Gewissen als
Prediger in einer Frage eindeutig reden muß, bin ich dadurch nicht gerechtfertigt.

Merke: Gerade für meine Predigt brauche ich die Vergebung der Sünden.

C. Der Gemeindebezug biblischer Predigt

I. Die Gemeinde und ihre Predigt

a) Gemeinde durch das „äußere Wort"

1. Die Predigt schafft Gemeinde

Nach neutestamentlichem Verständnis ist die Verkündigung als Vergegenwärtigung des in Jesus Christus geschehenen Heils konstitutiv für die Gemeinde. Paulus macht in 2. Korinther 5, 17 ff. deutlich, daß durch das Christusgeschehen das entscheidende Ereignis gekommen ist. „Ist jemand in Christus, so ist er eine neue Kreatur. Das Alte ist vergangen, siehe, Neues ist geworden. Aber das alles von Gott, der uns mit sich selber versöhnt hat durch Christus und uns den Dienst gegeben, der die Versöhnung predigt. Denn Gott war in Christus und versöhnte die Welt mit sich selber und rechnete ihnen ihre Sünden nicht zu und hat unter uns aufgerichtet das Wort von der Versöhnung."

Christus ist der Grund der Gemeinde und damit der Existenzgrund all derer, die in der Gemeinschaft der Kirche herausgerufen sind aus der alten Welt. Die Kirche gehört selbst mit zum Heilsgeschehen. Sie ist nicht nur durch die Predigt von der Versöhnung begründet, sondern sie hat gleichzeitig den Dienst der Verkündigung auszurichten. Die Apostel, die Prediger sind „fähig gemacht zu Dienern des Neuen Bundes". (2. Korinther 3,6)

Die Kirche kann also in ihrem eigentlichen Wesen nur so beschrieben werden, daß sie durch das Christusereignis, das im Wort in seinen beiden Gestalten, der mündlichen Verkündigung und der sakramentalen Verkündigung wirksam wird, konstituiert ist. Gleichzeitig ist diese aus dem Wort der Verkündigung lebende Kirche aber Trägerin eben dieser Verkündigung. Sie gibt das Wort Gottes in Gesetz und Evangelium weiter. Die „Kirche ist das Geschehen ihres Grundes"[1]. In den reformatorischen Kirchen ist die Predigt im Gottesdienst der Gemeinde zwar nicht die einzige, aber doch die entscheidende Weise der Verkündigung Jesu Christi.

In der Geschichte der Kirche hat die Predigt ja unterschiedliche Funktion und unterschiedliches Gewicht gehabt: Von der Missionspredigt bis zu den Märtyrerpredigten, von Homilien am biblischen Text entlang schreitend bis

---

1 Gerhard Ebeling: Theologie und Verkündigung. Tübingen, 1962, S. 93

zu historisch bedeutenden Themapredigten ist alles vertreten. Auch ist zu bedenken, welche unterschiedliche Bedeutung die sakramentale Weitergabe des Christusgeschehens in den verschiedenen Zeiten und Kirchentümern hatte.[2]

Für die Reformatoren jedoch ist entscheidend, daß die Kirche Geschöpf des Wortes Gottes, creatura evangelii ist.[3] In der Confessio Augustana nimmt die Predigt eine zentrale Stellung ein. Nachdem das grundlegende Bekenntnis zum Dreieinigen Gott gesagt ist, wird das Grunddatum reformatorischer Anthropologie, die Erbsünde, als grundsätzliche Trennung von Gott beschrieben (CA II). Ihr folgt die Darstellung des Werkes Christi (CA III), der Rechtfertigung (CA IV) als inhaltlicher Grundaussage der Schrift.

Als nächstes (CA V) folgt dann die Aussage über das Predigtamt: „Solchen Glauben zu erlangen, hat Gott das Predigtamt eingesetzt, Evangelium und Sakrament gegeben, dadurch er als durch Mittel den Heiligen Geist gibt, welcher den Glauben, wo und wann er will, in denen, so das Evangelium hören, wirket, welches da lehret, daß wir durch Christus Verdienst, nicht durch unser Verdienst, ein gnädigen Gott haben, so wir solchs glauben. Und werden verdammt die Wiedertaufer und andere, so lehren, daß wir ohn das leiblich Wort des Evangelii den Heiligen Geist durch eigene Bereitung, Gedanken und Werk erlangen."[4] Das Predigtamt ist von Gott eingesetzt, um Wort und Sakrament zur Wirkung kommen zu lassen. Der Heilige Geist ist mit Wort und Sakrament als einem Mittel verbunden, nach Gottes Willen Glauben zu wecken, allerdings so, daß Gottes Freiheit darin voll gewahrt bleibt („ubi et quando visum est Deo"; „Wo und wann er will"). Damit ist auch die Voraussetzung für die Bestimmung der Kirche gegeben (CA VII), „Es wird auch gelehret, daß allezeit musse ein heilige christliche Kirche sein und bleiben, welche ist die Versammlung aller Glaubigen, bei welchen das Evangelium rein gepredigt und die heiligen Sakrament lauts des Evangelii gereicht werden. Dann dies ist genug zu wahrer Einigkeit der christlichen Kirchen,

---

2 Vgl. zum ganzen Werner Schütz: Geschichte der christlichen Predigt. Berlin, 1972; Dietrich Rössler: Grundriß der Praktischen Theologie. Berlin, 1986, S. 308 ff.

3 Martin Luther: Resolutiones Lutheranae super propositionibus suis Lipsiae disputatis (1519) WA 2; 430

4 Die lateinische Fassung: Ut hanc fidem consequamur, institutum est ministerium docendi evangelii et porrigendi sacramenta. Nam per verbum et sacramenta tamquam per instrumenta donatur spiritus sanctus, qui fidem efficit, ubi et quando visum est Deo, in his, qui audiunt evangelium, scilicet quod Deus non propter nostra merita, sed propter Christum justificet hos qui credunt se propter Christum in gratiam recipi. Galater 3: Ut promissionem spiritus accipiamus per fidem. Damnant Anabaptistas et alios, qui sentiunt spiritum sanctum contingere hominibus sine verbo externo per ipsorum praeparationes et opera. Die Bekenntnisschriften der evangelisch-lutherischen Kirche. Göttingen, [3]1956, S. 58

daß da einträchtiglich nach reinem Verstand das Evangelium gepredigt und die Sakrament dem gottlichen Wort gemäß gereicht werden . . ."[5]

Ebenso schreibt Luther in den Schmalkaldischen Artikeln: „. . . es weiß gottlob ein Kind von 7 Jahren, was die Kirche sei, nämlich die heiligen Gläubigen und ‚die Schäflin, die ihres Hirten Stimme hören . . .'"[6] Dabei kommt alles darauf an, daß Gott durch das „äußere Wort" der Heiligen Schrift und nicht anders an uns handeln will. Es „ist fest darauf zu bleiben, daß Gott niemand seinen Geist oder Gnade gibt ohn durch oder mit dem vorgehend äußerlichem Wort, damit wir uns bewahren für den Enthusiasten, das ist Geistern, so sich rühmen, ohn und vor dem Wort den Geist zu haben, und darnach die Schrift oder mündlich Wort richten, deuten und dehnen ihres Gefallens, wie der Münzer tät und noch viel tun heutigs Tages . . . denn das Bapsttum auch eitel Enthusiasmus ist, darin der Bapst rühmet, ‚alle Rechte sind im Schrein seines Herzens', und ‚was er mit seiner Kirchen urteilt und heißt, das soll Geist und Recht sein, wenn's gleich über und wider die Schrift oder mündlich Wort ist . . . Darumb sollen und müssen wir darauf beharren, daß Gott nicht will mit uns Menschen handeln, denn durch sein äußerlich Wort und Sakrament.'"[7]

„Die Betonung des äußerlichen Wortes Gottes bedeutet bei Luther also, daß er jede Möglichkeit des Menschen, aus sich oder in sich Gottes Absicht und Willen mit den Menschen und der Welt zu erkennen, bestreitet. Es gibt keinen anderen Weg, Gottes strengen und barmherzigen Willen zu erkennen und zu einem neuen menschlichen Leben zu gelangen, als das Lesen und Hören der Bibel, das Lesen oder Hören der in ihr enthaltenen Botschaft in Predigt und Gespräch, in den Sakramenten oder beim Zuspruch der Vergebung."[8] In gleicher Weise hat Calvin stets als die beiden Hauptmerkmale der Kirche die lautere Predigt des göttlichen Wortes und die rechte Verwaltung der Sakramente genannt.

Für die Reformatoren wird die christliche Gemeinde geschaffen und zusammengehalten durch die Predigt des Wortes Gottes. Grundlage für das Wort Gottes ist die Heilige Schrift. In ihr ist Gesetz und Evangelium sorgfältig zu unterscheiden. Die Predigt hat als Auslegung des biblischen

---

5 Die lateinische Fassung: „Item docent, quod una sancta ecclesia perpetuo mansura sit. Est autem ecclesia congregatio sanctorum, in qua evangelium pure docetur et recte administrantur sacramenta. Et ad veram unitatem ecclesiae satis est consentire de doctrina evangelii et de administratione sacramentorum . . .", Bekenntnisschriften, a. a. O., S. 61

6 Bekenntnisschriften, a. a. O., S. 459

7 Bekenntnisschriften, a. a. O., S. 453–456

8 Hans Philipp Meyer: Luther über das „äußerliche Wort, das die Kirche schafft". In: Horst Hirschler/Günter Linnenbrink (Hrsg.): Die Bibel weckt Gemeinde. Hannover, 1984, S. 90

Textes der Gemeinde Gesetz und Evangelium heute zu sagen. Das Gesetz als Gottes Forderung, die aber gleichzeitig die Sünde aufdeckt, und den Menschen als den erweist, der verdammt ist, und ihn dadurch zu Christus treibt. Das Evangelium als Zueignung der Heilstat Gottes, die den neuen Anfang ermöglicht.

2. Die Predigt im Kirchenverständnis

Auch bei der Beschreibung dessen, was die Kirche ist, nimmt die Predigt als Verkündigung des Evangeliums einen wichtigen Platz ein. „An welchem Zeichen kann ich wohl die Kirche erkennen? Es muß ja irgendein sichtbares Zeichen gegeben sein, durch das wir an einem Ort versammelt werden, um das Wort Gottes zu hören. Da antworte ich: Ein Zeichen ist nötig, und wir haben es auch, nämlich die Taufe, das Brot und vor allen anderen Dingen das Evangelium. Diese drei sind die Wahrzeichen der Christen, es sind die Marken und Kennzeichen. Wo du siehst, daß die Taufe, das Brot und das Evangelium sei, da ist – ganz abgesehen vom Ort und von den Menschen – ohne Zweifel die Kirche."[9]

Entsprechend ist nach CA VII das letztlich bestimmende Wesensmerkmal der Kirche, daß das Evangelium rein gepredigt und die heiligen Sakramente evangeliumsgemäß gereicht werden. Auch wenn Luther, wie in seiner Schrift „Wider Hansworst" in oft kräftiger Polemik nachweisen will, daß die reformatorischen Kirchen in der Tradition der „rechten alten Kirchen" geblieben sind und dafür zehn Beweise aufführt, bleibt deutlich, welch entscheidende Stellung das Predigtamt in diesem Kirchenverständnis hat. Luther nennt die Taufe, das Abendmahl, das Amt der Schlüssel, „zum Vierten kann das niemand leugnen, daß wir das Predigtamt und Gottes Wort rein und reichlich haben . . . Wir erdichten nichts Neues, sondern halten und bleiben bei dem alten Gotteswort, wie es die alte Kirche gehabt. Darum sind wir mit derselben die rechte alte Kirche als einerlei Kirche, die einerlei Gottes Wort lehret und glaubet . . ." Die alten Glaubensbekenntnisse, das Vater Unser, die Römer 13 entsprechende Achtung weltlicher Obrigkeit, der Ehestand, das Leiden der verfolgten Kirche, und daß „wir nicht . . . Blut vergießen, morden, hängen und uns rächen . . ."[10], das sind alles ebenfalls Merkmale der wahren Kirche. Es ist auch bei dieser ausführlicheren Bestimmung der notae ecclesiae beachtlich, wie sorgfältig Luther darauf achtet, daß die Kirche nicht an

---

9 Martin Luther: Ad librum . . . Catharini . . . responsio. WA 7; 720. Übers.: K. Aland: Lutherlexikon. Göttingen, [4]1983, S. 192
10 Martin Luther: Wider Hans Worst. (1541) WA 51; 479 ff.

ihren Werken zu erkennen ist. Es sind die Aufträge und die Zufügungen und die Machtlosigkeit. Es ist vielfach angefragt worden, ob diese Bestimmung der christlichen Kirche genügt. Nach unserem gegenwärtigen Verständnis müßte eigentlich die Gemeinschaft der Heiligen im Sinne einer Gemeinschaft von Brüdern und Schwestern besonders herausgestrichen werden. Außerdem scheint die Beschreibung der Kirche als Kirche für andere, die Diakonie, zu fehlen. Der auf Wort und Sakrament beschränkte Kirchenbegriff scheint uns sowohl gemessen an der real vorfindlichen Kirche als auch an dem, was sie nach biblischem Verständnis sein soll, nicht mehr zu genügen.

Nun wird die congregatio sanctorum – zwar ohne Gewicht – aber doch vorausgesetzt. Allerdings ist zu bedenken, daß die Beschränkung der für das Wesen der Kirche letztlich bestimmenden Merkmale auf Wort und Sakrament in der historischen Situation den Vorteil hatte und bis heute hat, daß mehr als die Übereinstimmung in diesen beiden Stücken zur wahren Einheit der Kirche nicht notwendig ist. Menschliche Satzung, Zeremonien, Ordnungen gehören nicht zu jenen wesentlichen Eigentümlichkeiten der Kirche, in denen man unbedingt übereinstimmen müßte. Zwar ist es für die Reformatoren selbstverständlich, daß der Glaube immer auch gute Frucht und gute Werke bringt. Eine Kirche ohne geschwisterliche Gemeinschaft, eine Kirche ohne Diakonie und Hilfe für andere ist auch für die Reformatoren nicht vorstellbar. Aber ob dies als zu forderndes Wesensmerkmal der Kirche aufgeführt werden soll, ist sehr die Frage. Zu schnell werden dann die gesetzlichen Forderungen bindend, ohne daß sie wirklich Früchte des rechtfertigenden Glaubens sind, der die Freiheit vom Gesetz der Werke bedeutet. Zu schnell kommt eine abgrenzende Gesetzlichkeit in das Kirchenverständnis hinein.

Die Barmer Theologische Erklärung von 1934 versucht ja die Wesensmerkmale der Kirche über Wort und Sakrament hinaus zu erweitern: „Die christliche Kirche ist die Gemeinde von Brüdern, in der Jesus Christus in Wort und Sakrament durch den Heiligen Geist als der Herr gegenwärtig handelt. Sie hat mit ihrem Glauben, mit ihrem Gehorsam, mit ihrer Botschaft, mit ihrer Ordnung mitten in der Welt der Sünde als die Kirche der begnadigten Sünder zu bezeugen, daß sie allein sein Eigentum ist, allein von seinem Trost und von seiner Weisung in Erwartung seiner Entscheidung lebt und leben möchte. Wir verwerfen die falsche Lehre, als dürfe die Kirche die Gestalt ihrer Botschaft und ihrer Ordnung in ihrem Belieben oder dem Wechsel der jeweils herrschenden weltanschaulichen und politischen Überzeugungen überlassen." (Barmen III)

Der letzte Satz dieser dritten These der Barmer Theologischen Erklärung zeigt die Abwehrrichtung, in der sie gesagt wurde. Schaut man sich die ersten beiden Sätze an, dann fällt auf, daß im ersten Satz, wenn man die Gemeinde von Brüdern (und Schwestern) als die congregatio sanctorum von CA VII versteht, zunächst voll die reformatorische Bestimmung der Kirche gilt. Dann aber wird darüber hinaus der Glaube, der Gehorsam, die Botschaft und die Ordnung der Kirche mitten in der Welt als ein Zeugnis gefordert, das anzeigen soll, daß die Kirche allein Kirche Jesu Christi ist. Hier sind sehr unterschiedliche Dinge in eine Reihe gestellt, die genauer und unterschiedlich bedacht werden müßten. Der Glaube der Kirche ist entweder als Glaubensbekenntnis zu beschreiben und in diesem Fall als Glaubenszeugnis ein Stück Verkündigung. Als feststellbare Glaubenskraft, Glaubenshandlung wäre es abzulehnen. Auch der Gehorsam der Kirche ist wichtig. Wenn er aber als Gehorsamstat ein Ausweis sein soll, daß die Kirche allein von Christus her lebt, wird die Gehorsamstat zum äußerlichen Werk. Die Botschaft der Kirche soll in der Tat Christus deutlich bezeugen. Wie aber die Ordnung der Kirche mitten in der Welt der Sünde bezeugen soll, daß sie allein Christi Eigentum ist, muß unklar bleiben. Sicherlich dürfen oder sollen die Ordnungen der Kirche der Verkündigung des Wortes Gottes nicht im Wege stehen. Aber jede kirchliche Ordnung ist mehrdeutig, ist eine Mischung aus Zweckmäßigkeit, institutioneller Nächstenliebe und den Kompromissen, die unter den Bedingungen dieser Welt zu schließen sind. Sicherlich muß jede kirchliche Unrechtsordnung mit dem Argument, daß solche Ordnung das Gegenteil des Geistes Jesu Christi predigt, verändert werden. Aber daß diese verbesserte Ordnung dann zu einem Zeugnis für Christus in der Welt werden könnte, bleibt problematisch. An dieser Stelle haben die Verfasser der Barmer Theologischen Erklärung nicht genug um das Problem der Zwei-Regimenten-Lehre auch innerhalb der Kirche gestritten.

Ebenso ist die Brüderlichkeit (und Schwesterlichkeit) in der Kirche etwas, das zur christlichen Gemeinde selbstverständlich hinzugehört. Wird jedoch solche Geschwisterlichkeit als Verhaltensnorm zur nota ecclesiae gemacht, so wird auch hier die Frucht des Glaubens zur Hauptsache, und die Freiheit des göttlichen Handelns aufgrund des Wortes der Versöhnung wird eingeschränkt.

Es könnte sein, daß Hans Assmussen in seinem Vortrag, den die Synode ebenfalls offiziell anerkannte und auf ihre Verantwortung nahm, um dieses Problem zu entschärfen, erklärt hat: „Das gilt von der Kirche unbeschadet der Tatsache, daß sie für die Gemeinschaft der Brüder, die im Worte rein geworden sind, dennoch zugleich eine Gemeinschaft der Sünder ist . . ."[11]

Die Diakonie kommt in diesem Zusammenhang nicht vor, weil sie nicht umstritten war. Dennoch wird man auch hier sagen müssen, sie soll eine Frucht der Verkündigung und des durch die Verkündigung – so Gott will – wirksamen göttlichen Geistes sein. Verselbständigt sie sich zu einem gefor-

---

11 Alfred Burgsmüller/Rudolf Weth (Hrsg.): Die Barmer Theologische Erklärung. Neukirchen, 1983, S. 52

derten Wesensmerkmal der Kirche, das institutionell dazugehört, dann haben wir sofort die gegenwärtigen Schwierigkeiten vor Augen, daß wir z. B. riesige diakonische Aktivitäten haben, die sehr bald den Eigengesetzlichkeiten weltlicher sozialer Einrichtungen unterliegen und von ihrem inneren Geist her oft nur mühsam als Früchte der Verkündigung und vom Geist Jesu Christi durchflutet erkennbar werden. Es gibt vielmehr einen fortdauernden Wettlauf zwischen der aufgrund des Trägheitsgesetzes und der weltlichen Tüchtigkeit der Mitarbeiter weiterbestehenden diakonischen Einrichtung und der Notwendigkeit, in ihr einen christlichen Geist wenigstens zu erhalten bzw., was sehr viel schwieriger ist, jeweils neu zu wecken.

Deutlich jedenfalls ist, daß die Predigt des Wortes Gottes als Verkündigung von Gesetz und Evangelium der für das Kirchenverständnis entscheidende Punkt ist. Dabei darf Predigt des Wortes Gottes bzw. Verkündigung des Evangeliums nicht zu eng verstanden werden. Natürlich bezieht sich das in erster Linie auf den öffentlichen Gottesdienst am Sonntagmorgen. Aber in den Vorgang der Verkündigung des Wortes Gottes sind selbstverständlich eingeschlossen alle Formen des Unterrichts, der christlichen Lehre, der Gruppenarbeit, der Verkündigung in der Kinder-, Jugend-, Erwachsenen- und Altenarbeit, jede Beschäftigung mit biblischen Texten, bei Andachten, Besinnungen oder Bibelmeditationen oder allein usw. Ebenso gehören die Kasualansprachen, die geistlichen Worte in den Medien dazu. In all diesem geschieht auf mannigfaltige Weise die Verkündigung des Wortes Gottes. Wo es in dieser Weise zur Verkündigung und zum Hören kommt, geschieht Kirche.

Dabei ist natürlich vorausgesetzt, daß aus solchem Hören – so Gott will – Umkehr und neuer Gehorsam entsteht, der als ein Tun aus dem Glauben heraus in unserer Welt wirksam wird. Ohne die sogenannten Früchte des Glaubens ist die Kirche nicht vorstellbar. Es ist jedoch die Frage, in welcher Weise die Früchte zu ihren Wesenseigentümlichkeiten zu rechnen ist. Rechnet man sie als notwendige christliche Werke dazu, so ist man schnell bei einem gesetzlichen Methodismus. Erklärt man sie für unwesentlich, dann wird das Handeln der Kirche in unerträglicher Weise beliebig. Deshalb ist es vermutlich sinnvoll, als notwendiges Wesensmerkmal der Kirche an der Verkündigung der Heilstat Christi in Wort und Sakrament festzuhalten, von den daraus folgenden Früchten aber nicht anders als von einer selbstverständlichen Wirkung des Wortes, durch das Gottes Geist wirksam werden will, ubi et quando visum est deo, wo und wie es Gott gefällt, zu reden.[12] Das Votum des theologischen Ausschusses der Evangelischen Kirche der Union gibt für das Kirchenverständnis wichtige Hinweise. Die im lutherischen

---

12 Alfred Burgsmüller (Hrsg.): Kirche als „Gemeinde von Brüdern". (Barmen III). Bd. 2. Gütersloh, 1981

Bereich teilweise anzutreffende Gleichgültigkeit gegenüber der Gestalt der Kirche ist sicherlich nicht sachgemäß. Andererseits ist die Brüderlichkeit als eine konstitutive, gleichsam einklagbare nota ecclesiae ebenfalls problematisch. Daß die Geschwisterlichkeit sich in der Kirche als Frucht des Glaubens einstellen soll, ist gleichwohl deutlich. Allerdings ist zu bedenken: Das Neue Testament signalisiert durch die Metapher „Brüder und Schwestern" (Markus 10, 30), daß es sich in der christlichen Gemeinde nicht um Gesinnungsgenossenschaft, sondern um eine Art Verwandtschaft aufgrund der Taufe handelt. Verwandte kann man sich nicht aussuchen.

3. Die Predigt in der Gemeindekonzeption

Solche grundsätzlichen Überlegungen zur Predigt erscheinen nun angesichts der vor Augen stehenden Wirkung der sonntäglichen Predigt unrealistisch. Wenn in einer Gemeinde mit 2800 Gemeindegliedern sonntags 38 im Gottesdienst zu finden sind, von denen noch 15 Konfirmanden sind, die der Predigt nur bruchstückhaft zu folgen imstande sind, weil der Prediger, in seine Erwachsenengedanken verstrickt, nur die Älteren anspricht, und auch die nur zum Teil, wirkt die Rede von der Predigt als ein die Kirche konstituierendes Ereignis weltfremd. Auch wenn man den Verkündigungsbegriff weiter faßt und die Sakramente, den Unterricht, den Bibelgesprächskreis, die Andacht im Frauenkreis, die Kasualien, besonders die Beerdigung und ähnliches mit einbezieht, bleibt doch mehr als fraglich, ob die Kirche denn wirklich von dem Wort der Versöhnung lebt oder ob nicht sehr viel andere Mechanismen bei ihrem Leben, Wachsen bzw. Abnehmen wirksam sind. Welche Rolle spielt die Gewohnheit, die Kindertaufpraxis, Geselligkeits- und Gemeinschaftsfaktoren, religiöse Bedürfnisse, die Trägheit überkommener Systeme, gesellschaftliche Veränderungen, die kirchliche Organisation, die Diakonie, die gesellschaftsdiakonischen Aktivitäten usw.?

Von daher ist es verständlich, daß versucht wird, auch jene anderen Bedingungen, die sichtbarerweise die christliche Gemeinde bestimmen, ihr bei den Menschen Kredit verschaffen, neue Mitglieder hinzufügen und die alten bei der Stange halten, in den Rang von theologisch akzeptablen Größen zu heben. So wird dann die Kindertaufe plötzlich theologisch gewichtig, bekommen die Randständigen der Kirche die Qualität von latenter Christlichkeit, wird das Wirken des Geistes in der sozialen oder diakonischen Aktivität bzw. in Kerngemeindeaktivitäten oder bei den Bekehrten festgemacht. Sofern es dabei um die Frage geht: Wie paßt das, was kirchlich geschieht, zum Christusereignis als dem Grundgeschehen von Kirche?, ist das sachgemäß und als kritisches Element wichtig. Da das Wirken des Heiligen Geistes jedoch empirisch nicht auszumachen ist und die Reklamierung des

Geistes für bestimmte Aktivitäten oder Eigentümlichkeiten der Kirche zu Recht ideologieverdächtig ist, denke ich, es sollte sorgfältig unterschieden werden zwischen der theologischen Aussage, daß die Verkündigung der Heilstat Christi das Fundament und der Auftrag der Kirche ist und von daher die positive wie negative Beurteilung der kirchlichen Aktivitäten ausgehen muß, und der empirischen Fragestellung, was denn nun wohl die Kirche feststellbar zusammenhält, wachsen oder abnehmen läßt.

Die Verkündigung des Christusgeschehens muß intentional das die christliche Gemeinde in ihren vielfältigen Aktivitäten begründende, prägende und ausrichtende Ereignis sein. In diesem Sinne ist die christliche Gemeinde Empfängerin des Wortes. Gleichzeitig jedoch ist sie verantwortlich für die sachgemäße Ausrichtung dieser Verkündigung. Darin ist sie Dienerin, denn es geht immer nur um den *Dienst* der Verkündigung. Nie kommt sie aus der Doppelrolle der empfangenden und weitergebenden Dienerin heraus. Nie wird sie Herrin des Wortes. Auch als Dienerin ist die Gemeinde keineswegs gerechtfertigt und perfekt durch ihr Tun. Die Menschen, die das tun, die Art, wie sie das tun, die Strukturen und Ordnungen, in denen sie dieses versuchen, sind immer der Sündenvergebung bedürftig, brauchen immer wieder die Chance des Neuanfangs. Die Kirche ist deshalb ecclesia semper reformanda, die immer neu zu reformierende Kirche.

Ich habe jetzt zumeist von der christlichen Gemeinde gesprochen, weil dies konkreter vorstellbar ist, als wenn ich nur von der Kirche spreche. Aber auch für den Gemeindeverband, für Kirchenkreis, Sprengel oder Landeskirche, Kirche in der Bundesrepublik oder ökumenische Gemeinschaft gelten diese Aussagen. Es ist nicht sachgemäß, die Gemeinde gegenüber der Kirche theologisch zu idealisieren. Der alte Adam, auch der strukturelle, ist sowohl in der Gemeinde wie in der Regional- bzw. Großkirche kräftig am Wirken, und es mangelt sowohl der Einzelgemeinde wie der gesamten Kirche des Ruhms, den wir vor Gott haben sollten.[13]

Die Verkündigung des Christusgeschehens hat also zentrale Bedeutung für die Kirche. Die Kirche hört auf die Verkündigung, sie muß sich durch sie bestimmen lassen, und sie ist gleichzeitig für ihre Weitergabe verantwortlich.

---

13 Der Versuch von Fritz Schwarz/Christian A. Schwarz (Theologie des Gemeindeaufbaus. Neukirchen-Vluyn, 1984), zwischen der Ekklesia als der wahren Gemeinde und der Kirche als der Institution, die mit der wahren Kirche Jesu Christi nichts zu tun hat, zu unterscheiden, ist nicht möglich. Trotz vieler sehr erwägenswerter Einsichten und Vorschläge und einem manchmal vergnüglich jungenhaftem Schwung diskreditiert sich dies Buch selbst durch die maßlose Polemik gegen die Institution Kirche bei gleichzeitiger Ausnutzung derselben und einer erstaunlichen Blindheit gegenüber der eigenen Institutionalität und der entsprechenden Engführung des Kirchenverständnisses. Zur gegenwärtig kräftig den Büchermarkt anreichernden Frage des Gemeindeaufbaus siehe Eberhard Winkler: Zur Theologie des Gemeindeaufbaus. ThLZ. 7/1986, S. 483–492

Solche Verkündigung geschieht in vielerlei Formen: In der Predigt, den Sakramenten, im Lesen und Vorlesen der Bibel, im Unterricht, in Bildungsveranstaltungen, im diakonischen Handeln, im seelsorgerlichen Gespräch, in der Meditation, im Martyrium. „Verkündigung" ist gegenüber „Predigt" der umfassendere Begriff. Dennoch ist die Predigt aufgrund ihrer grundsätzlichen Bestimmung als Christusverkündigung, durch die sich, wie im Sakrament, der Christus praesens ereignet und aufgrund ihrer Stellung im öffentlichen Gottesdienst der Gemeinde das herausragende, und für die Kirche typische Geschehen. Das gilt trotz aller Probleme, die damit – wie wir wissen – verbunden sind.

Wie aber ist nun die Stellung der Predigt in der *Gemeindekonzeption?* Ich unterscheide zwei Grundtypen von Gemeindekonzeptionen, neben denen es eine Fülle von Zwischenformen gibt:
1. Das Konzept der Kirche aus Engagierten
2. Das Konzept der Kirche der Getauften

Beide Konzepte werden im Rahmen der überkommenen Situation der Volkskirche bei uns praktiziert. Das heißt, im Rahmen einer durchschnittlichen Zusammensetzung der Gemeinde aus 10 bis 20 % Kerngemeindegliedern, einem breiten Mittelfeld von solchen, die ihre Kirchenzugehörigkeit selten aktivieren, aber sich als selbstverständlich dazugehörend empfinden, und 10–20 %, die am Rande stehen und z. T. austrittsbereit sind. Diese Prozentzahlen variieren je nach Gemeindesituation erheblich. Darin liegt die Chance.

Die Befürworter der „Kirche aus Engagierten" sind überzeugt, daß aufgrund der so beschriebenen Zusammensetzung die volkskirchliche Gemeinde nicht ernsthaft als Kirche Jesu Christi anzusehen ist. Als Kirche sind nur jene anzusehen, die sich bekehren bzw. in Nachfolgegruppen engagieren. Die Mitläufer in der Kirche sind allenfalls als Missionsfeld anzusehen. Sie unterscheiden sich darin aber nur partiell von den außerhalb der Kirche Befindlichen. Alle Aufmerksamkeit der kirchlichen Arbeit, die gesamte Struktur des Gemeindeaufbaus muß darum zwei Zielen gewidmet sein. Der Gewinnung und der Stabilisierung von Mitarbeitern und der Evangelisation bzw. Gewinnung von Neuengagierten. Institutionen der landeskirchlichen Gemeinden werden unter dem Gesichtspunkt, daß sie im Grunde nur Unchristlichkeit verwalten, sich anpassen, nicht eindeutig zu sein vermögen, aufs schärfste kritisiert und angegriffen. Das kann von links wie von rechts geschehen. Das können eher evangelikale und eher sozialkritisch engagierte Kirchenglieder sein, oft auch Gruppen mit einer eindrücklichen Mischung aus beidem. Die Diagnose lautet zumeist: Die Landeskirchen werden bald so schrumpfen, daß die Engagiertenkirche das einzig angemessene Auffangbecken der Übrigbleibenden ist. Solches sollte man nicht aufhalten. Solange die Landeskirche besteht, kann man ihr Geld, ihr Prestige, ihre Mitarbeiter, ihre Diakonie, ihren Kleinverteilungsapparat ausnützen[14], aber die wahre Kirche, sie ist nur in den Engagiertengruppen vorhanden, da liegt ihre Zukunft. Solche „Kirche aus Engagierten" ist nicht unbedingt an die Mitgliedschaft in einer der verfaßten Kirchen gebunden. Die Gruppen können sich ökumenisch verstehen. Wichtig sind die Kriterien der Bekehrung bzw. des Engagements. Sie engagieren sich in Hauskreisen, ökumenischen Netzen, Gebetsgemeinschaften, Nachfolgegruppen.

In dieser sehr pauschalen Beschreibung habe ich zusammengefaßt die Kirchenkonzeption pietistischer Erweckungsfrömmigkeit wie die Kirchenkonzeption neuerer Friedensgruppen, Gruppen mit ökologischem Engagement oder mit Eintreten für die Dritte Welt. Ihre kritische Haltung gegenüber den landeskirchlichen Gemeinden, ihre Mitarbeit oder Distanz zu ihnen ist sehr unterschiedlich. Interessant ist dabei, wie hier das Erbe des ganzheitlichen Zugriffs auf den Glaubenden im Pietismus und ähnliche Bestrebungen bei den gegenwärtigen Nachfolgegruppen mit stärker sozialdiakonischem Engagement zusammenfließen und der Ruf nach einer überzeugenderen und andersartigen Kirche neues Gewicht bekommt. Das Votum des Theologischen Ausschusses der Evangelischen Kirche der Union zu Barmen III, „Kirche als Gemeinde von Brüdern" steht solchen Gedanken und Forderungen an die Kirche teilweise nahe. Vielfach wirkt die Erfahrung der Bekennenden Kirche im Bereich der Ev. Kirchen der Union nach.[15] Die Predigt hat im Rahmen solch einer Gemeindekonzeption die Aufgabe, zu bekehren bzw. zum Engagement aufzurufen und die Bekehrten bzw. Engagierten zu stabilisieren. Volkskirchliche Gottesdienste, Weihnachtsfeiern des DRK, bei denen der Pfarrer auch sprechen soll, die große Beerdigung, hinterlassen bei Vertretern dieser Auffassung von Kirche einen eher faden Geschmack, sie sind allenfalls als Gelegenheit zur Evangelisation positiv zu bewerten.[16] Aber auch dann nur, wenn deutlich auf die wahre Kirche der Engagierten hingearbeitet wird. Das Ideal ist eine profilierte Kirche mit hoher Zugangsschwelle, die sich deutlich von der verwaschenen institutionalisierten Kirche, die nicht klar reden kann, unterscheidet. Die Kritik richtet sich dabei – obwohl das den Vertretern dieser Gemeindekonzeption vielfach, besonders wenn sie landeskirchliche Pastoren sind, verborgen ist – nicht in erster Linie gegen die Kirchenleitungen, sondern gegen die volkskirchliche Gemeindestruktur vor Ort. Das überzeugendste Beispiel für die Kirche der Engagierten sind die kleinen Freikirchen.

---

14   F. Schwarz/Ch. A. Schwarz, Theologie des Gemeindeaufbaus, a. a. O., S. 196
15   S. o. S. 355. Zur Beschreibung vgl. Kirchenamt der EKD (Hrsg.): Christsein gestalten. Gütersloh, 1986, S. 63–69
16   Auch wenn Rudolf Bohren kräftig Wasser in diesen Wein gegossen hat, was jedoch überzogen war: Unsere Kasualpraxis – eine missionarische Gelegenheit? Th. Ex. 83. München, ²1961

Im Gegensatz dazu steht das Konzept der „Kirche der Getauften". Normalerweise wird dies als das Konzept der Volkskirche bezeichnet. Ich schätze den Begriff Volkskirche nicht sonderlich.[17] Dies Konzept bezieht sich gegenwärtig auf eine langsam aber gleichmäßig innerlich hohl gewordene Kirche. Zu ihr gehören alle Getauften. Allen diesen ist durch die Taufe das Christusereignis grundsätzlich zugesagt. War die ursprüngliche volkskirchliche Konzeption (und ist es bei vielen bis heute noch) die Vorstellung, daß jeder Getaufte im Laufe seines Lebens durch die Taufelterngespräche, den evangelischen Kindergarten, den Kindergottesdienst, die Jungschar, den Konfirmandenunterricht, die kirchliche Unterweisung in der Schule, die evangelische Jugendarbeit, die Gemeindekreise für die jüngeren und älteren Gemeindeglieder und natürlich zentral im regelmäßigen Gottesdienstbesuch das Angebot des Evangeliums an den Menschen erfährt und dadurch geprägt wird, so ist diese flächendeckende Aktivität[18] der Volkskirche inzwischen stark durchlöchert und findet weitgehend nur noch punktuell statt. Aber gerade „angesichts negativer Erfahrungen mit der Volkskirche, die sich in Kirchenaustritten oder im Rückgang kirchlicher Sitte melden, ist die Kirche im Blick auf die Zukunft dazu verpflichtet, die Maßstäbe für ihren Auftrag nicht in zählbaren Erfolgen oder Mißerfolgen zu suchen". Auch entzieht sich „die praxis pietatis, die im alltäglichen Leben der Menschen und in den biographischen Bezügen von Familie und Gesellschaft oft unscheinbar einhergeht, jedem messenden Urteil. Die Kirche hat nicht den Auftrag, zwischen „schlechten" und „guten" Christen zu sortieren, sondern auch gegen den Augenschein, alle konkreten Möglichkeiten zu befördern, in denen die Teilhabe an Angebot und Anruf des Evangeliums im Leben der Menschen eine Rolle zu spielen vermag. Auch für die Kirche gilt, daß Geben seliger ist als Nehmen, das heißt, daß die Präsenz des kirchlichen Auftrages im Leben der Menschen wichtiger ist als die Selbstbestätigung kirchlichen Erfolgs."[19]

Diese Volkskirche ist also eine Kirche der Getauften. Natürlich hat sie in ihrem Kern engagierte, ehrenamtliche Mitarbeiter und regelmäßige Teilnehmer an den gemeindlichen Veranstaltungen und Gottesdiensten. Aber auch die anderen, die nicht kommen oder ganz abständig sind, gehören zur Kirche, denn sie sind getauft, das heißt, Christus hat an ihnen gehandelt. Da sich der

17 Zum Begriff s. u. a. Christian Möller: Lehre vom Gemeindeaufbau. Göttingen, 1987, S. 30 ff.; dort auch weitere Literatur
18 Vgl. die Ordnung des kirchlichen Lebens der VELKD vom 27. April 1955. In: Johann Frank (Hrsg.): Ordnungen und Kundgebungen der VELKD. Hamburg, 1972, B 501
19 Wenzel Lohff/Lutz Mohaupt (Hrsg.): Volkskirche – Kirche der Zukunft? Hamburg, 1977, S. 20 ff.

Glaube nicht messen läßt und wir vor Gott allzumal Sünder sind, ist die Kerngemeinde nicht „christlicher" als die Außenstehenden. Wie bei der Nähmaschine enge und weite Stiche einzustellen sind, so gibt es Christen mit engen Stichen, d. h. regelmäßigem Gottesdienstbesuch, engagierter Mitarbeit in Kreisen, und es gibt die Christen mit weiten Stichen und seltener Aktivierung ihrer Kirchenzugehörigkeit. Hauptsache der Faden hält.

Die Aufgabe der „Kirche der Getauften" ist, ohne Vorwurfshaltung einladend präsent zu sein zwischen denen, die nur ein geringes Kirchenzugehörigkeits*verhalten* zeigen. Denn wie es mit ihrem Kirchenzugehörigkeits*gefühl* ist, läßt sich schwer sagen. Oft gibt es bei Menschen, bei denen man es nicht vermutet, intensives Hören von Rundfunkgottesdiensten und Rundfunkandachten, Gebet, manchmal sogar Bibellesen. Es gibt Gemeindeglieder, die zwanzig Jahre nicht am kirchlichen Leben teilgenommen haben und doch in ihrer persönlichen privaten Frömmigkeit von kirchlichen Jugenderlebnissen zehren. Solche getauften Gemeindeglieder sind nicht zu diffamieren. Es ist dafür zu sorgen, daß sie regelmäßig erfahren, wir gehören dazu, das Christusereignis ist auch für uns geschehen. Die Christusverkündigung muß gerade zwischen den Unkirchlichen präsent sein. Dies soll nicht mit dem utopischen Ziel geschehen, man könnte sie alle zur Kerngemeinde hinführen. Es handelt sich vielmehr um die Einladung, sich auf den Glauben einzulassen und zu sehen, was daraus wird an kirchlichem Engagement oder auch nicht. Diese „Kirche der Getauften" versteht sich als Ereignis der Freiheit.[20] Sie verkündet die freimachende Gnade Gottes, die jedem Menschen gilt, und sie bietet ein Kirchenwesen an, das offen sein will und bewußt eine niedrige Zugangsschwelle zu allen kirchlichen Veranstaltungen hat. Bewußt werden der Gottesdienst am Heiligen Abend, das Weihnachtssingen in der Kirche mit volkstümlichen Liedern, der Kirmesgottesdienst im Zelt, das Gemeindefest, der Basar, der Gemeindeausflug, der Feuerwehrgottesdienst, die Krabbelstube für junge Mütter mit Kindern, das Theaterspiel, das Gemeindetreffen mit Vereinen und Verbänden, Kirchenvorstandsbesuche in Betrieben, Waldgottesdienste, geistliche Frühschoppen, Amtshandlungen, besonders Beerdigungen, silberne Konfirmationen, Taufgedächtnissonntage, soziale Aktivitäten, Erwachsenenbildungsmaßnahmen mit allgemeinen Themen, die Arbeit in Medien, „Brot-für-die-Welt"-Flohmärkte usw. veranstaltet. Dies geschieht nicht mit dem Ziel, Leute für die Kerngemeinde zu „keilen". Schön, wenn es dabei abfällt, aber erklärtes Ziel soll das gerade nicht sein. Es soll vielmehr durch solche Präsenz unter allen Getauften das Empfinden der Kirchenzugehörigkeit erhalten und das Angebot des Evangeliums möglich werden.

---

20 Vgl. Christsein gestalten, a. a. O., S. 69–72

Es ist keine Frage, daß diese Kirche der Getauften ohne Schwierigkeiten in das Konzept von Kirchenleitungen paßt. Es ist auch deutlich, daß sich in solch einem Gemeindekonzept verbietet, daß die Gemeinde, der Kirchenvorstand, der Pastor, die anderen Mitarbeiter theologisch oder politisch zu einseitig reden. Der politisch oder theologisch Andersdenkende gehört immer auch mit zur Gemeinde. Er muß mit angesprochen werden. Es darf ihm nicht signalisiert werden, daß er eigentlich ein schlechter Christ sei und kein Zugehörigkeitsgefühl zur Kirche Jesu Christi haben dürfte.

Die Predigt hat in diesem Konzept die Aufgabe, die Verkündigung des Christusereignisses in Gesetz und Evangelium zwischen den Menschen so präsent zu halten, daß es verstehbar ist in ihrer alltäglichen Welt und etwas für sie bedeuten kann. An die Predigt werden besondere Anforderungen gestellt. Sie soll den Menschen das Evangelium in dieser Situation so sagen, daß es bis zum nächsten Kirchenbesuch „hält". In der Vorbereitung der Predigt wird bewußt unterschieden zwischen dem Normalgottesdienst für die Kerngemeinde und dem Heiligabendgottesdienst, aber beiden muß die gleiche Aufmerksamkeit zuteil werden, dem Gottesdienst am Heiligen Abend eher noch mehr. Nun sind neben diesen beiden etwas idealtypisch dargestellten Kirchenkonzeptionen natürlich eine Fülle von Variationen möglich.

Ein älteres Modell der Mischung der „Kirche der Engagierten" und der „Kirche der Getauften" ist die Landeskirchliche Gemeinschaft. Wenn es noch nach der ursprünglichen Konzeption läuft, gehen die Mitglieder der Landeskirchlichen Gemeinschaft morgens in den allgemeinen Gemeindegottesdienst und nehmen auch sonst am normalen kirchlichen Leben teil. Sonntagsnachmittags oder -abends aber haben sie ihre Verkündigungsstunde. Dort kommt der Gemeinschaftsprediger und sagt die Dinge für sie klarer und eindeutiger, als es der Pastor im Gemeindegottesdienst sagen mochte. Manchmal hält der Gemeindepastor auch selbst die Verkündigung am Nachmittag. Aber in der Regel ist der Frömmigkeitsstil und die Erwartung anders, so daß seine Anwesenheit eher ein Zeichen guten Willens und guter Nachbarschaft ist. Zum Abendmahl aber geht man in den Gemeindegottesdienst. Trotz oftmals kräftiger Kritik am Leben und an der Christlichkeit der Normalgemeinde, ihrer laxen Frömmigkeitspraxis, ihren „Allotria-Aktivitäten" halten sich die Mitglieder der Landeskirchlichen Gemeinschaft zur volkskirchlichen Gemeinde und haben doch ihre „Gemeinschaft der Engagierten".

Im Sinne dieses älteren Modells findet ein vielfältiges Ineinander der beiden Konzeptionen allerorten statt, wenn engagierte Friedens- oder Öko- oder „Dritte-Welt"-Gruppen mit oft harscher Kritik an der üblichen Arbeit der landeskirchlichen Gemeinde dennoch Gottesdienste mit gestalten, beim Basar ihren Stand aufmachen und sonst mitarbeiten und gleichzeitig für ihr Konzept einer engagierten Kirche im Rahmen einer pluralen Kirche werben. Wie weit dabei die Kirchengemeinde, die Landeskirche, der Kirchentag in die Rolle der „nützlichen Idioten" gedrängt werden oder als ernstzunehmender Rahmen oder mindestens Gesprächspartner genommen werden, ist von Fall zu Fall sicher ganz unterschiedlich.[21]

Die Pastorinnen und Pastoren, die in ihrem Herzen bzw. durch ihr Engagement stärker der Kirche aus Engagierten zuneigen, sind in der prekären Lage, da sie einerseits im Rahmen ihres landeskirchlichen Auftrages arbeiten wollen und für alle da sein müssen, andererseits eine entgegengesetzte Zielrichtung ihrer Arbeit immer wieder durchschlägt, die beiden Konzeptionen miteinander mehr oder weniger gut verbinden müssen. Es ist andererseits keine Frage, daß die beiden Grundkonzeptionen, aber auch alle Varianten dazwischen, ihre Notwendigkeit und ihren Sinn haben, und deshalb wird eine vernünftige Gemeindeleitung immer wieder versuchen, aus den verschiedenen Konzeptionen das Beste für die eigene Gemeinde herauszuholen.

Unter den vielfältigen Versuchen, die beiden Konzeptionen miteinander zu verbinden, ragt in jüngster Zeit die sogenannte „Doppelstrategie" der VELKD besonders heraus. Hier wird versucht, den beiden Konzeptionen in ihren für die Kirche notwendigen Zielrichtungen gerecht zu werden. Der Ausgangspunkt steht allerdings einer „Kirche der Getauften" näher. Ausgehend von den 1,2 Millionen aus der Kirche zwischen 1969 und 1980 Ausgetretenen und dem Umfrageergebnis, daß 17 % der Kirchenglieder gegenwärtig mit dem Gedanken des Kirchenaustritts umgehen sollen und daß besonders die 20–25jährigen dazugehören, daß es außerdem eine „Erosion in der Mitte" gibt, die sich in der Geringschätzung des Gottesdienstes, dem weitgehenden Wegfall der religiösen Kindererziehung, dem Fehlen einer Frömmigkeitspraxis in den meisten Häusern, in einer tiefen Unkenntnis über den Gott der Bibel und vielem anderen zeigt, wird festgestellt, daß besondere missionarische Aktivitäten nötig sind, um dieser die Volkskirche bedrohenden Entwicklung entgegenzuwirken.

Der etwas unglückliche Begriff der „Missionarischen Doppelstrategie" will besagen, daß zwei unterschiedliche Grundrichtungen kirchlicher Arbeit in dieser Situation unbedingt nötig sind. Erforderlich ist sowohl eine *verdichtende* wie eine *öffnende* Arbeit. „Verdichtende Formen kirchlicher Arbeit" meint, daß der Glaube im persönlichen Leben Gestalt gewinnt, daß der Einzelne in die Gemeinschaft der Glaubenden eingebunden ist und daß er befähigt wird, seinen Glauben auszusagen. Mit der verdichtenden Arbeit ist im wesentlichen das gemeint, was für die Kirche der Engagierten bestimmend ist.

---

21 Siehe die Durchsetzung der Kontenkündigung bei der Deutschen Bank durch engagierte Südafrika-Gruppen anläßlich des Deutschen Evangelischen Kirchentages in Frankfurt/Main 1987 und die Einrichtung der evangelikal bestimmten „Gemeindetage unter dem Wort" und anderer „Parallelstrukturen"

„Öffnende Formen kirchlicher Arbeit" meint, daß das Evangelium in der ganzen Gesellschaft wirksam präsent sein soll, daß die kirchlichen Arbeitsformen niedrige Zugangsschwellen haben, daß es stark öffentlichkeitsbezogene Kommunikationsformen innerhalb der Kirche gibt. Dies sind Forderungen, die uns von der Kirche der Getauften her vertraut sind. Die verdichtenden Arbeitsformen haben eine „religiöse Nachsozialisation" von Erwachsenen zum Ziel. Dahinter steht die Erkenntnis, daß die Kirche sich nicht mehr auf jene Faktoren verlassen kann, die früher eine religiöse Sozialisation garantierten. Es geht darum, wieder neu den Glauben zu lernen, wieder Zugang zu Bibel, Gesangbuch und Gottesdienst zu gewinnen. Eines ist also die Wissensvermittlung in bezug auf den Glauben, das andere die Erfahrung von Gemeinschaft und die Einübung der Gesprächsfähigkeit in bezug auf den eigenen Glauben und den Glauben der anderen und schließlich das Gewinnen einer eigenständigen praxis pietatis. Als Ergebnis wird besonders die selbstverantwortete christliche Kompetenz des „Laien" gewünscht.

„In den lutherischen Kirchen in den USA ist die Frage untersucht worden, weshalb Menschen sich entschließen, einer christlichen Gemeinde zugehören zu wollen. Dabei ergab es sich, daß durch öffentliche Großveranstaltungen wie Evangelisationen etwa 1% der Mitglieder den Schritt in die Mitgliedschaft taten, daß dagegen durch Erzählungen von Freunden, Nachbarn und Kollegen über Kirche und Glauben 60% der Gemeindeglieder zur Kirche gestoßen sind."[22]

Die öffnende Arbeit meint Kontaktarbeit mit niedriger Eingangsschwelle. Es geht darum, daß die Kirche sich auf ihre Möglichkeiten besinnt, die sie zum Ansprechpartner von Menschen oder gesellschaftlichen Gruppen machen kann.

Diese Doppelstrategie ist aus der gegenwärtigen Notlage geboren. Sie ist der Versuch, der weiteren Aushöhlung und Erosion der Kirche durch sachgemäße Aktionen entgegenzuwirken. So soll die missionarische Kompetenz der Gemeindeglieder, die engagierbar sind, verstärkt werden. Die Hoffnung ist, daß solch eine bewußt vorgenommene doppelte Richtung der Arbeit als verdichtende und öffnende Arbeit dazu beiträgt, daß die Volkskirche sich innerlich wieder stabilisiert und mit Leben füllt. Das Problem bei dieser Konzeption ist, daß ihr eine große Formalität anhaftet. Was inhaltlich gelehrt werden soll, worauf es ankommt bei der Beschäftigung mit Bibel und Glauben, wird nicht gesagt.

Das ist einerseits nicht nur negativ, es soll sich durch die Beschäftigung mit der Bibel herausstellen, worauf es ankommt. Es ist auch richtig, wenn die

---

22 Karin Lorenz und Horst Reller: Alternative: Glauben. Missionarische Arbeitsformen in der Volkskirche heute. Gütersloh, 1985, S. 24

Mitarbeit der Laien, die Eigenständigkeit und Phantasie der Gemeinden und Regionen das Entscheidende sein soll, darf nicht zuviel inhaltlich vorlaufend reglementiert sein. Andererseits ist der Nachteil gegenüber den Konzepten der „Kirche der Engagierten" deutlich. Dort wird nicht Ausgang genommen von der Frage der Selbsterhaltung der Kirche, sondern von bestimmten christlichen Inhalten und Forderungen, der Bekehrung zu Christus, der Bekehrung zu einem neuen geschwisterlichen, den Frieden und die Schöpfung erhaltenden Lebenskonzept. Dies soll durchgesetzt werden. Dafür sollen Anhänger gewonnen werden. Das ist bei der Doppelstrategie nicht ausgeschlossen. Da paßt alles hinein. Aber darin liegt auch die Problematik. Ich habe den Eindruck, daß die sehr eindrucksvollen Erfahrungen amerikanischen kirchlichen Lebens, der dortigen Organisationsbereitschaft und -fähigkeit im Bereich des Religiösen eine wichtige Rolle bei diesem Programm gespielt haben, ohne daß die besonderen Bedingungen des kirchlichen Lebens in den USA untersucht und mit unserer Situation zusammen bedacht worden wären.

Beachtlich ist, daß die Predigt im Rahmen solcher Überlegungen und Strategien nur einen geringen Stellenwert hat. Das verwundert nicht. Es wird ja schon immer Sonntag für Sonntag landauf landab gepredigt, und die schwierige Situation der Volkskirche ist dennoch eingetreten. Also muß man nach anderen Arbeitsformen suchen. Insofern kommt bei den verdichtenden Maßnahmen die Predigt nur insofern vor, als Predigtvorbereitung und Predigtnachgespräch vorgeschlagen werden. Im übrigen setzt man die Hoffnung lieber auf Bibelseminare, Bibelwochen, Glaubensgespräche, Freizeiten mit Bibel- oder Glaubensthematik, überhaupt die Vertiefung der biblischen und glaubensmäßigen Fragestellung in allen Arbeitsformen der Gemeinde. Das letztere ist nicht falsch, aber die Bedeutung von Gottesdienst und Predigt sind hier nicht richtig eingeschätzt. Ganz anders ist das Bild bei den öffnenden Maßnahmen. Es ist erstaunlich, welche Rolle die Gottesdienste spielen. Dem Volk soll aufs Maul geschaut werden, damit eine verständliche Sprache gesprochen wird. Es soll Gottesdienste für Anfänger und für Fortgeschrittene geben. Zielgruppengottesdienste werden empfohlen. Es wird mehr Fröhlichkeit bei der Verkündigung gewünscht. Die Amtshandlungen werden ausdrücklich als missionarische Gelegenheiten bezeichnet.[23]

Dennoch bleiben aufs Ganze gesehen die Erwartungen, daß von der Predigt neue Impulse ausgehen könnten, gering. Das hängt auch damit zusammen, daß die Predigt die Domäne der Pastorinnen und Pastoren, allenfalls noch der Prädikanten ist, daß aber eine Veränderung der Situation nur zu erwarten ist, wenn sich die „Laien" intensiv engagieren. Das hängt auch damit zusammen, daß die Mechanismen christlicher Sozialisation, d. h. des Hineinwachsens in den christlichen Glauben, derart sind, daß durch die

---

23 K. Lorenz/H. Reller, Alternative Glauben, a. a. O., S. 52 f.

Familie, die Bezugsgruppe, die Gespräche unter Freunden, die kirchliche Begleitung in Krisenzeiten wesentlich mehr zu geschehen scheint als durch die Predigt. Daß dies nur zu einem Teil stimmt, wird sich zeigen. Dennoch kommt der Predigt, gemessen an dem Gesamtbereich der gemeindlichen Verkündigungsaufgaben, offenbar eine geringere Bedeutung zu, als Pastorinnen und Pastoren gemeinhin anzunehmen geneigt sind.

Seltsamerweise gilt dies nicht für den Gottesdienst. Bei allen Überlegungen zu neuen Kirchenkonzepten spielt der Gottesdienst eine erstaunlich hoffnungsbesetzte Rolle. Dabei ist freilich immer an den Gesamtbereich des gottesdienstlichen Handelns zu denken, der vom normalen Sonntagsgottesdienst über Kindergottesdienst, Familiengottesdienst, Zielgruppengottesdienst bis hin zu den Amtshandlungen reicht. In der Regel wird aber nur der besondere Veranstaltungsgottesdienst mit Hoffnung besetzt. Dies hilft dem allsonntäglichen Gottesdienst nicht. Wie ist es beim Veranstaltungsgottesdienst mit der Predigt? Die Rede des einzelnen wird zwar immer wieder hinterfragt und durch andere Formen (Gespräch, Spiel, Bild o. ä.) zu ersetzen oder anzureichern versucht, es zeigt sich aber doch, daß die Verkündigung des Christusgeschehens in der Regel angewiesen bleibt auf die allerdings in unterschiedlichen Formen geschehende Rede des Einzelnen, die er als ein Stück persönlich verantworteter Glaubensaussage vorträgt.

Im Rahmen von Gemeindekonzeptionen, denen es um eine verstärkte geistliche Kompetenz des engagierbaren Gemeindegliedes geht, hat die biblische Predigt einen sehr wichtigen Stellenwert. Sie soll den Predigthörer auf den biblischen Text neugierig machen. Sie soll vom Prediger weg auf den biblischen Text verweisen, damit der Hörer mit diesem Text die Erfahrungen seines Lebens durchdringt. In Gemeinden, in denen biblische Intensivseminare (Bethel-Bibelkurs, Züricher Modell o. ä.), stattfinden oder stattgefunden haben, erleben die Prediger, daß die Seminarteilnehmer im Gottesdienst sind, daß sie nach eigener Bekundung mit sehr viel größerer Aufmerksamkeit, mit sehr viel mehr Verständnis, Zustimmung und kritischen Nachfragen auf die Bibelauslegung und die theologischen Aussagen des Predigers reagieren, als das jemals vorher der Fall war. Das ist kein Wunder, für „Eingeweihte" ist die den Bibeltext zum Umschlagplatz der Erkenntnis machende Predigt eine spannende Sache. Aber meine Behauptung ist, da der Bibeltext, d. h. die daraus erschließbare Gottes- bzw. Christuserfahrung, unsere Spezialität ist, mit der wir uns vor der Öffentlichkeit wahrlich nicht verbergen müssen, gehört die die biblische Wahrheit erschließende Predigt gerade auch in den volkskirchlichen Gottesdienst.

Wenn man davon ausgeht, daß es sinnvoll ist, Gottesdienste und die Predigt je nach zu erwartender Zielgruppe unterschiedlich zu gestalten, darf sich das nur auf die Art der Fragestellungen und Themen auswirken. Auf keinen Fall wäre es sachgemäß, wollte man für die Kerngemeinde eine biblische Predigt halten und für die Gemeinde im Zelt bei der Kirmes eine weltliche Rede. Es muß vielmehr bei beiden unterschiedlichen Zielgruppen der biblische Text bzw. die Glaubensaussage das entscheidende Thema sein. Im Gegenteil, gerade die Gemeinde der randständigeren Christen braucht das. Auch die Weltlichkeit der Sprache kann sich nicht wesentlich unterscheiden bei dem einen und bei dem anderen Gottesdienst. Allenfalls die Zugangswege, das vorausgesetzte thematische Interesse, die Bereitschaft, einer theologischen oder biblischen Spezialfrage nachzugehen, müssen unterschiedlich gewichtet werden.

Ich habe am 4. Advent zu predigen. Ich kann mir etwa vorstellen, wer an diesem Sonntag drei Tage vor Heiligabend kommt. Es werden eine Reihe älterer Menschen sich auch an diesem Sonntag von ihrer lebenslangen Kirchgangsgewohnheit nicht abbringen lassen. Konfirmanden werden nicht da sein. Ein paar persönlich Interessierte vielleicht. Alle anderen sparen mit dem Kirchgang auf Weihnachten. Wie sich dann herausstellt, sind doch eine ganze Reihe nicht eindeutig einzuordnender jüngerer Leute da. Gründe dafür sind nicht zu erkennen. Der Prediger lernt wieder einmal, sich nicht zu scharf auf eine Zielgruppe einzustellen!

Text an diesem 4. Advent ist Lukas 1, 26–33, die Ankündigung der Geburt Jesu. Eigentlich müssen die Verse 34–38 dazugenommen werden: Die Jungfrauengeburt in der lukanischen Fassung.

Was soll ich zum Schwerpunkt der Predigt machen? Soll ich über den Vers 32 b und 33, die fast alttestamentlich wirkende Verheißung, sprechen? Soll ich eine Marienpredigt halten, wie sie im evangelischen Raum selten ist? Oder soll ich die Jungfrauengeburt zum Thema machen? Am 4. Advent bei der zu erwartenden Gemeinde kann ich mir etwas leisten, was ich in der Predigt am Heiligen Abend nicht tun würde: Ich kann eine *Lehrpredigt* über das Thema Jungfrauengeburt halten. Da ich in der Gemeinde nicht zu Hause bin, spreche ich vorsichtshalber mit dem Gemeindepfarrer meine Überlegungen durch. Gibt es Gemeindeglieder, die im Hinblick auf Bibelkritik besonders allergisch sind? Muß ich ihre Argumente und Einwände ausführlich in der Predigt vorkommen lassen? Gibt es zu dem Thema ein Gemeindegespräch oder einen Streit in der Gemeinde aus früheren Jahren? Das ist nicht der Fall. Der Gemeindepfarrer meint, man könne das der Gemeinde an dem Sonntag zumuten. Wohler wäre mir gewesen, ich wäre selber Pastor in dieser Gemeinde und müßte die Folgen meiner Predigt in den nächsten Wochen in den selbstverständlichen Begegnungen mit den Gemeindegliedern selbst durchstehen, falls es solche Folgen gibt. Wichtig ist mir in der Vorüberlegung, daß ich das Thema der Jungfrauengeburt so anbringe, daß es als eine Frage, die für Gemeindeglieder wichtig sein kann, erlebt wird. Es bietet sich an die Erzählung von einer Auseinandersetzung zum Thema in einer anderen Gemeinde. Es zeigt sich hinterher, daß dies sinnvoll war, weil diese Passagen der Predigt für viele die Aufnahme eigener Fragen, die Fortführung oder auch die Veränderung eigener Gedanken bedeutet hat.

Predigt am 4. Advent
Text: Lukas 1, 26–38

Liebe Gemeinde

... wir haben jene Szene vor uns, die auf unendlich vielen Bildern immer wieder gemalt worden ist. Der Engel Gabriel, Maria, die Verkündigung. Hier wird gesagt, daß sie die von Gott Begnadete ist, ausersehen, jenes Kind zu gebären. „Du wirst einen Sohn gebären, und du sollst ihm den Namen Jesus geben. Er wird groß sein und ein Sohn des Höchsten genannt werden. Und Gott der Herr wird ihm den Thron seines Vater David geben." Und Maria wundert sich, da sie doch mit keinem Mann ehelich zusammenlebt, sondern nur dem Josef fest versprochen ist. Und der Engel erklärt ihr, das werde ein Wunder Gottes sein. Und sie sagt demütig: „Mir geschehe, wie du gesagt hast." Und jeder weiß, das ist eine Erzählung, die viel gemalt worden ist, die uns aber auch in eine gewisse Verlegenheit bringt. Lukas will ja ganz offensichtlich sagen, Jesus ist auf eine besondere Weise gezeugt worden, er ist durch einen besonderen Schöpfungsakt Gottes entstanden. Lukas kann dies vergleichen mit der Elisabeth, die als alte Frau wie einst die Sarah noch einen Sohn bekommt, obwohl sie doch eigentlich schon unfruchtbar ist, bei Gott ist kein Ding unmöglich. Aber das, was von Jesus gesagt wird, ist weit mehr, als von Johannes gesagt wird.

Zu allen Zeiten haben sich die Christen Gedanken über diese seltsame Art der Zeugung gemacht, sachgemäße und unsachgemäße.

Ich weiß noch, wie ich als Vikar zu einer neunzigjährigen Dame gerufen wurde. Sie wollte mit mir über die Jungfrauengeburt sprechen. Ich weiß nicht, ob Sie sich vorstellen können, was das für einen Vikar bedeutet, der gelernt hat, was die Theologie dazu sagt. Ich ging also einigermaßen schlotternd dort hin, überlegte, was ich ihr wohl sagen sollte, damit ich sie nicht ganz durcheinander brächte. Sie sagte mir, sie sei durch eine Bemerkung des Superintendenten, der dort in der Gemeinde gelegentlich Dienst tat, völlig durcheinandergebracht und aus dem Gleichgewicht ihres Glaubens geworfen worden. Er habe ihr nämlich zugemutet, sie solle tatsächlich an die Jungfrauengeburt glauben, daran, daß Christus von einer Jungfrau geboren sei. Und das sei nun doch so unglaublich, daß sie gar nicht darüber hinwegkäme. Denn das sei doch völlig klar, daß Jesus als uneheliches Kind geboren sei. Und was denn das wohl solle. Ich war ziemlich überrascht und habe damals nur noch darum gekämpft, daß wenigstens Josef als der mögliche Vater in Betracht kam. Ich habe mich aber nicht durchsetzen können.

Die Frage ist, wie gehen wir eigentlich mit solch einer in ihrer verhaltenen Art doch auch schönen Geschichte richtig um. Und was tun wir mit dieser Weise, wie hier von der Gottessohnschaft geredet wird.

Ich habe das vor Jahren in einer Gemeinde hier im Sprengel erlebt. Eine Mitarbeiterin war bei einem Bibelseminar gewesen. Sie war ganz erfüllt von dem vielen Neuen, was sie dort gelernt hatte. Und ich bekam bei einem Besuch in dieser Gemeinde den Reflex ihres Lernens mit. Sie hatte nämlich erklärt: Nun werde zu Weihnachten die Krippe nicht mehr aufgestellt. Sie hätte das nun begriffen, das mit der Jungfrauengeburt sei überhaupt ja alles nicht so gewesen und sei etwas, was sich die Leute damals ausgedacht hätten. Es gab eine erhebliche Unruhe in der Gemeinde. Sie hatte das besonders in einem Frauenkreis mit jüngeren Frauen berichtet und, obwohl Männer sonst dort nicht zugelassen waren, sprangen sie über ihren Schatten und luden mich ein.

Die Mitarbeiterin berichtete noch einmal, was sie gelernt hatte. Sie hatte ihre Lektion gut gelernt. Sie sagte: Zu dieser Jungfrauengeburt gäbe es doch eine Fülle von religionsgeschichtlichen Parallelen. Götter, die mit Menschentöchtern Göttersöhne gezeugt hätten. Und die Verheißung, die auf die Jungfrau hinwiese in Jesaja 7, 14, wo es heißt, eine Jungfrau wird einen Sohn gebären, die sei doch nur zustandegekommen durch einen Übersetzungsfehler in der Septuaginta, der griechischen Übersetzung des Alten Testamentes. Dort stehe tatsächlich, die Jungfrau wird einen Sohn gebären, aber im hebräischen Urtext stünde doch – und das stimmt auch –: Eine junge Frau wird einen Sohn gebären; und dabei ist gar nichts Wunderbares, das kommt ja öfter vor. Und die Jungfrauengeburt würde doch nur erzählt bei Matthäus und Lukas, während Markus und Johannes und Paulus sie nicht haben. Und schließlich, die Stammbäume, die liefen doch ganz deutlich eigentlich auf Josef hinaus. Man kann das bei Lukas nachlesen. Da heißt es: Jesus wurde gehalten für einen Sohn des Josef, und dann kommt der Stammbaum von Josef. Und man sagt, was ist denn das? Wenn Jesus der Davidssohn ist, dann müßte doch die Maria dastehen. Oder ist Jesus als Adoptivsohn Davids aufzufassen, wie ist das gedacht?

In dem Kreis schauten mich alle beunruhigt und erwartungsvoll an. Und ich selbst muß sagen, besonders von dem Gedanken, die Krippe abzuschaffen, war ich nicht so besonders begeistert. Dabei war nicht zu leugnen, daß die meisten Beobachtungen, die sie da wiedergab, richtig sind, und daß das in der Tat so ist, daß die Jungfrauengeburt in einer Umwelt erzählt wird, in der es solche Göttergeschichten gegeben hat.

Allerdings muß man doch etwas genauer hinschauen. So wie Lukas davon spricht, ist das doch sehr viel anders. Er denkt offensichtlich an so etwas wie einen Akt des Schöpferhandelns Gottes. Aber dennoch bleibt der Gedanke dieser besonderen wunderbaren Zeugung Jesu für uns schwierig. Und ich kenne viele Christen, die, wenn es im Glaubensbekenntnis heißt: ...„ geboren von der Jungfrau Maria", an dieser Stelle große Schwierigkeiten haben. Der Satz: „Bei Gott ist kein Ding unmöglich", wirkt auf sie eher wie ein Satz, der etwas zudecken will als ein Satz, der etwas erhellt.

Wir haben dann in dem Frauenkreis, von dem ich erzählte, intensiv darüber diskutiert – das würde jetzt viel zu weit führen, das zu erzählen. Die wichtigste Überlegung war für uns: Können wir eigentlich glauben, daß Jesus Gott für uns verkörpert? Können wir eigentlich glauben, daß in Jesus Gott in unsere Welt gekommen ist? Denn alles das will doch solch eine Geschichte, wollen solche Titel wie die Rede vom Sohn Gottes sagen. „Hier ist mehr als ein Prophet." In diesem Jesus ist mehr als ein besonders genialer oder begabter oder besonders frommer Mensch, sondern in ihm begegnet Gott. Jesus ist der Christus. Das älteste Bekenntnis des Glaubens heißt doch: In diesem Menschen Jesus aus Nazareth begegnet euch der allmächtige Gott. Das war also die Grundfrage. Ist das eigentlich der Grund unseres Glaubens? Das war in dem Kreis keine Frage. Das hielten alle für richtig und für eine wichtige Aussage. Aber dann kommt natürlich die Frage: Woher wissen wir das, wie können wir das denn sagen? Und ich glaube, wenn wir die Christen damals gefragt hätten, den Paulus z. B.: Woran machst du das eigentlich fest, daß Jesus der Christus, daß Jesus der Sohn Gottes, daß in Jesus Gott unter uns erschienen ist? Woher nimmst du das? Dann hätte er gesagt: An der Auferstehung! Er hätte vielleicht so etwas zitiert, wie er's dann im Römerbrief geschrieben hat am Anfang, in den ersten vier Versen. Dort zitiert er in Vers 4 und 5 ein ganz frühes Bekenntnis, in dem es heißt, daß Jesus Christus unser Herr geboren ist „aus dem Geschlecht Davids nach dem Fleisch, und nach dem Geist, der da heiligt, eingesetzt ist als Sohn Gottes in Kraft durch die Auferstehung von den Toten".

Auch Petrus hätte vermutlich auf die Auferstehung hingewiesen als Wichtigstes, denn was sie vor Ostern mit diesem Jesus erlebt hatten, das muß schon erstaunlich gewesen sein: daß sie empfunden haben, wenn er redete in seinen Gleichnissen, in seinen Worten, da ist mehr als nur ein besonderer Mensch, hier spricht Gott zu uns, da ist Gott in Person zwischen uns. Aber das, was sie da erlebt hatten, das war doch radikal in Frage gestellt worden durch die Kreuzigung. Wer am Kreuz hängt, ist von Gott verflucht. Deshalb konnte er, so sah es aus, Gottes Offenbarung nicht sein, deshalb mußte man angesichts des Kreuzes fliehen, ihn verraten. Und erst Ostern hatten sie neu begriffen, richtig, auch gerade am Kreuz ist dieser Jesus Stellvertreter Gottes, ist dieser Jesus der zwischen uns anwesende Gott. Er ist nicht nur der, wie wir oft denken, der Gott verkörpert, wenn er einen heilt oder wenn er goldene Worte sagt. Sondern er ist gerade dann die Verkörperung Gottes, wenn er in der Niedrigkeit ist, am Kreuz. Und deshalb gehört die Krippe so unbedingt dazu, weil sie ein Teil dieser Niedrigkeit des Kreuzes ist.

Und sie haben weitergefragt, diese Christen, besonders die nächste Generation. Wann hat denn das angefangen, wo können wir sagen, hier hat das begonnen, daß Jesus Gott verkörpert hat? Und frühe Christen haben gesagt: Nicht erst bei der Auferstehung, nein, bei der Taufe Jesu, da hat es begonnen, da muß es gewesen sein, da muß der Himmel sich geöffnet haben und der Geist Gottes wie eine Taube herabgekommen sein. Aber andere haben gesagt: Reicht das? Ist er dann wirklich mehr als ein mit dem Geist Gottes begabter Prophet. Ja doch, die Himmelsstimme sagt doch: Dies ist mein lieber Sohn, an dem ich Wohlgefallen habe. Das ist doch eine Adoptionsformel. Da ist er Sohn Gottes geworden. Nein, haben andere gesagt, wenn das wirklich sein ganzes Wesen prägen soll, dann muß das in ihm gewesen sein von Anfang an, von seiner Geburt an. Und sie haben versucht, das weiterzudenken und haben – und jetzt merkt man, was das alles soll – auch jene Geschichte erzählt, die heute unser Predigttext ist. Sie ist der Versuch, das Geheimnis Jesu zu beschreiben, das Geheimnis Jesu, das sie erfahren haben in der Begegnung mit Jesus, in der Begegnung mit dem Auferstandenen und in der neuen Erfahrung mit dem Gekreuzigten. Da haben sie begriffen, was mit ihm ist. Aber nun zu beschreiben, wie er wahrer Mensch, ganz Mensch und doch ganz der ist, in dem uns Gott wirklich und wahrhaftig begegnet: Wie kann das geschehen? Und um davon etwas deutlich zu machen, dazu haben sie diese schöne Geschichte von der Verkündigung des Engels erzählt, die uns so mancherlei Schwierigkeiten macht, im Kontext jener Zeit aber offenbar verständlich war.

Obwohl – ich entsinne mich noch an das Gespräch in jenem Kreis der Frauen – die sagten: Aber das ist doch eigentlich seltsam, ist das wirklich ein wahrer Mensch, ist er dann nicht doch ein so besonderer und wunderbarer und andersartiger Mensch, daß er gerade nicht mit uns solidarisch, gerade nicht unser Bruder ist?

Und es könnte sein, daß in der Zeit der ersten Christenheit so jemand wie der Evangelist Johannes und seine Gemeinde gesagt haben: Nein, das reicht noch nicht, man muß noch weiter denken und sagen: Am Anfang war das Wort, und das ist Christus, und das Wort ward Fleisch, und zwar so wie bei uns Menschen entstehen, und wohnte unter uns. In diesem ganzen Geschehen ist der allmächtige Gott auf eine noch geheimnisvollere Weise anwesend.

Die Frauen sagten, das können wir besser verstehen, den Johannes: Das Wort ward Fleisch und wohnte unter uns. Aber wenn man genauer darüber nachdachte, merkte man, es hängt nur damit zusammen, daß das ein Stück abstrakter gesagt ist, deshalb ist es uns lieber. Das Geheimnis Jesu bleibt dabei doch ungeklärt. Und wir haben uns überlegt, ob man das Geheimnis Jesu so aufschlüsseln könnte, daß man sagt: Es gibt eben Zeiten – Jaspers hat das die Achsenzeiten genannt – Zeiten, in denen so viel zusammen kommt aus der Geschichte Israels und aus anderen Geschichten, daß da so ein Mensch entstehen kann, Jesus als das Produkt seiner Zeit, der Geschichte? Aber das war es auch nicht. Oder, ob es die Erziehungskünste Marias waren, wie manche Feministinnen meinen? Aber den Joseph müßte man dann auch dazu nehmen! Jesus, Sohn Gottes, als Erziehungsprodukt? Nein, das geht auch nicht. Und wenn man schließlich heute überlegen würde, soll man sagen, das war eben eine einmalige Gen-Konstellation? Da schüttelt man sich auch und sagt, ach, besser nicht.

Wir sind zum Schluß doch wieder bei der Jungfrauengeburt gelandet und haben gesagt: Dann mag das sein, daß die Erzählung von der Jungfrauengeburt auch nur ein unvollkommener Versuch ist, wie die anderen Aussagen, die versuchen, das Geheimnis der Person Jesu zu erklären, und doch sind sie vielleicht gerade als diese unvollkommenen Versuche wichtig. Weil die Aussage, die behauptet: Jetzt weiß ich, wie das mit Jesus gewesen ist, nur so konnte er Gottes Sohn sein, das Göttliche zerstört. Es wäre eingeordnet in das Übliche, das Erklärbare. Da wäre dann nichts mehr übrig von einem einmaligen Geschehen von Gott her. Denn alles, was wir erklären können, gibt es öfter. Und vielleicht ist das überhaupt das Entscheidende, daß diese problematische Erzählung uns hinweisen soll auf das Geheimnis Jesu. In diesem Menschen Jesus begegnet uns Gott selbst. Jesus ist der uns zugewandte Gott. Er zeigt uns, wo Gott in den Helligkeiten und Finsternissen auch unseres Lebens ist.

Deshalb bin ich, das werden Sie vielleicht verstehen, mit Nachdruck dafür, daß wir den Satz: „Geboren von der Jungfrau Maria" im Glaubensbekenntnis lassen als einen Hinweis auf das Geheimnis Jesu, einen Hinweis, der Fragen aufwirft und uns zum Nachdenken zwingen will, und doch nur wieder zurückführt auf die Aussage: Jesus ist der Christus, in ihm geschieht die Begegnung mit dem Gott, den wir nicht in den Griff bekommen.

Bei dem Gespräch, das will ich nur zur Beruhigung sagen, blieb dann schließlich auch die Krippe in der Kirche . . .[24]

Heiligabend hätte ich diese Predigt nicht gehalten, denke ich, obwohl ich weiß, daß es viele gerade dort gegeben hätte, die das Thema sehr interessieren würde. Gerade jene, die ihre Kirchenzugehörigkeit wesentlich am Heiligen Abend aktivieren, erleben die Kirche da oftmals nur als vom Frieden säuselnd. Denen würde es auch einmal guttun, wenn sie auf für sie ungewöhnliche Gedanken stoßen würden. Aber am Heiligen Abend müßte man diese Thematik dann ganz anders behandeln, kürzer sicher, als ein kurzes Stück in der Predigt, möglichst so angelegt, daß verwiesen wird auf ein Bibelgespräch in der Gemeinde im Januar für den, den es interessiert.

---

24 Horst Hirschler: Predigt am 21. Dezember 1986 in der Corvinuskirche in Göttingen

Die Predigt in Gottesdiensten mit vielen randständigen Kirchengliedern ist in besonderer Weise darauf angewiesen, daß sie der Situation und Stimmung des Gottesdienstes angemessen ist und von den Gottesdienstteilnehmern als alltagsnahe Glaubenserfahrung empfunden wird. In solchen Gottesdiensten ist es dann auch nötig, ganz klare und unter Umständen auch befremdliche biblische Aussagen zu machen, die hängenbleiben. Die Frage der Jungfrauengeburt ist eher ein Thema für nachfragende, interessierte Christen. Die Frage des Geheimnisses Christi taucht erst im Kontext theologischer Gedanken auf. Trotzdem kann es jedoch sinnvoll sein, solch ein theologisches Thema im volkskirchlichen Gottesdienst überraschend ganz präzise anzugehen. Oft schreckt gerade das Leute aus ihren üblichen Vorstellungen von Gottesdienst und Predigt auf. So wäre es z. B. durchaus sinnvoll, das Thema Naturwissenschaft und Schöpfungsgeschichte bei einem Waldgottesdienst zu erläutern, wenn die Leute sitzen und das Wetter längeres Reden und Hören zuläßt. Wie es dann zu geschehen hätte, ist eine Frage der homiletischen Verarbeitung. Zunächst wäre wichtig, gerade in dem Gottesdienst, der in der Mehrzahl kirchliche Randständige und Mitläufer zusammenzuführen vermag, ganz entschlossen biblische und theologische Sachverhalte zu bringen, biblisch zu predigen. Solche Predigt müßte eine Einladung für Fernstehende sein können, die Grundaussagen des Glaubens zu bedenken. Manchmal verirren sich auch Nichtchristen in unsere Gottesdienste (1. Korinther 14,23).

Ich hatte den 24.00-Uhr-Gottesdienst am Heiligabend zu halten. Es ist einer der besonderen bis einmaligen Gottesdienste des Jahres. Dies kann dem Prediger auch Angst machen. In meiner Predigtkirche werden in dieser Nacht viele Kerzen auf den Kirchenbänken angezündet. Der Gottesdienst hat dadurch seine besondere, nicht nur äußerliche Wärme. 24.00 Uhr ist die Unruhe der früheren Stunden des Heiligen Abends vergangen. Die Gemeinde ist in einer seltsamen Zusammensetzung da. Viele Familien mit großen Kindern, Liebespaare, Leute, die die Weihnachtslieder nicht kennen, Parfümgeruch, wie man ihn sonst in der Kirche nicht kennt, und alle schon ein bißchen wohlig müde. Der Gottesdienst läuft in vertrauter Ordnung. Zuerst die Weissagungen, „du Bethlehem Ephrata..." die Lieder, Vom Himmel hoch ... daß er sich schätzen ließe mit Maria seinem vertrauten Weibe, die war schwanger ... Dann kommt die Predigt.

Predigt am Heiligabend[25]

Text: Fürchtet euch nicht. Siehe, ich verkündige euch große Freude, die allem Volke widerfahren wird. Denn euch ist heute der Heiland geboren,

---

25   Horst Nitschke (Hrsg.): Weihnachten. Jahreswechsel. Gütersloh, 1983, S. 54–59. Die von mir etwas veränderte Legende stammt von Werner Reiser: Der Geburtstag von Adam und Eva. Basel, 1978, S. 44 ff.

welcher ist Christus in der Stadt Davids. Und das habt zum Zeichen: Ihr werdet finden das Kind in Windeln gewickelt und in einer Krippe liegen. (Lukas 2, 10 ff.)

Das ist die Weihnachtsbotschaft, liebe Gemeinde: Fürchtet euch nicht! Siehe, ich verkündige euch große, große Freude! Euch ist heute der Retter geboren! Und: Ihr werdet finden das Kind in Windeln gewickelt und in einer Krippe liegen. Und danach heißt es: Die Menge der himmlischen Heerscharen singt: Ehre sei Gott in der Höhe und auf Erden Friede.

Ich las eine Legende: „Vom Engel, der nicht mitsingen wollte", und möchte Ihnen die heute abend etwas ausgeschmückt und mit einigen Kommentaren versehen erzählen.

In dieser Legende wird folgendes phantasiert: Als die Menge der himmlischen Heerscharen ihre Chorstücke sang, das „Ehre sei Gott in der Höhe" usw., hörte ein kleiner Engel plötzlich auf mit dem Singen und verstummte. Und obwohl er ja nur eine kleine Stimme hatte in dem unendlichen Chor, machte sich sein Schweigen doch höchst unliebsam bemerkbar. Denn Engel scheinen höchst sensibel zu sein. Und die merken natürlich sofort, wenn der Nebenengel plötzlich mit Singen aufhört. Und so hörten die Nachbarengel auch auf und schauten den kleinen, plötzlich verstummten Engel neugierig an. Und dieses Verstummen setzte sich fort und hätte fast den ganzen himmlischen Chor ins Wanken gebracht, wenn nicht einige der altgedienten Oberengel durch kräftige Verstärkung der Stimmen den Zusammenbruch des Gesanges hätten gerade noch verhindern können.

Einer von den Oberengeln ging sofort dem gefährlichen Gesangsdienstverweigerer nach. Er schnappte sich den kleinen Engel, befahl den anderen, unverzüglich weiterzusingen und fragte den Übeltäter streng: Was soll das? Warum hörst du auf zu singen? Der sagte: Ich wollte ja singen, ich habe auch meine Stimme ordentlich gesungen bis zum „Ehre sei Gott in der Höhe", aber als dann das kam mit dem „Friede auf Erden", da konnte ich einfach nicht mehr weitersingen. Ich sah auf einmal den ganzen Unfrieden zwischen den Menschen. Sieh es dir doch selbst an, großer Oberengel, überall sind Soldaten, und sie bedrohen und bekämpfen sich gegenseitig. Der Krieg bringt Elend über die Menschen. Und sieh doch, wo keine Kriege sind, da herrscht doch der Unfriede zwischen alt und jung und reich und arm.

Sie haben keinen Frieden untereinander.
Sie haben keinen Frieden in ihrem Herzen.
Sie haben keinen Frieden mit ihrem Schicksal.
Was soll da das Singen?
Was soll da die Freude?

Es ist nicht wahr, daß Friede auf Erden ist, und er kommt auch nicht!!
Und gegen meine Überzeugung singe ich nicht!

Recht hat er, riefen einige Nachbarengel. Seid ihr wohl ruhig, schimpfte
der Oberengel, das heißt nein, singt ihr wohl weiter. Dann wieder ärgerlich
zu dem kleinen Engel: Was soll das? Du redest vom Frieden und stiftest
doch selber hier Unfrieden. Du störst die ganze himmlische Harmonie! Du
begreifst nicht, was in Bethlehem heute Nacht passiert ist und meinst,
große Sprüche über den Unfrieden in der Welt machen zu können. Der
kleine Engel verteidigte sich und sagte: Ich verstehe sicher manches nicht,
aber den Unterschied zwischen dem, was wir singen und dem, wie es
wirklich auf Erden aussieht, den verstehe ich, und der ist einfach zu groß.
Er ist unerträglich.

Der große Engel sah ihn lange schweigend an, so als ob er erst auf eine
höhere Weisung achten müßte, und eine Weile hörte man nur die himmlischen Chöre, die sich inzwischen wieder gefangen hatten.

Und, liebe Gemeinde, während dieser Oberengel da nachdenkt, was er
wohl dazu sagen soll, lohnt es sich vielleicht einen Augenblick, einige
Gedanken zwischen diese Legende zu schieben, die uns dabei so kommen
könnten. Man möchte dem kleinen Engel ja geradezu zurufen: Genau,
genau, so ist es! Das, was wir zu Weihnachten singen, und wie es auch
gerade an diesem Weihnachtsfest in der Welt aussieht, das paßt überhaupt
nicht zusammen.

Ich sprach in diesen Wochen mit einem Soldaten. Um in der Sprache der
Legende zu bleiben, er ist ein Obersoldat. Ein überzeugter Christenmensch. Er weiß, daß sein Tun in der Bundeswehr nur Sinn hat, wenn der
bewaffnete Streit dadurch wirklich verhindert wird. Er weiß, wie problematisch das ist. Aber er steht dazu. Er sagte: Es ist zum Verzweifeln, wenn
man an die Chancen der Abrüstung denkt. Da hängt so viel vom gegenseitigen Vertrauen ab. Und das Klima wechselt so oft, daß das gegenseitige
Mißtrauen, also vom anderen jeweils das Schlechteste zu denken, einem
immer noch als das Sicherste erscheint. Aber dadurch bedroht einer den
anderen und besser wird nichts. Es ist eine Spirale, an der jeder in seiner
Weise dreht. Eine Spirale, die eine unheimliche Menge an menschlicher
Arbeitskraft und Verstand und an Geld verbraucht. Und wieviel nötiger
wäre das, um die Not in der Welt zu lindern.

Dies ist nur ein Hinweis, daß der Engel recht hat. Wir könnten mühelos
viele andere Bereiche unseres Lebens und unserer Welt danebensetzen,
könnten vom Hunger reden, könnten von persönlichen Problemen reden
und daran immer wieder die Friedlosigkeit unserer Welt zeigen.

Deshalb, so hörte ich von einem Familienvater, muß man diese Probleme zwar sehen, aber man darf sich von ihnen nicht verrückt machen lassen.
Und man muß versuchen, solchen Frieden wenigstens im kleinen überschaubaren Bereich der Familie herzustellen. Statt Frieden auf Erden also

lieber friedliche Stunden im Kreis von Freunden und von Angehörigen. Man muß sich abschotten. Nicht zuviel von draußen und von den Problemen hereinschlagen lassen. Lieber zusehen, daß man mit den eigenen Kindern im Gespräch bleibt, was schon schwierig genug ist, mit dem Ehepartner, und ansonsten hoffen, daß einem kein Unglück zustößt. Dies ist eine nüchterne Überlegung. Aber ist dafür, für diesen kleinen Frieden, der Gesang der himmlischen Chöre, das Wort von der großen Freude, vom Heiland der Welt dann nicht viel zu groß???

Die Legende geht so weiter: Der Oberengel hatte lange geschwiegen. Dann sagte er, gut, das ist nicht alltäglich, was du da sagst, kleiner Engel, und es ist zum großen Teil sogar richtig. Aber eines hast du nicht begriffen. Du hast nicht begriffen, was wir in Bethlehem heute Nacht veranstaltet haben.

Du mußt dir darüber im klaren sein, daß wir uns im Kreis der Oberengel auch viele, viele Gedanken gemacht haben, was wohl mit den Menschen zu machen ist. Sollten wir wieder eine Neuauflage der Sintflut empfehlen, die Bösen vernichten? Wir haben das durchgespielt. Es wäre höchst unbefriedigend. Bösartig sind sie zwar alle, aber meist aus Angst um sich selbst. Aus der Angst heraus nämlich, daß sie zu kurz kommen. Alle haben irgendwo mildernde Umstände, wenn man genau hinschaut. Und: – Sie lernen ja nichts! Nach einem Krieg oder einer Krise im großen wie im persönlichen Bereich haben sie jeweils den großen Katzenjammer und sind dann eine Weile voll guten Willens, aber das gibt sich wieder. Nein, so ging es nicht. Und die andere Lösung wäre gewesen, daß wir ihnen die Welt gewaltsam ordnen, von ihnen unabhängig das Reich Gottes anbrechen lassen. Liebe und Gerechtigkeit mit innerer Gewalt herstellen. Aber wie sollen sie dabei ernsthafte und freie Partner Gottes bleiben?

Du mußt die Schwierigkeiten unserer Aufgabe begreifen, kleiner Engel, diese heilige Nacht ist der Versuch, eine Brücke zu bauen, eine goldene Brücke zwischen ihrem Unfrieden, der Friedlosigkeit ihrer Seelen und unserem himmlischen Frieden. Verstehst du? Eine Brücke zu bauen, auf der unser Friede zu ihnen kommt, ohne daß sie sich selber aufgeben müssen. Der Friede muß nämlich *in* ihnen anfangen, er muß ihre eigene Sache werden können. Und das geht nur über die Ohnmacht! Das geht nicht über den Weg der Macht.

Das ist eines der großen Geheimnisse dieser Erde, das man nur versteht, wenn man selbst die Ohnmacht durchstanden hat. Und deshalb können wir Engel das auch nur teilweise verstehen. Und auch die Menschen begreifen es nur, wenn sie die Ohnmacht ihrer Macht, wenn sie ihr Leiden an sich selbst und an anderen, vor der Krippe in Bethlehem begriffen haben.

Wegen dieser Brücke, die heute Nacht gebaut wird, wegen dieser Brücke singen wir. Und wer es versteht, kleiner Engel, der singt aus vollem Herzen mit!

Darauf sagte der kleine Engel: Das ist aber ein waghalsiges Unternehmen mit so einem kleinen Kind.

Der große Engel sagte: Da hast du recht, aber es gibt nichts Besseres als den Weg des ohnmächtigen Gottes. Deshalb beginnt diese Geschichte im Stall und deshalb endet sie am Galgen. Und der kleine Engel stand eine lange Zeit tief nachdenklich neben dem großen Engel.

Und man möchte sich danebenstellen, liebe Gemeinde, und mit nachdenken und sagen: Das mit der Ohnmacht, begreifen wir das eigentlich? Es liegt so viel festlich gemachter Glanz über Weihnachten und so viel Betrieb. Man muß auch bei unserer Weihnachtsgeschichte, wenn man sie hört, sehr genau darauf achten, worauf es ankommt. Man muß den Gegensatz merken. Auf der einen Seite der Chor der Engel, die große, große Freude, alles scheint voller Glorie und herrlich zu sein. Und was ist in der Wirklichkeit los? Ein Kind, ein Kind in Windeln gewickelt, nun ja, das pflegt so zu sein, aber, so heißt es weiter, in einer Futterkrippe liegend, in einem Stall, sie haben keinen Raum in der Herberge. Man muß sich das ausmalen. Wir wissen noch nicht einmal: Hat das örtliche Wohnungsamt den Stall zugewiesen, oder handelt es sich da sogar um Stallbesetzer? Ich will das heute abend hier nicht vertiefen.

Aber das ist doch mit Absicht so erzählt von der Urchristenheit, daß am Anfang der Stall ist und am Ende der Galgen. Das Geheimnis liegt in dieser niedrigen Geburt. Was sagt der Engel? Er sagte: Es gibt nichts Besseres als den Weg des ohnmächtigen Gottes.

Wenn das stimmt, dann wäre das Wesentliche an Weihnachten nicht der Appell an alle Menschen guten Willens: Seid friedlich! Das ist sicher auch wichtig und gar nicht hoch genug zu schätzen. Aber das Geheimnis von Weihnachten wird nicht durch unsere Taten bewirkt.

Die Krippe enthält nämlich eine Aussage: An der Stelle, an der ihr kümmerlich seid, verwundbar, aus Angst gereizt, aus Angst mißtrauisch, dort, wo ihr tief getroffen seid, da wartet Gott schon auf euch! Ihr müßt euch also nicht aufschwingen zu ihm in höhere Sphären des geistlichen Lebens oder in höhere Sphären des humanen Handelns. Gott ist zunächst im gesellschaftlichen Abseits der Krippe, jenem gesellschaftlichen Abseits, vor dem ihr selber so viel Angst habt. Und er ist im menschlichen Abseits in seinem elenden Tod am Kreuz. Das heißt doch, Gott fängt uns durch dieses Geschehen dort auf, wo wir aus Angst um uns selbst eigentlich nur noch um uns schlagen können, wo wir selber zu Kindern des Unfriedens werden. Denn in der Angst um uns selbst liegt die Quelle des Unfriedens.

Und ein Geheimnis ist dieses weihnachtliche Geschehen deshalb, weil es nicht über unser normal kalkulierendes Denken läuft, das zutiefst von der Abwehr alles Bedrohlichen geprägt wird. Krippe und Kreuz setzen viel tiefer an. Sie sind Gottes liebevolle Anwesenheit am Ort unserer Angst. Diese niedrige Geburt sagt unüberbietbar: Ihr könnt noch so tief drinstekken in der Krise eurer Welt, in der Krise eurer persönlichen Beziehungen, in eurer Furcht voreinander, auch heute abend in eurer Schwerfälligkeit, denen, die einen so genau kennen, von den eigenen Hoffnungen und Empfindungen zu reden, ihr mögt jeder in seiner Weise noch so kümmerlich sein, das Kind in der Krippe und der Mann am Kreuz sind neben euch. Neben dir, jedem einzelnen. Das wird dir einen Frieden geben, durch den dann auch der Friede Gottes in unsere schwierige, friedlose Welt kommt. Nur dadurch kommt der Friede in unsere Welt. Denn was kann einer, der keine Angst um sich selbst hat, in unserer Welt alles bedeuten.

Die beiden Engel stehen da noch nachdenklich. Da sagt der kleine Engel plötzlich: Vielleicht brauche ich noch mehr Lebenserfahrung, um das ganz zu begreifen. Da ist ja wirklich unwahrscheinlich, was in dieser Krippe alles steckt. Aber ich hab's kapiert, ich sing wieder mit. Entschuldigung, das habe ich ja alles nicht gewußt.

Daraufhin sagt der Oberengel: Nein, nein, kleiner Engel, so geht das nun nicht. Wer einmal die tiefe Friedlosigkeit der Menschen erkannt hat und an ihr gelitten hat, der kann nicht mehr einfach nur problemlos mitsingen. Du mußt nun einen anderen Dienst übernehmen, und du wirst froh sein, daß du das tun darfst. Du wirst ab heute dem Geist Gottes und dem Geist seines Sohnes dienen. Du wirst den Frieden Gottes zu den Menschen bringen. Hör genau zu! Du wirst das Geheimnis dieser niederen Geburt und dieses niederen Todes weitersagen. Du wirst an die Herzen der Menschen klopfen und in ihnen die Sehnsucht nach dem Frieden immer neu wecken. Du wirst nun bei ihren schwierigen, tückischen, langwierigen und oft unfruchtbaren Friedensverhandlungen dabei sein. Mitten hinein in ihre Drohungen und angstgesteuerten Meinungen mußt du deine Gedanken vom Frieden fallen lassen. Du mußt die Heuchler entlarven helfen, und denen, die zu harmlos für den Frieden eintreten, Mißtrauen gegen sich selbst geben.

Du wirst die trösten, die traurig sind über den Tod eines Menschen. Du wirst die trösten, die verletzt sind und über deren Leben das wie eine Lähmung liegt. Du wirst neben denen stehen, die verzweifelt sind über sich selbst. Und du wirst sie alle auf die Krippe hinweisen. Die Gepeinigten wirst du unter deine Flügel nehmen und uns auf ihr Geschrei aufmerksam machen. Du wirst oft weinen und klagen, kleiner Engel. Aber du wirst auch oft wunderbare und erfolgreiche Augenblicke haben.

Der kleine Engel hatte plötzlich das Gefühl, es würde ihm alles zu schwer, und er wollte sich wehren gegen die Aufgabe, und er sagte, ich kann das nicht, das wird zu viel für mich. Aber der große Engel sagte: Du Engelbruder, wenn du die Erkenntnis der Friedlosigkeit dieser Welt hast, dann kannst du selbst nur Frieden finden, wenn du diesen Weg gehst. Und bedenke, du bist ja nicht allein. Unser Gesang wird dich begleiten und dich halten, auch wenn du verzweifelt bist. Unser Gesang wird dir zeigen, daß hinter dem allem, was mühsam und oft so ungeheuer schwierig ist, eine ganz tiefe Freude steht, die in dieser Nacht begonnen hat.

Und der kleine Engel ging los, als Engel des Friedens. Er ging zu den Hirten auf dem Felde und öffnete ihnen das Herz und den Sinn, daß sie verstanden, was sie sahen. Und er tut seither seinen Dienst. Manchmal hat man den Eindruck auf der Erde, als sei er gerade dagewesen. Und manchmal hat man das Gefühl, als habe er sich verirrt oder versteckt. Manchmal hat er die Gestalt eines Menschen, und manchmal ist er wie eine Friedensstimmung, die über ein Land kommt. Seine Erfolge lassen sich nicht messen. Aber ohne seine Nachricht von der Krippe und vom Kreuz wäre die Welt verloren. In den Nächten hört man ihn manchmal weinen, und seine Stimme ist von der der Traurigen nicht zu unterscheiden. Und manchmal, besonders in der Zeit des Christfestes, hört man, wie er mit seiner längst rostig gewordenen Stimme in den Lobgesang der Engel einstimmt und sich Mut ansingt zu der Freude, daß heute der Heiland geboren ist.

Ja, liebe Gemeinde, und das reicht dann auch für heute Abend.

Ich wünsche uns, daß der Friedensengel auch uns erreicht, daß wir ein Christfest feiern, das von einer Freude erfüllt ist, die den Schwierigkeiten unserer Welt standhält. Dazu helfe uns Gott. Amen.

Die Predigt am Heiligabend ist immer wieder ein unerschöpfliches Nachdenk- und Diskussionsfeld. Was ist richtig? Soll von diesen Gottesdiensten, die viel mit „civil religon" zu tun haben, überhaupt etwas erwartet werden?[26]

Soll der Prediger die Stimmung aufnehmen, in welcher Weise soll er sie durchbrechen? Ähnliche Überlegungen sind bei allen anderen volkskirchlichen Gottesdiensten jeweils anzustellen. Wenn die Predigt so im Zusammenhang der Gemeindekonzeption bedacht wird, ergibt sich auch von daher die Aufgabe, entschlossen biblisch zu predigen, entschlossen die zentralen Aussagen des christlichen Glaubens in den Mittelpunkt des Nachdenkens zu stellen, allerdings so, daß die jeweilige Hörergemeinde den biblischen Text als Hilfe zu ihrem alltäglichen Leben erfährt.

---

26 Vgl. dazu epd. Dokumentation Nr. 1/1985; 18/1987; 35/1987

b) Grundfunktionen der Predigt

1. Die Predigt als öffentliches Wort

Nach den Überlegungen zur Aufgabe der Predigt ist nun von dem zu reden, was die Predigt in der Gemeinde leistet. Das „publice docere" von CA XIV, das *öffentliche* Lehren, ist ein Grundelement der Predigt. Die Predigt, der Gottesdienst sind von ihrer Grundintention her für alle Menschen offen. Die Predigt im Gemeindegottesdienst ist immer öffentliche Predigt.

Wer das liest, stockt schon. Wie viele Gemeindeglieder waren am Sonntag im Gottesdienst? Der Küster hat 43 einschließlich Konfirmanden, Pastor und Organistin gezählt, ihn selbst eingeschlossen. Die Gemeinde hat 3 186 Gemeindeglieder. Es waren also etwas über ein Prozent da. Anwesend waren zu zwei Drittel Frauen über sechzig. Das Mittelalter war durch eine Familie von Angehörigen eines Verstorbenen vertreten. Bei der Beerdigung am Mittwoch waren allerdings etwa 120 Leute. Das war schon öffentlicher. Zur Frage der Gottesdienstbesucher wird unten mehr zu sagen sein.

Hier ist als erstes festzuhalten, daß der Gottesdienst, selbst wenn das oft nicht wahrgenommen wird, von seiner Intention her auf Öffentlichkeit ausgerichtet ist. Jeder ist eingeladen. Zuerst die Gemeinde der Getauften, aber auch wer sonst kommen will. Jeder soll hören und sehen können, was der christliche Gottesdienst ist, und was die Predigt zu sagen hat. Nur am Abendmahl nehmen nach der Gewohnheit der Christenheit ausschließlich jene teil, die getauft sind.[27] Die prinzipielle Öffentlichkeit der Predigt und des Gottesdienstes hat ihre Begründung in dem mit Christus für alle Menschen erschienenem Heil. Da der Gottesdienst der versammelten Gemeinde in Wort und Sakrament dieses Heilsgeschehen erfahrbar macht, ist grundsätzlich niemand davon ausgeschlossen, ist jeder eingeladen.

Die Gemeinden zeigen diese Intention der grundsätzlichen Öffentlichkeit auf mancherlei Weise:
– Durch die öffentliche Ankündigung des Gottesdienstes in der Zeitung (was allerdings oft nur von Spezialisten auffindbar ist),
– durch Gemeindebriefe an alle,
– durch Schaukästen,
– durch Hinweisschilder am Ortseingang und – nicht zuletzt –
– durch das Geläut der Glocken.

---

27 Manchmal nimmt ein nicht Getaufter oder ein Ausgetretener am Abendmahl teil; wenn ich es merke, verweigere ich ihm das Abendmahl nicht, aber hinterher spreche ich ihn an, daß er durch diese Teilnahme sich als Glied am Leibe Christi bekannt hat. Daraus ergeben sich wichtige Gespräche.

Letzteres wird von gestörten Anliegern immer wieder zu verhindern versucht, und man muß Übertreibungen im Läuten möglicherweise feststellen und beseitigen, dennoch ist das Geläut ein sachgemäßes Festhalten an diesem Öffentlichkeitsanspruch von Predigt und Gottesdienst, wenn denn die Gemeinde das noch weiß.

Die Öffentlichkeit des Gottesdienstes und der Predigt wird erlebbar beim großen volkskirchlichen Gottesdienst. Wenn die Kirche eingeweiht, wenn ein Pastor oder eine Pastorin ordiniert oder eingeführt wird, wenn einer der volkstümlichen Festtage ist, wird sichtbar, was es bedeutet, wenn die Predigt im Rahmen des Gottesdienstes die Aufgabe hat, öffentlich Gesetz und Evangelium anhand eines Bibeltextes zu verkündigen. Da ist dann nicht nur dadurch Öffentlichkeit hergestellt, daß viele Menschen anwesend sind, die das, was in der Predigt zu hören ist und sie bewegt, weitertragen können. Es ist die Predigt auch dadurch öffentlich, daß die sogenannten „Vertreter der Öffentlichkeit" da sind, der Ortsbürgermeister und Gemeinderat, die Verwaltung, die Vorsitzenden von Feuerwehr und Schützenverein, die Parteien, die Gewerkschaft, die Polizei und die Bundeswehr.

Die Pastorin oder den Pastor kann eine gewisse Beklemmung anfallen, wenn sie sich überlegen, was bei dieser Gelegenheit von der Predigt alles erwartet werden muß. Sie sollten, wenn solch ein größeres Ereignis mit geladenen Gästen bevorsteht, ein Gespräch im Kirchenvorstand/Presbyterium führen: Was erwarten Sie als Kirchenvorsteher, was werden die Randständigen der Gemeinde, die Vertreter der Öffentlichkeit von der Predigt und vom Gottesdienst insgesamt eigentlich erwarten? Es ist nicht vorherzusagen, was da an Erwartungen laut wird. Es kann aber durchaus sein, daß den Prediger oder auch verantwortliche Gemeindeglieder das Gefühl beschleicht, denen allen dürfe man eigentlich nicht zuviel Christlichkeit zumuten oder gar überstülpen. Man müsse deshalb vielleicht eher allgemein anerkannte politische Grundaussagen machen oder ethische, sozialdiakonische Probleme ansprechen. Manch ein Prediger möchte auch die Empfindung haben, nach dem Motto: Nun hat sie der Herr in meine Hand gegeben, kann ich hier einmal alle die politischen Fragen ansprechen, die ich sonst das ganze Jahr immer unter Ausschluß der Öffentlichkeit verhandeln muß.

Der beste Rat wird der sein, einen typischen evangelischen Gottesdienst zu machen, das Licht nicht unter den Scheffel zu stellen, natürlich die Adressaten sorgfältig zu bedenken, aber dann gerade ganz bewußt einen Gottesdienst zu feiern mit einer möglichst eindrücklichen Bibelauslegung, bei der man den biblischen Text noch eine Weile hinterher behalten kann, mit Gebeten, deren Sprache greift, mit Liedern, die auch die Kirchenfernen singen können usw.

Da ich oft dergleichen Gottesdienste halten muß, erlebe ich, welch große Hörbereitschaft gerade in diesen Gottesdiensten vorhanden ist. Oftmals muß ich auf die Altarkanzel steigen, die dann hoch über der Gemeinde hängt.

Aber nur von dort aus lassen sich die Emporen erreichen, die gefüllt sind. Der Männergesangverein sitzt direkt im Chorraum unter der Kanzel und reckt die Hälse. Da kommt es eigentlich nur darauf an, daß eine sorgfältige, die Lebens- und Glaubenserfahrung der Menschen am vorstellbaren Fall aufnehmende Bibelauslegung versucht wird. Der Hunger gerade auf das biblische Schwarzbrot ist beachtlich. Bei solch einem Gottesdienst zeigt sich übrigens dem Prediger beispielhaft, daß er im öffentlichen Gottesdienst ein verbindliches Wort zu sagen hat. Was er auf der Kanzel sagt, wird als kirchliches Wort erfahren. Es hat eine höhere Verbindlichkeit als das, was Pastor und Pastorin im Gespräch sagen. Die Predigt im öffentlichen Gottesdienst ist wegen ihrer Verbindung von persönlichem Zeugnis des Predigers und offiziellem Wort dessen, der den Auftrag der Gemeinde hat, für den Hörer in besonderer Weise eindrücklich. Wenn der Prediger dann ein Stück Wächteramt der Kirche wahrnimmt und in ethischen oder politischen Grundsatzfragen Orientierungshilfen zu geben versucht, Warnungen oder Ermutigungen ausspricht, kann es sein, daß er die Öffentlichkeit seines Redens als anstrengend und brisant empfindet.

Aber auch der Gottesdienst mit kleiner Teilnehmerzahl ist prinzipiell öffentlicher Gottesdienst. Das kann erfahrbar werden, wenn am Sonntag, zu dem der Prediger ausschließlich seine vertraute kleine Schar erwartet, eine Familie, die auf einer Wanderung ist, im Gottesdienst auftaucht. Oder ein unbekannter Einzelner sitzt hinten. Wer ist das? Ich weiß es nicht. Ein Vertreter der Öffentlichkeit! Manche haben, ohne daß sie es wußten, Engel beherbergt. (Hebräer 13,2)

2. Die Predigt als persönlich ansprechendes Wort

Die Predigt soll den einzelnen Hörer in der Gemeinde ansprechen. Das wirkt nach den Überlegungen zur Öffentlichkeit der Predigt zunächst befremdlich. Ist die Predigt mit dem Merkmal der Öffentlichkeit nicht Ansprache an viele Hörer, dazu noch offizielle kirchliche Rede? Das ist richtig. Jedoch gerade als öffentliche Rede an viele ist die Predigt das den einzelnen persönlich ansprechende Wort.

Im Homiletischen Seminar zeigt sich, daß es besonders für Anfänger verwirrend ist, eine Rede an eine Vielzahl von unbekannten Hörern zu richten, die persönlich ansprechend sein soll und die nötige Allgemeinheit hat, daß sie für alle paßt.

Für den erfahrenen Gemeindepastor scheint das Problem dadurch erleichtert zu sein, daß er einen Großteil seiner regelmäßigen Gottesdienstgemeinde kennt und mit vielen im Gespräch ist.

Dennoch, auch für ihn sind immer wieder fremde Gesichter im Gottesdienst, ein Bus mit dem Frauenkreis einer fernen Gemeinde taucht auf, Leute haben sich für den Gottesdienst verabredet und sind da. Es kommt hinzu, daß auch die Bekanntheit der Hörer das Kommunikationsfeld diffus macht, weil Einstellungen, Erwartungen, Biographien ganz unterschiedlich sind. Wie soll der Prediger in dies unübersichtliche Feld seine Predigt als persönlich ansprechendes Wort säen?

Anfänger im Homiletischen Seminar retten sich damit, daß sie den Typ der „zeitlos richtigen Rede" herstellen. Sie haben die unterschwellige Hoffnung, daß davon jeder etwas haben müßte. Auch erfahrene Prediger neigen aufgrund dieser ihnen vor Augen stehenden Unübersichtlichkeit der Hörer zu sehr allgemeiner Begrifflichkeit, wenn es gut geht zu emotional ansprechender Wortwahl. Auch sie hoffen auf diese Weise möglichst viele Hörer persönlich zu erreichen.

„Ich möchte sagen, daß das Leiden, das Schwere, das wir erleben, genau wie die große Freude uns Gott näher bringen kann. Und ich denke, daß das der Apostel Paulus meint, wenn er so spricht. Er meint: Man lernt dadurch Gott kennen, so wie er es dann eben sagt: Der Vater der Barmherzigkeit und Gott alles Trostes. So hat er ihn kennengelernt. Und man lernt darin sich ihm anzuvertrauen. Wer an die Grenze gerät, also an die Grenze, wo das Leben aus den Fugen gerät, der kann darin auch neu Gott begegnen."

Es ist keine Frage, wer sich an einen solchen Text mit einer konkreten persönlichen Erfahrung anhängen kann, der ist sofort sehr tief persönlich angesprochen. Aber die Mehrzahl der Hörer wird sich so schnell keine konkrete Erfahrung dazu vor Augen stellen können, sondern in einer Art Gefühlshören an den Worten entlanghangeln, sie abtasten und bald eigenen Gedanken nachhängen. Das ist nicht schlecht, zumal im Gottesdienst nicht, nur der Intention der Predigt entspricht es nicht.

Nun läßt sich dies vermeiden, wenn der Prediger dem Hörer selbst Situationen vor Augen stellt, in denen solche allgemeinen Sätze ihre Erfahrungswahrheit haben. Der angeführte Prediger berichtet von einer Frau, die ein Kind verloren hatte und erklärte: Darüber kommt man nie hinweg! Im weiteren Gesprächsverlauf aber sagte sie: „Wir haben niemals so intensiv in der Familie zusammengelebt wie in dieser Zeit." Auf solch eine Erfahrung bezogen, bekommen die vorher angeführten Sätze plötzlich ihren menschlichen Erfahrungshintergrund, auf dem sie wahr sein können. Das kann der Hörer sich vorstellen. Er ist möglicherweise bewegt und persönlich angesprochen. Er hat vielleicht Vergleichbares erlebt und kann sich nun aufgrund des geschilderten konkreten Falles leichter daran erinnern.

Die persönliche Anrede könnte man homiletisch dadurch zu erreichen versuchen, daß konkreter, existentiell vorstellbarer gesprochen wird, so daß sich der Hörer mit seiner jeweiligen eigenen Geschichte hineinfinden kann und sich als angesprochen erklärt.

Vielfach weise ich die Studenten einfach auf die Möglichkeit hin, ihre Predigt nicht für eine anonyme Gemeinde zu konzipieren, sondern sich ihre Heimatgemeinde vorzustellen und dort in den vorgestellten Gottesdienst drei ganz unterschiedliche Menschen, die ihnen gut bekannt sind, hineinzusetzen und für diese drei Leute im Kontext der vorstellbaren Gemeinde jetzt eine Predigt zu erarbeiten. Wenn die drei unterschiedlich genug sind, würde das Spektrum der Rede so weit sein, daß die meisten der Hörer durch die Predigt erreicht werden. Manche Predigt ist ein stilles Zwiegespräch mit einem einzigen Predigthörer. Sie hat ihre persönlich ansprechende Wirkung für viele. Oft ist der, den man sich vorgestellt hat, dann gar nicht einmal da.

Dies ist nur ein kleiner Hinweis auf die vielfältigen homiletischen bzw. rhetorischen Gesichtspunkte, die für eine persönlich ansprechende Predigt zu bedenken sind. Die Lösung heißt also: Die Predigt im Gottesdienst ist persönlich ansprechende Rede dadurch, daß der Prediger die homiletischen und rhetorischen Mittel beherrscht.

Aber das bleibt zu oberflächlich. Wenn die Predigt persönlich ansprechen soll, ist das nicht viel eher eine Frage an den Hörer? Das Bild vom perfekt redenden Prediger und der durch ihn innerlich auf Touren gebrachten Gemeinde aus einzelnen stimmt ja nicht. Ob eine Predigt mich persönlich anspricht, das liegt ganz wesentlich auch an mir als Hörer. Es liegt an meiner Disposition, an meinen Wünschen und Erwartungen. Wie wir sehen werden, ist das Hören überhaupt nur sachgemäß als ein zumeist unbewußt äußerst aktiver Vorgang anzusehen. Für das persönliche Ankommen der Predigt ist also mindestens so entscheidend wie der Prediger auch der Hörer. Würde es also helfen, wenn der Prediger sich stärker innerlich auf das einstellt und verläßt, was die Hörer von der Predigt erwarten?

Hans Werner Dannowski hat einige Hörererwartungen zusammengestellt:

Der Hörer erwartet – so hat es Barth gesehen – schlicht Rettung, Versöhnung durch Jesus Christus.

Der Hörer erwartet – so sieht es Bohren – daß in der Predigt seine, des Hörers, Zukunft zur Sprache kommt.

Der Hörer erwartet – so hat es Mildenberger gesehen – die Zeitansage, daß Gottes Heil da ist.

Der Hörer erwartet – so hat es Ernst Lange gesehen – eine Klärung seiner Situation.

Der Hörer erwartet – so sieht es Jetter – elementare solidarische Nähe des Predigers.

Und die empirischen Untersuchungen der letzten zwanzig Jahre zeigen, der Hörer will sich verstanden fühlen, er erwartet vom Prediger persönliche

Glaubwürdigkeit, er erwartet, daß die biblische Wahrheit in ihrer Evidenz gezeigt wird.[28]

Wird die Predigt also ansprechendes Wort dadurch, daß der Prediger diese Erwartungen in seine homiletische Theorie und Praxis übernimmt und entsprechend umsetzt? So weit das möglich ist, muß er das tun und mit bedenken. Aber damit sind wir wieder beim Prediger.

Soll der Hörer für sich zusehen, was ihn persönlich anspricht. Ich finde immer noch überzeugend, was eine Frau vor Jahren zu mir sagte: Ob die Predigt gut oder schlecht ist, darauf achte ich nicht. Ich nehme aus jeder Predigt etwas mit. Ich hole mir schon das, was ich brauche. Das fängt bei dem Bibeltext an und hört bei den Gebeten auf. Irgendetwas, das für mich wichtig ist, ist immer drin. Das ist sicher nicht als Aufforderung zu homiletischer Schludrigkeit aufzufassen.

Aber für das Gelingen der Predigt als ansprechendes Wort ist der Ansatz bei der Predigtmethode oder der Ansatz bei der Erwartung oder der Selbsttätigkeit des Hörers nur ein Teilaspekt.

Ich denke, entscheidend wird sein, daß sich der Prediger selbst vom Text persönlich ansprechen läßt. Die grundlegende kirchliche Erwartung an das Geschehen Predigt ist, daß sich ein einzelner durch die im Bibeltext in unendlich vielen Brechungen vorliegende Gottes- und Christuserfahrung persönlich ansprechen läßt und davon der Gemeinde persönlich Rechenschaft gibt.

Der Prediger tut dies als Zeitgenosse, als einer, der neben den Hörern steht, der mit ihnen verbunden ist in bewußtem Gespräch, der dadurch über eine gleichsam ausgebaute Lebenserfahrung verfügt, als solcher auf den biblischen Text hört und die Erfahrungen solchen Hörens der Gemeinde mitteilt.

Die Antwort auf die Frage, wie die offizielle Ansprache an viele zur Predigt und damit zu einem Wort wird, das Einzelne anspricht, heißt also: dadurch, daß der Prediger von dem spricht, was ihn selbst im biblischen Text persönlich angesprochen hat. Darauf kommt es letztlich an. Damit ist nicht ausgeschlossen, daß der Prediger über die Lebenserfahrungen anderer berichtet, daß der Hörer, weil er selbst ein Verhältnis zur Sache hat, durch einen Nebengedanken der Predigt viel mehr angesprochen wird, daß die persönliche Erfahrung des Predigers mit dem Text den Hörer auch völlig kalt lassen kann. Daß der Hörer gepackt wird, daß er sich durch Gott in der Predigt angesprochen erfährt, das kann der Prediger nicht organisieren. Daß er selbst jedoch vom Text betroffen ist, dazu kann er manches beitragen, und davon soll die Predigt bestimmt sein.

---

28 Hans Werner Dannowski: Kompendium der Predigtlehre. Gütersloh, 1985, S. 92–112

3. Predigt als Gemeinde zentrierendes Wort

Die Predigt als öffentliches, den Einzelnen ansprechendes Wort ist gleichzeitig das die Gemeinde zentrierende Wort. Die Predigt spricht den Hörer als den an, der zur Gemeinde Jesu Christi gehört.

Der Einzelne wird immer im Kontext seiner Lebensbeziehungen angesprochen. Er ist einer, der in vielerlei Beziehungen lebt und unterschiedliche Rollen spielt. Da sitzen im Gottesdienst Väter, Mütter, Verkäuferinnen, Jugendgruppenmitglieder, Kinder, Verwaltungsangestellte, Frauenkreismitglieder, Facharbeiter, Rentner, Arbeitslose, Großeltern, Geschiedene, Singles, SPD-Mitglieder, Chefs und Untergebene. Sie alle spielen mehrere Rollen. Die Predigt spricht diese unterschiedlichen Menschen auf ihre Zugehörigkeit zur christlichen Gemeinde als Glieder des Leibes Jesu Christi an. Das Bewußtsein solcher Zugehörigkeit ist freilich äußerst unterschiedlich entwickelt. Auch hier kann zwischen dem stärker kerngemeindlich und dem stärker volkskirchlich besuchten Gottesdienst unterschieden werden. Von Gottesdienst zu Gottesdienst kann je nach der Struktur der Gemeindearbeit eine unterschiedlich zusammengesetzte Gemeinde anwesend sein. In der Regel überwiegt allerdings der Kreis der engagierten Gemeindeglieder.

Was kann die Predigt hier leisten? Meine These lautet: Die Predigt soll das die Gemeinde zentrierende Wort sein. Zentrierendes Wort meint jenes Wort, das der Gemeinde hilft, sich auf ihr Zentrum, auf ihren Grund zu besinnen, diesen Grund zu verstehen, ihn zu erfahren und zu genießen. Dieser Grund ist Jesus Christus. „Einen anderen Grund kann niemand legen, als den der gelegt ist." (1. Korinther 3,11) Kirche ist das Geschehen dieses Grundes. (Ebeling)[29] Wo Predigt so geschieht, ist Gemeinde Jesu Christi versammelt.

Sind das Überlegungen, die sich auf den Alltag und den Sonntag der real existierenden Gemeinde beziehen lassen? Muß nicht sofort eingewandt werden, solch eine Zielsetzung überfordert die sonntägliche Predigt? Ist es nicht besser, sich an eine bescheidenere Predigtdefinition zu halten, wie sie Dietrich Rössler vorgelegt hat: „Die Predigt ist die christliche Rede, die im Rahmen eines Gottesdienstes die biblische Überlieferung für den Hörer der Gegenwart auslegt, um ihm die Gewißheit im Christentum zu stärken und die Orientierung im Leben zu fördern."[30] Ist nicht mit solch einer mehr deskriptiven, weniger steilen Benennung des Predigtauftrages für den Prediger das allwöchentliche Geschäft leichter zu machen. Man müßte Rösslers Definition nur noch erweitern um die Funktion der Predigt für die Gemeinde: „. . . und auf diese Weise gleichzeitig der Gemeinde die Begründung ihrer Gemeinschaft erklärt".

---

29 A. a. O., S. 349
30 Dietrich Rössler: Grundriß der Praktischen Theologie. Berlin, 1986, S. 345 ff.

Dennoch, meine ich, Gemeinde und Prediger müssen sich noch deutlicher inhaltlich darüber klar werden, was eigentlich die Aufgabe der Predigt im Gemeindegottesdienst, was der Gottesdienst überhaupt ist. Da sage ich: Gemeinde und Prediger müssen die Grundempfindung haben, hier im Gottesdienst, in dem sie, stellvertretend für die ganze volkskirchliche Gemeinde, die sich an diesem Sonntag engagierende Gruppe sind, soll das angesprochen werden, was der Grund unseres Glaubens und damit Lebens ist und warum das uns als Gemeinde zusammenhält. Das hat für den Prediger seine berufsmäßig handwerkliche Seite: Was will ich eigentlich? Text auslegen. Möglichst spannend. Gewißheit im Christentum stärken. Orientierung im Leben fördern. Gemeinde zusammenhüten. Das ist alles richtig. Aber in dem allen muß bei Gemeinde und Prediger als grundsätzlichere Dimension intentional anwesend sein: Das was wir hier im Gottesdienst machen, ist die Mitte unseres sonst vielfältigen Gemeindelebens. Das muß hier als Zentrum erlebbar werden. Alles, was wir sonst in der Gemeinde treiben, das, was an Welt- und Gotterfahrung wichtig ist, muß doch immer wieder neu aus dem Hören auf den Bibeltext, aus dem Nachdenken darüber, aus der Stille daraufhin, aus dem Gebet, aus dem gemeinsamen Singen, seine Kraft bekommen. Dies gilt, auch wenn ich weiß, geistliche Aha-Erlebnisse entscheidender Art können aus dem Gesprächskreis am Dienstagabend, aus dem Nachdenken über einen Brief an einen schwarzen inhaftierten Superintendenten in der Südafrikagruppe, aus dem Bibelseminar der Erwachsenenbildung, aus dem persönlichen Gespräch zwischen Freundinnen oft viel besser kommen als im Gottesdienst und speziell in der Predigt. Aber genau das, was in den Gruppen an geistlicher Erfahrung oder an Hilfen zur Lebensbewältigung geleistet wird, aber auch das, was Menschen sonst erleben, braucht doch seine öffentliche Aufnahme in der Predigt. Die Predigt, die solche Lebens- und Glaubenserfahrungen der Gemeinde aufnimmt und sie in den Kontext einer Erschließung des biblischen Textes hineinstellt, zeigt damit, was der Grund der Gemeinde ist.

Ich will noch in andere Richtung fragen: Ist die Grundfunktion der Predigt als die Gemeinde zentrierendes, auf ihren Grund zurückführendes Wort der allsonntäglichen Realität gewachsen? Steht die prozentual und manchmal auch real geringe Zahl der Gottesdienstbesucher dagegen? Spricht dagegen, daß die Gruppen und Begegnungen, aus denen gemeindliches Leben besteht, sich keineswegs alle Sonntagmorgen versammeln, sondern daß die Gottesdienstbesuchergruppe sich wesentlich aus dem Frauenkreis rekrutiert, während die Jugend kaum anwesend ist, von den Männern und den Eltern ganz zu schweigen?

Steht das Image des Gottesdienstes als einer Veranstaltung für die, „die es wohl nötig haben müssen", während man ein guter Christ auch sein kann, wenn man sonntags nicht zur Kirche geht, dagegen? Mischt sich da in eindrucksvoller Weise neuzeitliches Autonomiebedürfnis mit protestantischer Unabhängigkeit gegenüber klerikalen Anforderungen und der Ausnutzung der Freiheit zur Wahl des Beliebigen in der pluralistischen Gesellschaft bis hin zu menschlicher Trägheit?

Das wird so sein! Dennoch findet der Gottesdienst sonntäglich statt. Dennoch ist da eine gottesdienstliche Gemeinde versammelt.

Es ist die Frage, als was sich Gemeinde und Prediger sehen sollen. Sollen sie sich als übriggebliebener heiliger Rest einer absterbenden Volkskirche empfinden, wie ihnen das von manchen nahegelegt wird? Ich ziehe es vor, den Gottesdienst anders zu bestimmen. Er ist für die Kirchengemeinde die kontinuierlich in ihrer Mitte stattfindende Erschließung, Ereignung und Feier ihres Grundes. Die Predigt im Gottesdienst dient der immer neu erforderlichen Hinführung der Gemeinde zu ihrem Zentrum. Der Prediger hat den Auftrag, den biblischen Text zu erschließen. Wenn Gott Gnade gibt, ereignet sich darin – wie im Sakrament und den Stücken des gesamten Gottesdienstes – das den Hörer ansprechende Gotteswort. In Lobpreis und Dank feiert die Gemeinde dies Ereignis. Dies gilt auch für den Gottesdienst mit kleiner Besucherzahl. Das heißt nicht, daß sich die Gemeinde darüber beruhigen könnte. Es heißt aber auch nicht, daß sie ständig mit der Gegenüberstellung der andersartigen Situation amerikanischer oder freikirchlicher Gemeinden den Trübsinn ins Herz holen müßte.

Der Gottesdienst in protestantischen Gemeinden in Deutschland ist immer mehr oder minder ein für die Gesamtheit der Gemeinde stehender *stellvertretender Gottesdienst* gewesen. Er kann heute in neuer Weise wieder dazu werden, wenn Gemeinde und Prediger wissen, wozu sie sich da eigentlich versammeln. Sie sind stellvertretende Gemeinde. Steht der Gottesdienst mit biblischer Predigt in neuer Bewußtheit im Zentrum der Gemeindearbeit, dann kann er seinerseits ausstrahlen. Dazu ist erforderlich, daß Prediger und gottesdienstliche Gemeinde den Gottesdienst auch als ein für die ganze Gemeinde zentrales Unternehmen verstehen. Das kann einmal dadurch geschehen, daß die Aktivitäten der Gemeinde regelmäßig im Gottesdienst zur Sprache kommen. Das kann dadurch geschehen, daß in der Predigt die Lebenserfahrungen vieler Menschen ihren Ort haben.

Wenn die These stimmt, daß die Ansprechbarkeit des Einzelnen durch die Predigt mit der Ansprechbarkeit des Predigers durch den Text zusammenhängt, dann ist zu bedenken, daß der Prediger vermutlich eher der Kerngemeinde als den distanzierten Gemeindegliedern in seiner Sprach- und Erlebniswelt nahesteht. Da er jedoch den biblischen Text gerade auch für die distanzierten Getauften außerhalb des Kirchenbesucherspektrums brauchbar erschließen soll, da gleichzeitig die im Gottesdienst anwesende Gemeinde auch durch die Predigt (wie durch Gruppengespräche) fähig werden soll, vom Glauben draußen im Alltag zu reden, muß er sich immer wieder neu auf die Glaubens- und Unglaubenserfahrung der distanzierten Gemeinde einstellen. Hier sind die geprägten Stücke des Gottesdienstes durchaus zu unterscheiden von der Predigt. Die Predigt ist als das die Gemeinde zentrierende Wort nur sinnvoll, wenn sie dies auch und gerade als Gespräch mit denen tut, die am Rande stehen oder Schwierigkeiten mit dem Glauben haben. Die Predigt für die Kerngemeinde ist also ganz bewußt auf die ganze volkskirchliche Gemeinde hin zu konzipieren.

c) Verantwortung der Gemeinde für die Predigt

1. Der Predigtauftrag

Das Wort Gottes und der Predigtauftrag ist zunächst der Gemeinde gegeben. „Aufs erste ist vonnöten, daß man wisse, wo und wer die christliche Gemeine sei ... Dabei aber soll man die christliche Gemeine gewißlich erkennen, wo das lautere Evangelium gepredigt wird ... Weil aber christliche Gemeine ohne Gottes Wort nicht sein soll, noch kann, folgt aus vorigem stark genug, daß sie dennoch ja Lehrer und Prediger haben müssen, die das Wort treiben. Und weil in dieser verdammten letzten Zeit Bischöfe und das falsche geistliche Regiment solche Lehrer nicht sind, noch sein wollen, ... müssen wir uns nach der Schrift halten und unter uns selbst berufen und setzen diejenigen, so man geschickt dazu findet und die Gott mit Verstand erleuchtet und mit Gaben dazu geziert hat. Denn das kann niemand leugnen, daß ein jeglicher Christ Gottes Wort hat und von Gott gelehrt und gesalbt ist zum Priester ... Ist's aber also, daß sie Gottes Wort haben und von ihm gesalbt sind, so sind sie auch schuldig, dasselbe zu bekennen, lehren und ausbreiten ... Also daß hier abermal gewiß ist, daß ein Christ nicht allein Recht und Macht hat, das Gotteswort zu lehren, sondern ist dasselbe schuld zu tun bei seiner Seelen Verlust und Gottes Ungnaden. So sprichst du: Ja wie? Wenn er nicht dazu berufen ist, so darf er ja nicht predigen, wie du selbst oft gelehrt hast? Antwort: Hier sollst du den Christen in zweierlei Orte stellen. Aufs erste: Wenn er ist an dem Ort, da keine Christen sind, da bedarf er keines anderen Berufs, denn daß er ein Christ ist inwendig von Gott berufen und gesalbt. Da ist er schuldig, den irrenden Heiden oder Unchristen zu predigen und zu lehren das Evangelium, aus Pflicht brüderlicher Liebe, ob ihn schon kein Mensch dazu beruft ... Wenn er aber ist, da Christen an dem Ort sind, die mit ihm gleiche Macht und Recht haben, da soll er sich selbst nicht hervortun, sondern sich berufen und hervorziehen lassen, daß er an Statt und Befehl der anderen predige und lehre, ja ein Christ hat so viel Macht, daß er auch mitten unter den Christen unberufen durch Menschen mag und soll auftreten und lehren, wo er sieht, daß der Lehrer daselbst fehlt, so doch, daß sittig und züchtig zugehe ... Wem das Predigtamt aufgelegt wird, dem wird das höchste Amt aufgelegt in der Christenheit. Derselbe mag danach auch taufen, Messe halten und alle Seelsorge tragen oder, so er nicht will, mag er an dem Predigen alleine bleiben, und taufen und andere Unteramt anderen lassen."[31]

Jeder Christ ist also nach Luthers Auffassung durch die Taufe zum Priester geweiht und kann die Aufgaben des Verkündigungsamtes wahrnehmen. Damit es aber ordentlich zugeht und nicht die Leute mit dem größten Mundwerk in der Gemeinde auch automatisch das Sagen haben, soll die Gemeinde den, den sie dafür geeignet findet, hervorziehen und berufen. Darum heißt es dann in CA XIV „. . . daß niemand in der Kirchen öffentlich lehren oder predigen oder Sakrament reichen soll ohn ordentlichen Beruf" (Berufung), „nisi rite vocatus".[32] Mit „Berufung" wird hier Prüfung, Wahl, Berufung und Ordination des Pfarrers bezeichnet. Dieses bedeutet jedoch nicht, daß der Prediger nun eine Sonderstellung hätte. Er hat nur einen besonders verantwortungsvollen Dienst.

„. . . Ein Pfarrherr oder Prediger macht nicht das Evangelium und durch sein Predigen oder Amt wird sein Wort nicht zum Evangelium. Sonst muß es alles Evangelium sein, was er reden könnte, sondern er reicht allein und gibt durch sein Predigen das Evangelium. Denn das Evangelium ist zuvor da und muß zuvor da sein, das hat unser Herr Christus gemacht, hergebracht und hinter sich gelassen . . . Also bleibt nichts im Pfarramt oder Predigtamt, denn das einzige Werk, nämlich, Geben oder Darreichen das Evangelium, von Christus befohlen zu predigen . . ."

Das was der Prediger aber tut, das tut er stellvertretend für die Gemeinde, die innerlich voll daran beteiligt ist. „Da tritt vor den Altar unser Pfarrherr, Bischof oder Diener im Pfarramt, recht und redlich und öffentlich berufen, zuvor aber in der Taufe geweiht, gesalbt und geboren zum Priester Christi . . . Der singt öffentlich und deutlich die Ordnung Christi, im Abendmahl eingesetzt, nimmt das Brot und Wein, dankt, teils aus und gibts, in Kraft der Worte Christi . . . Und wir, sonderlich die das Sakrament nehmen wollen, knien neben, hinter, und um ihn her, Mann, Weib, jung, alt, Herr, Knecht, Frau, Magd, Eltern, Kinder, wie uns Gott allda zusammenbringt, allesamt rechte heilige Mitpriester durch Christi Blut geheiligt und durch den Heiligen Geist gesalbt und geweiht in der Taufe. Und in solcher unserer angeborenen, erblichen, priesterlichen Ehre und Schmuck sind wir da . . . Und lassen unsern Pfarrherrn nicht für sich, als für seine Person, die Ordnung Christi sprechen, sondern er ist unser aller Mund, und wir alle sprechen sie mit ihm von Herzen, und mit aufgerichtetem Glauben, zu dem Lamm Gottes,

31 Martin Luther: Daß eine christliche Versammlung oder Gemeine Recht oder Macht habe, alle Lehre zu urteilen und Lehrer zu berufen, ein- und abzusetzen, Grund und Ursach aus der Schrift. (1523) WA 11; 408 ff.
32 Bekenntnisschriften, a. a. O., S. 69

das da für uns und bei uns ist und seiner Ordnung nach uns speist mit seinem Leib und Blut. Das ist unsere Messe und die rechte Messe, die uns nicht fehlt."[33] In diesem Text wird sehr schön deutlich – besonders wenn man diese Passage, die über die Gemeindebeteiligung erstaunlicherweise beim Abendmahl gesagt ist, auf die Gemeindebeteiligung bei der Predigt überträgt –, der Prediger handelt stellvertretend für die Gemeinde. Die Gemeinde hat das Wort Gottes. Der von Menschen berufene Prediger ist aber in diesem seinem Amt von Gott berufen und der Gemeinde als Verkündiger des Evangeliums in Wort und Sakrament gegenübergestellt. Obwohl er also durch die Gemeinde in diesen Dienst berufen ist und obwohl er von ihr, lehrt er falsch, abberufen werden kann – das Kriterium dafür ist die Heilige Schrift –, so ist er doch in der Ausrichtung des Wortes, in der Ausführung des Sakraments von der Gemeinde und ihren Wünschen unabhängig, beide sind vielmehr an das Wort, wie es in der Heiligen Schrift gegeben ist, gebunden.

Hier liegt eine eigentümliche Doppelheit der Verantwortung vor. Auf der einen Seite ist das Predigtamt in seinem Auftrag der Wortverkündigung und dem Dienst mit den Sakramenten der Gemeinde gegenübergestellt. Der Glaube entsteht aus dem Wort der Verkündigung, die Predigt konstituiert die Gemeinde. Die christliche Gemeinde ist die Gemeinschaft der Getauften, die das Wort der Verkündigung hören und sich im Abendmahl in die Gemeinschaft mit Christus hineinnehmen lassen. Durch das Priestertum aller Getauften andererseits ist jeder einzelne Christ mit der Wortverkündigung im Alltag und im Notfall auch mit der Wortverkündigung in der Gemeinde und der Weitergabe der Sakramente beauftragt. Als Gemeinschaft des Leibes Christi ist die Gemeinde wiederum verantwortlich für die rechte Verkündigung des Wortes Gottes und die Weitergabe der Sakramente entsprechend der Heiligen Schrift. Die Aufgabe der Gemeinde besteht also nicht nur darin, Prediger auszuwählen und zu berufen, sie hat selber in der entsprechenden Situation den Predigtauftrag wahrzunehmen. Sie hat als hörende Gemeinde darauf zu achten, in der Predigt Gottes Anspruch und Zuspruch zu vernehmen, wie auch aufgrund der eigenen Glaubenserfahrung solcher Verkündigung nicht unkritisch oder stumm gegenüberzustehen. Die Gemeinde hat die christliche Lehre des Verkündigers aufzunehmen, zu bedenken und zu beurteilen. Solche Verantwortung kann nur sachgemäß wahrgenommen werden, wenn die Gemeindeglieder sich im ständigen Gespräch mit dem Prediger über seine Predigt befinden.

Die Vorstellung vom Gegenüber von Prediger und Gemeinde ist nicht ganz einfach zu beschreiben und auch nicht einfach zu leben. Die Hörergemeinde ist ja nicht ein Zensurtribunal, das über die Rechtgläubigkeit des Predigers zu

---

33 Martin Luther: Von der Winkelmesse und Pfaffenweihe. (1533) WA 38; 278; 286

befinden hätte. Das wird es zwar manchmal geben müssen, aber darum kommt die Gemeinde ja nicht zusammen. Sie ist zuerst die hörende Gemeinde, die in, mit und unter den Worten des Predigers Gottes Wort erwartet. Auf der anderen Seite sind Prediger und Gemeinde zusammengespannt in einer Art Verabredungsgemeinschaft, die durch die Heilige Schrift und die jeweiligen Bekenntnisse, auf die der Prediger bei seiner Ordination verpflichtet wird, bestimmt ist. Begibt sich der Prediger auf Dauer aus diesem Rahmen heraus, muß eine Gemeinde ihn abberufen können. (Was aber, wenn die Gemeinde sich aus diesem Rahmen herausbegibt?)

Nun ist dies idealtypische Bild der überschaubaren Gemeinde, die aus ihrer Mitte einen der Ihren, der zur Predigt befähigt ist, heraussucht und ihm das Predigamt überträgt, auf unsere landeskirchlichen Gemeinden nur selten anzuwenden. Aber in kleineren christlichen Gemeinschaften wird das ganz selbstverständlich geübt. In Mennonitengemeinden ist das anzutreffen. In der Gemeinde Geisberg bei Wissembourg (Weißenburg im Elsaß) umfaßt die Gemeinde etwa 110 Gemeindeglieder. Sie hat aus ihrer Mitte zwei Prediger gewählt, die den sonntäglichen Gottesdienst und die Amtshandlungen jeweils übernehmen.

Es ist hier nun nicht der Ort, auf die Geschichte des Amtes der Verkündigung und der Rolle der Ordination und Priesterweihe im einzelnen einzugehen. Deutlich ist, daß es schon im Neuen Testament eine Aufgabenverteilung innerhalb der Gemeinde gibt. Aber welche Stellung das Amt der Verkündigung in der Gemeinde oder gegenüber der Gemeinde hat, läßt sich aus dem Neuen Testament nicht zwingend ableiten. Aus den oben abgedruckten Texten geht deutlich hervor, wie sich Luther vom römisch-katholischen Verständnis der Priesterweihe als Sakrament, das besonders für die Wandlung beim Abendmahl erforderlich sein soll, absetzt. Die Apostolizität der Verkündigung liegt nicht in einer auf Amtsträger beschränkten Weitergabe einer besonderen Befähigung, die das Priesteramt ausmachen könnte, sondern allein im Gehorsam gegen das Wort der Heiligen Schrift, wie es sich in den Bekenntnissen der Alten Kirche zeigt. Luther hält, wie wir sahen, fest an der prinzipiellen Gleichstellung von getauftem Gemeindeglied und Prediger. Dies gilt für alle reformatorischen Kirchen.

Dennoch zeigt sich bald, daß der den Leisnigern 1523[34] gegebene Rat, jede Ortsgemeinde möge ihre Prediger selbst berufen und einsetzen, wie es auch Bugenhagen in die frühen Kirchenordnungen eingebracht hat, auf die Dauer aus unterschiedlichen, zumeist praktischen Gründen, aber auch um der Gemeinsamkeit des Bekenntnisses willen nicht zu halten war. Das Verhältnis der Kirche, die aus vielen Ortsgemeinden besteht, und der Ortsgemeinde muß geklärt werden. Ab 1535 wird in Wittenberg regelmäßig eine zentrale

---

34 S. o. S. 31

Ordination von solchen Pfarramtsbewerbern vorgenommen, für die eine Berufung durch eine Ortsgemeinde vorlag. Bis heute ist es im protestantischen Bereich so, daß der Vertreter der jeweiligen Gesamtkirche, der Bischof, der Landessuperintendent, der Propst, der Kreisdekan, der Superintendent oder wer sonst beauftragt ist, für die Kirche als ganze die Ordination vornimmt. Sie ist ein Akt der grundsätzlichen Berufung und zu unterscheiden von der Beauftragung mit dem Dienst in einer bestimmten Gemeinde (Installation). Die Art der Beauftragung, die durch die Ordination geschieht, zeigt deutlich noch ihre Herkunft aus der Priesterweihe. Sie geschieht auf Lebenszeit. Sie wird, wenn der Ordinierte zwischendurch seinen Dienst nicht wahrgenommen hat und wieder neu beginnt, nicht wiederholt. Allenfalls werden dem Ordinierten die Rechte aus der Ordination aberkannt, die Ordination selbst „verfällt" nicht. Diese Eigentümlichkeiten stammen aus der Priesterweihe. Es soll damit nicht die problematische römisch-katholische Mittlerstellung des Priesters verbunden sein, sondern es ist lediglich als praktikable menschliche Ordnung aufzufassen, die in dieser traditionellen Weise fortgeführt wird, damit die damit verbundene ökumenische Gemeinschaft zu den anderen Kirchen nicht verringert wird.

Es besteht jedoch immer die Gefahr, daß die grundsätzliche Gleichstellung von getauftem Gemeindeglied und Prediger zunichte gemacht wird durch ein unreformatorisches Verständnis des geistlichen Amtes. Die Rede vom Priestertum aller Getauften wird vielfach durch die sehr stark herausgehobene Stellung, die das Pfarramt in der Kirche hat, und durch die Rolle, die die Gemeinde dem Pastor und der Pastorin zuschiebt (und die sie sich manchmal auch gerne zuschieben lassen), zu einem leeren Wort. Dabei muß immer bedacht werden, daß die Zusammensetzung der Landeskirchen aus Kerngemeinde, Mitläufern und Randständigen sich auch auf das Verständnis vom Priestertum aller Getauften und die Stellung des Amtes der Verkündigung auswirkt. In der Kerngemeinde ist es verhältnismäßig leicht, den Pastorendienst als funktionalen Dienst anzusehen und ihn als einen unter vielen anderen am Bau der Gemeinde Mitwirkenden zu begreifen. Dies ist für die Gemeinde der ihre Kirchenzugehörigkeit nur hin und wieder aktivierenden und der randständigen getauften Gemeindeglieder sehr viel schwieriger. Für sie ist der Pastor und die Pastorin die kirchliche Identifikationsfigur. Diese großen Teile der Gemeinde sind sehr viel pastorenfixierter als die Kerngemeinde. Will man die Kirche der Getauften, so läßt sich das nicht vermeiden.

Für das Verständnis des Dienstes des Pastors und der Pastorin im Rahmen des Priestertums aller Getauften ist das Verständnis und die Gestaltung der Ordination wichtig. Bei Ordinationen achte ich immer darauf, daß vor dem Altar nicht nur Talare stehen. So schön und wichtig die Gemeinschaft der Ordinierten ist, wenn es sie denn wirklich gibt und nicht nur als Demonstration, so wichtig ist aber auch, daß Vertreter der Ortsgemeinde sichtbar und ausdrücklich an der Ordination, an der Handauflegung und den biblischen Voten beteiligt sind. Es ist sinnvoll, die Ordination der Prediger in der jeweiligen Gemeinde, in der sie ihren ersten Dienst antreten, vorzunehmen, weil dies ein wichtiges erlebbares Lehrstück für die Gemeinde ist. Da wird in einem Gottesdienst einer zum Pastor gemacht. Da wirkt die Ortskirchengemeinde durch ihre Kirchenvorsteher, aber auch durch ihr Mitbeten und das Dabeisein der großen versammelten Gemeinde mit. Da ist einer oder eine, der oder die die Aufgabe, die jedes Gemeindeglied in einem Bereich hat, in besonderer Weise für die ganze Gemeinde als Gottes Auftrag übertragen bekommt. Die Ordination darf nicht wirken wie ein hierarchischer Akt, sondern muß erkennbar sein als „ein öffentlicher Gemeindegottesdienst, in dem ein neuer ‚Botschafter der Versöhnung' (2. Korinther 5, 20) durch Gottes Wort und Gebet um den Heiligen Geist unter Handauflegung gesegnet und gesendet wird, wobei das Zusammenwirken von Gesamtkirche und versammelter Ortskirche konstitutiv ist."[35]

Wie in den Landeskirchen die Ordination und Installation des Predigers im Zusammenwirken zwischen Ortsgemeinde und Gesamtkirche geschieht, so ist es auch mit der Gott sei Dank sehr seltenen Abberufung des Predigers, d. h. der grundsätzlichen Aberkennung des Verkündigungsauftrages. Das ist selten, aber dennoch kann es geschehen, daß der verantwortlich zuhörenden Gemeinde auffällt, daß der Prediger den Rahmen des gemeinsamen Bekenntnisses regelmäßig und hartnäckig und auf Dauer nicht mehr beachtet. Es kann sich zeigen, daß die nachfragenden Gespräche der Gemeinde zwar stattfinden, aber den Prediger in seinen für die Gemeinde nicht akzeptablen Auffassungen nur bestärken. Es ist dann unausweichlich, daß eine Gemeinde solche Prediger auch abberufen können muß. Alle Kirchen haben dafür entsprechende Lehrverfahren vorgesehen, die sichern sollen, daß dem angegriffenen Prediger kein Unrecht geschieht. Besonders wichtig sind die Gespräche im Vorfeld des eigentlichen Verfahrens. Hier wird in den meisten Fällen das Wesentliche geklärt. Das Verfahren gegen den Hamburger Pastor Paul Schulz in den Jahren 1974 bis 1979 hat als fast einmaliges Ereignis große publizistische Aufmerksamkeit erregt.[36]

---

35 Frieder Schulz: Die Ordination als Gemeindegottesdienst. In: Jahrbuch für Liturgik und Hymnologie. Kassel, 1979, S. 30; zum Thema insgesamt: Friedrich Kalb: Grundriß der Liturgik. München, ³1985, S. 310 ff; Rolf Schäfer: Allgemeines Priestertum oder Vollmacht durch Handauflegung? In: Henning Schröer/Gerhard Müller (Hrsg.): Vom Amt des Laien in Kirche und Theologie. Festschrift für Gerhard Krause. Berlin, 1982, S. 141 ff.
36 Paul Schulz: Ist Gott eine mathematische Formel? Hamburg, 1979, S. 191 ff.; Lutherisches Kirchenamt Hannover: Nachdruck der Niederschrift über das Feststellungsverfahren nach dem Kirchengesetz der Vereinigten Ev.-luth. Kirche Deutschlands über das Verfahren bei Lehrbeanstandungen vom 16. Juni 1956 gegen Pastor Dr. Paul Schulz, Hamburg, in Hannover vom 14.11.1977 bis 21.2.1979. Hamburg, 1979

Das Verfahren hat aber auch unter den Pastorinnen und Pastoren damals eine gewisse Unruhe ausgelöst, weil plötzlich erkennbar wurde, daß es den zwar sehr weiten aber doch vorhandenen Rahmen der Ordinationsverpflichtung gibt, in der es mit den entsprechenden landeskirchlichen Unterschieden etwa heißt: „Ich verspreche, den mir übertragenen Dienst der Verkündigung in Bindung an das Wort Gottes, wie es in der Heiligen Schrift gegeben und in den Bekenntnisschriften der Evangelisch-Lutherischen Kirche bezeugt ist, wahrzunehmen und in dieser Bindung zu ständig neuem Bekennen bereit zu sein."[37]

Die Verantwortung der Gemeinde für die Predigt zeigt sich in deutlicher Weise in Notsituationen. In einem schneereichen Winter war ich sonntagmorgens unterwegs zum Gottesdienst in das 6 km entfernte Dorf. Unterwegs blieb ich in einer hohen Schneeverwehung stecken. Vorwärts gings nicht mehr, rückwärts nur mit großer Mühe. Also versuchte ich den Zugang zum Dorf über eine andere Straße und blieb auch hier stecken. Da ich ungeschickterweise nur die schwarzen Halbschuhe und keinen Mantel dabeihatte, war nichts zu machen. Gegen 11.30 Uhr war ich schließlich unverrichteter Dinge wieder im Pfarrhaus. Dort war inzwischen aus dem Dorf angerufen worden. Sie hatten eine Weile gewartet, hatten sich dann angesichts der Schneeverhältnisse ihr Teil gedacht und mit dem Gottesdienst begonnen. Die Organistin hatte die Lieder, einer der Kirchenvorsteher kam mit der Liturgie zurecht, die Lesungen waren sowieso ihr Auftrag, einer wurde ermutigt, zum Evangelium des Sonntags ein paar Worte zu sagen. Er hatte das nach einigem Zögern auch gemacht, und die Gemeinde war dem Vernehmen nach so gespannt bei der Sache, wie ich das mit meiner wohlvorbereiteten Predigt wohl nicht geschafft hätte. Der Prediger brachte es auf etwa zehn Minuten. Er hatte, wie er mir hinterher berichtete, das gesagt, was ihm zu dem Text eingefallen war. „Ich habe ja aus den vielen Predigten auch einiges gelernt." Danach war die Gemeinde etwas früher als sonst, aber durchaus erbaut, heimwärts gezogen. In solch einer Situation war plötzlich deutlich geworden, was die Verantwortung der Gemeinde für Gottesdienst und Predigt bedeutet.

In den letzten Jahrzehnten, in denen noch Prediger fehlten, sind die Landeskirchen in unterschiedlicher Weise dazu übergegangen, bewährten Christenmenschen, Kaufleuten, Angestellten, Handwerkern, nachdem sie viele Jahre viele Predigten gehört hatten, zu Pfarrverwaltern o. ä. zu berufen. Das waren also Männer und (seltener) Frauen, die nicht über den üblichen Weg: Gymnasium, Studium, Vorbereitungsdienst ins Pfarramt hineingewachsen waren, sondern als „Laien" in dies Amt gerufen wurden. Ich erlebe es bis heute, wenn ich davon berichte, daß das großes Erstaunen auslöst.

---

37 Text der Lehrverpflichtung in der Ev.-luth. Landeskirche Hannovers

Natürlich haben diese Pfarrer sich auch in die vielfältigen und z. T. schwierigen Aufgaben des Amtes der Verkündigung hineinarbeiten müssen. Dazu waren sie aber fähig. Es ist wichtig, daß diese Möglichkeit in den Kirchen beibehalten wird, damit deutlich wird, wie das mit dem Amt der Verkündigung ist. Der Beruf des Pfarrers und der Pfarrerin ist nicht einfach etwas, das man durch Studium und entsprechende Ausbildung erreicht. Das ist zwar in den meisten Fällen der normale Weg. Aber das Entscheidende ist die Berufung durch die christliche Gemeinde.

Das Institut der Lektoren und Prädikanten ist fast noch besser geeignet, das Wesen des Amtes der Verkündigung im Zusammenhang mit dem Priestertum aller Getauften sichtbar zu machen. Diese Art der Beauftragung muß unbedingt auch beibehalten werden, wenn alle Pfarrstellen mit Pastorinnen und Pastoren besetzt sind und darüber hinaus viele auf ihre Anstellung warten. Diese Beauftragung ist nötig und sinnvoll. Sie bedeutet, daß Kirchenvorsteher, erfahrene engagierte Gemeindeglieder auf Vorschlag der Gemeinde nach Zustimmung der Pastorinnen und Pastoren des Kirchenkreises und nach Gesprächen und Beurteilungen durch Vertreter der Gesamtkirche die Aufgabe übertragen bekommen, Gottesdienste zu leiten. Die Lektoren tun das mit einer selbst für ihren Redestil zurechtgearbeiteten Lesepredigt, die Prädikanten mit selbständig angefertigter Predigt. Gelegentlich ist der Auftrag, den Abendmahlsgottesdienst ebenfalls zu leiten, damit verbunden. Solche Beauftragung geschieht als „Ordentliche Berufung" nach CA XIV. Sie gibt dem Beauftragten für den Gottesdienst die gleiche Leitungskompetenz wie dem ordinierten Pfarrer. Es hat sich als praktisch erwiesen, daß sie als Beauftragung für einen bestimmten Bereich gegeben wird und von Visitation zu Visitation jeweils neu überprüft und, wenn es sich als sachgemäß erweist, erneuert wird. Prädikanten und Lektoren haben die Schwierigkeit, daß ihre Verkündigungsarbeit oft gerade von den fernerstehenden Gemeindegliedern als nicht so wertvoll empfunden wird wie die Tätigkeit des Pfarrers. Das liegt jedoch, wie sich zeigt, auch an der Verwunderung über diese besondere Institution. Sobald eine gewisse Gewöhnung eingetreten ist, zeigt sich, daß gerade durch diesen Dienst deutlich wird, daß das Amt der Verkündigung grundsätzlich eine Sache ist, zu der das getaufte Glied der Gemeinde befähigt ist.[38]

Immer wieder erfährt man, daß Sonderprediger auftreten. Da ist der Theologiestudent aus der Gemeinde, der seine Predigt aus dem Homiletischen Seminar ausprobiert. Dies geschieht hoffentlich im Gespräch und in Anwesenheit des Gemeindepastors und mit einer Nachbesprechung durch engagierte Gemeindeglieder. Denn gerade der Anfangende braucht Ermutigung und kritische Begleitung.

---

38 Vgl. auch Georg Fuhrmann: Grenzgänger. Lektoren im Dienst der Verkündigung. Hannover, 1987

Manchmal jedoch werden Prominente auf die Kanzel geholt. Politiker, Juristen, für öffentlichkeitswirksam gehaltene Christen, gar Nichtchristen. Ziel ist, den Gottesdienst interessant zu machen, ihm eine größere Aufmerksamkeit zu verschaffen. Hier wird sichtbar, daß die Verantwortung der Gemeinde auch bedeutet, sorgfältig abzuwägen. Die Beauftragung zur Predigt ist immer die Beauftragung zur Verkündigung des Christusgeschehens gemäß der Heiligen Schrift und den Bekenntnisschriften im Kontext des Gesprächs innerhalb der Kirche und Gemeinde. Es zeigt sich nun, daß Prominentenpredigten als Predigten des Gesetzes oft sehr interessant sind. Sie können auf Punkte hinweisen, die im Argen liegen, sie können aufrütteln oder interessante Meinungen, Einblicke und Zeugnisse aus der Erfahrung des Christen in der Welt geben. Probleme macht fast immer der Zuspruch des Evangeliums. Das ist auch kein Wunder. Woher soll das Mandat für solch eine Aussage auf der Kanzel kommen? Sie kann sich doch nur aus dem gemeindlichen Auftrag ergeben. Der Prediger soll Gesetz und Evangelium, wie es der ganzen Gemeinde aufgetragen und verheißen ist, der Gemeinde als sein persönliches Zeugnis sagen. Etwas anders ist die Situation, wenn der Redner den Auftrag bekommt, einen Bibeltext auszulegen. Da ist sein Auftrag sofort deutlicher bestimmt. Solch eine Beauftragung ist durchaus für einen Gottesdienst vorstellbar. Er müßte dann aber auch von den Verantwortlichen der Gemeinde und der Kirchenregion bewußt ausgesprochen werden.

Will man hingegen solche prominenten oder fachlich besonders ausgewiesenen Christen oder auch Nichtchristen als Experten für eine bestimmte Fragestellung haben, dann ist natürlich entweder eine andere Veranstaltungsform als ein Gottesdienst das richtige, oder aber jener oder jene sollte im Rahmen der Predigt als wirklich Sachverständige sprechen. Dann würde der beauftragte Prediger entsprechend seinem Auftrag die Predigt halten, an einer bestimmten Stelle jedoch würde der Fachmann als Sachverständiger zu einer Frage aus seiner Erfahrung heraus reden und berichten. Das kann die Predigt sehr bereichern.

Anders allerdings könnte eine Form von Verantwortung der Gemeinde für die Predigt unsere Gottesdienste verlebendigen, die ich in einer Sennhütte (Seter) in Mittelnorwegen erlebte.

Wir waren mitgenommen worden von einem Lehrerehepaar aus der Nachbarhütte zu der tausend Meter hoch gelegenen Sennhütte. Sonntags um 12.00 Uhr begann es. Um 13.30 Uhr gab es Picknick mit dem, was jeder mitgebracht hatte. Und bis 16.00 Uhr dauerte dieser Gottesdienst. Zwei Bauern, ein jüngerer und ein älterer, bestritten den ersten Teil des Gottesdienstes, der eine mit einer Psalmenpredigt, der andere mit einer Predigt über einen Johannestext, beides etwa halbstündig, dazwischen Lieder mit Gitarren und Ziehharmonikabegleitung. Nach dem Picknick durfte aus der Gemeinde reden, wer wollte. Jedesmal nach einem Wortbeitrag wurde ein von der Gemeinde vorgeschlagenes Lied gesungen. Da standen nacheinander etwa sieben jüngere und ältere Frauen und Männer auf, redeten jeweils etwa fünf Minuten und erklärten, was sie an den Bibeltexten und Predigtaussagen der beiden Bauern angesprochen hatte. Das war offensichtlich als Gottesdienstordnung selbstverständlich und funktionierte ohne irgendwelche Regieanweisungen. Es war keine Spur langweilig und befriedigte alle außerordentlich, so daß wir nach vier Stunden vergnügt wieder ins Tal fuhren.

Die Gemeinde ist für ihre Predigt verantwortlich, indem sie Prediger bestellt auf dem Wege, der in einer Kirche üblich ist. Zur Verantwortung für die Predigt gehört, daß der Unterhalt für die Prediger geklärt ist, daß die gottesdienstlichen Räume und, was sonst zur Predigt gehört, bereitgestellt werden und daß eine gottesdienstliche Gemeinde bereit ist zu kommen.

2. Das Gebet für den Prediger

Die Gemeinde nimmt ihre Verantwortung für die Predigt wahr, indem sie für den Prediger oder die Predigerin betet. Es mag seltsam sein, dies als einen besonderen Punkt zu bedenken. Es soll aber zeigen, daß die Gemeinde eine andere Beziehung zum Predigtgeschehen hat als zu einem Vortrag, zu einer öffentlichen Rede, zu einer Veranstaltung eines einzelnen.

Die Gemeinde betet für den Prediger, bevor er auf die Kanzel steigt, bevor er mit der Predigt beginnt, oder vor dem Gottesdienst. Der Predigthörer bittet, daß dem Prediger die richtigen Worte und Gedanken bei seiner Vorbereitung eingefallen sind und im aktuellen Reden geschenkt werden möchten. Der Predigthörer bittet darum, daß er selbst solchen Worten aufgeschlossen gegenübersteht und daß ihn Gottes Wort treffen kann.

Man mag einwenden, daß dieses heute kaum noch jemand tut. Ich weiß es nicht. Jedenfalls sollte es selbstverständlich zur Predigt gehören. Prediger und Hörer sind eingespannt in einen sie beide betreffenden Prozeß des Hörens. Der Pastor, die Pastorin versucht auf die Schrift und die sie umgebende Wirklichkeit zu hören, um Gottes Anspruch und Zuspruch wahrzunehmen. Der Hörer soll sich auf die Worte des Predigers einlassen und durch sie hindurch hören, was Gott ihm sagt. Beides kann nicht geschehen, wenn Prediger und Hörer nicht damit rechnen, daß Gottes Geist wirksam ist in solchem Rede- und Hörgeschehen. Prediger und Hörer können nur immer wieder neu versuchen, davon auszugehen, daß Gott in diesem Geschehen wirksam werden will, und darum bitten, daß dies geschieht.

Noch einmal will ich mich fragen, von wem rede ich eigentlich jetzt? Von den Konfirmanden, den älteren Frauen, die da sitzen, der Beerdigungsgesellschaft, die auf die Abkündigung wartet, von der depressiven jungen Frau drüben, die in der letzten Zeit immer da ist, denke ich an die beiden Kirchenvorsteher, die turnusmäßig dran und pflichtgemäß gekommen sind? Ja, an sie alle denke ich.

Auch der Prediger betet für seine Predigt, daß sie gelingt, daß die Gemeinde zuhört. Er hat die Erfahrung gemacht, daß manche Worte, die er sagte, ganz verdreht angekommen sind, manchmal zum Segen – manchmal zum Unsegen. Er hat erlebt, daß er Leute mit Worten getröstet hat, die er nie gesagt hat, sondern die sie sich nur zurechtgehört haben. Er bittet, Gott möge in diesem komplizierten Prozeß, bei dem er, der Prediger, selbst das Beste zu geben versucht, seinen Segen wirksam werden lassen.

In manchen Sakristeien hängt in altem Rahmen und Fraktur Luthers Gebet:

Herrgott, lieber himmlischer Vater, ich bin wohl unwürdig des Amtes und Dienstes, darin ich Deine Ehre verkündigen und der Gemeinde pflegen und warten soll. Aber weil Du mich zum Hirten und Lehrer des Wortes gesetzt hast, das Volk auch der Lehre und des Unterrichtes bedürftig ist, so sei Du mein Helfer und laß Deinen heiligen Engel bei mir sein. Gefällt es Dir dann, durch mich etwas auszurichten zu Deiner Ehre und nicht zu meiner oder der Menschen Ruhm, so verleihe mir auch aus lauter Gnade und Barmherzigkeit den rechten Verstand Deines Wortes und viel mehr, daß ich's auch tun möge. O Jesu Christe, Sohn des lebendigen Gottes, Hirte und Bischof unsrer Seelen, wende Deinen Heiligen Geist, der mit mir das Werk treibe, ja der in mir wirke das Wollen und das Vollbringen durch Deine göttliche Kraft. Amen.

Wer betet, kommt auf gute Gedanken für den, um den sein Gebet kreist. Ihm fällt ein, was er selbst tun müßte, damit die Predigt gelingen kann. Beten ist nur die eine Seite der Sache. Der Betende ist auch verantwortlich, daß das Mögliche getan wird, um der Unwesentlichkeit der Predigt bei ihm selbst, bei anderen, beim Prediger entgegenzuwirken.

Ich bin zeitweilig durch Gemeinden gezogen mit einem Vortrag „Die langweilige Predigt". Das Echo war erstaunlich. Es kamen nicht nur sehr viele Gemeindeglieder. Sie bestätigten auch, wie sehr sie eine langweilige Predigt belastet. Man hätte denken können, sie würden sagen: Nun reden Sie mit den Predigern, damit die lernen, wie man spannender predigt. Was geht uns das als Gemeinde an? Wir sind passive Zuhörer. Das Gegenteil war der Fall. Die kamen, waren ausgesprochen neugierig zu hören, wie eigentlich eine Predigt zustandekommt. Die Gemeindepfarrer, die dabeisaßen und mich eingeladen hatten, staunten, wie wenig sich ihre Gemeinde davon ein Bild macht. Natürlich haben wir zuerst überlegt, was die Prediger anders machen müßten, wann die Gemeinde abschaltet und zuschaltet. Zumeist kommen die

Gemeindeglieder ja gar nicht erst zum Gottesdienst, weil sie davon überzeugt sind, daß sie nichts verpassen, wenn sie wegbleiben. Aber auch der Predigthörer, der da ist, schaltet ab, wenn der Prediger das, was er sagen will, abstrakt in Begriffen abhandelt und es nicht an der Alltagswirklichkeit der Hörer zeigt. Wenn er Probleme behandelt, die nicht die des Hörers sind. Wenn er Probleme so löst, daß es den Grundüberzeugungen der Hörer widerspricht und ihnen Angst macht. Wenn in der Predigt sehr enge Abgrenzungen vollzogen werden. Natürlich kam auch die Überlegung, wann schaltet der Predigthörer zu? Er wird das tun, wenn er Bestätigung und Stabilisierung findet. Wenn ein Lebensbereich verhandelt wird, der ihm wichtig ist. Wenn Wirklichkeit und christlicher Glaube aufeinander bezogen sind und wenn der Lösungsvorschlag des Predigers den Hörer zum eigenen Weiterdenken ermutigt. Dann aber kam die überraschende Frage, wann schaltet der Pastor ab? Die Antwort war, wenn er keine Rückmeldung bekommt. Wenn er nur Kurzbemerkungen zur Predigt hört: Vielen Dank, oder: Das war heute gut für mich. Wenn er nicht erfährt, was nun mit seiner Predigt wirklich los war. Was ist dem einzelnen Hörer wichtig gewesen, wo möchte er weiterdenken? Wir haben überlegt, daß der Prediger vielleicht nicht abschaltet, wenn ein Predigthörer oder mehrere mit ihm in ein Gespräch über Einzelpassagen der Predigt eintreten. Wenn einer sagt: „Als Sie über den Umgang mit den Kindern gesprochen haben, da bin ich hellwach geworden. Wenn Sie Kindern immer nur freundlich und nachgiebig entgegenkommen, dann werden die mit der Zeit ganz schwierig. Die wollen auch ihre Grenzen haben." Aus solch einer Bemerkung ergibt sich ein Gespräch mit dem Prediger. Man kann nicht für den Prediger beten und solche Sätze und Gespräche wegfallen lassen. Die Gemeinde ist verantwortlich für die Gespräche mit dem Prediger nach der Predigt. Das kann in einem Predigtnachgesprächskreis geschehen, wenn das sinnvoll ist. Oftmals halten sich solche Gesprächskreise nicht lange. Aber es gibt Möglichkeit der Rückmeldung durch den Telefonanruf, durch einen Brief, durch ein Ansprechen eines Themas aus der Predigt bei der nächsten Begegnung mit dem Prediger.

Mitverantwortlich sein für die Predigt als Hörer heißt auch, hören lernen. Wer für die eigene Offenheit beim Hören der Predigt betet, muß sich auch Gedanken darüber machen, was diesem wirklichen Hören an mangelnder Hörbefähigung im Wege steht.

Martin Luther hat in seiner Vorrede zur deutschen Messe 1526 von jenen Predigthörern gesprochen, die zur Predigt gehen und, ohne etwas gelernt zu haben, wieder davoneilen. Er beschreibt das Hören, das für das Lernen nötig ist, höchst anschaulich mit dem Bild des Geldbeutels, der zur besseren Sortierung des Hartgeldes zwei Abteilungen und in jeder Abteilung noch zwei Unterfächer hat. Denn – so ist seine These, richtig hören kann ich nur, wenn ich die richtige Sortierung für das, was ich höre, hinbekomme. Deshalb muß der Predigthörer wissen, daß eine Predigt immer zwei Hauptstücke enthält. Das eine Stück redet vom Glauben, das andere Stück redet von der Liebe. „Des Glaubens Säcklein habe zwei Beutelein. In dem einen Beutelein stecke das Stück, das wir glauben, wie wir durch Adams Sünde, allzumal verderbt, Sünder und verdammt sind . . . Im anderen stecke das Stücklein, das wir alle durch Jesus Christus von solchem verderbten, sündlichen, verdammten Wesen erlöst sind . . . Der Liebe Säcklein habe auch zwei Beutelein. In dem einen stecke dies Stück, daß wir jedermann sollen dienen und wohltun, wie uns Christus getan hat . . . Im andern stecke das Stücklein, daß wir allerlei Böses gerne leiden und dulden sollen . . . des Glaubens Säcklein sei das Gulden Säcklein; in das erste Beutelein gehe dieser Spruch Römer 5 (12; 18). An eines einzigen Sünde sind sie alle Sünder und verdammt worden, und der Psalm 51 (7). Siehe, in Sünden bin ich empfangen und in Unrecht trug mich meine Mutter. Das sind zwei rheinische Gulden in das Beutlein. In das andere Beutlein gehen die ungarischen Gulden als dieser Spruch Römer 4 (25). Christus ist für unsere Sünde gestorben und für unsere Gerechtigkeit auferstanden. Ebenso Johannes 1 (29), siehe das ist Gottes Lamm, das der Welt Sünde trägt. Das wären zwei gute ungarische Gulden in das Beutlein.

Der Liebe Säcklein sei das silberne Säcklein. In das erste Beutlein gehen die Sprüche vom Wohltun als Galater 5 (13): Dienet untereinander in der Liebe. Matthäus 25 (40): Was ihr einem aus meinem Geringsten tut, das habt ihr mir selbst getan. Das wären zwei silberne Groschen in das Beutlein. In das andere Beutlein gehe dieser Spruch Matthäus 5 (11): Selig seid ihr, so ihr verfolgt werdet um meinetwillen. Und Hebräer 12 (6): Wen der Herr liebt, den züchtigt er. Er stäupt aber einen jeden Sohn, den er aufnimmt. Das sind zwei Schreckenberger in das Beutlein. Und laß sich niemand hier zu klug dünken und verachte solches Kinderspiel . . . Wollte Gott, daß solch Kinderspiel wohl getrieben würde, man sollte in kurzer Zeit großen Schatz von christlichen Leuten sehen, und das reiche Seelen in der Schrift und Erkenntnis Gottes würden, bis daß sie selbst dieser Beutlein als locos communes mehr machten und die ganze Schrift drein faßten . . .“[39]

Aus dem Gebet für den Prediger und dem daraus folgenden Nachdenken ergibt sich die Verantwortung der Gemeinde für den Prediger im sorgfältigen Hören, in der für den Prediger brauchbaren Rückmeldung und dem Gespräch unter den Gemeindegliedern über die Predigt. Es ist klar, daß solche Gespräche fast nur in der Kerngemeinde geführt werden. Aber jeder weiß, wie gut es ist, wenn gerade solche, die nichts oder wenig vom Glauben verstehen, mitdenken und -reden.

---

39 Martin Luther: Deutsche Messe. (1526) Vorrede. WA 19; 77 f.

3. Die Bereitschaft zum Hören

Bei Kircheneinweihungen nach Renovierungen weise ich manchmal die dann immer zahlreich anwesende Gemeinde in der Predigt darauf hin, daß sie nun alle bitte nicht denken möchten, weil die Kirche so neu und schön geworden sei, müsse man sie besonders schonen und deshalb nur noch ganz selten zum Gottesdienst kommen. Daraufhin ergibt sich zumeist ein ungebremstes Gelächter, einmal deshalb, weil viele gottesdienstungewohnte Leute in der Kirche sind, die nicht wissen, daß Kirchgänger normalerweise nur gebremst heiter sind. Zum anderen gibt es deshalb großes Gelächter, weil die meisten wissen, daß sie aus ganz anderen Gründen dem Gottesdienst an den nächsten Sonntagen fernbleiben werden. Hat die Gemeinde etwas zu tun mit der Bereitstellung der Gottesdienstteilnehmer für den allsonntäglichen Gottesdienst? Oder ist dafür der Heilige Geist allein zuständig, im Ersatzfalle der Pastor, der eben tüchtiger sein müßte, mehr Besuche machen sollte, um Gegenbesuche zu provozieren, und besonders wirklichkeitsnäher und spannender predigen müßte?

Da ich selbst als junger Pastor an St. Johannis in Lüneburg mir vorgenommen hatte, eine große Hörergemeinde in die Gottesdienste hineinzupredigen, und dies in damals günstigen Zeiten (1965), weil in einer konservativen Stadt etwas aufmüpfige Predigten Aufmerksamkeit erregten und den Kirchenbesuch jedenfalls nicht abnehmen ließen, weiß ich, wovon ich rede, wenn ich sage, es bedarf vermutlich einer ganz besonderen Anstrengung des Heiligen Geistes, wenn durch die Predigt allein viele Menschen für den Gottesdienst gewonnen werden sollen. Es zeigte sich nämlich, daß wir Pastoren mit unseren Gottesdiensten, mit den Predigten, mit der Kirchenmusik (Volker Gwinner), mit einem sehr schönen gotischen Gotteshaus und munterer Gemeindearbeit eine zahlenmäßig recht umfangreiche Hörergemeinde halten konnten. Mancher wurde neu dazugewonnen. Aber wie kümmerlich war das, gemessen an der Gesamtzahl der Gemeindeglieder, die nicht kamen.

Nun kann man sagen, wenn so viele nicht kamen, dann habt ihr eben als Pastoren immer noch nicht tüchtig genug, nicht phantasievoll und kreativ genug gearbeitet. Aber das war es nicht, und das ist es nicht. Sicherlich gibt es eine Vielzahl von Gottesdiensten, in die zu gehen sich nicht lohnt. Weil sie trübe sind, weil die Predigt abstrakt und abgehoben ist, weil die Atmosphäre des Gottesdienstes lieblos und langweilig ist. Wer jedoch die mangelnde Anwesenheit der Gemeinde in unseren sonntäglichen normalen Gottesdiensten allein darauf zurückführen will, daß die Gottesdienste schlecht sind, der ist nicht informiert über das, was wirklich in den Gottesdiensten landauf – landab geschieht, und bedenkt die anderen, dem Gottesdienst abträglichen Faktoren, nicht.[40] Wer sich jedoch die Mühe machen muß, in vielen Gemeinden Visitationen durchzuführen oder von anderen gemachte Visitationen gegenzulesen, der weiß, wir haben einen beachtlichen Prozentsatz begabter, ausgezeichneter Prediger, Pastoren und Pastorinnen, die eine lebendige phantasiereiche Gemeindearbeit machen, die sich mit ihren Gottesdiensten regelmäßig viel einfallen lassen, die, wie man das nachlesen kann, gut predigen können. Dennoch werden sie in der Regel von ihrer Gemeinde im Stich gelassen. Dabei ist deutlich, wenn sie schlecht predigten, wenn sie nicht eine solche Gemeindearbeit machten, hätten sie nur die Hälfte der jetzigen Gottesdienstteilnehmer in ihren Gottesdiensten. Aber das sind bei 2500 Gemeindegliedern jetzt 60 Gottesdienstteilnehmer, im anderen Falle wären es vielleicht 20 oder 30. Zwischen solchen Zahlen bewegt sich die Bandbreite dessen, was den Gottesdienstbesuch beim tüchtigen von dem beim weniger tüchtigen Prediger und Seelsorger unterscheidet.

Ich gehe jetzt von südhannoverschen Verhältnissen aus, die nach oben und unten jeweils variieren können. Wenn in der zweiten EKD-Umfrage zur Kirchenmitgliedschaft[41] 11 % der Befragten (1972: 8 %) angeben, an jedem Sonntag oder fast jeden Sonntag zur Kirche zu gehen, dann müßte es anderswo sicher einen etwas höheren Kirchenbesuch als 2 % geben. Aber auch dort werden die Zahlen zwischen fähigem Pastor und weniger fähigem zwischen wenigen Prozenten sich bewegen. Das ist nicht belanglos, aber es bleibt im bescheidenen Rahmen. Man muß wissen, wovon man redet, wenn man davon ausgeht, daß eine bessere Ausbildung für Pastorinnen und Pastoren dieses Bild wesentlich ändern könnte.

Mir ist die verzweifelte Äußerung einer tüchtigen Pastorin im Ohr, die seit vielen Jahren in einer überschaubaren Gemeinde engagiert ihren Dienst tut: „Ich habe alles versucht. Zu den Gemeindeveranstaltungen kommen die Leute gerne. Da sind viele da, sind ausgesprochen freundlich, machen mit. Aber am Sonntag lassen sie mich einfach allein. Ich verstehe das nicht."

Meine These ist: Es liegt nicht an der Predigt. Eine Verbesserung der Predigt ist nicht unwesentlich. Aber wenn bei der jüngsten Umfrage[42] auf die Frage: „Was gehört Ihrer Meinung nach dazu, evangelisch zu sein?" zwar 85 % sagen, „daß man getauft ist"; 80 % „daß man konfirmiert ist"; 79 % „daß man sich bemüht, ein anständiger und zuverlässiger Mensch zu sein" usw. und

---

40 Vgl. Volker Drehsen: Das öffentliche Schweigen christlicher Rede. In: Albrecht Beutel/Volker Drehsen/Hans Martin Müller: Homiletisches Lesebuch. Tübingen, 1986, S. 261 ff. Dieser Aufsatz leidet trotz wichtiger Beobachtungen darunter, daß von Befragungsergebnissen und Äußerungen distanzierter Jugendlicher auf die tatsächliche Qualität von Gottesdiensten geschlossen wird. Ein beachtlicher Fehlschluß.

41 Johannes Hanselmann/Helmut Hild/Eduard Lohse: Was wird aus der Kirche? Gütersloh, 1984, S. 206 ff.

42 J. Hanselmann u. a., Was wird aus der Kirche, a.a.O., S. 91

nur 26% „daß man zur Kirche geht"; und nur 25% „daß man in der Bibel liest", dann geht schon daraus hervor: Selbst die hervorragendste biblische Predigt wird am Gottesdienstbesuch nichts Wesentliches ändern.

Der Mangel beim Gottesdienstbesuch liegt auch nicht daran, daß die Liturgie, der Ablauf des Gottesdienstes, die Kommunikation dort zu schlecht wäre. Wir haben Gemeinden, in denen werden ständig neue Lieder gesungen, die Sprache der Liturgie besteht nur noch aus der Sprache von „Gottesdienst menschlich". Die Besucherzahlen der Gottesdienste sind nicht wesentlich anders. So sinnvoll es ist, sich für die Gestaltung von Predigt und Gottesdienst sehr viele Gedanken zu machen, auch durch die Verbesserung des Gottesdienstes kommen nur wenige mehr.

Wer Pastorinnen und Pastoren suggeriert, wenn sie ihre Predigten konkreter oder biblischer oder persönlicher oder kommunikativer machten und die Gottesdienste ebenso, dann strömten die Massen, belügt sie.

Es lohnt sich, zunächst einmal hinzuschauen, in welcher Konkurrenz der Gottesdienst am Sonntagmorgen steht. Bei der großen Gottesdienstuntersuchung vor 15 Jahren sind Gemeindeglieder gefragt worden, was sie sonntagsmorgens alles tun.[43] „Wenn Sie sich mal zurückerinnern: Was haben Sie am letzten Sonntag so zwischen 9.00 und 12.00 Uhr vormittags gemacht?", dann haben von 269 lutherischen Christen 41 (15,24%) gründlich ausgeschlafen; 37 (13,75%) gekocht, Küchenarbeiten gemacht, andere Hausarbeit erledigt; 25 (9,29%) gebadet, Körperpflege gemacht; 21 (7,80%) Zeitungen, Zeitschriften, Bücher gelesen; 19 (7,06%) einen Spaziergang, eine Autofahrt gemacht; 17 (6,31%) sich mit ihren Kindern beschäftigt und gespielt; 13 (4,83%) sich länger mit jemandem unterhalten, *12 (4,46%) sind in der Kirche gewesen,* 11 (4,08%) haben Bekannte und Verwandte besucht; 10 (3,71%) haben sich eine Fernsehsendung angeschaut und 10 (3,71%) haben sich ausgeruht und nichts getan. Der Gottesdienst steht im Gegensatz zum freien streßlosen Vormittag, an dem man vielerlei tun kann und sich freut, daß man es nicht tun muß. Wer sonntagmorgens früh seinen Dackel spazierenführt, weiß, welche himmlische Ruhe dann herrscht. In dieser Konkurrenz steht der allsonntägliche Gottesdienst. Ich behaupte, gegen diese Konkurrenz kommt er nicht einfach dadurch an, daß er attraktiver wird. So nötig das ist und so sehr ich mich dafür einsetze, da ist anderes nötig. Nun gibt es außer der Konkurrenz, die der Gottesdienst am Sonntagmorgen hat, gewichtige andere Faktoren, die dem Gottesdienstbesuch entgegenwirken. Das soll hier nicht weiter untersucht werden.[44]

---

43 Gerhard Schmidtchen: Gottesdienst in einer rationalen Welt. Stuttgart, 1973, S. 87
44 S. u. S. 464ff.

Als Hinweis auf eine andere Lösung nehme ich die Beobachtung bei der genannten Untersuchung,[45] daß es den „unwahrscheinlichen Kirchenbesucher" gibt. Das sind jene Protestanten, die einen großen Gegensatz zwischen den von der Kirche repräsentierten und den von ihnen angestrebten Werten empfinden und dennoch seltsamerweise verhältnismäßig rege zur Kirche gehen. Für sie ist typisch, daß sie in großer Zahl berichten, in einem religiösen Elternhaus aufgewachsen zu sein, daß sie ihren Gemeindepfarrer kennen und ihn in der Mehrheit mögen und daß sie zu einem großen Teil viele Bekannte haben, die zur Kirche gehen.

Einen weiteren Hinweis auf eine Lösung nehme ich aus der Tatsache, daß „Veranstaltungsgottesdienste besonderer Art" in unseren Gemeinden einen erheblichen Zulauf haben. Da gibt es den regelmäßigen Familiengottesdienst, zu dem erstaunlich viele Eltern mit Kindern kommen. Da gibt es Gottesdienste, in denen Gemeindegruppen, die Kinder des Kindergartens, die Jugendlichen, die Theatergruppe mitwirken. Es sind die Eltern, die Angehörigen, die Freunde da. Da gibt es die Silberne Konfirmation. Da erfindet ein Pastor Taufgedächtnisgottesdienste, alle die vor 25 Jahren getauft sind, werden eingeladen. Es gibt eine ganze Reihe solcher Veranstaltungsgottesdienste, bei denen es für bestimmte Zielgruppen sinnvoll bis attraktiv ist, daran teilzunehmen. Die Gottesdienste bei den kirchlichen Festen habe ich noch gar nicht genannt.

Einen dritten Hinweis nehme ich aus einem Gespräch mit einem Pastor in einer kleinen Gemeinde. Trotz phantasiereichster Bemühung ist der normale Gottesdienstbesuch in dem einen Dorf mit 900 Gemeindegliedern nie über 20 Erwachsene zu steigern. Oft sind es weniger. Er predigt gerne und gut, feiert gerne Gottesdienste. Aber, so sagt er, es gibt hier eine lange Tradition des „Nicht-zur-Kirche-Gehens". Das ist schon vor 100 Jahren hier üblich gewesen, daß es den „stellvertretenden Kirchgang" gab. Das heißt, von jeder Familie ging nur einer oder eine in den Gottesdienst. In der Regel wechselten auch die Herrschaft und die Knechte und Mägde sich 14tägig ab. In manchen Kirchen gab es früher Namensschilder an den Bänken. Dann wußte man immer, daß die Familie vertreten war. Den stellvertretenden Kirchgang gibt es noch bei der Beerdigung auf dem Dorf. Da kommt fast aus jedem Haus jemand. Wenn wir das auch beim Kirchgang noch hätten, wäre es nicht schlecht. Die Leute sind nicht gegen den Gottesdienst. Sie wären sehr unglücklich, wenn er wegfiele. Sie haben das Gefühl, es ist gut, daß der Gottesdienst stattfindet, aber ich muß ja nicht unbedingt hingehen. Diejenigen, die kommen, leisten so etwas wie den stellvertretenden Gottesdienst für die anderen.

---

45   G. Schmidtchen, Gottesdienst, a. a. O., S. 37 ff.

Aus diesen drei Hinweisen nehme ich folgende Überlegung. Die Gemeinde muß sich wieder neu darüber klar werden, daß sie für die Bereitstellung der Gottesdienstteilnehmer verantwortlich ist. Das geht nur, wenn es wieder neu und bewußter Verabredungen innerhalb der Gemeinde gibt, zum Gottesdienst zu gehen. Es werden vermutlich zunächst solche veranstalteten Verabredungen sein. Es müssen besondere Gottesdienste angeboten werden, zu denen sich Gruppen verabreden können. Aber es kann, wie ich aus einer ganzen Reihe von Gemeinden weiß, ganz selbstverständlich dazugehören, daß eine Jugendgruppe sich für einen Sonntag im Monat verabredet und manchmal dem Pastor vorher Fragen zum Predigttext durchgibt, auf die er dann auf der Kanzel reagieren muß. Den selbstverständlichen Kirchgang gibt es kaum noch. Also muß es den verabredeten Kirchgang neu geben. Eine zusätzliche Hilfe kann sein, wenn es Bibelgesprächsgruppen in der Gemeinde gibt und dadurch die bibelbezogene Predigt für eine größere Zahl von Gemeindegliedern interessanter wird. Es ist natürlich keine Frage, daß zu solchen Überlegungen der Verantwortung der Gemeinde für die Bereitschaft zum Hören hinzukommen muß die intensive Bemühung der in der Gemeinde Verantwortlichen, das gottesdienstliche Erlebnis wesentlicher zu machen. Dazu gehört eine auf die Gegenwartserfahrung bezogene biblische Predigt. Dazu gehört auch das sehnsüchtige Ausschauhalten nach gottesdienstlichen Elementen, wie sie beispielsweise die Faszination von Taizé ausmachen, und ihre sorgfältige, breit vermittelte Einführung in der Gemeinde. Dazu gehört schließlich, daß dieser oder jener aus der Gemeinde eine Reise z. B. in die USA oder die Ökumene gemacht hat, dort Kirchengemeinden besucht und erlebt hat, mit welch aufwendiger Freundlichkeit die Gemeindeglieder, besonders aber auch fremde Gäste, in solch einer Kirche empfangen werden. Und wie nach dem Gottesdienst die Gemeinde nicht einfach auseinanderläuft, sondern noch eine Weile dabeibleibt. Das läßt sich nicht einfach übertragen. Aber es läßt sich daraufhin Phantasie für unsere Gemeinden entfalten.

II. Prediger und Gemeinde

a) Kommunikation über den biblischen Text

1. Prediger – Hörer – Text

Die Kommunikationsforschung hat der Homiletik seit den siebziger Jahren erhebliche Einsichten in den bei der Predigt sich abspielenden hochkomplexen Kommunikationsprozeß ermöglicht.

Ob das den Predigern genutzt hat, will ich zunächst außer acht lassen. Begonnen haben solche Forschungen in den USA in den dreißiger und vierziger Jahren, zunächst wesentlich ausgerichtet auf Fragen der Werbung und der Parteipropaganda, dann aber ausgeweitet auf alle Bereiche menschlicher und sonstiger Kommunikation. Es ist nicht verwunderlich, daß der Prediger, natürlich besonders der Predigtlehrer, hellhörig wird, wenn er liest: „Die systematische Analyse der über Massenmedien verlaufenden Kommunikationsprozesse hat die eindeutige Unrichtigkeit der Annahme einer leicht zu erzielenden Verhaltensbeeinflussung oder Meinungssteuerung nachgewiesen ... Demgegenüber kann als empirisch gesichert gelten, daß alle über indirekte Kommunikation erzielbaren Wirkungen von hochkomplexen psychologischen und sozialen Bedingungen abhängen und von ihnen in jeweils spezifischer Weise begrenzt werden ... Im einzelnen lassen sich folgende Bedingungen erfolgreicher Kommunikation zusammenfassend darstellen:

1. Die Kommunikationspartner müssen über ein hinreichend übereinstimmendes Repertoire an Zeichen sowie über die gleichen Regeln zur Verknüpfung dieser Zeichen verfügen.
2. Zwischen den Partnern muß ein Konsensus über die Bedeutung dieser Zeichen und Symbole bzw. ihrer Verknüpfungsregeln bestehen.
3. Das Informationspotential des Kommunikanten muß ausreichen, die anfallende Nachricht zu verstehen und „einzuordnen".
4. Die Nachricht muß wenigstens teilweise lernbar sein, um eine Einstellungs- oder Verhaltensänderung zu bewirken.
5. Die Botschaft muß für den Kommunikanten als hinreichend beachtenswert und persönlich wichtig eingeschätzt werden.
6. Der Kommunikant muß in der Botschaft wenigstens einzelne Informationen finden, die seine eigenen Erwartungen, Ziele, Überzeugungen und Meinungen bestätigen.

7. Die Botschaft sollte, wenn möglich, Argumente und Informationen anbieten, die für die Adressaten „brauchbar" sind, sich entweder an die gegebenen Umstände in emotional befriedigenderer Weise als bisher anzupassen, oder die instrumentell, also zur Zielerreichung verwertbar sind.[46]

Der Homiletiker fragt sich, ob dergleichen nicht auch für die Predigt gelten sollte. Das liegt auf der Hand. Durch die Kommunikationsforschungen sind eine Fülle neuer Gesichtspunkte in die Predigtlehre hineingekommen, die zumeist aus anderen Erfahrungsbereichen stammen. Besonders Leon Festingers Lehre von der „Kognitiven Dissonanz" von 1957 hat sich als wichtig erwiesen. Sie besteht in der Feststellung, daß ein Mensch, der eine Einstellung hat, die ihn eigentlich hindern müßte, eine bestimmte Handlung zu vollziehen, in dem Augenblick, wenn er diese Handlung doch vollzogen hat, von Stund an bemüht sein wird, diese Dissonanz zwischen seiner ursprünglichen Einstellung und der tatsächlich ausgeführten Handlung herabzumindern. Er tut dies, indem er entweder sein Handeln oder seine Einstellung ändert. Wenn er seine Handlungen nicht ändern kann, wird ein Einstellungswandel eintreten. Das klassische Überprüfungsbeispiel dieser These sind Beobachtungen des Verhaltens von Menschen, die sich gerade ein Auto gekauft haben. Sie haben seltsamerweise fast alle *hinterher* ein deutlich erhöhtes Interesse an Werbematerial für den von ihnen erworbenen Kraftwagen. Das hängt damit zusammen, daß der Kauf eine Auswahlentscheidung zugunsten eines bestimmten Produktes angesichts einer Reihe möglicher Alternativen ist. Diese Entscheidung ist dadurch zustandegekommen, daß die positiven Eigenschaften der anderen Wagentypen im Bewußtsein zurückgedrängt worden sind. Der vollzogene Kauf wird dann mit den Erwartungen nicht als voll übereinstimmend erlebt, bzw. es besteht beim Käufer die Furcht, daß das so ist. Da die Entscheidung jedoch nicht mehr rückgängig zu machen ist, gilt es, die positive Einstellung gegenüber dem erworbenen Wagen zu stabilisieren, seine Attraktivität gegenüber den anderen Wagentypen aufzuwerten. Der Käufer sucht hierzu sekundäre Rationalisationen (S. Freud), die ihm die Richtigkeit der von ihm getroffenen Wahl bestätigen. Solche Information wird er mit Sicherheit in den Prospekten finden.

Der Homiletiker überlegt, daß es vermutlich mit emotionalen Dissonanzen ähnlich bestellt ist. Könnte dies eine Begründung dafür sein, daß der

---

46 Otto Walter Haseloff: Über Wirkungsbedingungen politischer und werblicher Kommunikation. In: Ders. (Hrsg.): Kommunikation. Berlin, 1969, S. 151 f.; 160 f.; vgl. auch: Wilbur Schramm: Grundfragen der Kommunikationsforschung. München, [3]1970

Predigthörer Äußerungen in der Predigt, die seinen eigenen Grundsätzen widersprechen, „weghört" oder sich so zurechtlegt, daß der Widerspruch zur eigenen Meinung nicht so stark erlebbar wird, wenn er den Prediger schätzt? Hängt die persönliche Abqualifizierung von Predigern, die in Predigten Auffassungen vertreten, die quer zur eigenen Grundüberzeugung liegen, damit zusammen, daß der Hörer sich seine Grundüberzeugungen unbedingt erhalten will und dies nur so kann, daß er vom Prediger behauptet, der sei überhaupt ein schwieriger Charakter, politisch schwärmerisch usw.?

Oder die Kommunikationsforschung stellt fest, daß Menschen zu selektiver Wahrnehmung neigen, um belastende Gefühle der Ungewißheit und Unsicherheit aufzulösen und um in risikobelasteten Situationen entscheidungsfähig zu bleiben. Deshalb werden in der Regel nur diejenigen politischen Veranstaltungen besucht, bei denen erwartet wird, daß der Redner zu umstrittenen Fragen in einer mit den eigenen Vorstellungen harmonisierenden Weise Stellung nehmen wird. Es läßt sich feststellen, daß die Aufnahme von Informationen dann so geschieht, daß im wesentlichen das angenommen wird, was die eigene schon vorhandene Auffassung oder das eigene Interesse stabilisiert. Der eigenen Grundüberzeugung entgegenlaufende Informationen und Vorschläge werden nur aufgenommen, wenn die eigene Grundüberzeugung als brüchig erfahren worden ist, als gefährlich oder problematisch und sich eine neue Grundüberzeugung anbietet, die bessere Stabilität verheißt. Wieder ist deutlich, daß sich Parallelen zum Hörerverhalten im Gottesdienst geradezu aufdrängen.[47]

Das Grundmodell der Kommunikation besteht aus dem Sender, dem Empfänger und der Sache, die vermittelt wird. Dabei ist wichtig, daß man diese eher technische Grundstruktur des Modells nicht zu schematisch auf die Beziehung Prediger – Hörer – Predigt umlegt und etwa von der Vorstellung ausgeht, da „sendet" einer eine Predigt Richtung Hörer, und der Hörer, durch mancherlei Selektionsmechanismen bestimmt, nimmt nur einen Teil davon auf, und die Aufgabe des Predigers wäre es dann z. B., möglichst trickreich solche Mechanismen zu unterlaufen usw. Dies Modell ist ein vereinfachtes Schema sehr viel komplexerer Vorgänge. Für die Predigt ist zu bedenken, daß sowohl der Prediger wie der Hörer jeder aus seinem bestimmten Lebenskontext heraus redet und hört. Prediger und Hörer sind ganz unterschiedlich bestimmt durch ihre individuelle Biographie, durch das damit gewachsene Wertesystem, durch ihre Gruppenzugehörigkeit, durch

---

47 Vgl. Karl Wilhelm Dahm: Hören und Verstehen. Kommunikationssoziologische Überlegungen zur gegenwärtigen Predigtnot. In: Predigtstudien. IV, 2. Stuttgart, 1970, S. 9–20; jetzt auch in: A. Beutel u. a., Homiletisches Lesebuch, a. a. O., S. 242 ff.

ihre Schichtenzugehörigkeit, durch die gegenwärtigen Probleme und Lebensumstände, die sie bewegen. Von dieser jeweils individuellen Prediger- und Hörersituation ist die Einstellung zu dem, was beide gemeinsam erleben, geprägt. So ist zwischen Prediger und Hörer ja nicht nur die Predigt, sondern auch die gemeinsame Beziehung des Predigers und des Hörers zum Bibeltext wichtig. Die Predigt versucht, den Text zu erschließen, sie verweist auf diesen Text, sie verweist durch diesen Text hindurch auf den Grund des Glaubens, auf Christus. Darin liegt eine wichtige Möglichkeit der Verständigung zwischen Prediger und Hörer, aber aufgrund ihrer unterschiedlichen biographischen Prägung ihres Lebenskontextes auch eine Quelle ständigen Nichtverstehens. Prediger und Hörer sind andererseits über die Predigt hinaus durch vielerlei andere Beziehungen miteinander verbunden. Der Prediger kennt einen Teil der Hörer, hat eine allgemeine Vorstellung von der Hörergemeinde. Er mag sie, freut sich auf sie, hat Angst vor ihr, steht ihr aggressiv, väterlich, nörgelnd oder bemutternd gegenüber. Der Hörer hat ein Bild vom Prediger. Er schätzt ihn, hatte positive oder eher negative Erlebnisse mit ihm. Seine Stimme erinnert ihn an jemanden, den er mag oder nicht riechen kann. Der Prediger hat einen bestimmten Platz im Wertesystem des Hörers. Je nachdem, wie seine Beziehung zum Prediger ist, wird er seine Predigt hören. Prediger und Hörer sind darüber hinaus verbunden durch Gemeinsamkeit der Gottesdienstteilnehmer im Verhältnis zu denen, die nicht da sind, durch das Gemeindebewußtsein, wenn es vorhanden ist, durch eine gemeinsame Geschichte mit Gottesdiensten, vielfältigen Gemeindebegegnungen, Kirchfesten und ähnlichem. Die Kommunikationssituation Prediger – Hörer – Predigt ist außerdem ganz wesentlich durch den Kirchenraum, den Ritus des Gottesdienstes, die Gewohnheiten solch einer Versammlung, die Stellung von Predigt und Gottesdienst in der Gesellschaft bestimmt. Aber es spielen auch Lebensumstände der Gemeinde, des Ortes, des Landes mit hinein; wenn jemand gestorben ist, ein optimistisches oder eher depressives Klima in der Gemeinde herrscht, wie die Stimmung in der Gesellschaft ist, was es an Tagesereignissen gibt usw.

Für das Kommunikationsgeschehen Prediger – Hörer – Predigt hat sich als nützlich erwiesen, auf die Sprechakttheorie von Austin zurückzugreifen. Die Predigt wird dabei als sprachliches Handeln am Hörer aufgefaßt.[48] Wir denken das Reden von einem zum anderen zunächst fast immer unter dem Gesichtspunkt der Mitteilung von etwas. Es wird über eine Sache geredet, eine Information wird weitergegeben, es wird etwas berichtet. Gleichzeitig

---

48   Siehe die ausführlichen Überlegungen bei K. F. Daiber u. a., Predigten und Hören, II, a. a. O., S. 27–97; vgl. auch H. Weder, Hermeneutik, a. a. O., S. 166 ff.; Wolfhart Pannenberg: Anthropologie. Göttingen, 1983, S. 350 ff.

wird aber durch solches Reden eine Beziehung zum anderen aufgenommen, genauer, ich handle an ihm durch mein Reden. Einer, der redet, kann durch dies Reden:
eine Handlungsweisung geben,
einen Fußtritt austeilen,
den Hörer für dumm verkaufen,
zeigen, daß er eine Aufsichtsfunktion wahrnimmt,
dem anderen den Ast, auf dem er sitzt, absägen,
stellvertretend für den Hörer den Himmel anklagen,
den Hörer trösten, beruhigen, aufregen,
an der Seite des Hörers bei der Problembewältigung sein,
einen Graben zum Hörer aufreißen oder ihm eine Brücke bauen,
den Hörer auf einen weiten Raum stellen (Psalm 31,9),
ihn mit einer Erzählung erfreuen, ihn langweilen.

Das Kommunikationsgeschehen zwischen Prediger und Hörer läßt sich also deutlicher fassen, wenn es als ein Handeln am Hörer begriffen wird. Noch folgenreicher ist jedoch die Überlegung, daß auch der Empfänger, der Hörer, Handelnder ist. „Hören ist Handeln, und Handeln meint in diesem Zusammenhang die Mitgestaltung des Interaktionsprozesses."[49] Dem Handeln des Predigers am Hörer tritt nämlich des Hörers aktives „Hörhandeln" entgegen. Das ist deshalb besonders wichtig, weil der Hörer damit aus der ihm im Kommunikationsmodell vielfach zugewiesenen passiven oder „ungehorsamen" Rolle herauskommt. Er wird ja immer aufgefaßt als einer, der nicht richtig hinhört, auswählt, das Hören verweigert, das, was der Prediger sagt, uminterpretiert usw. Diese Art der Betrachtung macht den Hörer zum Objekt und zwingt dem Redenden das Konzept einer manipulativen Rede auf, um den Hörer auf die Linie des Redenden zu bringen. Diese in der Tendenz immer wieder anzutreffende Einordnung ist freilich dem Predigtgeschehen in einem Gottesdienst, bei dem Prediger und Gemeinde aufgefaßt werden als gleichberechtigte Glieder am Leibe Christi, als zugehörig zum Priestertum aller Getauften, höchst unangemessen. Es kann sachgemäß sein, daß der Hörer sich als bereitwillig Zuhörenden versteht und alles, was von der Kanzel kommt, gleichsam gierig in sich hineinsaugt. Es kann aber auch durchaus sachgemäß sein, daß er mit dem Prediger in einen stillen Dialog tritt, seine Aussagen und Zumutungen annimmt oder wegschiebt, bei einem Gedanken hängenbleibt, derweil anderes nicht aufnimmt usw. Das Hören ebenfalls als einen – zwar anders als im Gespräch – aber dennoch aktiven Handlungsvorgang zu begreifen, hilft das Geschehen der Predigt sachgemäßer zu beschreiben.

---

49 K. F. Daiber, a. a. O., S. 37

Wofür sind solche Überlegungen brauchbar? Sie helfen dem Prediger, die Möglichkeiten der Predigt etwas realistischer einzuschätzen. In homiletischen Seminararbeiten heißt es oftmals, wenn das Ziel der Predigt beschrieben wird: Ich möchte mit meiner Predigt den Hörer dazu bringen, daß er eine andere Einstellung zu Ausländern bekommt, ein besseres Verhältnis zur Schöpfung; sich in Zukunft aktiv für den Frieden einsetzt o. ä. Wer sich die Komplexität des Predigtgeschehens klargemacht hat, wer etwas davon weiß, daß nicht nur der Prediger in seinem Predigen handelt, sondern auch der Hörer unter Umständen dagegen handelt, weiß, daß es zumindest unwahrscheinlich ist, eine Meinungsänderung durch eine Studentenpredigt oder überhaupt durch eine Predigt zu erreichen. Er weiß, daß er als Prediger dem Hörer vielleicht dieses oder jenes Licht aufstecken kann, diesen oder jenen Gedanken, den der Hörer vielleicht schon selbst hatte, fortführen zu helfen vermag. Aber auch dazu gehören mindestens zwei, nämlich der Prediger und der Hörer als selbständig Agierende und nicht nur sie, sondern das gesamte Umfeld des Kommunikationsprozesses samt der jeweiligen persönlichen Situation und Geschichte sowohl des Predigers wie des Hörers. Damit eine solche Kommunikation gelingt, bedarf es einer Konstellation, die der Prediger befördern, aber nicht herstellen kann. Es ist ja schon die Frage, was ist eigentlich eine gelungene Kommunikation bei der Predigt? Bedeutet es, daß der Prediger sich mit der Predigt beim Hörer durchsetzt? Bedeutet es, daß der Hörer den ganzen Inhalt der Predigt aufnimmt und wiedergeben kann? Bedeutet es, daß der Hörer angestoßen wird, selbständig über das, was der Prediger sagt, nachzudenken, sich u. U. ausdrücklich dem zu verweigern, was er sagt? Eine gelungene Kommunikation ist sicher dann da, wenn der Hörer das, was der Prediger sagen will, versteht, und wenn er daraufhin als selbständiger Mitchrist das tut, was ihm sachgemäß erscheint, zustimmen, ablehnen, sich verändern, sich vornehmen, dem Prediger Bescheid zu sagen, dem Prediger dankbar zu sein. Eine gelungene Predigtkommunikation liegt dann vor, wenn es dem Prediger und dem Hörer gelingt, sich den biblischen Text so zu erschließen, daß dadurch Christus als Grund des Lebens erfahrbar wird.

Nicht umsonst ist dies komplexe Ereignisgeflecht, bei dem jemand im Hören Erkenntnis des Glaubens gewinnt, auf neue Gedanken, gar neue Einstellungen kommt, ob seiner Unverfügbarkeit immer als ein Werk des Heiligen Geistes beschrieben worden. Wobei die Unverfügbarkeit als solche nicht der Ausweis des Handelns Gottes ist. Gott handelt auch auf verborgene und oft unverständliche Weise in dem, was wir verfügbar haben.

Für den Prediger ist es auch wichtig zu erkennen, daß die Predigt sowohl eine Sach- wie eine Beziehungsebene hat. Beides muß in einem ausgeglichenen Verhältnis stehen. Etwas scherzhaft gesagt, wenn nur die Beziehungsebene da ist, kommen solche Rückmeldungen wie: „Es ist immer so ergreifend, wie unser Herr Pfarrer Mesopotamien sagt . . ." Wenn nur die Sachebene da ist, wird der Prediger als unpersönlich und sein Reden nicht als Predigt erlebt.

Nun ist in unserem Zusammenhang wichtig, daß in der Beziehung zwischen Prediger und Hörer der gemeinsame Bezugspunkt der Text, die gemeinsame christliche Lebens- und Glaubenserfahrung, der gemeinsame Glaubensgrund in Christus ist. Der Prediger ist, wie wir sahen, nicht einer, der dem Hörer in erster Linie etwas beibringen will. Er ist vielmehr damit beschäftigt, ihm das weiterzusagen, was sich bei ihm selbst in der Beschäftigung mit dem biblischen Text ereignet hat. Es findet also eine Kommunikation im Zusammenhang mit einem Bibeltext statt. Darin liegt die Besonderheit dieser Kommunikation. Damit das geschehen kann, wird der Prediger mit seiner Lebens- und Glaubenserfahrung an den Text herangehen und in ihn „einsteigen". Indem er das beschreibt, und zwar so, daß möglichst viele Hörer das verstehen können, hofft er, daß die Hörer in ihrer jeweiligen biographischen Vielfalt ähnliches mit dem Text erleben. Der Prediger muß also so reden, daß die Erfahrungen, von denen er spricht, möglichst exemplarisch, verstehbar, übertragbar sind. Er greift dabei selbstverständlich nicht einfach auf seinen eigenen Erfahrungshintergrund zurück, sondern er verwendet ganz bewußt Erfahrungshintergründe anderer Menschen, soweit er sich in sie hat hineindenken können. Er kommt ja in der Regel nicht nur vom Schreibtisch auf die Kanzel, sondern auch aus der alltäglichen, der seelsorgerlichen, der sozialdiakonischen, der allgemeinen pfarramtlichen Begegnung mit den Hörern oder solchen wie diesen Hörern. Er hat mit dem jungen Zahnarztehepaar über den nichtverstandenen Glauben angesichts der Taufe des Kindes, mit dem alten Herrn über seine Situation jetzt, wo seine Frau gestorben ist, und mit dem über die Gleichgültigkeit seiner geschiedenen Eltern verzweifelten Mädchen aus dem Jugendkreis gesprochen. Er hat bei sich und bei anderen erlebt, was es heißt, einen geglückten Urlaub mit der Familie zu machen und was ein Autounfall unterwegs an Komplikationen und Erschreckendem bringen kann. Er ist von Berufs wegen als eine Art „professioneller Nachbar"[50] zu Hause in vielen Familien, in vielem Erleben. Es ist deutlich, wenn er nun in der Predigt redet, sendet er nicht, wie es in dem zu schlichten Kommunikationsschema aussehen könnte, widerspenstigen Ohren und Hirnen seine Wahrheit, er spricht vielmehr aus seiner Erfahrung, die Wirklichkeit der anderen so gut er's kann aufnehmend das aus, was ihm an diesem Bibeltext aufgefallen und was ihm selbst dabei passiert ist. Die Hoffnung des Predigers ist, daß dem Hörer, der auf ihn, den Prediger, und gleichzeitig auf den Text hört, dabei ein Licht aufgeht. Das heißt nicht einfach, daß der Hörer die Gedanken des Predigers für richtig hält. Dem Prediger kann es nicht nur um seine Gedanken gehen, so wichtig sie ihm in

---

50 Ernst Lange: Predigen als Beruf. Stuttgart, 1976, S. 165

aller adamitischen Bescheidenheit sein werden, es geht ihm vielmehr darum, daß aus dieser Konstellation von Predigerrede, dem Text und aktivem Hören des sachverständigen Mitchristen Gott spricht. Weniger will der Prediger eigentlich nicht. Deshalb bedeutet der Text eine Art Befreiung des Predigers von solchen Vorstellungen, als müßte er nun das Wort Gottes sagen, als müßte er den Hörer umdrehen, ihm das richtige Bewußtsein vermitteln.

Das heißt nicht, daß es nicht Predigten geben müßte, in denen der Prediger ganz direkt den Gemeindegliedern etwas klarmachen will, und sei es, daß es ein Skandal ist, wie sie alle auf einen bestimmten Aufruf zur Hilfe für Menschen reagiert haben. Das hat seine Notwendigkeit und seinen Sinn, und der Prediger wird schon erleben, was daraufhin geschieht. Es ist nicht vorherzusagen.

Natürlich ist immer die Frage, was geschieht, wenn die theologische Aussage, besonders heute die politische Passage, in der Predigt zeigt, daß der Prediger oder die Predigerin bestimmten Auffassungen der Grünen zuneigt, und im Gottesdienst in der Mehrheit CDU-Wähler sitzen. Es kommt hier alles auf die Art an, wie das gemacht wird. Wenn der Prediger oder die Predigerin in der Predigt zeigen, daß sie einen biblischen Text sorgfältig auslegen und gleichzeitig in der Art des Redens und in der Wahl der Beispiele und in der Aufnahme von Einwänden deutlich wird, daß sie sich in die Empfindungen der politisch Andersdenken fair hineingedacht haben, wenn die Gemeinde merkt, hier kocht einer nicht sein parteipolitisches Süppchen, sondern hier will der Prediger oder die Predigerin aufgrund des Textes auf ein gegenwärtig zu hörendes Wort Gottes verweisen – und wenn die Gemeinde weiß, das kann man hinterher mit dem Prediger oder der Predigerin besprechen –, dann ist das kein Problem. Im anderen Falle wohl.

Mit großer Wahrscheinlichkeit kommt der Hörer in den Gottesdienst, um durch ihn, besonders durch die Predigt gestärkt und auf den rechten Weg gebracht zu werden, ins Gleichgewicht zu kommen, Klärung für Probleme zu gewinnen, Gott zu danken oder ihn bitten zu können. Deshalb wünscht er sich in der Predigt und im ganzen Gottesdienst in der Gotteserfahrung gegründete Hilfen, in denen Dissonanzen abgebaut, seine Schwierigkeiten erträglicher werden, gegenwärtige Probleme jedenfalls nicht verstärkt, sondern eher vermindert werden, ihm die Hoffnung auf einen besseren eigenen Weg, eine heilere eigene Existenz und Welt in der Zukunft gegeben und nicht genommen werden.

Die Kommunikationsforschung zeigt, wenn solche Wünsche enttäuscht werden, muß der Hörer die dadurch entstehende Dissonanz auf andere Weise auszuhalten versuchen. Er tut dies, indem er abschaltet, den Prediger abwertet und beschließt, nicht mehr hinzugehen, oder selbst depressiv reagiert. Es ist deshalb gut, wenn der Prediger sich Rechenschaft zu geben versucht über die möglichen Auswirkungen seiner theologischen Aussagen, seiner ethischen Forderungen, seiner politischen Sätze und Passagen, der persönlichen Erlebnisse usw. Es ist nützlich, wenn der Prediger durch seine Art des Predigens zeigt, daß er den Hörer als selbständig auch in seinem Hören handelnden Mitchristen auffaßt, der mit dem Gehörten schon richtig umgehen wird. Es ist erforderlich, daß die Kommunikationsform Predigt eingebaut ist in viele andere Kommunikationsformen der Gemeinde.

2. Predigtart und Hörerecho

Die bisher umfangreichste und theoretisch am besten bedachte Untersuchung über die Kommunikation von Predigern und Hörern[51] enthält eine Gottesdienstbefragung aus 94 Gemeinden. Im September und November 1976 wurde in diesen Gemeinden je eine Predigt zu 1. Mose 4, 1–16 und 2. Korinther 1, 3–7, gehalten. Unmittelbar nach den Gottesdiensten wurden bei der Mose-Predigt 3817 Predigthörer (43% der Gottesdienstbesucher), bei der Korinther-Predigt 2870 (37% der Gottesdienstbesucher) befragt. Die Untersuchung hatte verschiedene Fragestellungen. Mich interessiert hier, was zu ermitteln war über das Verhältnis von Predigtart und Hörerecho. Die Initiatoren der Gottesdienstbefragung sind bei ihren Vorüberlegungen zur Befragung zunächst davon ausgegangen, daß ihnen im wesentlichen drei deutlich unterscheidbare Predigtarten begegnen würden.

1. Das offenbarungstheologische Modell
   Der Vielfalt der Weltentwürfe und Weltdeutungen wird die christliche Überlieferung entgegengehalten. Gottes Wort ist das neue, das fremde Wort, das jeweils erst neu den Glauben eröffnet. In der Christusoffenbarung handelt Gott, er erweist sich als der, der er ist. Die Offenbarung kann man deshalb nicht hinterfragen. Der Mensch kann sich der Wirklichkeit Gottes nur stellen oder sich ihr versagen. Die Verkündigung des Wortes Gottes stellt vor diese Entscheidung.
2. Das Modell rationaler Argumentation
   Die Verfasser der Untersuchung rechneten mit Predigten, die den christlichen Glauben auf der Ebene der Rationalität nachvollziehen. Wird der christliche Glaube rational argumentativ entfaltet, ist der Ausgangspunkt der Argumentation nicht die Geltung der biblischen Überlieferung, sondern die Gültigkeit des Rationalitätsprinzips. Wahrheitsfähige Aussagen müssen rational sein. Die Geltung der biblischen Überlieferung wird nicht vorausgesetzt, sondern es wird versucht, ihre Wahrheit im Vollzug der Predigt verstehbar und einsichtig zu machen.

---

51 Karl-Fritz Daiber/Hans Werner Dannowski: Predigen und Hören. Ergebnisse einer Gottesdienstbefragung. Bd. I und II. München, 1980/1983

3. Das Modell der religiösen Erfahrung

Es ist deutlich, daß die Autoren sich mit diesem dritten Modell selbst stark identifizieren. Es sind Predigten gemeint, die versuchen, mit Hilfe von Erschließungssituationen das Wesen der Glaubenserfahrungen zu erschließen. Die Autoren vermuten, daß das Erzählen von Erschließungssituationen bei solchen, denen erzählt wird, selbst elementare Betroffenheit auszulösen vermag, so daß die Erzählsituation selbst zur Erschließungssituation wird. Dies wäre dann zugleich auch ein Hinweis auf die Wichtigkeit biblischer Überlieferung für die Bildung neuer christlicher Erfahrung. In der Predigtpraxis ist das Modell der religiösen Erfahrung nach Meinung der Autoren deshalb von Gewicht, weil es die Eigentümlichkeit religiösen Erlebens nicht auflöst und die Besonderheit der diesem Erleben angemessenen Sprache herausstellt. Der Prediger kann den Hörer an einem Entdeckungsprozeß teilnehmen lassen. Er braucht die Wahrheit der Überlieferung nicht zu proklamieren. Es ist dadurch eine Predigtweise möglich, die die christliche Überlieferung nicht zum Ausgangspunkt der Überlegungen macht, wohl sie aber zum Zielpunkt hat. Der Hörer hat freilich nur etwas davon, wenn sich ihm das Einleuchtende solcher Erschließungssituationen unmittelbar einstellt.

Es ist an dieser Stelle nicht möglich, die verschiedenen Methoden der Predigtuntersuchung darzustellen. Als Ergebnis hat sich jedenfalls herausgestellt, daß zwei Predigttypen deutlich zu unterscheiden waren. Etwa ein Drittel der Predigten waren dem – so wurde es genannt – „persönlich-dialogischen Predigttyp" und ein Drittel dem „dogmatisch-bezeugenden Predigttyp" zuzurechnen. Dazwischen lag ein Drittel der Predigten, die eher Mischtypen darstellten.

„Im persönlich-dialogischen Typ läßt der Prediger Unsicherheiten zu, nimmt Einwände auf und zeigt alternative Handlungsmöglichkeiten. Der Prediger dieses Typs spricht in diesem Zusammenhang von seinen eigenen Zweifeln, aber auch von seinem eigenen Glauben. Im Prozeß der Predigt versucht er, die Relevanz der biblischen Überlieferung mit dem Hörer zusammen ausfindig zu machen.

Der Typ der dogmatisch-bezeugenden Predigt setzt den Konsens der am Kommunikationsprozeß Beteiligten hinsichtlich der Geltung der christlichen Überlieferung voraus. Er konstatiert, stellt klar, gibt klare Direktiven. Unsicherheiten und Handlungsalternativen kommen weniger oder kaum zur Sprache, die Person des Predigers tritt in der Predigt zurück, die ‚Sache' steht eindeutig im Vordergrund."[52]

Wenn ich mir diese beiden unterschiedlichen Predigttypen anschaue, denke ich, der persönlich-dialogische Typ wird mit Sicherheit bei der Mehrzahl

---

52 K. F. Daiber/H. W. Dannowski, Predigen und Hören, Bd. II, a.a.O., S. 269

der Hörer besser ankommen. Er entspricht unserer Vorstellung vom mündigen Predigthörer mehr, nimmt den Predigthörer als erwachsenen Gesprächspartner ernster. Er hat mit großer Wahrscheinlichkeit eine größere Lebensnähe. Er ist in der homiletischen Durchführung vermutlich spannender. Die Autoren der Untersuchung sind ganz offensichtlich ebenfalls dieser Meinung gewesen. Sie haben eine Reihe von Predigern speziell vorher gebeten, ihre Predigten in der Weise des persönlich-dialogischen Typs anzufertigen. Es wurden vier Wünsche an die Prediger formuliert: Die Person des Predigers soll in der Predigt sichtbar werden. Der Predigttext soll als heuristisches Instrument für die Verarbeitung von Lebenswirklichkeit dienen. Lebenswirklichkeit soll nicht durch Allgemeinbegriffe eingebracht werden, sondern durch erzählte Erfahrung. Es soll davon ausgegangen werden, daß die Intention einer Predigt umso klarer ist, je deutlicher die Beziehung zwischen Prediger und Hörer durch deutlich erkennbare Sprechhandlungen formuliert ist. Die Autoren der Untersuchung wollten feststellen, ob dieser Typ der Predigt wirksamer ist, besser ankommt.

Eine Überraschung der Untersuchung nun ist, daß diese Vorvermutungen, der persönlich-dialogische Typ sei vom Hörer besser aufzunehmen als der dogmatisch bezeugende Typ, sich nicht bestätigt haben. Der persönlich-dialogische Predigttyp zeichnet sich insbesondere durch Lebensnähe aus. Diese wird von der Mehrzahl der Hörer gewünscht und positiv bewertet. Interessanterweise entspricht der dogmatisch-bezeugende Predigttyp jedoch mehr der Hörererwartung. Es spricht offenbar an durch die Möglichkeit, klare Aussagen zu machen, die für den Hörer Abgrenzungen ermöglichen und Orientierung leisten. Es ist kein Wunder, daß sich gezeigt hat, je stärker sich ein Hörer mit der Kirche identifiziert, desto mehr stimmt er auch den Predigeraussagen zu. Es ist auch nicht verwunderlich, daß dabei eine deutliche Vorliebe für den dogmatisch-bezeugenden Typ der Predigt erkennbar wird. Der persönlich-dialogische Predigttyp hat bei Hörern, die weniger zur Kerngemeinde gehören, offenbar deutliche Chancen, obwohl das Problem zu sein scheint, daß bei diesem Predigttyp, der stärker auf eine gemeinsame Suchbewegung aus ist, nicht so deutlich die Stellung und Meinung des Predigers erkennbar ist und darum eher Irritationen empfunden werden. Bei den Distanzierten zeigt sich zwar eine Vorliebe für den persönlich-dialogischen Predigttyp. Sie können aber offensichtlich auf ihre Weise auch mit dem dogmatisch-bezeugenden Typ umgehen. Dieser Typ findet deshalb Beachtung, weil er eine Position klar darstellt und deshalb die Diskussion mit dem Prediger grundsätzlich erleichtert. Der etwas distanziertere Hörer geht also mit den beiden Predigttypen verhältnismäßig selbständig um. Der dogmatisch-bezeugende Typ wird eher als eine klare Diskussionsthese aufgefaßt.

Nun haben die Autoren der Predigtuntersuchung interessanterweise an beide Predigttypen eine Reihe von kritischen Anfragen gerichtet, die genauer wahrzunehmen sich lohnt.

Anfragen an den persönlich-dialogischen Predigttyp: „Der Prediger versucht, in erkennbarer Solidarität mit den Hörern zu reden. Wie aber schafft er den Übergang von der persönlichen Reflexion zur zusprechenden Verkündigung, die er doch auch wahrnehmen soll? Wie schafft er den Schritt vom Miteinander zum Gegenüber? Kann er auch raten, mahnen, warnen? Sieht er überhaupt die Spannung zwischen Privatmeinung und öffentlicher Verkündigung? Weiß er, daß die Erwartung der Hörer in starkem Maße auf die verbindliche Rede des Predigers geht und daß diese Erwartung ihm überhaupt erst das Reden auf der Kanzel freigibt? Wie geht er mit dieser Erwartung um? Mißbraucht er den Spielraum, den er als Prediger aus ganz anderen Gründen hat? Wie und wodurch wird eine Privatmeinung zur relevanten Rede für viele, für eine Gemeinde? Führt es nicht zur vordergründigen Erbauungs- und Bekehrungsgeschichte, wenn er das Evangelium an seinen persönlichen Erfahrungen verifiziert? Zur sublimen Selbstbespiegelung? Zur Konstruktion von Wirklichkeit nach den Maßgaben des Evangeliums und damit zu Unglaubwürdigkeit? Zum happy end auf jeden Fall?"

Anfragen an den dogmatisch-bezeugenden Predigttyp: „Der Prediger versucht, im deutlichen Gegenüber zur Gemeinde den Auftrag der Verkündigung wahrzunehmen. Ist es aber nicht eine Illusion, zu meinen, man könne die Person des Predigers, seine Erlebnisse, Empfindungen und Reaktionen aus dem Prozeß der Verkündigung weithin heraushalten? Schlagen seine Vorlieben und Ressentiments, seine Bewertungen und Normen nicht überall durch? Und ist es nicht um so gefährlicher, wenn dies verdeckt und unter der Hand geschieht, persönliche Erfahrungen als allgemeingültige Wahrheiten oder gar autoritativ als Bestandteil des Wortes Gottes ausgegeben werden? Wird dann diese Art der Wahrnehmung der Verkündigung nicht erdrückend und legt sich wie eine Lähmung über die Gemeinde, die nur noch Ja und Amen sagen kann? Wie kann hier eigenständiges Urteil und selbständige Verantwortung in der Gemeinde wachsen? Wie kann der Hörer überhaupt Kritik an der Predigt und notwendige Differenzierungen anbringen? Entzieht sich der Prediger nicht als Person, wird unangreifbar, unterbindet damit notwendige Lernprozesse für sich und andere, die auf Rede und Gegenrede, Versuch und Irrtum beruhen?"[53]

Wertet man diese Anfragen aus, so hat man ein eindrückliches Predigtideal, das weder dem dogmatisch-bezeugenden noch dem persönlich-dialogischen Predigttyp voll zuzurechnen ist. Offenbar ist in der Predigt zusprechende Verkündigung nötig. Der Prediger soll in der Solidarität und dem Miteinander auch ein Gegenüber sein. Er muß raten, mahnen, warnen

53 K.-F. Daiber/H. W. Dannowski, Predigen und Hören, Bd. I, a. a. O., S. 109

können. Er steht auf der Kanzel, weil von ihm in der öffentlichen Verkündigung öffentliche Rede erwartet wird, die durchaus in Spannung zu seiner Privatmeinung stehen kann. Er darf mit der Darstellung seiner persönlichen Erfahrungen nicht insgeheim um sich selber tanzen. Andererseits muß der Prediger wissen, daß verborgene Vorlieben, Ängste und Ressentiments gerade im Gewand objektiver Lehre besonders hinterhältig sind. Besser dem Hörer wird deutlich, was die persönliche Auffassung des Predigers ist, damit er davon die biblische Wahrheit unterscheiden kann. Der Hörer muß als selbständig mitdenkender Christ ernstgenommen werden. Der Prediger hat nicht die Wahrheit, er sucht sie.

Somit wäre also die ideale Predigt der dogmatisch-dialogisch-persönlich-bezeugende Typ? Obwohl es sich etwas amüsant anhört, denke ich, daran ist etwas Richtiges. Es gibt durchaus eine Mischung von klarer Mitteilung dessen, was der Prediger für gültig und richtig hält, eingebracht in dialogischer Form und doch so, daß der Hörer merkt, der Prediger ist mit dem, was er sagt, nicht fertig, mit ihm kann man da weiterreden.

Ich habe das in einem Wort zum Sonntag versucht:

„Meine Beine sind noch ganz wackelig, sagte der Mann zu mir. Meine Tochter hat gestern eine Art Geburtstag gehabt.

Haben Sie so doll gefeiert? fragte ich. Nein, sagte er, ich meine das anders. Sie hat doch den kleinen Wagen und ist gestern damit auf der Autobahn Richtung Köln gefahren. Da platzt der vordere Reifen. Und dann zieht's den Wagen sofort nach links, und sie schliddert an der Leitplanke entlang. Und dann dreht sich der Wagen um und sie rutscht auf dem Dach noch ein ganzes Stück, mindestens 100 Meter. Sie ist sofort rausgekommen. Gott sei Dank ist niemand hineingerast. Und sie ist unverletzt. Stellen Sie sich vor, ich hätte vielleicht heute eine Beerdigung vorbereiten müssen. Es ist, als wenn wir sie neu hätten. Wie Geburtstag. Gott sei Dank!

Es ist, als wenn wir sie neu hätten. Mancher erlebt das ja, daß er so durch eine freundliche Fügung oder in vielen Fällen durch die Kunst der Ärzte dem Tode entrissen wird.

Und das „Gott sei Dank", das wir dann sagen, ist ein Zeichen dafür, daß wir wissen, daß es auch sehr viel anders sein kann, wie wir es in diesen Tagen in den Bildern aus Mexiko-City sehen.

Kennen Sie die Lazarusgeschichte? Sie steht im Johannesevangelium. Es ist eine symbolisch gemeinte Geschichte. Da wird einer aus dem Tod ins Leben zurückgeholt. Die Schwester des Lazarus sagt zu Jesus, fast wie man zu einem Arzt sagt, der zu spät kommt: Herr, wenn du dagewesen wärst, dann wäre mein Bruder Lazarus nicht gestorben. Und Jesus holt ihn aus dem Tod zurück. Eine Art Wiederbelebung.

Mancher kann sich da vielleicht hineindenken. Hat er selbst so Ähnliches erlebt, daß er durch die Kunst der Ärzte wieder ins Leben zurückgeholt worden ist und noch seine Zeit hat und sich daran freuen kann.

Ein Arzt sagte mir allerdings in diesen Tagen: Dadurch, daß wir das können, ist die Erwartung nur noch, daß wir das Leben immer weiter verlängern. Als wenn es nur noch dies Leben gäbe.

Die Lazarusgeschichte ist nun allerdings nicht erzählt, um über eine vergangene Wiederbelebung zu berichten. Sie soll vielmehr ein Hinweis auf eine größere Hoffnung sein. Jesus sagt da: Ich bin die Auferstehung und das Leben. Wer an mich glaubt, der wird leben, auch wenn er stirbt. Und wer da lebt und glaubt an mich, der wird nimmermehr sterben.

Jesus steht dafür, daß es eine größere Hoffnung gibt, auch dann, wenn es den Anschein hat, als habe der Tod das letzte Wort.

Ich habe früher immer Schwierigkeiten mit dem Glauben an das ewige Leben gehabt. Wie soll man sich das vorstellen? Ich habe das als junger Pastor einmal in einem Abendgottesdienst der Gemeinde ganz offen gesagt. Die Gemeindeglieder schauten mich etwas beunruhigt an. Schließlich ist ein Pastor dafür da, daß er so etwas glaubt.

Aber nach dem Gottesdienst kam eine ältere Frau zu mir, verabschiedete sich von mir und sagte: Geben Sie man nicht auf, Herr Pastor, Sie lernen's schon noch.

Ich hab's dann tatsächlich auch noch gelernt, jedenfalls einiges. Zum Beispiel, daß es unwahrscheinlich gut ist, wenn einer das sagen kann – nachdem er gegen den Tod angekämpft hat, nachdem er, vielleicht mühsam, gelernt hat, dies zu sagen: Mein Leben nimmt nun ein Ende, wenn er dann sagen kann: Ja, ich glaube, daß der Tod die Beziehung, die ich im Gebet zu Gott habe, nicht zerstören kann. Diese Beziehung bleibt. Ich glaube, daß Gott mein Leben in seiner Hand hält, auch wenn ich für die Menschen längst gestorben bin.

Wie gesagt, manchmal entkommen wir dem Tode und bekommen noch eine Spanne Zeit. Aber wenn man das erlebt, brauchen wir sicher auch die größere Hoffnung, für die Christus steht. Und die ist auch gut für das Leben vor dem Tod. Daß man nämlich weiß: Ich kann hier gelassen und fröhlich leben und kann meine Zeit nehmen wie neugeboren, kann mich an meinen Tagen freuen und sie ausnützen."[54]

Für mich aufschlußreich war, daß fast alle Reaktionen, Anrufe und Briefe sich auf jene Passage bezogen: „Ich habe früher immer Schwierigkeiten mit dem Glauben an das ewige Leben gehabt..." Es wurde als hilfreich empfunden, daß ich es für erlaubt hielt, so etwas in einer geistlichen Ansprache mitzuteilen und offenbar damit anderen auch Glaubensschwierigkeiten erlaubte. Andererseits war deutlich, daß ich dennoch das, was ich selbst glaube, auch deutlich sage.

---

54 Horst Hirschler: Wort zum Sonntag vom 21. September 1985

In dem Hörerecho in der o. g. Untersuchung wird immer wieder deutlich, welch großes Interesse an der Vermittlung der biblischen Überlieferung beim Hörer vorhanden ist. Welche Rolle der biblische Text in den Predigten und im Hörerecho im einzelnen spielt, ist naturgemäß sehr schwierig zu untersuchen, und eine solche Untersuchung steht noch aus. Ich möchte aber vermuten, daß eine Predigt, die mit den neuen homiletischen Erfahrungen und Methoden versucht, die im biblischen Text überlieferte Glaubenserfahrung der Hörergemeinde als Hilfe zu gegenwärtiger Glaubenserfahrung zu erschließen, große Chancen hat. Im übrigen hat die Lebensnähe einer Predigt nur Sinn, wenn sie auch die Härte dieses Lebens als eine spezifische Form der Gotteserfahrung einschließt. Lebensnähe ist in der Predigt letztlich unwichtig, wenn sie nicht gleichzeitig umgriffen wird von der Christusnähe her, die sowohl in Jesu Person, seinem Wort und Handeln erfahrbar wird, wie in seiner Kreuzigung, die durch das Ostergeschehen erhellt ist.

3. Die Predigt als Monolog

Immer wieder ist die monologische Kommunikationsstruktur der Predigt Anlaß zur Kritik.

Da ist die Klage über den beziehungslosen Kanzelmonolog. „Manche Predigt trägt diesen Stempel . . . Bei manchem auf der Kanzel von einem Blatt Papier abgelesenen Vortrag fehlt jedes Gespür . . . Mögen alle gähnen, auf der Bank rutschen und in sich zusammensinken, das Manuskript wird weiter vorgelesen, Seite für Seite, Wort um Wort. Da gibt es kein Gefühl für die Atmosphäre, keine Signale, kein Funken springt über, kein Buchstabe am Manuskript wird geändert. Da bricht auf der Empore ein Hörer zusammen, auf der Bahre wird er heruntergetragen, die Sirenen des Rettungswagens ertönen, ungerührt wird das Manuskript weitergelesen."[55]

Das ist so gespenstisch, daß es ans Kabarettistische grenzt. Aber es weist hin auf die mögliche Beziehungslosigkeit des Kanzelmonologs allein dadurch, daß der Prediger nicht weiß, daß die Predigt angewiesen ist auf Ansehen, Ansprechen und die vielfältigen Rückmeldungen durch Augenkontakt, Gesichtsausdruck, Körperhaltung, Geräusche der Gemeinde.[56]

Andere Kritik setzt noch tiefer an. Steht diesem Kommunikationsmodell: Einer oder eine steht auf der Kanzel und hat das Recht zu reden, und die anderen haben das Recht zu schweigen und zuzuhören, nicht das Prinzip des Priestertums aller Getauften entgegen? Signalisiert die Predigt im Gottesdienst nicht nach wie vor: Da ist ein Wissender, der es denen sagt, die es nicht

---

55 Werner Schütz: Probleme der Predigt. Göttingen, 1981, S. 40
56 S. u. S. 576 ff.

wissen? Das ist das alte Hirt-Herde-Modell, die Struktur überkommener autoritärer Herrschaft institutionell festgelegt durch die Üblichkeiten des traditionellen Gottesdienstes. Wenn tatsächlich das Ideal herrschaftsfreier Kommunikation (Habermas) mit den Leitmotiven biblischer Überlieferung weitgehend konform geht,[57] muß die Predigt aus ihrer gegenwärtigen, alte Herrschaft signalisierenden Struktur nicht überführt werden in das Gespräch unter Gleichgestellten?

Kritik geht aber auch aus von dem Gedanken der Überforderung des Hörers in einer reizüberfluteten Gesellschaft. Die Menschen, so heißt es, können nicht mehr 20–30 Minuten der Rede eines einzelnen zuhören. Die Medien sind längst dazu übergegangen, aus diesem Grund längere Texte auf mehrere Sprecher zu verteilen, alle paar Minuten einen Szenenwechsel vorzusehen. Müßten deshalb nicht Podiumsgespräch, Dialog, Gruppengespräch während des Gottesdienstes, Informationsteile durch andere Sprecher und besonders kürzere Predigten das Bild des Gottesdienstes bestimmen?

Nun weiß jeder, der Familiengottesdienste und „Gottesdienste in neuer Gestalt" in seiner Gemeinde regelmäßig veranstaltet, daß dergleichen Formen durchaus praktiziert werden können und den Gottesdienst zu beleben vermögen. Auf die kurze Ansprache wird zwar zumeist auch in diesen Gottesdiensten nicht verzichtet, aber sie wirken vielfältiger und auf den ersten Blick leichter zugänglich. So kann z. B. ein nachdenkliches Rundgespräch zwischen fünf Personen im Altarraum über einen Bibeltext im Zusammenhang mit einem Gegenwartsproblem ein sehr intensives Hörerlebnis sein. Allerdings ist die Kommunikationsstruktur dabei doch ähnlich geblieben. Zwar reden nun mehrere, aber die übrigen hören dennoch schweigend zu. Aber auch Gruppengespräche im Gottesdienst sind möglich.

Dennoch ist die längere Rede des Einzelnen im Gottesdienst damit nicht erledigt. Sie hat eine eigenständige Aufgabe, die das Gespräch so nicht zu leisten vermag. Dies gilt allerdings nur dann, wenn die Anfragen, die an die monologische Struktur der Predigt zu stellen sind, ernstgenommen werden.

Ich mache mir Struktur und Aufgabe der „bezeugenden Rede des Einzelnen" im Gottesdienst an einigen Bildern und Erfahrungen klar.

In Colmar im Museum Unterlinden läßt sich Matthias Grünewalds berühmtes Altargemälde des gekreuzigten Christus anschauen. Rechts neben dem Kreuz steht Johannes der Täufer mit der Bibel und dem großen Finger, der den Betrachter auf Christus weist. Ich denke in diesem Zusam-

57 Manfred Josuttis: Rhetorik und Theologie in der Predigtarbeit. München, 1985, S. 67

menhang auch an Lukas Cranachs Bild auf der Predella des Altars der Schloßkirche zu Wittenberg, das Martin Luther in eben dieser Haltung auf der Kanzel zeigt, die versammelte Gemeinde auf der anderen Seite des Bildes. Er weist ebenfalls auf den Gekreuzigten in der Mitte. Nichts anderes tut der Prediger in der „bezeugenden Rede des Einzelnen".

Eine Erfahrung, an die zu erinnern ist. Während ich morgens zu einer Sitzung fahre, höre ich im Autoradio jemandem zu, der vorliest. Vor Jahren las Gerd Westphal jeden Morgen 30 Minuten lang ein Stück aus Thomas Manns Roman „Josef und seine Brüder". Diese dreißig Minuten hatten keine Länge. Eher stand die Zeit still. Dies ist eine altertümliche Verhaltensweise: Einer liest vor, viele hören zu. Es ist überhaupt kein Problem, 30 Minuten oder länger zuzuhören, wenn man sich diese Zeit aus der sonstigen Hektik herausschneidet. Ähnliche Erfahrungen mache ich, wenn ich vor Menschen ganz unterschiedlicher Schichtenzugehörigkeit einen Abend lang über Martin Luther, Dietrich Bonhoeffer oder die Bibel erzähle. Da wird insgesamt 90 Minuten, mit einer kleinen Pause dazwischen, erzählt. Es ist kein Problem, lange zuzuhören, wenn etwas gezeigt, vor Augen gestellt, erklärend erzählt wird, so daß man mitempfinden, mitstaunen und mitzittern kann.

Ich denke noch einmal an die fünf Leute, die im Altarraum ein nachdenkliches Gespräch vor der Gemeinde führen. Der eine ist theologischer Fachmann. Er hat sich vorbereitet. Er schlägt seine Bibel auf und liest den Text vor, gibt einige sachliche Hinweise, zeigt etwas an den Versen, an den Worten, am Umfeld des Textes. Er tut dies unaufwendig, wie man Kieselsteine zeigt, ein Gewebe, Dinge, die für sich selbst sprechen müssen, einfach, weil nicht jeder diesen Text in der Hand hat, ungefähr wie man einen Brief vorliest, mitteilend. Und daraus ergibt sich ein Gespräch. Gedanken, die durch persönliche Erfahrungen bestimmt sind. Empfindungen, die der Text auslöst. Eine junge Frau macht Einwände, eine andere erklärt, wie sie sich dieses Problem zurechtgelegt hat. Und zum Ende wird versucht, eine gemeinsame Schlußfolgerung zu ziehen. Es ist ein Gespräch zwischen Gleichgestellten. Jeder ist mit seiner verschiedenartigen Lebenserfahrung und seinem besonderen Spezialwissen dabei.

Solch ein Gespräch kann der Prediger in seiner Predigt vor Augen haben. In seinem Monolog läßt er sie auftreten und sprechen, indem er sagt: „Da könnte jetzt einer einwenden . . ." Und in der zuhörenden Gemeinde wissen einige, ja das ist mein Einwand. Gut, daß er das mitbedacht hat. Meine alltägliche Erfahrung ist mit dabei. Die Predigt, die wirkliche, hat die wirkliche Welt nicht zu scheuen.[58] Das war bisher die Beschreibung des

---

58 In Anlehnung an Max Frischs Beschreibung, wie Brecht ein Gedicht vorliest, formuliert. Zitiert bei Hans Jürgen Schultz: Weltlich von Gott reden. Calwer Hefte. 63. Stuttgart, 1963, S. 37 f.

Predigers und seines Auftrags. Was läuft beim Hörer ab, wenn er sich in der Rolle des stummen Angesprochenen befindet? Wir wissen inzwischen, daß das schwer zu sagen ist. Es wird solche geben, die sich wohlfühlen in der scheinbar signalisierten alten Hirten-Herde-Struktur. Es gibt andere, die erwachsen genug sind, auch einen eher autoritär wirkenden dogmatisch-bezeugenden Typ der Predigt als einen sympatisch deutlichen Diskussionsbeitrag zu nehmen. Sie empfinden sich also als gleichberechtigte Partner in dem Gottesdienst. Was geschieht mit dem Hörer, der sich mit dem Prediger gleichgestellt weiß? Vielleicht hat er sich vorher den Predigttext angesehen, jedenfalls nimmt er ihn jetzt sehr wach wahr. Er überlegt mit dem Prediger, was wohl zu diesem Bibeltext zu sagen ist. Er geht, wie man das im Gespräch tut, bereitwillig und offen auf die Gedanken- und Erzählwege des Predigers ein. Wenn es gut läuft, dann hat er in großer innerer Ruhe jetzt Zeit zum Zuhören. Er folgt den Einfällen, Überlegungen, Bildern und Szenen des Predigers. Er geht, zwischendurch assoziativ angestoßen, auf die Gedankenreise, bringt eigene Erfahrungen und Bilder mit ein. Er nimmt wahr, wo er persönlich angesprochen und gepackt ist. Der Hörer kann dies als sinnvolle Zeit des Hörens, wenn Gott will, sogar als erfüllte Zeit erleben. Wenn er den Gottesdienst innerlich mitträgt, wird er sich freuen, wenn der Prediger wichtige Gotteserfahrungen benennt, auf Christus verweist, Glaubenserfahrung berichtet, die Probleme dialogisch in Versuch und Irrtum durchprüft und die Lösung versucht. Er wird sich auch freuen, wenn er das Empfinden hat, dies kommt nicht nur bei ihm an, sondern rechts und links, vor und hinter ihm sind Leute gespannt und entspannt bei der Sache. Das Hören der Predigt kann für ihn eine gute Zeit sein. Es ist belanglos, ob sie zwanzig oder dreißig Minuten dauert. Wie lange sitzen wir vor dem monologischen Fernseher. Wenn nur in dieser Zeit der Hörer empfinden kann, im Zusammenhang mit diesem Bibeltext wird meine Sache verhandelt.

Wenn ich das so beschreibe, weiß jeder, daß es gleichzeitig völlig andere Hörererfahrungen geben kann, den gelangweilten, den aggressiven, den in sich selbst verkrümmten, den besserwissenden Hörer. Das läßt sich nicht vermeiden.

Dennoch ist die ausführliche Zeit des Hörens auf die Rede des Einzelnen oder der Einzelnen so wertvoll und immer neu unverbraucht und unausgeschöpft, daß ich nur sagen kann, dabei muß die Kirche bleiben. Die Predigt ist die bezeugende Rede des Einzelnen an Hörer, die ihm gleichgestellt sind.

Johannes Hempel, evangelisch-lutherischer Landesbischof in Sachsen, hat am 13. Februar 1982 in der Dresdener Kreuzkirche eine Ansprache gehalten, die als solche ein Versuch der Ansprache an Gleichgestellte für mich typisch zu sein scheint. Es ist keine Predigt. Aber sie hat die für eine Predigt wichtigen Züge. Aus Anlaß des Jahrestages der Zerstörung Dresdens 1945 hatte die Evangelische Jugend in Dresden vor, eine Friedensdemonstration zu veranstalten. Das war von staatlicher Seite her auf Schwierigkeiten gestoßen. Die Verantwortlichen für die Jugendarbeit und die Kirchenleitung hatten deshalb schließlich zu einem Forum in die Dresdener Kreuzkirche eingeladen. Dies war ein Wagnis, das Mißverständnissen ausgesetzt und bedroht war vom verzweifelten Zorn und der Resignation junger Christen. Die Ansprache ist im übrigen auch ein Beitrag zu dem Thema: Kirchenleitung durch Predigt.[59]

Bischof Johannes Hempel: Ansprache auf dem „Forum Frieden" in der Dresdener Kreuzkirche am 13. Februar 1982.[60]
Es ist heute auch schon gesagt, warum wir hier sind: der 13. Februar 1945. Die Kirche zeigt noch die Spuren von damals. Ich habe diesen Abend als 16jähriger in Zittau, meiner Heimatstadt, erlebt. Der Himmel war hellrot, selbst in dieser Entfernung. Es hat mich geschauert. Von daher ist eine Sensibilität geblieben für den Frieden. Ich hatte in den letzten Monaten Gelegenheiten, mit Jugendlichen intensiv zu sprechen. Ich habe gemerkt nach einer kurzen Anlernphase voller Aggressionen, daß viele von Euch von genau derselben Sensibilität und Sorge um den Frieden erfüllt sind. Deswegen sind wir hier. (Großer Beifall)
Wenn Ihr so viel klatscht, verbrauchen wir zu viel Zeit. Die geht nachher von der Diskussion ab. (Erneut großer Beifall.) Nun haben wir in diese Kirche eingeladen. Wir wollen uns austauschen über das, was Christen für den Frieden tun können und was sie nicht tun können, weil sie Christen sind. Und wir wollen zusammen beten. Manche werden enttäuscht sein, daß wir nicht draußen sind, wo es alle sehen. Aber wir können hier in Ruhe besser sprechen. Allerdings hängt das Gelingen dieser Einladung vollkommen von Ihrer Zustimmung – Ihrer inneren Zustimmung – zu diesem Weg in die Kirche ab.
Ich möchte zuerst sagen, was nach meiner bisherigen Erkenntnis in Euch und in uns Älteren vorgeht. Ich glaube, daß wir Christen wissen, daß wir nicht die einzigen sind, die sich um den Frieden sorgen. Ich hoffe, daß wir das wissen. (Beifall) Es sind Christen und Nicht-Christen, Jugendliche und Alte. Wir verfallen einer Illusion, wenn wir meinen, wir sind die einzigen. Ich bin überzeugt, daß auch viele Regierungen das Mögliche tun werden, um einen Krieg zu vermeiden, und daß sie mit Leidenschaft bemüht sind, den Frieden zu erhalten. Ich kann nichts anderes sagen als das, was ich heute denke. Und ich denke, daß auch unsere Regierung und die Regierung der UdSSR dazugehören. Dennoch aber beschleicht uns ein wachsendes Gefühl, daß das alles nicht genug ist, weil wir beobachten,

---

59 S. u. S. 472 ff.
60 Aus: epd Dokumentation 17/1982, S. 30–33

daß das Ringen um Abrüstung entsetzlich kompliziert und langwierig geblieben ist, daß die Drohungen gegeneinander nicht geringer geworden sind, der Frieden nicht sicherer trotz aller aufrichtigen Bemühungen und daß Versöhnung – auch Versöhnung in kleinsten Schritten – oft vieldeutig, ja verdächtig, erscheint.

Ich habe bisher von Ihnen verstanden, daß Sie einerseits der Friedensabsicht der Regierung trauen, aber andererseits diese Gefahr fühlen. Ich glaube, daß ist eine Empfindung: Hier wächst irgend etwas, es kriecht etwas an uns heran. Und das könnte furchtbar sein. Und deshalb möchten wir Alarm schlagen.

Ich habe einen alten Kirchenvorsteher vor einiger Zeit gefragt: Sie haben doch viel erlebt. Was ist die Aufgabe der Kirche jetzt für den Frieden? Er antwortete, und meinte es als einen Vergleich: „Ja, wissen Sie", sagte er, „wir waren drei Brüder, und ich war der jüngste. Einmal gingen wir in den Steinbruch zum Baden, und dort geschah, daß ausgerechnet der Älteste, der Stärkste, plötzlich Schwierigkeiten beim Schwimmen hatte. Und wir beiden jüngeren Brüder bekamen jämmerliche Angst. Mein älterer Bruder – uns trennten acht Jahre voneinander, also war ich wirklich noch jung damals – nahm einen langen Ast und versuchte, ihn vom Ufer aus so weit dem Ringenden zuzuhalten, daß der ihn fassen konnte. Und ich – der Jüngste – ich brauchte das alles nicht. Ich habe derweil Alarm geschlagen, gestikuliert und geschrien. Ich war der Jüngste – ich habe Alarm geschlagen!"

Ich verstehe vieles von dem, was Ihr tut, als solche Alarmsignale. Zum Beispiel die Aufnäher „Schwerter zu Pflugscharen" – ein biblisches prophetisches Wort! Das ist ein symbolisches Alarmschlagen durch ein Zeichen ohne Worte, die gesprochen werden. Schwerter gibt es heute nicht. Aber dieses Signal will sagen: Alles für die Abrüstung. Dieser Aufnäher behauptet nicht, daß alle anderen nur aufrüsten. Es bestreitet nicht, daß auch unsere Regierung sich um Abrüstung bemüht. Aber wie der Jüngste am Wasser . . . (Beifall) schreit dieses Zeichen: alles, alles, aber auch alles für die Abrüstung! Es ist ein Signal! (Beifall)

Und das Leitwort der kirchlichen Friedensdekade „Frieden schaffen ohne Waffen" das verstehe ich auch als ein Signal! (Beifall) Dieses Signal sagt nicht: Alle anderen glauben nur an die Macht. Das sagt dieses Leitwort nicht. Dieses Leitwort sagt: Waffen hinterlassen keine Sieger mehr. Und wenn Waffen, die ja siegen helfen sollen, keine Sieger mehr hinterlassen, dann kriegen wir Angst vor den Waffen und schreien: Frieden schaffen ohne Waffen, obwohl wir wissen, daß das gar nicht leicht in politischem Alltag und politische Wirklichkeit zu überführen ist. (Beifall)

Und wenn sich Jugendliche bemühen um Wehrersatzdienst im sozialen Bereich, dann heißt das nicht: Schafft alle Armeen ab, dann ist Frieden!

So naiv habe ich keinen Partner unter den Jugendlichen, die mir gegen-
übersaßen, kennengelernt, sondern dieses Signal sagt ganz ähnlich: Waffen hinterlassen keine Sieger mehr. Die Sieger sind mitgeschlagen. Die
Politiker wissen es und wir auch. Und wir, gewissermaßen als die Jüngsten,
wir schlagen Alarm. Das ist es, worauf ich hinauswill.

Ich habe gelernt, in Gesprächen mit Menschen wie Ihnen, Ihres Alters,
daß Sie Ihre Initiative nicht gegen unsere Regierung proklamieren. (Beifall) Sondern daß wir, bei der Erinnerung des Kirchenvorstehers bleibend,
im Bilde bleiben – jeder Vergleich hinkt –, gewissermaßen den Staat mit
dem Älteren, dem Zweiten, vergleichen, der den Ast hinhält. Und wir sind
die, die dennoch Alarm schreien, nicht gegen die Politiker, sondern neben
ihnen für das gleiche Ziel.

Ich möchte zweitens etwas sagen, wie wir mit den Neins – die Mehrzahl
von Nein – des Staates umgehen als Christen. Unsere Regierung hat uns
zwei wichtige Neins überbringen lassen: Das Nein zum Wehrersatzdienst
im sozialen Bereich und das Nein zum waffenlosen Reservistendienst
aktiv Gedienter. Wir haben mehrfach intensive Gespräche geführt. Sie
waren von staatlicher und kirchlicher Seite aus sehr sachlich und unvergleichlich ernst. Die wichtigsten Argumente des Staates sind: die ver-
schärfte allgemeine Weltlage, die Verpflichtungen unseres Landes innerhalb des Warschauer Paktes, die Verfassung der DDR und die Existenz
von Bausoldaten, die Gewissensbedenken von Christen u. a. Rechnung
trägt.

Nun ist die Frage: Wie gehen wir mit solchen Neins als Christen um? Ich
möchte an dieser Stelle die Losung des heutigen Tages aus den Herrnhuter
Losungen lesen, weil es ja jetzt um die Antwort von Christen geht. Jesaja
29: „Der Herr spricht: Ich will auch zukünftig mit diesem Volk wunderbar
umgehen, wunderbar, wunderbar. Die Weisheit aller Weisen wird zunichte werden." Ich will diesen Satz ein wenig dolmetschen: Mit diesem Volk
sind nicht nur wir Christen gemeint, sondern die gesamte Bevölkerung,
aber auch wir Christen. Und dann heißt dieser Satz von Jesaja: Gott hat
immer noch mindestens zwei Ideen im Hinterkopf, wenn wir ratlos
geworden sind. Wir können es uns beim besten Willen nicht mehr denken
oder vorstellen, wie es weitergehen soll. Und dann im wörtlichen Sinn des
Wortes, der Himmel allein weiß warum und wie, plötzlich geht es wieder,
geht es vorwärts, wird es lockerer und positiver. Und alle klugen und
verantwortlichen Gedanken von Nichtchristen und von Christen sind
überflügelt, überboten. Das will Jesaja da sagen – heute auch uns.

Wie gehen wir mit den staatlichen Neins um? Von diesem Wort her
würde ich sagen: Ernst, aber locker. Oder – ich bemühe mich ja mit
mittelmäßigem Erfolg, Ihre Sprache etwas zu imitieren –, ich würde
sagen: ernst, aber nicht verbissen.

Bonhoeffer hat, leider nicht so sehr bekannt geworden, eine hervorragende Ethik hinterlassen. Mit seinen Worten gesagt, hat er Christen gelehrt, in kritischen Situationen unseres Pilgerweges dreierlei zu beachten. Einmal: die Wirklichkeit unvoreingenommen beobachten, zweitens: auf Andersdenkende zu hören, und drittens: die Folgen im voraus bis zu Ende denken. Das halte ich für so wichtig, daß ich es gleich noch einmal sage. Wenn Christen in kritischen Phasen ihres Pilgerweges überlegen, wie sie verantwortlich handeln können, dann rät er dreierlei: Handelt nicht aus Prinzipien, sondern beobachtet unvoreingenommen die Wirklichkeit immer wieder neu. Hört nicht nur auf eure Freunde und Gesinnungsgenossen, sondern hört auch auf Andersdenkende, und verlaßt euch nicht nur auf die Reinheit eurer Motive, sondern bedenkt auch die Folgen. Und wenn dies alles euch geläutert hat, wenn ihr also wißt, was ihr eigentlich tut, dann müßt ihr's tun. Vorher rate ich ab.

Nun kommt die entscheidende Frage: Sind die beiden Neins der Regierung zu Wehrersatzdienst im sozialen Bereich und zu Reservisten, die nicht mehr mit Waffen dienen wollen, von so einschneidender Bedeutung, daß für uns die Bekenntnissituation eintritt? Gott möge mir vergeben, wenn ich mich irre, ich sage dazu: nein!

Ich habe zwei Gründe. Sie sind nicht zwingend wie die meisten Gründe von Lebensproblemen. Der eine Grund ist: Wir haben Bausoldaten. Sie sind nicht ideal, aber sie sind eine Möglichkeit, unseren Alarm, Zeichen, Willen zu realisieren. Und – erlaubt bitte, daß ich das als Älterer einmal sage – ich möchte nicht Politiker sein. Ich weiß von Staatsmännern mancher Länder, daß sie gesagt haben: „Ich weiß genau, was ich tun muß. Und wenn ich dann in meine Dienststelle zurückkehre, dann sacke ich zusammen, weil es irgendwie nicht geht. Und das macht mich kaputt." Damit möchte ich folgendes sagen: Ihr habt das Recht, Eurer Einstellung gemäß „Alarm" zu sagen, aber ich bitte Euch, auch in ernster Arbeit zu lernen, wie schwer Politik für den Frieden auch in unserer Epoche zu realisieren ist.

Letzter Punkt: Was soll nun eigentlich werden? Das beschäftigt mich besonders. Und da erinnere ich mich – ich sage es wenigstens –, weil es natürlich auch keine Patentlösung ist. Ich erinnere mich an diese selbe Kirche im Mai des vergangenen Jahres. Da war sie genauso voll von Jugendlichen. Und ich hatte genau dieselbe Angst, einer fällt um, wenn Sie da so stehen. Das war der Abend mit Rogér Schütz aus Taizé. Wir können Taizé nicht imitieren, aber wir können – jedenfalls ist das mein Angebot – von Taizé zweierlei lernen, und das halte ich für konkret und für positiv. Die Kirche, wenn sie nicht so voranschreiten kann durch staatliche Macht, wie sie es will, wird zurückgeführt zu ihrem Zentrum. Und das Zentrum ist der Gottesdienst und das Tun des Guten. In der Kirche wird alles Wichtige nur gelingen, wenn es nicht aus der Demonstration, sondern aus der Stille kommt. Ich weiß, daß das eine unpopuläre Sache ist, aber ich muß es so sagen. Die Kirche, die sich auf das Evangelium verläßt, vor ihm still wird, darin sich auch zu der Ohnmacht ihres Herrn bekennt. Diese mit der Ohnmacht des Herrn solidarische Kirche ist die eigentliche Kirche, ist die starke Kirche. (Beifall)

Und das Tun des Guten, das heißt einfach: Wenn es mit dem Wehrersatzdienst im sozialen Bereich nicht geht, dann wollen wir überlegen, wie es sonst gehen könnte, daß wir den Alten, den Schwachen, den Kranken dort, wo es nötig ist, helfen. Und es sollte uns dazu doch einiges einfallen können. Das ist im Grunde genau das Gleiche, wie Bonhoeffer in „Widerstand und Ergebung" geschrieben hat: In kritischen Zeiten soll die Kirche sich verlassen auf das Beten und auf das Tun des Gerechten, d. h. soviel wie das Tun des Guten. Das ist der Weg, den ich sehe. Niemand halte ihn für einen breiten Weg. Auch da sind Anstöße überhaupt nicht ausgeschlossen. Aber dann sind wir genau beim Zentrum. Und wenn die Kirche beim Zentrum ist, bei der Meditation und beim Tun des Guten, dann wäre es das erste Mal, wenn sie nicht mit neuem Leben lebte.

„Ich will, auch in aller Zukunft, mit den jungen Christen und den jungen Nichtchristen in der Deutschen Demokratischen Republik und anderswo wunderbar verfahren." Noch einmal dieses ungewöhnlich gewordene Wort: „wunderbar, wunderbar. Und alle verantwortlichen guten Gedanken, die in eine Sackgasse geraten sind, die will ich überbieten, damit Ihr lebt . . ." (Beifall)

Der Aufbau der Ansprache, die zur Diskussionseinleitung gehalten wurde, ist deutlich erkennbar. Sie hat drei Teile. Der erste Teil dient der Herstellung einer gemeinsamen Gesprächsbasis. Dabei wird sofort sehr deutlich auch die eigene Meinung eingebracht. Das schöne Beispiel der erzählten Metapher: der Jüngste, der Alarm schlägt. Dadurch, daß es sich um eine Tonbandnachschrift handelt, werden wir auch über den Beifall informiert – was sonst bei Predigten leider nicht der Fall ist. Daraus wird ersichtlich, daß die Gemeinde die Metapher versteht. „Aber wie der Jüngste am Wasser . . . " (Beifall) Eine ganze Reihe von Abgrenzungen „Dieser Aufnäher (Schwerter zu Pflugscharen H. H.) behauptet *nicht* . . . Dieses Signal sagt *nicht*" usw. beziehen sich auf Anwürfe und Meinungen von außen, versuchen aber gleichzeitig zu klären und die eigene Position zu benennen.

Der zweite Teil nennt sorgfältig die „Neins" der Regierung. Die Frage: Wie gehen wir als Christen damit um? Nun taucht zum ersten Mal der Bibeltext der Herrnhuter Losung auf. Sie ist zusammen mit den Bonhoeffer-Zitaten und dem Hinweis auf den Taizé-Abend das geistliche Gerüst der Ansprache. Angesichts der vernagelten Wirklichkeit hat das biblische Wort hier – drastisch in gegenwärtige Sprache überführt –„. . . Gott hat immer noch zwei Ideen im Hinterkopf, wenn wir ratlos geworden sind", die Aufgabe der Ermutigung. Nach dieser geistlichen Ermutigung – und bewußt und sachlich richtig erst an dieser Stelle – kommt die rationale Erwägung mit Hilfe des Bonhoeffer-Zitats. Der Glaube gibt die Freiheit zum rationalen Denken. Ernst aber nicht verbissen. Dann die klare Einschätzung, ob ein status confessionis, eine Bekenntnissituation gegeben sei: „Gott möge mir vergeben, wenn ich mich irre, ich sage dazu: nein!" Schließlich der letzte Teil: „Was soll nun eigentlich werden?" Keine Patentlösung. Dann, durch den Hinweis auf den Abend mit Roger Schütz aus Taizé eingeführt, die Kernaussage der Predigt. „Die Kirche, wenn sie nicht so voranschreiten kann durch staatliche Macht, wie sie es will, wird zurückgeführt zu ihrem Zentrum." Dann der riskante Satz: „Nicht aus der Demonstration, sondern aus der Stille . . ." Der Redner weiß, daß dies eine „unpopuläre Sache" ist. Und dann die entscheidende Begründung der Predigtaussage – hier ist es längst eine Predigt – in der theologia crucis: „Diese mit der Ohnmacht des Herrn solidarische Kirche ist die eigentliche Kirche, ist die starke Kirche." (Beifall) Zum Abschluß noch der Hinweis auf das dennoch mögliche Tun des Guten und die Wiederholung der Losung.

Bei der Besprechung dieser Ansprache im Homiletischen Seminar gab es angesichts des Beifalls bei der „mit der Ohnmacht des Herrn . . . starke(n) Kirche" Ratlosigkeit. Die erste Aussage eines Seminarteilnehmers: „Ich verstehe nicht, warum die da Beifall klatschen." Zweite Äußerung: „Die haben das nicht verstanden, die haben nur ‚starke Kirche‘ gehört." Dritte Äußerung: „Das muß man psychologisch verstehen. Wenn da endlich gesagt wird, daß die Kirche doch stark ist, dann freuen die sich natürlich und klatschen Beifall." Und so weiter.

Niemand konnte sich vorstellen, daß eine Kirche voll evangelischer Jugend die Sache der Ansprache, die Begründung und Hinführung auf den Gottesdienst als Zentrum, auf die Stille, auf die theologia crucis vielleicht auch im Sinne des Predigers begriffen haben könnte und sie deshalb zustimmenden Beifall geben. Um die Gewinnung solch innerer Zustimmung geht es aber in der Ansprache. Und sie ist hier unbeschadet anschließender kräftiger Diskussionen im Beifall da.

Solch eine Ansprache als bezeugende Rede des Einzelnen zu Gleichgestellten ist nach wie vor notwendig.

b) Die Person des Predigers

1. Der geforderte Prediger

Da die Predigt in der Regel ein sehr persönliches Wort des Predigers ist, lassen sich in ihr die für ihn typischen Persönlichkeitsmerkmale feststellen.

Da der Prediger mit seiner bezeugenden Rede als diese einmalige Person, die er ist, einen kirchlichen Auftrag zu erfüllen hat, ergibt sich die Frage, ob denn das, was für ihn als Person typisch ist, optimal geeignet ist, seinen Auftrag als Pfarrer, speziell als Prediger, zu erfüllen.

Da Predigten oftmals als unwesentlich, langweilig, zu dogmatisch, zu politisch, zu gesellschaftlich angepaßt oder unangepaßt, zu weltfremd, zu alltagsfern, zu wenig bibelbezogen, theologisch zu dünn empfunden werden, ist die Frage, wie denn wohl die Kompetenz des optimalen Predigers, der idealen Predigerin, beschaffen sein müßte oder zu erreichen wäre. Da schließlich eine Hoffnung auf bessere Predigten sich fast nur auf die Aus-, Fort- und Weiterbildung stützen kann, muß die Frage beantwortet werden, was dafür wohl die angemessenen Ausbildungsziele sein müßten, damit die Pfarrerin und der Pfarrer ihrem Predigtauftrag angemessen gewachsen sind.

Normalerweise nicht berücksichtigt wird die Überlegung, daß ja eigentlich – soll das mit dem Priestertum der Getauften nicht eine völlige Farce sein – auch zu fragen wäre, ob denn auch der Predigthörer seinem Hörauftrag optimal gewachsen ist. Denn auch der Hörvorgang ist ein zutiefst von der jeweiligen Persönlichkeitsstruktur bestimmter Vorgang. Welche Aus-, Fort- und Weiterbildungsmaßnahmen braucht die Gemeinde? Diese Frage ist vermutlich nicht so belustigend, wie sie sich anhört.

Wir können an dieser Stelle nur auf die vielfältigen Anforderungen schauen, die an einen Prediger gestellt werden, und überlegen, was das für ihn bedeutet. Auch wenn es primär um die Predigt geht, kommt bei dieser Frage immer zugleich die gesamte pastorale Tätigkeit in den Blick.

Der Prediger ist einer Fülle von Forderungen ausgesetzt, die von außen an ihn herangetragen werden, die aber zu einem Teil auch vom Prediger längst verinnerlicht sind.

M. Josuttis stellt Kriterien zusammen, unter denen solche Anforderungen bedacht werden müssen:

1. Der Prediger muß fähig sein, unter Berücksichtigung aller anderen Faktoren ein Wort zu formulieren, das angesichts der gegebenen gesellschaftlichen Situation für menschliche Lebenspraxis wichtig, ja notwendig ist.

2. Was wichtig und notwendig ist, muß in erkennbarem Zusammenhang mit der Sache der biblischen und kirchlichen Tradition stehen, auch wenn einzelnen Komponenten dieser Tradition ausdrücklich widersprochen wird.

3. Der Prediger muß in der Lage sein, das, was er der Gemeinde sagen will, auch seine Kritik, so zu formulieren, daß sie zumindest die Chance hat, ihn zu verstehen.

4. Das, was er sagt, muß durch ihn, der es sagt, abgedeckt sein. Es muß persönlich echt sein. Auch wenn das, was er sagt, hinter dem, was er durch seine personale Existenz abdeckt, zurückbleibt, so muß diese Differenz zumindest in der Predigt integriert sein, selbst wenn sie nicht immer ausdrücklich erwähnt werden muß.

5. Er muß die Spielregeln gottesdienstlicher Kommunikation beherrschen, gleich ob er sie anwenden oder verletzen will.[61]

In dieser Weise lassen sich Anforderungen an die Kompetenz des Predigers benennen.

In ähnlicher Weise ließe sich aus Interviews mit Gemeindegliedern eine lange Reihe von Gesichtspunkten zusammenstellen, was vom Prediger und von der Predigt erwartet wird:
- Er soll eine Rede machen, bei der man nicht einschläft,
- er soll nicht so hochgeschraubt predigen,
- er soll nicht so viel über die Predigt nachdenken, daß man nicht mehr folgen kann,
- er soll aktuell predigen,
- er soll die biblischen Verse interessant auf die heutige Zeit umsetzen,
- er soll nicht nur über aktuelle Themen reden, sondern über das Eigentliche,
- es ist gut, wenn er ein doller Typ ist, dem man nicht anmerkt, daß er Pastor ist,
- er sollte mit den Gemeindegliedern bekannt sein,
- es imponiert, wenn er handwerkliches Geschick hat,
- er soll da sein, wenn die Leute ein Problem haben,
- er kann es nicht jedem recht machen,
- er soll die Leute nicht immer ermahnen,
- er soll die Rolle eines Freundes im Leben spielen,
- er soll nichts Besonderes sein wollen,
- er soll einer sein, zu dem man mehr Vertrauen als zu anderen hat.[62]

61 Manfred Josuttis: Rhetorik und Theologie in der Predigtarbeit. München, 1985, S. 65 f.
62 S. Andreas Feige: Erfahrungen mit Kirche. Hannover, 1982, S. 527–558

Wenn man beginnt, die Anforderungen an den Prediger aufzulisten, kann das in seiner Widersprüchlichkeit leicht parodistisch wirken. Es droht aus solchem Anforderungskatalog so etwas wie eine „eierlegende Wollmilchsau" herauszukommen. Gesucht wird der Pastor, der alles kann und der alles richtig macht, der jung, dynamisch und altersweise in kritischer Solidarität die Institution Kirche stützt und ansägt, politisch aufmüpfig und konstruktiv, eine Vaterfigur, ein Freund und mütterlich ist, und über das alles von der Rechtfertigung allein aus Glauben lebt.

Sieht man sich Kataloge zur Kompetenz des Pfarrers an, so sind sie in der Regel ungeschichtlich. Sie sind eine Nebeneinanderreihung dessen, was von Predigern zu erwarten ist. Das ist nicht zu vermeiden, besonders wenn man Inhalte der Ausbildung zusammenstellen will. Solche Anforderungskataloge bekommen allerdings etwas massiv Unwirkliches und Beängstigendes, wenn man sich nicht klarmacht, daß persönliche Kompetenz in einem Lebensprozeß erworben wird. Im günstigsten Falle lernen der Pfarrer und die Pfarrerin lebenslang. In vielen Fällen lernen wir aus unseren Fehlern. Vieles wird aber auch überhaupt nicht gelernt, und der Prediger ist dann lebenslang halb- oder viertelskompetent, und auch damit muß eine Gemeinde leben.

Ich halte mir ein paar Hinweise auf Lernvorgänge einer Pfarrerin vor Augen:

Der Vater war früh gestorben. Geschwister hatte sie nicht. Sie war in einer pietistischen Jugendgruppe herangewachsen und hatte dadurch und durch einen Religionslehrer den Impuls zum Theologiestudium erhalten. Zweimal hatte sie während der Studentenzeit gepredigt. Die Predigten waren stark bestimmt durch die Auseinandersetzung zwischen ihrer pietistischen Vergangenheit und mancherlei neuen Erkenntnissen durch das Studium. Sie hatte damals Angst vor der Predigt und keinerlei Empfindung für die Beziehung, die dadurch zu den Hörern hergestellt wird. Das wichtigste Ereignis war für sie der Seelsorgekurs in der Vikariatszeit. Die Rückkopplung ihrer Predigt, die viel positiver war, als sie es erwartet hatte, war für sie eine große Ermutigung. Es war günstig, daß der Vikariatsleiter krank wurde und sie eine zeitlang alleine wirken konnte. Sie sagt, in der Zeit habe sie sich in der Predigt freischwimmen können. In der ersten Gemeinde gab es eine Reihe von Schwierigkeiten. Einige der Kirchenvorsteher hätten lieber einen Pastor gehabt. Sie selbst hatte ständig Schwierigkeiten mit dem Kirchenkreisamt. Erst in einem Seelsorgefortbildungskurs begriff sie langsam, daß sie auf das Kirchenkreisamt wie auf ihre Mutter reagierte. Sie fühlte sich immer noch gegängelt und schlug dann um sich. Gegenüber den Besuchen an hohen Geburtstagen empfand sie eine tiefe Abneigung. Oftmals ging sie nicht hin, vergaß sie oder legte einen anderen Termin darauf. Sie bekam dadurch etliche Schwierigkeiten in der Gemeinde. Da sie jedoch den Frauenkreis mit großer Liebe vorbereitete und die Frauen sie mochten, bekam sie langsam ein Gefühl dafür, wie wichtig die Besuche waren. Allerdings kamen sie ihr nach wie vor sehr belanglos vor. Die im Seelsorgekurs besprochenen Fälle waren alles Problemfälle gewesen. Da war die Seelsorgerin nötig. Bei den Geburtstagsbesuchen saß man herum. Was sollte man reden? Ein älterer Kollege erzählte ihr, sie müsse die Leute nach ihren Berufen ausfragen, nach ihren Kindern und sich wirklich dafür interessieren. Wenn die Besuchten gefragt würden, dann empfänden sie sich als kompetent und würden viel erzählen. Von da ab ging es etwas besser. Das wirkte sich für die Gemeindenähe der Predigt aus. Beerdigungen machte sie zunehmend lieber. Beim Kirchentag hatte sie sich an einer der Bibelarbeiterinnen begeistert. Und sie begann einige ihrer Bibelarbeitsexperimente zu übernehmen. Sie empfand das als einen großen persönlichen Fortschritt.

Sieht man Anforderungskataloge zur Kompetenz des Pfarrers und der Pfarrerin unter dem Gesichtspunkt des lebensgeschichtlichen Lernens, wirken sie sinnvoller. Was eine Pfarrerin und ein Pfarrer lernen müssen, geschieht vielfach erst im Verlauf ihrer Pfarrertätigkeit. Manches wird durch Nachmachen gelernt, anderes über Fehler, Drittes nie. Manches, was homiletisch als falsch gilt, wirkt sich segensreicher aus als folgenlose Richtigkeit.

Ich unterscheide bei solchen Überlegungen zum „geforderten Prediger" vier Bereiche:
1. Die ausgebaute Glaubenserfahrung,
2. die reflektierte Welterfahrung,
3. die überprüfte Ich-Erfahrung,
4. die kommunikative Kompetenz.

Man kann solche vier Bereiche unterscheiden, wenn man sich darüber im klaren ist, daß jeder einzelne in den drei übrigen ebenfalls enthalten ist. Der Prediger oder die Predigerin muß im Verlauf des Hineinwachsens in den Beruf mit folgenden Anforderungen angemessen umzugehen lernen:
1. Die ausgebaute Glaubenserfahrung
Der Prediger ist jemand, der im christlichen Glauben zuhause ist. Er hat sich darauf eingelassen, immer wieder neu die Tragkraft dieses Glaubens zu erfahren. Im persönlichen Umgang mit der Bibel, dem Gebet, dem Gottesdienst lernt er immer neu, Anfechtung, Zweifel und Unglauben, aber auch Hoffnung und Liebe als Bestandteil dieses Glaubens zu erkennen.

Diesen Glauben versucht er mit wechselndem Erfolg und Mißerfolg in seiner Familie, mit den Kindern, im Abendgebet und Gespräch zu praktizieren (sofern er eine Familie hat). Er bemüht sich zusammen mit dem Ehepartner, daß Predigt und Alltag nicht allzusehr auseinanderfallen.

Der Prediger ist geschult im sachgemäßen Umgang mit biblischen Texten. Er kennt sich in einigen Bereichen der Geschichte der Kirche aus. Er kann die unterschiedlichen Konfessionen und Frömmigkeitsstile in die ökumenische Gemeinsamkeit einordnen. Er kann an anderen Konfessionen und

Frömmigkeitsformen Kritik üben, aber ist auch zur selbstkritischen Betrachtung des eigenen Bekenntnisses im Lichte der biblischen Wahrheit imstande. Er ist mit systematisch-theologischen und ethischen Fragestellungen vertraut. Er kann Christus als exemplum und sacramentum, Gesetz und Evangelium, die beiden Regimente unterscheiden. Er weiß von Sünde und Rechtfertigung. Er kennt mit der Zeit die unterschiedlichen Frömmigkeitsformen seiner Gemeinde. Er kann sich mit unterschiedlicher Intensität auch auf ihm fremdere Frömmigkeitsformen einstellen. Er kann aus eigener Erfahrung die stark reduzierten Glaubenserfahrungen des größten Teils seiner Gemeinde verstehen und seine Predigt besonders bei Kasualien und volkskirchlichen Gottesdiensten darauf einstellen. Er steht dem eigenen Kirchenwesen in einer Haltung kritischer Loyalität gegenüber, was nicht ausschließt, daß er manches daran haßt und sich manchmal auch, besonders im Vergleich mit anderen Institutionen, recht wohl darin fühlt. Er empfindet predigen als anstrengend, aber er tut es nicht ungern. In der Vorbereitung auf die Predigt, im Nachdenken über ihre Wirkung empfindet er besonders deutlich, was Anfechtung ist. Er hat im Glauben verankerte Schreckens- und Sehnsuchtsbilder vor Augen. Zu den Schreckensbildern kann Birkenau, Nagasaki und Gefängnisse und Elend in unserer Zeit gehören, zu den Sehnsuchtsbildern Martin Luther-King, Helder Camara, Taizé oder eine Gemeinde in der DDR, Äthiopien oder Südamerika. Dies ließe sich fortführen. Die Metapher Im-Glauben-zuhause-Sein umfaßt alle Lebensbereiche.

2. Die reflektierte Welterfahrung

Zum Beruf des Predigers gehört die reflektierte Welterfahrung.

Die Welt ist unbeschadet des Rätselhaften und Chaotischen in ihr, das sie auch ohne den Menschen enthält, dennoch Gottes immer wieder neu als gut zu entdeckende Schöpfung. Sie ist – soweit der Mensch dazu fähig ist – ihm zum Bebauen und Bewahren (1. Mose 2) anvertraut. Deshalb ist ein bewußter, die Umwelt sorgfältig bedenkender Umgang mit der Schöpfung geboten. Der Prediger kennt sich mit erkenntnistheoretischen Fragestellungen aus. Er weiß den Unterschied zwischen wissenschaftlich-technischer Weltbemächtigung und ganzheitlicher Welterfahrung zu benennen und ihre Zusammengehörigkeit festzuhalten.

Der Prediger hat von seiner Ausbildung her aber auch durch ständig neues Weiterlernen Kenntnis von politischen, gesellschaftlichen und wirtschaftlichen Zusammenhängen. Er weiß, wie er sich Informationen in den verschiedenen Sachbereichen beschaffen kann. Er hat Einblick in seine eigene soziale Stellung, in seine gegenwärtige Schichtenzugehörigkeit. Er weiß, daß er als ein Mitglied der oberen Mittelschicht ein anderes Leben führt als die meisten seiner Gemeindeglieder. Er kennt die daraus resultierende Problematik für seine Gemeindearbeit. Er versucht, bei Gemeindebesuchen zu lernen, was das für die Sprache, für das Erleben, für die elementaren Alltagssorgen bedeutet. Der Prediger hat Einblick in Machtstrukturen in der

Gesellschaft. Er ist selbst an der Macht über Menschen durch die Leitung des Kindergartens beteiligt. Er muß das reflektieren.

Er macht sich immer wieder neu menschliche, gesellschaftliche und politische Situationen klar. Vom Engagement in der Friedensproblematik, über Aktivitäten im diakonischen Bereich bis zum Erleben des Umbruchs in den Beziehung der Geschlechter ist er daran beteiligt.

In der Predigt versucht er mit wechselndem Erfolg, immer neu gegenwärtige Lebenserfahrung auf dem Hintergrund biblischer Lebenserfahrung zu reflektieren. Für manche Fragen bietet die Bibel nur grundsätzliche Hinweise. Er muß neue Dekaloge und Heilsgeschichten erfinden.

3. Die überprüfte Ich-Erfahrung

Der Prediger braucht im Verlauf seiner Tätigkeit eine immer wieder neu überprüfte Ich-Erfahrung.

Er kennt sich unbewußt und bewußt recht gut von früher her. Er hat sich erlebt im sportlichen Wettkampf, im Streit mit den Eltern, in der schulischen Konfliktsituation, im Betrügen der Freundin, in der Leitung des Jugendkreises. Er weiß, wie er sich als Predigender von innen her anfühlt. Er weiß, wie seine Begeisterung und seine seelischen Tiefpunkte mit seinem Glauben zusammenhängen oder auch nicht. Er weiß zumeist, wo er sich kontrollieren muß.

Er hat durch die Ausbildung, durch populärwissenschaftliche Bücher, durch Zeitung und Fernsehen ein gewisses psychologisches Allerweltswissen. Er hat einiges von Sigmund Freud gelesen, er hat sich ein wenig mit der Transaktionsanalyse beschäftigt, und die Unterscheidung von Eltern-Kinder-Erwachsenen-Ich fällt ihm manchmal ein. Er hat von den Grundstrukturen, die Riemann in seinen „Grundformen der Angst" bekanntgemacht hat, gehört. Manchmal fragt er sich, ob er wohl eher schizoid oder depressiv oder zwanghaft ist. Hysterisch ist er nicht. Aber er kennt solche, die man da eher unterbringen könnte.

Der Prediger weiß in der Regel, daß er sehr viel mehr darüber wissen müßte.

Er hat bei einem Seelsorgekurs sehr positiv erlebt, wie seine Predigt und die anderer gemeinsam in der Gruppe analysiert wurden und er als der mißtrauische, ein anderer als distanzierter, enttäuschter usw. Prediger enttarnt wurden und ihnen das half. Seither schaut er manchmal die Lebenszusammenhänge ansprechenden Passagen seiner Predigten nachträglich durch und überprüft, ob sie geeignet sind, bestimmte Persönlichkeitstypen in der Gemeinde abzuschrecken, einseitig gewählt anzusprechen, und ob er selbst zu einseitig wirkt. Der Prediger unterscheidet nach solchen Erfahrungen bewußt ich und wir und sie auf der Kanzel.

Er weiß, daß die Gemeinde ihn gern als Vorbild und Freund gleichzeitig hätte, daß er solche Erwartungen erkennen, in ihrem relativen Recht nüchtern beurteilen und unter Umständen behutsam verändern muß.

Der Prediger hat gemerkt, daß er alle sein Selbst betreffenden Unternehmungen mit seinem Ehepartner möglichst gemeinsam machen, auf jeden Fall aber sehr ausführlich durcharbeiten muß, soll es nicht zu Irritationen und Entfremdungen kommen.[63]

4. Die kommunikative Kompetenz

Der Prediger weiß, daß er über eine differenzierte kommunikative Kompetenz verfügen muß.

Sein wichtigstes Instrument ist die Sprache. In ihr ist er in einem sehr tiefen Sinn zu Hause. Wenn es stimmt, daß der Prediger wie oben gesagt im christlichen Glauben zu Hause sein muß, dann ist deutlich, daß Sprache und Glaube aufs engste zusammenhängen. Die Sprache, die des Predigers Werkzeug ist, geschieht wesentlich durch Reden. Aber auch Körpersprache, Sprache des Gesichtes, die Art auf Menschen zuzugehen, sie zu begrüßen, ihre Namen und Gesichter noch zu wissen, sprechen.

Der Prediger muß mit Menschen kommunizieren wollen. Die Art, wie er das tut, ist sehr unterschiedlich. Mancher hat Schwellenängste und kommuniziert über den anziehenden Tiefsinn seiner in der Predigt ausgesprochenen Gedanken. Der Prediger soll die Menschen lieben, das ist bei den Entsprechenden oft anstrengend. Aber es wird anderen bei ihm auch so gehen.

Der Prediger hat eine Freude an fremden Biographien. Er begreift sie als intensive Bereicherung seiner eigenen Erfahrung. Er merkt, wie wichtig das sorgfältige Zuhören für die Anschaulichkeit seiner Predigt ist. Der Prediger muß seine Gedanken in Rede fassen, sie möglichst zündend weitergeben können, damit Menschen gewonnen und bewegt werden. Er weiß, daß er für das Ankommen seiner Predigt tun muß, was bei ihm liegt. Er wird versuchen, bei schwierigen Themen emotionale oder kognitive Dissonanzen zu unterlaufen. Er will schichtenübergreifend verständlich reden. Er versucht, für alle verständlich zu reden, für alle aufnehmbar einen Bibeltext zu erschließen, Grundrichtungen für ethisches und sozialethisches Handeln zu geben. Er will niemanden verprellen, aber er will dennoch deutlich erkennbar reden, jedoch so, daß er hinterher noch für gesprächsfähig gehalten wird.

Solch ein Anforderungskatalog für Prediger und Predigerinnen kann hier nur angedeutet werden. Er wirkt so schon auf manche erschreckend. Deshalb muß unbedingt auf die Ungleichzeitigkeit der Lernerfahrungen geachtet werden. Unser Lernen und Verlernen und Es-immer-noch-nicht-gelernt-Haben dauert lebenslang. Diese vier Gebiete, auf denen Predigerin und Prediger kompetent sein sollten, sind Elemente einer in der Regel lebenslang andauernden Berufssozialisation.

---

63 Zu dem ganzen Bereich ist genügend geschrieben worden. Einen guten Überblick gibt Hans Werner Dannowski: Kompendium der Predigtlehre. Gütersloh, 1985, S. 51–60; Axel Denecke: Persönlich predigen. Gütersloh, 1979; siehe dort auch Lit. S. 61

Wie das Verhältnis von Vorstellung und Wirklichkeit dann in der Realität aussieht, erlebe ich, wenn ich mit einem Kirchenvorstand über einen gewünschten neuen Pastor spreche, weil diesmal die Landeskirche das Besetzungsrecht hat und das nächste Mal erst wieder das Wahlrecht der Gemeinde zum Zuge kommt. Der neue Pastor wird zunächst als Wunschvorstellung beschrieben. Er soll sich auf diese besondere Gemeinde mit ihren Mitarbeitern und besonderen Strukturen einlassen. Er soll nett sein. Er soll genügend Berufserfahrung haben, aber noch nicht zu alt sein. Es wäre gut, wenn er Familie hätte. Wenn es sein muß, kann seine Frau auch berufstätig sein. Aber eigentlich wäre es ganz schön, wenn sie in der Gemeinde ein wenig mitmachen würde. Er soll mit der Jugend gut können, Freizeiten und Jugendkreise. Er soll sich auch um die Alten kümmern. Sie haben zwei Altersheime in der Gemeinde. Er soll etwas übrig haben für die Kirchenmusik. Für ein gutes Klima zwischen den Mitarbeitern soll er sorgen können. Er soll sich nicht zu lange bei der Verwaltung aufhalten und auf jeden Fall bereit sein, viel Besuche zu machen. Er soll gut predigen können. Es darf auch eine Pastorin sein. Was? Ach ja. Natürlich darf es auch eine Pastorin sein! In der Nachbargemeinde haben sie auch eine, die ist ganz prima!

Nun stellt sich der vor, der sich auf diese Stelle beworben hat. Und dann zeigt sich, Konfirmandenfreizeiten macht er sehr gerne. In seiner früheren Gemeinde ist er mit Jugendlichen zweimal nach Taizé gefahren. Er wechselt seine Gemeinde, weil leider seine Ehe zerbrochen ist. Zwei der Kinder werden mit ihm ziehen. Er hat sehr gerne bisher Altennachmittage gemacht. Er möchte besonders im Bereich des Gottesdienstes viel tun. Nein, Predigen sei nicht seine Stärke. Aber Osternacht- und Familiengottesdienste, das macht er sehr gerne. Im Gespräch dreht er dann den Spieß herum, fragt die Kirchenvorsteher, wer in der Gemeinde mitarbeitet. Ob man wohl Mitarbeiter für den Gottesdienst finden kann. In der Gemeinde ist ein System, daß jeden Sonntag zwei Kirchenvorsteher Dienst haben. Nein, außerhalb des Dienstes geht nur eine Kirchenvorsteherin gelegentlich zum Gottesdienst, die anderen nicht. Er sagt gleich, daß er dies System nicht so gut findet. Aber er sagt es verbindlich. Überhaupt hat er freundliche Augen, und er merkt sich – so sagen mir die Kirchenvorsteher hinterher – was man ihm sagt.

Obwohl der Bewerber nicht den Wunschvorstellungen des Kirchenvorstandes entspricht, erklären sie, wir erheben keinen Einspruch. Wenn bei der Aufstellungspredigt kein Einspruch von Gemeindegliedern kommt, dann denken wir, können wir mit dem ganz gut zusammenarbeiten.

Das Nachdenken über die Anforderungen, die an den Pfarrer und die Pfarrerin gestellt werden müssen, ist eine nötige Sache, besonders wenn es um Inhalte der Ausbildung geht. Der geforderte Prediger, die erwünschte Predigerin und der real existierende Pastor oder die dann erscheinende Pastorin, das sind noch einmal zwei verschiedene Wesen.

Manchmal werde ich gefragt, ob eigentlich ein Unterschied zwischen Frauenpredigten und Männerpredigten zu erkennen ist. Ich muß gestehen, ich habe ihn kaum bemerkt. Das wird an mir liegen. Ich habe allerdings die Gewohnheit, die Predigtentwürfe im Homiletischen Seminar und die Predigten für das erste theologische Examen mir zunächst vorzunehmen, ohne nachzuschauen, wer sie geschrieben hat. Inzwischen sind fast die Hälfte der Predigten Frauenpredigten. Manchmal, wenn ich daran denke, versuche ich nach dem Durchlesen der Predigt zu erraten, ob es eine weibliche oder eine männliche Predigt ist. Ich greife oft daneben. Ob man nicht doch sagen muß, daß die etwas schematischen Urteile: „Ein neuer Ton in der Kirche. Ein starkes Gefühl für Leiblichkeit, für die Konkretion in der Predigt,"[64] zu wenig an der empirischen Wirklichkeit der Predigten der jüngeren Generation überprüft sind? Ich denke, die Jüngeren sind in vielen Fällen durch die Erfahrungen gruppendynamischer Gespräche gegangen. Die Männer sind längst zärtlicher und einfühlsamer geworden. Im Sinne deutlich unterscheidbarer weiblicher und männlicher Predigteigentümlichkeiten kann ich wenig entdecken. Natürlich gibt es manchmal eine Predigt, von der man sagen möchte, das ist eine typische Frauenpredigt. Oder das ist eine typische Alte-Männer-Predigt. Aber das liegt dann eher an der Individualität des Predigers und auch an meinem Urteil.

Viel wichtiger scheint mir allerdings zu sein, daß die Predigerinnen uns Männer gelehrt haben, intensiver inhaltlich darauf zu achten, wie von Gott geredet wird, wie von Männern und Frauen im Text, in der Gesellschaft und in unserer Predigt geredet wird. Wir haben bestimmte, den Frauen jetzt auffallende Eigentümlichkeiten an den Predigttexten vorher nicht entdeckt. Dies überzeugt dann, wenn der Text wirklich in seiner Andersartigkeit zwar als ein meist von Männern geschriebenes, aber sich doch meistens nicht maskulinen und femininen Verzerrungen beugendes Wort erhalten bleibt.[65]

2. Der Prediger selbst

Wie soll sich der Prediger nun angesichts der Überfülle der Anforderungen, die ihm zugemutet werden, verhalten?

Wer selbst homiletische Lehrveranstaltungen zu bestreiten hat, wird sich in die folgende Situation unschwer hineindenken können.

Wir hatten uns im Homiletischen Seminar Regeln für eine auf den Hörer bezogene sachgemäße biblische Predigtweise klargemacht. Ich hatte am

---

64 H. W. Dannowski, Kompendium der Predigtlehre, a. a. O., 58 f.
65 S. auch Susanne Heine: Frauen der frühen Christenheit. Göttingen, 1986

Bußtag zu predigen. Wir besprachen den Text sorgfältig im Seminar. Die Teilnehmer waren zum Gottesdienst eingeladen. Die Tage vorher waren randvoll mit Vorträgen und Sitzungen. Ich kam mit der Vorbereitung der Predigt in Zeitdruck, war jedoch verhältnismäßig gelassen, da wir den Text schön durchgeackert hatten und mir einige Predigteinfälle im Kopf herumgingen. Ich würde wohl trotz der verbliebenen knappen Vorbereitungszeit eine ordentliche Predigt zustandebringen. Dann aber zeigte sich, daß der Druck, es muß eine beispielhafte Predigt werden, bei der ich die Regeln, die wir aufgestellt haben, auch beachte, so daß sie etwas lernen können, sich als massiver Störfaktor erwies. Um es kurz zu machen, die Vorsätze waren gut, die Predigt wurde schlecht. Das Beste daran war noch, daß wir beim Nachgespräch daran erarbeiten konnten, wie man es nicht machen darf.

Der Prediger, der sich von den vielen Anforderungen, die ihn umstellen, beeindrucken läßt, wird nicht unbedingt eine sachgemäße Predigt zustandebringen.

Nun kann man sagen, auch solche Anforderungen muß man in einen prozessualen Ablauf bringen, um sie handhabbar zu machen. Der Prediger muß eben wie ein Handwerker der Reihe nach seine Predigvorbereitungsarbeiten abwickeln, dann wird schon etwas Brauchbares dabei herauskommen, wie man ja bei vielen Predigern sieht. Es könnte zusätzlich eine Entlastung bedeuten, daß der Prediger sich klarmacht, die Verantwortung dafür, daß das, was ich sage, als Gottes Wort ankommt, brauche ich nicht zu übernehmen. Aber das wäre doch wohl zu einfach. Schon der in diesem Zusammenhang sicher richtige Satz, daß der Prediger dem Ankommen des Evangeliums nicht im Wege stehen soll, zeigt, daß vom Prediger Entscheidendes erwartet wird, das genauer beschrieben werden muß.

Ich gehe davon aus, daß die grundlegende kirchliche Erwartung an die Predigt ist, daß da ein Einzelner sich durch die im Bibeltext in vielfältiger Brechung vorliegende Gottes- und Christuserfahrung persönlich ansprechen läßt, der Gemeinde davon in bezeugender Rede Rechenschaft gibt, und dies in der Erwartung geschieht, daß dadurch auch der einzelne Hörer sich persönlich ansprechen läßt.

Was aber heißt, „sich persönlich ansprechen lassen"? Das ist ja offensichtlich das Grundereignis der Predigtvorbereitung wie dann des Predigtgeschehens überhaupt. Wie geschieht das? Wir haben oben an vielen Stellen den Prozeß der Arbeit am fremden biblischen Text bedacht.

Das muß hier nicht noch einmal entfaltet werden. Es ist deutlich geworden, daß diese Aufgabe auch unter dem Motto ora et labora zu begreifen ist. Wie das Gebet die Vorbereitung zu jeder ordentlichen Arbeit sein soll, aber den Beter von der vollen Verantwortung für sein Werk nicht entlastet, so auch hier. Die Arbeit an der Predigt ist darüber hinaus jedoch in besonderer Weise eine Begegnung des Predigers mit sich selbst. Dies gilt nicht nur in dem dargestellten Sinn, daß er den biblischen Text mit dem Erfahrungsmaterial seines Lebens zu erschließen und der Gemeinde weiterzugeben versucht. Es bedeutet auch nicht nur, daß der Prediger etwas vom Glauben verstehen, Glaubenserfahrungen erinnern muß, um den biblischen Text in seiner Tiefe zu verstehen. Das alles auch. Aber das Wesentliche ist, daß der Prediger sich in der Vorbereitungsarbeit am Text als von Gott angesprochen erfährt. Es muß sich ihm das Christusereignis als ihn persönlich betreffend, ihn befreiend erschließen.

Wenn das in dieser Weise als typisch für den Predigtvorbereitungsvorgang und damit als Anforderung an den Prediger beschrieben wird, klingt das zumindest ideologieverdächtig. Es ließe sich einwenden, daß die Realität der Gottesbegegnung unverfügbar ist, und man deshalb auch nicht bei der Predigtvorbereitung selbstverständlich damit rechnen kann. Im Gegenteil, wenn sich solche Gottesbegegnung regelmäßig einstellte, könnte eher zu befürchten sein, daß es sich um einen psychologischen Trick der Selbstkonditionierung handelt, mit dem sich der Prediger das richtige „Predigtvorbereitungsfeeling" besorgt. Solche Einwände sind berechtigt. Aber sie greifen dennoch zu kurz. Was man nicht fordern kann, läßt sich gleichwohl erfahren.

Der Prediger weiß, daß jedes intensive Arbeiten am Predigttext in nicht vorhersehbare Erfahrungen und Folgen führt. Und das ist umso mehr der Fall, als der Prediger sich ganz bewußt innerlich offen hält für Entdeckungen am Text, die ein fundamentales Angesprochenwerden einschließen. Das Gebet des Predigers zielt ja gerade auf solch eine Gottesbegegnung im Zusammenhang mit seiner Arbeit am Text. Darin liegt nun nichts Mystisches oder über sonstige Glaubenserfahrungen hinausgehendes Geheimnisvolles. Es geht lediglich darum hinzuhören, ob der Text etwas enthält, das mich trifft.

Ich sitze z. B. daran, 2. Korinther 12, 1–10, zu bearbeiten. Ich freue mich am elften Kapitel, das den Paulus voll adamitischer Empfindungen zeigt. Wie ein alter Kriegsheld zählt er seine Narben auf. Er hat keineswegs weniger zu bieten als die anderen, die sich rühmen. Aber dann besinnt er sich, ich will mich meiner Schwachheit rühmen (11,30). Noch einmal eine nachgeschobene Erinnerung an Damaskus. Und überhaupt die Offenbarungen des Herrn . . . Grund zum Angeben genug. Aber ich will mich nur dessen rühmen, was der Herr an mir getan hat. Und dann kommt der Engel des Satans. Dreimal habe ich gefleht, und dann die Antwort: Laß dir an meiner Gnade genügen, denn meine Kraft ist in den Schwachen mächtig. Großartig. Ein imponierender Satz. Quer zu allen weltlichen Erfahrungen. Das ist das Zentrum des Glaubens. Ich bleibe daran hängen. Denke Schwachheiten durch, die sich als stark erwiesen haben. Ich überlege Bischof Hempels Aussage.[66]

---

66 S. o. S. 424 ff.

Sicher, in den Zeiten, in denen die Kirche es schwer hatte, haben oft besonders viele zu ihr gefunden. Äthiopien jetzt auch. Und die Ansprache von Emanuel Abraham.[67] Aber es gibt auch gegenteilige Erfahrungen. Selig die Zeit, die keine Helden braucht. Ist eigentlich gemeint, daß durch die Schwäche hindurch hintenherum doch irgendwie eine Stärke kommt? Der Paulus spricht doch offenbar von einer Krankheit. Epilepsie oder etwas Ähnliches. Er wird das nicht los. Er bleibt schwach. Die Kraft ist unanschaulich. Ist Gott wirklich in den Schwachen mächtig?

Manches Gute muß mit Macht durchgesetzt werden. Macht von unten ist auch Macht. Die Welt ist nur mit verantwortlich eingesetzter Macht vor dem Chaos zu bewahren. Habe ich Angst vor der Schwachheit? Muß man schwach sein, um die Gnade zu bekommen? Aber dann wird der Satz zum Gesetz: Du mußt Ja zu deiner Schwachheit sagen! Du mußt deine Schwachheit annehmen können! Nein, hier steht nichts von Selbstannahme. Hier ist einer im Dreck, und er erfährt sich darin von Gott angenommen. Du mußt dir eben vorstellen, daß dich einer auch in deiner Schwachheit liebt. Das ist deine Aufgabe.[68]

Aber nein, der Paulus will sich nicht selbst stabilisieren. Er will sein Leiden loswerden. Das wird ihm nicht erfüllt. Er bekommt gesagt, laß dir genügen. Laß dir an meiner nur in Christus anschaubaren Liebe genügen. Das ist die Kraft Christi. Könnte das auch für meine Schwachheiten gelten müssen, gegen die ich rebelliere? Da bin ich getroffen. Es können sich jetzt mancherlei Erfahrungen bei mir einstellen. Und das geht nicht jeden etwas an.

Durch solche Erfahrungen kann Gott zum Prediger sprechen. Es gehört ein hörendes Ohr dazu und, daß der Text, durch meine Erfahrung aufgeschlossen, mich selbst zum Angesprochenen werden läßt.

Hans Weder hat herausgearbeitet, daß Gottes Wort im Neuen Testament vollmächtiges, das Leben klärendes, Daseinsraum gewährendes, verpflichtendes und wahrhaftiges Wort ist.[69] Davon muß dem Prediger in der Textbegegnung für sein eigenes Leben etwas deutlich werden. Sonst bleibt die Predigtvorbereitung äußerlich.

Das bedeutet also: Ich muß in der Hoffnung am Text arbeiten, daß mir da in Gesetz und Evangelium Gott begegnet. Es fällt mich vielleicht der verborgene Gott an und macht mich ratlos. Es zeigt sich seine in Christus mir entgegenkommende Liebe, die ich so nicht will. Beides kann sich unvorhersehbar auf meine Alltagserfahrungen auswirken.

In die Predigtvorbereitung ist also notwendig die Offenheit für eine Gottesbegegnung mit eingeschlossen. Sie macht aus dem am Text handeln-

---

67 S. o. S. 228
68 S. o. S. 271 ff.
69 H. Weder, Neutestamentliche Hermeneutik, a. a. O., S. 237 ff.

den Prediger gleichzeitig einen, an dem in, mit und unter dem Text Gott handeln kann. Indem der am Text Arbeitende gleichzeitig der Hörende ist, geschieht an ihm exemplarisch das, was durch die Predigt dann am Hörer geschehen soll. Gott spricht zu ihm in Gesetz und Evangelium. Er wird durch die Begegnung mit dem Text gefordert und befreit.

Darin liegt nun nichts in dem Sinne Übernatürliches, daß man es nicht erklären könnte. Die Prozesse, die sich im Zusammenhang mit der Predigtarbeit abspielen, sind alle prinzipiell nachträglich zu beschreiben. Da ist keine Lücke oder eine derart undurchsichtige Komplexizität der Ereignislinien, daß man deshalb nur vom Wirken des Heiligen Geistes reden könnte. Es ist klar, daß sowohl die subjektiven Prozesse, die sich im Prediger bei der Bearbeitung des Textes abspielen, als auch jene oben beschriebene komplexe Kommunikation, die sich ereignet, wenn die Predigt als ein Wort, das aus dem jeweiligen biographischen Kontext des Predigers kommt, auf die Hörer mit ihren biographischen Kontexten trifft, schwer zu entwirren sind. Aber prinzipiell läßt sich das von außen beschreiben.

Nur daß wir von außen betrachtend Gott nicht fassen können. Die Wirklichkeit Gottes erschließt sich nur als Innenerfahrung in der existentiellen, betroffenen Anerkenntnis des biblischen Wortes als Wort Gottes für mich. Ich werde von solch einem Wort angefallen, es setzt sich bei mir durch, es klärt, öffnet, bindet mich.

Auch das läßt sich erklären. Es kann damit zusammenhängen, daß ich immer auf bestimmte Worte angesprungen bin, daß ich ein solchen Worten nahestehender depressiver oder hysterischer Typ bin. Solche Erklärung, höre ich sie, muß ich mit bedenken. Für sich genommen besagt sie nichts. Es kann sein, daß Gott in diesem Augenblick gerade einen depressiven Typ braucht und in seinen Dienst nehmen will.[70] Ich stelle mir solche Erfahrungen, daß ich vom Text gepackt und verändert werde, manchmal in Parallele zu einem Text bei Ernst Bloch vor:[71]

„Und ein anderer Rabbi . . . sagte einmal: um das Reich des Friedens herzustellen, werden nicht alle Dinge zu zerstören sein und eine ganz neue Welt fängt an; sondern diese Tasse oder jener Strauch oder jener Stein und so alle Dinge sind nur ein wenig zu verrücken. Weil aber dieses Wenige so schwer zu tun und sein Maß so schwierig zu finden ist, können das, was die Welt angeht, nicht die Menschen, sondern dazu kommt der Messias."

Ich will damit sagen, es kann bei solcher Gottesbegegnung eine ganz kleine aber unendlich wichtige Verschiebung in meiner Existenz, in meinen Verhältnissen angebahnt werden, die mich heilt, mich in heilsame Unruhe stürzt, jedenfalls etwas, das dem Vorschein des Reiches Gottes, der mit Jesus Christus gekommen ist, mehr entspricht als mein gegenwärtiges Leben.

---

70 S. auch: H. Weder, Neutestamentliche Harmeneutik, a. a. O., S. 108–136
71 Ernst Bloch: Spuren. Frankfurt, 1959, S. 260

Der Prediger als die personale Mitte des Predigtherstellungsprozesses ist also in gewisser Hinsicht verantwortlich für die Gottesbegegnung. Verantwortlich in dem Sinne, daß er sich auf die Konstellation „ich bearbeite den Text, um mich auf das mich darin Verändernde einzulassen" innerlich einstellt. Er wartet also nicht nur auf die Erschließung gewisser wichtiger Inhalte, das auch, er wartet aber mehr auf die immer wieder neu erforderliche „Verrückung" seiner Existenz, die sich aus der richtenden und rechtfertigenden Botschaft ergibt.

Damit die Veränderung, die sich im Prediger durch das Hören auf das ihn im Text persönlich packende Gotteswort ergibt, nun nicht mystifiziert wird, ist noch genauer zu sagen, was er denn eigentlich tut aufgrund solchen Hörens. Was ist damit gemeint, daß er dadurch verändert wird? Es hilft ja nichts, wollte man nun das Handeln Gottes zu einem nicht weiter beschreibbaren innerpsychischen Vorgang machen.

Mit jenem von Weder aufgenommenen Beispiel Jüngels gesagt: Wie einer, der einen Witz hört, unwiderstehlich lachen muß und dies Lachen sein „Werk" und doch gleichzeitig nicht sein Werk ist, so ist es auch mit dem treffenden Wort: Es schafft Glauben. Oder anders herum gesagt: Auf der Seite des Predigers entspricht dem treffenden Wort der Glaube. Er ist das einzige „Werk", das der Christenmensch zu leisten hat und durch das dann alle anderen Werke neu bestimmt werden.[72]

Der Prediger reagiert so, daß er dem Wort gehorcht, sich darauf einläßt, damit zu leben versucht, möglicherweise auch daran verzweifelt, aber doch so, daß es ihn nicht losläßt.

Das am Text arbeitende Hören und der aus dem Hören kommende Glaube, das ist das für die Predigtvorbereitungen entscheidende Ereignis. Diese extrem persönliche Erfahrung macht den Kern der bezeugenden Rede auf der Kanzel aus. Etwas pathetisch gesagt: Deshalb läuten die Glocken, weil in einen Gottesdienst der christlichen Gemeinde eingeladen wird, in dem durch dieses persönliche Zeugnis des Predigers dem Hörer die Möglichkeit der Gottesbegegnung eröffnet werden soll. Damit ist nicht gesagt, daß der Prediger seine innere Erfahrung mit dem Text direkt auf die Kanzel bringen soll. Das ist nicht unbedingt untersagt. Aber es könnte sein, daß die Person des Predigers dadurch in unangemessener Weise in den Mittelpunkt der Predigt rückt. Die Predigt ist kein Enthüllungstheater. Das Ziel der Predigt ist, daß der Text so erschlossen wird, daß die Gottesbegegnung, die der Prediger gemacht hat, in dieser oder anderer Weise auch für die Hörer möglich werden kann. Der Prediger wird deshalb in der Regel nicht so davon reden, daß sich die Aufmerksamkeit auf ihn als Person konzentriert. Er wird von seiner Erfahrung verallgemeinernd berichten. Er wird sie verfremden.

---

72 Wilhelm Gräb/Dietrich Korsch: Selbsttätiger Glaube. Neukirchen-Vluyn, 1985

Er wird sie an exemplarischen Erfahrungen anderer Christenmenschen anschaulich zu machen versuchen. Er wird die Erschließungssituation, die für ihn wichtig war, so beschreiben, daß der Hörer begreift, wovon er redet. Aber der Prediger kann dies alles nur lebensvoll schildern, wenn er von der entscheidenden Erfahrung der Begegnung mit Gott durch den Text herkommt.[73]

Was bedeutet das? Ist damit eine gleichsam unangreifbare Quelle der Grundaussagen der Predigt gewonnen, die nicht mehr zu hinterfragen und kritisch zu bewerten ist? Keineswegs. Solche Anfragen an die Person des Predigers und seine Predigt beginnen jetzt erst. Aber jede kritische Befragung dessen, was die Person des Predigers in diesem Prozeß der Predigtherstellung bedeutet, muß sich zunächst diesem Ereignis der Gottesbegegnung im Predigtherstellungsprozeß stellen. Sonst würde über ein Phantom geredet.

Natürlich sind nun Kontrollfragen zur Person des Predigers und zur Predigt nötig. Solche Fragen kommen vom Prediger selbst aus der Beobachtung des Predigtprozesses auf empirischen Wege und durch die vom Wort des Predigers angesprochenen Hörer. Der Prediger kennt sich nicht nur von innen, nicht nur seine Biographie, seine Empfindungen. Er ist auch längst durch gewisse kommunikationstheoretische, soziologische und psychologische Kenntnisse geprägt und kann dergleichen bei sich entdecken. Ähnliches gilt für den Hörer. Die empirische Wahrnehmung des Predigers und seines Produkts, der Predigt, ist immer angewiesen auf die Selbstaussagen des Predigers und der Hörer.

Die Anfrage, die sich im Hinblick auf die beschriebene zentrale Erfahrung mit dem Bibeltext im Prozeß der Predigtvorbereitung ergibt, lautet: Besteht nicht die Gefahr, daß der Prediger ein bestimmtes Gefühl mit einer Gottesbegegnung verwechselt, daß er seine tiefsitzenden moralischen Maßstäbe, die er – wer weiß woher – hat, mit der Forderung Gottes gleichsetzt, daß er modische Trends gesellschaftlicher oder politischer Art zum Letzten erhebt, daß er seine kreativen Ideen für Offenbarungen der Liebe Gottes hält? Ist er nicht hoffnungslos bestimmt durch den Zeitgeist? Ist seine Predigt nicht geprägt von der Zugehörigkeit zu einer bestimmten sozialen Schicht, zur Kerngemeinde? Ist er nicht festgelegt durch seine psychische Struktur?

Es lohnt sich, unter solchen Gesichtspunkte Predigten von 1914, 1933, 1952, 1968 und 1987 zu lesen. Prediger springen gern auf fahrende Züge, ganz gleich, zu welchen Fronten sie transportieren. Es ist ebenfalls interessant, Predigten unter soziologischen, tiefenpsychologischen, kommunika-

---

73 Vgl. zum Ganzen: Wilhelm Gräb: Theologie und Praxis des Predigens. Studien zu einer prinzipiellen Homiletik in praktischer Absicht. Als Manuskript gedruckt. Göttingen, 1986; und Emanuel Hirsch: Predigerfibel. Berlin, 1964, S. 39–140

tionstheoretischen oder linguistischen Gesichtspunkten zu analysieren. Jeder Prediger hat da seine Schlagseiten und Eigentümlichkeiten. Wie geht der Prediger nun mit solchen, seine Identität als Prediger betreffenden Fragen um? Eine seiner Erfahrungen wird sein, daß sich derartige Anfragen im Alltag der Predigtarbeit Gott sei Dank nur in einem zeitlichen Nacheinander und gelegentlich ins Bewußtsein drängen. Wenn das jedoch geschieht, bleibt ihm gar nichts anderes übrig, als sich solchen Anfragen entschlossen zu stellen und sie für sich zu bearbeiten. Ja, der Prediger muß sogar, wenn es sich ergibt, privat oder in Fortbildungsveranstaltungen diese Gesichtspunkte qualifiziert durcharbeiten.

– Es kann also sein, daß er sich, weil die Barmer theologische Erklärung ein Jubiläum hat, oder weil er ein entsprechendes Buch geschenkt bekommen hat, mit Aussagen und Predigten von Pastoren aus dem Jahr 1933 befaßt. Er kann dabei feststellen, daß durchaus ernsthafte und volksmissionarisch engagierte Prediger damals mit Begeisterung auf den nationalen Zug aufgesprungen sind.

Es kann sein, daß er sich daraufhin seine eigenen Predigten aus dem Jahr 1968, wohl auch aus dem Jahr 1987 durchliest und auf Schritt und Tritt tief verwurzelte Übereinstimmungen seines Predigerbewußtseins mit dem jeweiligen Zeitgeist entdeckt.

Er wird feststellen, daß er an biblischen Texten Eigentümlichkeiten wahrgenommen oder hineingelesen hat, die nahtlos in die jeweilige Zeit paßten. Das muß noch nicht falsch sein. Es kann sein, daß derjenige, der sich unangepaßt verhält, in Wirklichkeit ständig den Zeitgeist von 1952 oder den Bekenntnisgeist von 1934 wiederholt. Für den Prediger könnte das heißen, widerständiger dem, was gerade passend und aktuell zu sein scheint, aber auch dem, was immer richtig war, gegenüberzustehen. Es kann geboten sein, den Zeitgeist zu verstärken. Es kann geboten sein, den Zeitgeist zu korrigieren oder ihm entgegenzustehen. Der Text sollte in jedem Falle demgegenüber der fremde, nicht einfach zu vereinnahmende Text bleiben können. Erst dadurch bekommt er seine Kraft.

– Es kann zum anderen sein, daß sich der Prediger mit den Problemen schichtenspezifischer Sprache beschäftigt. Er macht ein vierwöchiges Praktikum in einem Industriebetrieb in seiner Gemeinde. Er hat seither engere Kontakte zum „Kirchlichen Dienst in der Arbeitswelt". Er achtet systematisch auf die Sprache der Kollegen am Band. Er macht sich abends darüber Aufzeichnungen. Er achtet auf die Sprache der Gewerkschafter. Er erfährt die Milieuverstricktheit unserer Predigt. Er sieht seine Predigtbeispiele, die Probleme und Sorgen, die er durchgesprochen hat, daraufhin durch und stellt fest, ich habe mich voll auf die eingestellt, die zum Gottesdienst kommen. Das ist ja nicht falsch. Aber wen grenze ich damit aus. Es kommt nur eine ganz bestimmte Schicht. Er arbeitet für den nächsten Familiengottesdienst ganz intensiv an der Sprache der Predigt.

Welche Sorgen soll ich aufnehmen? Welche Freuden? Er bedenkt die Sprache der Gebete. Ein Gesichtspunkt ist Verständlichkeit. Aber die archaische Anschaulichkeit der biblischen Sprache Luthers haftet besser. Und es muß schichtenübergreifend anfühlbar, lebensnah empfunden werden können.

– Der Prediger hat sich z. B. mit den Riemannschen „Grundformen der Angst" befaßt.

Er versucht sich darüber klar zu werden, welche Anteile des schizoiden, depressiven, zwanghaften und hysterischen Typs seine Predigten eher bestimmen. Welche Probleme nimmt er auf, welche Lösungen bietet er in der Predigt an. Werden die Hörer entsprechend dem Persönlichkeitsprofil des Predigers einseitig angesprochen.

„Ich versuche aufgrund von Selbstbeobachtung und Selbstkontrolle mein Kommunikationsprofil zu entwickeln . . . Ich notiere mir die Stärken und Schwächen . . . Ich werde mir meiner Stärken bewußt und akzeptiere sie . . . Ich werde mir meiner Schwächen bewußt, verleugne sie nicht mehr, verdränge sie nicht, rationalisiere sie nicht theologisch in vermeintliche Stärke um, sondern akzeptiere sie als elementar zu meiner Person gehörend. Ich versuche mein Kommunikationsprofil zu erweitern . . ."[74]

– Manfred Josuttis beschäftigt sich mit der Frage der Selbstbilder in der Predigt und setzt sich in diesem Zusammenhang mit den vier Grundpositionen auseinander, die die Transaktionsanalyse für das Verhalten eines Individuums in der Interaktion bereithält:

1. ich bin nicht o. k. – du bist o. k.
2. ich bin nicht o. k. – du bist nicht o. k.
3. ich bin o. k. – du bist nicht o. k.
4. ich bin o. k. – du bist o. k.

Von daher fragt er: „Wie sieht sich der Prediger beim Predigen im Verhältnis zu seiner Gemeinde? . . . Sucht der Prediger, weil er sich klein, böse und schwach sieht, die Anerkennung der Starken? Will er, weil er gut oder fromm oder progressiv ist, die Gemeinde religiös, moralisch oder politisch beherrschen? Reißt er, der verzweifelt ist, auch die anderen in den Strom der Resignation? Oder kann er, weil er sich selber in unverkrampfter Liebe akzeptiert hat, anderen das Gefühl des Selbstwerts vermitteln und dadurch zum Glauben und zum Handeln bewegen? Zwischen der Art, wie der Prediger sich darstellt, und den Worten, mit denen er das Bild der Gemeinde beschreibt, liegt die Zone jener Grundposition,

---

74 H. Denecke, Persönlich predigen, a. a. O., S. 150

die das kommunikative Verhalten auch beim Akt der Predigt weitgehend bestimmt. Ihre mindestens partielle Wahrnehmung kann dem Prediger dabei helfen, sich die eigenen Interaktionsstrukturen bewußt zu machen oder nach der schrittweisen Erweiterung ihrer Grenzen zu streben."[75]

– Der Prediger kann sich in die Analyse von Predigten mit Hilfe der Sprechakttheorie vertiefen.[76] Er kann sich klarmachen, welche unterschiedlichen Predigttypen es gibt. Daiber/Dannowski u. a. unterscheiden den persönlich-dialogischen und den dogmatisch-bezeugenden Predigttyp. Der Prediger kann sich klarmachen, welche Stärken und Schwächen diese unterschiedlichen Typen haben. Er kann an seinen eigenen Predigten feststellen, welchen er selbst zuneigt und was das für die Beziehung zum Hörer und für das eigene Profil als Prediger bedeutet.

Die Reihe dieser Aufzählung ließe sich fortsetzen. Manfred Josuttis, der sich seit langem intensiv auf die empirische Beobachtung des Predigtgeschehens und der Person des Predigers eingestellt hat und eine Fülle unterschiedlichen empirischen Materials verarbeitet, wird recht haben, wenn er von dem, was er dort mit beachtlichem Aufwand betreibt, dann doch nur eine „schrittweise Erweiterung der Grenzen der Interaktionsstrukturen von Predigern" bzw. die Erweiterung der „Wahrnehmungsbreite", der „Einstellungsbreite" und der „Verhaltensbreite" erwartet.[77]

Um etwas anderes kann es für den Prediger bei diesen Anforderungen nicht gehen. Zwar ist es nötig, daß die Bedeutung der Person des Predigers für den Predigtakt, ihre empirisch feststellbaren Bedingungen und Entsprechendes beim Hörer, sowie das gesamte Feld der Kommunikation sorgfältig erforscht und geklärt werden. Aber das Ziel bleibt die Erweiterung von Predigtkompetenz. Jede Verabsolutierung eines der genannten Aspekte, besonders bei der Beschreibung der Predigertypen, wäre unsachgemäß.[78]

Natürlich neigt der Prediger, der sich mit einem dieser Aspekte intensiver beschäftigt hat, zeitweilig dazu, solch einen Gesichtspunkt zu verabsolutieren. Deshalb ist es gut, daß die Breite des Spektrums der Anforderungen und Fragehinsichten dem Prediger vor Augen stehen. Sie alle haben die Aufgabe, dem Prediger Hilfestellung zu geben, daß er seinem Auftrag, mit dem Hörer in eine sprachliche Beziehung zu treten, durch die die Botschaft des Evangeliums ankommen kann, gerecht zu werden vermag.

---

75 Manfred Josuttis: Über Selbstbilder in der Predigt. In: Rhetorik und Theologie in der Predigtarbeit, a. a. O., S. 123 ff.

76 S. o. S. 410

77 M. Josuttis, Rhetorik und Theologie in der Predigtarbeit, a. a. O., S. 127; ders.: Der Pfarrer ist anders. München, 1982, S. 26

78 Vgl. auch H. W. Dannowski, Kompendium der Predigtlehre, a. a. O., S. 56 f.

Wilhelm Gräb hat die Frage gestellt, in welchem Verhältnis nun solche empirischen Beschreibungen des Predigers und des Predigtgeschehens zur theologisch beschriebenen Bestimmung des Predigtaktes stehen.[79] Dies ist in der Tat eine entscheidende Frage. Werden die empirisch analysierbaren Gesichtspunkte bei den Anforderungen an die Predigt und den Prediger bestimmend, dann kann er nur noch in einen hoffnungslosen Wettlauf mit den jeweils neuesten Erkenntnissen geraten und sich zwischen kommunikativen, psychologischen und soziologischen Gesichtspunkten einpendeln. Der optimale Prediger ist dann jener, der sich am besten in das Kommunikationsgeschehen eingepaßt hat. Die deskriptive empirische Untersuchung ist ja zunächst faszinierend, weil sie vorher zumeist unbewußte Zusammenhänge erklärt. Sie fördert jedoch im wesentlichen Anpassungsvorgänge. Eine ganz andere Funktion bekommen die empirischen Untersuchungen jedoch, wenn sie der theologischen Bestimmung dessen, was Predigt sein soll, untergeordnet sind. Zweifellos kann auch die theologische Predigtdefinition den Prediger in unsachgemäße Anpassungsvorgänge pressen und wird deshalb jeweils theologisch überprüft werden müssen. Sachgemäß jedoch scheint mir – wie oben dargestellt – zu sein, das Ereignis des Hörens auf den biblischen Text und das Ereignis der Glaubensantwort beim Prediger und durch ihn beim Hörer als Zentralgeschehen bei der Predigtherstellung und beim Vollzug der Predigt anzusehen. Erst von dieser Grundlegung her ordnen sich dann alle anderen kommunikativen, soziologischen und psychologischen Gesichtspunkte zu.

Eine etwas schlichtere, aber deshalb vielleicht wichtigere praktische Frage ist, wer denn dem Prediger eine qualifizierte Rückmeldung auf die Predigt geben kann.

Im Vollzug der Predigt ist die erste und wichtigste Rückmeldung die dem Prediger erkennbare Reaktion der Hörergemeinde. Eines der wesentlichen Merkmale einer halbwegs gelingenden Kommunikation ist, wenn der Prediger Hörerreaktionen aus der Gemeinde wahrnimmt und während der Predigt noch darauf regiert. An der Körpersprache, an der Gespanntheit der Hörer, an der Mimik und verhaltenen Gestik nimmt der Prediger wahr, ob ein Satz ankommt oder nicht ankommt. Wenn er die Hörer wirklich anspricht, merkt er sofort, wenn ein Satz unverständlich war und schiebt einen erklärenden Satz nach. Auf diese Weise wird mancher im Konzept stehende sterile Satz in der Kommunikation mit den Hörern verändert und lebendig.

Eine weitere Art der Rückmeldung ist das sich aus den Reaktionen der Hörer und dem eigenen Empfinden speisende Gefühl des Predigers während der Ansprache. Es gibt eine innere Kontrolle des Predigtgeschehens beim Prediger. Bei Predigtnachbesprechungen haben wir oft alle Teilnehmer

---

79 W. Gräb, Theologie und Praxis, a.a.O., S. 297 ff.

zunächst aufschreiben lassen, was sie bei der Predigt empfunden haben. Auch der Prediger schrieb seine Empfindungen auf. Es zeigte sich nachher beim Vorlesen, daß er in den meisten Fällen gemerkt hatte, wo die Predigt nicht mehr griff. Er hatte sich unwohl gefühlt, hatte zu schwitzen begonnen, hatte versucht, über eine Passage schnell hinwegzukommen.

Pastorinnen und Pastoren, die zwei Gottesdienste am Sonntagvormittag nacheinander zu halten haben, bauen aufgrund dieser inneren Kontrolle während der Fahrt zwischen Dorf A und Dorf B ihre Predigt noch einmal um, lassen Teile weg, verbessern andere. Die Predigt in der Gemeinde B ist meistens besser als die in der Gemeinde A.

In manchen Gemeinden gibt es zeitweilig Predigtnachgespräche. Sie können dem Prediger ein gewisses Bild von dem, was angekommen ist, vermitteln. Da sie jedoch meistens nicht als methodisch geklärte, auf den Prediger bezogene Gespräche geführt werden können und sollen, ist ihr Rückmeldungseffekt nicht sehr hoch anzusetzen. Das Predigtnachgespräch gilt sowohl der vergangenen Predigt des Predigers wie ebenso gewichtig dem Hörerlebnis der Hörer. Das Predigtnachgespräch ist ein Stück Fortsetzung der Predigt mit anderen Mitteln und bereits ein Stück Gemeindearbeit. Das ist nützlich. Das kann für den Prediger – weil er nach dem Gottesdienst nicht ganz mit sich allein ist – angenehm sein. Eine konstruktive Rückmeldung zur Verbesserung kommender Predigten wird es jedoch nur selten sein.

Langfristig gewichtiger ist die Rückmeldung auf die Predigt jedoch durch solche, die darin geübt sind und bewußt darauf achten, was während der Predigt geschieht. Solche Kontrolle wird sich an den oben genannten vier Bereichen entlangbewegen können:
1. Bist du im Glauben richtig zuhause?
2. Kennst du dich in der Welt aus?
3. Was hast du von deinen persönlichen Eigentümlichkeiten übertragen?
4. Wie kommst du über den Kanzelrand hinweg beim Hörer an?

Die Personen, die solch eine Rückmeldung zu leisten vermögen, sind zuerst in der Pfarrersfamilie zu finden. Zwar kann es sein, daß solch eine Rückmeldung aufgrund komplizierter innerer Beziehungen nicht gut läuft, dann fällt das aus. Dennoch ist es in der Regel die erste und sicherste Rückmeldung auf die Predigt. Sie sollte auch – wenn es geht – wahrgenommen werden: Wie fandest du diese Passage? Ich hatte ein ungutes Gefühl bei der Darstellung der Situation des Propheten, ob das angekommen ist? Hast du darauf geachtet, wie die Gemeinde reagiert hat? Wann sind sie ausgestiegen?

Nützlich kann auch der bewußt ausgenützte Besuch eines befreundeten Kollegen oder einer Kollegin sein. Möglich ist die gegenseitige Verabredung in der Pfarrkonferenz, sich gegenseitig abzuhören. Die Bitte muß lauten, ganz genau auf alles zu achten. Auf das Verhalten in der Kirche, die Körperhaltung, die Gestik, die Stimme, die Sprechweise, die Sätze, den Gedankengang, die vier oben genannten Bereiche. Anschließend muß Zeit für ein langes Gespräch sein. Visitationen können in dieser Weise auch hilfreich sein. Nützlicher wird das Kollegengespräch sich zeigen.

Zur Überprüfung der Predigtweise mit langfristiger Wirkung ist wahrscheinlich das Gespräch über die auf dem Tonband vorgeführte Predigt, die außerdem schriftlich vorliegt, in gruppendynamisch kontrollierten Gruppen von Predigern am wirkungsvollsten.[80] Was hier an sorgfältigen Beobachtungen am Predigttext und an den daran sich zeigenden Eigentümlichkeiten des Predigers zusammengetragen, bedacht und bearbeitet wird, kann den Prediger lange verfolgen. Es wird, soweit ich sehe, zumeist als positiv erlebt.

Die für den konkreten Vollzug wirkungsvollste Rückmeldung der Predigt geschieht allerdings, wenn ein Prediger seine fertige Predigt einem einzelnen oder einem Kreis von Hörern vor dem Gottesdienst vorliest. Das Ziel des Gespräches ist solch eine Predigt zu überprüfen und zu verbessern. Dergleichen geschieht in der Regel bei Rundfunk- und Fernsehgottesdiensten und ist sehr hilfreich.[81]

3. Der begnadete Prediger

Während meines Studiums sprach ich nach einem Gottesdienst einen – wie man sagt – begnadeten Prediger auf seine Predigt an. Ich war mit einer bestimmten Äußerung unzufrieden und wollte ihm dies höflich verpackt nahebringen. Ich hatte kaum den ersten Satz zuendegebracht, als er mich unterbrach und keineswegs höflich, sondern recht unwirsch, fast grob sagte: „Einen Prediger spricht man nicht direkt nach dem Gottesdienst auf seine Predigt an. Schon gar nicht, wenn einem daran etwas nicht gepaßt hat. Die Predigt ist Gottes Wort. Das hören Sie erst einmal. Morgen nachmittag können Sie mich aufsuchen, dann können wir darüber reden. Heute nicht!"

Ich war verblüfft und bin daraufhin lieber nicht zu ihm gegangen. Wenn ich heute daran zurückdenke, was war das? Alte Barth'sche Schule? Der Zorn darüber, daß eine als Anrede gemeinte Predigt so schnell zum Diskussionsobjekt zu werden drohte?

Es war, so empfand ich, eine erstaunliche Dünnhäutigkeit in dieser Reaktion. Der Prediger baute einen Schutzwall um sich. Jedenfalls für einen Tag.

---

80 S. o. S. 53
81 Eine solche verbesserte Andacht von mir liegt vor in den ausgezeichneten Predigtanalysen von Hans-Christoph Piper. Hans Christoph Piper: Predigtanalysen: Kommunikation und Kommunikationsstörung in der Predigt. Göttingen, 1976, S. 120 ff.

Später war leichter über die Predigt zu reden. Woher diese Dünnhäutigkeit? Ich weiß es nicht.

Aber jeder Prediger kennt solche Schutzwälle. Natürlich weise ich heute niemanden ab, der mich nach dem Gottesdienst auf meine Predigt anprechen will. In dem Vakuum, daß ich als Prediger nach dem Gottesdienst oft empfinde, wenn man ausgepumpt ist und nur die entschwindenden Rücken der Gemeinde sieht, kann jemand, der einen anspricht, ein Labsal sein. Wenn ich dann aber merke, da muß einer seine Kritik loswerden, dann bereite auch ich meine innere Ölhaut vor. Sicher so, wie wir das gelernt haben, offen und akzeptierend auf den Kritiker hören. Seine Kritik nicht persönlich nehmen. Sachlich wie über ein allgemein interessierendes Problem mit ihm reden. Dazwischenhören, warum sagt er das? Warum ist seine Wortwahl so aggressiv? Habe ich ihn an seinen Vater erinnert, gar an einen ungeliebten Lehrer? Vielleicht habe ich mit meinen Worten an einer offene Wunde gekratzt, an einem Ast gesägt, auf dem er sitzt? Fühlt er sich bedroht? Ach, er wird mich gar nicht meinen. Er nimmt mich als Typ der Kirchenleitung. Er hat wieder Dinge gehört, die ich gar nicht gesagt habe.

Jeder hat seine Schutzwälle, unterschiedliche, möglicherweise auch ein dickeres Fell oder einen festeren Glauben. Aber dünnhäutig nach der Predigt sind wir oftmals. Sehnsüchtig nach einem verstehenden Wort, die Schwachstellen der Predigt und der Predigtvorbereitung noch deutlich in den Knochen. Denn Person und Werk hängen bei der Predigt besonders eng zusammen und ohne eine gewisse Rechtfertigung aus unseren Werken können wir nicht gut leben.

Der Prediger ist also zunächst einmal der angefochtene Prediger. Er ist angefochten, weil er seiner Sache und seiner selbst nicht sicher sein kann und weil beides mit seinem Predigerauftrag auf's engste zusammengehört. Wenn es nämlich stimmt, daß die entscheidende Aufgabe des Predigers ist, daß er in der Predigt Rechenschaft gibt über seine in der Arbeit am Text gemachten persönlichen Gotteserfahrungen, dann muß er sich als Person mit Aussagen zum Fenster hinaushängen, die in unserer Welt ganz alltäglich angefochten sind. Und er, der Prediger, hat teil an dieser säkularen Welt. Er hat eine gewisse Entlastung dadurch, daß er zu einer christlichen Gemeinde spricht, daß der Gottesdienst eine Institution ist, in der die Geltung des Glaubens in der Regel vorausgesetzt ist. Aber den Prediger fällt dennoch zwischendurch immer wieder das an, was Ernst Lange die „Melancholie des Regenmachers" genannt hat. „Sie erinnern sich vielleicht an diesen zauberhaften Film von einem Mann, der mit einem Regenzauber durch den amerikanischen Mittelwesten zieht, ein Mann mit einem wundervollen Omnipotenztraum und einer begeisternden, auch ihn selbst immer wieder mitreißenden Redekraft. Aber sein ganzes ekstatisches Dasein schwimmt wie eine Ölschicht auf einem Meer von Melancholie, weil er im Grunde seines Herzens weiß und weil alle anderen es auch wissen: Er kann gar keinen Regen machen. Er kann ein

Mädchen mit seiner Heiterkeit aus seiner altjüngferlichen Säuerlichkeit erlösen. Aber Regen machen, das kann er nicht, und er ist doch, mit aller Leidenschaft, nur dies eine: ein Regenmacher."[82]

Ich nehme dieses schöne Bild als Metapher für die Anfechtung des Predigers, ob das denn wirklich so ist, daß Gott als ansprechbares Du mein Gesprächspartner ist. Ob er denn wirklich da ist? Ob er für mich da ist? Ob ich denn etwas von ihm zu sagen habe? Oder ob ich solch ein Regenmacher bin? Der Prediger kann solchen Gedanken nicht zu lange nachhängen. Am Sonntag um 10.00 Uhr erwartet die Gemeinde von ihm und er von sich, daß er auftragsgemäß etwas anderes zu sagen weiß. Aber er kann solche Schatten auch nicht einfach verscheuchen. Er weiß, daß die Erfahrung der Abwesenheit Gottes zu unserem Glauben hinzugehört. Aber er erfährt sie als Anfechtung.

Die andere Anfechtung ist die Erfahrung erfolgloser Arbeit. Es glückt nicht, trotz aller Bemühung. „Wie oft hat man sich viele Gedanken über eine Predigt gemacht. Aber dann ist es doch nicht gelungen, den biblischen Text so zum Reden zu bringen, daß seine Worte den Hörer erreicht haben. Wie manches Mal hat man einen Gottesdienst gründlich vorbereitet. Aber dann sind nur wenige Leute gekommen, so daß man den Eindruck gewinnen mußte, es habe sich nicht gelohnt."[83]

Der Prediger möchte an der Gerechtigkeit Gottes und der Welt verzweifeln. Einen traf ich, er hatte lange Jahre intensiv und phantasiereich seinen Dienst vollbracht, seine Frau hatte sich engagiert, wie es nicht erwartet werden konnte. Das Presbyterium hatte des ungeachtet ihm, als die Möglichkeit dazu gegeben war, den Stuhl vor die Tür gesetzt. Was hat sich daran nun eigentlich gelohnt? fragte er mich. Dabei habe ich gute Predigten gemacht, Sie wissen es. Es hat nichts gebracht.

Ist auch an die Anfechtung zu denken, daß einer wegen seiner Predigten Nackenschläge bekommt? Weil sie zu politisch sind, jedenfalls für die mit anderer Meinung. Viele kommen nicht mehr. Ich weiß, ich bin daran nicht schuldlos. Aber ich habe ihnen nur das gesagt, wozu ich meinte verpflichtet zu sein.

Schwieriger noch ist es zu verkraften, wenn ich das Empfinden habe, den Menschen etwas schuldig geblieben zu sein. Ich habe das nicht gesagt in der Predigt, was ich hätte sagen müssen. Ich habe das befreiende Wort des Evangeliums nicht gefunden. Ich habe keine klare Forderung Gottes aus dem Text entnehmen können. Mit meiner Predigt war es heute nichts. Meine Unfähigkeit, mit der Zeit zurechtzukommen, hat sich wieder gezeigt. Die

---

82 E. Lange, Predigen als Beruf, a. a. O., S. 175; dieses Zitat muß man übrigens laut lesen.
83 Eduard Lohse: Kleine evangelische Pastoralethik. Göttingen, 1985, S. 154 ff.

elende Schwierigkeit, daß wieder ein Sonntag ohne besonderen Charakter war und der Bibeltext sich mir nicht erschlossen hat und ich mich als unfähig gezeigt habe, kreativ und phantasievoll der Gemeinde etwas Liebevolles, Freundliches und Mitreißendes zuzusprechen. Stattdessen ist wieder Trübsinn und Richtigkeit von der Kanzel getropft. Die eigene Unfähigkeit ist schwer zu ertragen, wenn man sie merkt.

Noch mühseliger ist es, wenn die eigenen Fehler, die eigene Schuld in das Predigtgeschehen hineinreichen. Ich habe eine schöne Predigt gemacht. Ich zeige deutlich, was der Text vom Umgang mit dem Nächsten sagt. Wie ich mit ihm neu anfangen, auf ihn zugehen soll. Aber ich habe einen schalen Geschmack dabei. Mit meinem Ehepartner, mit meinen Kindern, mit gewissen Leuten aus der Gemeinde Frieden zu machen, das schaffe ich nicht.

Ich habe einen Besuch zugesagt gehabt, ihn viel zu lange hinausgeschoben, und nun ist die Frau darüber hingestorben. Die Angehörigen sitzen in der Kirche und schauen mich an. Die eigene Schuld des Predigers ist die größte Anfechtung. Jeder kann diese Reihe für sich fortsetzen.

Wie geht der Prediger mit der Anfechtung um? Um die Moral zu heben, muß man die Normen senken (Stanislaw Lec). Helfen Ermäßigungen, Beschwichtigungsversuche? Du mußt das nicht so ernst nehmen. Anderen geht es ähnlich. Hilft das? Wenn es nur eine Stimmung war, vielleicht. Eine Anfechtung jedoch hat die Qualität einer negativen Gotteserfahrung. Sie sitzt tiefer und ist so einfach nicht zu beseitigen.

Was ist von der psychologischen Erhellung zu halten? Du bist vielleicht ein eher depressiver Typ. Als zwanghafter Typ siehst du die Dinge zu rechteckig. Grübel dich da nicht so rein, das hilft nichts. Luther hat Predigern, die sich mit schwermütigen Gedanken plagten, empfohlen, die Einsamkeit zu fliehen, sofort die Unterredung mit anderen Menschen zu suchen, etwas reichlicher zu trinken, Scherz und Possen zu treiben oder irgendetwas anderes Heiteres zu tun.[84]

Man muß auch seine Schatten annehmen können, haben wir gelernt. Das ist sicher nötig und oft auch hilfreich. Aber die Erfahrung der Abwesenheit Gottes, der Nichterkennbarkeit seiner Gerechtigkeit, den Zweifel am Sinn unserer Arbeit, das Gefühl, den Aufgaben nicht gewachsen zu sein, und die Schulderfahrung sind dadurch allenfalls auf ein vernünftiges Maß zu bringen. Sie bleiben jedoch bestehen. Natürlich gibt es Tröstungen, Klärungen im Gespräch an einzelnen Punkten. So sinnlos wird das Predigen dann doch nicht sein. Oft erfährt man erst Jahrzehnte später, was manche Predigten bedeutet haben. In den meisten Fällen erfährt man es nie, und es hat doch etwas bedeutet.

---

84 Martin Luther: An Hieronymus Weller in Wittenberg. (1530) WA 5; 518 ff.; teilweise übersetzt bei: Kurt Aland (Hrsg.): Luther Deutsch. Bd. 10. Göttingen,[2] 1983, S. 214 f.

Es kann auch eine Art technischer Überbrückungshilfen bei Verzweiflungen geben. Jemand sagte mir, immer wenn ich in der Vorbereitung verzweifle und sich nichts Vernünftiges einstellen will, dann greife ich einfach zu einer Lesepredigt und baue die um. Oder ich lasse einen alten Hirschen (eine alte Predigt) springen. Dadurch komme ich wieder in vernünftige Gleise. Jemand, der dabeistand, meinte, da mußt du aber schon sehr tief im Dreck stecken. Das ist doch eigentlich nicht richtig. Wir haben dann eine Weile darüber diskutiert. Unsere Lektoren[85] bereiten ja auch eine fremde Predigt so auf, daß sie die als eigene Predigt halten können, und die Gemeinden haben erheblichen Gewinn davon. Ich habe selbst manches Mal den Vikaren im Predigerseminar vorgemacht, wie ich aus einem ihrer Predigtentwürfe eine eigene brauchbare Predigt gemacht habe. So unmöglich ist das nicht.

Allerdings, alte Predigten aufwärmen, das geht im Grunde nicht. Sicher, den einen oder den anderen Gedanken kann man durchaus verwenden. Es gibt Geschichten, die man früher benutzt hat, die sind so archetypisch, daß man sie geradezu öfter erzählen sollte. Aber dann muß mit ihnen wirklich eine neue Predigt gemacht werden. Die Predigt lebt ja durchaus von den Einfällen der anderen. Wir sind als Prediger nicht der Originalität verpflichtet, sondern dem Evangelium. Dennoch, die Predigt muß, gleich welches Material ich verwende, durch die Person des Predigers abgedeckt sein, und man wird es ihm schon auf die Dauer anmerken, ob er persönlich die Gottesbegegnung im Text gesucht hat oder ob er auf Schablonen zurückgreift.

Ernst Lange hat vier Fluchtversuche aufgezählt, mit denen sich Pfarrer der Anfechtung zu entziehen versuchen. Sie *wechseln das Thema.* Damit ist der Prediger gemeint, der innerhalb seiner Funktionen das Geschäft anderer zu betreiben beginnt. „Zu erkennen, daß Seelsorge nach dem Durchbruch Sigmund Freuds nie mehr naiv geschehen kann, daß sie sich der Kritik der psychoanalytischen Theorie und ihrer Folgetheorien auf keinen Fall entziehen kann und darf, ist eines. Seelsorge auf laienhafte Psychotherapie zu reduzieren und das Pfarramt zu einer Volksausgabe der psychoanalytischen Praxis herunterkommen zu lassen, das ist etwas gänzlich anderes. Es gibt viele Arten, das Thema zu wechseln, auch ganz traditionelle, die die volle Billigung der Institution und der Mitgliedschaft haben. Trotzdem oszillieren sie alle um die prekäre Grenze zwischen Anpassung und Verrat."[86] Außerdem nennt Lange das *Schwätzen,* das *Verstummen* (das, „wenn man gleichzeitig auf der volkskirchlichen Gehaltsliste bleibt, schwer zu realisieren" ist), das *Weiterreden* „als wäre nichts geschehen". Unsachgemäße Versuche, der Anfechtung zu entgehen. Was aber ist für den angefochtenen Prediger sachgemäß?

---

85 S. o. S. 396
86 E. Lange, a. a. O., S. 188

Ich denke, er muß sich den Hinweis Luthers verdeutlichen, daß die *oratio*, das Gebet, die *meditatio* der Heiligen Schrift und die *tentatio*, die Anfechtung, den Theologen ausmachen. Die Anfechtung in ihrer vierfachen Gestalt, der Abwesenheit Gottes, der Verborgenheit der Gottesgerechtigkeit, des Selbstzweifels und der Schuld ist notwendiger Bestandteil des Predigerdaseins. Da der Prediger gegenüber der Gemeinde nach evangelischem Verständnis keinen Vorrang hat, gilt dies für alle, die mit Ernst Christen sein wollen. Wenn der Prediger das begriffen hat, wäre es falsch, es der Gemeinde zu verschweigen und so zu tun, als seien Prediger von Amts wegen unangefochten.

Angegangen jedoch wird die Anfechtung vom Christen durch das Gebet, d. h. durch das immer neue, trotzige Insistieren auf der Gesprächsmöglichkeit mit Gott,[87] und durch das aktive Hineinhorchen in den biblischen Text. Das Letztere ist eine der entscheidenden Regeln der Christenheit angesichts der Anfechtung. Der Angefochtene soll zäh am biblischen Text bleiben. Er soll sich darin nicht beirren lassen. Das heißt nicht, daß der Prediger nicht zwischendurch die ihm entsprechenden Lockerungsübungen machen sollte, sich zur Ausweitung seines Wahrnehmungsvermögens ein Spiegelei braten oder was ihm sonst dabei helfen kann. Aber er soll am Text bleiben.

Hans Weder hat in seiner neutestamentlichen Hermeneutik[88] darauf hingewiesen, daß es falsch sein könnte, bei der Frage des menschlichen Vorverständnisses im Hinblick auf die Rede von Gott und vom Heil, wie in der Bultmannschen Hermeneutik üblich, von der Fraglichkeit der menschlichen Existenz auszugehen. Der Mensch in seiner Fraglichkeit ist immer schon auf Antworten aus, auf Antworten, die immer noch das Gepräge seiner Fraglichkeit tragen. Weder weiß, daß Bultmann dieses Problem bedacht und ihm entgegengewirkt hat, aber Weder sieht Folgen dieses hermeneutischen Konzepts in einer bestimmten Verkündigung, die die Verunsicherung des Hörers zur Voraussetzung für das Evangelium erklärt. Die Defizite der Menschen werden dann bestimmend für das, was das Evangelium sagen kann. In eben dieser Weise könnte nun auch die Anfechtung den Prediger darauf fixieren, daß der biblische Text, wenn er ihm persönlich zu begegnen versucht, ihm seine Defiziterfahrungen klären soll. Weder plädiert gegenüber solcher vorlaufenden Konditionierung des Gotteswortes mit Nachdruck dafür, daß bei aller Anerkennung unserer defizitären Situation das Entscheidende eine die Aussage des Textes nicht vorherbestimmende Haltung des Hineinhorchens ist. Das heißt, der biblische Text muß vom Prediger so gehört werden, daß er die Chance behalten kann, Neues zu sagen, neue Klärung zu bewirken, neu die Situation des Predigers zu bestimmen.

---

87 Vgl. die Erzählung Elie Wiesels aus Birkenau, a. a. O., s. o. S. 296
88 H. Weder, Neutestamentliche Hermeneutik, a. a. O., S. 140 ff.

Wenn ich das nun im Hinblick auf den oben schon anfänglich bedachten Text 2. Korinther 12, 1–10, bedenke, läßt sich daran einiges entdecken. Paulus als ein Angefochtener führt zunächst ja allerlei an, um das Licht seiner Werke, und seien es Leidenswerke, nicht unter den Scheffel zu stellen. Er ist auch Apostel, er hat mehr getan als sie alle, mehr gelitten. Es bleibt aber die Anfechtung des „Pfahles im Fleisch". Er bittet Gott offenbar in einer besonders nachdrücklichen Weise (feierlich dreimal), diese Ursache tiefer Anfechtung von ihm zu nehmen. Das wird ihm verweigert. Die Anfechtung bleibt ihm erhalten. Es geschieht nichts. Nur daß der abwesende und in diesem Geschehen in seiner Gerechtigkeit verborgene Gott sich erfahrbar macht in dem gekreuzigten Christus. Paulus berichtet von einem Gotteswort: „Laß dir an meiner Gnade genügen; denn meine Kraft ist in den Schwachen mächtig. Darum will ich mich am allerliebsten rühmen meiner Schwachheit, auf daß die Kraft Christi bei mir wohne." Wie Paulus dieses Gotteswort bekommt, geht aus dem Text nicht hervor. Ich stelle mir vor, er erhält eine ihn vollmächtig bindende Einsicht, die im engen Zusammenhang mit seinem Glauben und seinem theologischen Denken steht. Der gekreuzigte Christus ist die Kraft, die in dem Schwachen wohnt. Faktisch bedeutet das: Die Ursache für seine Anfechtung bleibt bestehen. Es geschieht jedoch durch die Kraft Christi etwas Andersartiges, dennoch die Situation neu Bestimmendes. Paulus schildert es so: Darum bin ich guten Mutes in Schwachheit, in Mißhandlungen, in Nöten, in Verfolgungen, in Ängsten, um Christi willen.

Der angefochtene Prediger, der so auf den angefochtenen und dennoch im guten Mut stehenden Paulus hört, kann plötzlich erkennen, daß ihm hier im Text etwas begegnet, das er so nicht erwartet hat, sich auch nicht gewünscht hat, und dessen Tragweite er nicht abzuschätzen vermag. Er kann sich aber darauf einlassen.

Das, was da geschieht, kennt er unter dem Gedanken simul justus et peccator, Gerechtfertigter und Sünder zugleich. Auf seine Situation angewandt, könnte das heißen: Ich werde die Ursache für meine Anfechtung nicht einfach loswerden, aber ihr Gewicht kann sich schwerwiegend verschieben, weil das Christusgeschehen als eine andere Art von Kraft bei mir anderes Gewicht hat.

Die spannende Frage für den Prediger – und zwar für ihn als persönlich Angefochtenen wie für ihn als denjenigen, der den Angefochtenen durch seine Predigt helfen will – lautet nun: Ist diese für unser Bekenntnis als evangelische Christen konstitutive Botschaft von der zugesprochenen Rechtfertigung allein aus Glauben eigentlich realistisch? Passiert da wirklich etwas? Oder sind das nur leere Worte? Oder sind das Aussagen, die erst in einem Jüngsten Gericht eingelöst werden? Eine Antwort auf diese Glaubensfrage läßt sich mit empirischen Verfahren nicht geben, weil das empirisch Feststellbare das im Glauben Erfahrene nicht trifft, selbst wenn sich beides auf dasselbe Geschehen bezieht. Die Liebesbeziehung zwischen zwei Menschen und die psychologische Erforschung dieser Liebesbeziehung sind ebenfalls zwei solchermaßen unterschiedliche Fragehinsichten, die sich nicht treffen können. Sie können sich gleichwohl stören, sicher gelegentlich auch heilsam stören. Sie sind aber dennoch prinzipiell zu unterscheiden.

Hat also der Zuspruch der Kraft Christi an den Angefochtenen eine reale Auswirkung? Ich kann diese Frage nur beantworten, indem ich auf meine eigene Glaubenserfahrung in der Vergangenheit oder auf das Zeugnis anderer und der sich bei ihnen zeigenden Erschließungssituationen verweise. Damit habe ich aber nur hingewiesen auf die Möglichkeit, daß solch eine Zusage im Leben eines Menschen eine reale Auswirkung haben kann. Das ist vergleichbar dem Nachdenken über die Möglichkeit des Lachens über einen Witz. Sachgemäßer ist, ich lache gleich. Sachgemäßer ist also, der Prediger antwortet auf die im Text ihm begegnende Zusage der Kraft Christi, die in den Schwachen mächtig ist, mit seinem Glauben. Die reale Kraft der Rechtfertigungszusage läßt sich nur dadurch als wahr erweisen, daß ich mich glaubend darauf einlasse. Dabei kann es dann tatsächlich so sein, daß die Ursachen der Anfechtungen bestehen bleiben. Sie können sich aber in ihrem Gewicht verschieben, so daß ihnen die niederziehende Kraft genommen wird. Der Prediger vermag gegen sie anzugehen, weil er im Glauben erfährt, daß seine eigene Schwachheit bis hin zu seiner Schuld in einer grundlegenden Weise unterfangen ist von dem die Welt tragenden Sein, vom Vater Jesu Christi. Davon kann eine Freiheit ausgehen, die sich dann im sachlichen und von weniger Angst um sich selbst geprägten Handeln des Predigers zeigt.

Solche Erfahrung wird der Prediger seiner Gemeinde weiterzugeben versuchen. Der Prediger ist also in dem Sinne ein begnadeter Prediger, als er, der immer ein aus vielerlei Gründen Angefochtener ist, gleichzeitig der ist, der an sich die Rechtfertigung allein aus Glauben erfahren kann.

Es gibt jenen seltsam überschwenglichen Text Martin Luthers, der sich aus solcher Haltung heraus verstehen läßt. In seiner ruppigen aber theologisch sehr interessanten Schrift: „Wider Hans Worst. 1541"[89] schreibt er: „Denn ein Prediger muß nicht das Vaterunser beten, noch Vergebung der Sünden suchen, wenn er gepredigt hat (wo er ein rechter Prediger ist). Sondern muß mit Jeremia sagen und rühmen: Herr du weißt, das, was aus meinem Munde gegangen ist, das ist recht und dir gefällig. Ja mit St. Paulus, allen Aposteln und Propheten trotzlich gesagt: Haec dixit Dominus. Das hat Gott selbst gesagt ... Ich bin ein Apostel und Prophet Jesu Christi gewesen in dieser Predigt. Hier ist nicht not, ja nicht gut, Vergebung der Sünde zu bitten, als wäre es Unrecht gelehrtet. Denn es ist Gottes und nicht mein Wort, das mir Gott nicht vergeben soll noch kann. Sondern bestätigen, loben, krönen und

---

89 Martin Luther: Wider Hans Worst. (1541) WA 51; 517

sagen, du hast recht gelehrt. Denn ich habe durch dich geredet, und das Wort ist mein. Wer solchs nicht rühmen kann von seiner Predigt, der lasse das Predigen anstehen. Denn er leugnet gewißlich und lästert Gott. Wenn das Wort sollte Sünde oder Unrecht sein, wonach wollte oder könnte sich das Leben richten?"

In der Tat wäre das die Kraft Gottes, die in Jesus Christus dem Schwachen in seiner Schwachheit die Gewißheit gibt, daß er vom Herrn der Welt gehalten ist.

Die Voraussetzung solcher Erfahrung freilich ist, daß sich der Prediger immer wieder neu auf den biblischen Text und die mit ihm verbundenen persönlichen Erfahrungen einläßt. Der Prediger braucht eine tiefe Vertrautheit mit dem Glauben. Dies meine ich nicht in dem Sinn, daß der Pfarrer und die Pfarrerin anders sein müßten als die Gemeinde, frömmer, perfekter, gläubiger. Solch einen Unterschied zwischen Pfarrer und Gemeinde gibt es in dieser Allgemeinheit nicht. Nicht der Pfarrer ist anders, wenn jemand anders ist, dann ist es die Gemeinde derer, die mit Ernst Christen sein wollen. Es ist in diesem Zusammenhang immer wieder erforderlich zu sagen, von welchem Teil der volkskirchlichen Gemeinde man spricht. Auch das ist noch sehr pauschal. Jedenfalls sind der Pfarrer und die Pfarrerin nichts anderes als die getauften Christenmenschen, die mit Ernst Christen sein wollen. Was soll sonst die Rede vom Priestertum aller Getauften? Allerdings gibt es feststellbare Unterschiede zwischen der Kerngemeinde und der übrigen volkskirchlichen Gemeinde. Solche Grenzen sind fließend und voller Überraschungen. Außerdem ist zu bedenken, daß auch die Zugehörigkeit der Pfarrer zur Kerngemeinde noch sehr differenziert zu betrachten wäre.

Was bedeutet es z. B., wenn ein Pastorenehepaar bei einer Reise in die USA einige Zeit bei einer evangelischen Familie einquartiert ist und dort mit grenzenlosem Erstaunen erlebt, wie der Ehemann jeden Morgen nach dem Frühstück die Liederbücher holt, mit seiner Frau und dem großen behinderten Jungen einen Morgenchoral singt. Es folgt ein ausführliches freies Gebet, in dem aufs Genaueste der Tag mit seinen erfreulichen und bedrükkenden, z. T. sehr bedrückenden Ereignissen – die Frau kam während dieser Zeit wegen Krebs in Krankenhaus – bedacht wird. Natürlich wird in dem Gebet auch an die Gäste aus Deutschland gedacht und an die Fahrt, die sie am jeweiligen Tag vorhaben. Es folgt die ausführliche Bibellesung. Einige Gedanken dazu werden ausgetauscht, zum Abschluß wieder ein Lied. Und das Pastorenehepaar aus Deutschland kommt, nachdem sie zwanzig Jahre miteinander verheiratet sind, erstmals dazu, intensiv darüber zu reden, warum sie das eigentlich nie so geschafft haben. Warum sind wir so stachelig gewesen gegenüber Frömmigkeitsformen? Warum sind wir so hilflos? Unser Alltag ist im Grunde genau so glaubensfern wie der der meisten Gemeindeglieder. Durch die berufliche Nötigung, durch die Gottesdienste und Predigtvorbereitungen haben wir uns mit dem Glauben befaßt, natürlich. Mehr als die anderen. Aber das war beruflich. Und wir hatten das Tischgebet. Aber hat uns der Glaube eigentlich wirklich geprägt?

Es ist wichtig bei dieser Fragestellung, daß es dabei nicht um das Anderssein des Pfarrers geht. Es geht um die Lebensweise und Lebensgrundlage derjenigen, die mit Ernst Christen sein wollen.

Diese Frage wird in einem für den Alltag des Predigers wichtigen Zusammenhang, dem „Leben mit Terminen" von Rolf-Walter Becker aufgenommen.[90]

Neben sehr praktischen Überlegungen zum Umgang mit der Arbeit und der Zeit im Pfarramt denkt Becker über das Verhältnis von Spiritualität und Zeitökonomie nach. Er beginnt mit einem für Prediger überraschenden Gedanken. „Versuchen Sie doch einmal, ganz strikt und konsequent Ihren Sabbat, den festen wöchentlichen Ruhetag, einzuhalten. Und lassen Sie sich, vor allem in der ersten Zeit des ‚Einübens', möglichst durch nichts und niemanden von der Verwirklichung dieses Vorsatzes abbringen! . . . Ich plädiere dafür, den Sonntag strikt als Sabbat zu feiern, ihn spätestens am Sonnabendmittag beginnen zu lassen." Das heißt, bis dahin muß auch die Gottesdienstvorbereitung beendet sein. Ich kann mir das kaum vorstellen. Aber ich lese betroffen seine Fragen an den Pastor, der für alles Zeit haben muß und für nichts mehr Zeit hat. Wie steht es mit meinem Ehepartner und meinen Kindern? Habe ich Zeit für Sie? Wie erleben mich die Gemeindeglieder? Stehe ich bei ihnen schon im Ruf dessen, den man nicht stören darf, weil er doch so wenig Zeit hat? Habe ich wirklich Interesse an den Menschen, an ihren Problemen, an ihrem Schicksal? Ertappe ich mich bei Gesprächen dabei, daß ich schon ganz woanders bin? Brauche ich den Beifall der Menschen zur eigenen Selbstbestätigung? Wieviel liegt mir eigentlich an dem Urteil Gottes über mein Leben? Habe ich Zeit für ihn, Zeit zur Stille, zum Ausharren vor ihm im Gebet, zur Ausrichtung meines Lebens, meines Tages auf das, was er mit mir vorhat?

Im Nachdenken über das Wort 1. Könige 3,9 – Salomo wünscht sich: „so wollest du deinem Knecht ein hörendes Herz geben" – überlegt Becker dann, was es wohl heißt, in innerer Ruhe ein verständiges, vernehmendes, hörendes Herz zu haben. Ein solches Herz ist neugierig, gespannt, aufmerksam gegenüber allem, was da auf mich zukommt. Es stellt abschließende, endgültige Urteile zurück, es beläßt dem Menschen, der Natur, den Dingen eine letzte Rätselhaftigkeit und Unergründlichkeit, d. h. auch: Es beläßt ihnen ihren grundsätzlichen Anredecharakter . . . Und wenn es mir gelingt, daß ich

---

90   Rolf-Walter Becker: Leben mit Terminen. Anregungen und Hilfen zum Umgang mit Zeit in der Gemeindearbeit. München, 1981; s. auch M. Josuttis, Der Pfarrer ist anders, a. a. O., S. 128 ff.; siehe aber besonders die sehr nachdenkenswerten Ermutigungen von Ernst Henze: Tagesordnungspunkt Gebet. Hannover, 1986

beginne, für mich persönlich den Anrede- und Begegnungscharakter der Wirklichkeit wieder zu entdecken, wenn ich hier wieder auf eine geistlich-theologische Spur komme, die mich weiterführt, dann wird sich mir auch die Welt (wieder) als Raum der Gottesbegegnung erschließen . . . Was ich allerdings unbedingt brauche, um den Blick Gottes, seine Stimme in meinem Alltag erspüren und vernehmen zu können, ist immer wieder die ausgesparte Zeit in meinem Tagesablauf für ein aktives Bewußtmachen meiner Erfahrungen, für das betende Bedenken und Nachsinnen, für das Verarbeiten und Deuten im Lichte meines Glaubens . . . Ich brauche die festen Zeiten in meinem Tage für das Meditieren biblischer Texte – ganz zweckfrei und ganz persönlich, für das Ausharren vor Gott in Schweigen und Stillesein, für den Umgang mit biblischen Einzelworten, die zum arbeitenden Wissen in uns werden sollen (M. Seitz) für das Gebet."[91]

Keineswegs ist kasuistisch festzulegen, wie das geistliche Leben des Predigers auszusehen hat. Die Erfahrung zeigt, daß es ganz unterschiedliche Formen und Anstöße zu seiner Gestaltung geben kann. Da fahren Pastoren mit wechselnden Gruppen Jahre hindurch nach Taizé, um aufzutanken, um den Gottesdienst morgens, mittags und abends eine Woche lang zu erleben und davon wieder ein Jahr zu zehren. Andere ziehen sich auf Zeit in Kommunitäten, Klöster, in die Einsamkeit zurück. Wieder andere machen geistliche Erfahrungen in Gemeinden in der Dritten Welt. Die geistlichen Formen, die der Kirchentag zu bieten hat, sind manchem eine Hilfe. Die Frage ist nur, was gerät davon in den Alltag des Pfarrerdaseins und hilft, die gegenwärtige Begegnung mit Gott auf dem Hintergrund der Gotteserfahrung der biblischen Texte möglich zu machen?

Abschließend ist zu sagen: Der angefochtene Prediger braucht mehr als das berufliche Zusammentreffen mit seinem Text. Er wird nur richtig predigen können, wenn er als angefochtener Prediger im Hineinhören in die biblischen Texte sich immer wieder neu als begnadeter Prediger erfährt.

Herr,
Du hast mich zur Mitarbeit in Deiner Gemeinde berufen.
Ich bitte Dich um Zuversicht für diesen Dienst.

Ich bitte Dich um die Zuversicht,
daß Dein Wort Dein Wort bleibt;
daß Du selbst in ihm gegenwärtig bist;
daß es sein Ziel, den Menschen, erreicht;
daß Du hältst, was Du versprichst, und gebietest, was not ist.
Herr, ich bitte Dich um die Zuversicht,
daß Dein Wort Dein Wort bleibt auch in meinem Mund.

---

91 R.-W. Becker, Leben mit Terminen, a.a.O., S. 33–39

Ich bitte Dich um die Zuversicht,
daß ich Dein Kind bleibe:
auch wenn ich Mißerfolge habe in meiner Arbeit;
auch wenn ich Schuld trage an diesem Mißerfolg;
auch wenn ich der Sünde immer wieder erliege;
auch wenn die Anfechtung mich ereilt;
auch wenn ich alt und krank werde und erst recht im Angesicht des
Todes.
Herr, ich bitte Dich um die Zuversicht,
daß ich Dein Kind bleibe, was auch geschieht.

Ich bitte Dich um die Zuversicht,
daß Deine Gemeinde Deine Gemeinde bleibt:
sie mag allen äußeren Reichtum einbüßen;
sie mag ihre Geltung in der Welt verlieren;
sie mag in Verfolgung geraten oder der Lächerlichkeit anheimfallen,
und es mag sein, daß sie selbst die Schuld daran trägt;
sie mag in Unmündigkeit dahinvegetieren;
sie mag den Reichtum Deiner Gaben vergeuden;
sie mag hin- und herschwanken zwischen den Sünden der Betriebsamkeit
und der Lethargie,
zwischen der Flucht ins Ghetto und der Flucht in die Welt;
sie mag wehrlos werden in ihrer Gespaltenheit
und fast taubstumm von Gerede.
Und wenn sie im Sterben liegt, Herr:
Gib mir die Zuversicht,
daß Deine Gemeinde Deine Gemeinde bleibt,
Dein Leib, Deine Braut, aller Liebe und Hingabe wert.

Ich bitte Dich um die Zuversicht,
daß Deine Welt Deine Welt bleibt:
daß Dein Leben stärker ist als ihr Tod,
daß Dein Frieden mehr wiegt als ihre Angst;
daß Deine Liebe einst all ihren Mangel stillt;
daß Deine Geduld den Aufruhr der Welt unter Kontrolle hat;
daß Deine Hoffnung für diese Welt alle Verzweiflung in dieser Welt
aufwiegt;
daß Dein geopferter Sohn in seiner Gemeinde dem Satan und seinem Heer
standhalten und die Schöpfung schützen, retten und fördern wird,
bis Dein Reich kommt.
Herr, ich bitte Dich um die Zuversicht,
daß Deine Welt Deine Welt bleibt, weil Du ihr treu bist.

Herr,
Du hast mich zur Arbeit in Deiner Gemeinde berufen.
Laß mich in Zuversicht bei der Sache sein,
auch wenn mir das Wasser oft bis zum Hals steht.
Es gibt nichts Sinnvolleres und nichts Schöneres,
nichts, was erfüllter, und nichts, was menschlicher wäre,
als Dir zu dienen in Deiner Gemeinde. Ich danke Dir. Amen.[92]

Das war nun die Anfechtung. Wie ist es aber mit dem Erfolg? Natürlich sind
Pfarrer und Pfarrerin auch in den Erfolg verliebt. Steigende Kollektengaben,
im Sakristeibuch nachweisbare, vom Küster sorgfältig gezählte, steigende
Gottesdienstbesucherzahlen, erfolgreiche festliche Familiengottesdienste
werden als persönliche Bestätigung erlebt. Wir bremsen uns dann immer und
wissen, daß wir aus des Gesetzes Werken vor Gott nicht gerecht werden.
Auch ist ein Pfarrer, der zu selbstbewußt und stolz auf seine Taten ist, schnell
im Verdacht, er betreibe eine theologia gloriae oder huldige dem heiligen
Potemkin. Dennoch ist der Erfolg ein wesentliches Movens unserer Arbeit.
Es wäre auch seltsam, wenn der Pfarrer und die Pfarrerin nicht auch sicht-
baren Erfolg haben wollten. Eine gute Predigt, eine fröhlich lachende
Gemeinde, ein rauschendes Gemeindefest, eine gelungene und lange nach-
wirkende Freizeit, das sind berechtigte Anlässe zu Freude und Stolz. Man
muß sie sogar genießen, denn die Probleme kommen schnell genug. Ich
kenne ausgesprochen erfolgreiche Prediger und Seelsorger, die vielen Menschen helfen, die immer mit etwas eingezogenem Kopf und sorgenvollem
Gesicht herumlaufen, so als wollten sie den Zorn der Götter vermeiden, die
jenen, die zu erfolgreich sind, einen bösen Absturz bereiten. Das ist keine für
das Evangelium typische Geisteshaltung. Den Zorn Gottes hat Christus
abgefangen. Deshalb darf der Prediger sich am Erfolg ungeniert freuen. Es ist
nützlich, wenn man dabei umsichtig bleibt und dem Narzismus nicht zu sehr
frönt. Auch hilfreich kann sein, sich der Erfolge zu freuen, die nur die Engel
registrieren. Vieles, was gelingt, möchten der alte Adam und die alte Eva
wohl gerne unter die Leute bringen zum Selbstruhm, aber da gehört es nicht
hin. Und sehr nützlich ist es, wenn wir wissen, daß sich auf den Erfolg
gebautes Selbstbewußtsein nur schwer durch schlechte Zeiten retten läßt.
Weshalb solches Selbstbewußtsein besser in Christus gegründet ist. Aber
solches wissend, heißt das Fazit trotzdem, Gott gebraucht sicher auch
erfolgreiche Predigerinnen und Prediger.

---

92 Ernst Lange: Um Zuversicht. In: Karl Kampffmeyer (Hrsg.): Gesandt zu predigen.
Göttingen, 1980, S. 119 ff.

c) Die Person des Hörers

1. Die Kirchlich-Distanzierten

Die Predigt soll als grundsätzlich öffentliche Rede an alle ergehen, die sie erreichen kann. Ihre Adressaten sind die Getauften der christlichen Gemeinde, aber auch sonst jeder, der Ohren hat zu hören.

Das hört sich wie frommes Wunschdenken an, entspricht jedoch der volkskirchlichen Wirklichkeit. Im großen volkskirchlichen Gottesdienst, im Gottesdienst anläßlich der Taufe, der Konfirmation, der Trauung, besonders der Beerdigung werden nicht nur sämtliche Glieder der volkskirchlichen Gemeinde von den Engagierten bis zu den kirchlich Distanzierten erreicht. Darüber hinaus sind immer auch solche mit dabei, die aus der Kirche ausgetreten sind, sich aber als mehr oder weniger Glaubende empfinden, wie auch diejenigen, die der Kirche und dem christlichen Glauben ganz fern oder sogar ablehnend gegenüberstehen.

Die große Mehrzahl der Kirchenglieder ist zweifellos den Kirchlich-Distanzierten zuzurechnen. Es lohnt sich, für das Nachdenken über die Bedeutung der Predigt für die Gemeinde auf einige Eigentümlichkeiten dieser distanzierten Kirchlichkeit zu achten, weil sie auch für die Kerngemeinde wie für die kirchlich völlig Abständigen in modifizierter Weise gelten.

Dabei ist allerdings immer zu bedenken, daß solche allgemeinen Aussagen angesichts der unglaublichen Vielfalt kirchlicher und religiöser Lebenszusammenhänge und ihrer Ausprägung in der Biographie des einzelnen immer nur gewisse Grundlinien angeben können. In der Realität der Kirchengemeinde sieht das dann sehr viel differenzierter und oft grotesk anders aus, als es für normal gehalten wird. Das ist jedoch einer der Vorzüge des „kirchlichen Kleinverteilungsapparates", daß auf einen Pfarrer oder eine Pfarrerin in der Regel zwischen zwei- bis dreitausend Gemeindeglieder kommen, daß neben dem Pfarrer gleichzeitig eine ganze Anzahl anderer haupt- und nebenberuflicher sowie ehrenamtlicher Mitarbeiter tätig sind und daß sie alle auf vielfältige Weise solche Differenzierungen durch den alltäglichen Lebensbezug wahrzunehmen vermögen.

Matthias Kroeger hat im Rahmen einer Colloquienreihe zum Kirchenverständnis in Loccum die Merkmale der distanziert-kirchlichen Mehrheit der Kirchenglieder folgendermaßen bestimmt:[93]

---

93 Hans May/Karin Lorenz (Hrsg.): Zukunft der Kirche. Nr. 2. Loccumer Protokolle. 26/86. Ev. Akademie Loccum, 1986 S. 31–57;
Matthias Kroeger: Die religiöse Innenseite der distanzierten Kirchlichkeit. In: Vorlagen. 41. Hannover, 1986, S. 11–21.

„Das erste und vielleicht wichtigste elementarste Stichwort dieser Lebenswelt heißt Autonomie." Damit ist gesagt: Ich will bestimmen, was ich für richtig oder falsch halten will. Ich will das Recht haben zu wählen. „Die Selbständigkeit des Menschen auch in religiösen Dingen, auch ‚Gott' gegenüber, bleibt eine unumstößliche Selbstverständlichkeit und Grundannahme modernen religiösen Selbstverständnisses . . ."

Das Interessante ist nun, daß durch dieses Lebensgefühl – ich selbst will entscheiden, wie ich mein Leben religiös und christlich lebe – die kirchlichen Lebensordnungen, die kirchliche Lehre, das, was nach Meinung der Kerngemeinde zum Wesen des Glaubens gehören müßte, nicht einfach abgelehnt werden. Sie kommen vielmehr in den „Status einer Vorgabe und technologischen Anregung, der ich in eigener Verantwortung und Mündigkeit zustimme, sofern sie mir einleuchten, einsichtig und erfahrbar werden – oder eben nicht."

Jeder Prediger kann dergleichen ja schmerzhaft erleben, wenn die Gemeindeglieder, statt sich mit den politischen oder ethischen Ansichten des Predigers, die ihnen nicht passen, auseinanderzusetzen und in einen Dialog mit ihm zu treten, einfach wegbleiben. Sie nehmen sich die Freiheit zu wählen, und wenn es ihnen nicht paßt, kommen sie nicht wieder.

Man kann jetzt einwenden, daß die Menschen in Wirklichkeit gar nicht autonom sind. Sie sind „oft genug Spielball von biographischen Beschränkungen, von Massensuggestionen und Moden." Was ist das für eine Autonomie, möchte man sagen, die sich am Sonntagmorgen für das Ausschlafen entscheidet? Wetterfahnen, abhängig vom Wind. Aber solche Bewertung trifft das Phänomen nicht. „Kein Weg führt hinter die Autonomie als Bedingung und Aufgabe unserer selbst zurück. Ihre Schwäche kann nicht durch begriffliche Vorwegbegrenzung aufgehoben werden, sie wird nur durch Sicheinlassen und Durchschreiten autonomer Lernprozesse überwunden."

Damit ist die zweite Eigentümlichkeit dieser Lebenswelt genannt. Überzeugungen entstehen induktiv. Die eigenen Orientierungen entstehen langsam und unsystematisch, man wächst in sie hinein. „Daher braucht es oft lange, bis der Platz, an den man innerlich gehört, bis die Ruhe und die Identität gefunden sind."

Die Kirche wird also allenfalls gebraucht als eine Institution, in der man frei wählend Erfahrungen machen kann, die offen ist, die Zeit läßt. Nur wo die „Freiheit für autonomes Wählen/Gestalten und für induktives Erfahren herrscht und die Kirche also zum offenen Ort der religiösen Selbstbildung, Aneignung und Selektion wird; nur wo ich nicht bei bestimmten („christlichen") Ergebnissen anzukommen gezwungen werde, um als Christ zu gelten – nur da kann Kirche zur Heimat der Distanzierten werden, nur da geschieht der Prozeß der Induktion."

Damit ist auf den dritten Punkt dieser Überlegungen hingewiesen. Auch das Lebensgefühl der Distanzierten braucht Herberge und Heimat. Sie ist jedoch nur möglich, wenn sie eine nicht reglementierende Herberge und Heimat ist, sondern wenn sie eine breite Pluralität bewußt akzeptiert. Nicht daß die Kirche die Eigentümlichkeit ihrer aus der Tradition überkommenen Schätze aufgeben dürfte. Im Gegenteil, da die distanzierte Kirchlichkeit „im Grunde nicht kirchenfähig" ist, sind diese Menschen darauf angewiesen, daß es so etwas wie Kirche und Tradition gibt. Aber es muß sich in ihr um eine offene Weise des Angebots ihrer Schätze handeln. Es müssen Lernsituationen angeboten werden, in denen etwas frei wählend und gestaltend erfahren werden kann. Kroeger weist als Beispiel auf das Bibliodrama hin. „In dieser Arbeit werden biblische Texte gespielt, und die Elemente, die ich fassen kann, die mir wahr werden, die nehme ich auf, die lerne ich zu glauben. Offene, freie Situationen sind also notwendig, in denen mein Gefühl, meine Seele mit den Vorgaben und Angeboten anderer Menschen – oder eben hier: der Bibel – zusammentrifft . . ."

Mit solchen Überlegungen ist nun für das Verhältnis der Hörer zur Predigt schon Entscheidendes erkennbar. Der Prediger muß solche Überlegungen in sein Predigtkonzept aufnehmen, nicht nur, weil ihm die große Gruppe der kirchlich mehr oder weniger Distanzierten nicht gleichgültig sein darf, sondern auch deshalb, weil Elemente solcher Empfindungen sich genauso in der Kerngemeinde wie unter den Mitarbeitern, also auch den Pastoren, finden.

Nun ist es keine Frage, daß jenes bisher skizzierte Predigtverständnis nicht übel in diese beschriebene Situation hineinpaßt. Wenn die Predigt neben allen anderen Gesichtspunkten ihren wesentlichen Kern in der Bezeugung jener Gottesbegegnung hat, die der Prediger in der Arbeit am Text macht, dann kann dies nur wirksam sein im Sinne eines Angebotes. Es bedeutet, der Prediger reicht etwas dar, „ein Pfarrherr oder Prediger macht nicht das Evangelium . . . Sondern er reicht allein und gibt durch sein Predigen das Evangelium . . . Also bleibt nichts im Pfarramt oder Predigtamt denn das einzige Werk: Nämlich geben oder darreichen das Evangelium von Christus . . ."[94]

Der Prediger zeigt etwas vor. Es muß sich dann herausstellen, ob der Hörer davon angerührt wird, ob er darauf anspringt und mit selbsttätigem Glauben zufaßt. Nach allem, was wir vom Hörer wissen, ist er selbst immer aktiv gestaltender Hörer im Aufnehmen, im Gestalten, im Weglassen und im Überhören.

Allerdings ist damit die Aufgabe des Predigers angesichts der soeben beschriebenen Hörer noch nicht ausreichend bedacht. Wie ich dargestellt habe, geht der Prediger mit dem Erfahrungsmaterial seines Lebens an den

---

94 Martin Luther: Von der Winkelmesse und Pfaffenweihe. (1533) WA 38; 239

Text heran und versucht, ihn zu erschließen. Es war deutlich, daß er das nicht nur mit den begrenzten Erfahrungen seines eigenen Lebens tut. Aus den Besuchen in seiner Gemeinde, aus den seelsorgerlichen Gesprächen, aber auch aus Biographien und auf andere Weise hat er eine gleichsam ausgeweitete persönliche Erfahrung, mit der er an den biblischen Text herangeht. Nach dem, was wir eben über die Distanziert-Kirchlichen gehört haben, muß das nun dahin bestimmt werden, daß diese Ausweitung der persönlichen Erfahrung nicht nur oder wesentlich durch die Lebenswelt der Kerngemeinde, sondern gerade durch die Lebenswelt des Kirchlich-Distanzierten geprägt sein muß. Wie will er ihnen sonst die Gottes-, Selbst- und Welterfahrung des Textes als Hilfe für die Gegenwart erschließen?

Ernst Lange hat die einprägsame Formulierung gewählt, der Prediger müsse Anwalt des Textes und Anwalt der Hörer sein. Das wird hier deutlich. Die Hörer brauchen einen Menschen, in dessen Glaubens- und Lebenswelt sie sich wiederfinden und von der sie sich anstoßen lassen können.

Nun könnte man fragen, ob dafür nicht der persönlich-dialogische Typ der Predigt[95] besonders geeignet sein müßte. Das kann, aber das muß nicht sein. Gerade der wählende, auf seine Autonomie bedachte Hörer findet unter Umständen im dogmatisch-bezeugenden Prediger klarere Konturen, eine Lebensgestaltung, bei der er deutlicher weiß, worauf er sich einläßt. Wie dem auch sei, in jedem Falle muß der Hörer das Empfinden haben können, ich werde in der Predigt als eigenständiger Mensch ernstgenommen. Hier will mir niemand etwas überstülpen, hier will mich niemand bevormunden. Hier reden Gleichgestellte miteinander. Da wird meine Sache verhandelt, und der Glaube, das ist dann auch meine Sache.

Heißt das nun, daß der Prediger fähig sein muß, das Lebensgefühl aller Hörer gleichzeitig zu verinnerlichen, um als gleichsam „aufgeblähte" Person alle erreichen zu können? Das wäre Unsinn. Es kann sich immer nur um eine gewisse Ausweitung von solch „anwaltlicher" Funktion für den Hörer handeln. Es zeigt sich ja z. B. in Städten, aber auch auf dem Lande bei wechselnden Predigern, daß sich mit der Zeit um jeden Prediger eine Hörergemeinde bildet, die in der Regel vorzugsweise aus solchen besteht, die sich von ihm angesprochen fühlen. Anders ist es bei den Kasualien. Anders ist es bei Festgottesdiensten, wo nur ein Prediger zuständig ist. Deshalb sind bei solchen Gelegenheiten besonders die Distanzierten zu bedenken. Sie sind in besonderer Weise – ob dem Prediger das nun gefällt oder nicht gefällt – auf seine Befähigung, ihre Lebens- und Glaubenswelt zu verstehen, angewiesen.

---

95 K.-F. Daiber/H. W. Dannowski, Predigen und Hören, Bd. II, a. a. O., S. 246 ff.

2. Die Kerngemeinde

An den Prediger werden ganz selbstverständlich eine Fülle von Anforderungen gestellt. An die distanziert-kirchlichen Kirchenglieder lassen sich Anforderungen, wie wir gesehen haben, nur im Sinne von Wahlmöglichkeiten und damit verbundenen Konsequenzen aufzeigen.

Kann es nun Anforderungen an diejenigen geben, die zur Kerngemeinde zu rechnen sind?

Es ist an dieser Stelle noch einmal an Luthers berühmtes Stück aus der Vorrede zur deutschen Messe 1526 zu erinnern.

Luther spricht zunächst vom öffentlichen Gottesdienst, der lateinisch oder deutsch gehalten wird. „... diese zwei Weisen müssen wir also gehen und geschehen lassen, daß sie öffentlich in den Kirchen vor allem Volk gehalten werden, darunter viele sind, die noch nicht glauben oder Christen sind, sondern das Mehrerteil dasteht und gaffet, daß sie auch etwas Neues sehen, gerade als wenn wir mitten unter den Türken oder Heiden auf einem freien Platz oder Felde Gottesdienst hielten. Denn hier ist noch keine geordnete und gewisse Versammlung, darinnen man könnte nach dem Evangelium die Christen regieren. Sondern ist eine öffentliche Reizung zum Glauben und zum Christentum.

Aber die dritte Weise, (die) die rechte Art der evangelischen Ordnung haben sollte, müßte nicht so öffentlich auf dem Platz geschehen unter allerlei Volk, sondern diejenigen, die mit Ernst Christen wollen sein, und das Evangelium mit Hand und Mund bekennen, müßten mit Namen sich einzeichnen und irgendwo in einem Hause alleine sich versammeln zum Gebet, zum Lesen (der Heiligen Schrift), zu Taufen, das Sakrament zu empfangen und andere christliche Werke zu üben. In dieser Ordnung könnte man die, so sich nicht christlich hielten, kennen, strafen, bessern, ausstoßen, oder in den Bann tun, nach der Regel Christi Matthäus 18 (15–17). Hier könnte man auch ein gemeines Almosen den Christen auflegen, die man williglich gebe und austeilt unter die Armen ... Hier könnte man auch eine kurze feine Weise mit der Taufe und dem Sakrament halten und alles aufs Wort und Gebet und die Liebe richten. Hier müßte man einen guten, kurzen Katechismus haben über den Glauben, Zehn Gebot und Vaterunser. Kurz gesagt, wenn man die Leute und die Personen hätte, die mit Ernst Christen zu sein begehrten, die Ordnungen und Weisen wären bald gemacht. Aber ich kann und mag noch nicht eine solche Gemeine oder Versammlung ordnen oder anrichten. Denn ich habe noch nicht Leute und Personen dazu, so sehe ich auch nicht viel, die dazu dringen. Kommts aber, daß ichs tun muß und dazu gedrungen werde, daß ichs aus gutem Gewissen nicht lassen kann, so will ich das Meine gerne dazutun, und das Beste, so ich vermag, helfen."[96]

---

96 Martin Luther: Deutsche Messe. (1526) Vorrede. WA 19; 74 f.

Dieser Text hat besonders im Pietismus und bis heute in den Freikirchen, besonders auch bei den Mennoniten, eine wichtige Bedeutung gehabt.[97] Luther hat diesen Gedanken aus vielerlei Gründen nicht weiter verfolgt. Er ist in dieser Weise mit einer Volkskirche, zu der Engagierte und Distanzierte gehören, nicht zu vereinbaren. Aber trotzdem hat diese vorausträumende Überlegung Luthers nichts von ihrer faszinierenden Kraft verloren. Müßte es nicht – auch unter den Bedingungen der Volkskirche – irgendso etwas geben können?

Nun ist allerdings unsere Kerngemeinde keineswegs einfach der Kreis derer, die Luther sich hier offenbar vorstellt. Dafür ist der Begriff „Kerngemeinde" oder „Kirchenmitglieder mit hohem Verbundenheitsgefühl" zu vielschichtig und unbestimmt.

Man versteht darunter diejenigen, die ihre Mitgliedschaft in der Kirche dadurch manifestieren, daß sie sich erkennbar am kirchlichen Leben beteiligen. Bei der zweiten EKD-Umfrage über Kirchenmitgliedschaft[98] geben 62 % der Evangelischen an, daß sie sich in keiner Form am Gemeindeleben beteiligen. 14 % identifizieren sich derart mit ihrer Kirche, daß sie sich „mit der Kirche sehr verbunden" bezeichnen. 13 % nehmen an kirchlichen Veranstaltungen, Seminaren und Vorträgen teil; 11 % gehen fast jeden Sonntag zum Gottesdienst. 9 % beteiligen sich in Chören, Gruppen und Kreisen der Kirchengemeinden. Diese etwa 10 % sind mit dem Begriff Kerngemeinde angesprochen. Der Kreis der damit Gemeinten ist jedoch so unterschiedlich, daß man ihn sich vor Augen stellen muß. Ich stelle mir vor, es gehören dazu jene, die bewußt in der kirchlichen Friedensgruppe mitmachen. Die Mitglieder der alten Bibelstunde. Die Teilnehmer beim Bibelgesprächskreis. Der Kreis der jüngeren Frauen. Der kleine Ehepaarkreis, der sich beim Pastor versammelt. Diejenigen Mitglieder der Jugendgruppe, die sich hin und wieder beim Gottesdienst treffen oder auch Gottesdienste in besonderer Gestalt mit vorbereiten. Die große Zahl der Frauen, die im Altenkreis sind. Die Kirchenvorsteherinnen und Kirchenvorsteher. Der Arbeitskreis Dritte Welt. Solche, die in keiner Gruppe sind, aber regelmäßig im Gottesdienst auftauchen. Die Landeskirchliche Gemeinschaft.

Solch eine Zusammenstellung zeigt schon, auch die Kerngemeinde ist plural. Noch einmal also gefragt, lassen sich Anforderungen formulieren, die diesen Kreis der predigthörenden Gemeinde betreffen könnten?

---

97 Die Darstellung über die Geschichte und den Charakter des radikalen Protestantismus von Donald F. Durnbaugh: The Believers' Church. Scottdale, Pa., 1985, beginnt mit einem Abdruck dieses Textes.

98 J. Hanselmann u. a., Was wird aus der Kirche, a. a. O., S. 37

Eine der Überraschungen bei der ersten Meinungsbefragung zur Kirchenmitgliedschaft der EKD 1974[99] war, daß auf die Frage: Arbeiten Sie in der Kirche oder in kirchlichen Einrichtungen mit? – Würden Sie mitarbeiten, wenn Ihnen die Kirche mehr Möglichkeiten zur Mitwirkung und Mitbestimmung bieten würde? 8 % der Befragten erklärten, sie seien schon Mitarbeiter in der Kirchengemeinde und 16 % darüber hinaus erklärten, sie würden mitarbeiten. Nun muß man da, wie sich gezeigt hat, einige Prozente abstreichen, weil Fragebögen auch ihre verzerrende Suggestivkraft haben, und der gute Wille beim Befragten in solch einem Augenblick größer ist als das, was er dann wirklich tut. Aber offensichtlich ist eine – wie auch immer geartete – Form der Selbstanforderung mit der Zugehörigkeit zur Kerngemeinde selbstverständlich verbunden. Dabei muß man sehen, daß die Art und Weise, wie einer vom christlichen Glauben gepackt ist, sehr unterschiedliche Formen hat. Gottes Geist geht unterschiedliche Wege. Wie die Umfragen zeigen, läuft ein großer Teil kirchlicher Verbundenheit über die Person des Pfarrers oder der Pfarrerin oder anderer kirchlicher Mitarbeiter. Diakonisches, soziales oder politisches Engagement zieht viele in den Bereich der Kerngemeinde hinein. Viele sind dabei, weil der Freundeskreis kirchlich ist.

Aber in irgendeiner Weise wird darin, über alles pragmatische Mitmachen, auch die besondere Botschaft des Glaubens immer wirksam sein. Und die vorausträumende Überlegung Luthers, was es denn bedeuten könnte, wenn Menschen mit Ernst Christen sein wollen, kann ein wichtiger Hinweis sein. Es sind an die Glieder der Kerngemeinde keine andere Anforderungen zu stellen als an jeden Pfarrer oder jede Pfarrerin. Diese sind im Bereich der Kerngemeinde ja nur Mitarbeiter unter anderen Mitarbeitern. Das gilt unbeschadet ihrer bleibenden und nicht auswechselbaren Sonderstellung in der volkskirchlichen Gemeinde insgesamt.

Die Anfragen an die Kerngemeindeglieder lauten also auch, wie ist es mit dem geistlichen Leben bei dem Einzelnen, in den Familien, in den Gruppen? Wie ist das mit der Verantwortung für das eigene Hineinwachsen in den christlichen Glauben? Wie wird die Verantwortung für die Distanzierten wahrgenommen in missionarischer Kompetenz bei gleichzeitig gelassener Akzeptanz des Distanziertenstatus und dem Angebot von „Herberge und Heimat".

Bei der oben genannten Colloquienreihe in Loccum[100] hat sich herausgestellt, daß angesichts der gegenwärtigen Situation der Volkskirche die Einübung in den Glauben einer der wichtigsten Punkte war.

Es muß deshalb erstens nach neuen Wegen, in den Glauben hineinzuwachsen, gesucht werden. Das kann nur gelingen, wenn es eine Frömmigkeit gibt,

---

99 Helmut Hild (Hrsg.): Wie stabil ist die Kirche? Gelnhausen, 1974, S. 55 f.
100 S. o. S. 464

die erfahrbar ist. Dies Hineinwachsen gilt für alle Altersstufen, für Kinder und junge Menschen, aber auch für die Erwachsenen und Älteren.

Zweitens: Die Bibel als Grundlage des Glaubens muß wieder mehr zum Thema werden. Die vielfältigen neuen Zugänge bringen Freude im Umgang mit der Bibel. Das Gespräch über die Bibel muß gerade auch mit Andersdenkenden stattfinden. Zugleich gilt es, die allgemeine gesellschaftliche Akzeptanz der Bibel zu fördern.

Drittens: Die engagierten Gemeindeglieder müssen ihre missionarische Kompetenz ausbilden. Das bedeutet, daß sie Mut gewinnen, auf Menschen zuzugehen und vom Lebensbezug ihres Glaubens zu sprechen. Das ist nicht möglich ohne theologisches Nachdenken. Dazu gehört ein Verständnis für gelebte Religiosität in unserer Gesellschaft. Wir brauchen eine Frömmigkeit, die verstanden ist als gelebter und gestalteter Glaube. Sie ist Auschau nach authentischem Leben und Hunger nach Gott. Sie ist Mitleiden mit den Menchen und mit der Schöpfung. Sie ist Hinwendung zur Welt und Gebundenheit an Gott. Sie ist verbindliches Leben, geprägte Zeit, gestalteter Raum.

Viertens: Entscheidend ist, ob die Zurüstung der ehrenamtlichen Mitarbeiter gelingt. Die Zukunft der Kirche wird weitgehend von der ehrenamtlichen Mitarbeit abhängen, weil die Mitglieder der Kirche die Kirche sind. Der Glaube wird überzeugender durch „Laien" weitergegeben als durch hauptamtliche Mitarbeiter. Die Letzteren haben die Aufgabe der Zurüstung und Hilfe.

Fünftens: Es ist nötig die Präsenz der Kirche in der Öffentlichkeit. Der öffentliche Gottesdienst ist eines der entscheidenden Angebote. Die Besuche bei den einzelnen sind der andere gewichtige Schwerpunkt. Darüber hinaus muß der Glaube öffentlich repräsentiert sein in den Institutionen, im Bereich der Freizeit. Der Glaube muß in den Medien präsent sein.

Sechstens: Die überzeugendste Form christlicher Präsenz in unserer Welt ist die Diakonie. Sie muß auch erkennbar werden als Aufgabe der Kirchengemeinde. Sie ist als gesellschaftliche und ökumenische Diakonie erforderlich. Diakonie in all ihren Formen und Gemeinde sind vom Evangelium her aufeinander angewiesen, weil es eine doppelte Präsenz Christi gibt, einerseits in Predigt und Gottesdienst, andererseits in den Notleidenden und Hilfsbedürftigen. Christus ist gegenwärtig im Abendmahl und im geringsten seiner Brüder.[101]

Dies ist nur eine verkürzende Zusammenstellung von Spitzensätzen aus einem über ein Jahr dauernden Gespräch. Wer sich in die Aufgabenstellung der Kerngemeinde hineindenkt, kommt nicht so schnell zum Ende.

---

101 Vgl. forum loccum extra. Zukunft der Kirche. Nr. 4. Ev. Akademie Loccum. 1987, S. 15 ff.

Die entscheidende, die Predigt betreffende Anforderung ist jedoch vor allem die des Hörens. Als solche, die mit Ernst Christen sein wollen, gilt uns die Aufforderung Jesu, wer Ohren hat zu hören, der höre.

Es ist zu hören auf die Gottesbegegnungen in unserer Gegenwart auf dem Hintergrund der Erfahrung mit den biblischen Texten.

Natura enim verbi est audiri, schreibt Martin Luther, das Wesen des Wortes ist es nämlich, gehört zu werden. Das ist die für uns entscheidende Anforderung, in den biblischen Text hineinzuhören, nicht so, daß nur das wahrgenommen wird, was wir sowieso schon wissen und was uns bestätigt, sondern daß wir hineinhören, ob der fremde Text wohl für uns die unvorhersehbare, verwandelnde Kraft des Wortes Gottes hat. Davon sollen wir in der Predigt etwas weitergeben. Die Predigt soll zum Hören verhelfen.

Es geht nicht zuerst um Handlungsanweisung, es geht schon gar nicht um eine Bevormundung des Hörenden. Die Aufgabe der Predigt ist, zum Hören zu verhelfen, aus dem ein selbsttätiger Glaube wachsen kann. Ubi et quando visum est Deo – wo und wenn Gott will. (CA V)

3. Die auf das Wort hören

Die christliche Gemeinde wird durch das Wort der Heiligen Schrift geleitet. Die Bekenntnissynode der Deutschen Evangelischen Kirche in Barmen 1934 hat erklärt: „Jesus Christus, wie er uns in der Heiligen Schrift bezeugt wird, ist das eine Wort Gottes, das wir zu hören, dem wir im Leben und im Sterben zu vertrauen und zu gehorchen haben . . .

Die christliche Kirche ist die Gemeinde von Brüdern, in der Jesus Christus in Wort und Sakrament durch den Heiligen Geist als der Herr gegenwärtig handelt. Sie hat mit ihrem Glauben wie mit ihrem Gehorsam, mit ihrer Botschaft wie mit ihrer Ordnung mitten in der Welt der Sünder als die Kirche der begnadigten Sünder zu bezeugen, daß sie allein sein Eigentum ist, allein von seinem Trost und von seiner Weisung in Erwartung seiner Erscheinung lebt und leben möchte... ‚Ihr wisset, daß die weltlichen Fürsten herrschen, und die Oberherren haben Gewalt. So soll es nicht sein unter euch; sondern so jemand will unter euch gewaltig sein, der sei euer Diener.‘ (Matthäus 20, 25 f.)

Die verschiedenen Ämter in der Kirche begründen keine Herrschaft der einen über die anderen, sondern die Ausübung des der ganzen Gemeinde anvertrauten und befohlenen Dienstes . . ."

Wenn über Leitung in der Kirche unter dem Kapitel über den Hörer gehandelt wird, kann das verwundern. Man könnte fragen, ob dies nicht der Person des Predigers zuzuordnen wäre. Die oben zitierten Auszüge aus der

Barmer Theologischen Erklärung zeigen, daß die Leitungsstruktur in der Kirche vom gemeinsamen Hören auf das Wort der Schrift, die Christus bezeugt, bestimmt ist. Leitung in der Kirche ist nur möglich, wenn der einzelne Christ sie im Hören auf das Wort der Schrift akzeptiert. Wenn für die christliche Kirche das Priestertum aller Getauften verbindlich ist, dann kann es keine geistliche Herrschaft mehr geben.

Das wirkt nun angesichts der faktischen Gestalt der Kirche, mit Präses und Bischof, mit Prälaten und Landessuperintendenten, Dekanen und Superintendenten, Landeskirchenämtern und Kirchenkreisämtern, Landessynoden und Bezirkssynoden, Pfarrern, Pfarrerinnen und Kirchenvorständen, Diakoninnen und Diakonen, Küsterinnen und Küstern usw. mit ausgebautem Kirchenrecht und Disziplinargerichten, gar Lehrverfahren, wie eine Verschleierung der wirklichen Situation oder wie aufgesetzte Ideologie.

Dennoch zeigt die Barmer Theologische Erklärung, daß diese Bestimmung der Leitung der Kirche in einer bestimmten geschichtlichen Situation, in der es massiv um die Frage der Leitung der Kirche ging, als glaubwürdig empfunden und vielen „wie ein Wunder Gottes erschienen" ist.[102]

Die Barmer Bekenntnissynode hat damals nur aufgenommen, was gemeinsames Bekenntnis der reformatorischen Kirchen ist. Die christliche Gemeinde und die gesamte Kirche wird geleitet durch die wesentlich in der Predigt erfahrbare Auslegung der Heiligen Schrift und das bewußte und kritische Akzeptieren solcher Auslegung. Für die Reformation ist die Frage der Leitung der Kirche vom ersten Augenblick an bestimmend. Martin Luther hat von den ersten Anfängen der Reformation an klären müssen, auf wen er hören will, wenn es um die Leitung der Kirche geht. Dies konnte für ihn in immer größerer Klarheit nur das Wort der Schrift sein (solus Christus, sola gratia, sola scriptura). Die Kirche ist creatura verbi divini,[103] sie wird begründet, erhalten und geleitet durch das uns in der Schrift begegnende Offenbarungshandeln Gottes.

Natürlich war das Problem mit solchen Spitzensätzen keineswegs geklärt. Im Anschluß an die Übergabe des Augsburger Bekenntnisses 1530 gibt es einen mehrfachen Briefwechsel zwischen Melanchthon und Luther, der fast ausschließlich um die Frage der Bischöfe und Menschensatzungen, d. h. der von Menschen gesetzten Ordnungen in der Kirche, kreist.

Hintergrund ist die Vermischung von weltlicher und geistlicher Macht im Amt der Bischöfe und die autoritative Bestimmung dessen, was bei Christen und in der Kirche zu gelten hat durch sie.

---

102 Joachim Beckmann: Der Weg zur Bekenntnissynode der Deutschen Evangelischen Kirche in Barmen 1934. In: Alfred Burgsmüller/Rudolf Weth (Hrsg.): Die Barmer Theologische Erklärung. Neukirchen-Vlyun, 1983, S. 19
103 Martin Luther: De captivitate Babylonica. (1520) WA 6; 561

CA XXVIII zeigt mit großer Klarheit, daß die Bischöfe keine andere Vollmacht haben als jeder Pfarrer. Ihre Macht besteht nach dem Evangelium und aufgrund des Befehls Gottes darin, „das Evangelium zu predigen, die Sünde zu vergeben und zu behalten und die Sakramente zu reichen . . ." Man darf „die zwei Regiment, das geistlich und weltlich, nicht ineinander mengen und werfen". Die Bischöfe sind nicht berechtigt, neue erdachte Ordnungen, Vorschriften über Fasten, Feiertage und die Rangordnung der Geistlichen in der Kirche verbindlich einzuführen. Sie haben nicht das Recht, dem Sonntag die Qualität des jüdischen Sabbats zu geben und die Gewissen der Christen damit zu beschweren. Man darf ihnen in allem, was nicht durch das Evangelium abgedeckt ist, nicht gehorchen. Sie sollen „nach göttlichen Rechten das Evangelium predigen, Sünde vergeben, Lehr urteilen und die Lehre, so dem Evangelio entgegen, verwerfen und die Gottlosen, deren gottlos Wesen offenbar ist, aus christlicher Gemein ausschließen, ohn menschlichen Gewalt, sonder allein durch Gottes Wort (sine vi humana, sed verbo)."

Natürlich muß es einigermaßen geregelt in der Kirche zugehen, obwohl es keinerlei Auflage geben kann, daß alles gleichförmig sein muß, „die Bischofen oder Pfarrer mögen Ordnung machen, damit es ordentlich in der Kirche zugehe, nicht damit Gottes Gnad zu erlangen, auch nicht damit für die Sünde gnugzutun oder die Gewissen damit zu verbinden, solchs für nötige Gottsdienst zu halten und es dafür zu achten, daß sie Sünde täten, wenn sie ohn Ärgernus dieselben brechen . . . Solch Ordnung gebührt der christlichen Versammblung umd der Lieb und Friedes willen zu halten, und den Bischofen und Pfarrern in diesen Fällen gehorsam zu sein, und dieselben soferne zu halten, daß einer den anderen nicht ärgere, damit in der Kirche keine Unordnung oder wüstes Wesen sei; doch also, daß die Gewissen nicht beschwert werden, daß man's für solche Ding halte, die not sein sollten zur Seligkeit, und es dafür achten, daß sie Sünde täten, wenn sie dieselben ohn der anderen Ärgernis brechen . . ."[104]

Die Aussage ist deutlich, Leitung der Gemeinde und der Kirche geschieht durch die Predigt des Evangeliums (das ist etwas ungenau gesagt, das müßte heißen, durch die Predigt von Gesetz und Evangelium). Der einzelne Christ hat nicht dem Pfarrer oder dem Bischof zu folgen, sondern auf das Wort zu hören. Er hat immer selbst zu entscheiden, ob die Verkündigung recht ist oder ob man Gott mehr gehorchen muß als den Menschen. In der Frage der Ordnungen in der Kirche gibt es menschliche Weisungen und Entscheidungen. Sie bedürfen aber immer der Akzeptanz durch die Gemeinde. Die Ordnungen in der Kirche sollen „nach und unter Gottes Willen der Ungerechtigkeit und Unordnung wehren und dem Frieden dienen" . . . „Die auf diese Weise gestalteten und möglicherweise durchzusetzenden Ordnungen

---

104   Bekenntnisschriften, a. a. O., S. 121–130

sind aber dort, wo sie den öffentlichen Dienst der Verkündigung, den Gottesdienst und das kirchliche Leben regeln, unbedingt von der Vermutung freizuhalten, daß ihre Befolgung zum Heile dienlich sei."[105]

Es würde hier zu weit führen, auf die vielschichtigen Fragen kirchlicher Leitung, kirchlicher Strukturen, des Kirchenrechts einzugehen.

Für unsere Überlegung zur Predigt ist jedenfalls deutlich: In den theologischen und ethischen Grundsatzfragen, die das Gewissen betreffen müssen, gibt es keinen amtlichen Vorrang des Predigers, gleich in welcher Stellung er in der Leitung der Kirche steht. Anders als in der Römisch-katholischen Kirche kann es in der evangelischen Christenheit keine Instanz geben, die abseits von der Gemeinde über die Wahrheit befinden könnte.[106]

Es genügt, wenn in der Kirche ein Konsens darüber zustandekommt, wo und in welcher Weise Wahrheit zu entdecken ist: nämlich im gemeinsamen Hineinhören in die Schrift (wobei die Bekenntnisschriften der Reformationszeit die für die Eigentümlichkeit unserer Kirche typischen Zeugnisse solchen damaligen Hineinhörens darstellen und von uns heute mit bedacht werden müssen) und in dem darauf gründenden Gespräch angesichts der jeweiligen Herausforderungen der Gegenwart.

Noch einmal die Frage: Ist es realistisch, von Leitung der Gemeinde in diesem Sinne zu sprechen? Läuft das, was wir als Leitung erleben und praktizieren, nicht auf ganz anderen Kanälen?

Solche Leitung geschieht doch im Rahmen der rechtlichen Bestimmungen, die in einer Kirche gelten. Da ist Leitung strukturell organisiert. Der Pfarrer und die Pfarrerin sitzen in Gremien, in manchen haben sie die Leitung. Im Kirchenvorstand haben sie trotz des Priestertums aller Gläubigen eine Sonderstellung. Was sie an Einfluß wahrnehmen, speist sich aus vielerlei Quellen. Es ist jedenfalls nicht einfach oder in erster Linie als Schriftauslegung zu begreifen. Das gilt natürlich von allen Vertretern in solchen Gremien. Es wäre lächerlich, wollte man bestreiten, daß bei Entscheidungen auf allen Ebenen der Kirche persönliche Interessen oder Gruppeninteressen eine Rolle spielen können; menschliche Ängste, politische Vorstellungen, das jeweilige Bild, wie die Kirche sein müßte, Vorurteile, Vorlieben und Abneigungen sind wirksam. Dergleichen kann sich, besonders bei Personalentscheidungen, sei es bei der Besetzung der Erzieherstelle im

---

105   Hans Philipp Meyer: Was heißt „Leitung" in der Kirche? Vorlagen. 10. Hannover, 1981, S. 6 (und insgesamt für das Thema sehr aufschlußreich)

106   Auch ein Lehrzuchtverfahren kann nur feststellen, daß jemand dem magnus consensus nicht mehr enspricht und deshalb seinen Predigerauftrag entzogen bekommen muß. Zur Frage der Lehre in der Kirche, vgl. Eilert Herms: Die Lehre im Leben der Kirche. ZThK. 1982, S. 192 ff.; Traugott Koch: Die Freiheit der Wahrheit und die Notwendigkeit eines kirchenleitenden Lehramtes in der evangelischen Kirche. ZThK. 1982, S. 231 ff.; Votum des Theologischen Ausschusses der Arnoldshainer Konferenz: Was gilt in der Kirche? Neukirchen-Vluyn, 1985

Kindergarten, sei es in der Personalsitzung einer Landeskirche, auswirken. Wie gesagt, es wäre unsinnig, das zu bestreiten, und es wäre ebenfalls unsinnig, deshalb Leitungsverantwortung von vornherein zu verdächtigen oder abzuwerten. Es wäre freilich auch ungerechtfertigt, wollte man bestreiten, daß sich in kirchlichen Gremien ein Geist, der etwas vom Evangelium weiß, auch immer wieder durchsetzt. Ein Politiker, der sonst in Bonn zu Hause ist, sagte mir bei der Verabschiedung auf meine verwunderte Frage, daß er die ganze Zeit über bei der EKD-Synode geblieben war: Ich bin sehr gern hier. Man merkt, daß hier ein anderes Klima ist. Als ich darob verwundert auf mancherlei Streit, gewisse intrigante Erscheinungen und dergleichen hinwies, gab er das sofort zu. Aber, sagte er, hier werden Menschen, auch wenn sie unbequem und anderer Meinung sind, nicht einfach beiseitegedrückt. Man hört hier geduldiger zu und versucht die Argumente des anderen mit einzubeziehen. Es ist hier ein anderer Geist.

Jeder macht da sicher unterschiedliche Erfahrungen. Die Zähflüssigkeit mancher Prozesse, die oft beklagte Verwaschenheit kirchlicher Erklärungen, hängt damit zusammen, daß in kirchlichen Gremien versucht wird, zu einem möglichst weitgehenden Konsens zu kommen und nicht durch knappe Mehrheitsentscheidungen den Geist der Gemeinsamkeit zu gefährden. Wie gesagt, das ist nicht nur positiv. Dennoch lohnt es sich, z. B. die Protokolle der Diskussionen in der EKD-Synode zur Friedensfrage, zur Entwicklungshilfe, zur Demokratie-Denkschrift zu verfolgen, um zu sehen, wie hier versucht wurde, Profil und Konsens miteinander zu verbinden.

Natürlich gibt es über lange Zeit sich hinschleppende schwierige Streitpunkte, die Zerreißproben der Gemeinschaft sind. In der Friedensfrage läßt sich nicht einfach zwischen den unterschiedlichen Wegen und den gemeinsamen Ansichten in Grundsatzfragen unterscheiden. Auch die Wege sind oft schon Gewissensfragen. Die Frage nichtehelicher Partnerschaft in Pfarrhäusern, des öffentlich anerkannten homosexuellen Zusammenlebens von Pfarrern, die Frage der Versetzung oder Nichtversetzung bei Scheidungen sind Probleme, in denen sich pragmatische und theologische Gesichtspunkte sowie die persönlichen Einstellungen und Gewissensbedenken der in den kirchenleitenden Gremien, den Synoden und Kirchenregierungen verantwortlichen Personen überschneiden. Da geschieht, was diese verantworten können. Gerade bei solchen Gesprächen aber zeigt sich immer wieder die Bedeutung der Auseinandersetzung über das Verständnis der christlichen Wahrheit. Es lassen sich in der Kirche mancherlei Ziele durchsetzen und mancherlei Bastionen eine Weile halten, die durchaus nicht im Einklang mit dem Geist Jesu Christi stehen mögen. Wobei zu bedenken ist, daß beide Regimente, die Predigt, die die Herzen ergreift, und das weltliche Handeln, das das Chaotische zurückdrängt, dem Geist Christi in ihrer Weise entsprechen müssen. Aber Bestand kann in der Kirche nur das haben, was aus dem gemeinsamen Hören auf die Schrift kommt.

Für unser Thema ist entscheidend der Hörer unter der Kanzel und der Prediger. Der Hörer kann sich nur von dem leiten lassen, was ihn überzeugt. Segen liegt nur auf dem, was nicht kurzfristig überredet, sondern auf Dauer sich als tragfähig erweist. Es lohnt sich, unter dem Gesichtspunkt der kirchenleitenden Predigt die Ansprache von Bischof Hempel[107] noch einmal anzuschauen. Was tut der Prediger in dieser sehr schwierigen Situation? Die Leitung sieht so aus, daß die erforderlichen Gespräche mit staatlichen Stellen und denen, die die Demonstration durchführen wollten, geführt wurden, daß die schwierige Entscheidung getroffen wurde, wir gehen nicht in die Öffentlichkeit, sondern wir veranstalten ein Forum in der Kirche. Dann kommt die Rede. Sie nimmt die unterschiedlichen Auffassungen auf. Sie beschreibt die Probleme klar und fair, aber durchaus wertend. Sie versucht, mögliche Richtungen des Handelns anzudeuten. Aber viel mehr Gewicht hat, daß der Prediger die Hörer zum Zentrum des Glaubens zu führen versucht. Mehr kann der Prediger nicht tun. Dann muß man sehen, was daraus wird. Es geht in der Predigt nicht darum, den Hörer in eine bestimmte Richtung zu manipulieren. Sicherlich wird es solche Predigten auch geben. Aber darauf liegt kein Segen. Es kann immer nur darum gehen, daß der Prediger Klärungen der Situation versucht. Daß er seine eigene Position nicht im Dunkeln läßt und daß er zeigt, wo der Grund der Entscheidung für den Christen liegt. Dann muß der Hörer sehen, wie er damit umgeht.

Die Gemeinde muß ein Verständnis für den Umgang des Christen mit dem das Gewissen bedrängenden Streit immer wieder neu lernen. Das gehört auch in die Predigt hinein.

Predigt zu Epheser 4, 1–6

Liebe Gemeinde!
Wir haben den heutigen Predigttext schon gehört. Er enthält die Ermahnung an die christliche Gemeinde in Ephesus, die Einigkeit im Geist zu bewahren durch das Band des Friedens, sich gegenseitig in Liebe, in Demut, Sanftmut und Geduld zu ertragen und so zu leben, wie es sich für Christenmenschen untereinander gehört. Also neu anzufangen, wo Streit und Auseinandersetzung ist, sich selbst zurückzustellen, einander zu ertragen, Geduld und einen langen Atem zu haben.

Wenn Leute so ermahnt werden müssen, haben die es offenbar nötig.

Man kann sich die Verhältnisse in Ephesus deutlich machen, indem man einfach die Gegenbegriffe sucht, oder besser sich in die Verhältnisse hineindenkt, die dort geherrscht haben müssen. Offenbar leben sie nicht so, wie Christenmenschen leben sollen. Und offenbar leben sie aggressiv,

---

107   S. o. S. 424 ff.

ungeduldig, rechthaberisch, nach der Melodie: Ich ertrag dich nicht mehr, deine Art, deine Meinung, und es scheint Uneinigkeit zu herrschen, es gibt offenbar Gräben des Unfriedens zwischen den Gemeindegliedern. Wahrscheinlich ist es in Ephesus so, daß die Beziehungen des heidenchristlichen zum judenchristlichen Gemeindeteil gestört sind. Außerdem, so geht aus dem Zusammenhang hervor, sind sie anfällig für jede Art von neuer geistiger Strömung; denn es heißt, sie sollten nicht mehr unmündig sein und sich von jedem Wind einer Lehre bewegen und umhertreiben lassen durch trügerisches Spiel der Menschen, mit dem sie uns arglistig verführen.

Fremd ist uns das alles nicht:
Am Freitagabend, vorgestern, hatten wir in der Gemeindeakademie auf dem Hagenberg einen spannenden Abend über Rudolf Bultmann. Ich weiß nicht, ob der Name Ihnen allen etwas sagt. In den fünfziger und zu Anfang der sechziger Jahre gab es eine heftige Diskussion um seine Überlegungen zu einer richtigen Auslegung der Bibel. Es ging dabei um seinen Versuch, die Wahrheit der Bibel, das eigentlich Gemeinte, den Menschen heute so zu sagen, daß sie nicht den ganzen Ballast dessen, was weltanschaulich zur Zeit des Neuen Testaments üblich war, mit übernehmen mußten als etwas, das wörtlich zu glauben sei.

Es war klar, daß sich da die tiefen Meinungsverschiedenheiten innerhalb der christlichen Gemeinde sofort wieder zeigten. Nur als Beispiel: Muß man die Himmelfahrt als ein wörtlich gemeintes und so wörtlich zu glaubendes Geschehen auffassen? Oder ist das richtiger verstanden, wenn man der Meinung ist, daß es sich hier um eine bildhafte Aussage in einem alten Weltbild handelt, die sagen soll, daß dieser Gott, der unser Leben in seiner Hand hält, in Zukunft nur noch sachgemäß verstanden wird, wenn er im Zusammenhang mit diesem Jesus Christus gesehen wird. Deshalb heißt es: Er ist aufgefahren und sitzt zur Rechten Gottes. Ist dies also eine symbolisch zu verstehende Aussage? Aber sofort kam die Gegenfrage: Wer die Himmelfahrtgeschichte so versteht (wozu ich persönlich stehe), stellt der nicht damit sich und sein Denken über die Wahrheit der Bibel? Diejenigen, die sich zur Bekenntnisbewegung „Kein anderes Evangelium" bekennen, sind dieser Meinung. Ich glaube, daß wir in den nächsten Jahren, wenn wir uns wieder intensiver der Bibel zuwenden, ein intensives Gespräch in den Gemeinden über solche Fragen bekommen werden.

Aber wie gesagt, fremd ist uns das nicht, daß tiefe Gräben durch die christliche Gemeinde gehen: Es braucht doch nur das Wort Frieden aufzutauchen, und der Unfriede bricht aus in der Kirche. Jedenfalls tastet jeder sofort beim anderen ab, ob er auch richtig in bezug auf den Frieden glaubt, die richtigen Erkenntnisse und die richtigen Einsichten und besonders die richtigen Bekenntnisse hat. Und ist es nicht typisch für unsere

Situation, daß die einen überhaupt nicht befriedigt sind, wenn einer erklärt: Ich bin für den Frieden, aber durch eine gemeinsame Abrüstung, – daß dann sofort der Mißmut ausbricht und die Forderung kommt: Nein, das ist zu wenig, es muß ein klares Nein ohne jedes Ja gegen alle Massenvernichtungsmittel gesagt werden. Es muß gesagt werden: Wir wollen den Schutz durch diese Waffen nicht, die ganze Abschreckung ist vom Teufel, und wer dem nicht vorbehaltlos zustimmt, den können wir nicht als Bruder oder Schwester im Glauben ertragen.

Und die anderen, die gar nicht mehr reden mögen, wie ich das oft bei Soldaten erlebe in Gesprächen. Sie haben das Gefühl, ganz instinktiv: Diese Friedensleute in der Kirche haben etwas gegen uns. Da ist das Band der mitfühlenden, die schwierigen Probleme mittragenden Solidarität längst durchgeschnitten. Allenfalls sind wir noch als Diskussionspartner akzeptiert, aber auf der anderen Seite. Und da viele das nicht ertragen können, ziehen sie sich zurück aus der Gemeinde, aus den atomwaffenfreien Zonen, wobei sie fast immer keineswegs für den Einsatz von Atomwaffen sind.

Und gibt es ein ähnliches Gegeneinander von Christen nicht bei der 35-Stunden-Woche und bei anderen Fragen?

Nein, fremd sind uns solche Spaltungen wirklich nicht.

Schon gar nicht, wenn man an den Schaden der Spaltung der Christenheit in die vielfältigen Konfessionen denkt, bei denen jeder auf seinen eigenen Weg sieht. Und es ist doch so, daß wir im Augenblick kaum noch vorankommen. Es geht unendlich viel langsamer, als wir dachten. Die Katholische Bischofskonferenz untersagt am Sonntagmorgen ökumenische Gottesdienste. In der Amtsfrage und in der Frage der gegenseitigen Anerkennung des Abendmahls geht es überhaupt nicht weiter.

Und natürlich ist es auch auf unserer Seite so, daß es manches Hindernis gibt, daß wir in unseren Einrichtungn katholische Mitarbeiter grundsätzlich nicht einstellen, usw.

Ich lese noch einmal den Text aus dem Epheser-Brief, ob der vielleicht hilft.

„So ermahne ich euch nun, ich der Gefangene in dem Herrn, daß ihr der Berufung würdig lebt, mit der ihr berufen seid, in aller Demut und Sanftmut, in Geduld. Ertragt einer den anderen in Liebe und seid darauf bedacht, zu wahren die Einigkeit im Geist durch das Band des Friedens; ein Leib und ein Geist, wie ihr auch berufen seid zu einer Hoffnung eurer Berufung; ein Herr, ein Glaube, eine Taufe, ein Gott und Vater aller, der da ist über allen und durch alle und in allen."

Helfen diese Stichworte: Eurer Berufung würdig leben, Demut, Sanftmut, Geduld, Liebe? Also ohne ständig eitel um sich selbst und seine Rechthaberei zu tanzen, ohne jene mit der Faust auf den Tisch schlagende Ungeduld, die alle Beziehungen abreißen läßt.

Ertragt euch!

Was heißt hier ertragen?

Ist das nicht doch wieder nur das typisch kirchliche Harmoniemodell? Konfliktlösung durch Zuckerguß?

Immer anständig Pudding drüber, das gibt wenigstens ein gutes Klima. Und was kommt dabei heraus? Der typisch kirchliche Personalpazifismus, der keinem wirklich auf die Füße zu treten wagt, alles mit dem Mantel der Liebe und der Feigheit zudeckt und höchstens hintenrum stichelt und arbeitet.

Nein, das kann's auch nicht sein.

Muß man nicht sogar dagegen Luther in Worms setzen. Die Wahrheit steht höher als die Harmonie, wie er es am 18. April 1521 gesagt hat: „Ich habe die aus Anlaß meiner Lehre in der Welt entstandenen Gefahren, Zwietracht und Streitigkeiten, deretwegen ich gestern ernst und streng vermahnt worden bin, wohl im Auge gehabt und erwogen. Für mich ist es allerdings der allererfreulichste Anblick, daß um des Wortes Gottes Willen Eifer und Streit entstehen. Denn das ist der Lauf und das Geschick und der Ausgang des Wortes Gottes, wie der Herr sagt, ich bin nicht gekommen, Frieden zu bringen, sondern das Schwert . . . darum, wenn ich nicht durch Schriftzeugnisse oder einen klaren Grund widerlegt werden, so will ich nichts widerrufen, da mein Gewissen in Gottes Wort gefangen ist und es gefährlich und unmöglich ist, etwas gegen das Gewissen zu tun."

Was ist denn nun besser in der Friedensfrage? Ein klares, entschiedenes Wort zum Weg des Friedens aus christlicher Verantwortung zu sagen und in Kauf zu nehmen, daß die Gräben immer tiefer werden?

Oder zu versuchen, das Band der Einheit zu wahren, sich gegenseitig als Kirchengemeinschaft mit unterschiedlichen Ansichten zu tragen und dadurch unprofiliert und unbefriedigend zu werden?

Ich habe in diesen Tagen gerade einen Briefwechsel zwischen der Dahlemer Ausgabe der Bekennenden Kirche und der etwas milderen Ausgabe der Bekenntnisgemeinschaft in Hannover gelesen. Die Dahlemer haben ganz klar und massiv darauf bestanden, daß es mit den Deutschen Christen keine kirchliche Gemeinschaft geben könne. Überall müsse man sich weigern, mit ihnen zusammenzuarbeiten und die pastorale Gemeinschaft mit ihnen unterbrechen. Und dagegen der – sicher typisch für die Hannoversche Landeskirche – mildere Brief der Hannoverschen Bekenntnisgemeinschaft, die mit guten theologischen Argumenten sagt: Es ist richtig, wir müssen diesen Brüdern, die in der Weise der Deutschen Christen irren, heftig und kräftig und deutlich widerstehen, aber sie sind nach wie vor unsere Brüder, wenn auch die irrenden Brüder. Wir müssen das Band, das uns mit ihnen verbindet, aufrechterhalten. Wir können sie nicht aus unserer Gemeinschaft ausschließen.

Was ist richtiger?

Oder was ist besser in den konfessionellen Gegensätzen? Ehrlich und klar zu sagen, was uns eint und was uns trennt, und keinen Etikettenschwindel zu betreiben? Oder, wo es nur geht, das Gemeinsame hervorzukehren, die anderen zu akzeptieren als christliche Brüder und Schwestern, zum evangelischen Abendmahl natürlich, wie wir es ja tun, die katholischen Mitchristen zuzulassen und als Evangelische entschlossen bei der katholischen Messe sich die Oblaten geben zu lassen, auch wenn es der Kirchenhierarchie nicht gefällt – was ich übrigens nicht tue – und die Wahrheitsfrage hintenanzustellen und zu erklären, Ökumene muß eben von unten gebaut werden?

Ich habe auf eines noch nicht hingewiesen: In diesem Text heißt es: Ein Leib und ein Geist, wie Ihr auch berufen seid zu einer Hoffnung, ein Herr, ein Glaube, eine Taufe, ein Gott und Vater, der da ist über allen und durch alle und in allen.

Da hat sich eine Erfahrung niedergeschlagen, die offenbar in der frühen Christenheit schon vorhanden ist, und die sich durch die Geschichte der christlichen Kirche immer wieder zeigen läßt.

Das Erste: Es geht in der christlichen Kirche nicht zuerst um eine Einheit dadurch, daß jeweils der kleinste Nenner der Übereinstimmung und Gemeinsamkeit gesucht wird. Es ist auch nicht eine Einheit, in der Mehrheiten über Minderheiten abstimmen. Das muß anders laufen.

Es geht zuerst einmal um den gemeinsamen Christus- und Gottesbezug.

Also nicht zuerst um die horizontale Einheit, daß man sich zusammensetzt, daß man versucht, miteinander zurechtzukommen; das ist wichtig, aber es ist nicht grundlegend!

Grundlegend ist vielmehr die vertikale Einheit, d. h. die intensive, allerdings immer wieder gemeinsam gesuchte Gottes- und Christusbeziehung. Was bedeutet das praktisch? Es bedeutet, daß ich immer wieder hinhöre, ob durch den anderen möglicherweise Gott zu mir redet, auch durch seine fremdartige, andersartige Aussage. Es heißt, daß gemeinsam versucht wird, die Bibel zu studieren, daß es das gemeinsame Gebet gibt.

Was geschieht dadurch?

Es geschieht als erstes eine Solidarität und Gemeinsamkeit der Sünder, die vor Gott mit leeren Händen dastehen. Eine Gemeinsamkeit derer, die wissen, daß sie auf Gott angewiesen sind.

Manchmal kann man ja das Gefühl haben, daß Gott uns Menschen erst zusammenprügeln muß, daß er uns die leeren Hände verschaffen muß, bis wir etwas von dieser gemeinsamen Gottesbeziehung merken. Erst dadurch, daß Christen beider Konfessionen im Dritten Reich in die

Gefängnisse kamen, merkten sie etwas von der Ökumene. Zur Zeit der Barmer Erklärung 1934 wußte man noch nichts davon.

Mehr noch, die Behauptung dieses Textes ist: Ihr habt diese Einheit schon. Die Einheit ist in dem Bezugspunkt Jesus Christus vorgegeben. Ihr müßt ihr nur zu entsprechen suchen. In dieser Christusbeziehung ist eine Einheit enthalten, die euch vorgegeben ist.

Daraus ergibt sich nun eine unterschiedliche Gewichtung der Streitpunkte, die uns als Christen trennen. Es kann unterschieden werden zwischen dem Letzten und dem Vorletzten, wie Bonhoeffer sagt, zwischen entscheidenden oder grundlegenden Fragen, und Fragen, die nicht ganz so wichtig sind.

Das Entscheidende ist die gemeinsame Christusbeziehung, das gemeinsame Lesen der Bibel, das gemeinsame Hören auf Gottes Wort.

Das ist nun nicht einfach der Stein der Weisen. Das ist ein mühsames Geschäft.

Ich weiß nicht, kennen Sie die Lima-Papiere? Da haben die Kirchen des ökumenischen Rates, und die Katholiken sind als Beobachter dabeigesessen, über Jahrzehnte miteinander geredet, über die Taufe, das Abendmahl und das Amtsverständnis und haben ein gemeinsames Papier zustandegebracht, in dem die Unterschiede und die Ähnlichkeiten aufgezeichnet sind. Wenn man das liest, ist vieles fremd. Das ist nicht nur schön, was da steht. Im eigenen Stallmief fühlt man sich sehr viel wohler.

Ich möchte von einem Lösungsversuch erzählen, der mich besonders beim letzten Kirchentag stark bewegt hat, als wir einen Gottesdienst für Soldaten und für Kriegsdienstverweigerer vorbereiteten und feierten. Viele sind da gar nicht erst hingegangen, haben gesagt, was soll dabei herauskommen, Soldaten und Kriegsdienstverweigerer, das kann doch nur ein allgemeines „Wischi-Waschi" geben, mehr nicht. Das ist von beiden Seiten gesagt worden. Wir haben es trotzdem gemacht. Und wir haben bei der Vorbereitung dieses Gottesdienstes große Schwierigkeiten gehabt, uns gegenseitig zu verstehen.

Geholfen hat uns natürlich schlicht adamitisch, daß der Gottesdienst angesetzt war, im Kirchentagsprogramm stand und daß wir ihn halten sollten und das dann auch wollten. Aber wo sollte die Gemeinsamkeit sein? In der Sache konnte man sich doch nicht einigen. Und die Soldaten und die Kriegsdienstverweigerer standen doch durch ihre persönliche Entscheidung in verschiedenen Lagern. Da war es zunächst schon viel, daß man sich gegenseitig abnehmen konnte, jeder will ernsthaft etwas für den Frieden zwischen den Völkern tun als Christ. Aber es kam doch zwischendurch immer wieder die Frage auf: Seid Ihr anderen wirklich mit Eurer Entscheidung ernstzunehmende Christen? Ist nicht doch mein Weg der richtigere, der moralisch bessere oder der realistischere?

Ein Durchbruch geschah in dem Augenblick, als die Kriegsdienstverweigerer und die Soldaten zu erzählen begannen, an welcher Stelle sie mit ihrer Entscheidung Probleme hatten. Als sie von ihren Skrupeln, von ihrer Schwachheit sprachen – beide Seiten –, da kamen sie sich näher.

Wir sind dann auf den Gedanken gekommen, wir stellen ein Kreuz auf, ein großes Kreuz in der Kirche. Und an dieses Kreuz heften wir alle unsere Probleme, unsere Gedanken, unsere Sorgen, wir schreiben sie auf Zettel und heften die an das Kreuz und zwar ganz bewußt an das Kreuz Christi, d. h. leidend unter der Zerrissenheit, nicht schiedlich friedlich die Probleme unter den Teppich kehrend, sondern die Zerrissenheit aushaltend, aber doch gemeinsam unter dem Kreuz Jesu Christi, dem Zeichen der vor uns und ohne uns geschehenen Einheit in der einen Taufe, in dem einen Herrn, in dem einen Gott, der unser Leben trägt, dessen Vergebung wir brauchen, der für unsere Zerrissenheit und an ihr leidet. Und der Gottesdienst wurde sehr gut.

Ich glaube, nur dieser gemeinsame Bezugspunkt des Kreuzes Jesu Christi gibt den langen Atem, den der nötige, aber konstruktive Streit braucht. Nur dieser gemeinsame Bezugspunkt im Kreuz Jesu Christi gibt die Fähigkeit, den anderen zu ertragen und die Beziehung zu ihm offenzuhalten.

Denn wenn wir das nach unseren Gefühlen machen wollten, wenn wir danach gehen wollten, ob uns hinterher auch wohl dabei ist, dann könnten wir's vergessen.

Wohl fühlt man sich nur unter seinesgleichen, nicht wenn der Gegner dabei ist. Der Stallgeruch, der eigene, der tut dem alten Adam wohl.

Einigkeit im Geist Christi aber ist etwas ganz anderes. Da kann ich mich zurückstellen mit meinen Bedürfnissen, mit meinen Eitelkeiten und Empfindlichkeiten. Da bin nicht ich wichtig, sondern, was meinem Nächsten hilft und was der Welt hilft.

So ermahne ich euch nun, ich der Gefangene in Christus, daß ihr würdig lebt, eurer Berufung als Christenmenschen gemäß, in Zurückstellung eurer Eitelkeiten, unter Vermeidung eurer schädlichen Aggressivitäten, daß ihr nur den Streit führt, der nützt, und die gemeinsame Christusbeziehung sichtbar werden läßt, mit einem langen Atem beim Brückenbauen über Gräben, solide durchgeprüften Konstruktionen, nicht Eintagsbrücken.

Ertragt einer den andern in der Liebe, die in Christus gegründet ist und seid darauf bedacht, untereinander die Einigkeit zu wahren im Geist Jesu Christi durch das Band des Friedens, ein Leib in Christus, ein Geist in ihm, ihr seid berufen zu einer Hoffnung, ein Herr, ein Glaube, eine Taufe, ein Gott und Vater aller, der ist über allen und durch alle und in allen. Amen.[108]

108   Horst Hirschler: Predigt zu Epheser 4, 1–6. 17. Sonntag n. Trin., 1984, in St. Jacobi, Göttingen

III. Predigt im Gottesdienst

a) Gottesdienstbetrachtungen

1. Predigt und Gottesdienst

Alle Überlegungen zur biblischen Predigt gingen von der ausdrücklichen oder stillschweigenden Voraussetzung aus, daß die Predigt – von Ausnahmen abgesehen – im Gottesdienst der Gemeinde stattfindet.

Deshalb beginnt dieses Buch mit der ausführlichen Schilderung eines Gottesdienstes, wie er in ähnlicher Weise landauf – landab zu erleben ist. Ich bin mit der selbstverständlichen Erwartung dort hingefahren, eine Predigt zu hören und mit einer Gemeinde zusammen zu singen und zu beten. Predigt und Gottesdienst gehören zusammen. Aber in welchem Sinne gilt das? Welche Stellung hat die Predigt im Gottesdienst? Ist sie die Hauptsache und die anderen liturgischen Stücke geben den Rahmen ab? Was ist überhaupt ein Gottesdienst? Der Prediger muß sich darüber Klarheit verschaffen, damit er weiß, was er als Leiter des Gottesdienstes und Prediger eigentlich tut und wie die Zuordnung von Gottesdienst und Predigt zu bestimmen ist.

Die erste Weise, sich dem Gottesdienst zu nähern, geschieht heute in der Regel in einer verallgemeinernden Deskription mit Hilfe des verfremdenden Instrumentariums einer Human- oder Sozialwissenschaft bzw. anderer für den Gottesdienst brauchbarer Vergleichsmodelle. Der Gottesdienst wird kommunikationstheoretisch, soziologisch, tiefenpsychologisch, sozialpsychologisch, religionspsychologisch, religionsphänomenologisch, mit Hilfe der Spielfeldanalyse, der Rollentheorie usw. betrachtet. Eine einleuchtende Betrachtung dieser Art bietet z. B. Karl-Fritz Daiber als Vorüberlegung zu einer Gottesdienstbefragung.

„Die Kommunikationssituation der Predigt ist ebenso wenig allein von den übergreifenden strukturellen Gegebenheiten des kirchlichen Systems wie Dogmatik, Moral, Hierarchie oder Gemeinschaftsformen abhängig. Wichtig für die Kommunikationssituation Predigt ist über die genannten Bedingungen hinaus das Handlungssystem Gottesdienst. Dieses legt den Pfarrer auf eine rituell definierte Predigerrolle fest. Sie definiert in entsprechender Weise die Rolle des Gemeindemitglieds. Sie bestimmt in hohem Maße die für die Kommunikation zur Verfügung stehenden Codes und definiert speziell das Medium Predigt ... Rituale als Regelformen symbolischen Handelns betonen das Nichtveränderbare, das Traditionssichernde, das Geprägte, das Erkennbare und damit Verläßliche ...

Es sollte nicht übersehen werden, daß die Kommunikationssituation im Gottesdienst diese generelle Funktion von Ritualen widerspiegelt und durch die Erwartungen, insbesondere derer, die mit dem Gottesdienst vertraut sind, abgestützt wird. Gottesdienst und Predigt sollen stabilisierend das Beständige interpretieren, den Konsensus in der Gemeinde stärken. Verstehen Prediger ihre Aufgabe nicht in diesem Sinne, sind Konflikte vorprogrammiert, Konflikte, die deshalb ihre besondere Schärfe haben, weil elementare Erwartungen an institutionelles und so auch rituelles Handeln übergangen werden. Mit dieser Feststellung ist keine präskriptive Aussage verbunden, im Gegenteil; theologisch verantwortete Homiletik wird zu prüfen haben, in welchem Umfang nicht auch Elemente des Diskurses in der gottesdienstlichen Kommunikation notwendigerweise ihren Platz haben.

Die im Vollzug des Predigens stattfindende Kommunikation ist nur ein Element des gesamten Gottesdienstrituals. Im Ritual wird unabhängig von der Beziehung zwischen Prediger und Hörer die Institution Kirche, in erster Linie auf der symbolischen Ebene, sichtbar. Die Doppelrolle von Prediger und Gottesdienstleiter führt zu kommunikatorischen Akten auch außerhalb der Sprechsituation der Predigt. Diese wirken sich naturgemäß auch auf den Predigtvorgang selber aus.

In der Rolle des Gottesdienstleiters hat der Prediger Sprechhandlungen zu vollziehen (Sprechakte des Segnens, des vergebenden Freispruchs u. a.), die ihn als denjenigen ausweisen, der im Namen Gottes der Gemeinde vollmächtig gegenübertritt. Von der Definition des Rituals her geschieht dies gerade auch in der Predigt selbst. Der Freiraum für eine personspezifische Definition der Rolle ist von diesem durch die Tradition der Institution Kirche festgelegten und in den Ritualen präzisierten Rahmen abgesteckt. Innerhalb dieser Grenzen allein bleibt Raum für Eigendefinitionen der Rolle. Solche Eigendefinitionen artikulieren sich nicht selten anhand des Predigtverständnisses eines Predigers: Predigt kann das Wort Gottes auslegen, sie kann aber auch tendenziell eher Lebenserfahrungen zu deuten versuchen. Sie kann sich als Akt der Verkündigung des Wortes Gottes verstehen oder die Auseinandersetzung mit der Meinung des Predigers intendieren. Sie kann eher aktionsorientiert sein oder eher Anleitung zum Verstehen des Lebens geben . . . Ein nicht zu unterschätzender Faktor im Prozeß der Selbstdefinition der Predigerrolle sind psychische Dispositionen. Sie wirken sich nicht nur auf das reflektierte Verhältnis zur eigenen Rolle aus, sondern ebenso auf die Gestaltung der Predigt selbst.

Neben der Rolle des Gottesdienstleiters und Predigers gibt es eine Reihe anderer Rollen, die das Ritual vorsieht: Lektor, Kantor, Küster, Kirchenvorsteher u. a. Verglichen mit der Rolle des Gottesdienstleiters haben sie indessen in viel geringerem Maße öffenliches Gewicht. In erhöhtem Maße gilt dies für die übrigen Teilnehmer am Gottesdienst. Im Ritual treten sie nicht als einzelne auf, sondern als Kollektiv. Dementsprechend kommen sie in den Abläufen des Ritus zu Wort: im gemeinsamen Respondieren, im gemeinsamen Kirchengesang. Was ,die Gemeinde' aktiv zur Gestaltung des

Gottesdienstes beiträgt, ist im Ritual festgelegt oder wird vom Gottesdienstleiter bzw. dem Kantor bestimmt."[109]

Wozu verhilft solch eine Betrachtungsweise? Sie bedeutet zunächst einmal eine beachtliche Klärung des an sich recht unübersichtlichen Kommunikationsfeldes Gottesdienst. Dadurch, daß der Gottesdienst plötzlich als „Handlungssystem" betrachtet wird, daß die jeweiligen Kommunikationsabläufe angesehen werden, ist eine neutralere Betrachtungsweise möglich, als wenn alles, was dort geschieht, sofort theologisch gewichtet wird. Das Reden vom Gottesdienst als Ritual verhilft dazu, die existentielle Betroffenheit von Hörer und Prediger, die der Gottesdienst braucht, wertfreier und damit für unser Gefühl seriöser zu beschreiben.[110]

Solch eine Betrachtung des Gottesdienstgeschehens ist selbstverständlich nötig als Voraussetzung empirischer Untersuchungen. Aber auch bei Konflikten durch verschiedene Zielvorstellungen für den Gottesdienst zwischen Pastoren und Gemeindegliedern kann solch eine Beschreibung helfen, die Gegensätze sachlicher zu betrachten, als wenn man sich gleich ins Getümmel der Frage: Wer hat recht und wer hat unrecht? hineinbegibt.

Solch eine verfremdende Betrachtung, die unverzichtbar ist, fördert allerdings auch eine seltsame Relativierung theologischer Aussagen zum Gottesdienst. Angesichts mancher Verbissenheit theologischer Streite muß das nicht nur schlecht sein. Dennoch ergeben sich Probleme. Manfred Josuttis z. B. betrachtet und bewertet den Gottesdienst nach Agende I, indem er u. a. feststellt, daß es dabei noch nicht einmal die Freiräume gibt, die beim ebenfalls regelgeleiteten Fußballspiel wenigstens gelten, sondern daß man bei der Suche nach Vergleichen an Situationen mit Zwangscharakter denken muß, „an Schule im alten Stil, an Gefängnis, an Militär. Der Parademarsch ist eine naheliegende Parallele . . .", aber nachdem er auch die Rollenverteilung und die kommunikativen Funktionen bedacht hat, kommt er zu dem Ergebnis: „Wer einen Gottesdienst hält, wer in einem Gottesdienst predigt, muß von vornherein wissen, in welchen situativen Rahmen er sich begibt. Der Gottesdienst ist eine Ritualsituation, eine Wiederholungssituation, von deren Teilnahme sich der einzelne Bestätigungswerte erhofft.

Es wäre anthropologisch und theologisch töricht, wollte man das Recht des Menschen auf solche Bestätigungswerte leugnen. Das Ich des einzelnen bleibt stabil nur in einem Rahmen, der selbst stabilisierend wirkt, der Integration, Kontinuität und Identität zu vermitteln vermag. Nur in seinem

---

109   K.-F. Daiber/H. W Dannowski u. a., Predigen und Hören, II, München, 1983, S. 20 ff.

110   Den Hinweis Daibers auf Gehlens Institutionenlehre habe ich dabei noch ausgespart.

solchen Rahmen vermag der einzelne Neues zu erlernen und für eine Veränderung der Gesellschaft zu wirken. Ohne diesen Rahmen zerfällt, weil ein totaler Identitätsverlust eintritt, jede Lernfähigkeit."[111]

Solch eine Überlegung wirkt zunächst sehr viel plausibler als die theologische Argumentation, daß der Glaube aus dem Hören kommt und deshalb die Situation für das Hören günstig sein muß. Ebenso, daß die biblische Botschaft den Menschen durch das Gesetz fordert, aber auch in die Verzweiflung treibt und daß die Stabilität, dies zu ertragen, aus dem Evangelium von Jesus Christus kommt. Da fragt man sofort, welchen Realitätswert haben solche Aussagen? Das Problem dabei ist jedoch, in welche Position der Glaubende, der die empirischen Zusammenhänge durchschaut, eigentlich kommt. Josuttis gibt einen solchen Versuch der Klärung: „Wir Theologen, die wir die Zwangsstrukturen der liturgischen Interaktion und die Bedürfnismotive hinter der Regression in diese Situation gleichermaßen durchschauen, werden nur dann nicht zu religiös-therapeutischen Zynikern werden, wenn wir die eigene Sehnsucht nach Geborgenheit, Ruhe und Frieden akzeptieren und mit der Botschaft des biblischen Evangeliums vermitteln lernen."[112]

Was ist das für eine Art von Klärung? Als Theologen analysieren wir das Kommunikationsfeld. Wir sehen uns die Interaktionen des Rituals an. Dies hat doch aber offenbar auch eine nicht einfach neutrale Bewertungskomponente. Wie sollte man sonst zum Zyniker werden können? Dann aber müssen wir plötzlich solche empirischen Überlegungen dahinten lassen, uns auf unsere eigene Sehnsucht beziehen und diese mit der Botschaft des biblischen Evangeliums zu vermitteln lernen. Wie oben schon in anderem Zuammenhang gesagt, ist ein Problem bei der empirischen Betrachtung von existentiellen Erfahrungen, daß es immer aussieht, als wäre das Erklärte damit auch schon bewertet und von innen her verstanden.

Dies aber wäre ein Fehlschluß. Für den Pfarrer und die Pfarrerin als Leiter der Gottesdienste ist es zwar unumgänglich, daß sie sich über die Zusammenhänge des gottesdienstlichen Geschehens anhand von empirisch überprüfbaren Denkmodellen und verfremdenden Vergleichen ein möglichst deutliches Bild machen. Sie müssen aber gleichzeitig die Gefahr sehen, daß durch die verobjektivierende Betrachtungsweise eine Art von Plausibilität hergestellt wird, die uns für das Reden des Glaubens sprachunfähig macht. Die Begründungen des gottesdienstlichen Geschehens aus der Glaubenserfahrung reduzieren sich dann nämlich auf theologische Schablonen, die man

111 Manfred Josuttis: Kommunikation im Gottesdienst. In: Ders.: Praxis des Evangeliums zwischen Politik und Religion. München, 1974, S. 174, 185
112 M. Josuttis, a. a. O., S. 186

zum Schluß der Überlegungen in einer Art Aufschwung noch aufklebt, die aber die Gottesdiensterfahrung nicht mehr wirklich bestimmen. Die Sprache des Glaubens muß aber doch gerade im Alltäglichen greifen. Wie Daiber und Josuttis selbst andeuten, kann die empirische deskriptive Betrachtung die theologische inhaltliche Bewertung keineswegs ersetzen.

Was läßt sich nun zum Gottesdienst nach biblischem und theologischem Verständnis sagen? Das kann hier nur kurz angedeutet werden. Joachim Stalmann hat den neutestamentlichen Sprachgebrauch von Gottesdienst seinen Überlegungen zugrundegelegt. Das Neue Testament redet vom Gottesdienst zunächst völlig anders, als es unser Sprachgebrauch ist. Gottesdienst ist Christusnachfolge im Alltag der Welt. Gottesdienst wird einerseits auf den Weg und das Geschick Jesu, andererseits auf das Leben der Christen in der Nachfolge angewandt und umfaßt beide als Ganzes. Unser Gottesdienst im heutigen Sinne sollte aufgefaßt werden als Teil des umfassenden Gottesdienstes im Alltag der Welt. „Er ist Gemeindeversammlung im Namen Jesu und unter seiner Anrufung. Und er ist speziell Feier der Gegenwart des Auferstandenen in der Gemeinde."

Stalmann versucht dann ähnlich wie Barths Modell von Christengemeinde und Bürgergemeinde, ein sachgemäßes gegenwärtiges Verständnis vom Gottesdienst in Gestalt konzentrischer Kreise zusammenzudenken:
a) Gottesdienst im umfassenen Sinne als Gottesdient der Christen im Alltag der Welt und ihres Lebens;
b) Gottesdienst im engeren Sinne als Versammlung der Christen im Namen Jesu und als Entfaltung ihrer Geistesgaben in Gemeindearbeit und Gemeindeleben;
c) Gottesdienst im speziellen Sinne als Feier der Gegenwart des Auferstandenen in Lehre, Liedern und Gebeten und mit dem Abendmahl Christi im Mittelpunkt, der so schon heute ein Stück Endzeit vorwegnimmt, eben deshalb aber ein missionarisch offenes Geschehen ist. (Predigt ist allerdings noch mehr als „Lehre".)[113]

Von dem Zentrum des Gottesdienstes her wird die Gemeindearbeit und der Gottesdienst im Alltag der Welt bestimmt. In diesem Sinne spricht auch G. Ebeling davon, daß die „gesonderte Veranstaltung des Gottesdienstes zur Einübung in das Leben als Gottesdienst wird"[114].

Martin Luther hat mit seiner Predigt am 5. Oktober 1544 den ersten protestantischen Kirchenbau nach der Reformation, die Torgauer Schloßkirche, eingeweiht und dabei die inzwischen klassisch gewordene Definition dessen, was der Gottesdienst ist, ausgesprochen.

---

113 Joachim Stalmann: Tagesordnungspunkt Gottesdienst. Hannover, 1984, S. 21 f.
114 Gerhard Ebeling: Dogmatik des christlichen Glaubens. Bd. III. Tübingen, 1979, S. 363

„Meine lieben Freunde, wir wollen jetzt dies neue Haus einsegnen und weihen unserm Herrn Jesu Christo, welches mir nicht allein gebührt und zusteht, sondern ihr sollt auch zugleich an den Sprengel und Räuchfaß (Weihwassersprengel und Räucherfaß, symbolisch gemeint für Gottes Wort und Gebet, H. H.) greifen, auf daß dies neue Haus dahin gerichtet werde, *daß nichts anderes darin geschehe, denn daß unser lieber Herr selbst mit uns rede durch sein heiliges Wort und wir wiederum mit ihm reden durch Gebet und Lobgesang.* (Hervorhebung H. H.)

Darum, damit es recht und christlich eingeweiht und gesegnet werde ... wollen wir anfangen Gottes Wort zu hören und zu handeln, und daß solchs fruchtbarlich geschehe, auf sein Gebot und gnädige Zusagung miteinander ihn anrufen und ein Vaterunser sprechen." (Danach folgt das Evangelium und die im übrigen sehr lesenswerte Predigt.)[115]

Was im Gottesdienst geschieht, ist also, daß Gott mit uns redet und wir mit ihm reden. Das Sakrament muß in dieser Definition nicht ausdrücklich erwähnt, aber unbedingt mitgedacht werden. Wort und Sakrament unterscheiden sich nur durch die Art ihrer Zueignung des Heilsgeschehens. Sachlich bringen sie dasselbe, nämlich das Heil in Christus. Dabei ist wichtig, daß die Predigt als zueignendes Wort verstanden wird und nicht einfach als Belehrung oder Information, so sehr das auch dazugehört. Luther hat eine Reihe von Jahren sogar von einer „Sakramentalen Meditation" des Wortes gesprochen, um das auszudrücken.

„Das Evangelium meditieren wir allerdings sakramental, das heißt, die Worte wirken durch den Glauben in uns genau dies, was sie zeigen. Christus ist geboren, d. h. glaube, daß er dir geboren ist, und du wirst wiedergeboren. Christus hat den Tod besiegt und die Sünde, d. h. glaube, daß er für dich gesiegt hat, und du wirst siegen."[116]

Martin Luthers Bestimmung des Gottesdienstes und die Bestimmung des Gottesdienstes aus dem Neuen Testament, wie sie J. Stalmann vornimmt, klären, was der Gottesdienst seinem Wesen nach ist. In allen Überlegungen zum Gottesdienst, die nun selbstverständlich nicht ohne Reflektion der empirischen Gesichtspunkte verantwortlich vorgenommen werden kann, muß solche Grundintention des gottesdienstlichen Geschehens mitgedacht werden.

Der Gottesdienst muß also derart beschaffen sein, daß *Hören möglich ist.* Es muß also die Erfahrung möglich sein, daß Gott mich anspricht in, mit und unter der Predigt oder anderen Verkündigungsformen, in denen die im

---

115 Martin Luther: Einweihung eines neuen Hauses zum Predigtamt göttlichen Wortes, erbaut im Kurfürstlichen Schloß zu Torgau. 5. Oktober 1544. WA 49; 588; siehe auch Hans Martin Müller: Gottesdienst nach reformatorischem Verständnis. ZPG 5/83. S. 3 ff.

116 Martin Luther: Predigt am Weihnachtsabend 1519. Matthäus 1,1f. WA 9; 442; zitiert nach Christian Möller: Seelsorglich predigen. Göttingen, 1983, S. 27

biblischen Text überlieferte Glaubenserfahrung als Zueignung des gegenwärtigen Heils und Hilfe zum Leben erschlossen wird. Der Gottesdienst muß so beschaffen sein, daß die Gemeinde glaubend antworten kann. Das geschieht in Gebet und Lobpreis. Die Gemeinde aus Verkündigern und Hörern muß antworten können. Das geschieht im repräsentativen Gebet des Liturgen, im gemeinsamen Lied, im Bekenntnis des Glaubens, im stillen oder lauten Gebet des einzelnen, im Aussprechen des eigenen Glaubens und Lebens oder der eigenen Glaubens- und Lebensschwierigkeiten, in der Gestik, in der Kollektengabe, in der gottesdienstlichen Aktion und im Hinausgehen in den Gottesdienst im Alltag der Welt.

Was heißt das für den Prediger, der in der Regel auch Liturg und Leiter des Gottesdienstes ist? Es eröffnet sich ihm ein weites Feld einer äußerst kreativen Tätigkeit von Pfarrer und Pfarrerin, die in den letzten beiden Jahrzehnten ausgesprochen bunt und auch erfolgreich war. Es zeigen sich allerdings auch Gefahren.

Ich will zunächst mit den Gefahren beginnen.

1) Der Prediger steht in der Gefahr, seiner sonntäglichen Predigt im Verhältnis zum Ganzen des Gottesdienstes zuviel Aufmerksamkeit zu widmen.

2) Der Prediger steht in der Gefahr, daß er den Gottesdienst, wenn er sich ihm bewußt zuwendet, von seinen Predigtgedanken zu stark inhaltlich bestimmt sein läßt.

3) Der Prediger steht in der Gefahr, den Gottesdienst als Soloauftritt und nicht als Gottesdienst der versammelten Gemeinde zu organisieren.

Zu 1): Die Gefahr, der sonntäglichen Predigt im Verhältnis zur Gestaltung des Gottesdienstes zuviel Aufmerksamkeit zu widmen, hat verschiedene Ursachen, die beim einzelnen Prediger auch noch entsprechend seiner psychisch und biographisch bedingten Persönlichkeitsmerkmale unterschiedlich gewichtig ausgeprägt sind.

– Durch seine Ausbildung ist der Prediger sehr viel besser auf die Herstellung einer Predigt vorbereitet als auf den qualifizierten Umgang mit dem Gottesdienst.

– Der theologische Stellenwert der Predigt (und der Sakramente) ist ihm bewußter als der des gesamten Gottesdienstes.

– Die Wirksamkeit der Predigt als Sprechhandlung liegt offener zutage als die Wirksamkeit der Liturgie.

– Die Predigt als persönliches Werk des Pfarrers und der Pfarrerin, in der sich ein Stück ihrer Identität öffentlich widerspiegelt, ist mit mehr Interesse und Angst besetzt als der Gottesdienst, dessen Gestalt festliegt.

– Die Überlegungen zum Gottesdienst fallen oftmals in die Erschöpfungsphase nach Fertigstellung der Predigt. Für qualifiziertere Ausgestaltungen ist es dann oft zu spät.

Zu 2): Die Gefahr, daß der Gottesdienst zu stark von dem Predigtgedanken bestimmt wird, hängt zumeist mit einem falschen Verständnis vom Wesen der Liturgie zusammen.

- Der Gottesdienst ist nicht der Rahmen der Predigt.
- Liturgie ist, wenn man den neutestamentlichen Sprachgebrauch als Gottesdienst im Alltag der Welt zunächst unberücksichtigt läßt, das ganze Geschehen des Gottesdienstes.
- Die Predigt ist der Part, den der Prediger zu spielen hat. Das, was Daiber[117] zum Ritual geschrieben hat, oder z. B. auch Vorstellungen der Spielfeld-Theorie[118] können sich dem Prediger als hilfreiche Verfremdung einprägen.
- Andere Stücke des Gottesdienstes sind der Part der Gemeinde. Pfarrer und Pfarrerin müssen die Stücke des Gottesdienstes in ihrer jeweils eigenständigen Funktion kennen. Wo bin ich Repräsentant der Gemeinde (z. B. beim Fürbittengebet), wo muß die Gemeinde selbst zum Zuge kommen?
- Der Gottesdienst kann vom Kirchenjahr her ein durchgehendes Thema haben. Das ist dann aber noch nicht mit dem Thema der Predigt unbedingt identisch.
- Zwischen der Predigt und den anderen Stücken des Gottesdienstes gibt es mancherlei Beziehungen. Sie sind aber dann gerade wirksam, wenn sie nicht stromlinienförmig auf den Predigtgedanken zugeschnitten werden.

Zu 3): Die Gefahr, daß der Prediger den Gottesdienst als Soloauftritt und nicht als Gottesdienst der versammelten Gemeinde organisiert, liegt nahe.
- Pfarrerin oder Pfarrer sind oft die einzigen hauptamtlichen Mitarbeiter in der Gemeinde.
- Die Gemeinde schiebt dem pastoralen Amtsträger, so lange sie es nicht anders gewöhnt ist, alle gottesdienstlichen Funktionen zu. Wofür haben wir einen Pastor?
- Es gibt Hemmungen bei Kirchenvorstehern und ehrenamtlichen Mitarbeitern, das Abendmahl mit auszuteilen, Lesungen und Stücke des Fürbittengebetes regelmäßig mitzuverantworten. Besonders in kleineren Orten ist das zunächst ungewohnt.

---

117 S. o. S. 485
118 Karl-Heinrich Bieritz: Die Predigt im Gottesdienst. In: Peter C. Bloth u. a. (Hrsg.): Handbuch der Praktischen Theologie. Bd III. Praxisfeld Gemeinde. Gütersloh, 1983, S. 112 ff.

- Der Pastor kann es besser. „Ich halte es von daher für nachteilig, wenn die Schriftlesung im Gottesdienst Laien überlassen wird, denen die erforderliche interpretatorische Kompetenz fehlt."[119]
- Ein kommunikativer Gottesdienst drängt den Prediger unbewußt in die Rolle des Gottesdienstmanagers. Am Anfang begrüßt er die Gemeinde, am Ende verabschiedet er sie. Da er das Empfinden hat, solch ein Gottesdienst muß menschenfreundlich, verständlich, kommunikativ sein – was richtig ist –, zieht er den Schluß daraus, es ist das beste, wenn ich den Gottesdienst wie eine große Predigt handhabe. Die Gebete sind sehr persönlich, die Lesungen sind aus der Zinkschen Übersetzung oder der Guten Nachricht genommen oder selbst gestaltet. Die Abkündigungen werden als kleines Happening gestaltet. Auf diese Weise entstehen sehr freundliche, den Gottesdienstteilnehmern gefallende Gottesdienste. Dennoch ist der Gottesdienst der versammelten Gemeinde etwas anderes.

Mit diesen drei benannten Gefahren sind wir mitten in dem gottesdienstlichen Alltag. Bevor das weiter bedacht wird, soll auf einige gottesdienstliche Erfahrungen hingewiesen werden, die anders sind als der am Eingang des Buches geschilderte Sonntagvormittagsgottesdienst.

2. Die Gottesdienste anderer

Da es bei diesen Überlegungen nur um die Bedeutung biblischer Predigt im Ganzen des Gottesdienstes gehen soll, will ich mich in erster Linie auf den normalen Sonntagsgottesdienst beschränken. Dennoch ist es hilfreich, sich einen Moment klarzumachen, welche Erfahrungen mit anderen eindrucksvollen Gottesdiensten jeder hat. Solche Erfahrungen sind deshalb wichtig, weil sie geeignet sind, vom inneren Erleben eines anderen Gottesdienstes, von der Ergriffenheit und der staunenden Begeisterung her den eigenen, demgegenüber oft abfallenden Gottesdienst anzuschauen.

Manchmal führt das nur zu der schnellen Abwehrüberlegung: So etwas geht bei uns nicht. Solche Eindrücke können aber auch helfen, phantasiereicher mit dem normalen Gottesdienst umzugehen.

Ich nenne solche Erfahrungen. Jeder wird entsprechende andere haben.

Wir kommen gegen 18.00 Uhr abends in Cluny an. Der Campinganhänger wird aufgestellt. Dann fahren wir hinüber nach Taizé. Um 20.30 Uhr beginnt dort der dritte Gottesdienst des Tages. Es ist Freitagabend. 2000 sollen etwa

---

119 Thomas Bonhoeffer: Probleme der Gottesdienstvorbereitung. In: ZThK. 80/1983, S. 486 ff.; jetzt in: A. Beutel u. a., Homiletisches Lesebuch, a.a.O., S. 344

da sein. Die vielen jungen Leute. Auf den Mauern, im Gras sitzen sie. Da liest einer in der Bibel. Da sitzt eine Gruppe in der Runde und spricht miteinander. Langsam zieht alles Richtung Kirche. Ein großes Zelt ist zur Vergrößerung des Raumes aufgebaut. In der Kirche Halbdunkel. Sie sitzen alle auf dem Fußboden. Wir suchen uns einen Platz am Rande. Vorne in Hohlsteinen flackernde Kerzen. Dann beginnt das Singen. Freitags, nach einer Woche Einübung, wunderbar, faszinierende Mehrstimmigkeit. Einfache Sätze und Worte: „veni creator spiritus", „bleibet hier und wachet mit mir, wachet und betet, wachet und betet", lateinisch, französisch, englisch, deutsch. Mit vielen Wiederholungen. Klänge, die sich einprägen für lange Zeit. Schriftlesungen in verschiedenen Sprachen. Langes Fürbittengebet. Die sozialen, politischen, rassischen Konfliktherde unserer Erde werden angesprochen, die Mühseligen und Beladenen, Namen werden genannt. Kampf und Kontemplation fällt mir ein. Zwischendurch lange Stille, eine Kreuzmeditation. Dann wieder Singen. Nach über einer Stunde leert sich die Kirche langsam, aber es wird noch lange gesungen. Gelegenheit für Einzelgespräche mit den Brüdern von Taizé in der Kirche. Keine Predigt. Nur sonnabends hält Roger Schütz eine Ansprache. Aber tagsüber ausführliche Bibeleinführungen und Gespräche darüber.

Es läßt sich mit solchen Andeutungen das nicht einfangen, was diese Gottesdienste für das Innenerleben des Einzelnen bedeuten. Die verallgemeinernden Begriffe, Ruhe, Geborgenheit, Meditation, Nachdenken im Gebet zu Gott, können nur auf Erfahrungen verweisen, die der einzelne selbst gemacht haben muß.

Wenn man so etwas bei uns machen könnte! Müßten wir nicht mit unseren Liedern anders umgehen? Mehrstimmig singen im Gottesdienst? Viel mehr Zeit der Stille?

Ein anderes Beispiel: Ein Jugendtreffen an der Weser. Sicher 200 Jugendliche. Ein ganzer Tag mit Gesprächen, Podiumsdiskussion, Vorführungen, Spielen, Aktionen, verschiedene Bands. Dann um 0.15 Uhr durchs Dorf zur Gutenacht-Kirche. Eingangs einige Kirchentagslieder und dann ein jüngerer Pastor, der nichts anderes tut, als über eine halbe Stunde eine biblische Geschichte aufs Anschaulichste und Packendste zu erzählen. Mose und die Kinder Israel am Sinai. Schlußlied, Vaterunser, nächtlicher Heimweg.

Am folgenden Tag wird immer wieder diese nächtliche Bibelerzählung angesprochen.

Oder etwas ganz anderes:
Ostergottesdienst bei einer Mennonitengemeinde in Pennsylvania. 9.00 Uhr Sonntagsschule. Eine Stunde Gespräch über einen biblischen Text in Gruppen. 10.00 Uhr großes gegenseitiges Begrüßen, dann der Gottesdienst. Im Gesangbuch sind alle Lieder vierstimmig. Jeder kennt seine Stimme. Kräftiger Gesang. Immer drei Lieder hintereinander. Dann die Predigt eines Kaufmannes über Jesaja 53. Meine Ansprache über die Emmaus-Jünger. Die

Ansprache des Bishops über: „Anderen hat er geholfen, sich selbst kann er nicht helfen." Dazwischen Lieder. Das Abendmahl wie bei uns. Dann „footwashing". Der Gemeindepastor verliest Johannnes 13. Eine kurze fast liturgische Ansprache: Wir tun das, weil Christus es geboten hat, weil wir dadurch teilhaben an Christus, weil wir uns voreinander demütigen und weil einer dem anderen dient. Die Frauen stehen auf, gehen in den Nachbarraum, die Männer bleiben in der Kirche. Die Gäste sind herzlich eingeladen, dürfen aber auch, ohne teilzunehmen, dabei sitzen bleiben. Diakone bringen große Schüsseln mit Wasser in den Nebenraum für die Frauen und in die Kirche, fünf große Schüsseln, vorne vor der ersten Reihe, große Packen weißer Frotteehandtücher daneben. Die Männer legen ihr „Obergewand" ab, d. h. sie ziehen die Jacken aus, Schuhe und Strümpfe werden ausgezogen. Teppichboden. Sie kommen alle nach vorne. Freundliches leises Miteinanderreden. Wie wir hinterher erfahren, sucht sich jeder einen, mit dem er nicht so gut befreundet ist. Der eine sitzt auf der Kirchenbank, der andere kniet davor. Waschung der Füße. Abtrocknen. Wechsel der Plätze. Dann stehen sie gemeinsam auf. Man umarmt sich, gibt sich den „holy kiss", geht zusammen zurück auf den Platz. Schräg vor mir sehe ich, wie ein 16jähriger sich von einem sicher 80jährigen die Füße waschen läßt, und in seinem Gesichtsausdruck, eine Mischung aus Aufgeregtheit und Bewegung, als der alte Mann sich vor ihm hinkniet, deutet sich an, daß hier mehr als das Übliche geschieht. Da sie alle auf ihren Plätzen Bibel und Gesangbuch liegen haben, lese ich Johannes 13 und wundere mich, warum die Kirchen das nicht übernommen haben. Es steht ja deutlich da: „Wenn nun ich, euer Herr und Meister, euch die Füße gewaschen habe, so sollt ihr auch euch untereinander die Füße waschen. Ein Beispiel habe ich euch gegeben, daß ihr tut, wie ich euch getan habe." (Johannes 13, 14 f.) Die Frauen aus dem Nebenraum kommen wieder herein. Noch ein wenig Singen, Abkündigungen Fürbittengebet. Segen. Dann steht man lange beieinander und spricht miteinander. Um 13.00 Uhr sind wir wieder zu Hause. Ein schöner Ostermorgen.

Als ich das einem Pastor bei uns erzählte, sagte er, das habe ich gerade mit meinen Konfirmanden gemacht, während der Konfirmandenfreizeit. Fast genau so, wie Sie das geschildert haben. Später las ich es im Bericht von der Konfimandenfreizeit, den sie bei der Konfirmation überreicht hatten. „. . . und nun erweist Jesus seinen Freunden diesen Dienst und stellt die Welt auf den Kopf. Dies ist nicht mehr Gütezeichen herrschaftlichen Gebarens, sondern Ausdruck von Gleichheit und Brüderlichkeit derjenigen, die zu Jesus gehören. Jesus legt diese Geste sichtbarer Achtung seinen Freunden ausdrücklich ans Herz: ‚Erweist euch gegenseitig diesen Dienst, so wie ich ihn euch erweise.' Nun geschieht etwas, was auf den ersten Blick im Zeitalter von Luxusbädern und Duschen etwas merkwürdig anmutet. Die Jugendmitarbeiter bringen Gefäße mit Wasser und beginnen, den Konfis die Füße zu waschen. Da fassen sich Holger, Frank, Timo, Christof, André und auch

Oliver ein Herz und waschen den Mitarbeitern die Füße! Mädchen, wir heißen euch hoffen bei soviel zarter Fürsorge von Jungenhand! – Jesus hat am Abend vor seinem Tod auch mit seinen Freunden gegessen. Wir tun das in Erinnerung daran heute abend in unserer Kirche. Alles ist auf dem Boden ausgebreitet. Jeder nimmt sich und gibt seinem Nachbar weiter ..."

Ich frage: Und was haben die Konfirmanden hinterher dazu gesagt? Da müssen Sie sie selber fragen. Ich habe den Eindruck, sie waren sehr beeindruckt.

Jeder könnte diese Reihe fortsetzen und erzählen vom Gesang in den orthodoxen Gottesdiensten, vom jüdischen Synagogengottesdienst, vom Stundengebet im Zisterzienserkloster Himmerod oder, was es sonst gibt.

Wir brauchen solche Erlebnisse mit anderen für unsere eigenen Gottesdienste.

3. Erwartungen an den Gottesdienst

Bei der Gottesdienstumfrage 1975[120] ist gefragt worden: Was gehört zum Gottesdienst? Dabei ergab sich folgende Prioritätenliste: Die Predigt (82%), Orgelmusik (73%), Läuten der Kirchenglocken (67%), stilles Gebet (58%), gemeinsam gesprochenes Glaubensbekenntnis (52%), Vorlesung von Bibeltexten (51%), Choräle, alte Kirchenlieder, die von der Gemeinde gesungen werden (50%), Altar mit Blumen und brennenden Kerzen (50%).

Es ist kein Wunder, daß die Predigt ganz vorne steht. Das entspricht dem, was „VELKD-Protestanten" (nur sie waren gefragt worden) theoretisch und stärker noch durch das Erleben vermittelt bekommen. Insofern ist es auch nicht verwunderlich, daß bei einer anderen Frage nach den Predigtthemen, die unbedingt zur Sprache kommen müßten, „Wort Gottes" an erster Stelle steht. Ludolph Ulrich wird recht haben, wenn er vermutet, daß dahinter die Erwartung steht, „im Gottesdienst Gott in seinem Wort zu begegnen".[121]

So wird es in dieser oder jener Weise gelehrt, vielleicht gar erfahren. Das schlägt sich in den Erwartungen nieder.

Besonders bemerkenswert scheinen mir aber zwei Beobachtungen zu sein. Es ist beachtlich, daß Glocken, Orgel, Altar mit Blumen und brennenden Kerzen erstaunlich weit vorne rangieren. Dies zeigt, daß offenbar neben der Predigt als Wort Gottes eine nonverbale Erfahrung vermittelt wird, die sehr

---

120 Gerhard Schmidtchen: Gottesdienst in einer rationalen Welt. Stuttgart, 1973, S. 92ff.
121 Ludolph Ulrich: Erwartungen an die Predigt. In: Manfred Seitz/Lutz Mohaupt (Hrsg.): Gottesdienst und öffentliche Meinung. Stuttgart/Freiburg, 1977, S. 124

viel mehr ist als nur ein unwesentlicher Rahmen. Zur Gottesdiensterfahrung gehört offensichtlich eine umfassendere Art des Beteiligtseins, als es das Hören auf das Wort hergibt. Ein Gottesdienst, der nur aus einer Predigt bestünde, wäre kein Gottesdienst. Bei der Befragung ist in diesem Zusammenhang nicht nach dem Abendmahlsgottesdienst gefragt worden. Aber die in anderem Zusammenhang gestellten Fragen weisen darauf hin, daß dem Abendmahl vermutlich eine ähnliche Stellung im vorderen Feld gegeben worden wäre.

Am auffälligsten empfinde ich jedoch, daß dazwischen das stille Gebet steht. Es ist beachtlich, daß den Interviewern eingefallen ist, danach zu fragen. In unseren normalen Gottesdienstordnungen ist es in der Regel nicht vorgesehen. In der letzten Zeit verstärkt gibt es zwar im Rahmen des Fürbittengebetes eine Pause, in der der einzelne Gottesdienstteilnehmer seine persönlichen Gebetsanliegen in der Stille formulieren kann. Das aber ist mit Sicherheit hier nicht erfragt und von den Antwortenden nicht gemeint. Wann findet dieses stille Gebet statt? Vorweg, zwischen den einzelnen Stücken des Gottesdienstes, während der Predigt? Aber das geht in dieser Aussage mit großer Wahrscheinlichkeit vorbei. Gemeint ist etwas anderes. Das stille Gebet trifft eines der ganz wesentlichen Elemente der Gottesdiensterfahrung. Ich gehe zum Gottesdienst, um dort nicht nur von Gott angesprochen zu werden. Ich gehe ebenfalls zum Gottesdienst, um Gott anzusprechen. Das stille Gebet ist das Signal dafür, daß ich im Gottesdienst von mir aus zu Gott in eine Beziehung treten möchte. Ich will das, was ich bin, das, was mich quält und wofür ich dankbar sein kann, ihm mitteilen. Ich denke, das ist der Hintergrund dieser starken Äußerungen zum stillen Gebet.

Schaut man sich die oben genannte Prioritätenliste an, so wird auch verständlich, warum immer wieder in der Literatur bei der Beschreibung gottesdienstlicher Erwartung die Aussagen auftauchen, in Gottesdienst und Predigt wird die Bestätigung von Grundüberzeugungen erwartet, emotionale und kognitive Stabilisierung, Trost und Ermutigung. (Dahm u. a.)

„Gottesdienste sollen stabilisieren, das Beständige interpretieren, den Konsensus in der Gemeinde stärken." (Daiber)

„Gottesdienstbesucher suchen im Gottesdienst Trost und Erbauung, Ruhe und inneren Frieden." (Josuttis)

Ende der sechziger und Anfang der siebziger Jahre gab es eine ganze Reihe von Versuchen, durch „Gottesdienste in neuer Gestalt" den „Gottesdienst im Alltag der Welt" in das gottesdienstliche Geschehen hineinzubringen. Die oben genannten Erwartungen und deren Befriedigung erschienen zutiefst gesellschafts- und systemstabilisierend, wo doch Veränderungen erforderlich waren, für die auch im Gottesdienst geworben werden mußte. Das politische Nachtgebet in Köln (Sölle/Steffensky) ist das markanteste Beispiel für diese auf die Nöte und Probleme der Welt bezogenen und auf Ermutigung zur Aktion drängenden Gottesdienste. Es gab überall ähnliche neue Gottesdienstversuche, aber auch der sonntägliche Gottesdienst wurde im Bereich der Predigt, ganz selbstverständlich aber auch bei Gebeten und gelegentlicher Ersetzung der Lesungen durch aktuelle Texte, davon beeinflußt. Dieser Typ Gottesdienst hat sich nach wie vor im Bereich von Friedens- und Umweltgottesdiensten gehalten. Für den gewöhnlichen Sonntagsgottesdienst jedoch schrieb Manfred Josuttis schon 1974: „Vielleicht wird es in Zukunft noch stärker zum humanen Charakter des Gottesdienstes gehören, daß er die allgemeine und notwendige Politisierung und Pädagogisierung des Lebens nicht teilt. Vom Evangelium ist ja zu behaupten, daß es nichts aus dem Menschen machen will und daß es nichts vom Menschen zu machen verlangt, weil es ausführlich und ausschließlich – ich weiß, was ich sage! – erzählt, was Gott zugunsten der Menschen gemacht hat. Die Aktivität des Versöhnens kann auf die Feier der Versöhnung bestenfalls folgen . . . Für die Theologen ist er zu einer Veranstaltung geworden, die allein sinnvoll ist, wenn es hier Menschen zu bessern und zu belehren, aufzuklären und zu verändern gelingt. Während doch sein auch politischer Sinn darin bestehen könnte, einen Ort zur Verfügung zu stellen, in dem die Zweckhaftigkeit menschlicher Kommunikation aufgehoben erscheint. Ich bin ziemlich sicher, daß diejenigen Gottesdienstbesucher, die im Gottesdienst Trost und Erbauung, Ruhe und inneren Frieden suchen, mehr von der Wahrheit des Evangeliums begriffen haben als jene in ihrer Art gesetzlichen Theologen, die das alles als Flucht aus der Gesellschaft und vor der Verantwortung denunzieren. Gerade wer die kritischen Gesellschaftsanalysen ernst nimmt und also damit rechnet, daß die Gesellschaft Menschen zerstört, sollte die Mühseligen und Beladenen, die in den Gottesdienst kommen, nicht wieder mit neuen mühsamen Aufgaben belasten."[122]

Die Schwerpunkte im Nachdenken über den Gottesdienst haben sich in der Folgezeit, nicht zuletzt durch die Entdeckung kreativ gestalteter Familiengottesdienste und der Gottesdienste auf dem Kirchentag, den Einfluß der Gottesdiensterfahrung in Taizé und aus anderen Elementen gespeist, stärker auf den Gottesdienst als Fest und Feier hin entwickelt. Im Bereich der besonderen Gottesdienste, der Jugend- und Familiengottesdienste ist seither eine große Vielfalt von Formen zu finden, die diesem Gesichtspunkt der Feier und des Festes zu entsprechen versuchen.

J. Stalmann zieht nach dieser Entwicklung das Fazit: „Der Gottesdienst als Feier der Gegenwart Christi ist kein Seminar und keine Einsatzbesprechung. Entsprechende Arbeitsformen muß es geben, und sie gehören zum Gottesdienst als Gemeindeversammlung. Sie dürfen aber nicht mit dem ‚Fest

---

122 M. Josuttis, Praxis des Evangeliums zwischen Politik und Religion, a. a. O., S. 185 f.

Gottesdienst' vermischt werden, einfach, weil hier andere Gestaltungsgesetze gelten. Das schließt Elemente wie Bericht und Gespräch im gefeierten Gottesdienst gewiß nicht aus, gibt ihnen aber einen anderen Stellenwert in einem anderen Kontext und setzt diesen nicht unter einen ihm wesensfremden Arbeits- und Leistungsdruck."[123]

Der Gottesdienst ist also die Feier der Gegenwart Christi. Dem haben die Predigt und die anderen liturgischen Stücke zu dienen. Es ist freilich die Frage, ob der Gedanke der Feier der Gegenwart des Auferstandenen zur Bestimmung des Gottesdienstes auf der einen Seite genügt und auf der anderen Seite für den allsonntäglichen Gottesdienst realistisch ist. Karl-Heinrich Bieritz ist der Meinung, daß das Bild vom Hörer, der im Gottesdienst ausschließlich Entspannung, Bestätigung seiner Grundüberzeugungen, emotionale Stabilisierung sucht, einer Korrektur bedarf. Im Gottesdienst wird nicht nur eine Geborgenheit erwartet, sondern der Prediger stößt auch auf eine verborgene „durch allerhand andere Bedürfnisse zugedeckte, fast verzweifelte Hoffnung: daß da einer auftritt, der etwas wirklich Neues anzusagen hat. Der nicht nur bestätigt, was wir insgeheim schon wissen, wünschen oder befürchten. Einer, der uns aus der Bahn wirft und uns geradeso überraschende Aus-Wege zeigt ... Gewiß: In der Geschichte Jesu geht es um die Wiederherstellung des Vertrauens zwischen Gott und den Menschen. Nicht umsonst verdichten sich wesentliche Züge dieser Geschichte in jener Vatergestalt, die den heimkehrenden Sohn ohne alles Fragen und Rechnen in die Arme schließt. Rückkehr ins Vaterhaus ... vollzieht sich in der Tat überall dort, wo die Geschichte Jesu erzählt, angenommen, nachgelebt wird. Doch diese Geschichte erschöpft sich nicht in der Ermöglichung solcher Rückkehr. Sie fordert und bietet mehr: Zum Beispiel den Aufbruch des älteren Sohnes zum Fest. Ein Aufbruch, der – schmerzlich genug – die Preisgabe von grundlegenden Überzeugungen und Sicherungen einschließt. Im Fest, zu dem der Vater lädt, wird ja nicht einfach die gute, alte Ordnung wiederhergestellt. Hier wird vielmehr ein neues Verhältnis zwischen dem Vater und seinen beiden Söhnen begründet und gefeiert ..."[124]

Also auch hier taucht das Fest auf, allerdings im Sinne des Vorscheins des Reiches Gottes, der in Jesu Verkündigung und in seinem Verhalten wirksam geworden ist und der in der gottesdienstlichen Feier des Sonntags als des Auferstehungstages und Beginns der neuen Schöpfung fortgeführt wird.

Wenn man den Gottesdienst als Fest und Feier der Gegenwart des Auferstandenen beschreibt, muß diese Dimension mitgedacht werden.

---

123 J. Stalmann, TOP Gottesdienst, a.a.O., S. 28
124 K.-H. Bieritz: Die Predigt im Gottesdienst. In: P. C. Bloth, Handbuch der praktischen Theologie, Bd. III., a.a.O., S. 128

Das Problem aber ist, ob solch eine Beschreibung des Gottesdientes als Fest und Feier nicht doch nur für besondere Gottesdienste taugt. Kann man eigentlich wirklich jeden Sonntag ein Fest feiern? Und wenn man das auch noch muß, ist es dann nicht ein mühsames Festgesetz? Ist es dann nicht doch sinnvoller, vom Gottesdienst als einem Treffpunkt der Gemeinde zu sprechen, mit allen Mitteln dafür zu sorgen, daß er die allsonntäglich mögliche Attraktivität und Offenheit gewinnt, und zu sagen, dabei legen wir, wie das bei uns üblich ist, die Heilige Schrift aus? Was das bedeutet, ist schon genug beschrieben. Es geht um die zueignende Erschließung des Christusereignisses für die Gemeinde und die Antwort der Gemeinde darauf. Wenn daraus ein Fest entsteht, ist es schön.

Ist das genug, oder muß nicht doch im Sinne von Bieritz noch genauer gesagt werden: In welcher Richtung soll sich denn etwas bewegen?

Walter Hollenweger hat im Lutherstift in Falkenburg eine Tagung gemacht, bei der ein Gottesdienst für Mühselige und Beladene erarbeitet wurde. Im Augenblick verstärkt sich ja der Zulauf zu Heilungsgottesdiensten und Heilungsevangelisten. Hollenweger stellt dazu fest: „Die rechte Kritik und rechte Antwort auf diese Heiler ist nicht, daß wir sie beschimpfen, indem wir sie kritisieren oder ihnen falsche Lehre oder Praxis nachweisen, auch nicht, daß wir sie nachahmen. Die beste Antwort besteht darin, daß wir aus unsern eigenen reformatorischen Traditionen Liturgien, Handlung und Fürbitten entwickeln, durch die die Menschen aus ihrer Vereinsamung herauskommen. Je strenger die Liturgie, desto einfacher wird es für die Menschen sein, sich darin wohlzufühlen."[125]

Auf der Tagung sind dann gottesdienstliche Formen entwickelt worden, in denen das Verhältnis von Glaube und Heilung bedacht und entsprechende gottesdienstliche Formen und Texte überlegt wurden. Die Handauflegung für Kranke wurde für möglich gehalten usw.

Was wäre eigentlich, wenn der Gottesdienst unter diesem Aspekt gesehen würde? Das Fest und die Feier sind Höhepunkte in unserem Leben. Aber dazwischen sind die Niederungen des Alltags. Was wir brauchen, ist etwas anderes. Wir brauchen Erfahrungen der Heilung, damit wir trotz vergangener Wunden leben können und den Alltag zu bestehen imstande sind. Nun kann man freilich Bedenken haben, ob die Rede von der Heilung nicht dem Reparaturbedürfnis unserer Gegenwart entspricht und ob nicht im Gegensatz dazu die Rechtfertigung allein aus Glauben etwas anderes sagt. Die Zueignung der Liebe Gottes in Jesus Christus, die in Gottesdienst und Predigt geschehen soll, gilt ja gerade auch dem, der die Erfahrung macht: Mein Gott, mein Gott, warum hast du mich verlassen?, der also nicht geheilt

125 Walter Hollenweger: Heilende Kräfte in der Liturgie. In: Falkenburger Blätter 7. Lutherstift in Falkenburg. 2875 Ganderkesee 1, S. 12

wird. Das stimmt. Aber dennoch schreit er. Zueignung des Christusgeschehens heißt ja nicht Beruhigung des zerrissenen, leidvollen und schuldhaften Lebens, sondern Annahme durch Gott. „Laß dir an meiner Gnade genügen, denn meine Kraft ist in den Schwachen mächtig." (2. Korinther 12,9)

Das bedeutet, daß unsere Zerrissenheit keine niederziehende Kraft mehr hat. Danach darf Neues geschehen. Die Hoffnung auf Heilung, auf Veränderung, auf Neuanfang gilt auch, wenn aktuell nichts zu verändern oder zu verbessern ist. Könnte man dann sagen, in diesem Sinne müßte der Prediger versuchen, den Gottesdienst zu verstehen als einen Ort, an dem Heil so zugesagt wird, daß Menschen die Erfahrung der Aufhebung ihrer Zerrissenheit machen? Gottesdienst als ein Stück Heilungsgeschehen in einem sehr allgemeinen, aber auch speziellen Sinn. Der Christ darf vom Gottesdienst „mit Fug und Recht Heilung für sein Leben durch Begegnung mit dem göttlichen Wort erwarten".[126]

---

126   H. M. Müller, Gottesdienst nach ref. Verständnis, a. a. O., S. 8; s. zum Gottesdienst insgesamt auch: Friedrich Kalb: Grundriß der Liturgik. München, [2]1982; Christoph Albrecht: Einführung in die Liturgik. Göttingen, [3]1983

b) Versammelte Gemeinde

1. Der Prediger und sein Gottesdienst

Man möchte gegen diese Überschrift protestieren: das ist nicht „sein" Gottesdienst. Aber in der Regel sitzen er oder sie ja doch allein an der Gottesdienstvorbereitung, der Pfarrer oder die Pfarrerin. Es wird verschiedene Gründe haben, die man alle nicht beschönigen sollte, weil die Verhältnisse nicht so sind, weil man es schon oft versucht hat, weil es zu mühsam ist usw.

Zunächst also, was bedeutet es, wenn der Prediger allein an der Gottesdienstvorbereitung sitzt.

Die nach dem Krieg eingeführte Agende I ist in der Regel ein gutes Gerüst gewesen, an das man sich bei den Gottesdienstvorbereitungen halten konnte. Es war und ist zwar ein starrer, aber doch bequemer Rahmen, in den man nur die entsprechenden Stücke des jeweiligen Sonntags einbauen mußte. Wollte man etwas Besonderes machen, verließ man diesen Rahmen und dachte sich etwas Neues aus. Also hielten wir „Gottesdienste in neuer Gestalt". Wie ich nachträglich bei mir selber merke, mit gewaltiger Ahnungslosigkeit gegenüber der Geschichte des Gottesdienstes und seiner Dramaturgie. Wir hielten es nicht für so wichtig und hatten es deshalb nicht gelernt.

Da war das berühmte „Strukturpapier" der Lutherischen Liturgischen Konferenz (LuLiKo) „Versammelte Gemeinde, Struktur und Elemente des Gottesdienstes. Zur Reform des Gottesdienstes und der Agende. Vorgelegt von der Lutherischen Liturgischen Konferenz 1974", eine Wohltat. Frieder Schulz, der Fachmann, schreibt darin: „Obwohl Agende I der VELKD mindestens sechs Ausformungsvarianten der gottesdienstlichen Grundstruktur bot . . ., beschränkten sich Kirchen und Gemeinden vielfach darauf, *eine* bestimmte Ausformung der Liturgie normativ zu machen und diese ‚Einheitsliturgie' als Zeichen kirchlicher Einheit, mit kleinen Modifikationen nach dem Kirchenjahr, Sonntag für Sonntag zu wiederholen. Besonders in unierten Kirchen wurde die einheitliche Liturgie zum Ausdruck der kirchlichen Einheit. Diese Konzeption wurde immer wieder durch das Vorbild des imponierenden tridentinischen Einheits-Missale der katholischen Kirche gestützt. Demgegenüber haben die Erfahrungen der letzten Jahre, vor allem die Gottesdienstumfragen gezeigt, daß ein Einheitsgottesdienst nicht mehr die angemessene Lösung der drängenden Probleme ist. Gottesdienste ‚anderer Art', ‚in neuer Gestalt', ‚neue in offenen Formen', zunächst für Christen der jüngeren Generation, haben sich neben den herkömmlichen Gottesdiensten durchgesetzt und sind als eine komplementäre Gestaltungsmöglichkeit der gottesdienstlichen Gemeindeversammlung auch von den kirchenleitenden Organen legitimiert worden. Pastorale Überlegungen nötigten zur Differenzierung der Gottesdienste nach Zielgruppen (Jugend, Studenten, Urlauber usw.)."

In dem Strukturpapier wurde deutlich, welche Dramaturgie ein sinnvoller Gottesdienst vernünftigerweise und deshalb seit altersher hat. Es gibt fünf „Akte": I. Eröffnung, II. Anrufung, III. Verkündigung und Bekenntnis, IV. Abendmahl, V. Sendung. Es gibt in diesem Rahmen eine Fülle von möglichen Varianten. Alles das läßt sich in dem Strukturpapier nachlesen.[127]

Durch diese Arbeitshilfe wurde manche Gottesdienstgestaltung besser. Aber im Grunde blieb es dennoch schlicht bei der alten, Jahr um Jahr gleichmäßigen Agende I oder ähnlichen Gottesdienstabläufen.

Da nun inzwischen alle für die Gottesdienste Verantwortlichen in den Landeskirchen an einer neuen Agende sitzen, die auch für die schlichte Pfarrerin und den schlichten Pfarrer verständlich und anregend sein soll, kann man hoffen, daß dadurch manches anders wird.

Nun haben allerdings in der Frage der Gottesdienstgestaltung der Pfarrer und die Pfarrerin eine Schlüsselfunktion. Man kann sofort einwerfen, aber da ist doch zunächst ganz wesentlich der Kirchenmusiker zuständig. Das ist richtig. Für die Ausgestaltung des Gottesdienstes sind Pfarrer und Kirchenmusiker als notwendige kleinste Arbeitsgruppe für den Gottesdienst gemeinsam verantwortlich. Aber es gibt manche Schwierigkeiten. Da Wort und Sakrament ein entscheidendes Gewicht im Gottesdienst haben, da der Leiter des Gottesdienstes der Pastor ist, erleben die Kirchenmusiker sich eher an den Rand gedrängt. Oftmals haben beide unterschiedliche Gottesdienstvorstellungen. Der Pastor hat mit bestimmten neuen Liedern gute Erfahrungen gemacht. Der Kantor empfindet sie an der unteren Grenze des Erträglichen. Der Pastor setzt ohne intensives Gespräch mit dem Kantor Neuerungen im Gottesdienst durch, die von dessen Sicht her liturgisch unangemessen sind usw. Sicherlich ist der Pastor nicht als einziger für die Gottesdienstordnung zuständig. Pfarramt und Kirchenvorstand müssen bei der Gestaltung der Ordnung des Gottesdienstes zusammenwirken. Die Stimme des Kantors muß ein entscheidendes Gewicht dabei haben. Dennoch haben Pfarrerin und Pfarrer praktisch eine Schlüsselfunktion bei der Ausgestaltung des Gottesdienstes. Deshalb liegt es an ihnen, eine intensive Zusammenarbeit mit dem Kirchenmusiker in Gang zu setzen. Dabei ist dann allerdings von beiden Seiten eine intensive Kooperationsbereitschaft erforderlich. Geschieht dies nicht, dann läuft im Bereich des Gottesdienstes nur das Übliche.

Es kann hier nicht auf die Bedeutung der Kirchenmusik und des Musikalischen überhaupt im Gottesdienst eingegangen werden. Aber der Prediger weiß, daß deren Bedeutung kaum überschätzt werden kann. Das selbstgesungene Wort, das gesungen gehörte Wort kann eine viel tiefere Wirkung haben als das gesprochene Wort. Ich habe Jahre hindurch erlebt, daß der

---

127 Gut dargestellt bei J. Stalmann, TOP Gottesdienst, a.a.O., S. 85 ff.

Kirchenmusiker im Anschluß an meine Predigt einige Minuten sehr nachdenkliche und gut zum Nachdenken geeignete Improvisationen spielte. Zu Kantatengottesdiensten kommen weit mehr und andere Gemeindeglieder als sonst zum Gottesdienst. Kirchenmusiker und Pastor müssen deshalb versuchen, so gut es irgend geht, zusammenzuwirken.

Für die Pfarrerin und den Pfarrer bedeutet das in den meisten Fällen, daß sie sich zunächst zugeben müssen, vom Gottesdienst zu wenig zu verstehen. Ohne eine Haltung intensiver Lernbereitschaft kann sich wenig ändern.[128]

Wenn die erneuerte Agende I vorliegt, sollten sich benachbarte Pastoren und Kirchenmusiker zusammentun und in regelmäßig tagenden Arbeitskreisen die jeweiligen Erfahrungen und Versuche mit einer lebendigeren Gestaltung des normalen sonntäglichen Gottesdienstes austauschen und überprüfen.

Solche Erfahrungen können dann Pfarrer und Kirchenmusiker bewegen, ihre Erkenntnisse mit den nötigen Informationen der Gemeinde mitzuteilen. Im Gottesdienst wird ja immer wieder Neues geübt. Es ist gut, wenn die Gemeinde weiß, warum sie das Kyrie singt. Warum es neuerdings mehrere Formen des Kyrie gibt. Welchen Sinn das Kollektengebet oder das Gloria hat.

Dann aber sitzen Pfarrerin oder Pfarrer wiederum freitags oder sonnabends an ihrem Schreibtisch allein, und am Sonntag sind sie außer den Kirchenvorstehern, die den Klingelbeutel herumtragen, die einzigen, die sich im Chorraum der Kirche bewegen. So geht es nicht. Der Gottesdienst kann nicht länger die Soloveranstaltung des Pastors bleiben.

2. Der Gottesdienst der Gemeinde

Der einsame Pastor als Vorbereiter der Zentralveranstaltung der Gemeinde ist ein Trauerspiel. Nun ist allerdings schon der Kirchenmusiker hinzugekommen. Zumeist beschränkt sich jedoch ihr Zusammenwirken darauf, daß einer von beiden die Choräle aussucht, daß man sich kurz darüber verständigt. Mehr ist für den normalen Sonntag in der Regel nicht drin. Wenn die beiden alle halbe Jahr einmal einen halben Tag zusammenwären und alle Probleme ihres Gottesdienstes durchgingen, könnte das auch reichen. Die Absprache über die Varianten, über diese oder jene besondere oder neue Gestaltung wäre grundsätzlich vorbesprochen und brauchte nur entsprechend solcher Absprache eingesetzt zu werden.

---

128 Es empfiehlt sich, dazu mindestens eines der neueren Gottesdienstbücher einmal durchzuarbeiten: Joachim Stalmann: Tagesordnungspunkt Gottesdienst. Hannover, 1984; Karl-Heinrich Bieritz: Im Blickpunkt: Gottesdienst. Theologische Informationen für Nichttheologen. Berlin, 1983

In den meisten Gemeinden gibt es inzwischen Lektoren. Aber, sagt Thomas Bonhoeffer[129], die lesen doch zu schlecht. Das Lesen des Bibeltextes ist aber doch eine so entscheidende Sache im Gottesdienst, daß der Pfarrer oder die Pfarrerin das selbst machen müssen. Wenn man Gerd Westphal Thomas Mann lesen hört, möchte man's glauben. So müßte man einen Bibeltext vorlesen können. Dahinter bleiben natürlich auch Pfarrer und Pfarrerinnen manchmal zurück. Wer Rundfunkgottesdienste vorbereitet hat, weiß, daß der Pfarrer gut tut, wenn er mit den Gemeindegliedern, die dabei mitwirken sollen, vorher übt, damit nicht nur der Klang einer Stimme aus den Lautsprechern tönt. Ich habe immer sehr auf den Klang der Stimmen geachtet. Es ist gut, wenn sie sich unterscheiden. Dann haben wir geübt. Die Lektoren, die den Bibeltext lasen oder einen Teil des Fürbittengebetes mit übernahmen, waren anfangs manchmal etwas irritiert, daß es nötig sein sollte, sich so intensiv um das Sprechen zu bemühen. Nach kurzer Zeit hatten sie selbst einen Riesenspaß daran. Das muß man natürlich mit dem Kassettenrecorder machen. Sie müssen ihre eigene Stimme hören. Sie müssen Verbesserungen feststellen können. Nach kurzer Zeit werden sie begreifen, daß es sich lohnt, zuhause die Verlesung des Predigttextes zu üben, sich vorher anzuhören, wie es wohl klingt.

Ich kenne Lektorinnen, die den Bibeltext so ausgezeichnet lesen, daß sie von Gemeindegliedern hinterher darauf angesprochen werden. Mit den Lektorinnen und Lektoren, die in einer Gemeinde regelmäßig mitwirken, muß man sich ebenfalls in regelmäßigen Abständen zusammensetzen und den Gottesdienst durchsprechen. Wie ist es mit dem Lesen, kann alles gut verstanden werden bis hinten? Sind die Ankündigungen des Bibeltextes so sinnvoll? Sollte man ein Präfamen voransetzen? Wie ist es mit den Fürbittengebeten? Bekommen die Lektoren nur vorgesetzt, was der Pastor formuliert hat, und lesen das dann ab, oder wird, wenn sie beim Fürbittengebet mitwirken, dies auch mit ihnen gemeinsam vorbesprochen?

Natürlich wird der Prediger jetzt unruhig. Es ist schon genug anderes zu tun. Die Predigt erfordert ihre Zeit. Dennoch, es gibt ja auch den Kindergottesdienstvorbereitungskreis. Ist der Gottesdienst so viel unwichtiger? Kann er wirklich vom Pastor allein besser gemanagt werden?

Es muß im Grunde in jeder Gemeinde den Gottesdienstvorbereitungskreis geben. Wir können nicht darüber jammern, daß der Gottesdienst nur theoretisch die Zentralveranstaltung der Gemeinde ist, wenn wir in ihn nicht sehr viel mehr investieren.[130]

---

129 S. o. S. 492
130 Vgl. Axel Denecke: Treffpunkt Gottesdienst. Predigt und Gottesdienst im Kontakt mit der Gemeinde – Anleitungen, Modelle, Materialien. Gütersloh, 1983. Das Buch enthält eine Fülle hilfreicher Anregungen für die Gottesdienstarbeit in der Gemeinde.

Ich habe kürzlich einen Kirchenvorstand erlebt mit z. T. altgedienten Veteranen, die seit zwanzig Jahren dabei sind; der hat erstmals für seine Mitglieder ein Wochenendseminar zur Gestaltung des normalen Sonntagsgottesdienstes veranstaltet. Sie haben einen liturgischen Fachmann dazu eingeladen. Die waren ganz überwältigt, was sie alles nicht gewußt hatten und welch aufregende Sache das Nachdenken über einen Gottesdienst sein kann. Es ist gut, wenn der Kirchenvorstand, das Presbyterium als für den Gottesdienst Verantwortliche, auch wissen, was der Gottesdienst eigentlich ist. Von selbst kommt das nicht. Der Kirchenvorstand ist nicht der Gottesdienstkreis. Er muß nur Verständnis für den Gottesdienst und ein intensives Interesse daran haben. Der Gottesdienstkreis muß sich im wesentlichen aus anderen Mitgliedern der Gemeinde zusammensetzen. Der Pastor und der Kirchenmusiker gehören dazu. Der Kirchenvorstand muß vertreten sein, die verschiedenen Altersgruppen und sozialen Gruppen der Gemeinde sollten ebenfalls repräsentiert sein. Es genügt, wenn solch ein Kreis viermal im Jahr einen Abend zusammensitzt. Wenn es sich dann als sinnvoll, möglich und machbar erweist, kann er öfter tagen. Die Mitglieder dieses Kreises wirken im Gottesdienst, jeweils langfristig vorbereitet, mit. In diesem Kreis werden Rückmeldungen zu den Gottesdiensten gesammelt, Beobachtungen mitgeteilt, Veränderungen angeregt. Die Gottesdienste der kommenden drei Monate werden jeweils vorbedacht und, soweit das möglich ist, vorbesprochen. Hier kann überlegt werden, ob das Gottesdienstangebot reichhaltig genug ist. Es können Reihenpredigten zum Glaubensbekenntnis, zum Vaterunser, zu aktuellen Themen vorbedacht werden. Es lassen sich unterschiedliche Schwerpunkte der Gottesdienste anvisieren.

Wenn der Gottesdienst Treffpunkt der Gemeinde sein soll, dann ist es gut, wenn regelmäßig die verschiedenen Gruppen der Gemeinde im Gottesdienst mitwirken. Auch dies kann im Gottesdienstkreis geplant werden. Solche Mitarbeit der Gruppen kann darin bestehen, daß zum Predigttext des Sonntags Anfragen formuliert werden, die der Pastor rechtzeitig zum Bedenken für seine Predigt bekommt und die Mitglieder des Kreises im Gottesdienst vorlesen. Der Bibeltext kann in dem Kreis bedacht werden, und mehrere Mitglieder tragen die Ergebnisse vor. Der Prediger kann in seiner dann entsprechend kürzeren Ansprache darauf eingehen. Aus dem Bibeltext kann ein Anspiel gestaltet werden. Der Phantasie sind an dieser Stelle keine Grenzen gesetzt.

Durch solche begrenzten Mitwirkungen von Gruppen im Gottesdienst wird der sonntägliche Gottesdienst wertvoller. Es geht hier nicht darum – was man auch machen kann –, durch eine Gruppe einen Gottesdienst in anderer Gestalt und damit als ein gleichsam einmaliges Ereignis zu veranstalten.

Die Aufgabe ist, den üblichen Sonntagsgottesdienst zu bereichern, damit er in verstärktem Maße seinem Auftrag entsprechen kann.

3. Bibel und Gottesdienst

Die Bibel erscheint im Gottesdienst durch den Predigttext. Außerdem werden Evangelium und Epistel gelesen. Das wären also drei Texte. In den Jahren, in denen Evangelium oder Epistel gleichzeitig der Predigttext ist, wären nur zwei Lesungen vorgesehen. In der Regel reichen auch zwei unterschiedliche Lesungen. Nur wenn biblische Texte sich in besonderer Weise ergänzen oder gegenseitig interpretieren, kann man auch drei Texte nehmen.

Nun hat J. Stalmann überlegt, ob man nicht Predigt und übrige Gottesdienstliturgie in der Weise miteinander verbinden könnte, daß man versucht, „z. B. Predigtelemente, wie Texterläuterungen und Beispielsgeschichten, aus der Predigtrede auszugliedern und mit den Lesungen zu verbinden, andererseits die Predigt durch Lieder oder Chormotetten zu gliedern und so das Hören zu verbessern."[131]

Man wird dabei darauf achten müssen, daß der Predigtinhalt auf diese Weise nicht zu sehr den Lesungsteil bestimmt. Aber denkbar wäre durchaus ein Präfamen zu einer Lesung. Es ließen sich auch den Text aufschließende Fragen formulieren. Wiederum ist hier die Frage, wer soll das machen? Soll die Lektorin das vorlesen, was die Pfarrerin erarbeitet hat? Soll sie selber sich etwas ausdenken? Das müßte dann mit der Predigerin abgestimmt werden, ihr jedenfalls bekannt sein. Das muß im Gottesdienstkreis vorbesprochen werden.[132]

Wenn der Chor eine Evangelienmotette singen kann, ist es schön (besonders, wenn man den gesungenen Text verstehen kann), wenn der Lektor nur das Stück liest, das nicht vertont ist, und der Rest dann vom Chor gesungen wird. Das wäre dann vor der Lesung anzukündigen. Auch die Unterbrechung, Umrahmung oder Beendigung der Predigt durch ein passendes Chorstück oder durch ein entsprechendes Orgelspiel des Kirchenmusikers ist hilfreich.

Welche Fassung des Bibeltextes soll im Gottesdienst verwendet werden? Besonders bei Episteltexten neigen Prediger wegen der besseren Verständlichkeit zur Guten Nachricht, Jörg Zinks Übertragung, zu Ulrich Wilkens oder, was es sonst gibt. Epistel und Evangelium (bzw. der an dem Sonntag vorgeschlagene Predigttext) werden im Gottesdienst deshalb gelesen, weil sich ihr Wortlaut einprägen soll. Die meisten Predigthörer haben die verlesenen Texte schon gehört. Gerade bei den Episteln ist es jedoch oftmals schwierig, überhaupt nur einen Satz zu behalten. Sätze können aber nur Wirksamkeit entfalten, wenn sie behaltbar sind. Die Variation oder Ver-

---

131 J. Stalmann, TOP Gottesdienst, a. a. O., S. 117
132 Friedrich Duensing/Peter von der Osten: Präfamina. Hannover, 1980

fremdung des Textes durch eine andere Übersetzung kann ich erst bemerken, wenn ich einen ursprünglichen Wortlaut im Kopf habe. Erst dann wird solch eine Variation reizvoll. Deshalb plädiere ich mit Nachdruck dafür, daß bei der Lesung jetzt jahraus– jahrein dieselbe Übersetzung der Bibel verwendet wird. Der Glaube macht sich an Worten fest. Ich halte die revidierte Lutherübersetzung, die nun auch in den Lektionaren und Perikopenbüchern vorliegt, für die am besten einprägbare Fassung der Bibel. Von ihr sollte nicht abgewichen werden. Das Verständlichere ist nicht immer das, was besser haftet. Oft hakt sich das etwas archaisch Wirkende besser fest. Auf der Kanzel ist es dann durchaus sinnvoll, eine andere Übersetzung vorzuführen, am Vergleich zweier Passagen aus unterschiedlichen Übersetzungen der Gemeinde etwas zu zeigen.

Sollte der Bibeltext im Gottesdienst schriftlich vorliegen? Es gibt in manchen Gemeinden die gute Gewohnheit, daß die routinemäßigen Abkündigungen auf einen Zettel gedruckt werden, damit man sie nicht jedesmal wiederholen muß. Auf diesem Zettel könnte dann auch der Predigttext abgedruckt werden. Manch einer liest ihn gerne mit. Manch einer läßt sich dadurch zu Hause daran erinnern.

Im Anhang zum Evangelischen Kirchengesangbuch, Ausgabe für Württemberg 1985, gibt es jetzt die Predigttexte der sechs Predigtreihen. Wer, was leider abhanden kommt, mit dem eigenen Gesangbuch zum Gottesdienst geht, kann auf diese Weise mitlesen. Da die Predigttexte auch im Losungsbuch der Herrnhuter Brüdergemeine angegeben sind, sprechen mich manchmal Gemeindeglieder an, die den Predigttext vorher gelesen haben und sich Gedanken darüber machten, was der Prediger zu diesem schwierigen Text wohl sagen würde.

Neuerdings wird überlegt, ob man in der Kirche nicht auch zusätzlich zu den Auslegegesangbüchern Auslegebibeln anschaffen sollte. Die Gemeindeglieder könnten dann den Predigttext in der Bibel verfolgen und hätten nicht nur den vorgeschlagenen Abschnitt, sondern könnten auch davor oder dahinter lesen, was da geschrieben ist. Wenn man eine Gemeinde will, die bei der Predigt verantwortlich mitdenkt, ist das nicht falsch.

Die Bibel kommt im Gottesdienst, das weiß der kundige Prediger, auf eine eindrückliche Weise durch die Lieder des Gesangbuches vor. Als Prediger hat man oft eher etwas schematisch und nach den Vorschlägen von Hilfsbüchern die Lieder[133] ausgesucht oder der Kirchenmusiker hat die Liedauswahl und die Auswahl der Verse besorgt. Beim Singen im Gottesdienst merkt man plötzlich, welche erstaunlichen Verbindungslinien sich zwischen den eigenen Predigtgedanken und dem, was in den Versen steht, unerwartet entwickeln können. Dies gilt auch für manche der neuen Lieder.

---

133 Z. B. Texte und Lieder nach der Ordnung der Lesungen und Predigttexte. Kassel, ³1986

Abschließend ist zu sagen: Das Lesen der Bibel im Gottesdienst sollte bewußt in der Absicht geschehen, den biblischen Text der Gemeinde lieb zu machen.

„Der evangelische Gottesdienst ist Ausdruck und Darstellung unserer Beziehung auf den Grund unseres Lebens und also auf das, worüber wir nicht verfügen."[134]

Diese Gottesdienstdefinition von Dietrich Rössler verweist noch einmal darauf, worum es im Gottesdienst geht: um die Beziehung zum unverfügbaren Grund unseres Lebens. In anderer Mythologie gesprochen, darum, daß der Himmel sich über uns öffnet, genauer gesagt, daß das Wort Fleisch geworden ist, daß Jesus der Christus ist. Der Gottesdienst ist das (unverfügbare) Ereignis, daß „unser lieber Herr selbst mit uns redet durch sein heiliges Wort, und wir wiederum mit ihm reden durch Gebet und Lobgesang". (Martin Luther)

---

134 Dietrich Rössler: Grundriß der Praktischen Theologie. Berlin, 1986, S. 391

c) Kasualien

1. Volkskirchliche Gemeinde

Das Urteil über die Bedeutung der Kasualien hängt eng mit der jeweiligen Gemeindekonzeption des Predigers zusammen. Wer nur eine „Kirche der Engagierten" für die wahre Kirche halten kann, wird sich bei Kasualien oftmals mißbraucht vorkommen. Allenfalls könnte er versuchen, die Kasualien als eine Gelegenheit zur Missionierung der Anwesenden aufzufassen. Wenn sich das jedoch wegen der Erwartungen der kirchlich Distanzierten als schwierig und theologisch auch problematisch herausstellt, wie Rudolf Bohren[135] in seinem vehementen Angriff gegen die Kasualpraxis als missionarische Gelegenheit 1960 gezeigt hat, dann kann er nur noch versuchen, die Situation so zu verändern, daß das „Kirche-Sein der Kirche" wieder hergestellt wird. Er muß, so ist Bohrens Vorstellung, auf Wege sinnen, „wie wir der babylonischen Gefangenschaft der Kirche entfliehen, wie wir den Pfarrer von den Kasualien und die Kasualien von den Pfarrern befreien"[136].

Es geht „in einer Änderung der Kasualpraxis nicht um Flickwerk, sondern um Total-Erneuerung der Kirche. . ." Bohren hat bei seinen Überlegungen zwei Stoßrichtungen vor Augen, er möchte die Überforderung der Pfarrer durch die Fülle der Amtshandlungen beseitigen, er möchte aber mehr noch Situationen abschaffen, die das Wort Gottes torpedieren und neutralisieren, weil das Wort selber vor seinem Gesprochen-Werden die Veränderung der Situation erfordert.

„Weil die Kasualrede an der Kasualpraxis hängt, überfordern wir den Redner, wenn wir ein wahrhaftiges Wort von ihm verlangen in einer Situation, die in sich unwahrhaftig ist." Deshalb ist „Streik und Schulung" nötig. Die Kasualien müssen an die Laien delegiert werden. Die Kirche selbst muß wieder Kirche werden.

Dieser Zusammenhang der Überlegungen Bohrens mit der Gemeindekonzeption einer Kirche, die wirklich Kirche ist, also einer Kirche der Engagierten, ist viel zu wenig beachtet worden. Nicht der Ritus als solcher macht die Kasualien suspekt, sondern die Erwartungen der distanzierten Kirchenglieder. „Verlangt wird im Normalfall nicht das Wort des Evangeliums, sondern die Handlung. Dem Pastor aber geht es um die Ausrichtung des Evangeliums. Weil das Reden des Pfarrers zur Handlung gehört, läßt man ihn reden. Was er sagt, ist sowieso mehr oder weniger seine Privatsache. Unter Umständen ist man bereit, pro forma auf die Ansichten des Pfarrers einzu-

---

135   Rudolf Bohren: Unsere Kasualpraxis, eine missionarische Gelegenheit? ThEx. 83/1960
136   R. Bohren, a.a.O., S. 28 f.; s. auch S. 14.18

gehen. Weil man die Handlung des Pfarrers will, nimmt man vieles, was der Pfarrer sagt, gutmütig in Kauf."

Der Pfarrer, der die mangelnde Kirchlichkeit seiner Gemeindeglieder, die sich in ihren Erwartungen oder Nichterwartungen an die kirchliche Handlung zeigt, nicht akzeptieren kann, weil es ihm doch um die Ausrichtung des Evangeliums geht, kann sich nur als ein zum Zeremonienmeister degradierter Verkündiger vorkommen. Er hat es in der Tat schwer. Auch wenn er sich arrangieren muß mit den Verhältnissen, wird er verständlicherweise zwischendurch immer wieder zynisch verärgert oder resigniert auf die Situation reagieren.

Gegen Ende der sechziger Jahre bekam dies Problem eine neue Wendung dadurch, daß nun durch die Kritik neomarxistischer Theologen die These auftauchte, die Funktion der Kirche im Spätkapitalismus bestehe wesentlich darin, gesellschaftlich verursachte Leiden und Frustrationen zu kompensieren, ohne ihre Ursachen zu bekämpfen und zu beseitigen. Solche verfehlte Sozialtherapie zeige ich besonders bei den die wirklichen Probleme verschleiernden kirchlichen Handlungen an den Problempunkten des Lebens, bei Geburt, bei Eheschließung, beim Tod.[137]

Der bei den Kasualien in der Volkskirche amtierende Pfarrer verriet also nun nicht nur das Evangelium, sondern blockierte durch Verschleierung der wirklichen Probleme auch noch die Humanisierung der Gesellschaft. Das hatte durchaus erwägenswerte Wahrheitsmomente. Umso frappierender war dann, wie schnell durch die stärker soziologisch orientierte Betrachtungsweise einer funktionalen Theorie des kirchlichen Handelns der Spieß umgedreht wurde. In der Tat, so wurde nun erkannt, wirkt die Kirche an den Problempunkten des Lebens der Menschen. Aber das, was sie dort tut bzw. tun muß, ist: „Helfende Begleitung in Krisensituationen und an Knotenpunkten des Lebens. Hier geht es einerseits um Bewältigung von akuten Krisen . . . Darüber hinaus geht es um eine öffentlich-soziale Sanktionierung und Interpretation der Wendestationen im Lebensablauf. (Pubertät, Eheschließung, Elternschaft, Trauer usw.)"[138]

Fortan war der Pfarrer derjenige, der in den Kasualien helfende Begleitung zu verwirklichen hat. Das Verschleierungsargument und der als Zeremonienmeister mißbrauchte Pfarrer verschwanden. Allerdings hielten sich Bohrens Überlegungen zu einem Teil in der Diskussion über die Bedeutung des Rituals. Gottesdienstliches Handeln ist durchaus sinnvoll als Ritual zu beschreiben. Standen nun nicht aber Ritus und Kerygma gegeneinander? Die Leute wollen nur den Ritus, der Prediger ist aber für das Kerygma verant-

---

137 Siehe Manfred Josuttis: Praxis des Evangeliums zwischen Politik und Religion. München, 1974, S. 197 f.
138 Karl W. Dahm: Beruf: Pfarrer. Empirische Aspekte. München, 1971, S. 306

wortlich. In welchem Sinne kann es einen Gegensatz zwischen Ritual und Kerygma geben? Dies ist nur dann möglich, wenn es sich bei der Beschreibung des Gottesdienstes und der Kasualien als Ritual nicht um eine wertfreie technische Klärung, sondern um eine inhaltlich bestimmte Aussage handelt. Dadurch, daß z. B. die Handlungen angesichts des Todes von Menschen in anderen Religionen unter dem Begriff des Rituals betrachtet werden, scheinen diesem formalen Begriff auch inhaltliche Eigentümlichkeiten zuzuwachsen. Überall gibt es einen Beerdigungsritus, überall werden dadurch Menschen angesichts der schwierigen Situation, in die sie der Tod von Angehörigen bringt, stabilisiert. Also hat das Ritual eine „stabilisierende Funktion", also steht es im Gegensatz zum Kerygma, das doch eigentlich den Menschen stabilisieren soll. Hier liegt jedoch ein Trugschluß vor. Nicht das Ritual tritt in Gegensatz zum Kerygma, sondern höchstens der andersartige Tröstungsinhalt, der in einem anderen Ritual vorzufinden ist. Es kann also höchstens heidnisches und christliches Kerygma miteinander in Gegensatz treten. Wir sagen ja auch nicht, daß Sprache und Kerygma miteinander in Gegensatz tritt, obwohl doch überall beim andersartigen Reden von anderen Göttern Sprache verwandt wird. Auch wenn Sprache in jedem Fall, sei sie christlich oder nichtchristlich, beruhigend wirken kann, tritt damit nicht Sprache in Gegensatz zum Kerygma, sondern das, was die Sprache sagt. Das Problem bei den Amtshandlungen ist also gerade nicht die Konkurrenz zwischen Ritual und Kerygma. Das Problem ist vielmehr nach wie vor, wie es bei Bohren schon sichtbar war, die Frage, wie eine Volkskirche aus engagierten und distanzierten Kirchengliedern zu beurteilen ist. Soll der Prediger den „verdünnten kirchlichen Erwartungen" der distanziert kirchlichen Gemeindeglieder entgegenkommen, oder verrät er damit das Evangelium und seine eigene Identität?

Es geht also um die Frage, wie christlich oder halbchristlich muß bzw. darf das Ritual sein?

Faktisch entscheiden der Pfarrer und die Pfarrerin diese Frage bei jeder Amtshandlung.

Ich ertappe mich selbst dabei, daß ich mir überlege, ob ich für diese Familie einen neutestamentlichen Auferstehungstext bei der Beerdigung nehmen soll oder lieber, weil sie etwas weiter weg vom christlichen Glauben sind, einen Psalmtext nehme. Auch die Auswahl der Lieder wird ganz unterschiedlich. Oder ich schlage beim Beerdigungsbesuch die Agende auf und sage, ich werde dann vermutlich folgenden Psalm nehmen, beginne den zu lesen, und die einen falten die Hände, weil sie merken, daß der Pastor unauffällig ein Gebet unterbringen will, während die anderen sagen: „Ja, lassen Sie man, das müssen Sie nicht vorlesen, das wird schon richtig sein." Die Frage ist also, darf es oder muß es eine Ermäßigung des Christlichen bei den kirchlich Distanzierten geben? Die Antwort hängt davon ab, welches Kirchenverständnis der Prediger hat und wie er damit umgeht.

Wie oben[139] schon beschrieben, meine ich, daß die „Gemeinde der Engagierten" (die Bohren voraussetzt) für uns keine Möglichkeit ist. Die „Gemeinde der Getauften" umfaßt sowohl Engagierte und Distanzierte. Getaufte missioniere ich nicht, aber ich biete ihnen unmißverständlich die Botschaft des Glaubens an. Was dann bei ihnen aus diesem Angebot des Glaubens wird, versuche ich als Prediger aus theologischen und damit aus den wahrhaft praktischen Gründen nicht zu reglementieren. Was durch das Wort der Predigt im Herzen eines Menschen erreicht wird, kann durch solch eine intentionale Festlegung vermutlich eher gestört als gefördert werden.

Ich bin also der Auffassung, daß der Prediger nicht nur durch die Predigt, sondern wie schon beim Sonntagsgottesdienst durch das ganze Geschehen eines Tauf-, Trau- oder Beerdigungsgottesdienstes der jeweiligen Situation und den jeweiligen Menschen entsprechend zu reden und damit zu handeln versuchen soll. Was das im einzelnen bedeuten kann und was dabei zu bedenken ist, muß hier[140] nicht weiter beschrieben werden.

Mir ist in diesem Zusammenhang nun die Frage wichtig: Gilt der Gesichtspunkt „biblisch predigen" auch für die Kasualansprache. Ist das sinnvoll, und was ist dabei zu bedenken?

2. Bibeltext und Kasus

Kann der Bibeltext Umschlagplatz der Erkenntnis auch in der Kasualansprache sein?

Schaut man sich z. B. Predigtbände mit Beerdigungsansprachen durch, so zeigt sich, daß fast immer bei den Ansprachen Einzelverse gewählt worden sind: Konfirmations- und Trausprüche der Verstorbenen, manchmal kurze Stücke aus den Psalmen, hin und wieder der Psalm 23. Aus solchen Texten werden dann eher abstrakte, allgemeine Hinweise auf die Bedeutung des Leidens, die Kraft des Glaubens und die Hoffnung angesichts des Todes genommen. Bei den Trauungen und den Taufen ist das Bild ähnlich.

Ist es überhaupt richtig, sich auch bei Kasualien dem Bibeltext so intensiv zuzuwenden? Ist das nicht etwas, was in den Sonntagsgottesdienst gehört, bei dem für die Ansprache mehr Zeit zur Verfügung steht, bei der die Erwartung der Kerngemeinde dem Tun des Predigers entspricht? Allenfalls könnten die

---

139   S. o. S. 358 f.

140   Siehe u. a.: Bernhard Klaus/Klaus Winkler: Begräbnishomiletik. München, 1975; H. W. Dannowski, Kompendium der Predigtlehre, a. a. O., S. 84 ff.; Manfred Josuttis: Praxis des Evangeliums zwischen Politik und Religion. München, 1974, S. 188 ff.; ders.: Der Pfarrer ist anders. München, 1982, S. 107 ff.; Götz Harbsmeier: Was wir an Gräbern sagen. (1947). In: Ders.: Anstöße. Theologische Aufsätze aus drei Jahrzehnten. Göttingen, 1977, S. 64 ff.

regelmäßigen Gottesdienstbesucher noch Verständnis dafür haben, wenn bei Kasualien ausführlicher auf einen Bibeltext eingegangen wird. Aber geschieht gegenüber den kirchlich Distanzierten nicht genau das, was Bohren befürchtet hat, daß eine Situation ausgenützt wird? Die Menschen kommen mit einer ganz bestimmten Erwartung, sie wollen eine kirchliche Handlung. Und nun wird ihnen ausführlich ein biblischer Text vorgelegt. Ist nicht die Erfahrung, daß die Hörer diese Prüfung dann über sich ergehen lassen und aufatmen, wenn der Prediger wieder zur Sache kommt? Am eindrücklichsten stellt sich diese Frage bei der Beerdigung.

Das Konzept „biblisch predigen" kommt an dieser Stelle noch einmal auf den Prüfstand. Ist es möglich, in der Situation andersartiger Erwartung die im Text überlieferte Glaubenserfahrung erfahrbar als Lebens- und Glaubenshilfe weiterzugeben? Oder ist das eine Überforderung der Prediger und der kirchlich distanzierten Hörer?

Welche Funktion hat der biblische Text angesichts der Erwartungen und Bedürfnisse der Menschen. Wolfgang Trillhaas sagt: „Der Text muß mehr sagen, als was sich die Beteiligten zu dem gegebenen Anlaß selber sagen können. Er muß ein Element des Unerwarteten, des Nicht-Selbstverständlichen an sich haben; er muß über die veranlassende Situation hinausweisen. Wenn der Text das leistet, wird er zur Wohltat, und das sollte das Kennzeichen des Evangeliums sein."[141]

Der Bibeltext ist die für den Kasus hilfreiche fremde Nachricht. Sie ist mehr, als die Hörer wissen. Sie ist auch mehr, als der Prediger von sich aus weiß. Er ist auch in dieser Situation der Anwalt der Hörer *und* der Anwalt des Textes.

Zur Textwahl erklärt Trillhaas, ob die Frage nach einem Wunsch der Betroffenen, z. B. eines Brautpaares, in jedem Falle den Weg zum richtigen Text weist, mag fraglich sein. Für kurze Texte spricht die Faßlichkeit; werden sie einprägsam ausgelegt, können sie lange nachwirken. „Aber auch lange Texte, z. B. die Perikope des vorausgegangenen oder des kommenden Sonntags, finden oft eine frappante Aktualisierung, wenn man sie kühn zum Text einer Kasualpredigt macht."[142]

Für die Vorbereitung der Kasualansprachen kann ich mir in der Regel nicht viel Zeit nehmen. Eine Stunde muß reichen. Gleichzeitig weiß ich aber, dies ist eine für die Betroffenen wichtige Situation. Da ist es sinnvoll, auf die für mich gerade wichtigen und erprobten Gedanken zurückzugreifen. Es ist vernünftig, einen der Texte zu bedenken, mit denen ich gerade intensiv befaßt bin.

Aber was ist mit dem Kasus, der besonders bei der Beerdigung ein solches Gewicht bekommen kann, daß alles andere an den Rand gedrängt wird? Der

141 Wolfgang Trillhaas: Einführung in die Predigtlehre. Darmstadt, 1974, S. 71
142 W. Trillhaas, a. a. O., S. 71

Prediger muß das ernst nehmen. Es ist nicht angemessen, wenn der Prediger in einer Art theologischer Trotzhaltung und unterschwelliger Aggressivität fast nichts zu dem verstorbenen Menschen sagt, aber lange und ausführlich biblische und theologische Gedanken entwickelt. Auch mancherorts unabhängig von der Predigt verlesene Lebensläufe können dem Prediger keinen Freiraum verschaffen, sich nun „dem Eigentlichen" zuzuwenden und der Gemeinde das beizubringen, was sie noch nicht weiß.

Die beiden Brennpunkte der Kasualansprache sind der Kasus und der Text. Der eine legt den anderen aus, hin und her, und man wird sehen, in welchem Sinn in solch einer Situation Gott das letzte Wort behält. Aber die Gefahr, die in der Aufnahme konkreter gegenwärtiger Lebenserfahrung in der Predigt liegt, zeigt sich bei der Kasualpredigt, besonders bei der Beerdigung, noch einmal mit ganzer Wucht. Verdrängt das Gewicht des Todesfalles die biblische Aussage?

„Ich denke an eine Beerdigung, an der ich teilnahm. Ein Mann hatte sich in tiefer Depression erhängt. Während der Gemeindpfarrer behutsam über das Geschehene sprach – ich stand hinten und konnte die Gemeinde sehen –, war es totenstill. Er schilderte in Andeutungen, wie die Ehefrau immer wieder versucht hatte, ihrem Mann zu zeigen, daß er gebraucht, daß er geliebt wird. Es hatte morgens, wenige Stunden bevor ihn die letzte Depression anfiel, noch ein Gespräch gegeben zwischen den Eheleuten. Noch einmal hatte sie ihm gesagt, wie leer ihr Leben ohne ihn sein würde. Dann war sie, wie so oft, einkaufen gegangen, und als sie zurückkehrte, war es zu spät. Wir waren alle von dem Geschehen ergriffen, die Gemeinde saß fast bewegungslos da. Der Pastor sagte dann: ‚Und doch, all die Worte, die sie ihm sagten, was sie für ihn tun wollten, haben ihn zuletzt nicht erreicht. Was ist es mit uns, wenn es sein kann, daß auch unsere Liebe, das Beste, was wir wollen, dem anderen nicht helfen kann? Und wir merken ja, die Angst schlägt auf uns zurück. ‚In der Welt habt ihr Angst.' Das verstehen wir. Und ich will jetzt erst das andere sagen, wo es nicht mehr als billige Vertröstung verstanden werden kann, denn die hilft nicht. Wenn wir fragen: Gibt es denn keinen Ausweg?, dann heißt es hier: ‚Ich habe die Welt überwunden!' Vielleicht müssen wir das noch aufmerksam hören. Nicht wir überwinden die Welt und was uns in ihr Angst macht, sondern er: ‚Ich habe die Welt überwunden.' Das ist vielleicht befremdlich, aber doch wohl wahr: Nicht ihr, sondern ich. Für euch wird es immer so sein, daß ihr Angst habt, daß die Angst über uns zusammenschlägt – und trotzdem, es gilt: ‚Ich habe die Welt überwunden!' Da ist eine Hoffnung, ein Glaube, daß die Angst, das, was uns Angst macht, nicht das letzte Wort ist . . .' usw.

Es waren kaum die ersten Worte des hier wörtlich zitierten Abschnitts gesagt – ich habe mir das Manuskript der Ansprache hinterher erbeten –, als der Geräuschpegel deutlich anstieg. Die Leute räusperten sich, die Bänke knarrten, man schaute verstohlen zum Nebenmann hin. Die Spannung war vorüber. Jetzt ,predigte es' wieder. Das war bekannt. Oder war es nicht mehr so wichtig?"[143]

Also müßte alles Trachten des Predigers darauf gerichtet sein, daß er mit dem biblischen Text so umgeht, daß er für die Hörer im Bezug auf diesen Fall wichtig wird.

Nun darf dies kein äußerlich zu erfüllendes Gesetz werden. Es geht ja nicht einfach darum, dem Bibeltext zu seinem Recht zu verhelfen, sondern es geht darum, mit Hilfe der im biblischen Text überlieferten Glaubenserfahrung den Menschen, die in einer bestimmten Situation sind, zu helfen. Und nur wenn wir davon überzeugt sind und es als Prediger selbst erfahren haben, daß in diesem Text eine Wahrheit enthalten ist, die wirklich hilft, ist diese Stellung des Bibeltextes wirklich gerechtfertigt. Es gibt ja genügend Predigten, in denen das ohne diese zentrale Stellung des Bibeltextes gelingt.

H. W. Dannowski weist mit Recht auf die Predigt von Dieter Schupp[144] hin, in der die Höllenfahrt eines Trinkers, eines Menschen, dessen Sterben niemanden traurig gemacht hat, dadurch verhindert wird, daß der Prediger die Gedanken der Hörer schmerzhaft klar um diese Gestalt und ihre eigene Einstellung dazu kreisen läßt. Das ist tief beeindruckend, und darin ist die Erfahrung der Zuwendung des Gottes, der sich auch den durch eigene Schuld Verstoßenen zuwendet, implizit voll enthalten. Zudem muß man immer bedenken, daß beim Kasualgottesdienst auch die Lieder, die verlesenen Bibeltexte und die Gebete ihre die Situation mit bestimmende Wirkung haben. Dennoch ist in der volkskirchlichen Situation, in der Menschen anwesend sind, die mit den geprägten Kurzformeln des Glaubens wenig oder nichts verbinden, die verständliche Erschließung des biblischen Textes durch die bezeugend erklärende Rede des Predigers wichtig.

Fragt man Teilnehmer einer Beerdigung Wochen später, über welchen Bibeltext der Pastor gepredigt hat, so haben sie ihn in der Regel vergessen. Dieselbe Erfahrung kann man mit Taufeltern machen, wenn der Taufspruch nicht schon vorher im Gedächtnis der Eltern besonders verankert war. Dies ist nur ein Indiz für die marginale Rolle, die der Einzelvers bei der Ansprache in der Regel spielt. Die im folgenden abgedruckte Taufpredigt von Rainer Bungenstock wird vermutlich nicht so schnell von den Beteiligten vergessen werden:

Liebe Gemeinde, wie das wohl gewesen wäre, damals in Judäa, wenn Waltraud und Albert-Wilhelm Oest ihre Mareike auf den Arm genommen hätten und hätten sie zu Jesus gebracht: Papa und Mama und das kleine Mädchen zu Jesus, der unser Leben hell machen kann und in Ordnung bringen?

---

143 H. Hirschler, konkret predigen, a. a. O., S. 9 f.
144 Horst Nitschke (Hrsg.): Am Grabe. Gütersloh, 1975, S. 122 ff.

Auf dem Arm hätten sie sie getragen und hätten gut auf sie aufgepaßt, weil da noch viele andere Eltern waren, ein richtig großes Gedränge. Und dann hätten sie sie immer näher rangetragen an diesen Mann. Und dann wären sie da gewesen. Wie das dann wohl gewesen wäre?

Mareike hätte wohl erst ein wenig gezögert. Das war ihr alles so neu, die vielen Menschen, die unbekannten Gesichter, Stimmen, die ihr nicht vertraut waren. Und auch dieser Mann da, den kannte sie ja auch nicht. Und deshalb hat sie sich den erst mal richtig angesehen, ganz lange, wie Kinder sich die Großen erst einmal ansehen, mit großen Augen, ganz unverschämt. Festgehalten hat sie sich dabei bei der Mama und dann, wie um noch mal ganz sicher zu gehen, hat sie noch einmal geguckt: Was ist das für einer, was will der mit mir, was hat der mit mir vor?

Und Jesus, was hat der getan und gesagt? Du, Mareike, hat der gesagt, kleine Mareike! Und die Mareike hätte große Augen gemacht. Der redet ja mit mir. Der sagt ‚Mareike‘ zu mir, wie Mama und Papa. Der kennt mich ja schon. Du, Mareike, kleiner Mensch!

Da hat die Mareike gespürt, irgendwie gespürt, daß der es nicht böse meint, und hat die Mama losgelassen, erst noch ganz zaghaft, dann immer mehr, und dann ist sie bei Jesus auf dem Arm, und der hat sie gehalten, und sie hat sich bei ihm wohlgefühlt, und gelacht hat sie auch.

Was bist du für ein schönes Kind! Wie einzigartig und wunderbar bist du gemacht! Alles, was du zum Leben brauchst, hast du. Deine Eltern werden an dir merken, wie gut Gott ist und wie dankbar sie sein können.

Und die Eltern hätten sich so richtig von Jesus verstanden gefühlt: Ja, so ist das. Wie haben wir uns gefreut, als sie sich anmeldete, unsere Tochter, und wie waren wir froh und dankbar, als sie dann geboren wurde und gesund war. Da haben wir Gottes Liebe gespürt. Da konnten wir von Herzen danke sagen. Dieser Mann versteht uns, an den wollen wir uns halten.

Und so, als ob Jesus gemerkt hätte, was die Eltern dachten, sagte er: Ich weiß wohl, daß ihr euch auch fragt, wie das weiter geht mit eurem Kind und was wohl alles wird. Ich weiß wohl, daß ihr manchmal auch Angst habt um euer Kind und daß ihr euch Sorgen machen werdet. Aber: So wie jetzt, wo ihr euch geborgen und aufgehoben fühlt und wo ihr voller Dankbarkeit seid, weil ihr Gottes Freundlichkeit merkt, so ist Gott in Wahrheit auch dann, wenn ihr davon nichts merkt, auch wenn die Welt für euch einmal dunkel wird, auch wenn die Sorgen kommen und die Tränen, auch wenn ihr vor großen Fragen steht.

Nehmt mein Wort: Ich steh' dafür ein.

Und dann sah Jesus auf all die andern Eltern, die mit ihren kranken und behinderten Kindern gekommen waren und die weinten und ganz verzweifelt waren: Ihr seid nicht allein und erst recht nicht eure Kinder, denn Gott ist in Wahrheit mit ihnen und kennt sie alle, weil sie seine Geschöpfe sind.

Glaub mir, Mareike, so wie dich kennt der auch sie alle und hat sie lieb.

‚Kennt auch mich und hat mich lieb . . .‘ So hörte man es von überall her. Ich bin ihm nicht egal. Einer kümmert sich. Einer sorgt sich. Einer weiß um mich. Der nimmt mich, wie ich bin. Und ein großes Aufatmen ging durch die Menge, und alle wollten sie zu Jesus hin, damit er sie segnete.

Aber was geschah da? Warum ließ man die Leute nicht zu ihm hin? Wer hielt sie zurück, alle, die mühselig und beladen waren?

Nun, eine ganze Reihe von Männern und Frauen redeten plötzlich auf die ein, die zu Jesus wollten, und hielten sie von ihm ab.

Einer rief: Hört doch nicht auf den und dessen Niedlichkeiten! Daß wir getrost leben können . . . welch ein Hohn! Ich kann nicht getrost leben. Ich habe Angst, Angst vor einer schlimmen Krankheit, Angst um meine Gesundheit. Und nicht nur ich: Viele sind's mit mir. Wie soll ich getrost leben, wo mich die böse Nachricht jeden Tag treffen kann. Da ist keine Sicherheit unter uns. Blind schlägt das Schicksal zu. Bleibt hier und seht zu, wie ihr anders zurecht kommt.

Und eine alte Frau, die schrie es heraus: Mich kennt keiner mehr! Abgeschoben haben sie mich. Alleingelassen bin ich im Heim. Und nun sitze ich da in meinem Zimmer. Tag für Tag und Nacht für Nacht. Meine Kinder kennen mich nicht mehr. Ich habe keine mehr.

Und ein anderer: Ich bin 53, und letzte Woche hat man mir gekündigt. Was mache ich nun? Wer will mich denn schon? Altes Eisen, zu nichts mehr zu gebrauchen. So sagen sie es zwar nicht, aber sie meinen es so. Ich glaub' an nichts mehr, auch wenn der noch so viel redet.

Und alle die, die zu Jesus wollten, die zögerten plötzlich und stockten, so wie wir alle jetzt wohl gezögert haben und ins Stottern geraten sind. Denn, haben nicht die recht, die so reden?

Könnte nicht jeder von uns jetzt aufstehen und auch von solchen oder ähnlichen Erfahrungen erzählen, die all dem, was Jesus da sagt, ins Gesicht schlagen? Und müssen wir heute nicht einfach schon deshalb von diesen bedrückenden Erfahrungen reden, weil wir der kleinen Mareike gegenüber ehrlich sein wollen, die wir getauft haben? Denn die wird in ihrem Leben ja auch erfahren, was es heißt, einsam und verlassen zu sein, Menschen zu begegnen, die es böse mit ihr meinen, zu weinen, am Ende zu sein und nicht mehr ein noch aus zu wissen.

Wenn dann Mareikes Paten und ihre Eltern, ihre Verwandten und Freunde redlich und offen mit ihr über Gott sprechen wollen, dann müssen sie ja auch solche bösen Erfahrungen mit dem vermitteln und aneinanderbringen können, was Jesus von Gott erzählt hat. Wie verhalten sich diese Erfahrungen von Sinnlosigkeit und Leid, von Ungerechtigkeit und Schmerz zu dem, was Jesus über die Liebe Gottes und seine Nähe zu uns Menschen gesagt hat? Geht das beides überhaupt zusammen oder schließt das eine das andere aus? Um das weiter zu bedenken, müssen wir uns noch ein wenig weiter hineindenken in die Geschichte, die sich abgespielt hat, als die Eltern ihre Kinder zu Jesus brachten und einige sie dran hindern wollten. Denn: Trotz aller Warnungen, trotz aller Bedenken sind welche dann doch noch zu Jesus gegangen, als dieser sagte: ‚Laßt die Kinder zu mir kommen und hindert sie nicht daran, denn ihnen gehört das Reich Gottes.‘ Die Eheleute Oest sind ja auch gekommen und haben ihre Mareike mitgebracht zu diesem Jesus. Ich kenne die beiden, und ich weiß, die wollen ihre Tochter gewiß nicht einem traumtänzerischen Phantasten, sondern einem, der zum Leben helfen kann, unterstellen. Und die beiden Eltern wissen auch, daß zum Leben auch das Leiden gehört, zu ihrem Leben und zum Leben ihrer Tocher, natürlich, wer wollte das bestreiten.

Ja, in dessen Nähe soll unsere Mareike sein und in dessen Nähe soll sie bleiben. Seinen Namen soll sie tragen und in seiner Gemeinde soll sie Erfahrungen machen, weil wir ihm, Jesus von Nazareth, seinen Gott glauben. Wir glauben ihm, daß, was Menschen bedrückt und kaputtmacht in dieser Welt, nicht das letzte ist, was über diese Welt gilt. Wir glauben ihm, daß Tränen am Ende abgewischt werden. Wir glauben ihm, daß Unrecht nicht auf ewig sein wird. Wir glauben ihm, daß Tod nicht Ende, sondern Anfang ist.

Ja, und warum? Warum gerade diesem glauben? Vielleicht, weil gerade er glaubwürdig ist und nicht leichtfertig über uns und unser Leben und das, was es bedroht, redet?

Vielleicht, weil er selbst den Weg eines Menschen ging bis zum bitteren Ende?

Vielleicht, weil er selbst gelitten hat, wie ein Mensch leidet?

Vielleicht, weil es ihm Ernst war mit dem, was er sagte, todernst.

Ja, deshalb kamen sie alle zu ihm damals in Judäa, und deshalb kommen auch heute diese Eltern mit ihrem Kind, deshalb bin ich zu ihm gekommen und, wenn er will, kommen viele von Euch auch zu ihm. Das wäre schön.“[145]

Es ist beachtlich, was der Prediger in dieser Predigt alles untergebracht hat. Es ist keine Frage, daß solch eine Ansprache sowohl von Mitgliedern der Kerngemeinde wie von kirchlich Distanzierten mühelos verstanden werden kann. Die Eltern und Paten werden diese Szene, daß Mareike zu Jesus gebracht wird, nicht so schnell vergessen. Wem das zu kitschig vorkommt, der sollte sich in mittelalterliche Altarbilder und Bilder von Lucas Cranach vertiefen.

---

145   Rainer Bungenstock: Nichts hindert, zu Jesus zu kommen. Markus 10, 13 ff. In: Heinz-Dieter Knigge/Horst Nitschke: Erzählende Kasualreden. Gütersloh, 1983, S. 17 ff.

Oft sind Kirchenjahreszeiten oder der Bibeltext vom Sonntag derart anschaulich und hilfreich, daß sie eine ganze Kasualansprache prägen können. Wenn z. B. eine Predigerin vor Weihnachten einfach jene Gedanken, die sie sich über die Weihnachtsgottesdienste macht, in eine Kasualansprache hineinnimmt, und die Situation eines an den Rand gestoßenen Menschen in der Weihnachtsgeschichte wiederfindet, dann kann dies für die Hörer erhellend sein.[146]

Wolfgang Lück hat vermutlich in der Osterzeit die folgende Predigt gehalten:
Motiv: Den geliebten Menschen loslassen müssen und dennoch nicht verlassen sein
Text: Lukas 24,29
Ehepaar ohne Kinder, beide um die fünfzig, zweite Ehe. Die emotionalen Bindungen beschränken sich auf das Verhältnis der beiden Ehepartner untereinander. Der Ehemann hat seine Frau nach Dienstschluß tot auf dem Sofa gefunden. Natürlicher Tod oder Selbstmord? Die Ehefrau war nervenkrank. Wunsch des Ehemanns: Ganz kurze Grabrede.

Erlauben Sie mir, daß ich mich vor allem an Sie, sehr geehrter Herr ... wende, jetzt, da wir von Ihrer Frau den letzten Abschied nehmen müssen. Ich kann mir gut vorstellen, wie Ihnen zumute ist. Alles hat Sie mit Ihrer Frau verbunden. Sie nahm den größten Teil ihres Herzens ein. Ja, sie war ein Stück von Ihnen selbst. Da ist es entsetzlich schwer zu begreifen, daß sie nun nicht mehr da ist, daß der Tod zwischen Sie beide getreten ist. Sie war ein Stück von Ihnen selbst. Dieses Ereignis droht Sie zu zerreißen.

Aber Sie müssen es begreifen. Sie müssen begreifen, daß der Tod Ihrer Verbindung ein Ende gemacht hat. Sie müssen sie aus Ihrem Herzen vertreiben – so hart das klingen mag. Es geht nicht anders. Sie müssen begreifen, daß auch Ihre Frau ein Mensch war, der sterben muß, wie wir alle sterben müssen. Jedem Menschen ist durch den Tod die Grenze gesetzt, die niemand übersteigen kann. Sie nicht und niemand. Und ich bin sicher, auch Ihre Frau würde so zu Ihnen sprechen. Auch sie würde sagen: Laß mich los. Sie würde das sagen, weil sie Sie liebgehabt hat. Sie würde das sagen, weil sie merkte, daß Sie sonst nicht weiterleben können. Sie müssen sich innerlich von ihr trennen, jetzt da Sie sie nicht mehr von Angesicht sehen, mit ihr von Mensch zu Mensch sprechen können. Sie müssen es tun. Vielleicht in einem anderen Leben, in einer anderen Welt, werden Sie sich in anderer Gestalt wiedersehen. Jetzt aber sind Sie getrennt voneinander.

Ich möchte Ihnen mit einem Bibelwort helfen, diese Trennung zu vollziehen. Sie kennen die kleine Geschichte von den Jüngern, die nach

146 Vgl. die Predigt von Dorotha Margenfeld in: H. D. Knigge/H. Nitschke, a. a. O., S. 92 f.

dem Tode Jesu nach Emmaus gehen. Unterwegs reden sie von dem, den sie verloren haben. Sie rufen sich gegenseitig ins Gedächtnis, was er ihnen bedeutet hat. Und sie werden traurig darüber. Das ist nun alles vorbei. Sie wissen nicht, wie es weitergehen soll. Wie betäubt sind sie vor Schmerz. Da gesellt sich zu ihnen ein Dritter. Sie berichten ihm von ihrem Kummer. Sie spüren, daß sie verstanden werden, und fassen Mut und Vertrauen. Als sie an einen Scheideweg kommen, will sich der neue Weggefährte von ihnen trennen. Da sagen sie: Bleibe bei uns, Herr, denn es will Abend werden und der Tag hat sich geneigt." Sie wollen den Menschen, der Ihnen Trost und Vertrauen gab, nicht verlieren. Und er bleibt. Er ißt mit ihnen zu Abend. Und als er das Brot bricht, wird ihnen klar: Das ist Jesus, der, um den sie so getrauert hatten. In dem Moment entschwindet er ihren Blicken. Die Jünger aber sind froh und glücklich. Sie hatten sich von dem Menschen Jesus nicht trennen können und erfuhren, daß zwar der „Mensch" Jesus nicht bei ihnen bleiben konnte, aber der Herr Jesus sie nicht verlassen hatte.

Ich weiß nicht, ob Ihnen diese Geschichte jetzt gleich hilft. Aber vielleicht kann sie Ihnen ein Wegweiser sein. Vielleicht lernen Sie im Laufe der Zeit an dieser Geschichte, daß Sie Ihre Frau nicht festhalten können, daß Sie aber dennoch nicht verlassen sind.

Einen Menschen können wir nicht festhalten. Die Jünger konnten Jesus nicht festhalten, Sie können Ihre Frau nicht festhalten. Aber was die Jünger erfuhren, das können auch Sie noch erfahren: Wir haben einen Menschen verloren – gleich wie er heißt – und sind dennoch nicht allein. Die Jünger fanden an der Stelle ihres großen Meisters den „Herrn aller Welt", den Herrn über Leben und Tod. Darüber wurden sie froh. Ich meine, daß auch Sie diesen Herrn finden könnten, da Sie einen Menschen verloren haben. Auch Sie können wieder froh werden. Vertrauen Sie sich ihm an! Geben Sie auch Ihre Frau in seine Hand! Dann können Sie weiterleben.[147]

Der Prediger hat die Erzählung vom Gang der beiden Jünger nach Emmaus in diese Predigt eingebaut. Eine Beerdigungspredigt muß eigentlich immer drei Stücke enthalten:

A: Den Tod vor Gott beklagen.

B: Den Toten vor Gott erinnern.

C: Gott als Herrn über den Tod feiern.

Und durch A, B und C trösten und am Ende andeuten, wie es weitergeht.

Wenn man diese Essentials der Beerdigungsansprache in der Predigt sucht, dann merkt man, der Punkt A, der die Solidarität des Predigers mit den

---

147 Wolfgang Lück in Horst Nitschke (Hrsg.): Am Grabe. Gütersloh, 1975, S. 117ff.; vgl. besonders die Analyse der Ansprache von Juerg Kleemann mit wichtigen Hinweisen

Leidenden, darin Gott Anklagenden, innerlich Verstörten beinhaltet, fällt fast ganz aus. Es heißt sehr oft: Sie müssen, Sie müssen! Das weiß der Hinterbliebene sowieso, was er muß. Aber sein Problem ist ja, daß er es nicht kann. Deshalb braucht er zunächst jemanden, der an seiner Seite steht, der seine Klage teilt. Der ihm zeigt, wie sie immer Klage (und Anklage) Gott gegenüber ist. Diese Klage hat ihr Recht. Es ist in dieser Ansprache auch der Teil B fast ganz ausgefallen. Auch das ist beängstigend. Der Tod bedeutet auch, daß das Leben eines Menschen nun vor Gott ewig ist. Es ist nötig, in der Beerdigungsansprache dies exemplarisch darzustellen. Nicht indem man den Lebenslauf wiedergibt. Nur das nicht. Aber so, daß man typische Situationen des Verstorbenen herausgreift und beschreibt. Der Verstorbene muß noch einmal lebendig werden in der Beerdigungsansprache.

Gut finde ich die Idee des Predigers, nun den Text Lukas 24, 13 ff., entschlossen in die Ansprache hineinzunehmen. Der Prediger will mit dieser Geschichte etwas. „Vielleicht lernen Sie im Laufe der Zeit an dieser Geschichte, daß Sie Ihre Frau nicht festhalten können, daß Sie aber dennoch nicht verlassen sind." Dies und die weiteren Überlegungen sind der Versuch, die Erzählung auf den Fall anzuwenden. Man merkt auch in der Erzählung, daß er versucht, sie ein wenig in Richtung auf den vor Schmerz betäubten Trauernden hinzuerzählen. Dennoch denke ich, in diesem Umgang mit dem Bibeltext ist noch zu wenig von den Erschließungserfahrungen, die eigentlich aus der Osterpredigt vorhanden sein müßten, zu spüren. Dadurch, daß die ganze Predigt dem Trauernden ein Gesetz auferlegt – „Sie müssen es begreifen" –, wird der Bibeltext auch gesetzlich. „Sie können Ihre Frau nicht festhalten." Dies ist ja die Wahrheit. Die Toten sind tot, und kommen nicht wieder. Und ein wesentlicher Teil der Trauerarbeit ist, damit zurechtzukommen. Diese Gesetzeserfahrung jedoch gehört in die Klage hinein. Der Ostertext jedoch birgt eine unglaubliche Überraschung. Da bricht etwas durch von der Erfahrung: Das Leben Gottes hat doch das letzte Wort. Nur wenn der Trauernde etwas von dieser Erfahrung fassen kann, weiß er, daß die, die er tot sein lassen muß, im Lichte des Lebendigen steht. Das will der Prediger sagen. Deshalb finde ich die Aufnahme solch einer Erzählung in die Beerdigungspredigt ausgesprochen glücklich.

Es gibt noch einen anderen Grund, warum die Aufnahme von Bibeltexten, die einem gerade aktuell durch den Kopf gehen, in die Predigt sinnvoll ist. Schaut man sich seine Kasualpredigten nach zwei oder drei Jahren einmal durch, so ergibt sich eine beachtliche Monotonie des theologischen Schlußteils. Immer dieselben Begriffe. Immer dieselben Kurzformeln, hinter denen bei mir als Prediger natürlich Erfahrungen stehen. Aber diese Erfahrungen werden überhaupt nicht mehr transportiert. Wer im Dorf beerdigen muß und dadurch bei jeder Beerdigung etwa den gleichen Teilnehmerkreis hat, kann sich das sowieso nicht leisten. Da ich regelmäßig Ordinationsansprachen zu halten habe – auch eine Form von Kasualrede – und immer wieder Pastorinnen und Pastoren dabei sind, die auch schon bei früheren Predigten dabei waren, ist das Wiederholen schon geläufiger Gedankengänge auch für den Ordinator nicht besonders glücklich. Ein erfahrener älterer Kollege riet mir, mich doch ganz bewußt jedesmal auf den jeweiligen Bibeltext zu konzentrieren. Das ist sehr hilfreich. Das gilt auch für andere Kasualien.

Das folgende ist eine Ordinationsansprache, bei der der ordentliche Predigttext des Sonntags zufällig ein den Lesern dieses Buches nicht ganz unbekannter Text war.

Ordinationsansprache,
Matthäus, 14, 22–33
  Liebe Gemeinde!
Dieser für unseren heutigen Sonntag vorgesehene Predigttext ist – so denke ich – ein wunderbarer Bibeltext für solch eine Ordination.

Wir wollen uns zunächst einmal in diesen Bibeltext vertiefen. Das ist eine Situation, wie sie die junge christliche Gemeinde immer wieder neu erlebt hat. Die Jünger Jesu sind, eine kleine Schar, in einem Boot draußen auf dem offenen Meer. Sie haben das deutliche Gefühl, Jesus ist nicht bei uns. Sonst wären wir nicht so wenige, sonst würden die Wellen nicht so hoch gehen, sonst wäre nicht alles so gegen uns. Wenn Christen diese Geschichte gehört haben, wie die Jünger sich da auf dem See mit dem Gegenwind abquälen, dann haben sie zu allen Zeiten gedacht: Ja, das kennen wir auch, so kommt man sich manchmal vor, wenn man sonntags mit zehn oder zwölf Leuten im Gottesdienst sitzt, wie so ein paar Leutchen in einem kleinen Kirchenschiff, in einer Welt, die sich um dieses Schiffchen überhaupt nicht zu kümmern scheint. Man kann diese Jünger verstehen. Es ist dunkel. Sie haben durch den Gegenwind nur geringe Aussichten, ans andere Ufer zu kommen. Die Wellen gehen hoch.

Es ist ja eine seltsame Geschichte. Wir wissen nicht, wie sie wirklich gewesen ist. Wir wissen auch nicht, wieso Jesus da auf dem Wasser gehen kann. Es gibt Leute, die haben vermutet, diese Geschichte sei eigentlich eine alte Ostergeschichte. Jesus sei den Jüngern nach seiner Kreuzigung irgendwie auf See erschienen. Es gibt solch eine Erscheinung am See beim Evangelisten Johannes. Warum ist diese seltsame Geschichte weitererzählt worden? Sicherlich deshalb, weil die Christen in Notzeiten sich darin wiederfinden konnten. Das Besondere ist nun, was der Evangelist Matthäus anders als Markus mit dieser Geschichte macht, daß er nicht nur von Jesu Kommen auf dem Wasser erzählt, sondern auch von Petrus. Ich denke, mit diesem Stück hat der Matthäus zeigen wollen, daß es zu wenig ist, wenn man in solchen Situationen nur auf Jesus sieht, sondern das muß sich auch für mich auswirken. Was hilft es, wenn Jesus auf dem Wasser gehen kann und sich vor Sturm und Wellen nicht fürchten muß. Bin ich Jesus? Petrus ist der, mit dem ich mich vergleichen kann. Und Matthäus erzählt, wie Petrus das probiert. Und wie er erlebt: Wenn man auf diesen Herrn, diesen Christus schaut, dann kann man durch die Nacht und durch die Dunkelheit und durch das, was einen ängstet, hindurchgehen, als wäre es nicht da. Na, denken wir, ob das stimmt? Und dann kommt diese unwahrscheinliche Szene, in der es heißt: Als er den Wind und die Wellen sah – da hatte er also nicht mehr auf Christus geschaut, sondern auf die Schwierigkeiten, auf das, was ihn bedroht – da sackt er ab. Genau, das kennen wir alle. Manchmal trägt der Glaube eben nicht. Und was macht der Petrus da? Er macht das, was alle Christen in solch einer Situation tun. Er ruft Kyrie eleison, genau gesagt an dieser Stelle: Kyrie soson me, Herr rette mich, Herr erbarme dich, Herr hilf mir doch. Und Jesus packt ihn und sagt: Kleingläubiger, warum bist du so furchtsam? Und sie gehen zu den Jüngern ins Boot, und alle in diesem Kirchenschifflein begreifen plötzlich, wo wirklich Hilfe ist, und sie beten ihren auferstandenen Herrn an.

In der Universitätskirche in Heidelberg ist ein riesengroßes Bild, gemalt von dem Maler Hans Thoma, das diese Szene zeigt, wie Jesus kommt und Petrus untergehend ihm die Hände entgegenstreckt. Und jeder weiß, daß ist keine Geschichte von früher, sondern das ist eine Geschichte, die mit meinem Leben zu tun hat. Wenn ich in den Schwierigkeiten meines Lebens unterzugehen drohe, dann kann ich zu Christus rufen und kann ihn um Hilfe bitten. Eine wunderbare Szene!

Was hat das nun mit dieser Ordination zu tun? Nun, ich denke, das läßt sich schon ahnen. Es ist ja zuerst eine gute Aussage für diese Gemeinde. Das heißt nämlich, ganz gleich was einer christlichen Gemeinde geschieht, ganz gleich, was einzelnen Christen zustößt, immer ist dieser Herr da, der uns begleitet. Und nichts anderes hat ein Prediger zu tun! Er hat immer nur zu sagen: Christus ist bei dir.

Nun ordinieren wir heute jemanden zum Pastor. Da ist es gut, wenn wir uns mit dem beschäftigen, was die christliche Kirche ist, und was ein Pastor ist. Die christliche Kirche ist eine Gemeinschaft, die von der Erfahrung lebt, daß Christus, so wie es diese biblische Geschichte sagt, für uns da ist. Und das ist das Allerwichtigste.

An diesem Abend sind wir eigentlich alle ein wenig stellvertretend hier. Solch eine Ordination ist ja ein grundsätzliches Geschehen. Der Herr K., der viele Jahre studiert hat und sich über viele Jahre vorbereitet hat auf diesen Dienst, wird in dieser Gemeinde noch nicht fest angestellt. Er wird heute abend zunächst gleichsam grundsätzlich zum Pastor gemacht. Er wird als Verkündiger des Evangeliums gesandt. Sie stehen hier als Gemeinde für alle die Gemeinden, in denen Herr K. später einmal noch Dienst tun wird. Die Pastoren, die mit ihren Talaren hier eingezogen sind, sind stellvertretend für die Gemeinschaft der Prediger, zu der er nun gehören wird. Und ich bin hier als derjenige, der für die Landeskirche steht. Wir werden ihn nachher, zwei von den Pastoren, zwei aus Ihrem Kirchenvorstand und ich stellvertretend für alle segnen und senden, wir werden für ihn beten, daß sein Dienst gelingt. Denn es soll deutlich werden, das ist nicht etwas, das er sich selbst einfach ausgesucht hat oder wo er sagen könnte, hoppla, da komme ich nun, sondern wir beauftragen ihn mit dem Dienst, das Evangelium von Jesus Christus in Wort und Sakrament weiterzugeben.

Nun kann sich jeder unschwer vorstellen, wie das ist, wenn man so neu in eine Gemeinde kommt. Da kommt man sich vielleicht auch ein wenig vor wie des Nachts auf einem großen Meer, und Gegenwind wird es auch manchmal geben. Deshalb sind mehrere Dinge wichtig. Einmal, daß man solch einen Pfarrer nicht allein läßt. Es gibt einen wunderschönen Text von Martin Luther, der ja immer gesagt hat: Alle Gemeindeglieder sind durch die Taufe zu Priestern geweiht. Luther sagt: „Unser Pastor singt öffentlich und deutlich die Ordnung Christi beim Abendmahl. Er nimmt das Brot und Wein und dankt und teilt es aus und gibt es in Kraft der Worte Christi: Das ist mein Leib, das ist mein Blut. Und wir, die das Abendmahl nehmen wollen, wir knien neben, hinter und um ihn her, Mann, Frau, jung, alt, Herr, Knecht, Magd, Eltern und Kinder, wie uns Gott hier zusammenbringt. Allesamt sind wir heilige Mitpriester durch Christi Blut geheiligt und durch den Heiligen Geist geweiht in der Taufe. Wir lassen unseren Pfarrherrn nicht allein für sich, als wenn er dort nur für seine Person stünde und spräche die Ordnung Christi, sondern er ist unser aller Mund. Alle sprechen die Worte Christi mit ihm von Herzen und mit aufgerichtetem Glauben zu dem Lamm Gottes, das da für uns und bei uns ist und uns speist mit seinem Leib und Blut."

Das ist eine wunderschöne Beschreibung. Sie sagt etwas davon, daß eine Gemeinde zusammen mit dem Prediger predigt und nachdenkt, das Abendmahl mitverantwortet und den Glauben mitverantwortlich weitersagt.

Ich denke, das ist heute besonders wichtig. Denn manchmal haben wir Prediger heute das Gefühl, daß die Gemeinde denkt: Für den Glauben da ist der Pastor zuständig. Das ist dann so, als wenn man eben einen Spezialisten hat. Man repariert ja auch die elektrische Geschirrspülmaschine normalerweise nicht selbst. Und so ist das dann auch mit dem Glauben. Das macht eben der Pastor. Aber ich denke, dies ist geradezu verheerend für unseren christlichen Glauben. Denn der Pastor kann den Glauben nicht weitergeben. Der Glaube wird ganz anders weitergegeben. Der wird in den Familien weitergereicht. Da zeigt sich nämlich, ob der Glaube etwas bedeutet. Da zeigt es sich, worauf wir uns verlassen. Ob all unser Denken nur um das Geld kreist. Oder ob wir nur mit unserer Gesundheit beschäftigt sind. Oder ob man uns anmerkt, daß wir durch das alles hindurch etwas davon wissen, daß man sich in schwierigen Situationen wie Petrus auf dem Meer an Christus hält. Ob das Gebet etwas bedeutet.

Wie man sich gegenseitig tröstet, wenn einer Angst hat oder krank wird.

Die christliche Nachricht heißt: Nehmt diese Geschichte von der Erscheinung Jesu in der Dunkelheit, im Sturm, in der Nacht auf dem Meer, nehmt das als eure deutlichste Glaubenserfahrung. Ihr könnt euch auf diesen Christus mehr verlassen als auf alle anderen.

Davon soll Herr K. nun reden. Davon soll er den Konfirmanden etwas beibringen. Davon soll er in den verschiedenen Kreisen erzählen. Und Sie als Gemeinde dürfen das von ihm erwarten. Jeder weiß, man muß erst einmal miteinander ins Gespräch kommen. Herr K. wird nachher vor dem Altar versprechen, daß er das Beichtgeheimnis und die seelsorgerliche Verschwiegenheit wahren wird. Wenn das Vertrauen dann gewachsen ist, dann kann man zu ihm hingehen und mit ihm reden. Es ist gut, wenn Sie mit Herrn K. jetzt viel reden. Ich denke, er fürchtet sich nicht davor. Es ist ja heute schön, daß fast die ganze Gemeinde hier in der Kirche versammelt ist. Ich denke, Sie sollten auch nicht das Gefühl haben, daß sich Herr K. vor zu vielen Menschen fürchtet und deshalb an den kommenden Sonntagen nur in ganz kleiner Besetzung da sein. Ich glaube, der freut sich, wenn viele da sind. Ich wünsche Ihnen, Herr K., und dieser Gemeinde, daß Sie miteinander gut ins Gespräch kommen, und daß Sie miteinander diese Erfahrung machen: Wir sitzen in einem Boot und rudern zusammen, auch wenn der Wind und die Wellen uns manchmal entgegen sind.

Wir wissen, Christus ist für jeden von uns da, gerade dann, wenn wir's am wenigsten glauben können. Denn dies Wort stimmt: Seid getrost ich bin's, fürchtet euch nicht.[148]

3. Bibel und Medien

Ein kurzer Blick nur unter dem Gesichtspunkt unseres Themas soll auf die Ansprachen im Radio und im Fernsehen geworfen werden.[149]

Bei Übertragungen von Gottesdiensten gelten keine anderen Gesichtspunkte als sonst in der Sonntagspredigt. Man sitzt nur länger dran. Die

---

148 Horst Hirschler: Ordinationsansprache am 4. Stg. n. Epiphanias 1987 in Oster-hagen. Matthäus 14, 22–33

149 Siehe im übrigen H. W. Dannowski, Kompendium der Predigtlehre, a. a. O., 1985, S. 88 ff.; Horst Albrecht: Kirche im Fernsehen. Kommunikationsforschung am Beispiel der Sendereihe „Das Wort zum Sonntag". Hamburg, 1974; ders.: Arbeiter und Symbol. Soziale Homiletik im Zeitalter des Fernsehens. München, 1982

Morgenandacht und das „Wort zum Sonntag" sind als Kurzbesinnungen (3 bis 4½ Minuten Länge) jedoch noch etwas ganz anderes. Der Zwang, in verhältnismäßig kurzer Zeit etwas Verständliches zu sagen, zwingt den Sprecher zu genauer und prägnanter Rede. Er muß in kurzer Zeit den Zuhörern etwas vor Augen stellen können. Entscheidend ist angesichts dieser, den Kasualien vergleichbaren Zuhörerschaft, so erdverbunden wie möglich zu reden. Es müssen alltägliche Erfahrungen, Gedanken, Vorstellungen angesprochen werden. Was einer da sagt, muß verständlich sein für möglichst jeden, und es soll dabei keine Ermäßigung der christlichen Wahrheit geben.

Für solche kurzen Stücke bieten sich persönliche Erlebnisse, Schilderung von Gesprächen, literarische Szenen als besonders hilfreich an.

In der Regel werden im „Wort zum Sonntag" keine Bibeltexte in den Mittelpunkt des Nachdenkens gestellt. Sie stehen allerdings vielfach hinter dem Gesagten oder werden in knapper Form angedeutet. Zumeist werden allgemeine sozialethische oder individualethische Themen angesprochen. Es wird, wenn Kirchentag ist, der Kirchentag zum Thema gemacht, die Versöhnung mit der Sowjetunion, der Besuch des Papstes, Martin Luther Kings Ermordungstag, das Verhältnis zur Dritten Welt, Umgang mit der Angst, du sollst dir kein Bildnis machen, was bedeutet Ostern, Altwerden, Weihnachten festhalten, Volkstrauertag usw.

Einen biblischen Text in den Mittelpunkt zu stellen, ist beim „Wort zum Sonntag" selten, bei den Rundfunkandachten liegt es näher. Beim Wort zum Sonntag kann eine nicht unberechtigte Überlegung sein: Koche ich – wenn ich nun ein Bibelwort in den Mittelpunkt des Nachdenkens stelle – nicht zu sehr das Süppchen des Vereins Kirche? Bekommt das, was ich hier sage, vielleicht einen zu innerkirchlichen Anstrich? Es kann ja nicht darum gehen, das Medium in solch einem Zusammenhang einfach als einen erweiterten Kirchenraum aufzufassen. Besonders die Stellung, die das Wort zum Sonntag im ersten Programm und nach der abendlichen Tagesschau hat, bedeutet, daß eine Zuhörerschaft erreicht wird, die zum weitaus größten Teil aus Kirchengliedern der verschiedenen Konfessionen besteht, aber zunehmend auch von solchen, die außerhalb der Kirche stehen. Da muß das, was ich sage, als kirchlich deutlich erkennbar sein, in seiner Thematik aber so, daß deutlich wird, ich gehe davon aus, daß dies auch für einen relevant ist, der kein bekennender Christ ist.

Nun ist aber andererseits deutlich, daß wir alles tun müssen, damit die Bibel nicht noch mehr zu einem Geheimbuch für besonders Fromme wird. Das hat die Bibel nicht verdient, dafür ist auch ein weit verbreitetes Empfinden vorhanden.

Von daher war es gut, daß im Lutherjahr 1983 sogenannte prominente Persönlichkeiten ausgewählte Abschnitte der Bibel in der Fassung der Übersetzung Martin Luthers vorgelesen haben. Obwohl diese Reihe zu mitternächtlicher Stunde gesendet wurde, soll die Einschaltquote deutlich höher als üblich gewesen sein.[150]

Es ist nötig, daß der biblische Text zwischendurch immer wieder ganz selbstverständlich eingebracht wird. In der Art, wie wir mit der Bibel in der Öffentlichkeit umgehen, wie alltäglich plausibel das ist, was wir dazu sagen, zeigt sich, was wir davon halten. Diese Überlegung bedeutet nicht, daß ein „Wort zum Sonntag" oder eine Rundfunkandacht, die ohne Bibeltext von einem allgemein christlichen Verständnis her bestimmte Themen unserer Welt anspricht, auch nur in irgendeiner Weise weniger gut wäre. Nichts wäre verfehlter als dies. Die Ansprache ohne Text muß immer eine kundig geübte Möglichkeit sein. Aber der Bibeltext darf auch vorkommen.

Manchmal kann einen die Angst überfallen, daß biblische Geschichten schon viel zu bekannt sind. Ich denke, dann muß man das direkt ansprechen. Es zeigt sich in der Regel, daß gerade die bekannten Geschichten, sorgfältig betrachtet, besonders viel hergeben.

Morgenandacht 1985

Im Lukasevangelium steht eine der bekanntesten Geschichten des Neuen Testaments, die Geschichte von Zachäus, dem Zöllner. Die kennen Sie wahrscheinlich alle, wie der, klein und dick, wegen der Menge Jesus nicht sehen kann, vorneweg läuft, auf einen Maulbeerbaum klettert, von Jesus entdeckt und, obwohl die ordentlichen Leute murren, heruntergebeten wird, und Jesus lädt sich bei ihm ein, und dieser Oberzöllner Zachäus bekehrt sich auch noch.

Aber der Reihe nach: Wenn man den Zachäus, den kleinen Oberzöllner, gefühlsmäßig unterbringen will, muß man am besten an einen Waffenschieber oder so etwas Ähnliches denken. Er ist einer, der mit der römischen Besatzungsmacht kollaboriert, dabei auf unanständige Weise durch bösartiges Auspressen armer Leute reich wird und von daher höchstgradig unsympathisch ist.

Man kann die Leute verstehen, die da an der Straße stehen, daß sie zornig sind. Das sind ja die anständigen, die geistlich interessierten Leute, die es sich nicht leicht machen mit ihrem Glauben. Die hätten gern mit Jesus geredet. Aber der bleibt erst stehen, als er den Zachäus auf seinem Baum sieht. Und ausgerechnet bei dem muß er dann einkehren. Als sie das sahen, überliefert Lukas, murrten sie alle und sprachen, bei einem Sünder ist er eingekehrt. Man kann ja auch wirklich fragen, ist das nicht eine tiefe Ungeschicklichkeit von Jesus? Kann man von daher nicht gut verstehen,

---

150 Friedrich Wilhelm Wandersleb: Aus der Bibel öffentlich vorgelesen. In: Horst Hirschler/Günter Linnenbrink (Hrsg.): Die Bibel weckt Gemeinde. Hannover, 1984, S. 146 ff.

daß sich bei seiner Kreuzigung kein allgemeiner Volksaufstand erhob? Es muß doch in einer Gesellschaft deutlich sein, was gut und böse ist. Und wenn einer in so ärgerlicher Weise solch einen reichen Bösewicht bevorzugt, dann gerät doch alles durcheinander.

Aber nun zu Zachäus. Das ist ja das Unerwartete an der Geschichte, daß uns ein umwerfend sympathischer Übeltäter vorgeführt wird. Was ist nur in diesen seltsamen Menschen gefahren? Es kann sich nur um den Geist Gottes gehandelt haben. Wenn man das liest, kommt einem das vor wie ein Traumtanz. Ein übel beleumdeter Oberzöllner läuft voraus, klettert auf einen Baum wie ein Gassenjunge. Unmöglich. Ich höre das Gelächter der Leute, höhnisch und staunend. Was ist dann mit dem los? Auf den Baum, um Jesus zu sehen!?

Zachäus nimmt Urlaub von seiner Fassade: Er hat keinen Stolz mehr, er hat nur noch ein Interesse. Und dieses Interesse läßt ihn ganz menschlich werden, sympathisch. Wie wird er sonst hinter seinem Schreibtisch gesessen haben, unnahbar.

Die Befreiung des Zachäus von sich selbst beginnt schon, als er da auf diesen Baum klettert. Und er, der Jesus sehen wollte, wird nun von Jesus gesehen: Zachäus, steig eilend herunter, ich muß heute in deinem Hause einkehren. Das ist ein Augenblick, als wenn einem das Herz vor Freude aussetzt. Und er stieg eilend herunter und nahm ihn auf in sein Haus mit Freuden.

Und dann passiert etwas, was alle ordentlichen Leute natürlich außerordentlich befriedigt, in seiner Begeisterung sprudelt es nur so aus ihm heraus: Ich mache alles wieder gut, die Hälfte von meinem Besitz gebe ich den Armen, und wenn ich jemanden betrogen habe, das gebe ich vierfach zurück. Hoffentlich schafft er das. Aber das ist seine Sache.

Denn das Große an dieser Geschichte ist ja: Wer mit Jesus ernsthaft in Berührung gekommen ist, dem wird nicht vorgeschrieben, was er nun tun soll, sondern dem wird eine ganz große innere Zuversicht gegeben, die ihn frei macht, nun vernünftig das zu überlegen, was ihm und dem Nächsten hilft. Und da stimmt es dann ja wirklich, wenn Jesus am Schluß sagt: Heute ist diesem Haus Heil widerfahren! Uns übrigens auch.[151]

Die aufgeführten Beispiele müssen für sich selber sprechen. Ich denke, es lohnt sich auch in den Medien immer wieder zu versuchen, für das Durchdenken der alltäglichen Wirklichkeit einen Bibeltext in den Mittelpunkt zu rücken.

---

151   Horst Hirschler: Morgenandacht im NDR. Lukas 19, 1–10. 1985

D Die Gestaltung biblischer Predigt

I. Die Vorstellung von der Predigt

a) Die Sprache der Predigt

Fragt sich der Prediger – was er selten tut, stets aber als Vorstellung im Hinterkopf hat – was er denn wohl mit seiner Predigt am Sonntag erreichen möchte, dann fällt ihm ein Bündel von Wünschen ein:
- fröhlich müßte die Predigt die Leute machen;
- in einer tiefen Weise, versteht sich;
- alle müßten sich angesprochen fühlen können;
- für den Alltag grundlegend wichtig müßte die Predigt sein;
- die Hörer müßten aus ihrer Enge auf einen weiten Raum gestellt werden (Psalm 31,9);
- auf neue Gedanken müßten sie kommen können;
- der Kopf müßte ihnen auch zurechtgesetzt werden – das auch;
- etwas zu lachen müßte es geben;
- sie müßten empfinden können, daß Gott sie meint;
- im Glauben sollten sie gestärkt werden.

Mit solchen oder ähnlichen Wünschen geht der Prediger an die Arbeit. Sein Handwerkszeug ist die Sprache. Welche Sprache braucht er für die Predigt, um ein wenig von dem zu erreichen, was er sich wünscht.

Er braucht die Sprache der Menschen, die unter der Kanzel sitzen. Er braucht sie, weil er ja Anwalt der Hörer ist. Die Menschen sind aber sehr unterschiedlich, und er hat doch nur seine eigene Sprache. Er kann jedoch seine Sprachkompetenz ausbauen.

Der Prediger ist dafür verantwortlich, daß seine Sprache für die Predigt brauchbar ist. Es ist klar, daß der Prediger mit seiner Sprache nicht vom Schreibtisch kommen darf. Eine Sprache ist keine „Schreibe".

Das weiß der Prediger. Aber das Erstellen einer zusammenhängenden Gedankenfolge hat er am deutschen Besinnungsaufsatz gelernt. Das schlägt ein Leben lang durch. Statt eine Predigt zu machen, schreibt er ein Manuskript. Eine Predigt ist etwas anderes. Sie ist in der Regel keine druckreife Rede. Wäre sie druckreif, wäre sie für den Hörer viel zu dicht. So schnell kann der nicht mitdenken. Auch der Prediger übrigens nicht. Deshalb muß er seine eigenen Gedanken vorlesen. Er kann sie in dieser Dichte nicht behalten. Wenn der Prediger aber das Manuskript als Gedächtnisstütze nutzend, die Gedanken auf der Kanzel frei und neu formulierend entwickelt, dann sagt er mehr als man für den Druck braucht, aber genauso viel, wie der Hörer verstehen kann. Es geht gemächlicher, die Predigt hat Redundanz (das Überschießende). Wo es nötig ist, wird dasselbe noch einmal mit anderen Worten gesagt.

Nein, vom Schreibtisch her darf der Prediger nicht auf die Kanzel kommen.

Wie aber ist es mit dem Gelesenen? Darf der Prediger aus dem Lesezimmer auf die Kanzel kommen? Ich habe oben genug dazu geschrieben.[1]

Es ist für die Predigt geradezu notwendig, daß der Prediger liest. Aber lernt er durch Lesen Sprache? Nimmt er die Sprache eines Textes überhaupt wahr, wenn die Augen über die Zeilen gleiten und er den Inhalt zu erfassen trachtet? Ich denke, er muß vorlesen. Ich stelle mir vor, er geht zu seiner Frau und sagt, du hör dir mal an, was der Horst Albrecht da ausgegraben hat:

„Beinahe sechzehn Jahre waren jetzt vergangen, seitdem ich auf dem Stahlwerk angefangen hatte, und der Meister ging mir mit der besten Arbeit vorbei und gab sie einem jungen Anfänger . . . Da kam ich mir vor wie Daniel in der Löwengrube und wußte mir nicht zu helfen, da schrie ich zum Herrn, aber der Herr hörte mich nicht. Da arbeitete ich trostlos noch eine Woche weiter bis Sonnabend, wo es wieder Geld gab, aber das langte eben zum Kostgeld, und ich konnte die Steuer noch nicht bezahlen. Da wußte ich keinen Rath mehr, und als ich am Sonntag früh aufstand, da wusch ich mir kaum ein wenig die Hände und Gesicht und zog keine andern Kleider an, und las den ganzen Tag bis zum späten Abend bald in der Bibel, bald im Gesangbuch, bald im Gebetbuch; aber sobald ich aufhörte, ging die Angst wieder los. Da schrie ich diese Nacht abermals zum Herrn, aber da hörte er, und ich vernahm seine Stimme: ‚Was fehlt dir?‘ Da sprach ich: ‚Herr, hilf mir, denn ich verderbe.‘ Da sprach der Herr zu mir: ‚Verderben ist besser als nicht glauben, weil du nicht glaubst, darum verdirbst du; ich habe dich auserwählt und dir meinen Namen offenbart, und noch willst du nicht glauben. So du der sein willst, der du bist, so werde ich sein, der ich sein werde. So säume nun nicht länger und mache dich auf und werde Licht, in diesem Zeichen wirst du siegen.‘ Da sprach ich: ‚Ach Herr, wie soll ich das anfangen‘, da antwortete Gott der Herr und sprach: ‚Wenn du heut nach deiner Arbeit kommst und siehest den Meister, so spreche seinen Namen aus und nimm die Form und haue sie auf den Tisch und rufe laut aus: Hier Schwert des Herrn und Gideon! Ich will monatlich über hundert Mark verdienen! Hier ist keine Ordnung! Hier muß man ja bei der Arbeit verrecken! Wenn du solches thust, so will ich mit dir sein.‘ Da tröstete ich mich, als ich das gehört hatte, . . . da ging ich beherzt nach der Arbeit. Da hatte ich erst wenige Steine geformt, da sah ich den Meister . . . Da that ich wie mir Gott geboten hatte und sprach laut dem

---

1 S. o. S. 239 ff.

Meister seinen Namen aus und schwang die Form mit beiden Händen über den Kopf und haute sie hernieder auf den Tisch und rief mit großem Nachdruck die Worte aus, die mir befohlen waren ... Da wich mit einem Male die schreckliche jahrelange Spannung von mir. Ich fühlte mich ganz plötzlich frei und leicht und wohl, und merkte, daß der Herr mit mir war und daß ich hier nicht kaputt gehen sollte."[2]

Und während er das vorliest, bekommt seine Stimme den schweren Klang dieses Arbeiters. Und die Szene bleibt ihm im Kopf hängen: Haut die Form auf den Tisch, und ruft Schwert des Herrn und Gideon? Eine irre Szene. Die Sprache der Predigt ist oft viel zu dürr. Das Vorlesen hilft zum Einüben in neue Sprache. Aus dem Vorlesen darf der Prediger auf die Kanzel kommen.

Aber mehr noch muß er im alltäglichen Sprechen der Menschen zu Hause sein. Das ist in diesem Buch oftmals angeklungen. Der Prediger muß auf die Sprache des Alltags achten. Zunächst auf seine eigene alltägliche Sprache. Die ist möglicherweise gar nicht so weit von vielen unter seiner Kanzel entfernt. Was wir alltäglich sagen, kann recht erdverbunden sein.

„Der Wasserhahn tropft dauernd. Der Sechzehnjährige steht mit der Kombizange davor und bekommt den Hahn nicht ab. Mensch, paß auf, mach das nicht kaputt. Den Drehknopf kannst du doch abziehen. Ja, einfach packen und runterziehen. Und dann dies Zierstück, das bekommst du mit der Hand runter. Nimm das Fensterleder da. Hast du denn den Hahn da unten abgesperrt? Nein. Den mußt du erst zudrehen, sonst hast du gleich hier die schönste Überschwemmung. Und jetzt diese kleine Spange da. Das geht nur mit dem Schraubenzieher. Ja, so rausziehen. Jetzt müßten wir einen Schraubenschlüssel haben. Mit der Zange vermurkst du ja den ganzen Sechskant. Warte, mach mal den Lappen da rum. So. Siehste, dies Gummiding, das dichtet ab. Und da sitzt der Dreck. Und deshalb tropft das dauernd. So, nun wieder rein das Ganze. Den Pinökel da wieder reinschieben. Die Ziermuffe. Ja, und nun den Knopf. So, siehste, paßt, wackelt und hat Luft. Was ist los? Das läuft nicht. Na, der untere Hahn. So, für das nächste Mal weißt du's!"

Etwas anders verläuft das Sprachgeschehen, wenn es dem Vater nicht gelingt, sich dem Sohn als handwerklicher Könner zu präsentieren!

Dies ist die Sprache der Macher. Besser noch ist es, auf die Sprache des Widerfahrnisses zu achten. Was sage ich eigentlich bei der Krankheit, die mich trifft. Wie rede ich, wenn es mir dreckig geht? Der Prediger kennt die Umgangssprache bei sich.

Aber wie kaum ein anderer hat er Gelegenheit, Alltagssprache aus allen Schichten zu hören, wenn er imstande ist, Menschen nach dem zu fragen,

---

2 H. Albrecht, Arbeiter und Symbol, a.a.O., S. 156

worin sie kompetent sind. Kompetent sind sie in ihren Berufen. Kompetent sind sie in ihrer Biographie. Kompetent sind sie in ihrem Leiden. Wenn ich bei meinen Besuchen danach frage, erlebe ich ausgesprochen anschauliches und kompetentes Erzählen. Man kann fragen, ist es richtig, daß der Seelsorger nicht nur auf den Inhalt des Erfragten achtet, sondern auch noch darauf, in welcher Sprache es erzählt wird. Ich habe das nie als ein Problem empfunden. Es gehört das Sprechen ja ganz entscheidend zur Person des Sprechenden. Darin zeigt sich sehr viel. Wenn man einmal begonnen hat, darauf zu achten, behält man das Gesagte zusammen mit der Sprache in Erinnerung.[3]

Auch Dieter Schupp wird aus diesem Grunde seine Szenen so wörtlich berichtet haben. Die Sprache gehört mit zum Erleben.

Was hat der Prediger davon, wenn er in dieser Weise Alltagssprache der anderen im Gedächtnis hat? Er weiß, wie seine Hörer, besonders jene, die aus anderen Sprachgewohnheiten kommen als er, ihre Lebenswelt persönlich beschreiben. Das kann er auf der Kanzel gebrauchen.

„Man kann", schreibt Horst Albrecht, „nur von Arbeitern erzählen, wenn man Zugang zu ihnen hat, wenn man sie aufsucht und ihnen zuhört. Man bekommt dabei sehr viel zu hören. Und wenn das auf die Kanzel kommt, so wie es gesagt ist, stellt man damit auch niemanden bloß, wenigstens nicht den Arbeiter, der so gesprochen hat. Arbeiter können das, was sie betrifft, ohnehin sehr viel besser sagen als Menschen aus der Mittelschicht. Wer meint, er müsse die Sprache von Arbeitern erst auf ein anderes Niveau erheben, bevor er sie wiedergibt, der mißachtet und zerstört sie ... Damit ist schon gesagt, daß man eigentlich nur frei erzählen kann. Wer selber vor sich sieht, Szene für Szene, wovon er zu reden hat, der kann davon auch erzählen. Die wichtigste Vorbereitung auf die Erzählung ist deshalb nicht ein Manuskript, sondern Konzentration. Vielleicht sollte ich außer ‚Konzentration' auch ‚Aufmerksamkeit' sagen. Aufmerksamkeit für die Menschen aus der sozialen Unterschicht, auf die ich treffe. Wenn ich sie treffe und dabei aufmerksam bin, kann ich dabei etwas erleben und erfahren. Mein Erlebnis und meine Erfahrung sind der Ursprung meiner Erzählung. Ich erzähle dann etwas, wofür ich selber einstehen kann! So habe ich es erlebt, so ist es wahr."[4]

Dies sehr verdienstvolle Buch schließt mit einer Predigt, in der Erfahrungen mit einem italienischen Gastarbeiter berichtet werden, der Waldenser ist. Diese Predigt zeigt in ungewöhnlich packender Weise, was es bedeutet, wenn der Prediger sich in andere Gesprächs- und Lebenswelten begibt und

---

3 S. o. S. 239ff.
4 H. Albrecht, Arbeiter und Symbol, a.a.O., S. 228f.

zuhört und zusieht, und dies als einer tut, der von der Botschaft des Neuen Testaments angesprochen ist. (S. 230 ff.)

Muß man die Vorstellung von der sachgemäßen Sprache, aus der heraus der Prediger seine Predigt gestalten soll, nicht eher am Vortrag, an der ernsthaften Analyse, am offiziellen Reden orientieren? In der Nähe des Vortrags und der Vorlesung ist der Prediger allerdings meist schon durch sein Studium und durch die vortragsähnliche Gestaltung der evangelischen Predigt. Aber das ist doch eine predigtfremde Erfahrungswelt.

Es ist Visitation in einer kleineren Stadt. Dazu gehört der Besuch im Rathaus. Wir sind mit den Pastoren und anderen Mitarbeitern eingeladen. Auf der anderen Seite der Bürgermeister, Vertreter des Rates. Es werden offizielle Reden gewechselt. Das Verhältnis von Kirche und Kommune. Wie ist die Zusammenarbeit im diakonischen Bereich? Wie sieht es mit der Arbeitslosigkeit aus? Gibt es Möglichkeiten einer weiteren Industrieansiedlung? Was machen sie mit den jungen Menschen, die arbeitslos sind? Gibt es die Notwendigkeit von Arbeitsloseninitiativen von kirchlicher Seite?

Analysen, Strukturprobleme, soziale Aufgaben. Auch dies kann seinen Ort in der Predigt haben, wie es seinen Ort in der Zeitung oder in der Rede vor dem Rat hat. Dennoch muß es in der Predigt noch anders vorkommen. Da genügt nicht die abstrakte Beschreibung der Probleme. Es muß vielmehr so geredet werden, daß es den Einzelnen persönlich angehen kann. Also muß der Prediger davon berichten, was ihn denn an diesem oder jenem Problem persönlich so angesprochen hat, daß er meint, dies müsse nun in der Predigt gesagt werden. Dazu muß er von konkreten Menschen erzählen. Er muß erfahrbar beschreiben, was z. B. Arbeitslosigkeit für einen einzelnen Menschen bedeutet. Er muß der Gemeinde Konkretes vor Augen stellen, damit sie sich unter den allgemeinen Beschreibungen, den Prozentzahlen der Arbeitslosigkeit das vorstellen kann, was dem Prediger daran wichtig ist.

An dieser Stelle ist ein kurzer Hinweis auf den Umgang des Predigers mit konkreter und abstrakter Rede erforderlich.[5]

Der Prediger ist in der Regel von seiner Ausbildung her, aber auch aufgrund der in seiner gesellschaftlichen Schicht beim öffentlichen Vortrag üblichen Verhaltensweise auf das Reden in abstrakten, zusammenfassenden Begriffen gedrillt. Die begrifflich abstrahierende und distanzierende Art zu reden gehört zu den Spracheigentümlichkeiten der Mittel- und Oberschicht in unserer Gesellschaft. Es handelt sich dabei um eine zunächst positiv zu beurteilende sprachliche Kompetenz. Es ist ja nötig und sinnvoll, daß wir die vielen Einzelerfahrungen des Wirklichen unter zusammenfassende Begriffe und Gesichtspunkte versammeln können. Dies ist eine ganz wesentliche menschliche Fähigkeit. Dadurch jedoch, daß sie gleichzeitig zum sprachli-

---

5 Vgl. H. Hirschler, konkret predigen, a. a. O., S. 11 ff.

chen Verhalten einer ganz bestimmten, mit größeren Einflußmöglichkeiten und größerer Macht ausgestatteten Schicht wird, kommen gleichsam sprachfremde Elemente hinzu. Die abstrakte Rede wird zu einem Ausweis für Bildung, für Gelehrsamkeit, für Durchblick. Es ist nicht schlecht, wenn der Prediger den Durchblick hat. Der Predigthörer kann sich darüber nur freuen. Und wenn er weiß, was der Prediger an Konkretionen vor Augen hat, die ihn überzeugen, wird er solche Rede in abstrakten Begriffen verstehend aufnehmen können. An dieser Stelle jedoch liegt das Problem.

Wenn abstrakte Rede, abgesehen von ihrer nützlichen Funktion, auch noch gleichzeitig ein schichtenspezifisches Merkmal ist, dann wird ihre Funktion als sprachliche Hilfe leicht vergessen. Wenn dann hinzukommt, daß Erzählen, konkrete Erfahrungen schildern als nicht so seriös gilt, ist die Gemeinde arm dran. Zur abstrakten Rede muß der Hörer die Konkretion immer selbst hinzudenken. Manchmal stellt sie sich gleichsam von selbst ein. Wenn bei der Beerdigung der Prediger sagt: „Sie hat viel gelitten", dann ist das eine abstrakte Aussage, aber jeder weiß, was konkret dahintersteht. Das ist jedoch nicht immer so. Deshalb muß vom Prediger verlangt werden, daß er beides immer wieder neu einzuüben bemüht ist. Er muß auf der einen Seite die konkrete Erfahrung und die Situation von Menschen deutlich und anschaulich beschreiben können. Er muß auf der anderen Seite ebenfalls mit der zusammenfassenden Rede kundig und so, daß die Hörer aus den verschiedenen Schichten es verstehen können, umzugehen bemüht sein. Das abstrakte Reden darf bei ihm nicht den Eindruck machen, als wolle er sich über die an diesem Punkte weniger gebildeten Glieder seiner Gemeinde erheben.

Nun ist es längst die Frage, ob wir nicht beim Nachdenken über Sprachsituationen, an denen sich die Predigt orientieren muß, endlich zum Raum der gemeindlichen, der kirchlichen Sprache kommen müssen. Das ist selbstverständlich richtig. So sehr, daß es schon wieder ein Problem ist. Jemand, der aus dem Kreis der Distanziert-Kirchlichen in unsere Gottesdienste kommt – z. B. weil ein verstorbener Angehöriger abgeküdigt wird, – hat, wie man auch als Prediger oftmals geradezu mit Händen greifen kann, das Empfinden, daß er in dieser Sprachwelt nicht mehr zuhause ist. Die Gefahr, daß die Kirchengemeinde eine gesellschaftliche Subkultur wird, muß deutlich gesehen werden. Dies gilt für alle Formen engagierten Christseins. Solche subkulturellen Sprachgewohnheiten stellen sich genau so beim Bibelkreis der Landeskirchlichen Gemeinschaft, wie bei der sich progressiv verstehenden Friedensgruppe ein. In den vertrauten Begriffen solcher Gruppensprache sind vielfach konkrete Erfahrungen zusammengefaßt und symbolisch aufgehoben. Nur, der Außenstehende kann es nicht verstehen.

Für die Predigt hat sich ja oben schon gezeigt, daß auch der auf dem Wasser gehende Petrus eine metaphorische Abstraktion ist. Welche konkrete Lebens- und Glaubenserfahrung damit eröffnet wird, muß jeweils konkret dazugesagt oder erfahren werden. Die Sprachgewohnheiten der Gemeinde müssen also (genau so wie die Spracheigentümlichkeiten der Wirklichkeits-analytiker) darauf hin befragt werden, ob sie für Außenstehende wirklich verständlich sind.

Das Sprechen in der Gemeinde wird sonst zur Sprache Kanaans, die in der volkskirchlichen Gemeinde nur noch von einer Minderheit verstanden wird.

Mit diesen Überlegungen zur Sprache der Predigt ist allerdings noch keineswegs genug gesagt. Der Prediger soll Anwalt der Hörer sein und zwar der kerngemeindlichen wie der distanzierten Hörer. Er soll aber auch Anwalt des Textes sein. Er teilt diese Aufgabe übrigens mit allen, die mit Ernst Christen sein wollen!

Es muß dies nach dem in früheren Kapiteln Gesagten nicht mehr im einzelnen ausgeführt werden. Es ist deutlich, daß der Prediger als Zeitgenosse die gegenwärtigen Lebens- und Glaubenserfahrungen in die Interpretation des Textes einbringt, sich – so Gott will – durch den Text ansprechen und zurechtrücken läßt und die Wahrheit dieses Textes wiederum in der gegenwärtigen Wirklichkeit erprobt und seinen Hörern zu erschließen sucht. Das bedeutet aber, daß der Prediger letztlich grundlegend von der nur sprachlich zu vermittelnden Wahrheit des Bibeltextes geprägt sein muß.

Damit verändert sich jedoch noch einmal die Situation in sehr grundlegender Weise. Wenn wir Sprache nicht nur als ein Handwerkszeug, als ein Medium, mit dem etwas gesagt wird, auffassen – das ist sie auch, aber nicht wesentlich –, sondern als das „Haus des Seins" (Heidegger), dann zeigt sich in der Sprache immer auch das jeweils zugrundeliegende Verständnis von Gott, Welt und Mensch. Wenn die biblische Beschreibung des Menschen als Sünder, d. h. als dessen, der von Gott getrennt ist, stimmt, dann drückt sich das auch ganz massiv in der Sprache aus, die der Prediger aufzunehmen und zu lernen bereit war. Das bedeutet, nicht der Prediger benutzt eine bestimmte Sprache, sondern er läßt sich hineinnehmen in einen durch Christus bestimmten Sprachraum. Die Rede von der biblischen Sprache könnte man ja etwas schlicht zunächst auch so verstehen, daß da möglichst viel Luther-Deutsch gesprochen werden soll. Das kann auch etwas Schönes sein. Aber darum geht es hier nicht. Es geht vielmehr um jenes Sich-Verstehen auf das, was die Gleichnisse, die christologischen Texte, sagen, bei dem ich selbst verwandelt werde und aus solcher Erfahrung dann auch rede.

Diese Erfahrung steht im Widerspruch gegen eine Welt, die sich aus sich selbst verstehen will und muß. Dieser Widerspruch gilt der Welt, die von sich aus den Anspruch erhebt, Heil zu schaffen, den Menschen zurechtzubringen. Dieses Nein enthält zugleich aber das tiefe Ja, daß der Mensch in seiner unentrinnbaren Gottesferne in Christus angenommen ist und als gerechtfertigter Sünder vor Gott leben darf. Diese Aussage liegt nun aber nicht im Sinne eines objektiven Tatbestandes, von dem man in dieser oder jener

Sprache berichten könnte. Wir haben oben gesehen[6], daß die Gleichnisrede Jesu in ihrer sprachlichen Gestalt offenbar selbst ein glaubensschaffendes Ereignis ist. Um noch einmal das Beispiel des Witzes zu benutzen. Auch der Witz transportiert nicht mit Hilfe einer austauschbaren Sprache einen Sachverhalt. Der Witz ist nur in dieser sprachlichen Gestalt ein Witz. Nur daraufhin kann ich lachen. Für den Prediger ist also die Aufgabe, daß er immer wieder neu versucht, das Eigentümliche der biblischen Sprache zu entdecken: nämlich das, was ihn selbst so packt, daß er mit Glauben antwortet. Und was er dann auch seinen Hörern weitergeben möchte.

Nun gibt es über solche grundsätzlichen Gedanken hinaus eine ganze Reihe von praktischen Hinweisen, die zur Sprache der Predigt zu beachten sind.

– Der Prediger soll anschaulich reden. „Eine Szene im Delikatessenladen kann den gesellschaftlichen Geist einer kleinen Universitätsstadt anschaulich machen und erspart soziologische Überlegungen."[7]
– Er soll alles Phrasenhafte und nur Ornamentale weglassen und klar und karg das formulieren, was er sagen will.
– Er soll jeden Theologenjargon und die „Sprache Kanaans" vermeiden.
– Er soll die massiven theologischen Sätze, die sich meist am Schluß der Predigt einstellen, vermeiden.
– Er soll keine abstrakten Begriffe aneinanderreihen, seien sie fromm oder weltlich.
– Er soll keine Sprache sprechen, hinter der er als Prediger nicht voll stehen kann.
– Er soll berühmte Leute selten und nur dann zitieren, wenn es um des Inhalts der Aussage willen wirklich hilfreich ist.
– Er soll die Passagen überprüfen, auf die er als Prediger besonders stolz ist, vielleicht helfen sie dem Hörer nicht.
– Er soll sich nicht durch saloppe Formulierungen beim Hörer anbiedern wollen.
– Er soll keine Fremdwörter benutzen.
– Er soll alles Substantivieren unterlassen, Wörter mit . . . heit und . . . keit hinauswerfen, möglichst nur mit Verben arbeiten.
– Er soll keine zu langen Sätze machen.

Dazu Tucholskys Ratschläge für einen schlechten Redner: „Sprich mit langen, langen Sätzen – solchen, bei denen du, der du dich zu Hause, wo du ja die Ruhe, deren du so sehr benötigst, deiner Kinder ungeachtet, hast, vorbereitest, genau weißt, wie das Ende ist, die Nebensätze schön ineinan-

---

6 S. o. S. 125 ff.
7 Wolfgang Trillhaas: Evangelische Predigtlehre. München, [4]1955, S. 135

dergeschachtelt, so daß der Hörer, ungeduldig auf seinem Sitz hin und her träumend, sich in einem Kolleg wähnend, in dem er früher so gern geschlummert hat, auf das Ende solcher Periode wartet . . ."[8]

Dieser Satz ist tatsächlich schwer zu lesen. Es kommt freilich darauf an, welchen Inhalt ein langer Satz hat, wie er gegliedert ist und ob er gesprochen worden ist. Als Beispiel sei dazugesetzt der berühmte lange Satz aus Heinrich von Kleists Anekdote aus dem letzten preußischen Kriege: „In einem bei Jena liegenden Dorf erzählte mir, auf einer Reise nach Frankfurt, der Gastwirt, daß sich mehrere Stunden nach der Schlacht, um die Zeit, da das Dorf schon ganz von der Armee des Prinzen von Hohenlohe verlassen und von Franzosen, die es für besetzt gehalten, umringt gewesen wäre, ein einzelner preußischer Reiter darin gezeigt hätte, und versicherte mir, daß wenn alle Soldaten, die an diesem Tage mitgefochten, so tapfer gewesen wären, wie dieser, die Franzosen hätten geschlagen werden müssen, wären sie auch noch dreimal stärker gewesen, als sie in der Tat waren."[9]

Ein langer Satz, aber mühelos zu lesen, wenn man ihn überblickt. Bei erzählenden Texten, wenn sich eine Vorstellung aufbaut, ist sowieso alles anders als bei stärker abstrahierenden Texten.

An dieser Stelle ist ein Hinweis auf die plattdeutsche Sprache als Predigtsprache angebracht. Das Plattdeutsche ist zugunsten des Hochdeutschen jahrhundertelang zurückgedrängt gewesen. Das ist sicher bedauerlich. In der ersten Zeit nach der Reformation sind Bibelübersetzungen und Kirchenordnungen selbstverständlich in Plattdeutsch verfaßt worden. Vermutlich wegen dieser Verdrängung des Plattdeutschen als offizieller Sprache hat es sich wesentliche Eigentümlichkeiten erhalten können. So gibt es im Plattdeutschen kaum abstrakte Begriffe. Alles, was im Hochdeutschen begrifflich gesagt wird, muß im Plattdeutschen verbal beschrieben werden. Wenn das zu schwierig ist, muß man es an einer entsprechenden Erschließungssituation deutlich machen. Dadurch macht die plattdeutsche Predigt einen sehr bibelnahen Eindruck. Die Prediger müssen auf ganz elementare Aussagen zum christlichen Glauben zurückgreifen. Prediger, die des Plattdeutschen mächtig sind, sagen mir, daß es ihnen bei der plattdeutschen Ansprache sehr viel weniger Schwierigkeiten macht, erdverbunden zu reden als im Hochdeutschen. Ähnliche Erfahrungen sind im alemannischen Sprachbereich, aber auch vermutlich bei den anderen Dialekten zu machen.[10]

8 Kurt Tucholsky: Ratschläge für einen schlechten Redner. In: Ders.: Zwischen Gestern und Morgen. Hamburg, 1952, S. 119

9 Heinrich von Kleist: Anekdote aus dem letzten preußischen Kriege. In: Kleists Werke in zwei Bänden. 1. Bd. Weimar, [5]1971, S. 291 ff.

10 Horst Hirschler: Die Predigt zwischen offizieller Sprache und Alltagssprache. In: Johann D. Bellmann/Heinrich Kröger: Sprache, Dialekt und Theologie. Beiträge zur plattdeutschen Verkündigung heute. Göttingen, 1979, S. 15 ff.

Damit sind wir noch einmal bei den positiven Hinweisen. Die Predigerin und der Prediger sollen ja nicht nur Fehler vermeiden. Sie sollen auch das Empfinden für die Kraft der Sprache gewinnen. Sie sollen immer wieder neu lernen, was Worte bewirken können. Wie sich durch darstellende, schildernde Rede im Innenerleben des Hörers eine Landschaft aufbaut, zu der der Redende die wesentlichen Konturen beiträgt, während der Hörende den Worten aus den Erfahrungen seines Lebens Farbe und Wärme (oder Kälte), Gewichtung und Empfindung gibt. Aber so sehr der aktiv Hörende auch seine Vorstellungen einbringt und an die Worte des Redenden anlagert, es hängt unglaublich viel davon ab, wie weit der Prediger die Fülle und Lebendigkeit menschlicher Erfahrung in anschauliche Sprache zu fassen und (nicht zuletzt auch durch seine Stimme) mit Erlebnistiefe auszustatten vermag.

Wie läßt sich das lernen? Wie schon gesagt, durch Vorlesen, durch lautes Nachsprechen der Texte der großen Erzähler. Aber dann lernt sich solches auch durch das eigene bewußt umsichtige, vor Augen stellende Erzählen. Wer den Kindern gern spannende Räubergeschichten erzählt, kann das dabei üben, obwohl das selten direkt auf der Kanzel zu verwenden ist. Aber heimkehrend von einem Diskussionsabend den daheim Gebliebenen nun in wörtlicher Rede und Gegenrede, einschließlich der Zuhörerreaktionen, des Tonfalls und der eigenen Empfindungen davon so zu erzählen, daß sie das Gefühl haben, sie wären dabei gewesen, das hilft. Oder auch das Erzählen eines Fernsehfilmes, so, daß der Hörende den Film „sieht", dabei ist für die Sprache der Predigt viel zu lernen. Aus solchem Darstellen, anschaulichen Beschreiben, ruhigen Zeigen dürfen die Themen des Glaubens nicht künstlich ausgeklammert werden. Es gehört die Beschreibung des Multiple-Sklerose-Kranken und die Klage vor Gott genauso dazu, wie die Beschreibung einer fünftägigen Einkehrtagung in Assisi. Es lohnt sich, die eigene Sprache zu erproben in der Beschreibung der Arbeiter im Weinberg (Matthäus 20,1–16), so daß etwas zu spüren ist von der traumhaften Freude der Beschenkten.

Pfarrer und Pfarrerin haben die Sprache als Handwerkszeug, und leben in ihr als dem Haus des Seins. Die Sprache begrenzt und öffnet uns Erfahrungsräume. Wir können für sie nie genug tun. Täglich sollten wir uns laut ein ganzes Kapitel aus den Evangelien vorlesen. Die Psalmen, die Propheten, die neutestamentlichen Texte, haben wir sie eigentlich laut gelesen im Ohr? In Ruhe gelesen? Prägt das unsere Sprache? Unsere innere Erfahrungswelt? Allerdings, das findet bei uns am ehesten Sprache, wovon das Herz voll ist. Die endlosen Autogespräche der Männer, besonders wenn der Kauf eines neuen ansteht.

Wenn uns das Herz so voll wäre von der Suche nach dem Glauben weckenden Wort, dann würde uns auch davon der Mund übergehen, und die angemessene Sprache würde sich bald einstellen.

b) Die Typen der Predigt

Zu den Vorstellungen des Predigers von der Predigt gehört auch, welchen Predigttyp er wählen will. Dies ist eine etwas äußerliche Betrachtung, aber sie hilft dem Prediger beim Aufbau der Predigt. Eine etwas vereinfachte Predigttypologie könnte folgendermaßen aussehen: Ich lege Markus 10, 13–16 (Lasset die Kinder zu mir kommen . . .) zugrunde und zeige andeutungsweise, wie der jeweilige Predigttyp aussehen kann.

I *Die Homilie*
„Und sie brachten Kinder zu Jesus,"
Sie dachten nicht nur an sich, die Mütter, das was sie von diesem Herrn gehört hatten, wollten sie nicht alleine für sich haben. Dies sollten auch ihre Kinder bekommen. Daran merkt man schon, daß das Wort Christi sie erreicht hat; denn es verändert unser natürliches Verhalten, bei dem wir zuerst an uns denken.

„daß er sie anrührte". Mehr wollten sie gar nicht von ihm. Anfassen sollte er sie, ihnen die Hände auflegen. Und sie hatten die unbestimmte Hoffnung, daß den Kindern dadurch Segen zuströmen könnte. Sicher war etwas Aberglauben mit untergemischt. Aber es war die Hoffnung darin, daß das Gute, was von diesem Jesus ausging, auch den Kindern, die doch seine Gedanken noch nicht aufnehmen konnten, zugutekommen möge. So gibt es manche Segensströme, die nicht nur über unseren Verstand laufen und die doch von Christus herkommend den Menschen zugutekommen, oft ohne daß sie es wissen . . .

„Die Jünger aber" Das muß man sich immer wieder klarmachen, um Jesus herum ist bis heute die Schar der Jünger. Man darf ihn nicht nur isoliert sehen. Es gehören dazu immer jene, die ihm nachgefolgt sind und die damit einen ungeheuren Auftrag übernommen haben. Wie sind die, die seine Wahrheit weiterreichen? Sie sind oft die Brücke, oft die einzige Brücke zwischen Gott und den Menschen. Und was hängt von ihnen ab . . .

„Die Jünger aber fuhren die an, die sie trugen." Was tun diese Jünger. Es ist ganz wichtig, daß wir die Jünger hier verstehen, sie nicht zu schnell abwerten. Natürlich ist das unsachgemäß, was sie tun. Aber warum tun sie es? Und stehen wir nicht auch oft vor Christus und machen den Zugang zu ihm unmöglich?

II *Die gegliederte Textpredigt*
a) Mütter wollen für ihre Kinder oft das Beste.
b) Jesu Jünger stören dabei oft sehr.
c) Jesus geht ganz anders mit den Kindern um.
oder:

a) Jesus nimmt ungewöhnlicherweise Unmündige als Vorbild.
b) Was ist das Reich Gottes, wenn man wie ein Kind sein soll?
c) Wie gelangen wir zur Gotteskindschaft?

III *Die am Text orientierte Themapredigt*
a) Wir nehmen Kinder nicht für voll.
b) Was findet Jesus an Kindern gut?
c) Ist es nicht richtiger, erwachsen zu werden?
d) Elemente des kindlichen Verhaltens können dem Erwachsenen Vorbild
sein, um auf das Reich Gottes zuzuleben.

IV *Die erzählende Predigt*
Als der Ehemann abends nach Hause kam, liefen ihm die Kinder schon
entgegen: Richtig weggestoßen haben sie die Mutter! Wer, fragte der Vater.
Seine Leibwächter, die um ihn sind. Von wem redet ihr? Von dem freundlichen Mann . . . Als er ins Haus kam, sagte die Frau: Im Grunde hatten die
natürlich recht. Das, was einen packt, sind doch seine Reden, seine Gleichnisse. Wir sind ja immer ganz atemlos, wenn man ihm zuhört. Die Kinder
können doch nicht still sein, die haben da natürlich auch nichts zu suchen.
Nachbars Miriam ist darauf gekommen. Und sie sagte, da ist noch mehr bei
dem als nur Worte. Er kommt einem vor, als wenn einem ein Stück Himmel
begegnet.
Und dann sind wir hingegangen. Sicherlich, es hatte ein bißchen Ähnlich-
keit damit, als wenn der Führer Herodes kommt und die kleinen Mädchen
ihm Blumensträuße reichen und er sie tätschelt, und die Leute finden das
niedlich und den Herodes gar nicht mehr so schlimm. Nur der aus Nazareth
ist einfach anders. Und unser Kleiner hat doch nachts immer diese Angst, da
schreit er doch immer, kurz nachdem er eingeschlafen ist, und irgendwas
scheint ihm auf der Brust zu liegen. Und ich dachte, vielleicht geht das weg,
wenn man zu ihm hingeht. Er hat irgend so etwas Beruhigendes. Es geht von
ihm etwas aus, das mehr ist als nur das, was man in große Leute sowieso
immer hineingeheimnißt.

V *Die strukturanaloge Predigt*
a) Liebe Gemeinde! Ich habe vor einiger Zeit aus Bremen von einem Pastor
gelesen, daß der ein Gerichtsverfahren bekommen hat, weil er in seinem
Gemeindebrief einen Aufruf abdruckte: Ihr Kinder, betretet die Rasen vor
den Häusern, auf denen steht: Betreten verboten. Rasenflächen sind für
Kinder da. Wehrt euch gegen die sterile Unmenschlichkeit der Städtepla-
ner!
Dieser Pastor also bekommt ein Gerichtsverfahren. Ich weiß nicht, wie es
ausgegangen ist. Aber wir könnten darüber nachdenken, wie solch ein
Gerichtsverfahren bei uns ausgehen würde, wenn wir die Richter sein sollten.

Es gibt ja gute Gründe, so etwas zu verbieten, denn solche unsystematisch zu Spielplätzen gemachten Rasenanlagen sehen nach kurzer Zeit vermutlich schrecklich aus. Andererseits muß man doch auch an die Kinder denken.
b) Wir haben heute hier einen Text, in dem wir sehen, wie Jesus mit Kindern umgeht. Zunächst einmal machen es die Jünger Jesu genau so, wie Leute, die Rasenflächen schützen wollen. Und man muß sicher davon ausgehen, daß die Jünger ja auch recht haben. Das wichtige Gespräch der Erwachsenen wird gestört. Jesus zieht weiter. Wichtige Dinge sind nicht gesagt. Kinder können sich nicht konzentrieren, Kinder stören und lärmen. Aber Jesus geht doch mit ihnen ganz anders um. Und das Besondere ist, er stellt Kinder als Vorbild hin. Das muß man zu verstehen suchen, inwiefern Kinder Vorbilder für Erwachsene sein können. Jesus spricht hier ja vom Reich Gottes . . .
c) Können wir daraus eigentlich etwas für unseren Umgang mit Kindern in unserer Welt lernen? Oder wird hier eigentlich mehr etwas über die Erwachsenen gesagt, wie die sich selber verstehen sollen? Und vielleicht bedeutet es ja sogar, daß Erwachsene, die durch diesen Predigttext etwas lernen, dann fast automatisch anders mit Kindern umgehen . . .

VI *Die Themapredigt aus Anlaß eines Bibeltextes*
a) Von den Widersprüchen der gesellschaftlichen Wirklichkeit. Nicht nur Revolutionen pflegen ihre Kinder zu fressen, auch die Rollenzwänge einer reformerisch eingestellten Gesellschaft scheinen ihre Kinderopfer zu fordern.
b) Vom Weg ins Innere der eigenen Kindheit. Vermutlich ist das Glück, Kinder verstehen zu können, in dem Geheimnis begründet, das Kind in sich selber zu achten und aufzunehmen. Beispiele aus dem „Kleinen Prinzen", Camus, Freud u. a.
c) Vom Wunder, ein Kind Gottes zu sein. Das Besondere dieses Evangeliums ist es wohl, daß es sich mit seiner Botschaft an die Erwachsenen wendet. Gott hat den Menschen vom Gesetz der Werke befreit. Jesus segnet die „Kleinen".

VII *Die textunabhängige Themapredigt*
a) Kinder in unserer Gesellschaft
b) Kinder in der Bibel
c) Für eine kinderfreundliche Welt

VIII *Die Katechismuspredigt*
a) Sind im Neuen Testament auch Kinder getauft worden?
b) Luthers Verständnis der Taufe.
c) Der verstärkte Auftrag der Gemeinde, die Taufe nicht zu einer Farce zu machen.

IX *Die Liedpredigt*
Z. B. über ein Tauflied oder über: Es kommt ein Schiff geladen im Vergleich mit dem Lied der Seeräuber-Jenny aus der Dreigroschenoper von B. Brecht.

X *Die Predigt als Bibelgespräch*
Fünf Personen sitzen im Altarraum und führen ein nachdenkliches Gespräch über Markus 10, 13–16
a) Einzelstatements zum Text.
b) Gegenseitige Befragung daraufhin.

Was können die genannten Predigttypen leisten?
I Auf den ersten Blick scheint die Homilie am ehesten biblisches Predigen zu gewährleisten. Der biblische Text bietet das Grundgerüst der Predigt. Der Prediger hangelt sich daran entlang. Es gibt sehr kunstvoll gearbeitete Homilien. Sie sind aber dann deswegen kunstvoll, weil sich der Prediger gerade nicht an den Versen „entlanghangelt", sich auch nicht einfach von jedem Vers zu einer neuen Assoziation verleiten läßt, sondern seine eigene Predigtidee aufgrund des Textes auf kunstvolle Weise mit dem Textverlauf verbindet. Das hört sich dann eher wie eine zweistimmige Invention von J. S. Bach an, und man kann immer auf die beiden Stimmen, die des Predigers und die des Textes, achten.

Eine der Voraussetzungen dieser Predigtform ist allerdings die vorlaufende Anerkennung des Predigttextes als für sie wichtig durch die Hörer. Eine Gemeinde, in der es zu den Selbstverständlichkeiten gehört, daß der Bibeltext eine solche Autorität hat, wird sich gerne auf solch eine Predigtform einlassen. Auch wer sich daran freut, daß der Bibeltext auf solch kunstvolle Weise zur Geltung gebracht wird und der Prediger sein Licht nicht unter den Scheffel stellt, ist erbaut. Rudolf Bohren hat anhand einer Predigt von Karl Barth ein „kleines Lob auf die Homilie" gesungen.

„Wer sich im Auslegen eines Textes an den Text hält, wird seine Predigt – auf welche Weise auch immer – als Homilie gestalten, und wer dem Text im Predigen das Wort erteilen möchte, wird sich in der Gestaltung seiner Rede von den Wörtern des Textes leiten lassen. Die Homilie bildet eine, wenn nicht die Grundform der Textpredigt. Dietrich Bonhoeffer nennt sie ‚die anspruchsvollste, aber auch sachgemäßeste Auslegungsform für den Text'."[11]

Ich selbst kenne manch einen, dem es gelingt, in dieser Weise den Hörer zu fesseln. Die typische Form für „biblisch predigen" ist die Homilie allerdings nicht. Es haftet ihr ein Hauch von formalem Biblizismus an, wenn sie zur

---

11 Rudolf Bohren: Predigtlehre. München, 1971, S. 121 f.

eigentlichen Predigtform erkoren wird. Wenn es wirklich darum geht, die im biblischen Text überlieferten Glaubenserfahrungen aufzunehmen und weiterzugeben, dann ist nach meinem Verständnis eine Verarbeitung des biblischen Textes nötig, in der sowohl die der Gemeinde vorgeführten Überlegungen zum Verfasser wie zur Situation des Textes wie auch unsere verständnislosen oder kritischen Anfragen an den Text hinzugehören. So ist auch die von mir empfohlene „erfahrungsbezogene Textparaphrase" zwar der Versuch, sehr nahe am Text zu formulieren, was da gesagt ist. Zu solcher Textparaphrase gehört aber sowohl die eigene Erfahrung, mit der ich an den Text herangehe, wie auch der ganze Hintergrund, wie er sich in der historisch-kritischen Arbeit ergibt, hinzu. Wird dies der Gemeinde vorgeführt, wird die Grenze der Homilie wahrscheinlich schon überschritten.

Die unter II und III genannte gegliederte Textpredigt und am Text orientierte Themapredigt liegen nahe beieinander. In beiden Fällen geht es um Predigten, die vom Prediger in einzelne thematische Sinnabschnitte geordnet sind.

Beim Typ II gliedert der Prediger das, was er sagen will, dem inhaltlichen Ablauf des Textes entsprechend. Beim Predigttyp III verläßt der Prediger diesen formalen Gesichtspunkt, nimmt den Inhalt des Textes und gestaltet daraus seinen eigenen Predigtaufbau.

IV Die erzählende Predigt meint eine Predigt, in der wesentliche Partien aus einer biblischen oder anderen Erzählung bestehen. Hier ist eine Predigt angedeutet, in der der biblische Text aus einer vorgestellten Perspektive, die es ermöglicht, einige Gesichtspunkte aus unserem Sich-Hineindenken einzubringen, vorgeführt wird.

Die politischen Führer, die sich gern mit Kindern umgeben. Was veranlaßt Mütter dazu, ihre Kinder zu Jesus zu bringen? Völlig unterentwickelt ist hier freilich das Nachdenken über den Hintergrund dieses Textes. Warum wurde er wohl erzählt, warum überliefert?

In „konkret predigen"[12] und in diesem Buch habe ich das Erzählen biblischer Texte oder gegenwärtiger Situationen in vielerlei Weise bedacht. Auf einige Gesichtspunkte sei noch einmal hingewiesen.

Erzählen ist eine Kunst, die man üben soll und für die man sich bei anderen, besonders bei den Dichtern und Schriftstellern, Einsichten holen kann. (Hebel, Brecht, Wiesel, Singer, Dürrenmatt usw.).

Wer eine ganze Predigt als Erzählung, als Dialog o. ä. zu machen versucht, nimmt sich viel vor. Das kann anstrengend werden sowohl für den Hörer wie für den Prediger. Man muß ein Ideenpferd nicht zu Tode reiten. Ich halte nichts von dem Gesetz: Wenn erzählt wird, muß die ganze Predigt erzählt

---

12 H. Hirschler, konkret predigen, a. a. O.

werden. Das ist falsch. Wenn man es schafft, und es ist einleuchtend, und die Gemeinde mag es hören, na schön. Die sinnvollste Form für die Predigt, die auch den Hörer als erwachsenen Menschen auf die Dauer am ehesten ernst nimmt, ist die mit einer entsprechenden Erklärung eingebrachte besondere Idee: „Ich stelle mir einmal vor, ich sitze neben Matthäus . . ."[13]

Dann weiß die Gemeinde, was der Prediger macht. Sie hört sich das eine Weile an. Wenn der Prediger in dieser Form das gesagt hat, was er sagen wollte, hört er damit auf. Und es folgt dann bitte nicht die übliche abstrakte oder mit theologischen Grundbegriffen gespickte Schlußbemerkung. Da schläft nach einer spannenden Erzählung der Hörer natürlich ein. Was jetzt folgt, ist die „Besichtigung der vorgeführten Erzählung". Das bedeutet, der Prediger geht mit seiner Gemeinde das eben Gehörte noch einmal durch, bespricht es, probiert vielleicht eine andere Variante, sagt, was ihm an dem Erzählten am meisten zugesetzt hat: Erzählung und Besichtigung des Erzählten.

Die Erzählung eines konkreten Ereignisses sollte möglichst nicht zur Illustration von Gedanken verwendet werden. Ich denke, auf diese Weise wird die Konkretion sofort zur ideologischen Rechtfertigung dessen, was einer schon weiß, mißbraucht. Es ist, wie wir schon sahen, der schlechteste Umgang auch mit biblischen Texten.

Hans Weder hat gezeigt, daß aus historischer Erfahrung, die man als Beispielgeschichte benutzt, in der Regel nur der Handlungsaspekt herausgenommen wird, um eine Lehre daraus zu ziehen. Die Erzählungen werden meistens Gesetz im Sinne ethischer Anweisungen. Das aber ist nicht der Sinn des Erzählens. Es geht beim Erzählen zunächst immer um das Aufsuchen einer Wirklichkeitserfahrung in ihren komplizierten Verästelungen. Sowohl in der historischen wie der gegenwärtigen Erfahrung gehört aber zum Menschen, daß er einer ist, der sich nicht nur als Handelnder begreifen kann, sondern als einer, in viel größerem Maße ein den Widerfahrnissen Ausgesetzter ist. Ihm widerfährt Glück oder Unglück oder Langweiliges, daraufhin handelt er. Und aus diesem Gemisch von Widerfahrnis und Handeln und aus dem, was dadurch ausgelöst wird, ergibt sich eine Story. Die muß man sich dann ansehen. Vielleicht kommt aus ihr etwas Erleuchtendes. Erst nach solch einer in ihren Verästelungen erkennbaren Erzählung kann ich dann vielleicht ein abstraktes Fazit, eine Lehre ziehen.

Jeder weiß dann aber, wie diese Lehre gemeint ist. Er weiß, so ganz stimmt sie nicht. Unsere Welt ist noch vielschichtiger. Aber das, was der Prediger da herausholt, das ist nachdenkenswert. Ich weiß, in welchem Kontext er das sagt. Das Ereignis ist so keine Illustration, sondern ein Stück Lebenshintergrund.

---

13 S. o. S. 571

Im übrigen kann man mit der Erzählung alles machen, was sprachlich möglich ist. Man kann damit etwas besprechen, analysieren, erschließen, bewegen usw. Sämtliche Sprechakte vom Trösten bis zum Vors-Schienbein-Treten sind in der Erzählung möglich. Es läßt sich hervorragend damit manipulieren und die Wirklichkeit zurechterzählen. Durch Weglassen von Zwischenstufen lassen sich Wunder erzeugen. Aber bedenke: Der Hörer merkt's auf die Dauer.

In der Erzählung des Selbsterlebten zeigt der Prediger besonders deutlich, wer er ist. Ich habe in „konkret predigen" erläutert, inwiefern der Prediger in seinen Erzählungen wahrhaftig und verschwiegen sein muß. Wenn ich etwas Bezeichnendes erlebt habe, dann muß ich entweder die Genehmigung haben, es erzählen zu dürfen, oder ich muß etwas in vergleichbarer Struktur aus einem Buch, aus Seelsorgegesprächen oder völlig verändert aus einer früheren Gemeinde erzählen.[14]

Klaus Meyer zu Uptrup hat eine schöne Typologie für erzählende Predigten aufgestellt und nützliche Beispiele und Erläuterungen dazu gegeben. Er unterscheidet:

1. Direkte Vergegenwärtigung („Heute")
1.1 Direkte Vergegenwärtigung des Textes
1.2 Direkte Vergegenwärtigung der Situationsstruktur
1.3 Direkte Vergegenwärtigung in einer Kette von Gegenwartsgeschichten ähnlicher Geschehensstruktur
2. Indirekte Vergegenwärtigung („Damals")
2.1 Ausgeweitete Nacherzählung (Neidhart: Verlaufsgeschichte)
2.2 Forterzählung
2.3 Erlebnisperspektivische Nacherzählung (interaktionaler Ansatz)
2.4 Empfängersituation eines Briefes (Neidhart: Rahmengeschichte)
2.5 Entstehungssituation eines Briefes/Textes (Neidhart: Geschichten zur literarischen Ursprungssituation)
2.6 Neue Legende
2.7 Gegengeschichte (Verfremdung)
2.8 Zukunftsgeschichte
3. Beispielerzählung
3.1 Kirchengeschichtliches Beispiel
3.2 Zeitgenössisches Beispiel
3.3 Gleichnishafte Modellerzählung
3.4 Erschließungsgeschichte[15]

---

14 H. Hirschler, konkret predigen, a. a. O., S. 57 ff.
15 Klaus Meyer zu Uptrup: Gestalthomiletik. Stuttgart, 1986, S. 162

V Die strukturanaloge Predigt

Ein naheliegendes Predigtverfahren ist, einfach eine ähnliche Situation wie die im Bibeltext vorliegende, in unserer Zeit zu suchen und beide nebeneinanderzuhalten und Linien hin und her zu ziehen. Das kann in dieser schlichten Weise geschehen, wie ich es angedeutet habe. Bei genauerer Betrachtung ist jede Predigt eine strukturanaloge Predigt, weil wir nur aufgrund solcher Analogien die biblischen Texte verstehen können.

Hier ist etwas einfaches gemeint, daß der Prediger sich Situationen aufsucht, an denen der Hörer eine naheliegende Zuordnung zum biblischen Text entdecken kann.

VI Die Themapredigt aus Anlaß eines Bibeltextes

Die im Anschluß an Richard Riess[16] aufgeschriebene Predigtvorstellung zeigt im Unterschied zu III eine Themapredigt, die sich schon sehr selbständig vom Text entfernt hat, ihn nach einem klärenden Gang in die Fremde dann aber wieder aufsucht.

VII Die reine Themapredigt

ist im Prinzip völlig unabhängig vom biblischen Text. Oftmals jedoch greift der Prediger auf biblische Worte oder Bilder zurück.

VIII Die Katechismuspredigt

ist für eine Predigtreihe gut geeignet. Man kann an vier hintereinanderliegenden Sonntagen ein Stück aus Luthers Kleinem Katechismus besprechen. Er hat sich in seiner Vorrede zum Kleinen Katechismus mit großem Nachdruck dafür eingesetzt, daß diese Formulierungen immer wieder neu eingeprägt werden.

Diese Formulierungen oder die aus dem Heidelberger Katechismus sind der Gemeinde, besonders der älteren, zum Teil noch geläufig, zum Teil aber vergessen. Solche Predigtreihen zum Glaubenbekenntnis, zur Taufe, zur Beichte, zum Vaterunser kommen in der Gemeinde nicht schlecht an.

IX Eine Gesangbuchpredigt

geschieht wahrscheinlich recht selten. Es handelt sich dabei aber nur um Gedankenlosigkeit. Die Gemeinde hat das Gesangbuch vor sich. Sie kann das Lied aufschlagen. Man kann das Lied wie bei einer Homilie Vers für Vers durchgehen. Wer einmal versucht hat, Brechts Lied von der Seeräuber-Jenny mit dem Lied „Es kommt ein Schiff geladen" zu vergleichen, wird das bestätigen können. Man muß dazu Ernst Blochs Interpretation lesen. „Schlage doch, gewünschte Stunde, gewünschte Stunde schlage doch – auch die Seeräuber-Jenny singt Kantaten, soweit sich

---

16 Richard Riess: Markus 10, 13–16. In: Peter Krusche u. a.: Predigtstudien. III. 2, Stuttgart, 1975, S. 143 ff.

von einer so ungebildeten und geschundenen Person überhaupt etwas erwarten läßt. Ihr Pietismus ist etwas drohend, aber ihr Liedchen gehört in die Wochen vor Weihnachten. Echte Adventsstimmung, den Anforderungen des neuzeitlichen Geschmacks entsprechend."[17]
Das ist für den 3. Advent geeignet.

X Das nachdenkliche Gespräch im Altarraum ist schon oben dargestellt worden.[18]

Eine für die Rhetorik immer schon wichtige Unterscheidung von Reden sind die antiken genera dicendi. Entsprechend dem antiken Menschenbild werden drei Redetypen unterschieden, die sich jeweils an den Verstand, an den Willen und an das Gefühl richten. Dementsprechend unterscheidet die antike Rhetorik: 1. Die Gerichtsrede (genus judiciale), 2. Die Staatsrede (genus deliberativum) und 3. Die Festrede (genus demonstrativum).

Daraus lassen sich für die Predigt mühelos drei typische Predigtformen entwickeln.[19]

Da ist die Predigt, die sich an den „Empfangsbereich Gefühl" wendet. Das ist eine Predigt, die den Augenblick als das benennt und „feiert", was er jetzt ist. So etwas ist nötig bei der Festversammlung. Es ist auch nötig beim festlichen Gottesdienst. Es ist auch nötig bei der Beerdigungsansprache. Dabei wird gebraucht eine mitklagende Rede, eine sich mitfreuende Rede, eine gewißmachende Rede.

Die andere Predigtart würde sich an den „Empfangsbereich Verstand" wenden. Es wäre eine Predigt, die durch Argumente zu überzeugen versucht. Der Prediger legt dem Hörer eine schwer zu entscheidende Frage vor und geht die Lösungsmöglichkeiten für solch eine Frage durch. Zum Schluß macht er einen Lösungsvorschlag. Das Einvernehmen mit dem Hörer wird durch die Übereinstimmung im Denk- und Argumentationsweg gesucht. Eine Predigt über die Jungfrauengeburt wäre eine solche Rede.[20]

Der „Empfangsbereich Wille" würde schließlich von dem letzten Predigttyp angesprochen. Das ist die Predigt, die auf Entscheidung drängt. Sie will den Hörer zu etwas bewegen. Er soll sich bekehren, er soll sich für an den Rand gedrängte Menschen einsetzen, er soll aufhören mit der großen Menge zu laufen.

Diese Redetypen lassen sich bei allen Predigten in dieser oder jener Weise ausmachen. In den oben genannten zehn Predigttypen, die sich auf äußere

---

17 Ernst Bloch: Verfremdungen. I. Frankfurt, 1962, S. 225
18 S. o. S. 422 f.
19 Vgl. zum Folgenden das sehr hilfreiche Heft: Rolf Heue/Reinhold Lindner: Predigen lernen. Gladbeck, 1975, S. 13 ff.
20 S. o. S. 367 ff.

Merkmale beziehen, sind diese drei Predigttypen, in denen die Wirkung der Rede auf den Hörer unterschieden wird, mühelos unterzubringen. Ich kann eine Homilie oder eine erzählende Predigt so anlegen, daß sie eine Situation „feiert", dem Verstand auf die Sprünge hilft, den Hörer zum Handeln anstößt.

Da der Mensch aber immer aus Verstand, Wille und Gefühl zusammenhängend besteht, kann es sich bei diesen drei Typen nur um Schwerpunkte in der Redeweise handeln. Jede Predigt enthält diese drei genera dicendi.

Wofür ist solche Unterscheidung gut? Sie ist hilfreich für die Analyse. Man kann sehen, was der Prediger gemacht hat. Sie ist auch hilfreich für die Anfertigung der Predigt, wenn sich der Prediger fragt, was willst du eigentlich heute abend. Am Heiligen Abend ist das schwerpunktmäßige Ansprechen des Empfangsbereiches Verstand oder Wille unpraktisch. Wenn beides jedoch fehlt, wird die Predigt zum Gefühlserlebnis, es fehlt die Einsicht, und für „Brot für die Welt" kommt nichts zusammen. Dennoch habe ich eher den Eindruck, als Prediger macht man sich die rhetorischen genera klar, weiß sie und stellt das dann in den Bücherschrank.

Folgenreicher für die Typisierung von Predigten ist es, von der Sprechakttheorie auszugehen. Das ist schon verschiedentlich angesprochen worden[21] und braucht deshalb hier nur angedeutet zu werden. Man kann eine Predigt daraufhin anschauen, welche Sprechhandlung durch sie an einem Hörer vollzogen wird oder vollzogen werden soll. Durch Reden kann ich vielerlei tun: eine Handlungsanweisung geben, einen Fußtritt austeilen, den Hörer für dumm verkaufen, den Ast, auf dem er sitzt, ansägen, stellvertretend für den Hörer den Himmel anklagen, mit ihm zusammen an einem Problem arbeiten, ihm eine neue Welt eröffnen. Bei der oben genannten Untersuchung hat sich gezeigt, daß die Predigten vieler Pastoren sich in zwei typische Redestrategien einordnen lassen. Der eine ist der „persönlich-dialogische", der andere der „dogmatisch-bezeugende" Redetyp. Beide Redetypen haben ihre Probleme, an die Fragen zu stellen sind.[22]

Mir scheint die Beschreibung des persönlich-dialogischen Predigttyps am ehesten auf unsere gegenwärtige Predigtaufgabe zugeschnitten zu sein. Dieser Typ wird folgendermaßen beschrieben:

„– Die Person des Predigers soll in der Predigt sichtbar werden.

– Der Predigttext soll als heuristisches Instrument für die Verarbeitung von Lebenswirklichkeit dienen.

– Lebenswirklichkeit soll nicht durch Allgemeinbegriffe eingebracht werden, sondern durch erzählte Erfahrung.

---

21 S. o. S. 410ff.
22 S. o. S. 22

– Es soll davon ausgegangen werden, daß die Intention einer Predigt umso klarer ist, je deutlicher die Beziehung zwischen Prediger und Hörer durch deutlich erkennbare Sprechhandlungen formuliert ist."[23]

Allerdings zeigt sich in der Untersuchung, daß bei den Predigern dieses Typs das Gewicht des Bibeltextes eher zurücktritt. Dies widerspricht meiner Intention. Auch ist der Hinweis wichtig, daß der dogmatisch-bezeugende Typ in seiner Einstellung deutlicher erkennbar ist. Dadurch ist er für ein Gespräch unter Erwachsenen hilfreicher, als wenn der Prediger aus dem Wunsch heraus, mit dem Hörer zu einer gemeinsamen Suchbewegung zu kommen, seine eigenen Positionen im Dunkeln läßt.

Die Herausarbeitung dieser beiden Typen fordert also den Prediger heraus, sich über seinen eigenen Predigttyp klarzuwerden. Ich empfinde das als hilfreich.

c) Die Spannung der Predigt

Die Predigt darf nicht langweilig sein. Das gehört zu der wichtigsten Vorstellung des Predigers von seiner Predigt. Langweilige Predigten sind schrecklich. Sie treiben den Blick auf die Uhr, die Leute langfristig aus der Kirche und dem Prediger den Schweiß aus den Poren. Wenn er es merkt. Aber eigentlich muß er es merken. Man kann es sehen, man kann es hören. Die unsinnige Überlegung, ob die Predigt 15 oder 20 Minuten dauern darf, verdankt sich der langweiligen Predigt. 30 Minuten darf sie dauern, wenn sie spannend ist und wenn sie langweilig ist, sind 10 Minuten schon zuviel.

Was ist eine langweilige Predigt?

Langweilig ist eine Predigt, die handwerklich schlecht gemacht ist. Handwerklich schlecht gemacht ist eine Predigt, der nicht abzuspüren ist, inwiefern sie für das Leben des Hörers (und des Predigers) wichtig ist.

Ist der Gegensatz zu einer langweiligen Predigt eigentlich die spannende Predigt? Ist der Gegensatz nicht eher die für den Hörer wichtige Predigt? Das ist richtig. Damit jedoch erkennbar wird, inwiefern die Predigt wichtig ist, braucht sie ihre eigentümliche Dramatik und Spannung. Es muß in der Predigt etwas auf dem Spiel stehen, von dem nicht sicher ist, ob es gelingt.

Was steht auf dem Spiel?

Es steht auf dem Spiel, ob der Hörer spüren kann, da wird meine Sache, meine Lebenswirklichkeit verhandelt. Und es steht darin auf dem Spiel, ob er merkt, daß durch die Predigt Gott mit ihm reden will.

---

23 K.-F. Daiber/H. W. Dannowski u. a., Predigen und Hören, Bd. II, a. a. O., S. 334

Deshalb ist die erste handwerkliche Aufgabe für die spannende Predigt, daß sich der Prediger mit seiner Lebens- und Glaubenserfahrung in den fremden biblischen Text hineinbegibt, Entdeckungen macht, diese Entdeckungen in der Härte unserer Lebenswirklichkeit erprobt, und das, was ihm dabei zugestoßen ist, als persönliches Zeugnis der Hörergemeinde mitteilt in der Erwartung, daß darin Gott sprechen will.

Alle weiteren Überlegungen zur rhetorischen handwerklichen Arbeit haben nur Sinn, wenn sie dieser Aufgabe dienen.

Was ist nun die Aufgabe im rhetorischen Handwerk?

Dazu ist an vielen Stellen schon mancherlei gesagt. Es soll hier noch einmal angedeutet werden.

1. Der Prediger muß eine spannende Predigt herstellen wollen. Ob's ihm dann gelingt, ist eine ganz andere Frage. Die mißlungene Predigt ist eine Sonderform der spannenden Rede, der man den guten Willen jedenfalls anmerkt.

2. Der Prediger muß sich auskennen im Spektrum möglicher Predigttypen (siehe oben) und sie immer wieder neu erproben.

3. Die Predigt muß ausgewogen der Sache, von der sie handeln soll, und dem Hörer, an den sie sich richtet, dienen. Es ist also immer sowohl der Sachaspekt wie auch der Beziehungsaspekt zu bedenken.

Bei der biblischen Predigt, wie ich sie beschrieben habe, ist dieser Beziehungsaspekt im gesamten Prozeß der Bewegungen zwischen Text und Lebens- und Glaubenserfahrung schon enthalten. Dennoch muß der Prediger darüber hinaus darauf achten, daß der Beziehungsaspekt auch in der Gestaltung der Predigt für den Hörer erkennbar wird. Ein Prediger, der in seiner Sprache und Redeweise nicht zum Hörer hinspricht, der sich hinter seiner Kanzel verschanzt, kann noch so wunderbare Erfahrungen mit dem Predigttext gemacht haben, sie kommen nicht an.

4. Die Predigt muß einen Gedankengang und Gedankenfortschritt haben, den der Hörer erkennen, verstehen und dem er folgen kann. Deshalb ist es gut, wenn der Prediger das, was er mit seiner Predigt sagen und tun will, in einem oder höchstens drei kurzen Sätzen verständlich formulieren kann.

5. Deshalb muß die Predigt so aufgebaut sein, daß der Hörer mit dem Verstand und mit dem Gefühl nachkommen kann. Dies bezieht sich zunächst nur auf das Verstehen dessen, was der Prediger sagt. Ob es vom Verstehen des Hörers dann auch zu einem Sich-so-Verstehen kommt, ist eine ganz andere Frage. Auch die massive Ablehnung einer Predigt kann sachgemäßer Teil eines Verstehensvorganges sein.

Der Aufbau einer Predigt kann, allgemein gesagt, so aussehen, daß sie
im ersten Teil einen hohen Aufmerksamkeitswert,
im zweiten Teil einen hohen Informationswert und
im dritten Teil eine hohe Zustimmungsmöglichkeit hat.

Solch eine allgemeine Beschreibung der „Dramaturgie einer Predigt" zeigt etwas von dem Spannungsbogen, den eine Predigt haben kann. Nach welchen Gliederungssystem eine Predigt aufgebaut ist, wird von den Gewohnheiten des Predigers und der Art, wie er Probleme am liebsten für sich sortiert, abhängen. Wir haben ein wenig davon schon bei den Predigttypen gesehen. Es ist möglich, den Gedankengang einer Predigt in drei Abschnitte zu teilen, die dann nebeneinander stehen. Es kann sinnvoll sein, daß unter inhaltlichem Aspekt diese drei Teile in einer Art Vertiefung das Thema der Predigt jeweils eine Stufe persönlicher an den Hörer heranbringen.

Der Aufbau einer Predigt kann nach dem lernpsychologischen Modell geschehen.[24]

Dies Schema gliedert sich in fünf Phasen.

1. Motivation, 2. Problemdarstellung, 3. Versuch und Irrtum, 4. Lösungsangebot, 5. Lösungsverstärkung. Dieses lernpsychologische Modell ist für den Unterricht gedacht. Es ist aber auch als Hilfe für den Predigtaufbau brauchbar. Dabei ist empfehlenswert, daß die Motivationsphase so schnell wie möglich in die Problemdarstellungsphase übergeht. Es braucht in der Predigt keine umständlichen Hinführungen. Aber das Thema, das angesprochen werden soll, oder der Erfahrungsbereich, um den die Predigt kreisen soll, muß dem Hörer möglichst bald anschaulich vor Augen stehen. Besonders wichtig ist der dritte Teil, Versuch und Irrtum. Er fällt bei vielen Predigern, die zu behauptenden Predigten neigen, aus. Die Gefahr ist, daß solche Predigten nur Parteigänger ansprechen. Der Text und unser Leben ist zu vielschichtig und zu schwierig, als daß man ihn undiskutiert auf einen Nenner bringen könnte. Deshalb ist es gut, wenn es in der Predigt diesen die Aktivität und Meinung des Hörers herausfordernden Teil gibt. Es ist im Grunde der emanzipatorische Teil der Predigt. Hier findet die „Besichtigung des Erzählten" statt. Hier kann der Prediger fair die Meinung des Andersdenkenden darstellen und seine eigene Meinung einbringen. Das Lösungsangebot, und wenn es sinnvoll ist, die Lösungsverstärkung stehen am Ende. Man darf dies nicht mißverstehen als ein happy end. Die Lösung kann in einem Angebot, in einem Gedanken, in einer Modellerzählung bestehen. Solch ein lernpsychologisches Schema hat natürlich auch seine Implikationen, die hier nicht ausführlich besprochen werden müssen. Das Modell von Versuch und Irrtum ist z. B. vom naturwissenschaftlichen Experiment her geprägt und der Schluß mit Lösung und Lösungsverstärkung sieht so aus, als gäbe es dann ein klares Resultat des Experimentes.

Da der Prediger den Glauben und das Leben bedenkt, ist das da etwas schwieriger. Dennoch können die fünf Punkte einen Anhaltspunkt für den

---

24 Vgl. auch an dieser Stelle die hilfreichen Darstellungen bei R. Heue/R. Lindner, Predigen lernen, a. a. O., S. 25 ff.

Prediger zur Gestaltung seiner Predigt sein und ihm zeigen, was in seiner Predigt davon vorkommt und was nicht. Der Prediger sollte ja wissen, was er in seiner Predigt tut.

6. Der Prediger muß auf die Informationsdichte seiner Aussagen achten. Das bezieht sich einmal auf die ganze Predigt. Die Predigt darf nicht zu viele unterschiedliche Inhalte haben. Mancher Nebengedanke wird besser gestrichen. Die Frage der Informationsdichte bezieht sich aber auch auf den einzelnen Satz. Hat er soviel Redundanz (Überschießendes), daß der Hörer mitdenken kann? Wenn der Prediger sein Manuskript als Gedächtnisstütze verwendet und auf der Kanzel frei mitdenkend formuliert, ist die Informationsdichte seiner Sätze in der Regel so, daß der Hörer mitkommen kann.[25]

7. Die Predigt muß Altes und Neues enthalten.
Will ich dem Hörer etwas Neues, Ungewohntes, gar seinen bisherigen Ansichten Zuwiderlaufendes sagen, muß ich, wenn keine Hörblockierung eintreten soll, dafür sorgen, daß er sich dennoch auch in vertrautem Raum bewegt. Das Vertraute muß mehr Raum einnehmen als das bedrohliche Neue.

8. Die Predigt muß einen wellenförmigen Aufmerksamkeitsverlauf ermöglichen.
Es kann in einer Predigt nicht alles gleich wichtig sein. Sonst schlafft der Hörer ab. Innerhalb der Predigt gibt es aufeinanderfolgende gewichtige Aussagen. Sie werden aber unterbrochen von erläuternden und stützenden Passagen, die dem Hörer die Möglichkeit geben, sich bei dem gewichtigen Gedanken und seinem Umfeld eine Weile aufzuhalten, bis der nächste Punkt von Gewicht kommt.

9. Die Predigt muß durchsichtig und anschaulich sein. Sie sollte Argumentations- und Erzählpassagen enthalten.

10. Die Sprechakte der Predigt sollten dem Prediger bewußt sein und so gestaltet, daß der Hörer dadurch nicht zum Abschalten gebracht wird.

11. Es wäre gut, wenn es in der Predigt Passagen und Bemerkungen gäbe, die dem Hörer Grund zum Lachen geben.

12. Die spannende Predigt soll wie das Lesen eines spannendesn Buches packend und erholsam sein. Der Hörer soll sich in der Predigt zu Hause fühlen. Dabei gehört es zu einem Haus, daß auch manchmal der Wind durch die Fenster und Türen fegt und auch mal eine Fensterscheibe zerbricht.

Wenn ich Predigten durchmustere, überlege ich, wodurch entsteht eigentlich ein Spannungsbogen, den der Hörer empfinden kann. Er entsteht durch den Gedankenfortschritt in der Predigt hin auf eine Lösung. Er entsteht im

---

25 Zur Textschwierigkeitsmessung s. R. Heue/R. Lindner, Predigen lernen, a.a.O., S. 85 f.

anderen Falle dadurch, daß der Prediger immer näher an die mich wirklich bewegenden Fragen herankommt. Es kann schließlich dadurch geschehen, daß der Prediger immer deutlicher zeigt, wo die Möglichkeit der Gotteserfahrung ist.

Ich weise noch einmal auf die Ansprache von Bischof Hempel hin[26]. Die Spannung dieser Rede liegt darin, daß von Anfang an deutlich ist, wenn dieser Bischof in dieser Situation den Mund auftut, dann muß er versuchen, irgendeine Lösung zu zeigen. Die Spannung entsteht besonders dadurch, daß das, was alle mehr oder weniger klar ahnen und wissen, wie schwierig nämlich eine Lösung ist, vom Redner aufs deutlichste vor Augen geführt wird. Das „was soll nun werden" des dritten Teils ist nicht nur die Frage des Predigers, sondern auch längst der Hörer. Der Gipfel der Spannung und das Gefühl der Lösung ist in dem Augenblick erreicht, als der Prediger den Satz sagt: „Diese mit der Ohnmacht des Herrn solidarische Kirche ist die eigentliche Kirche, ist die starke Kirche."

Dieser Spannungsbogen, der den Gipfel der Spannung ans Ende legt, ist für die Predigt entscheidend. Es ist deshalb problematisch, wenn der Prediger mit einer spannenden Erzählung einsteigt und zum Schluß nur begrifflich redet. Aber auch die von mir vorgeschlagene „Besichtigung des Erzählten" kann leicht langweiliger sein als die Erzählung selbst. Also muß als Wesentliches noch etwas für den Schlußteil aufgespart werden. Deshalb versuche ich, möglichst im Schlußteil den Bibeltext noch einmal in möglichst anschaulicher Form in den Mittelpunkt zu rücken. Oder ich bringe eine im Sinne meiner Lösung veränderte Fassung der Eingangsgeschichte noch einmal ein. Es gibt viele Möglichkeiten, die Spannung am Schluß nicht abfallen zu lassen. Der Hörer muß vom abschließenden Amen überrascht werden.

Zum Abschluß dieses Teiles möchte ich auf zwei literarische Predigten hinweisen.

Jeremias Gotthelf (Albert Bitzius) führt in seinem Roman „Geld und Geist" eine Predigt vor und schildert gleichzeitig, was diese im Herzen einer Bäuerin in Bewegung setzt. Die Predigt nimmt ihre Spannung daraus, daß sie den Hörern sehr kräftig das Gesetz predigt. Der Pfarrer fordert die Gemeinde mit immer neuen Konkretionen auf, sich vor dem Abendmahlsgang mit ihrem Nächsten zu versöhnen. Der Aufruf wird dadurch dramatisch unterstützt, daß der Prediger ausmalt, wie schnell der Tod solchen Versöhnungsabsichten zuvorkommen kann. „Darum du, der du zum Altar treten willst und weißt, daß dein Bruder zürnet, so laß den Altar und versöhne deinen Bruder, dann erst komme wieder! Im Himmel ist ewiger Friede; wer im Himmel ein Plätzchen will, darf nicht Streit auf Erden lassen, nicht Streit im Herzen tragen ... So sprach der Pfarrer und die Worte tönten in Ännelies Seele

---

26 S. o. S. 424 ff.

wider fast wie Gottes Worte. Sie trafen Punkt für Punkt ihre eigenen Zustände und Gedanken, als wenn ein allwissendes Auge sie in ihrer Seele gelesen hätte, sie begegneten jedem Stocken, jeder Ausflucht; Schlag auf Schlag erschütterte ihre Seele, sie war wie betäubt, und als der Pfarrer schwieg, da schien es ihr, sie stünde an eines tiefen, fürchterlichen Abgrundes Rand, und eine Stimme hoch über ihr sage: Frau, Frau, deine Zeit ist um, rette deine Seele!"[27]

Dieses recht archaisch wirkende Stück Gesetzespredigt und seine Wirkung zeigt, daß die wirklich spannende Predigt, das heißt jene, die dem Menschen zum Wort Gottes wird, für den Prediger unverfügbar ist. Deshalb ist um den Heiligen Geist zu bitten, das heißt, wir bitten, daß Gott dies Wunder geschehen läßt, daß unsere Predigt und die vielfältigen Lebenswege der Hörer so aufeinandertreffen, daß darin Gottes Wort geschieht.

Albert Camus hat in seinem Roman „Die Pest" zwei Predigten des Paters Paneloux dargestellt. Camus schildert, wie der Pater den durch die Pest tief beunruhigten Predigthörern eine Predigt hält, die einfach dadurch spannend ist, daß er den Leuten unverblümt sagt: „Meine Brüder, ihr seid im Unglück, meine Brüder, ihr habt es verdient." Ihren Spannungsbogen nimmt diese erste Predigt aus dem notwendigen Warten der Hörer auf ein Hoffnungswort, das dann gegen Ende angedeutet wird. In der zweiten Predigt des Paters zeigt sich ein veränderter Prediger, der inzwischen das Sterben von Menschen, besonders das Sterben eines Kindes, erlebt hat. In diesem Sterben – das ist das Interesse des Existentialisten Camus an dieser Szene – begegnet dem Prediger die Absurdität menschlicher Existenz und menschlichen Sterbens. Diese zweite Predigt ist dadurch unglaublich spannend, daß der Prediger mit der Gerechtigkeit Gottes kaum noch zurechtkommen kann. Angesichts dieser Situation kann er nur noch sagen: „Meine Brüder, die Liebe zu Gott ist eine schwierige Liebe, sie setzt völlige Selbstaufgabe und Selbstverleugnung voraus. Aber er allein vermag das Leiden und Sterben der Kinder auszulöschen; er allein jedenfalls kann es notwendig machen, weil es unmöglich zu verstehen ist und wir es nur wollen können. Das ist die schwierigste Lehre, die ich mit euch teilen wollte. Das ist der in den Augen der Menschen grausame, vor Gott jedoch entscheidende Glaube, dem wir uns nähern müssen." Vorher hatte der Prediger ausgeführt: Er würde am Fuß der Mauer bleiben, jener Zerrissenheit getreu, deren Sinnbild das Kreuz ist, Auge in Auge mit dem Leiden eines Kindes. Und er würde denen, die ihn an diesem Tage anhörten, furchtlos sagen: „Meine Brüder, der Augenblick ist gekommen. Es gilt alles zu glauben oder alles zu leugnen. Und wer unter euch wagte es, alles zu leugnen?"[28]

27 Jeremias Gotthelf: Geld und Geist. Basel, 1978, S. 82 f.
28 Albert Camus: Die Pest. Hamburg, 1958, S. 57 ff.; 13 ff.

Camus will zeigen, daß der Prediger mit seinem Glauben an eine Grenze gekommen ist. Er ist mit den verwirrten Hörern solidarisch und steht ihnen doch gleichzeitig als Prediger gegenüber. Er ist in der Situation dessen, der eigentlich mehr sagen muß, als er selbst noch abdecken kann. Aber er weiß, wo er dabei stehen muß, nämlich am Fuß des Kreuzes. Da steht der Prediger gut.

Diese beiden Predigthinweise sollen noch einmal zeigen, daß das Spannende der Predigt letztlich nur in der Gottes- und Christusbegegnung liegen kann. Die kann der Prediger nicht einfach herstellen. Aber er ist zusammen mit dem hörbereiten Hörer ein wesentliches Element jener Erschließungssituation, in der Gottes Geist wirksam werden will.

Damit sind wir bei der Frage der Vollmacht des Predigers. Muß man nicht, statt von der Spannung der Predigt, ihrer Wichtigkeit oder Relevanz zu reden, von der Vollmacht des Predigers sprechen. Müßte er nicht teilhaben an jener Predigtweise Jesu, von der es heißt: „Er lehrte mit Vollmacht und nicht wie ihre Schriftgelehrten" (Matthäus 7, 29)?

Was aber ist das, eine Predigt mit Vollmacht? Ist da die Vorstellung eines bei den Leuten durchschlagenden Redners Jesus gegen die dürren, akademisch langweiligen Schriftgelehrten gestellt? Das Neue Testament läßt nicht erkennen, daß die Vollmacht Jesu in seiner rhetorischen Kompetenz gelegen habe. Sicher wird er eine persönliche Ausstrahlung gehabt haben, aber davon wissen wir nichts, weil es der Gemeinde nicht überlieferungswert schien. Das gibt zu denken. Lag es an Jesu Kunst, Gleichnisse zu erzählen? Die Kunst ist wohl groß gewesen, wie wir sehen. Aber ohne den Erzähler der Gleichnisse, sein Leben und Sterben samt der Ostererfahrung wäre das nichts.

Jeder müßte sich einen Augenblick überprüfen, was er sich bei der Vollmacht des Predigers vorstellt. Wahrscheinlich ergäbe das eine schöne Gelegenheit für die tiefenpsychologische Bestimmung von Predigertypen. Der eine möchte Prophet, der andere Priester sein. Stellt man sich darunter einen dicken oder einen dünnen Prediger vor? Einen Denker oder ein Urviech? Einen lauten oder einen leisen Prediger? Einen, der die Leute beim Schlips packt oder einen, der sich in ihre Gehirnwindungen einschmeichelt?

Ich denke, wir stellen uns darunter einen Prediger oder eine Predigerin vor, die so reden können, daß es den Hörern durch's Herz geht und sie sprechen, was sollen wir tun? (Apostelgeschichte 2, 37)

Wie aber läßt sich das machen? Heißt das, daß wir unsere Predigt zu einem Überredungsakt nach allen Regeln rhetorischer Kommunikation machen sollen? Man darf das nicht zu schnell abweisen. Muß nicht unser Bemühen so weit gehen, daß der Hörer nicht nur den Glauben versteht, sondern durch unser Reden auch in ein tiefes Sich-im-Glauben-Verstehen hineingelangt? So sehr wir gesehen haben, daß dazu immer mindestens der Prediger und der Hörer und jene Konstellation gehört, von der wir zum Schluß nur noch sagen mögen, daß es das Werk des Heiligen Geistes war –, muß nicht doch der

Prediger für das Arrangement dieser Situation so zuständig sein, daß der Hörer das Wort von Jesus Christus wirklich auch annehmen kann? Gibt es nicht Beispiele, daß tüchtige Wanderprediger durch die entsprechenden Arrangements in Großveranstaltungen, aber auch in Bibelstunden viele auf den Weg des Glaubens gebracht haben? Gab es nicht eine Jugendarbeit, bei der Entstehung des Glaubens eng mit Lagerfeuer oder Mitternachtssonne zusammenhing, je nachdem, wo die Freizeiten waren? Bevor man sich darüber lustig macht, muß man bedenken, daß auch Taizé ein solches Arrangement ist. Auch der schönste gruppendynamisch bestimmte Gesprächskreis, aber auch jeder gelungene Gottesdienst, stellt samt der hergestellten Predigt ein solches Arrangement dar, das nicht wenig zum Gelingen des Wortes beiträgt.

Dennoch kann darin nicht die Vollmacht der Predigt bestehen. Auch das prophetische oder das Nicht-wie-die-Schriftgelehrten-Gehabe, das ein Prediger verinnerlicht hat – und das möglicherweise großen Eindruck macht – ist nicht die Vollmacht der Predigt.

Die christliche Gemeinde hat überliefert, daß Jesu Vollmacht allein im Wort bestand. Wenn wir uns heute, soweit das möglich ist, in dieses Wort hineindenken, merken wir, daß es ein erstaunlich öffnendes, raumschaffendes, neue Existenz ermöglichendes, das Reich Gottes partiell vorwegnehmendes Wort gewesen sein muß. Die christliche Gemeinde hat sich keinen anderen Rat gewußt, als diesen Jesus, in dem ihr Gott im Wort begegnet ist, nach Kreuz und Auferstehung selbst als Gottes Wort in Person zu begreifen. Eine Nachahmung der Vollmacht Jesu kann also nicht darin bestehen, den irdischen Jesus nachzumachen. Der Prediger ist nicht Jesus. Der Prediger kann nur jenes vollmächtige Wort, das Jesus gesprochen hat und das er in seinem Kommen, Leiden, Sterben und Auferstehen selbst ist, immer neu aktuell wiederholen. Die Verheißung besagt, daß darin Gottes Geist wirksam sein wird. Deshalb besteht die Vollmacht des Predigers darin, daß er sich bemüht, den Spannungsbogen seiner Predigt immer neu auf die Person Jesu Christi zulaufen zu lassen. Ich glaube, anders läßt sich das nicht machen.

II Die Predigtvorbereitung

a) Die Predigteinfälle

Nachdem ich allerlei Kluges gelesen habe über die Sprache, den Aufbau und die Spannung der Predigt, steht wieder der Sonntag vor der Tür. Die Woche randvoll mit Unterricht, Kreisen, Einzelgesprächen, Beerdigungen, Besuchen. Wenn es gut geht, habe ich im Frauenkreis schon ein wenig vom Predigttext ausprobiert. Vielleicht kommen einige der Frauen dadurch zusätzlich in den Gottesdienst. Mancherlei Einfälle sind mir durch den Kopf gegangen. Aber dann sitze ich wieder an der Schreibmaschine, laufe zwischendurch mit zerknautschtem Gesicht durch die Gegend. Und wenn die Ehefrau fragt: Na?, kommt nur ein Knurren oder, was es sonst an Signalen gibt, daß nichts läuft. Dem Prediger fällt nichts Vernünftiges ein.

Wunderbare Dinge sind für diese Situation geschrieben worden, seit am 5. September 1950 Paul Guilford, Präsident der American Psychological Association am Pennsylvania State College in seinem berühmten Vortrag die Kreativität als neues, psychologisches Arbeitsfeld entdeckt hat. Die Kreativität ist nicht nur für Innovationen im Bereich der Industrie, sondern auch für die Predigtarbeit ein wichtiger Faktor geworden.[29]

Heribert Arens antwortet auf die Frage, „Wer ist ein guter Prediger?" mit der These: „Ein guter Prediger ist jemand, der kreativ ist im Hinblick auf seine Predigtideen und -entwürfe."[30]

Interessant an dieser These ist, daß nicht einfach auf eine Kreativitätstechnik zugesteuert wird: Was mache ich, wenn ich vor meiner Schreibmaschine sitze und mir fällt partout nichts ein? Das wird dann auch beschrieben. Aber man merkt sehr bald, es geht um den Prediger und die Predigerin selbst. Deshalb stehen am Ende auch Überlegungen zu „Kreativität – ein Lebensprogramm". (S. 155)

Auf die Frage, wodurch wird man kreativ? wird von Erika Landau geantwortet: „Indem man offen, aufgeschlossen der Umwelt gegenüber ist, sich von ihr herausfordern läßt, sich mit ihr auseinandersetzt, um ein Teil von ihr zu werden." (S. 159)

Es wird das Bild eines kreativen Predigers entworfen, der sich bemüht, nicht nur von seinen beruflichen Anforderungen getrieben zu werden. Der

---

29 Einen ersten Überblick gibt Erika Landau: Psychologie der Kreativität. München/Basel, 1969; Manfred Josuttis: Über den Predigteinfall (1970). In: Ders.: Rhetorik und Theologie in der Predigtarbeit. München, 1985, S. 70 ff.; Heribert Arens/Franz Richardt/Josef Schulte: Kreativität und Predigtarbeit. Vielseitiger denken. Einfallsreicher predigen. München, 1974

30 H. Arens u. a., Kreativität und Predigtarbeit, a.a.O., S. 15

Prediger darf seine Kreativität nicht unter der Verzettelung und dem Druck der beruflichen Anforderungen ersticken lassen. Er muß Arbeit delegieren lernen und sich Muße für kreative Erfahrungen nehmen. Der kreative Prediger ist ein positiver und aufgeschlossener Mensch. Er ist offen gegenüber neuen Ideen und gegenüber seinen Mitmenschen. Er versucht, bei der Auswahl seiner Arbeiten auch nach dem Spaßprinzip vorzugehen. Er versucht viele seiner Anlagen zu optimaler Entfaltung zu bringen. Er fürchtet die nicht ausgenützten Lebensbereiche. Er erweitert sein Wissen, wo er nur kann. Er steigert seine Sensibilität gegenüber Impulsen und Ideen. Im Kreis seiner Mitarbeiter versucht er Enge und Angst zu vermeiden und sie zu schöpferischer Phantasie zu ermutigen.

Jeder weiß, daß es Zeiten gibt, in denen die Welt wie mit Brettern zugenagelt aussieht, und andere Zeiten, in denen die Einfälle und Ideen nur so sprudeln. Darauf jedoch kann sich der Prediger nicht verlassen. Der nächste Sonntag kommt unabhängig von solchen Zeiten. Deshalb ist es nützlich, daß er sich die Kreativität auch als ein auch zum Handwerklichen der Predigtvorbereitung gehörendes Element deutlich macht. Kreativität läßt sich in gewissen Grenzen lernen. M. Josuttis zitiert Charles Chaplin, der in seiner Autobiographie fragt: „Wie bekommt man Einfälle?" Chaplin antwortet: „Diese Frage kann ich bis heute nicht befriedigend beantworten." Er fährt dann aber fort: „Indem man bis an die Grenzen des Wahnsinns beharrlich bleibt. Man muß die Fähigkeit haben, über lange Zeit Seelenqualen zu ertragen und dann wieder den Enthusiasmus durchzuhalten. Vielleicht ist das für manche Leute leichter als für andere – ganz sicher scheint mir das aber nicht."[31]

Aus der Kreativitätspsychologie werden deshalb Phasen des kreativen Prozesses auch für den Prediger wichtig. Es werden vier Phasen unterschieden: 1. die Präparationsphase, 2. die Inkubationsphase, 3. die Illuminationsphase, 4. die Verifikationsphase.

Die erste Phase ist eine Sammelphase. Das habe ich oben mit dem Vorstellen einer Sammlung von Einfällen für eine Predigt beschrieben.[32]

Wichtig ist in dieser Phase eine zensurfreie Materialsammlung. Der Prediger muß im Grunde alles sammeln, was ihm im Umfeld seiner Predigtvorbereitung einfällt. Das meiste kann er nicht gebrauchen. Aber das weiß er erst hinterher. Als kreativitätsfördernde Faktoren werden neben dem Verzicht auf Zensur, Anschaulichkeit des Denkens, in den unmöglichsten Blättern und Büchern herumlesen, Freude am Ausprobieren, Freude am Spielerischen und am Unsinn, am Überraschenden und am phantasievollen Umgrup-

---

31 M. Josuttis, Über den Predigteinfall, a.a.O., S. 70
32 S. o. S. 223

pieren genannt. Die Aufmerksamkeit richtet sich einmal auf den Bibeltext und die darin enthaltene Glaubens- und Lebenserfahrung. Die Aufmerksamkeit richtet sich dabei und darüber hinaus auf unsere gegenwärtige Lebenswirklichkeit. Die Breite dieser Lebenswirklichkeit vom persönlichen Ich-Erleben über die Erfahrungen im persönlichen Nahbereich, die größeren gesellschaftlichen und die globalen Zusammenhänge unserer Welt müssen im Blick sein.

Ich stelle für jede Predigt neue Listen auf. Es gibt Leute, die haben einen Zettelkasten dafür. Ganz zeitbewußte Prediger haben das längst im Speicher ihres Computers untergebracht.

Tröstlich ist, daß es – siehe C. Chaplin – auch die Inkubationsphase geben darf. Dies ist die Zeit der oft frustrierenden Überlegungen. Der Prediger sucht nach einer zündenden Idee, die ihm die Predigt zusammenhält, den Text aufschließt, den Hörer zum Aufmerken bringt. Er hat Blockaden. Er darf mit zerknautschtem Gesicht durch die Gegend laufen.

Dann kommt die Erleuchtung, die dritte Phase, die Predigtidee, mit der ich meine Predigt gestalten kann. Ich hoffe, es ist eine Erleuchtung. Manchmal entpuppt sie sich auch als ein gänzlich unbrauchbarer Gedanke, und es muß neu gesucht werden. Aber wenn ich dann etwas gefunden habe, die Zeit auch drängt, dann strukturiert sich von dieser Predigtidee her das ganze Feld meiner Einfälle. Der größte Teil kommt in den Papierkorb oder wird für nächstesmal aufgehoben. Nur weniges läßt sich in der Predigt verwerten. Aber es ist in der Regel viel mehr und in der Qualität viel besser, als wenn ich solch eine bewußte Tätigkeit des offenen Suchens nicht dazwischengeschoben hätte.

Schließlich geht es an die praktische Herstellung der Predigt aufgrund meiner Ideen. Das ist der vierte Teil. Bei dieser Arbeit muß ich noch einmal überlegen, ob meine Predigtidee den biblischen Text in seiner wesentlichen Erfahrung in den Mittelpunkt rückt, ob unsere Lebenserfahrung im Zusammenhang damit richtig gegriffen ist und ob das, was ich vorhabe, für den Hörer taugt. Nicht jede vom Prediger mit Begeisterung erlebte Predigtidee ist für die Gemeinde geeignet, aber zu zaghaft darf der Prediger auch nicht sein. Es ist deshalb gut, wenn er seine Predigtidee, bevor er die Predigt endgültig fertigstellt, mit Gemeindegliedern, Freunden, Familienangehörigen durchspricht. Normalerweise merke ich schon, wenn ich solch einen Einfall vortrage, ob das geht oder ob ich das verändern muß. Der Prediger sollte nicht direkt aus seiner Einzelzelle auf die Kanzel gehen. Dazwischen bedarf es noch des Gesprächs zur Selbst- und Fremdkontrolle. Danach allerdings muß ich doch das sagen, was ich allein verantworten kann. Der Prediger gibt kein Gruppenkommuniqué ab. Die Predigt ist persönlich bezeugende Rede.

Ein kreatives Element für die Predigt, das selten bedacht wird, ist die Verantwortung des Predigers für das Lachen der Gemeinde: Bierernst geht

es zumeist auf der Kanzel zu. H. B. Ottmer[33] hat mit Recht darauf hinge-
wiesen, daß dies bei den Abkündigungen ganz anders sein kann. Schon der
Tonfall wird bei vielen Predigern dann lockerer. Es ist verständlich, daß die
Kanzelrede als offizielle, amtliche Rede des Predigers ihm eher ernst gerät.
Auch das Heilsgeschehen ist bei uns – protestantisch vielleicht besonders –
eine ernsthafte Angelegenheit.

Kreuz und Passion zeigen die Nähe Gottes zu denen, die nichts zu lachen
haben. Für Ostern erinnern wir uns gerne an das mittelalterliche Osterge-
lächter, weil sich das gegenwärtige angesichts der Verstehensproblematik des
Ostergeschehens schwer einstellen will. Unser Gesangbuch ist ja eigentlich
voll von fröhlichen Liedern. Wir wissen auch, daß die Grundbefindlichkeit
des Christen die Freude sein muß. Aber eben doch ernsthaft und nicht
lächerlich.

Wer kreativ über die Predigt nachdenkt, stößt zwangsläufig auf Lustiges.
Spaßige Bemerkungen fallen ihm ein, drollige Zusammenhänge tun sich auf.
Eine Erzählung mit einer wunderbaren Pointe wird entdeckt. Wenn Prediger
und Predigerin halbwegs vergnügte Leute sind, fallen ihnen ständig kleine
Bemerkungen ein, bei denen die Hörer lachen müßten. Aber wenn man dann
an der Predigt sitzt und sich mit der Verständlichkeit des Gedankengangs
und dem oben genannten Spannungsbogen hin zu Jesus Christus quält, bleibt
das Lachen auf der Strecke. Obwohl es sich lohnt, dazu wieder einmal Gerd
Heinz-Mohrs „Sermon, ob der Christ etwas zu lachen habe" zu lesen: „Der
Heilige Geist sei fröhlich; er vertrage weder Traurigkeit noch Enge. So
betonte die frühchristliche Schrift ‚Hirt des Hermas‘ (um 130), und sie
folgert: ‚Bekleide dich also mit der Fröhlichkeit, die allezeit bei Gott Gnade
findet und ihm wohlgefällig ist, und schwelge in ihr. Denn jeder fröhliche
Mann tut Gutes und sinnt auf Gutes und verachtet die Traurigkeit. Mache
dich also rein von dieser bösen Traurigkeit, und du wirst Gott leben – und alle
werden Gott leben, so viele die Traurigkeit von sich werfen und nichts als
Fröhlichkeit anziehen.‘"[34]

Das Lachen in der Kirche ist natürlich nicht verboten, wie eine alte Dame
zu Beginn des kleinen Büchleins vermutet, sondern es ist ausgesprochen
sachgemäß, wenn es in der Predigt richtig sitzt und die Gemeinde selbst- und
ortsvergessen lacht.

Da ich in vielen fremden Gemeinden predige, erlebe ich das immer wieder,
wie nach solch einem etwas gebremsten Gelächter sich die Leute anschauen,
als wollten sie sich vergewissern, ob das richtig war. Denn so richtig laut lacht
man in der Kirche eigentlich nicht. Allenfalls schmunzelt man ein wenig.

---

33 Hans Bernhard Ottmer: Humor ist nicht in der Predigt. In: wp. 23/1977, S. 41 ff.;
wp. 25/1977, S. 57 ff.

34 Gerd Heinz-Mohr: Sermon, ob der Christ etwas zu lachen habe. Kleine Burckhard-
thaus-Bücherei. Bd. 17. Gelnhausen, 1965, S. 43

Dahinter steckt sicher eine falsche Auffassung von der Ernsthaftigkeit des Glaubens. Der Glaube ist doch in dem Sinne ernst, daß er wirksam ist und unser Leben so tief begründet, daß die Angst nicht mehr bestimmend sein kann. Das Weinen und das Lachen gehört dann aber auch zur Ernsthaftigkeit des Glaubens. In amerikanischen Predigten gehört der Witz zur Standardausrüstung. Das muß man so nicht nachmachen. Wer jedoch ein halbwegs fröhlicher Mensch ist, müßte eigentlich die spaßige Bemerkung in der Predigt nur schwer unterdrücken können. Oder müssen wir erst daran erinnert werden, daß Luther meinte, aufgrund der Rechtfertigungsbotschaft sei es angemessen, sich zu freuen und fröhlich zu springen. Man kann es ja geradezu zum Grundbestand des Christlichen machen, daß sie vor der Welt ein Gelächter sind. Christen als Narren Christi. Aber doch sicher nicht nur als solche, über die die Welt sich lustig macht, sondern auch als solche, durch die die Welt lustiger wird. Man könnte eine Typologie des Lachens einführen und überlegen, welches Lachen christlich angemessen ist, das Lachen über sich selbst und über die Welt, sofern sie sich zum Grund des Lebens macht. Man könnte überlegen, wo das Lachen verboten ist, z. B. das böse Lachen über den anderen. Man könnte über Bilder lachender Menschen meditieren. Über den lachenden Jesus. Über die lustig lachenden, leider törichten Jungfrauen an einer Straßburger Kirche und die ernsten, klugen Jungfrauen, die so langweilig aussehen, daß man sich ernsthaft fragen muß, von welcher Sorte man eine geschenkt haben möchte. Man kann sich jenes Bild lange ansehen, das SA-Männer und Parteileute in der Münchner Ausstellung über die sogenannte entartete Kunst zeigt, die lachen. Ein eindrückliches Bild. Ein Heidengelächter. Dabei fällt einem plötzlich ein, daß das Lachen als solches tatsächlich keinen Wert hat. Es gibt unglaublich bedrückendes Lachen: Böse Witze über Juden, Türken, Schwarze. Soll ich eigentlich über den makabren schwarzen Humor lachen, den die Kinder von der Schule mit nach Hause bringen? Eine Lockerungsübung im Bereich des Schrecklichen? Aber woran gewöhnt man sich dabei? Andererseits die wunderbaren jüdischen Witze, soweit wir sie verstehen. Die einfachen, tiefsinnigen Späße, daß der Tünnes dem Schäl sagt: „Schäl, geh' in dich!" Und der Schäl antwortet: „Da war ich schon, da ist auch nichts los!" Für die Predigt sind die schon fertigen Erzählungen, Anekdoten oder Späße nicht einmal das typische Medium des Lachens. Es gibt Beerdigungen, bei denen wir, wenn auch auf einem wehmütigen Hintergrund, fröhlich gelacht haben. Nicht oft gelingt das. In der Regel hängt über der Beerdigung so etwas wie ein dickes schwarzes Tuch, und der Prediger muß sich anstrengen, das überhaupt ein wenig zur Seite zu schieben. Aber manchmal, in jenem Teil der Predigt, in dem ich den Trauernden noch einmal den Verstorbenen vor Augen stelle, da hat das Lachen seinen Ort. Selbst bei dem ganz traurigen Sterben, wenn da einer gerade fünfzigjährig an Lymphdrüsenkrebs gestorben ist und wir, die wir gerade gesungen und gehört haben, daß Jesus Christus dem Tode die Macht genommen hat, wenden uns noch einmal entschlossen diesem Leben zu. Und dann läßt sich jene Szene erzählen, wie er, wo sie doch damals kaum genug Geld zum Leben hatten, zum Entsetzen seiner Frau, als Jäger und Sammler einen echten Schwitters gekauft hatte. Die Trauergemeinde muß noch einmal mit auf den Hannoverschen Flohmarkt, wo er die kuriosesten Sachen, die er auf einem Wirtshausboden gefunden und erstanden hatte, vergnügt verkaufte. Da wird der Macht des Todes ein Schnippchen geschlagen, auch wenn einem das Weinen näher steht als das Lachen.

Es ist richtig, was H. Arens u. a.[35] schreiben: „Witze, die der Prediger sich krampfhaft zurechtlegt, wirken peinlich. Noch gefährlicher ist schließlich jene Form des Humors, die wir Zynismus, Ironie oder Satire nennen. Ironie und Zynismus vertragen die Hörer am wenigsten. Grundsätzlich ist folgendes zu bedenken: Humor ist nicht etwas, das man einer Predigt zu guter Letzt noch anhängt oder aufpfropft; er ist auch nicht nur eine Technik oder ein Trick. Denn das durchschauen die Hörer sehr bald. Jede Künstlichkeit und jeder Krampf stößt ab. Humor ist eine bestimmte Grundeinstellung, die organisch mit dem gesamten Naturell des Predigers verknüpft ist. Humor verrät etwas von der Freiheit, die ein Prediger sich selbst gegenüber besitzt. Über sich selber lachen können, ist das Merkmal eines freien Menschen."

Andererseits darf der Prediger ohne Probleme eine fröhliche Sache, die in seinen Zusammenhang paßt, sei es in einem kurzen Nebensatz, sei es in einer längeren Anekdote einbringen. Manche schwierige Situation ist durch einen fröhlichen Einstieg erst richtig in den Griff zu bekommen. Ich soll ein geistliches Wort zum Abschluß eines Landes-Chortreffens sagen. Auf keinen Fall eine Predigt. Aber etwas, das die große Menge der Chormitglieder noch einmal zusammenbringt und ihnen ein gutes Wort für die Heimreise mitgibt. Also sitze ich, und mir fällt nichts ein. Schließlich mustere ich Kurt Steinels altes „Und Gott schreibt auch auf krummen Linien gerade" durch. Da stand es dann: „Ein würdiger alter Küster an einer mitteldeutschen Universitätskirche hatte die Gewohnheit, den jungen Anwärtern auf das geistliche Amt sein Urteil nicht vorzuenthalten. Und zwar unterschied er drei Bewertungsgrade. Dünkte ihn die Leistung vortrefflich, so verhieß er: ‚Sie werden eine Posaune des Herrn werden.' Der zweite am häufigsten zur Anwendung kommende Grad war: ‚Sie haben mich erbaut.' Hatte ihm aber eine Predigt nicht gefallen, so kleidete er seine Kritik in die Worte: ‚Sie hatten die Lieder gut ausgewählt.' Mit dieser harmlosen Geschichte habe ich dann angefangen und als nächsten Satz nur gesagt: An dieser Geschichte erkennt man die ungeheure Bedeutung der Kirchenmusik für den Gottesdienst. Das darauf folgende Lachen brachte die Sänger noch einmal zusammen und zum Auf-

35 Heribert Arens/Franz Richardt/Josef Schulte: Positiv predigen. München, 1977, S. 102

merken. Und dann konnten sie mit ein paar freundlichen Worten und einem irischen Reisesegen verabschiedet werden.

Nun kann jemand einwerfen, daß das alles nichts mit „biblisch predigen" zu tun hat. Darauf will ich antworten: Das hätte auch noch gefehlt, daß wir nun auch noch „biblisch lachen" sollen. Allerdings, wenn ich anfange, in der Predigt zu erzählen, dann ist auch das Lachen nicht weit. Bölls Erzählung von dem Touristen und dem Fischer[36] ist ja nichts anderes als eine nachdenkenswerte humorvolle Erzählung. Das Lachen darüber kann ein böses Lachen über dumme Touristen sein. Es kann aber auch das gute Lachen der Selbsterkenntnis sein, das zeigt: Mensch ja, so sind wir. Ob Jesus auch gelacht hat? Mit Sicherheit! Schade, daß wir keine humorvollen Erzählungen von ihm haben. Oder ist das Gleichnis vom ungerechten Haushalter eine Geschichte, die man nur mit leisem Lächeln erzählen kann?

Die Freude, der Humor und das Lachen gehören zum Glauben, also auch in die Predigt.

b) Die Predigthilfen

In welchem Stadium der Predigtvorbereitung der Prediger zur Predigthilfe greift, ist ganz unterschiedlich. In jedem Fall wird man sie griffbereit in seinem Bücherschrank finden. Es gibt nur wenige Prediger, die nicht eine oder mehrere Predigthilfen regelmäßig beziehen. Seit es Gedrucktes gibt, haben Predigthilfen ihren selbstverständlichen Markt. Martin Luther hat seine Postillen schon als Hilfe für die Prediger verstanden. Als Predigthilfen sind zu betrachten die Sammlungen der Predigten anderer, wenn man davon ein Register oder so wenige davon hat, daß man jedesmal nachsehen kann, ob der Text gepredigt worden ist.[37]

Die Göttinger Predigtmeditationen, die seit 1946 erscheinen, stellen die umfangreichste Sammlung an Exegesen und Meditationen für die Predigttexte des Kirchenjahres dar. In ihnen steht die historisch-kritische Durcharbeitung des Bibeltextes sowie das intensive Bemühen um gegenwärtiges Verstehen im Mittelpunkt. Der Prediger, der diese Bände – und sei es antiquarisch – erstehen kann und das Verfahren kennt, wie man Texte darin

---

36 S. o. S. 246f.
37 Klaus-Peter Jörns/Friedemann Merkel/Hinrich Stoevesandt (Hrsg.): Göttinger Predigtmeditationen.

findet, hat einen reicheren Schatz an exegetischen Besinnungen zur Verfügung, als er zumeist für eine Predigt verwenden kann.[38]

Die Predigtstudien[39] erscheinen seit 1967. Sie sind dadurch interessant, daß sie durch zwanzig Jahre hindurch mit leicht wechselnden Gewichtungen jener Predigtkonzeption zu dienen versucht haben, die Ernst Lange mit der Unterscheidung vom Prediger als Anwalt des Textes und als Anwalt der Hörer definiert hatte.

Weitere Predigtmeditationen sind:

„Neue Calwer Predigthilfen",[40] die seit 1979 erscheinen und biblisch sowie systematisch-theologisch sehr sorgfältig gearbeitet sind.

Gottfried Voigt, Leipzig, hat über viele Jahre seine homiletischen Auslegungen der Predigttexte herausgegeben.

Auf die homiletischen Auslegungen von Martin Doerne und die Predigthilfen von Wilhelm Stählin sei hier nur hingewiesen.

Eine Hilfe für den Prediger, die gleichzeitig den Gottesdienst mit im Blick hat, ist „Gottesdienstpraxis"[41]. Diese Hilfe bringt eine theologische Skizze und einen Vorschlag für die Predigt sowie Überlegungen und Hinweise, Meditationstexte, Lieder und Gebete zum ganzen Gottesdienst.

Eine Besonderheit ist die Reihe der „Assoziationen. Gedanken zu biblischen Texten,"[42] in denen zu jedem Text in den sechs Predigtreihen eine kurze Besinnung eines Schriftstellers, Journalisten, Politikers oder Theologen gebracht wird.

Klaus v. Bismarck, Ingeborg Drewitz, Erhard Eppler, Walter Jens (Hrsg.), Kurt Marti, Rolf Rendtorff, Yorick Spiegel, Martin Walser, Günter Brakelmann, Heinrich Albertz und viele andere geben zum Teil interessante Auslegungen zu den biblischen Texten.

Diese Aufzählung ist keineswegs vollständig. Die Predigtsammlungen sind uferlos. Ich erwähne hier auch nicht noch einmal den ganzen Bereich der Literatur für die Exegese, für die systematisch-theologische und ethische Reflektion, für die „Exegese der Wirklichkeit". Dazu ist oben genug gesagt.

Wie sind solche Predigthilfen einzusetzen?

Ich kenne Pfarrerinnen und Pfarrer, die bereits in der ersten Phase ihrer Predigtvorbereitung, noch bevor sie sich intensiv an den Bibeltext setzen, das

---

38 Der Prediger muß sich dazu eine Ordnung der Lesungen und Predigttexte aus der Zeit vor dem 1. Advent 1978 besorgen, in der die Predigttexte nach biblischen Büchern geordnet und mit dem jeweiligen Sonntag in der entsprechenden Reihe versehen sind. Es lassen sich dann die entsprechenden Predigtmeditationen mühelos finden

39 Peter Krusche/Dietrich Rössler/Roman Roessler (Hrsg.): Predigtstudien, Stuttgart

40 Hans Bornhäuser u. a. (Hrsg.): Neue Calwer Predigthilfen. Stuttgart

41 Erhard Domay/Horst Nitschke (Hrsg.): Gottesdienstpraxis. Gütersloh

42 Walter Jens (Hrsg.): Assoziationen. Stuttgart

lesen, was andere geschrieben haben und sich daraus Anregungen und Ideen geben lassen.

Meine Erfahrung ist, daß ich lieber erst später an die ausgearbeiteten Predigthilfen herangehe. Nachdem ich mich eine Weile mit dem Predigttext beschäftigt habe, nachdem ich zur Feststellung meiner eigenen Befindlichkeit und Erfahrungslage aufgeschrieben habe, was mir im Kopf herumgeht, was ich erlebt und gehört habe (Ideenliste)[43], schaue ich mir die entsprechenden Predigthilfen an. Ich kann die Überlegungen der anderen dann mit größerem Sachverstand zur Kenntnis nehmen. Ich merke, daß ich von solch einem Gespräch mit einem anderen, der den gleichen Text vorbereitet, mehr habe.

Es gibt unterschiedliche Zugänge nicht nur zu biblischen Texten, auch zu Predigthilfen. Das ist nur legitim.

Mancher empfindet die ausgeführte Predigt über einen Text als bessere Hilfe für die Predigt. Aus der fremden Predigt lassen sich Gedankengänge, einzelne Ideen benutzen für die eigene Predigt. Soll man die Predigt des anderen übernehmen? Ich habe oben schon einiges dazu geschrieben[44]. Auf der einen Seite ist das sicher eine Möglichkeit. „Diebstahl ist im Bereich der Predigt eine Weise, wie der Heilige Geist zur Wirkung kommen kann," habe ich in „konkret predigen" etwas dramatisch formuliert. Wir haben keinen Originalitätszwang für die Kanzel.

Allerdings, wenn der Prediger keine Lesepredigt daraus machen will, dann muß er sie doch ganz entscheidend umarbeiten. Er muß mit der Predigt so umgehen, daß sie wirklich *seine* Predigt wird. Da wird, wenn ich das richtig sehe, kaum ein Satz so bleiben, wie er in der Vorlage ist. Manch einem geht es ja schon so, wenn er als Prediger einen anderen predigen hört. Beim Hören fällt ihm gleichsam seine eigene Predigt, die er machen würde, dazu ein. Dieses würde er anders sagen, jenes drastischer formulieren, ein Drittes ganz weglassen. Aber ärgerlich und dumm ist es, wenn der Prediger sein Geschäft an dieser Stelle nicht versteht. Wenn Beispiele einfach übernommen werden und der Prediger verlogen erklärt, er selber habe das erlebt.

Da erzählt einer etwas von seinem Bruder, der im Kriege geblieben sei. Daraufhin befragt, stellt sich heraus, er hat überhaupt keinen Bruder. Er hat ein Stück aus einer anderen Predigt verwendet, in dem solch ein Bruder vorkam. Da hört der Spaß auf. Der Hörer merkt es mit der Zeit, wenn nicht mehr der Prediger predigt, sondern nur noch seine Vorlagen reden.

Die Predigthilfe soll Material liefern, das der Prediger zu einer wirklich eigenen Rede verarbeitet.

Die Gefahr der Predigthilfe liegt weniger in dem, was sie bringt. Sie ist ja immer das verantwortete Produkt eines Auslegers. Die Gefahr der Predigt-

---

43 S. o. S. 223
44 S. o. S. 455

hilfe liegt in einer falschen Verwendung durch den Prediger. Die Predigthilfe soll einweisen in das Verständnis des Textes. Dem Prediger soll geholfen werden, daß er mit dem biblischen Text etwas erlebt. Wenn die Predigthilfe von der Art der „Predigtstudien" ist, soll dem Prediger darüber hinaus geholfen werden, sich die Lebenswirklichkeit der Hörer, ihre Situation, sorgfältig zu erschließen. Auch im Bereich der „Exegese der Wirklichkeit" muß er bis zu den theologischen Grundfragen vordringen. Benutzt nun der Prediger Predigthilfen und fremde Predigten lediglich unter dem Aspekt schnellerer Predigtherstellung, so bekommt er möglicherweise eine ganz interessante Predigt zustande. Sie ist aber aus äußerem Material zusammengebastelt. Sie ist nicht vom biblischen Text her und nicht von der Lebenswirklichkeit des Hörers her durchdrungen. Diese Gefahr muß der Prediger sehen.

c) Die Predigtherstellung

Ich gehe noch einmal den Ablauf der Predigtvorbereitung durch, wie er nach all dem, was ich bisher beschrieben habe, möglich ist. Dieser Ablauf ist nicht zwingend. Er ergibt sich auch nicht zwingend aus den von mir bisher aufgestellten Gesichtspunkten für die biblische Predigt. Jeder kann für den Ablauf der Predigtvorbereitung seine eigene Reihenfolge suchen. Ich halte mich auch nicht immer an eine bestimmte Reihenfolge. Ich achte allerdings darauf, daß die einzelnen Elemente dieser Predigtvorbereitung vorkommen. Aber was will man machen, wenn der zündende Funke für die Predigt weit vor der Exegese kommt und sich das dann hinterher nach der ordentlichen Exegese sogar noch als tragfähig erweist? Dies ist also nur ein möglicher Ablauf zur Orientierung.

I. Erste Einfälle zum Text
Ich habe mir den Text sonntags angeschaut. Am Freitag setze ich mich an die Predigt. Inzwischen ist mir viel dazu eingefallen. Ich bin bei manchen Gedanken hängengeblieben. In einer Andacht beim Frauenkreis habe ich den Text schon ein wenig erprobt. Ich habe Ideen für die Predigt im Kopf. Alles das notiere ich.

II. Gegenwärtige Erlebnisse
Ich notiere mir, was mir in der letzten Zeit begegnet ist, was ich gehört, gesehen und gelesen habe.[45]

---

45 S. o. S. 223 f.

III. Die ordentliche Exegese

Der Text soll in seiner Fremdheit zu mir sprechen. Ich nehme mir den Urtext vor, die Kommentare, mache mir die Eigentümlichkeiten des Textes klar und versuche, ihn in der „erfahrungsbezogenen Textparaphrase" erklärend zu erzählen.

IV. Die Predigthilfen

Ich sehe mir das an, was andere Ausleger zum Text geschrieben haben und wie sie das Verhältnis zwischen dem Text und unserer Lebenswirklichkeit sehen.

V. Die Kreativitätsreise

Ich überlege, was alles zum Text passen könnte. Ich schaue mir noch einmal das an, was ich unter I und II geschrieben habe. Sich nichts verbieten, alles notieren.

VI. Das Brüten

Was soll ich denn nun predigen? Wo trifft der Text meine Lebenswirklichkeit? Wo trifft die Glaubenserfahrung des Textes auf meine Lebens- und Glaubenserfahrung? Wo komme ich mit dem Text nicht zurecht? Wo ist der Text für mich und meine Hörer wichtig? Diese Phase ist beschwerlich, sie muß durchstanden werden. Sie dauert so lange, bis ich die Erleuchtung habe.

VII. Exegese der Wirklichkeit

Nun weiß ich, worauf es bei meiner Predigt über diesen Text ankommen soll. Nun muß ich überprüfen, ob ich mich in dem angesprochenen Bereich unserer Lebenswirklichkeit genügend auskenne.

VIII. Systematisch-theologische und ethische Überprüfung

Was sagt der Text zu unserer Lebenswirklichkeit. Ist das, was ich sagen will, für unsere Lebenswelt relevant? Welche Einwände haben wir gegen den Text? Wie paßt das, was ich sagen will, zum Ganzen des Glaubens, zum Bekenntnis, zu dem, was dem Christen geboten ist.

IX. Thema und Aufbau

Ich benenne das Predigtziel. Ich beschreibe den Gedankengang der Predigt mit wenigen Sätzen. Ich ordne die Bilder, Erzählungen, Argumentationen zu. Was muß vor den Hörern diskutiert werden? Wie soll der Aufbau sein? Worauf soll der Spannungsbogen zulaufen?

X. Aufschreiben der Predigt

Beim Schreiben der Predigt zeigt sich, ob mein Aufbau und meine Vorstellungen überhaupt durchführbar sind. Manches ändert sich noch, Neues kommt hinzu. Manchmal beginne ich schon viel früher mit den Schreibversuchen, weil sich beim Schreiben neue Einfälle und Probleme ergeben. Man kann statt eines Schreibversuches auch einen Sprechversuch mit dem Kassettenrecorder machen. Einige kenne ich, die schreiben sich nur Stichworte oder die Aussagesätze der Predigt auf und konzipieren den Text der Predigt im Kopf. Das geht auch.

Nun zu einigen Einzelfragen:
Der Predigteinstieg
Am Predigteinstieg sitze ich lange. Nur keine langatmigen Einführungen. Auf keinen Fall sollte als Einstieg gewählt werden: Liebe Gemeinde! Als ich gestern diesen Text las, war ich tief verstört. Alles in mir sträubte sich gegen den Text ...

Der kundige Hörer weiß, daß der Prediger das gegen Ende doch irgendwie hinbekommen wird. Der größere Nachteil ist jedoch, daß er, da des Predigers Haare sich schon gesträubt haben, die eigenen nicht mehr sträuben muß. Das jedoch ist nicht im Sinne der Predigt. Ist tatsächlich etwas am Text so, daß wir nur dagegen protestieren können, dann muß der Hörer direkt dort hingeführt werden, daß er es ähnlich empfindet. Das muß ihm der Prediger dann nicht vormachen.

Der Predigteinstieg soll den Hörer sofort motivieren, aufmerksam zuzuhören. Deshalb sollte er möglichst schnell zur Sache führen. Die Sache der Predigt ist immer der Text und unser Leben. Also kann der Prediger entweder mit unserem Leben oder mit dem Text einsteigen.

Nichts ist davon zu halten, wenn der Prediger am Anfang einen Aufhänger oder eine Abholstory erzählt, die zwar ganz interessant ist, dann aber wenig oder nichts mit dem Text und dem Thema der Predigt zu tun hat. Dann lernt der Hörer, daß sich die Aufmerksamkeit anfangs nicht gelohnt hat. Er ist gleichsam irregeführt worden.

Drei Beispiele für Predigteinstiege aus Predigten über Kain und Abel.
1. „Es gibt Erlebnisse und Erfahrungen, die immer wieder auf die gleichen Überlegungen hinauslaufen, die mich immer wieder zu den gleichen Fragen führen. Lassen Sie mich davon erzählen: Es ist einige Monate her. Vor Millionen Zuschauern des ARD-Fernsehens starb am späten Nachmittag ein kleines Kind. Nicht in einem Spielfilm, sondern in einem Dokumentarbericht aus Nordäthiopien. Das Kind starb an den Folgen des Hungers ...“
2. „Ich habe neulich am frühen Abend mit meinem Auto am Dorfausgang zwischen Dörgelos und Thiemanns einen jungen Hasen überfahren. Ich war gerade dabei, Gas zu geben, eben so, wie man nach dem Ortsausgang durchstartet, und er lief mir von der Seite so plötzlich vor die Räder, daß da gar nichts zu machen war. Ich spürte den Moment, wo das rechte Rad vorne ihn erfaßte, und es versetzte auch mir einen Schlag, das zu spüren ...“

3. „Zwei Menschen stehen vor Gott und beten, der eine wird angenommen, der andere verworfen. Beide waren auf ihre Art fromme Menschen, und doch wird nur der eine erhört. Wir stehen hier alle vor Gott und beten. Das wird zu einer aufregenden Sache, wenn wir uns fragen: Sollte von uns, den Betern, auch der eine angenommen und der andere verworfen werden? . . ."[46]

Mit diesen drei Predigteinstiegen lassen sich drei Typen chrakterisieren. Der erste Typ fängt etwas umständlich allgemein an. Dieser erste Satz könnte ohne weiteres fehlen.

Die zweite Predigt beginnt sehr persönlich mit der Erfahrung des Tötens, steigt also mit einer menschlichen Parallelerfahrung ein, einer Erfahrung, die wahrscheinlich für die Hörer nachvollziehbarer ist als ein Mord. Der Prediger muß nur sehen, wie er nachher von dem Hasen zu Kain kommt.

Die dritte Predigt beginnt sofort mit dem Text und ist nach zwei Sätzen beim Thema. Aber selbst der erste Prediger ist ja schnell über seinen überflüssigen Satz hinweg und dann bei einer wichtigen Erfahrung. Ich denke, es ist gut, wenn man den Hörer nicht lange im Unklaren läßt, worum es in der Predigt geht.

Versuch und Irrtum

Der wichtigste Teil der Predigt ist der Mittelteil, der in dem Predigtaufbau nach dem psychologischen Lernschema Versuch und Irrtum genannt ist. Dieser Teil muß eigentlich in jeder Predigt irgendwo vorkommen. Ich denke, in jeder Predigt wird irgend etwas auf dem Spiel stehen. Der Text wird nicht einfach nahtlos in unsere Zeit zu übertragen sein. Es wird Widerstände gegen den Text geben. Solche Widerstände müssen in der Predigt abgearbeitet werden. Dieser Teil ist also der wesentlich dialogische Abschnitt der Predigt. Hier kann Meinung und Gegenmeinung erörtert werden. Hier soll der Predigthörer sich mit seinen Ansichten einbringen können. In diesem Teil ist es gut, wenn es einen erkennbaren Gedankenfortschritt gibt. Die Besichtigung und Diskussion des Erzählten gehört in diesen Teil.

Der Predigtschluß

Auf den letzten Teil der Predigt, so hatten wir gesehen, soll alles zulaufen. Das weiß der Prediger. Deshalb hat er oft das Empfinden, zum Schluß noch einmal die ganze Dogmatik und das ganze Heilsgeschehen möglichst massiv darstellen zu müssen. Das ist für die Aufmerksamkeit des Hörers und für die Predigt nicht gut. Die Informationsdichte darf gegen Ende der Predigt nicht steigen. Es wäre jedoch gut, wenn der Prediger etwas täte, was ungewöhnlich ist. Es sollte die Anschaulichkeit gegen Ende gesteigert werden. Die Schluß-

---

46 K.-F. Daiber/H. W. Dannowski u. a., Predigen und Hören, I, a.a.O., S. 70; 58; 88

sätze sollen sehr sorgfältig formuliert sein. Sie sollen ein Fazit der Predigt ziehen.

Es ist gut, wenn der Schluß überraschend kommt, damit der Hörer nicht das Gefühl hat, nun könnte der Prediger aber wirklich langsam aufhören. Wenn die Predigt mit einem wichtigen Gedanken abrupt endet, dann ist es nötig, daß der Organist das Vorspiel für das nächste Lied etwas länger macht, damit die Gemeinde noch ein wenig an dem Gehörten herumdenken kann.

Nach dem Aufschreiben der Predigt ist es gut, wenn der Prediger eine Weile etwas anderes tut. Sieht er sich die Predigt nach einigen Stunden dann wieder an, entdeckt er leichter die Schwächen.

Im Anschluß an Rolf Heue und Reinhold Lindner finde ich folgende Kontrollfragen hilfreich:

– Ist der Gedankengang der Predigt klar?
– Sind die Übergänge zwischen den Teilen verständlich (keine Gedankensprünge)?
– Sind die wichtigsten Aussagen und Höhepunkte der Predigt deutlich markiert?
– Sind die in der Predigt aufgeworfenen Fragen auch beantwortet worden?
– Enthält die Predigt zu viele Informationen in einem zu kurzen Zeitraum?
– Ist die substantivierende Ausdrucksweise vermieden worden?
– Sind die Geschichten lebendig und vorstellbar erzählt?
– Sind die überflüssigen Nebengedanken gestrichen worden?[47]

In dieser Weise kann der Prediger, kann die Predigerin vorgehen. Es läßt sich auch ganz anders machen. Jeder muß für den Aufbau der Predigt, für ihre Spannung jeweils den für ihn besten Weg finden.

Und auch die Freude am Ausprobieren neuer Gestaltungsmöglichkeiten gehört zum Predigen.

Besonders gut wäre es dabei, wenn der biblische Text im Mittelpunkt des Nachdenkens stünde.

Predigt über Matthäus 22, 1–14

Liebe Gemeinde, Sie werden es gemerkt haben, wir haben das Gleichnis vom großen Abendmahl heute zweimal vorgelesen, zunächst am Lesepult und jetzt eben hier auf der Kanzel. Am Lesepult die Lukas-Fassung dieses

---

47 Nach R. Heue/R. Lindner, Predigen lernen, a.a.O., S. 44 f. Zum Ganzen, siehe: M. Josuttis: Über den Predigtanfang. Über den Predigtaufbau. Über den Predigtschluß. In: Ders., Rhetorik und Theologie in der Predigtarbeit, a.a.O., S. 166–215

Gleichnisses (Lukas 14,16–24), und die ist wahrscheinlich, das wird man so sagen können, der ursprünglichen Jesuserzählung am ähnlichsten, jedenfalls können wir, wenn wir uns diese Fassung anschauen, sie am ehesten mit dem, was wir von Jesus wissen, zusammenbekommen. Der Matthäus hat dies Gleichnis sehr verändert. Er hat aus dem Hausherrn einen König gemacht, der für seinen Sohn eine Hochzeit arrangiert. Als die Gäste nicht kommen, wird er zornig und überzieht deren Stadt mit Krieg. Und zum Schluß wirft er auch noch einen hinaus, der kein hochzeitliches Kleid anhat. Und gerade, wenn man sich das anschaut und sich klarmacht, daß das Gleichnis dadurch sehr viel harscher wird, böser beinahe, möchte man Matthäus fragen, warum er denn das geändert hat.

Ich bekam dieser Tage von einer Gruppe junger Leute das schöne Bild von Ernst Barlach geschenkt: die lesenden Mönche. Da sieht man zwei Mönche nebeneinandersitzen. Der eine hat eine Bibel auf dem Schoß und erklärt's dem anderen, und der sitzt ein bißchen brav und zuhörbereit daneben und hört zu.

So möchte ich mich eigentlich auch neben den Matthäus setzen und ihn fragen: Sag mal, Matthäus, warum hast Du eigentlich das schöne Jesus-Gleichnis so verändert? Das machte doch seinen guten Sinn, das war so etwas wie ein hilfreicher Durchblick, eine Sehhilfe für das, was im Umkreis Jesu geschehen ist. Daß da Menschen eingeladen werden, mit ihm die Nähe des Gottesreiches zu feiern und, soweit man das kann in dieser Welt, es schon vorwegzunehmen, und daß die einen, die Offiziellen – kann man sicher sagen –, nicht kommen, nicht mitmachen oder denken, das hat noch Zeit oder das wird jetzt noch nicht dran sein, daß man das Reich Gottes feiern muß, und daß dann andere eingeladen werden und daß dadurch das Haus voll wird und daß diejenigen, die die Einladung ausschlagen, das Nachsehen haben. Das ist doch in sich ein deutliches Gleichnis. Lieber Matthäus, möchte ich fragen, warum hast Du das eigentlich ändern müssen?

Und ich stelle mir vor, der Matthäus sagt: Hätten wir nur die Worte Jesu wörtlich überliefert, dann hätten sie in der Zeit, in der ich gepredigt habe – um das Jahr 87 herum – dann hätten sie das nicht mehr gesagt, was sie sagen sollen. Du kannst nicht einfach wie in einer vergangenen Zeit reden, wenn Deine heutige anders ist. Wenn Du dieselben Worte, die in einer anderen Zeit gesagt sind, unverändert sagst, dann wirken sie heute anders. Und, sagt Matthäus, wir hatten ja inzwischen ganz andere Erfahrungen gemacht, die gehören in solch ein Gleichnis hinein, sonst hätte meine Gemeinde das nicht verstanden.

Aber, wende ich ein, Matthäus, man schlägt doch normalerweise Knechte, die zu einem Fest einladen, nicht tot. Und jemand, der eine Einladung ausschlägt, dem verbrennt man doch nicht gleich die Stadt. Das ist doch kein Stil. Warum mußt Du denn das reinbringen?

Und Matthäus sagt: Du vergißt vielleicht, daß ich ein Christ jüdischer Herkunft bin, deshalb kannst Du vielleicht nicht verstehen, was für mich damals die Zerstörung Jerusalems bedeutet hat und was das für uns überhaupt bedeutet hat. Weißt du, was das heißt: Jerusalem zerstört, der Tempel verbrannt, vernichtet und verwüstet die Straßen? Sicher, wir schätzten diesen Tempel nicht so besonders, aber sie waren anfangs täglich dort, die frühen Christen, die uns davon erzählt haben. Und unser Herr war dort. Dieser Tempel verbrannt, die Tempelschätze in Rom. Weißt Du, das ging wie ein Erdbeben damals durch unsere Gemeinden, durch unsere Herzen. Und das ging auch durch die Synagogen-Gemeinden um den Mittelmeerraum wie ein ganz furchtbares Erschrecken. Wir mochten uns gegenseitig nicht. Die haben uns verfolgt, wo sie nur konnten, wie das bei feindlichen Brüdern oft ist. Aber in dem fassungslosen Schmerz, den diese Zerstörung unserer Stadt bedeutet hat, da waren wir uns untereinander ganz nahe. Wir hatten doch die Kollekte viele Jahre für die christliche Gemeinde in Jerusalem gesammelt. Und wir wußten alle, Juden wie Christen, daß dies die heilige Stadt ist, der die Verheißungen gegolten haben. Und wer die heiligen Schriften kennt, wer das Alte Testament liest, der weiß doch auch, daß das bedeutet: Der Herr will damit etwas sagen. Das ist doch nicht die erste Zerstörung Jerusalems. Das bedeutet: Der Herr sucht sein Volk heim. Er straft die Sünden; das wußten wir doch alle. Dies geschah um der Sünde Jerusalems willen. Es gab damals ein langes Gespräch in der christlichen Gemeinde, ob man das so sagen dürfte. Wir wußten dann nach diesen Gesprächen, das hing damit zusammen, daß Israel nicht gehört hatte auf die Stimme seines Herren.

Wenn Matthäus so etwas gesagt hätte. – Ich kann mir vorstellen, ich hätte eingewendet: Matthäus, das kann nicht wahr sein. Über Krieg und Zerstörung einer Stadt so zu sprechen, daß man sagt, das liegt an der Schuld der Leute. Das ist doch zu einfach. Wir verstehen doch in unserer Zeit auch etwas von der Zerstörung von Städten. Wir haben es doch erlebt, wenn auf die Städte Phosphor und anderes herunterregnete. Du weißt doch auch, Matthäus, wie das ist, wenn solch ein Einbruch des Chaotischen unter den Menschen stattfindet, der Krieg, wie dann jede Gerechtigkeit auf der Strecke bleibt. Der Krieg, das ist doch der große Gleichmacher. Und das wird doch in Jerusalem nicht anders gewesen sein im Jahre 70 und 71. Da geht es doch über Gerechte und Ungerechte her. Feuer und Schwert frißt doch, wen es findet, wählt nicht sorgsam aus. Und was übrig bleibt, sind doch auch nicht die, die gerechter gewesen wären. Der Krieg ist doch die große Anfechtung des Glaubens. Wie kannst Du da erzählen, daß das gerecht sei, daß eine Stadt verbrannt wird, gerade wenn Euch das so erschüttert hat. Die Zerstörung Jerusalems, das war doch nicht die Strafe für die Ablehnung Christi, die Strafe dafür, daß diejenigen, die damals dran waren, dafür gesorgt haben, daß die Herrschenden Jesus umgebracht haben.

Und ich könnte mir vorstellen, daß Matthäus mich eine Weile anschaut und dann fragt: Bist Du denn gar nicht in der Heiligen Schrift zu Hause, liest Du eigentlich nicht die Zeichen der Zeit auf dem Hintergrund der Heiligen Schrift? Weißt Du nichts davon, daß das natürlich auf der einen Seite richtig ist, daß die Wege Gottes, auch gerade die schrecklichen Wege, daß die unfaßbar sind? Natürlich geht das Leiden oft über Gerechte und Ungerechte. Das kannst Du in der Heiligen Schrift nachlesen. Aber gerade wo es unfaßbar ist, kommt es dennoch von Gott. Und manches, manches vermag man doch auch zu fassen oder sich zurechtzulegen. Ich denke an die Einzelheiten dessen, was in Jerusalem geschah. Es sprach sich doch erst nach und nach herum um das Mittelmeer, wie sie den Aufstand gegen die Römer organisiert hatten, wie sich die rivalisierenden Gruppen aus ihrem Glaubenswahn heraus gegenseitig terrorisierten, wie nur noch der Haß und das Schwert regierte. Meinst Du wirklich nicht, wenn sie der Einladung unseres Herrn gefolgt wären, wäre das anders geworden? Meinst Du nicht, wenn die Menschen dieser Einladung folgen würden, daß es dann anders aussähe? Es gibt doch die Worte: Wer das Schwert nimmt, soll durchs Schwert umkommen. Ihr sollt dem Bösen nicht widerstehen; segnet, die euch verfolgen. Wenn sie darauf gehört hätten, es wäre vieles, vieles anders gelaufen. Davon lasse ich mich nicht abbringen. Sicher, man kann nicht von außen sagen: Gott hat das so aus folgendem Grund gemacht; man kann das nicht einfach erklären. Eigentlich kann es nur der erklären, der mit leidet. Habt Ihr das nie erlebt bei euren Städtezerstörungen, daß Ihr neben der Erschütterung und neben dem Unfaßbaren auch den Gedanken hattet: Wir haben's verdient?

Und vielleicht würde ich antworten: Aber was für eine Stimmung förderst Du da, Matthäus? Wird es nicht heißen eines Tages: Das geschieht den Juden ganz recht, warum haben sie Christus nicht angenommen, warum haben sie ihn umgebracht? Wird es nicht eines Tages heißen: Ja, dies ist der Anfang des christlichen Antijudaismus, was hier steht. Da werden die Christen später sagen: So geschah es denen richtig. Warum haben sie den Herrn Christus umgebracht.

Und ich könnte mir denken, daß Matthäus heftig sagt: Wovon sprichst Du? Kannst Du nicht lesen, was ich geschrieben habe? Hast Du nicht verstanden, warum ich die zweite Veränderung hineingebracht habe?

Ja, sage ich, das ist schwer zu verstehen, daß Du in der Geschichte erzählst, daß da Leute von der Landstraße geholt werden und da wird eine allgemeine Einladung ausgesprochen, und Gute und Böse sollen kommen, und dann heißt es, der eine wird in die Hölle befördert, weil er kein hochzeitliches Kleid anhat. Wo soll er denn das herholen? Das paßt doch überhaupt nicht zu der Geschichte.

Und Matthäus sagt: Du denkst auch, um die Moral zu heben, muß man die Normen senken, und dann hat sichs. Wer dazugehört, wer gekommen ist, der muß auch etwas von diesem Herrn, der eingeladen hat, übernehmen. Und wer als einer, der dazugehört, auf die herabschaut, die draußen sind und auf die das Unglück – in Jerusalem z. B. – gekommen ist, und wer sagt, denen geschieht ganz recht, daß ihr Jerusalem verbrannt ist, der hat nichts begriffen. Wer dazugehört, der muß dem König entsprechen. Und das Ehrenkleid, das heißt Christi Blut und Gerechtigkeit.

Nur wer weiß, daß unser Herr für die Sünder gestorben ist, und nur wer in der Solidarität mit den Schuldigen steht, der hat das begriffen, und der paßt da auch hinein. Und, sagt Matthäus, ich habe das ausdrücklich als Warnung erzählt, weil ich das ja weiß, wie das bei uns ist, daß wir sehr schnell Pharisäer sind. Warum haben wir denn sonst diese Pharisäer-Geschichten überliefert, wenn nicht für uns? Die gabs doch längst nicht mehr. Damit meine Gemeinde dies verstand, daß sie sich gerade nicht einbilden, sie seien besser als die anderen.

Und ich stelle mir vor, daß nach einer längeren Pause Matthäus mich fragt: Wie veränderst Du denn diese Geschichte für Deine Gemeinde? Und das ist die Frage, an der ich hängengeblieben bin bei der ganzen Predigtvorbereitung: Wie erzähle ich diese Geschichte mit den heute erforderlichen Veränderungen, wenn ich ein wenig vielleicht verstanden habe, was der Matthäus da verändert?

Geht das vielleicht so: Mit dem Reich Gottes verhält es sich im 20. Jahrhundert wie mit einem Herrn, der vor langer Zeit einmal eine Einladung zu einem großen kommenden Fest ausgesprochen hat. Alle sind eingeladen, allen wird es gesagt. Und dies große Fest, so hieß es, wird schon dauernd in der Form von kleinen Vorfesten vorweggefeiert. Jeden Sonntag gehen die Einladungen heraus verstärkt durch das Geläut der Glocken. Und wenn dieser wunderbare Klang über der Landschaft und den Städten erschallt, dann dreht sich der eine auf die andere Seite und sagte: Schön, daß heute Sonntag ist, daß wir mal ausschlafen können. Und der andere hat in seinem Kleingarten zu tun und der Dritte an seinem Wagen. Und anderen war die Arbeit auf diesen Tag gelegt worden, und wieder andere hatten ihre Feste.

Da kamen die für die Einladung Verantwortlichen zurück von ihrer Einladung und setzten sich zusammen und sagten: So geht es nicht weiter. Was tun wir da? Und die einen sagten, unsere Festmähler müssen attraktiver werden, zeitnäher, den neuzeitlichen Erfordernissen angepaßter, mit neuen Speisen, neuen Gesängen, neuen Anschauungen. Sie müssen neue religiöse Erfahrungen bringen. Sie müssen wahrhaft einladend sein, besser als die Konkurrenz. Dann kommen die Leute.

Nein, sagten die anderen, die Attraktivität wird's nicht bringen, sondern die Drohung wird doch sein müssen. Vielleicht nicht die am Beispiel des vergangenen zerstörten Jerusalems, wie es noch in den alten Gesangbüchern stand, sondern mit den Zerstörungen, die morgen drohen. Und sie begannen die Abgründe der Zeit ernstzunehmen, die Zukunftsbedrohungen, die Bedrohungen des Friedens, der Schöpfung, den Hunger der Menschen. Sie begannen das zum Thema zu machen und sagten: Nur wer die Einladung annimmt, der kann den Weg finden, dem zu entgehen. Und sie diskutierten beide miteinander und sagten: Wir machen beides. Wir versuchen die Attraktivität zu erhöhen und die Bedrohungen deutlich zu machen. Und sie luden viele ein. Es kamen auch recht viele. Unterm Strich wars ein ganz schöner Haufen, 120 000.

Ist das die Fassung des 20. Jahrhunderts? Ich könnte mir vorstellen, daß Matthäus jetzt sagt: Ich denke, Du machst etwas falsch. Du beschreibst das eigentlich nur von der Seite. Du beschreibst das eigentlich gleichsam betrachtend wie einer, der sich Gedanken macht über das Unternehmen Kirche, und wie man das verbessern kann. Du sprichst über Organisationsprobleme. Das ist es nicht. So schön das Fest der 120 000 ist, da macht Ihr schöne Sachen und sicher für manchen auch hilfreiche. Das kann aber allenfalls ein Abfallprodukt sein, ein Abfallprodukt einer ganz anderen Erfahrung.

Denn ich denke, sagt Matthäus, dies Gleichnis zielt auf Dich. Deshalb rede nicht von anderen. Der Mensch, der kein hochzeitliches Kleid anhat, richtet eine Frage an die, die der Einladung gefolgt sind. Das bist Du.

Paßt Du selbst eigentlich zu dem Fest?

Hast Du begriffen, daß Hinz und Kunz dazu geladen worden sind und daß es Gnade ist, daß du dazugehörst? Was hast Du, was Du nicht empfangen hättest? Wer weiß, daß er ein Glückskind ist, der lebt auch danach. Nicht weil es da so üblich ist. Nicht weil man sich da anpassen muß. Sondern weil das Herz voll davon ist. Wer in der Kirche ist und vergißt, daß sein einziges Privileg die fremde Einladung ist, daß es keinen Grund gibt, auf andere herabzuschauen, die nicht dazugehören, der hat nichts begriffen. Wer aber von der wunderbaren freundlichen Annahme, die in dieser Einladung liegt, angesteckt ist, der wird verwandelt. Der wird anders. Der hat ein hochzeitliches Kleid an, ohne daß er viel davon weiß. Er strahlt etwas von der Freundlichkeit Jesu Christi aus. Und das, das wird sich auswirken auf die Menschen, sie werden dazugehören wollen.

Deshalb denk über Dich selber nach.

Also sprach Matthäus.

Amen.[48]

48 Horst Hirschler: Predigt über Matthäus. 22, 1–14, am 28. Juni 1987 in St. Jacobi, zwei Wochen nach dem Kirchentag in Frankfurt mit 120 000 Teilnehmern

III Das Predigen

a) Frei vom Konzept reden

Die Predigt des Pastors war nach meinem Eindruck so übel nicht gewesen. Aber es war auch nicht sehr viel bei mir angekommen. Ich wußte nicht so recht, ob es an mir oder am Prediger gelegen hatte. Nach dem Gottesdienst steuerte Wolfgang Trillhaas auf mich zu und sagte nur: „Das ist der Ruin der Kirche! Stellen Sie das ab! Daran geht die evangelische Kirche zugrunde." „Woran?", fragte ich. „Daran, daß diese Prediger ablesen. Der hat alles abgelesen. Die machen eine Vorlesung. Es ist eine Katastrophe."

In seiner „Evangelischen Predigtlehre", die ich nach wie vor für sehr lesenswert halte, hatte er vor über fünfzig Jahren geschrieben: „Alles ‚Lesen‘, sowohl im Manuskript als im Gedächtnis, ist schlechterdings abzulehnen, denn der Gottesdienst ist kein Kolleg, die Predigt soll lebendige Anrede sein, der Pfarrer soll sich die Ausübung des Schönsten im Amt etwas kosten lassen, und für die viva vox evangelii, die hier nicht durch die Trägheit des Pfarrers zur lecta oder gar mortua vox werden darf, soll allezeit Tholucks Wort gelten, jede Predigt werde zweimal geboren, am Schreibtisch und auf der Kanzel."[49]

Es hat sich tatsächlich eingebürgert, daß auf der Kanzel mehr und mehr die Predigten verlesen werden. Das ist aus mehreren zum Teil schon angedeuteten Gründen für die Predigt katastrophal. Der geschriebene Text der Predigt ist, selbst beim geübten Prediger, immer noch von zu großer Informationsdichte. Wir schreiben weniger, als wir reden müßten. Nur wenn der Prediger seine Predigt diktieren würde, käme er in die Nähe dessen, was wir an Redundanz beim Sprechen erreichen und beim Hören brauchen. Noch ein weiteres kommt hinzu. Der gelesene Satz ist etwas ganz anderes als der gesprochene Satz. Nur wenn der Lesende ein Vorlesekünstler ist, erreicht er die Qualität der gesprochenen Sprache. Der gelesene Satz wird hintereinander weggelesen. Er wirkt sehr viel steriler als der im Sprechen neu formulierte Satz.

Der Prediger teilt seiner Gemeinde in der Regel mittelschwere bis schwere Gedanken mit. Solche Sätze werden in der freien Rede sehr langsam, möglicherweise stockend gesagt. Beim Ablesen spricht er komplizierteste Sätze und Inhalte ohne Schwierigkeit hintereinander weg. Es steht ja auf dem Papier. Das ist für den Hörer auf die Dauer schwer zu verfolgen. Er ermüdet, ohne daß er weiß warum. Unser Sprechen ist dagegen völlig anders. Jeder kann das mit dem Kassettenrecorder nachprüfen. Die frei gesprochene

---

49 Wolfgang Trillhaas: Evangelische Predigtlehre. München, [4]1955, S. 5

Passage ist lebendiger, sehr viel mehr vom Mitdenken geprägt, und hilft deshalb so sehr viel besser zum Mithören.

Deshalb lautet meine Empfehlung ähnlich wie die von Wolfgang Trillhaas. Ich meine, schon um der Klarheit und Strenge der Gedankenführung willen sollte der Prediger in der Regel für seine Predigt ein wörtliches, schriftliches Manuskript erstellen. Nur daran läßt sich genau überprüfen: Was habe ich eigentlich in meiner Predigt vor? Nur am schriftlichen Manuskript kann ich auch Einzelheiten korrigieren.

Dies Manuskript muß sich der Prediger dann durch Unterstreichungen, farbige Einrahmungen usw. so aufbereiten, daß die unterstrichenen Worte ein brauchbares Stichwortkonzept ergäben. Dann muß er sich dieses Manuskript durch mehrmaliges Durchlesen im Schriftbild der Sätze und unterstrichenen Worte so einprägen, daß er im Notfall schnell weiß, wo dieser oder jener Gedanke zu finden ist. Mit diesem sorgfältig vorbereiteten Manuskript geht der Prediger auf die Kanzel. Auf der Kanzel aber liest er keinen einzigen Satz mehr vor. *Er formuliert jeden Satz auf der Kanzel neu.* Das ist die entscheidende Voraussetzung des freien Sprechens.

Es mag diesen oder jenen geben, der leicht auswendig lernt. Aber dann muß er so auswendig lernen, als wenn er die Sätze im Augenblick formuliert. Das ist sehr schwer. Es geht. Schauspieler können das. Normalerweise sind wir überrascht, wenn wir hören, daß Hans Rosenthal und manche besonders locker wirkenden Sprecher im Fernsehen, deren Beiträge wie voll aus dem Ärmel geschüttelt aussehen, nicht ein Wort und nicht eine Gebärde frei machen, sondern jede Geste, jede Art des Sprechens aufs sorgfältigste auswendig gelernt haben. Aber ist das erstrebenswert für die Kanzel? Ich denke, das ist nicht sinnvoll. Deshalb ist das freie über das Manuskript Hinwegreden das Beste für den Hörer.

Werner Schütz sagt dazu: „Der Redner soll den Zielsatz fest vor Augen haben, den Weg und den Faden des Gedankengangs sich einprägen, den gegliederten Aufbau des Ganzen vor sich sehen und seinen Weg nur in Stichworten festlegen, damit ein freier Raum für Entdeckungen und Einfälle des Augenblicks, für Improvisation und Rücksicht auf den Hörer bleibt. Sprechdenken ist das Geheimnis dieses Vorgangs. Seit H. v. Kleists berühmter Abhandlung „Über die allmähliche Verfertigung der Gedanken beim Reden" sieht die Rhetorik im Sprechdenken den Schlüssel für die freie Rede. Es geht um das Entwickeln und Ausformulieren der Gedanken durch und während des Redens. Es orientiert sich an Stichworten, übt in Sprechsituationen den Vorgang des freien Redens ein, formuliert die Gedanken immer neu und anders im Reden und durch das Reden und blickt bei jedem gesprochenen Satz schon voraus auf den kommenden."[50]

---

50 W. Schütz, Probleme der Predigt, a. a. O., S. 228

Schütz tritt hier nur für ein Stichwortkonzept ein. Ich halte das Manuskript im vollen Wortlaut, aber mit unterstrichenen Stichworten für das bessere. Beides ist sinnvoll. Nur das Ablesen nicht.

Es kann natürlich sein, daß ich ein Zitat wörtlich vorlesen möchte, daß mir eine Passage so wichtig ist, daß ich hinterher auch sagen kann, so habe ich es formuliert. Das sind dann aber Ausnahmen. Auch gerade die zitierten Passagen aus Büchern müssen in der Predigt sehr sorgfältig gelesen werden, sonst ergibt sich ein unglaublicher Spannungsabfall an einer solchen Stelle. Ich habe erlebt, daß ein Prediger, weil er von einigen Seiten aus Karl Barths Kirchlicher Dogmatik so begeistert war, seiner Gemeinde diese Seiten nicht vorenthalten mochte, sondern vorlas. Da er nicht vorlesen konnte, konnte man es vergessen. Das freie Sprechen ermöglicht dem Hörer das Mithören, weil der Prediger manchmal einen kleinen Augenblick nach einem Wort sucht. Der Hörer merkt das sofort. Er hört ja fast mitsprechend zu. Dem Prediger fehlt das Wort noch. Der Hörer könnte es ihm zurufen, da kommt es auch vom Prediger. Dies schafft eine völlig andere Art der Kommunikation, als wenn die Rede gleichmäßig herabtropft, als wenn „es predigt".

Spurgeons „Ratschläge für Prediger" enthalten einen interessanten Hinweis in der zehnten Vorlesung. Er tritt dafür ein, daß in der Regel ein schriftliches Manuskript ausgearbeitet wird für die Predigt. Aber der Prediger soll sich regelmäßige Gelegenheiten kleinerer Ansprachen suchen, in denen er unvorbereitet, aus dem Stegreif spricht. Er kann dies allerdings nur bei Themen, auf die er sich sehr sorgfältig vorbereitet hat, oder bei denen er sich sehr gut auskennt. Aber damit der Prediger auch imstande ist, in bestimmten Situationen frei zu reden, soll er dergleichen üben. Das kann ich auch auf der Kanzel üben. Wenn ich eine längere erzählerische Passage habe, die leichter frei zu sprechen ist, dann kann ich versuchen, sie auch, ohne auf mein Stichwortmanuskript zu schauen, zu sprechen. Das hat für die Kommunikation mit dem Hörer große Vorteile.

b) Die Gemeinde wahrnehmen

Dasselbe Problem soll nun noch einmal unter dem Gesichtspunkt des Sehens aufgenommen werden.

„Noch nie hat es in der Kirche um die Redekunst so schlimm gestanden wie heute. Da wird landauf, landab bei der Trauung, während das Brautpaar auf Stühlen unmittelbar vor dem Pfarrer sitzt, die ‚Ansprache', von einem Stück Papier in der Hand, in der Agende oder einem Ringbuch abgelesen, ohne daß die persönlich Angeredeten überhaupt angesehen werden. Gehen am Heiligen Abend die Lichter aus und brennen nur noch die Kerzen am Baum, dann ist es aus mit der schönsten Weihnachtsansprache. Ein Redner müßte es doch spüren, wenn er hoch über die Köpfe hinwegspricht; er muß doch reagieren, wenn er auf Zweifel und Widerspruch stößt; es muß ihm eigentlich doch etwas ausmachen, wenn Zuhörer ihr Gähnen mühsam unterdrücken, die Augen im Raum umherwandern, wenn auf den Bänken gerutscht und mit Handschuhen und dem Gesangbuch gespielt wird, wenn einer nach dem anderen teilnahmslos vor sich in den Schoß schaut und immer tiefer in sich zusammensinkt. Man kann doch nicht gleichgültig weiterlesen, wenn die Worte ganz offensichtlich ins Leere gehen und zu Boden fallen!"[51]

Der Prediger muß seine Gemeinde wahrnehmen. Er muß sie während seiner Predigt im Auge haben und merken, was mit ihr los ist. Wozu? In erster Linie zur situativen Korrektur seiner Rede. Es ist zweifellos nicht ganz leicht, wenn der Prediger sich in seinem Hinterkopf auf eine Rede konzentrieren soll und gleichzeitig beachten muß, wie der Zuhörer reagiert, und daraufhin auch noch seine Rede verändern soll. Dies ist dann nicht leicht, wenn er seine Rede nicht genügend kennt. Er muß sie nicht auswendig können. Im Gegenteil, wenn ich etwas auswendig lerne, dann lese ich sozusagen im Hinterkopf und bin dadurch auch kommunikationsunfähig. Ich muß mit meiner Predigt vertraut sein. Ich muß eine gewisse Ruhe und Gelassenheit haben, notfalls werfe ich schnell einen Blick auf mein Manuskript. Ich werde den nächsten Satz schon hinbekommen. Dann aber kann ich bestimmte Menschen in der Gemeinde anschauen. Es ist nützlich, sich drei bis fünf feste Punkte in der Gemeinde zu suchen und den Blick ruhig und gelassen vom einen zum anderen wandern zu lassen. Die anderen fühlen sich dann damit erfaßt. Schlimm ist die Unsitte mancher Prediger, mit dem Auge fest links oben in die Ecke zu schauen. Der Blick gehört der anzusprechenden Gemeinde. Von dort kommen nun allerlei Rückmeldungen. Werner Schütz beschreibt sie hart und deutlich. Man muß diese Rückmeldungen sich vorher klarmachen, damit sie einen während der Predigt nicht zu sehr irritieren. Da ist einmal die Rückmeldung der Gruppe der Konfirmanden. Die Predigt ist wieder nur eine Predigt für Erwachsene geworden. Es ist gut, wenn einem das vorher einfällt und man die Predigt so konzipiert, daß die Konfirmanden auch etwas davon haben. Es wird dem Prediger dennoch nie ganz gelingen. Es ist auch nützlich, sich an seine eigene Konfirmandenzeit zu erinnern und an den Unsinn, den man während der Predigt gemacht hat. Es ist also wichtig, daß die unruhige Bewegung und das, was dort stattfindet, richtig eingeschätzt wird und den Prediger nicht zu sehr beunruhigt, auch wenn es eine Überlegung in der Gemeinde erforderte, was eigentlich mit den Konfirmandinnen

---

51 W. Schütz, Probleme der Predigt, a. a. O., S. 223

und Konfirmanden zu machen ist, daß sie den Gottesdienst nicht nur als Pflichtübung erleben, bei dem man nichts Besseres machen kann als gebremsten Unsinn.

Der Prediger wird sich auch darauf einstellen müssen, daß es bestimmte Leute gibt, die sich das Auf-die-Uhr-Schauen in so regelmäßigen Abständen angewöhnt haben, daß man sich nicht unbedingt etwas daraus machen muß. Obwohl das schon ein wichtiges Signal ist, das den Prediger zumindest zu der Überlegung bringen sollte: Greift meine Rede nicht richtig? Wenn jemand einschläft, kann es verschiedene Ursachen haben. Mancher, der die ganze Woche draußen ist, schläft in der Kirchenluft unwiderstehlich ein. Aber wenn zu viele schlafen, ist das auch ein Signal. Wenn zuviel gehustet wird, kann die Ursache eine Grippeepidemie, die Heiserkeit des Predigers sein (dann ist es ein „Solidaritätsräuspern"), oder es zeigt, daß nicht allzuviel in der Predigt los ist.

Der Prediger kann verhältnismäßig deutlich erkennen, ob bestimmte Sätze, die er sagt, ankommen oder nicht ankommen. Er schiebt dann nämlich in der Regel automatisch einen erklärenden Satz nach. Diese Art der Kommunikation mit dem Hörer ist nötig. Aber auch das Schmunzeln, das Lachen und andere Arten, an der Predigt beteiligt zu sein, sind für die Wahrnehmung des Predigers wichtig.

c) Mit der Stimme wirken

Wir hatten im Predigerseminar einen Rhetoriker eingeladen. Jeder der Vikarinnen und Vikare hatte eine Rede vorbereitet. Der erste stand am Rednerpult, die anderen saßen erwartungsvoll im Kreis. Das Mikrophon für die Tonbandaufzeichnung funktionierte aus irgendeinem Grunde nicht. „Na", sagte der als erster Redner Erkorene, „biste mit deinem Mikrophon da bald fertig?" – „Die Anlage läuft bereits, alles o. k.", kam die Rückmeldung. Der Vikar holte tief Luft. Dann sagte er: „Meine sehr verehrten Damen und Herren! Ich möchte heute über folgendes Problem mit Ihnen sprechen." So weit kam er. Da unterbrach ihn der Rhetoriker und sagte: „Können wir das mal anhören?" Er hatte zwei Sätze gesagt, der Redner. Der erste Satz: Biste mit deinem Mikrophon . . . war sachlich, freundlich und normal gesprochen. Der Anfang seiner Rede aber war gewaltiges Pathos. Wir bekamen diese beiden Sätze mehrfach vorgespielt. Es ist mir bis heute in Erinnerung geblieben. Je nachdem, wo wir sprechen und welche innere Einstellung wir dazu haben, verändert sich unser Reden. Das besondere Problem ist, daß wir es nicht merken. Wahrscheinlich kennt jeder einen Prediger, der im alltäglichen Leben wie ein normaler Mitmensch spricht, während er auf der Kanzel pathetisch, im höheren Kanzelton, anbiedernd oder sonst irgendwie spricht. Hier hilft nur der sachverständige Freund und die Tonbandaufzeichnung. Es ist nötig, daß wir auf der Kanzel ähnlich sprechen, wie wir das normalerweise tun. Das ist einmal dazu nötig, damit die Gemeinde nicht das Gefühl hat, wir meinten, auf der Kanzel geschähe etwas anderes als sonst im normalen Leben. Es ist auch wegen der Sache, die wir weiterzusagen haben, wichtig. Sie verträgt kein Pathos. Was oben über die Vollmacht des Wortes gesagt ist, gilt gerade für das Sprechen. Wir reichen etwas dar, wir zeigen etwas, wir erklären und erläutern, aber wir müssen nicht mit unserer Stimme die Wahrheit des Evangeliums bekunden. Das heißt nicht, daß wir nicht auf dieses wesentliche Werkzeug unseres Dienstes größten Wert legen müßten.

In der Regel zeigt sich, daß die meisten Prediger aus ihrer Stimme nicht das herausholen, was sie herausholen könnten. Sie reden viel gleichmäßiger als sie müßten. Sie reden monoton. Sie haben keine dem jeweiligen Thema und Text angepaßte Modulation in ihrer Stimme. Modulation ist etwas anderes als Pathos. Deshalb halte ich es für wichtig, daß Prediger darauf achten, wie große Schauspieler reden oder vorlesen. Man muß einmal darauf achten, was die mit ihrer Stimme machen können. Das ist so nicht nachzumachen. Schon deshalb, weil wir solche Dramatik, wie sie dort manchmal in die Stimme gelegt wird, nicht in unsere Predigttexte zu legen haben. Dennoch ist es schön, wenn eine Predigt frei und gut gesprochen wird. Wenn das Freundliche freundlich klingt und das Harte ein Stück härter.

Der Prediger sollte als weiteres seiner Stimme insofern große Aufmerksamkeit geben, daß er sie durch einen Stimmbildner zu Beginn seiner Pfarrertätigkeit aber auch später hin und wieder überprüfen läßt. Spreche ich zu weit hinten, werde ich zu schnell heiser, wie ist die Artikulation?

Vielerorts, besonders in den größeren Kirchen, sind heute Lautsprecheranlagen eingebaut. Auch damit muß man umgehen können. Die Lautsprecheranlagen sind nicht nur ein Fortschritt. Welche Lautstärke ist richtig? Wie nahe muß man ans Mikrophon heran? Wie steif muß man leider auf der Kanzel stehen, damit man in der richtigen Entfernung zum Mikrophon bleibt? Das muß im Interesse des Wortes, das ankommen soll, geübt und unter kundiger Anleitung in jeder Gemeinde ausprobiert werden.

Es ist für mich immer wieder eindrucksvoll, wenn ältere Leute als höchstes Lob für einen jungen Pastor sagen, man kann ihn sehr gut verstehen. Gemeint ist dann nicht der Inhalt, sondern die Akustik. Das ist offenbar nicht selbstverständlich und sollte es doch sein.

Da das Wichtigste, was es in der Kirche gibt – das Wort Gottes – durch unsere Stimme beim Hörer ankommen soll, gebührt ihr große Aufmerksamkeit.

DES ANTONIUS VON PADUA FISCHPREDIGT

Antonius zur Predig
Die Kirche findt ledig,
Er geht zu den Flüssen
Und predigt den Fischen;
Sie schlag'n mit den Schwänzen,
Im Sonnenschein glänzen.

Die Karpfen mit Rogen
Sind all hierher zogen,
Haben d'Mäuler aufrissen,
Sich Zuhörens beflissen:
Kein Predig niemalen
Den Karpfen so g'fallen.

Spitzgoschete Hechte,
Die immerzu fechten,
Sind eilend herschwommen
Zu hören den Frommen:
Kein Predig niemalen
Den Hechten so g'fallen.

Auch jene Phantasten,
So immer beim Fasten,
Die Stockfisch ich meine,
Zur Predig erscheinen.
Kein Predig niemalen
Den Stockfisch so g'fallen.

Gut Aalen und Hausen,
Die Vornehme schmausen,
Die selber sich bequemen:
Die Predigt vernehmen:
Kein Predig niemalen
Den Aalen so g'fallen.

Auch Krebsen, Schildkroten,
Sonst langsame Boten,
Steigen eilend vom Grund,
Zu hören diesen Mund:
Kein Predig niemalen
Den Krebsen so g'fallen.

Fisch große, Fisch kleine,
Vornehm und gemeine,
Erheben die Köpfe
Wie verständige Geschöpfe:
Auf Gottes Begehren
Antonium anhören.

Die Predig geendet,
Ein jedes sich wendet,
Die Hechte bleiben Diebe,
Die Aale viel lieben.
Die Predig hat g'fallen.
Sie bleiben wie alle.

Die Krebs' gehn zurücke,
Die Stockfisch bleiben dicke,
Die Karpfen viel fressen,
Die Predig vergessen.
Die Predig hat g'fallen,
Sie bleiben wie alle.[52]

So ergeht es dem tüchtigen Prediger, der fähigen Predigerin. „Die Predig hat g'fallen, sie bleiben wie alle." Der Prediger übrigens auch, die Predigerin nicht minder. Wenn Gott nicht Gnade gibt zum Predigen und zum Hören. Manchmal geschieht das, Gott sei Dank.

---

52 Vgl. Des Knaben Wunderhorn. insel taschenbuch. 85. Frankfurt, 1974

Bibelstellenregister

P = Predigt

Personenregister

Abraham, Emanuel 228, 442
Albertz, Heinrich 564
Albrecht, Horst 55, 530, 532
von Amsdorf, Nikolaus 264
Antonius 582
Arens, Heribert 557, 562
Armbrüster, Wolfgang 218
Assmussen, Hans 354
Austin, John 410

Barlach, Ernst 571
Barth, Karl 42, 46, 113, 147, 155,
   250, 384, 488, 542
Bastian, Dieter 23
Becker, Rolf-Walter 460
Bieritz, Karl-Heinrich 498
Bismarck, Klaus von 564
Bloch, Ernst 274, 443, 546
Blumhardt, Christoph 251, 261
Bobrowski, Johannes 267
Böll, Heinrich 245, 246, 563
Bohren, Rudolf 384, 509, 542
Bonhoeffer, Dietrich 46, 260, 297,
   340, 343, 423, 428, 542
Bonhoeffer, Thomas 504
Borchert, Wolfgang 290
Brakelmann, Günter 564
Brecht, Bertolt 229, 245, 248, 543,
   546
Buber, Martin 253
Bugenhagen, Johannes 263
Bultmann, Rudolf 44, 46, 59, 109,
   116, 124, 125, 149, 275, 340, 456,
   478
Bungenstock, Rainer 515

Camus, Albert 255, 554
Cardenal, Ernesto 46, 316
Carter, Sidney 47
Chaplin, Charles 558
Cornehl, Peter 243
Cranach, Lukas 423, 518

Dahm, Karl-Wilhelm 56, 496
Daiber, Karl-Fritz 21, 55, 415, 448,
   484, 488, 491, 496
Dannowski, Hans Werner 23, 51, 54,
   55, 259, 384, 415, 448, 515
Danto, Arthur C. 131
Denecke, Axel 54
Dix, Otto 186
Doerne, Martin 564
Drewitz, Ingeborg 245, 564
Dürrenmatt, Friedrich 245, 250, 543

Ebeling, Gerhard 47, 71, 90, 139,
   140, 182, 226, 268, 300, 302, 305, 311,
   312, 313, 318, 319, 386, 488
Eckhart, gen. Meister 308
Eco, Umberto 113, 216, 243
Eppler, Erhard 564
Erikson, Erik 272

Festinger, Leon 408
Feuerbach, Ludwig 201
Flacius, Matthias 91
Freud, Sigmund 408, 436, 455
Frisch, Max 223, 245
Fuchs, Ernst 133

Gese, Hartmut 209
Gotthelf, Jeremias 245, 553
Gräb, Wilhelm 449
Grünewald, Matthias 422
Guilford, Paul 557
Gwinner, Volker 402

Habermas, Jürgen 422
Harbsmeier, Dora 279
Harbsmeier, Götz 287
Hartmann, Gert 39
Hebel, Johann Peter 245, 543
Heidegger, Martin 112, 273, 535
Heinz-Mohr, Gerd 560
Hempel, Johannes 291, 424, 477, 553
Herburger, Günter 255
Herms, Eilert 147
Heue, Rolf 570
Hirsch, Emmanuel 74
Hollenweger, Walter 299, 499

Sachregister